この本の特長と使い方

問題回数ギガ増しドリル!

算数　国語　理科　社会　英語　1年間で学習する内容が，この1冊でたっぷり学べます。

キリトリ式プリント!

1回分を1枚ずつ切りとって使えるので，学習しやすく，達成感も得られます。

マルつけはスマホでサクッと!

その場でサクッと，赤字解答入り誌面が見られます。

くわしくはp.2へ

もう1回チャレンジできる!

裏面には，表面と同じ問題を掲載。解きなおしや復習がしっかりできます。

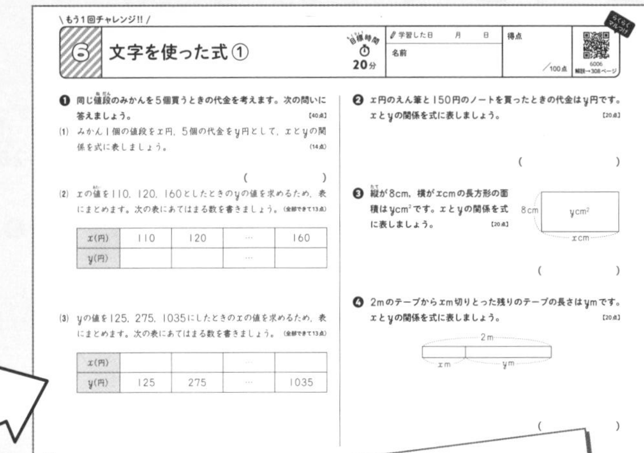

裏面

6 文字を使った式①　目標時間 20分　学習した日　月　日　名前　得点　／100点　らくらくマルつけ　6006 解説→308ページ

❶ 同じ値段のみかんを5個買うときの代金を考えます。次の問いに答えましょう。【40点】

(1) みかん1個の値段をx円，5個の代金をy円として，xとyの関係を式に表しましょう。(14点)

(　　　　)

(2) xの値を110，120，160としたときのyの値を求めるため，表にまとめます。次の表にあてはまる数を書きましょう。(全部できて13点)

x(円)	110	120	…	160
y(円)			…	

(3) yの値を125，275，1035にしたときのxの値を求めるため，表にまとめます。次の表にあてはまる数を書きましょう。(全部できて13点)

x(円)			…	
y(円)	125	275	…	1035

❷ x円のえん筆と150円のノートを買ったときの代金はy円です。xとyの関係を式に表しましょう。

(　　　　)

❸ 縦が8cm，横が$x$cmの長方形の面積は$y$cm^{2}です。xとyの関係を式に表しましょう。【20点】

8cm　$y$cm^2　$x$cm

(　　　　)

❹ 2mのテープからxm切りとった残りのテープの長さはymです。xとyの関係を式に表しましょう。

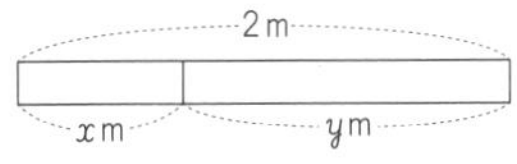

(　　　　)

13

全科ギガドリル　小学6年

答え

わからなかった問題は，ポイントの解説をよく読んで，確認してください。

算数

1 線対称①　3ページ

❶ ア…○　イ…○　ウ…×　エ…×　オ…○　カ…×

❷ (1)点H　(2)点D　(3)辺FE　(4)角B　(5)垂直

ポイント

❶右の図のように1本の直線を折り目にして折ったとき，折り目の両側がぴったり重なる図形を選びます。このような図形を線対称といいます。

❷1本の直線を折り目にして重ねたときに重なる点，線，角をそれぞれ対応する点，線，角といいます。

2 線対称②　5ページ

❶ (1)直線GN　(2)3cm　(3)45°　(4)6cm　(5)90°

ポイント

❶(4)直線AMは直線BMと対応する直線で直線の長さは等しいため，辺ABの半分の長さになります。

3 点対称①　7ページ

❶ ア…×　イ…×　ウ…○　エ…×　オ…○　カ…○

❷ (1)点C　(2)点H　(3)辺JK　(4)角L　(5)辺GF

ポイント

❶右の図のように，ある点を中心にして180°まわしたとき，もとの形にぴったり重なる図形を選びます。このような図形を点対称といいます。

❷ある点を中心にして180°まわしたとき，重なる点，線，角をそれぞれ対応する点，線，角といいます。

4 点対称②　9ページ

❶ (1)4cm　(2)5cm　(3)20°

307

「答え」のページはていねいな解説つき!

解き方がわかるポイントがついています。

スマホでサクッと!
らくらくマルつけシステム

「答え」のページを
見なくても!
その場でスピーディーに!

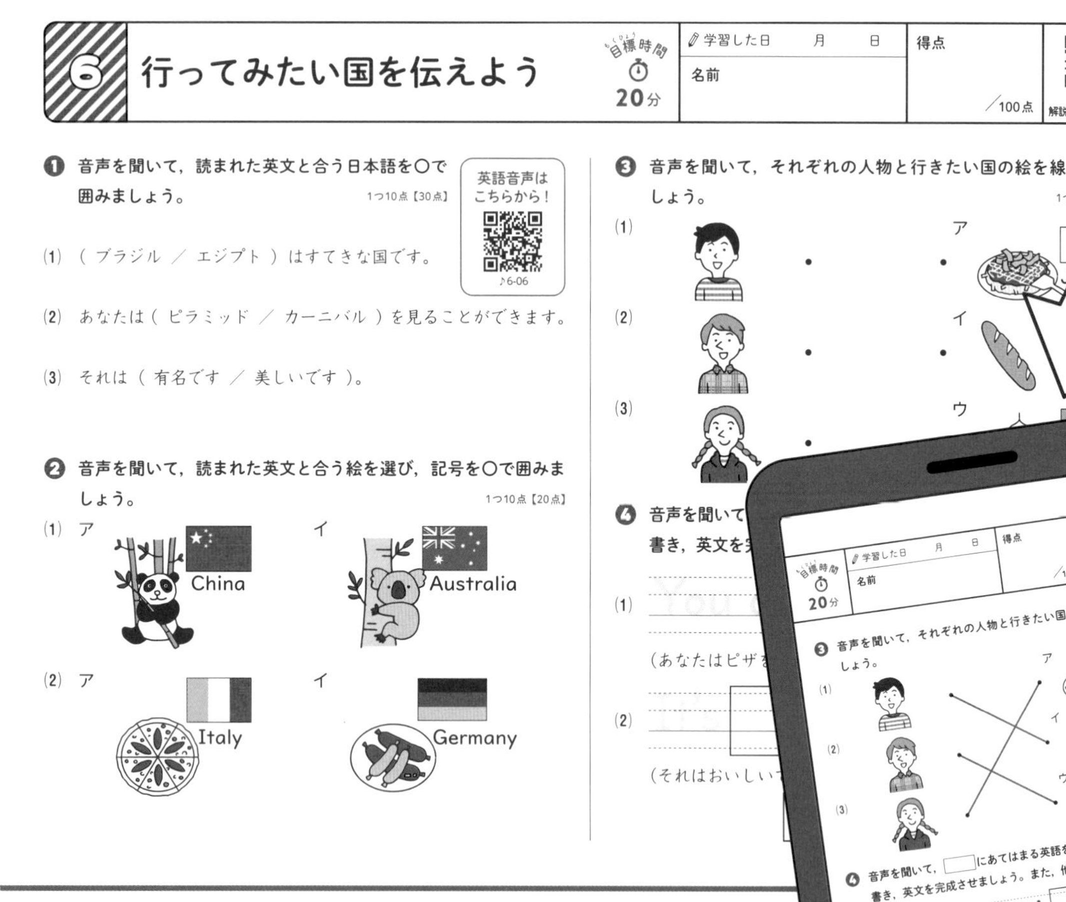

●問題ページ右上のQRコードを，お手持ちのスマートフォンやタブレットで読みとってください。そのページの解答が印字された状態の誌面が画面上に表示されるので，「答え」のページを確認しなくても，その場ですばやくマルつけができます。

●くわしい解説が必要な場合は，「答え」のページのポイントをご確認ください。

英語音声もスマホでらくらく!

以下の3通りの方法で，カンタンに再生することができます。

① スマートフォン・タブレットで手軽に再生!

誌面のQRコードをスマートフォンなどで読みとり，表示されるURLにアクセスすると，メニュー画面が表示されます。▶ボタンで再生を開始してください。

② 無料リスニングアプリで便利に再生!

無料アプリ「シグマプレーヤー2」でも聞くことができます。音声を「はやい」「ふつう」「ゆっくり」の3段階の速度にできます。

SigmaPlayer2
リスニングアプリ(音声再生用)
無料アプリで文英堂の参考書・問題集の音声を聞くことができます。音声の速度を3段階に調整できます。

App Store，Google Playで「シグマプレーヤー」を検索!

●通信料は別途必要です。動作環境は弊社ホームページをご覧ください。●App StoreはApple Inc.のサービスマークです。●Google PlayはGoogle LLCの商標です。

③ パソコンでも再生できる!

文英堂Webサイトから，MP3ファイルを一括ダウンロードすれば，スマートフォンやタブレットがなくても，パソコンで音声を聞くことができます。
文英堂Webサイト　www.bun-eido.co.jp

●音声および「らくらくマルつけシステム」は無料でご利用いただけますが，通信料金はお客様のご負担となります。●すべての機器での動作を保証するものではありません。●やむを得ずサービス内容に予告なく変更が生じる場合があります。●QRコードは㈱デンソーウェーブの登録商標です。

線対称 ①

学習した日　　月　　日

名前

得点

／100点

6001
解説→307ページ

算数

❶ 次のような6つの図形があります。この中から線対称なものには○，そうでないものには×を書きましょう。 1つ10点【60点】

ア

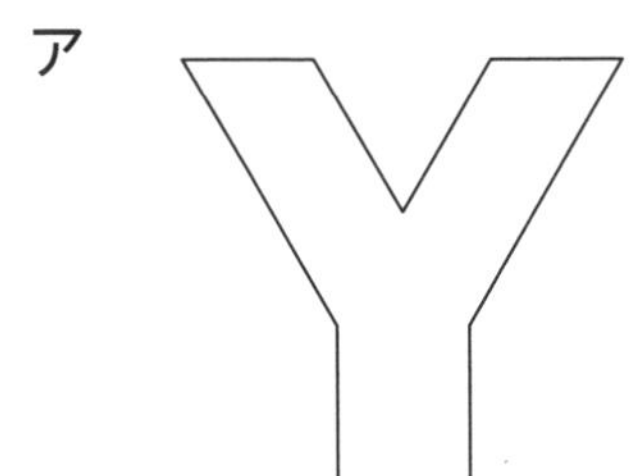

イ

（　　）　（　　）

ウ

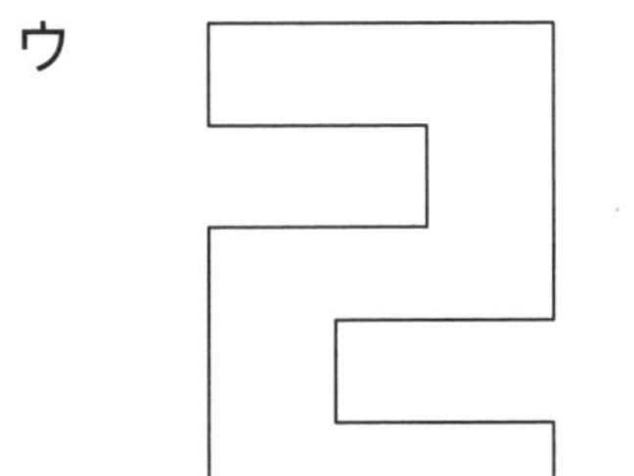

エ

（　　）　（　　）

オ

カ

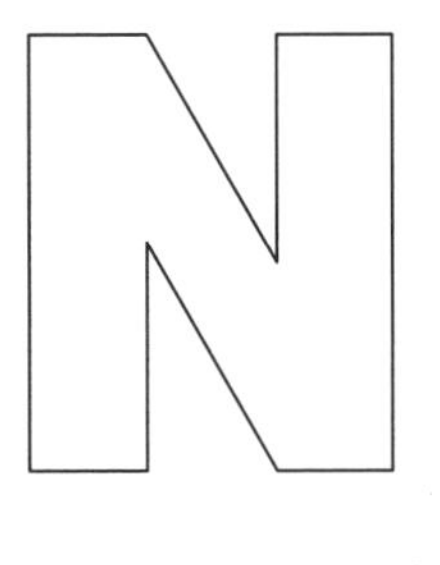

（　　）　（　　）

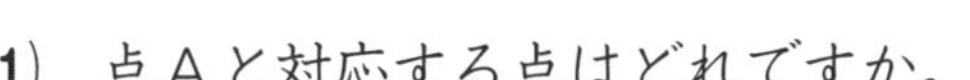

❷ 右の図のような，直線アイを対称の軸とした線対称な図形について，次の問いに答えましょう。 1つ8点【40点】

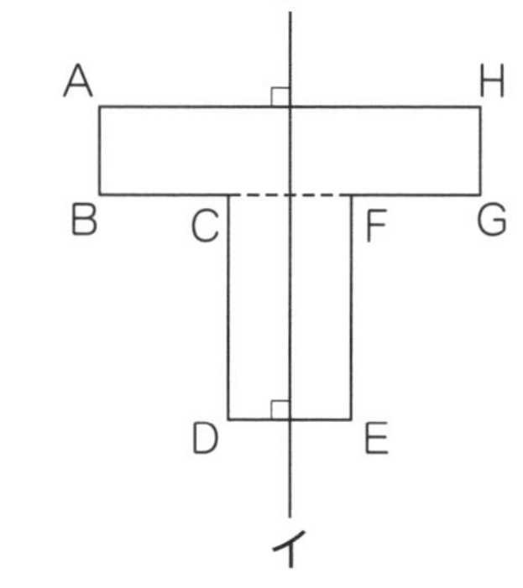

(1) 点Aと対応する点はどれですか。

（　　　　）

(2) 点Eと対応する点はどれですか。

（　　　　）

(3) 辺CDと対応する辺はどれですか。

（　　　　）

(4) 角Gと対応する角はどれですか。

（　　　　）

(5) 直線アイと直線CFはどのような関係にありますか。

（　　　　）

＼もう１回チャレンジ!!／

線対称①

目標時間 20分

学習した日　　月　　日

名前

得点　　／100点

6001
解説→307ページ

❶ 次のような６つの図形があります。この中から線対称なものには○，そうでないものには×を書きましょう。　1つ10点【60点】

ア

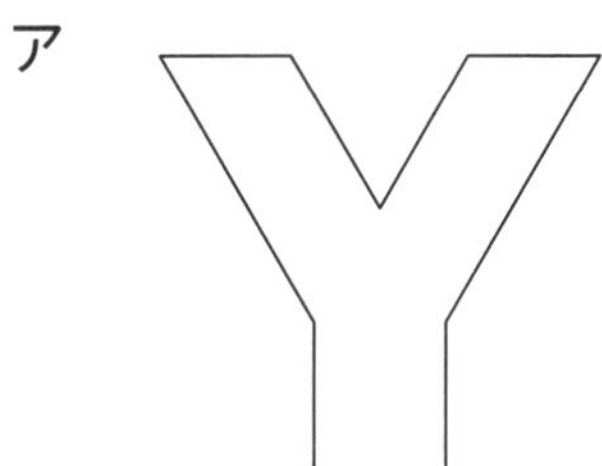

（　　）

イ

（　　）

ウ

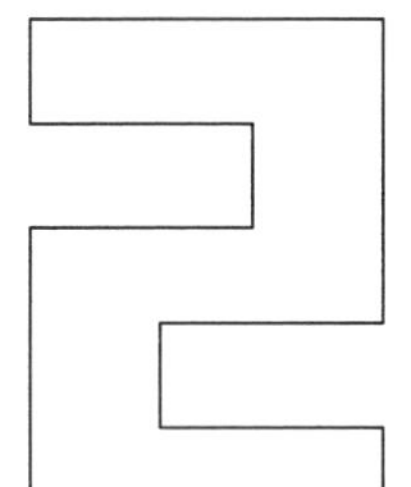

（　　）

エ

（　　）

オ

（　　）

カ

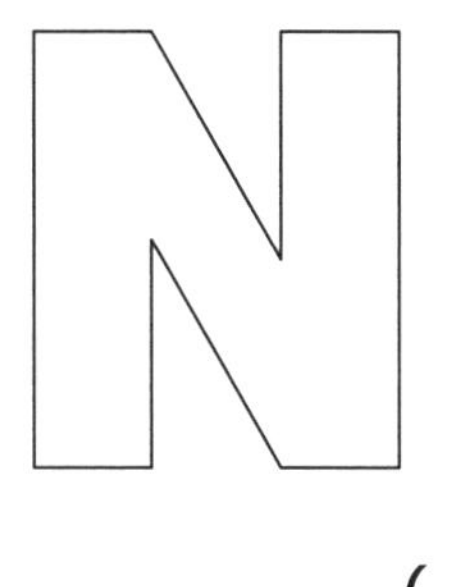

（　　）

❷ 右の図のような，直線アイを対称の軸とした線対称な図形について，次の問いに答えましょう。　1つ8点【40点】

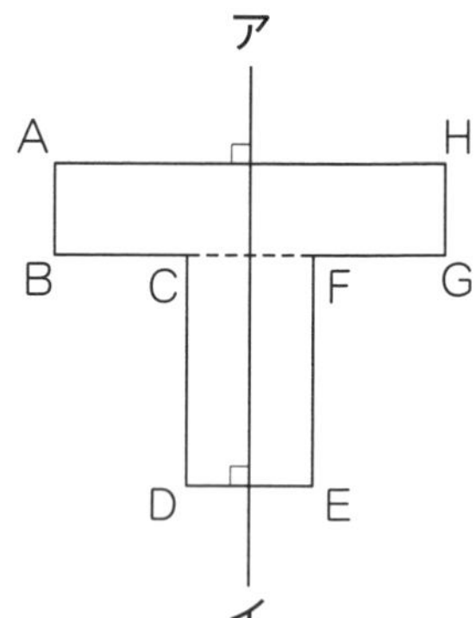

(1) 点Ａと対応する点はどれですか。

（　　　）

(2) 点Ｅと対応する点はどれですか。

（　　　）

(3) 辺CDと対応する辺はどれですか。

（　　　）

(4) 角Ｇと対応する角はどれですか。

（　　　）

(5) 直線アイと直線CFはどのような関係にありますか。

（　　　）

せんたいしょう
線対称②

学習した日　月　日

名前

得点

／100点

らくらくマルつけ

6002
解説→307ページ

算数

❶ 右の図のような，直線MPを対称の軸とした線対称な図形について，次の問いに答えましょう。 1つ13点【65点】

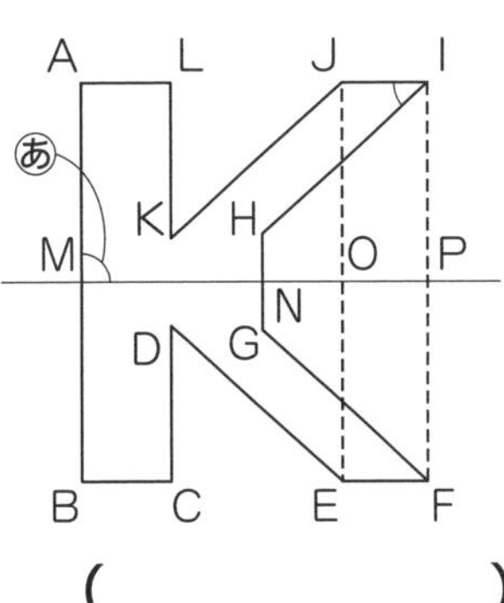

(1) 直線HNと長さが等しい直線はどれですか。

(　　　　　)

(2) 辺IJが3cmのとき，辺FEは何cmですか。

(　　　　　)

(3) 角Iの大きさが45°のとき，角Fの大きさは何度ですか。

(　　　　　)

(4) 辺ABが12cmのとき，直線AMは何cmですか。

(　　　　　)

(5) 角あの大きさは何度ですか。

(　　　　　)

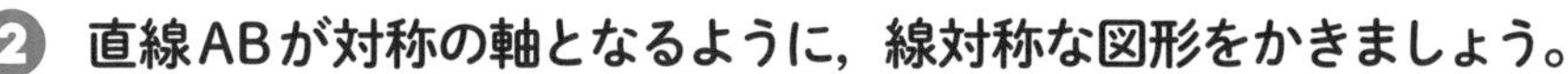

❷ 直線ABが対称の軸となるように，線対称な図形をかきましょう。 【15点】

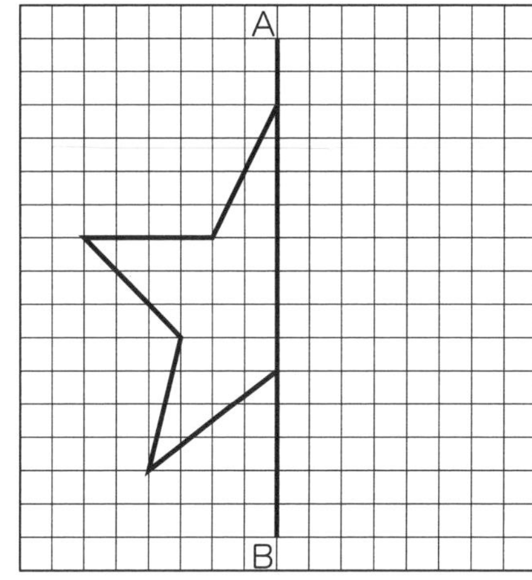

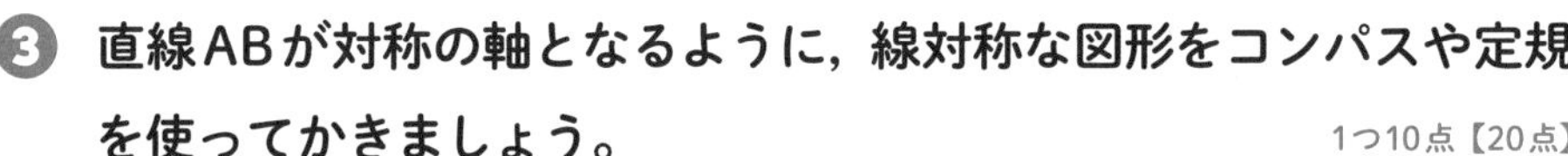

❸ 直線ABが対称の軸となるように，線対称な図形をコンパスや定規を使ってかきましょう。 1つ10点【20点】

(1)

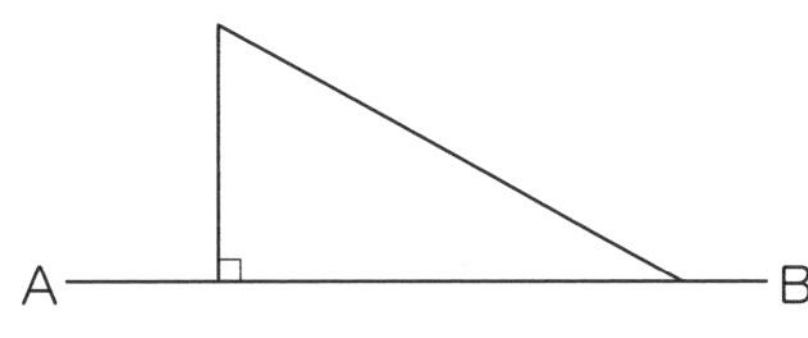

(2)

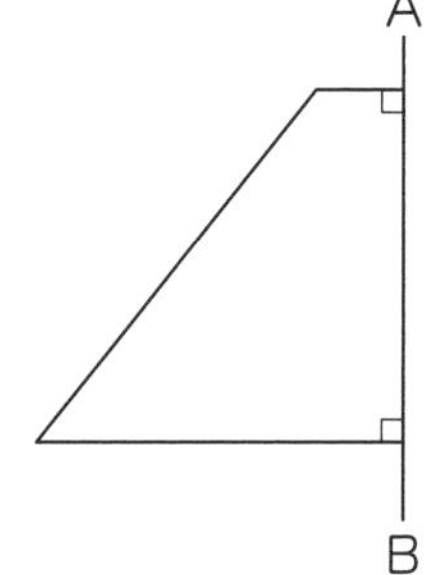

線対称②

目標時間 20分

学習した日　　月　　日

名前

得点　　／100点

6002
解説→307ページ

らくらくマルつけ

❶ 右の図のような，直線MPを対称の軸とした線対称な図形について，次の問いに答えましょう。 1つ13点【65点】

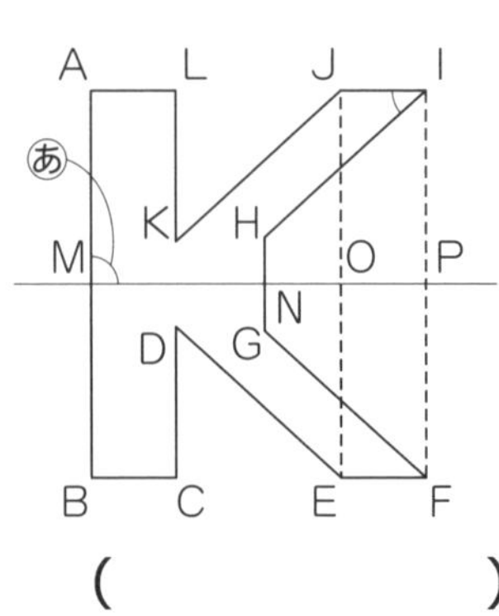

(1) 直線HNと長さが等しい直線はどれですか。

(　　　　　　)

(2) 辺IJが3cmのとき，辺FEは何cmですか。

(　　　　　　)

(3) 角Iの大きさが45°のとき，角Fの大きさは何度ですか。

(　　　　　　)

(4) 辺ABが12cmのとき，直線AMは何cmですか。

(　　　　　　)

(5) 角㋐の大きさは何度ですか。

(　　　　　　)

❷ 直線ABが対称の軸となるように，線対称な図形をかきましょう。 【15点】

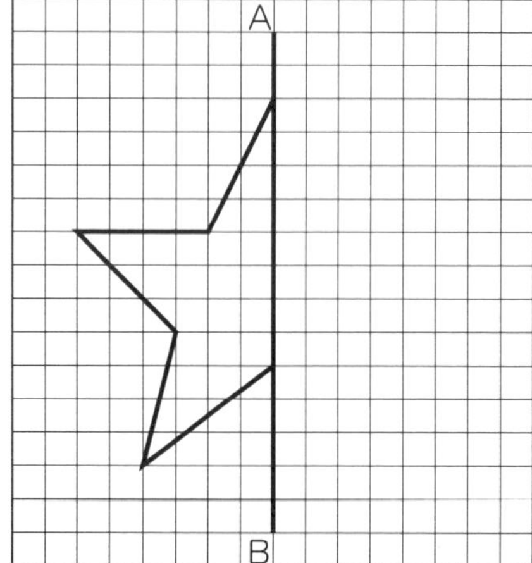

❸ 直線ABが対称の軸となるように，線対称な図形をコンパスや定規を使ってかきましょう。 1つ10点【20点】

(1)

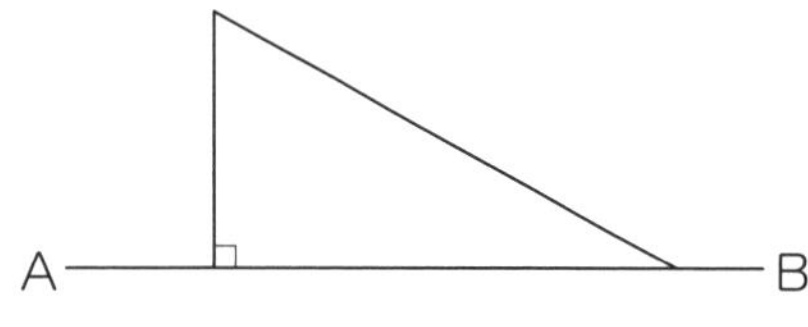

(2)

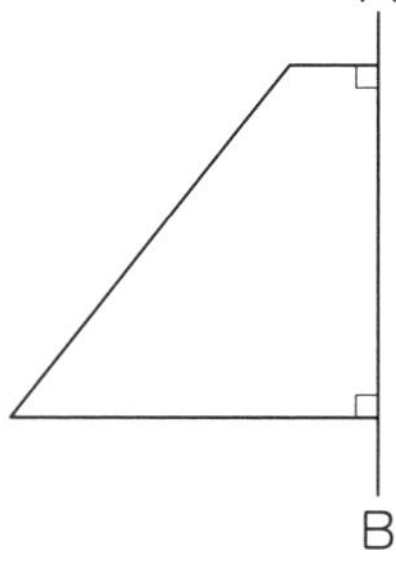

てんたいしょう
点対称 ①

✎学習した日　　月　　日

名前

得点

／100点

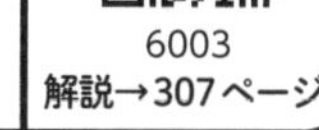

解説→307ページ

❶ 次のような６つの図形があります。この中から点対称なものには○，そうでないものには×を書きましょう。　1つ10点【60点】

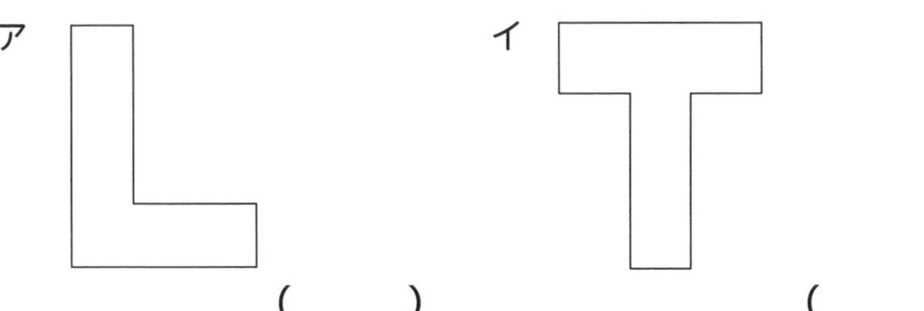

ア（　　）　イ（　　）

ウ

（　　）

エ

（　　）

オ

（　　）

カ

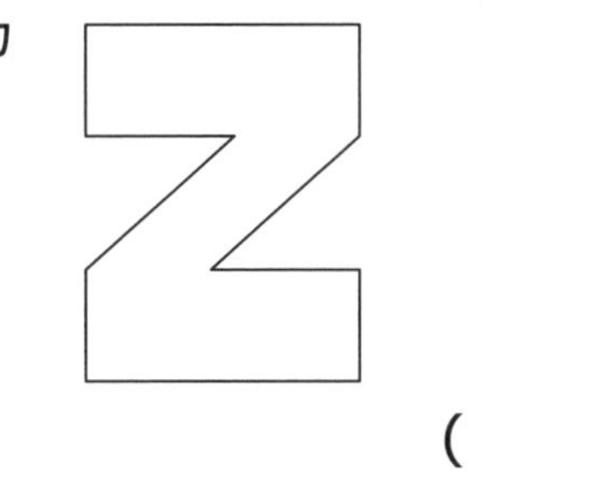

（　　）

❷ 右の図のような，点Oを対称の中心とした点対称な図形について，次の問いに答えましょう。　1つ8点【40点】

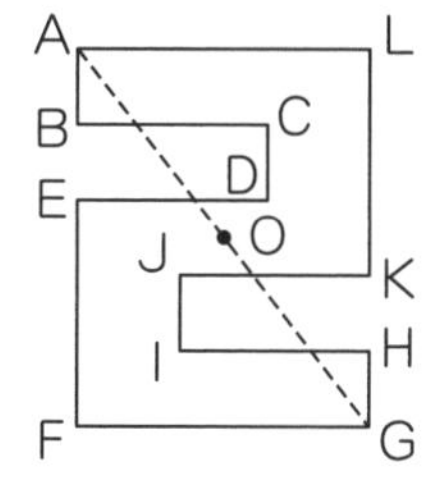

(1)　点Iと対応する点はどれですか。

（　　　　）

(2)　点Bと対応する点はどれですか。

（　　　　）

(3)　辺DEと対応する辺はどれですか。

（　　　　）

(4)　角Fと対応する角はどれですか。

（　　　　）

(5)　辺ALと長さが等しい辺はどれですか。

（　　　　）

3 点対称①

目標時間 20分

学習した日　月　日

名前

得点

／100点

6003
解説→307ページ

❶ 次のような6つの図形があります。この中から点対称なものには○，そうでないものには×を書きましょう。　1つ10点【60点】

ア

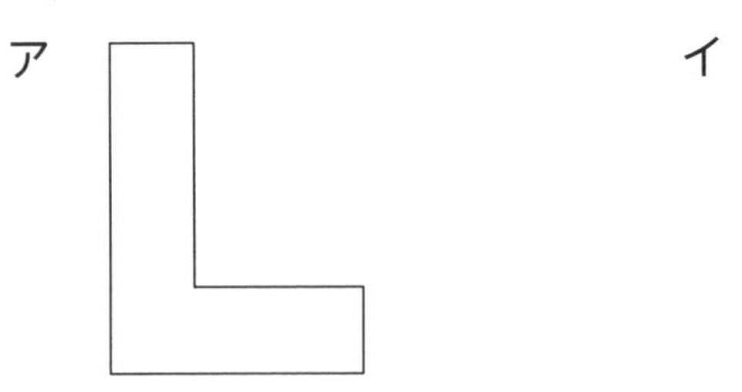

（　　）

イ

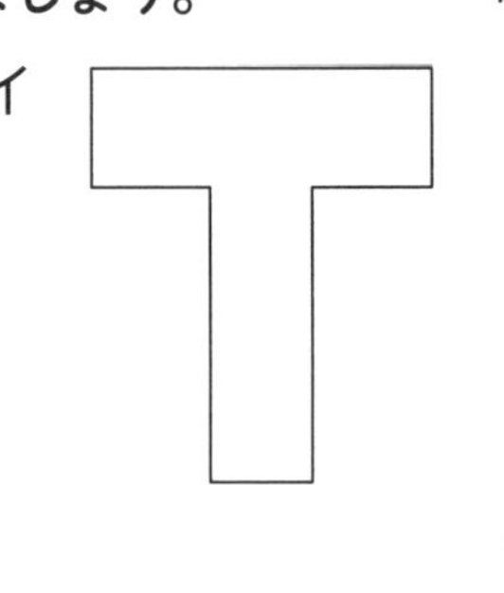

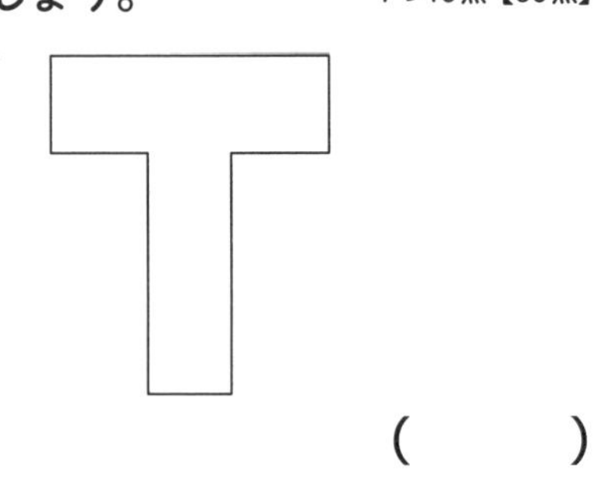

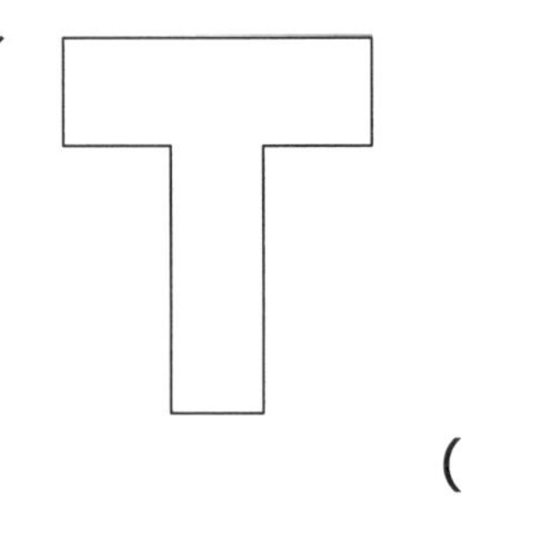

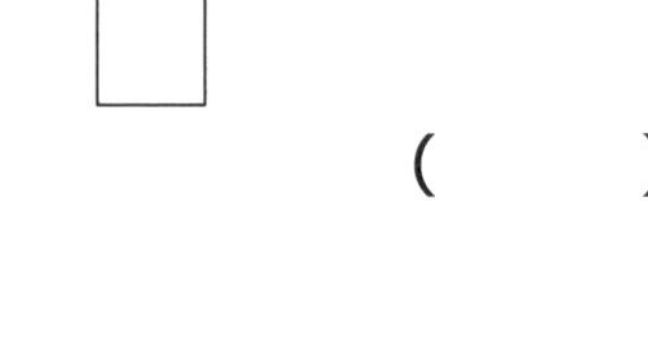

（　　）

ウ

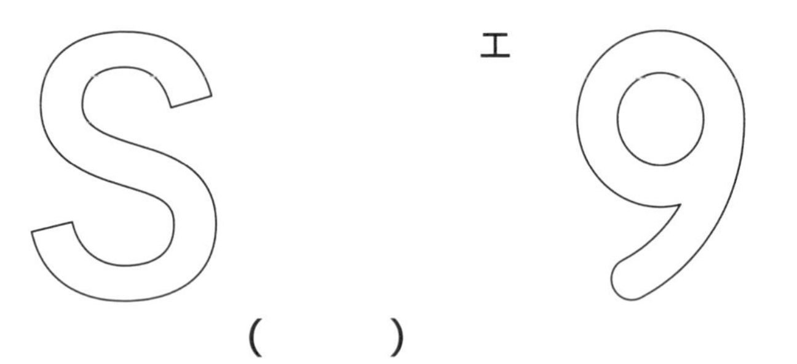

（　　）

エ

（　　）

オ

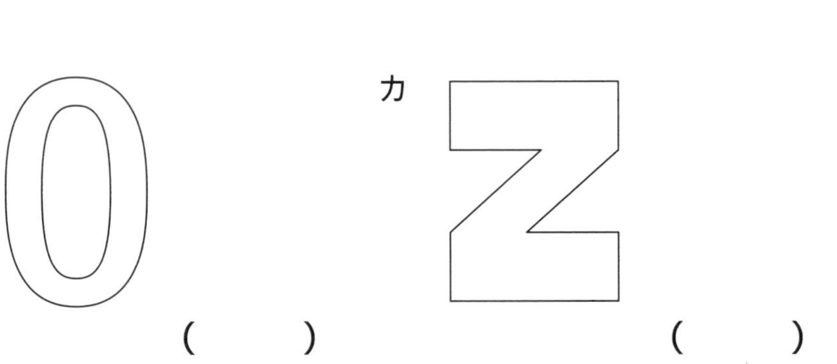

（　　）

カ

（　　）

❷ 右の図のような，点Oを対称の中心とした点対称な図形について，次の問いに答えましょう。　1つ8点【40点】

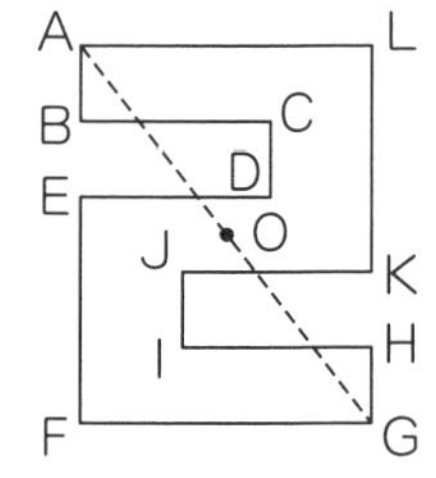

(1) 点Iと対応する点はどれですか。

（　　　）

(2) 点Bと対応する点はどれですか。

（　　　）

(3) 辺DEと対応する辺はどれですか。

（　　　）

(4) 角Fと対応する角はどれですか。

（　　　）

(5) 辺ALと長さが等しい辺はどれですか。

（　　　）

4 点対称(てんたいしょう) ②

目標時間 20分

学習した日　　月　　日

名前

得点　　／100点

6004
解説→307ページ

らくらくマルつけ

算数

❶ 右の図のような，点Oを対称(たいしょう)の中心とした点対称な図形について，次の問いに答えましょう。 1つ15点【45点】

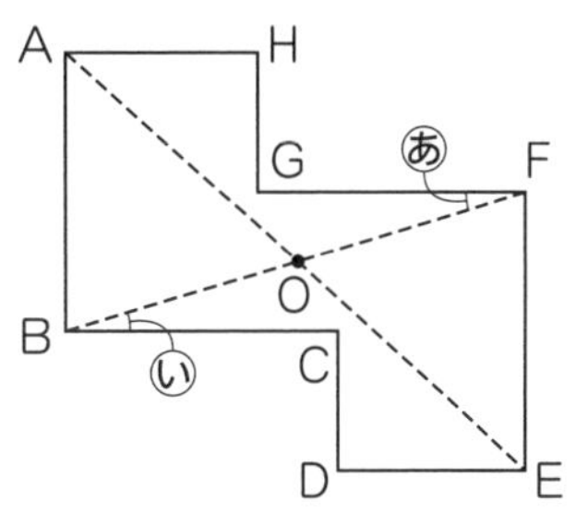

(1) 辺AHが4cmのとき，辺EDの長さは何cmですか。

(　　　　)

(2) 直線BFの長さが10cmのとき，直線OFは何cmですか。

(　　　　)

(3) 角あの大きさが20°のとき，角いの大きさは何度ですか。

(　　　　)

❷ 点Oが対称の中心になるように，点対称な図形をかきましょう。【15点】

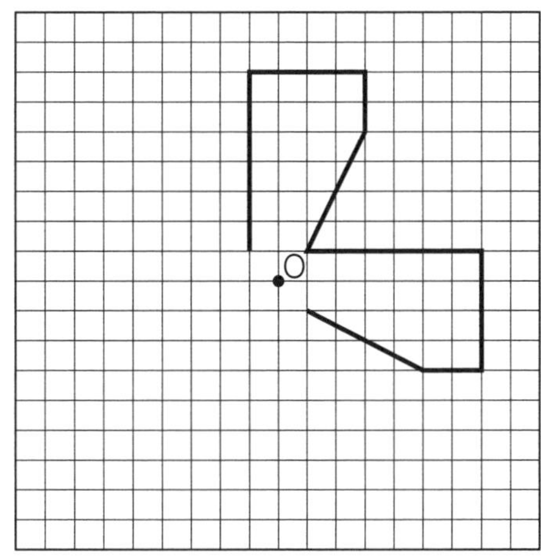

❸ 点Oが対称の中心になるように，コンパスや定規を使って点対称な図形をかきましょう。

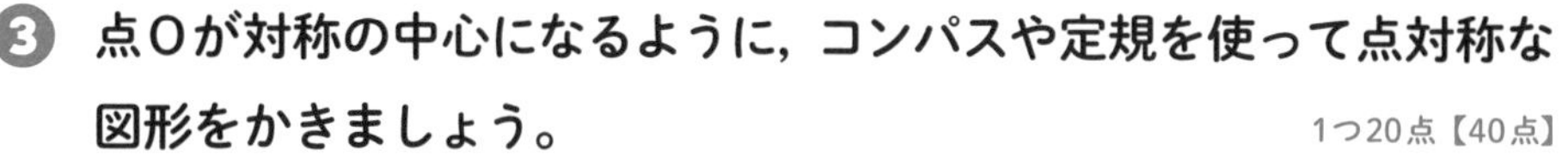

1つ20点【40点】

(1)

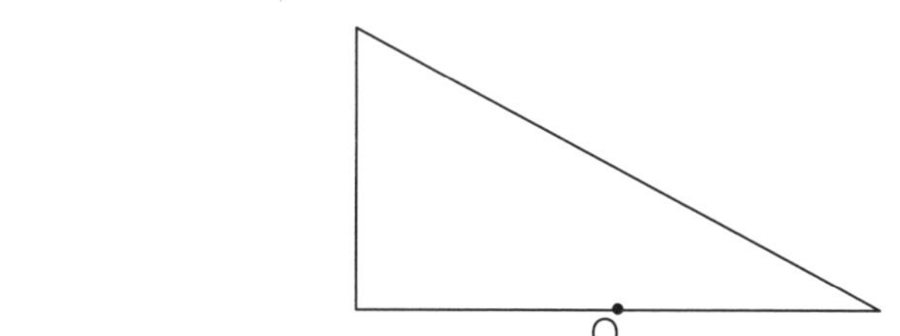

(2)

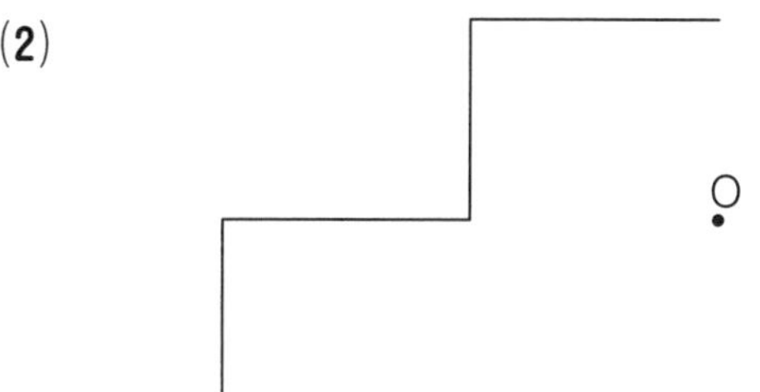

点対称②

目標時間 20分

学習した日　月　日

名前

得点　／100点

6004
解説→307ページ

らくらくマルつけ

❶ 右の図のような，点Oを対称の中心とした点対称な図形について，次の問いに答えましょう。 1つ15点【45点】

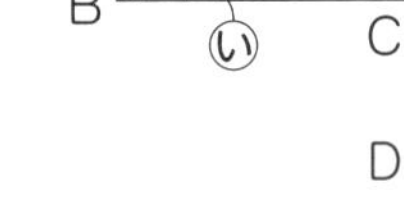

(1) 辺AHが4cmのとき，辺EDの長さは何cmですか。

（　　　　）

(2) 直線BFの長さが10cmのとき，直線OFは何cmですか。

（　　　　）

(3) 角あの大きさが20°のとき，角いの大きさは何度ですか。

（　　　　）

❷ 点Oが対称の中心になるように，点対称な図形をかきましょう。【15点】

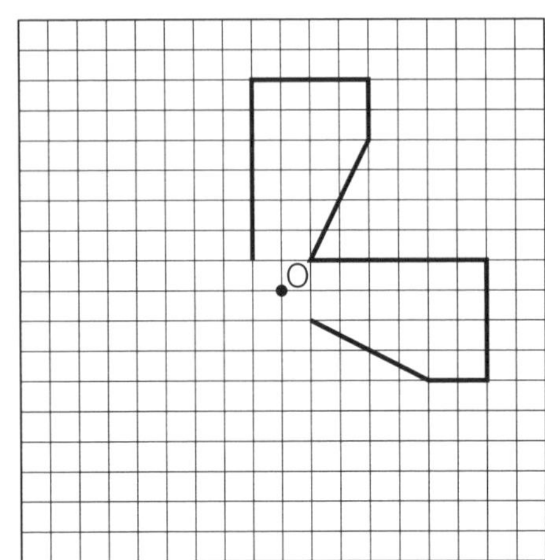

❸ 点Oが対称の中心になるように，コンパスや定規を使って点対称な図形をかきましょう。 1つ20点【40点】

(1)

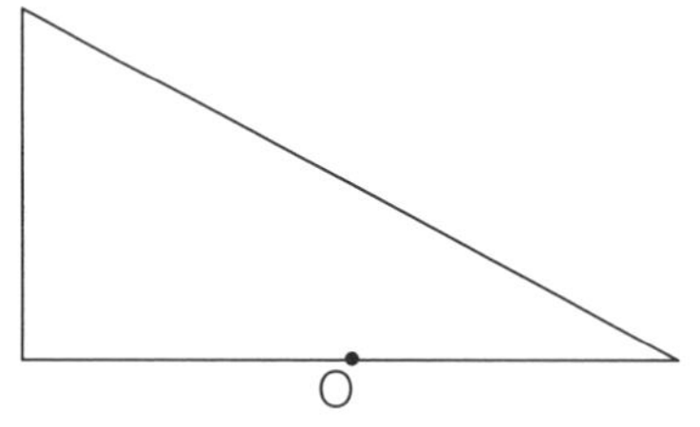

(2)

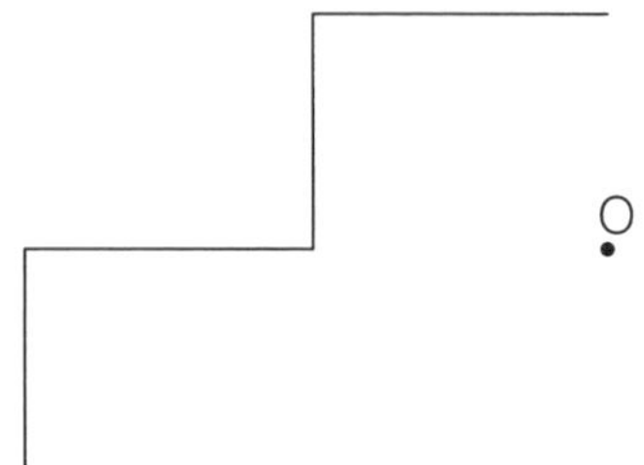

5 多角形と対称(たいしょう)

学習した日　月　日

名前

得点

／100点

6005
解説→308ページ

❶ 次のような，5つの図形があります。あとの問いに答えましょう。 【75点】

ア

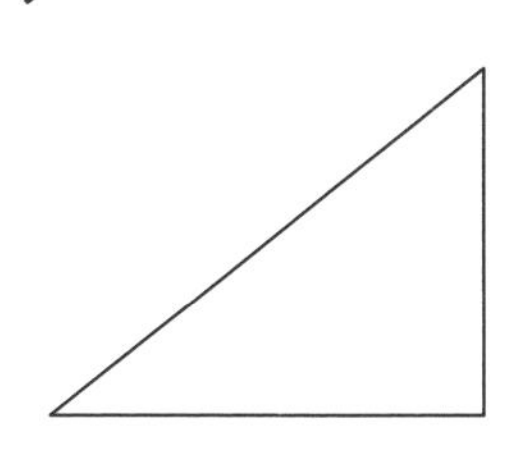

直角三角形

イ

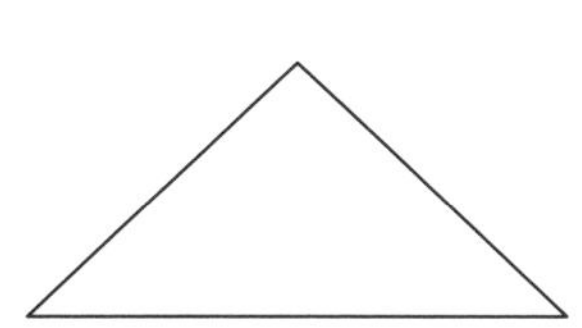

二等辺三角形

ウ

正方形

エ

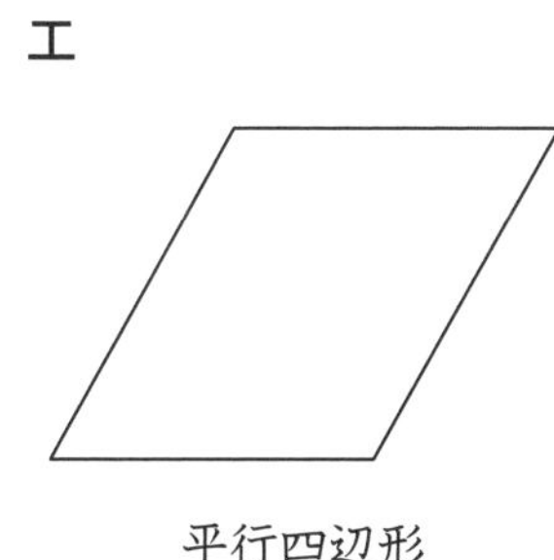

平行四辺形

オ

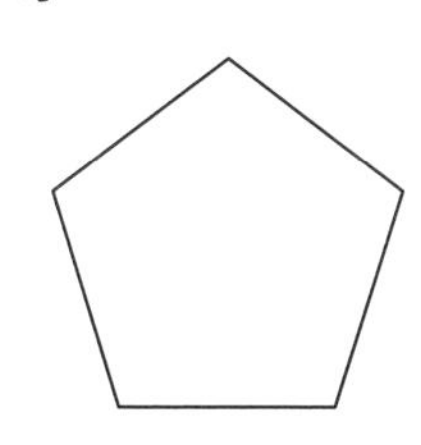

正五角形

(1) ア～オから，線対称(せんたいしょう)な図形をすべて選び，記号で書きましょう。(25点)

(　　　　　)

(2) ア～オから，点対称な図形をすべて選び，記号で書きましょう。(25点)

(　　　　　)

(3) ア～オの，対称の軸(じく)の本数を次の表にまとめましょう。対称の軸がない図形には×を書きましょう。 1つ5点(25点)

	ア	イ	ウ	エ	オ
対称の軸の本数					

❷ 次の図形は正六角形です。対称の軸をすべてかきましょう。 【25点】

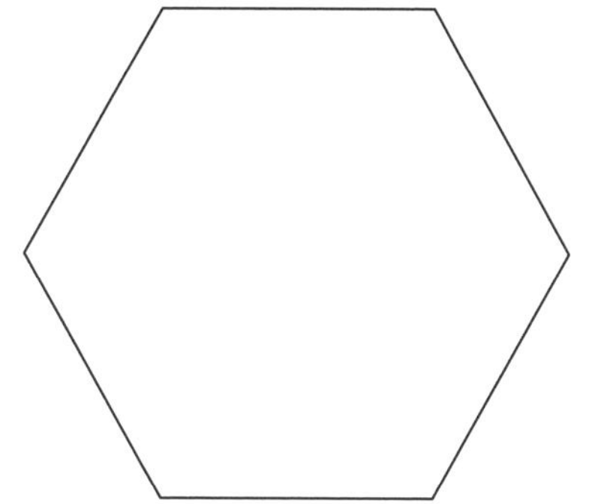

算数

5 多角形と対称

目標時間 20分

学習した日　　月　　日

名前

得点　　／100点

6005 解説→308ページ

らくらくマルつけ

❶ **次のような，５つの図形があります。あとの問いに答えましょう。** 【75点】

ア　イ　ウ

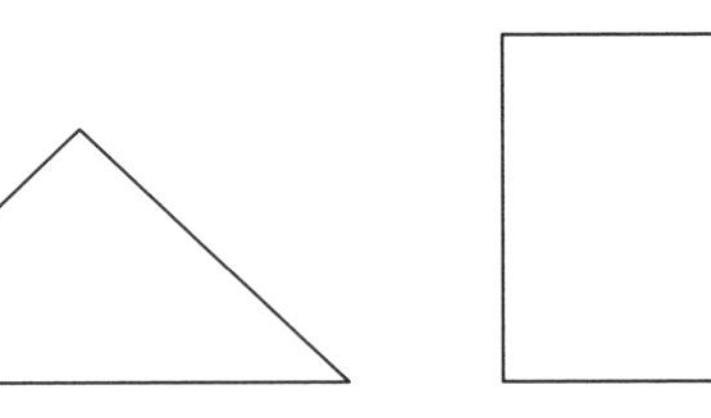

直角三角形　二等辺三角形　正方形

エ　オ

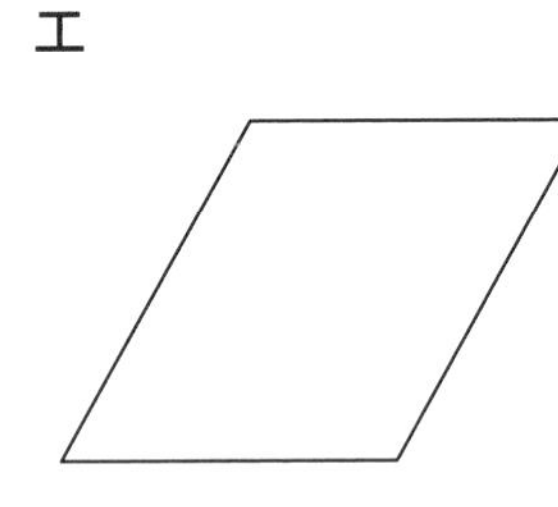

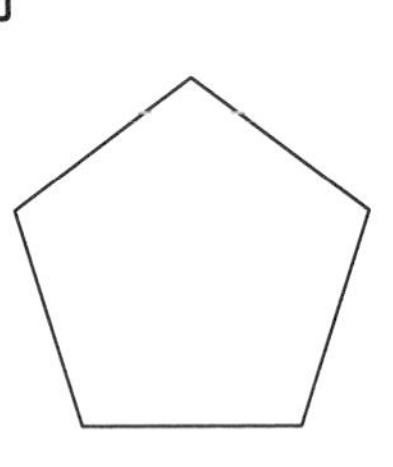

平行四辺形　正五角形

(1) ア〜オから，線対称な図形をすべて選び，記号で書きましょう。 (25点)

（　　　　　）

(2) ア〜オから，点対称な図形をすべて選び，記号で書きましょう。 (25点)

（　　　　　）

(3) ア〜オの，対称の軸の本数を次の表にまとめましょう。対称の軸がない図形には×を書きましょう。 1つ5点(25点)

	ア	イ	ウ	エ	オ
対称の軸の本数					

❷ **次の図形は正六角形です。対称の軸をすべてかきましょう。** 【25点】

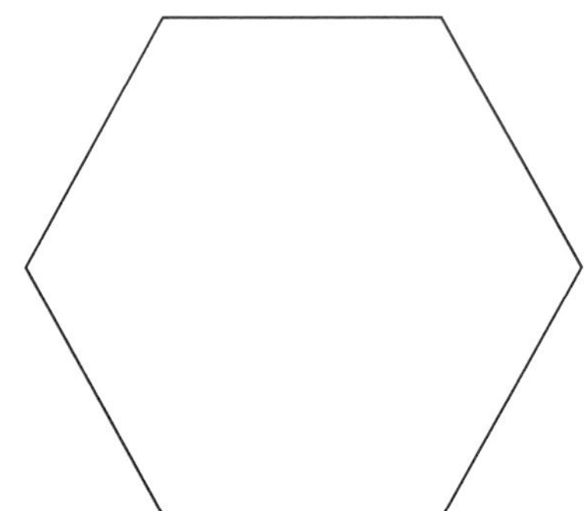

文字を使った式①

学習した日　月　日

名前

得点

／100点

6006
解説→308ページ

算数

1 同じ値段(ねだん)のみかんを5個買うときの代金を考えます。次の問いに答えましょう。【40点】

(1) みかん1個の値段をx円，5個の代金をy円として，xとyの関係を式に表しましょう。(14点)

(　　　　　　　)

(2) xの値(あたい)を110，120，160としたときのyの値を求めるため，表にまとめます。次の表にあてはまる数を書きましょう。(全部できて13点)

x(円)	110	120	…	160
y(円)			…	

(3) yの値を125，275，1035にしたときのxの値を求めるため，表にまとめます。次の表にあてはまる数を書きましょう。(全部できて13点)

x(円)			…	
y(円)	125	275	…	1035

2 x円のえん筆と150円のノートを買ったときの代金はy円です。xとyの関係を式に表しましょう。【20点】

(　　　　　　　)

3 縦(たて)が8cm，横が$x$cmの長方形の面積は$y$cm²です。xとyの関係を式に表しましょう。【20点】

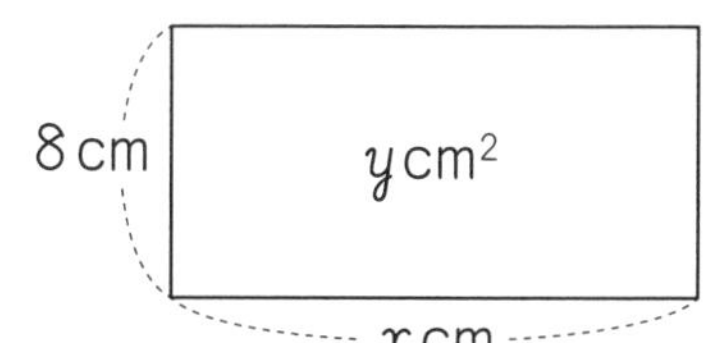

(　　　　　　　)

4 2mのテープからxm切りとった残りのテープの長さはymです。xとyの関係を式に表しましょう。【20点】

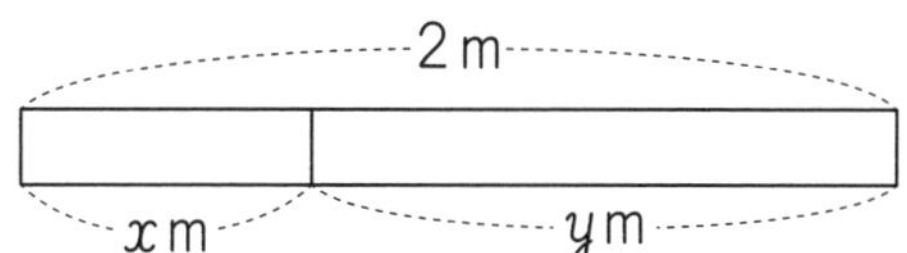

(　　　　　　　)

文字を使った式①

目標時間 20分

学習した日　　月　　日

名前

得点　　／100点

6006 解説→308ページ

1 同じ値段のみかんを5個買うときの代金を考えます。次の問いに答えましょう。【40点】

(1) みかん1個の値段をx円，5個の代金をy円として，xとyの関係を式に表しましょう。(14点)

(　　　　　　　)

(2) xの値を110，120，160としたときのyの値を求めるため，表にまとめます。次の表にあてはまる数を書きましょう。(全部できて13点)

x(円)	110	120	…	160
y(円)			…	

(3) yの値を125，275，1035にしたときのxの値を求めるため，表にまとめます。次の表にあてはまる数を書きましょう。(全部できて13点)

x(円)			…	
y(円)	125	275	…	1035

2 x円のえん筆と150円のノートを買ったときの代金はy円です。xとyの関係を式に表しましょう。【20点】

(　　　　　　　)

3 縦が8cm，横が$x$cmの長方形の面積は$y$cm²です。xとyの関係を式に表しましょう。【20点】

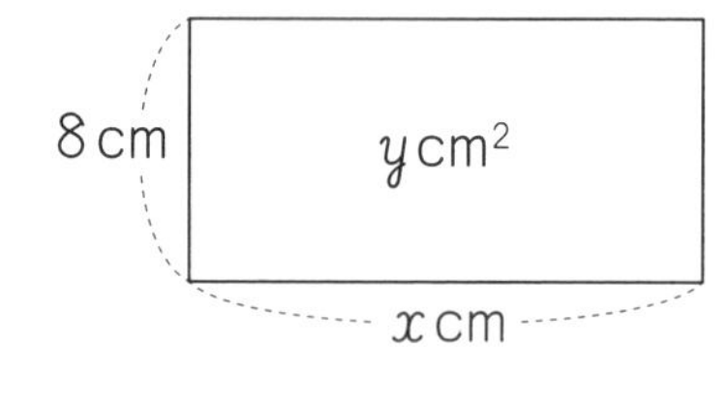

(　　　　　　　)

4 2mのテープからxm切りとった残りのテープの長さはymです。xとyの関係を式に表しましょう。【20点】

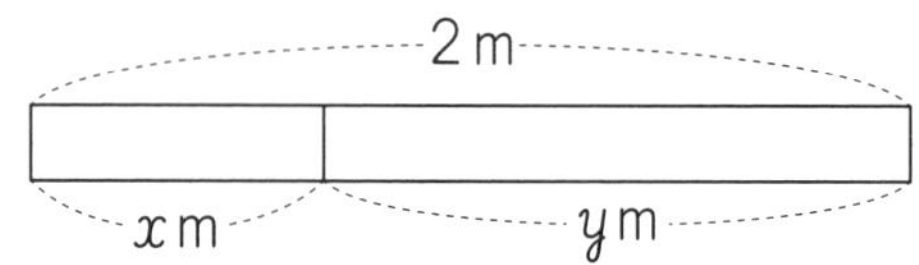

(　　　　　　　)

文字を使った式②

学習した日　　月　　日

名前

得点

／100点

6007
解説→308ページ

❶ 水が20L入っている水そうに，さらに1分間で5Lずつ水を入れていきます。次の問いに答えましょう。 【40点】

(1) 水を入れている時間をx分，水そうに入っているすべての水の量をyLとして，xとyの関係を式に表しましょう。 (10点)

(　　　　　　　　)

(2) xの値(あたい)を3としたときのyの値を求めましょう。 (全部できて10点)

(式)

答え(　　　　　)

(3) xの値を6としたときのyの値を求めましょう。 (全部できて10点)

(式)

答え(　　　　　)

(4) 水そうの容積は60Lです。水そうが水でいっぱいになるのは，水を入れてから何分後ですか。 (全部できて10点)

(式)

答え(　　　　　)

❷ 1cm³あたり2gのねん土があります。次の問いに答えましょう。 【60点】

(1) ねん土の体積を$x$cm³，重さをygとして，xとyの関係を式に表しましょう。 (12点)

(　　　　　　　　)

(2) xの値を4としたときのyの値を求めましょう。 (全部できて12点)

(式)

答え(　　　　　)

(3) xの値を5.5としたときのyの値を求めましょう。 (全部できて12点)

(式)

答え(　　　　　)

(4) yの値を40としたときのxの値を求めましょう。 (全部できて12点)

(式)

答え(　　　　　)

(5) yの値を21としたときのxの値を求めましょう。 (全部できて12点)

(式)

答え(　　　　　)

文字を使った式②

目標時間(もくひょう) 20分

学習した日　月　日

名前

得点　／100点

らくらくマルつけ

6007
解説→308ページ

❶ 水が20L入っている水そうに，さらに1分間で5Lずつ水を入れていきます。次の問いに答えましょう。【40点】

(1) 水を入れている時間をx分，水そうに入っているすべての水の量をyLとして，xとyの関係を式に表しましょう。(10点)

(　　　　　)

(2) xの値(あたい)を3としたときのyの値を求めましょう。(全部できて10点)

(式)

答え(　　　　　)

(3) xの値を6としたときのyの値を求めましょう。(全部できて10点)

(式)

答え(　　　　　)

(4) 水そうの容積は60Lです。水そうが水でいっぱいになるのは，水を入れてから何分後ですか。(全部できて10点)

(式)

答え(　　　　　)

❷ 1cm³あたり2gのねん土があります。次の問いに答えましょう。【60点】

(1) ねん土の体積を$x$cm³，重さをygとして，xとyの関係を式に表しましょう。(12点)

(　　　　　)

(2) xの値を4としたときのyの値を求めましょう。(全部できて12点)

(式)

答え(　　　　　)

(3) xの値を5.5としたときのyの値を求めましょう。(全部できて12点)

(式)

答え(　　　　　)

(4) yの値を40としたときのxの値を求めましょう。(全部できて12点)

(式)

答え(　　　　　)

(5) yの値を21としたときのxの値を求めましょう。(全部できて12点)

(式)

答え(　　　　　)

式のよみ方

学習した日　　月　　日

名前

得点

／100点

6008
解説→308ページ

算数

1 「$20\times x+30$」の式で表されるものを次から選び，記号で書きましょう。【20点】

（　　）

ア　20gの消しゴムx個を30gの箱に入れたときの全体の重さ

イ　20円のあめ１個と30円のクッキー１個を１組にしてx組買ったときの代金

ウ　20mL入っている容器に，１秒あたり30mLずつ水を入れるとき，x秒後の容器に入っているすべての水の量

2 クッキーを１人３枚ずつx人に配るときに必要なクッキーの枚数をy枚とします。この数量の関係を表した式を次から選び，記号で書きましょう。【20点】

（　　）

ア　$3+x=y$
イ　$3\times x=y$
ウ　$x\div 3=y$

3 ゆうきさん，いちかさん，そうすけさんの３人は，右のような長方形を組み合わせた図形の面積を，次のア～ウのいずれかの図を使って求めました。あとの問いに答えましょう。1つ20点【60点】

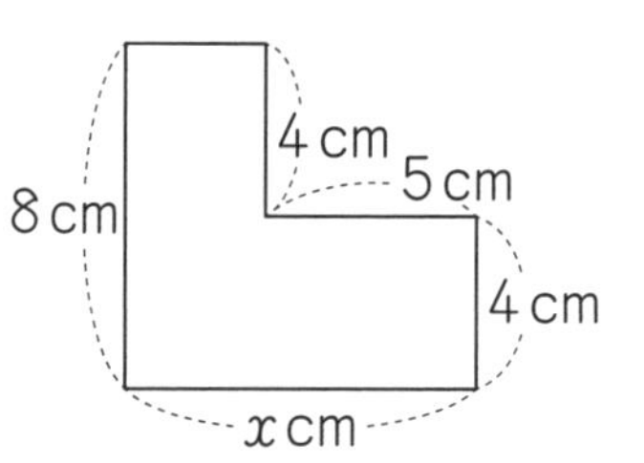

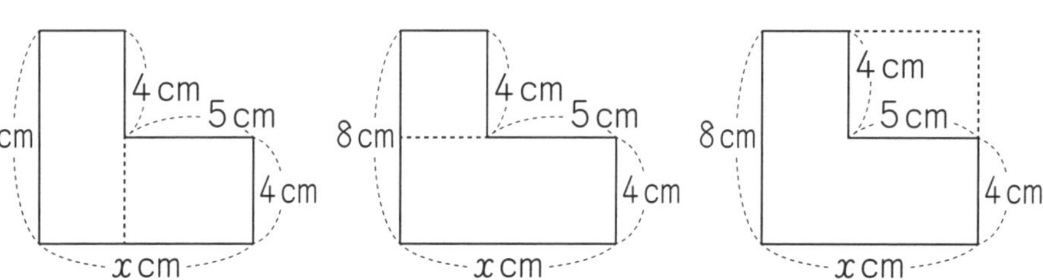

(1)　ゆうきさんは，「$8\times x-4\times 5$」という式で，この図形の面積を求めました。ゆうきさんが考えた図をア～ウから選び，記号で書きましょう。

（　　）

(2)　いちかさんは，「$8\times(x-5)+4\times 5$」という式で，この図形の面積を求めました。いちかさんが考えた図をア～ウから選び，記号で書きましょう。

（　　）

(3)　そうすけさんは，「$4\times(x-5)+4\times x$」という式で，この図形の面積を求めました。そうすけさんが考えた図をア～ウから選び，記号で書きましょう。

（　　）

式のよみ方

学習した日　　月　　日

名前

得点

／100点

6008
解説→308ページ

❶ 「$20\times x+30$」の式で表されるものを次から選び，記号で書きましょう。 【20点】

（　　　）

ア　20gの消しゴムx個を30gの箱に入れたときの全体の重さ

イ　20円のあめ１個と30円のクッキー１個を１組にしてx組買ったときの代金

ウ　20mL入っている容器に，１秒あたり30mLずつ水を入れるとき，x秒後の容器に入っているすべての水の量

❷ クッキーを１人３枚ずつx人に配るときに必要なクッキーの枚数をy枚とします。この数量の関係を表した式を次から選び，記号で書きましょう。 【20点】

（　　　）

ア　$3+x=y$

イ　$3\times x=y$

ウ　$x\div 3=y$

❸ ゆうきさん，いちかさん，そうすけさんの３人は，右のような長方形を組み合わせた図形の面積を，次のア〜ウのいずれかの図を使って求めました。あとの問いに答えましょう。 1つ20点【60点】

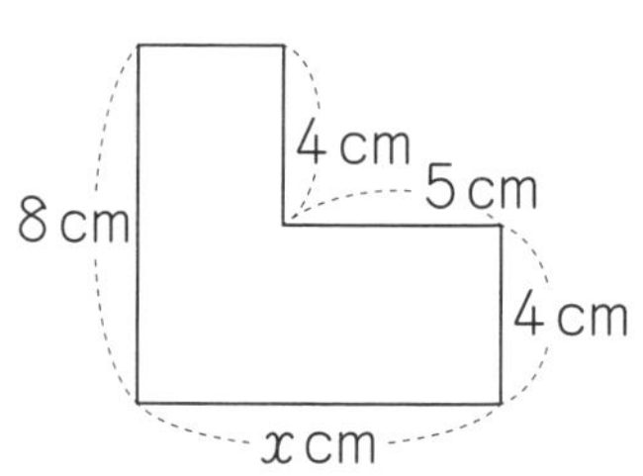

ア　イ　ウ

(1)　ゆうきさんは，「$8\times x-4\times 5$」という式で，この図形の面積を求めました。ゆうきさんが考えた図をア〜ウから選び，記号で書きましょう。

（　　　）

(2)　いちかさんは，「$8\times(x-5)+4\times 5$」という式で，この図形の面積を求めました。いちかさんが考えた図をア〜ウから選び，記号で書きましょう。

（　　　）

(3)　そうすけさんは，「$4\times(x-5)+4\times x$」という式で，この図形の面積を求めました。そうすけさんが考えた図をア〜ウから選び，記号で書きましょう。

（　　　）

9 分数×整数

学習した日　月　日

名前

得点

／100点

6009
解説→309ページ

算数

1 次の計算をしましょう。　1つ8点【64点】

(1) $\frac{4}{9}\times2=$　　(2) $\frac{2}{5}\times4=$

(3) $\frac{2}{7}\times5=$　　(4) $\frac{3}{10}\times7=$

(5) $\frac{3}{8}\times2=$　　(6) $\frac{1}{9}\times6=$

(7) $\frac{4}{9}\times9=$　　(8) $\frac{5}{6}\times8=$

2 1本$\frac{7}{9}$L入っている牛乳(ぎゅうにゅう)があります。この牛乳4本で何Lですか。

【全部できて12点】

(式)

答え(　　　　　)

3 1個の重さが$\frac{7}{12}$kgあるボールがあります。このボール6個で何kgですか。

【全部できて12点】

(式)

答え(　　　　　)

4 1mLで$\frac{1}{60}$m^{2}ぬれる絵の具があります。この絵の具を9mL用意すると何m^{2}ぬれますか。

【全部できて12点】

(式)

答え(　　　　　)

分数×整数

目標時間 20分

学習した日　月　日

名前

得点　／100点

6009
解説→309ページ

らくらくマルつけ

❶ 次の計算をしましょう。　1つ8点【64点】

(1) $\frac{4}{9}\times 2=$

(2) $\frac{2}{5}\times 4=$

(3) $\frac{2}{7}\times 5=$

(4) $\frac{3}{10}\times 7=$

(5) $\frac{3}{8}\times 2=$

(6) $\frac{1}{9}\times 6=$

(7) $\frac{4}{9}\times 9=$

(8) $\frac{5}{6}\times 8=$

❷ 1本 $\frac{7}{9}$ L入っている牛乳(ぎゅうにゅう)があります。この牛乳4本で何Lですか。

【全部できて12点】

(式)

答え(　　　　)

❸ 1個の重さが $\frac{7}{12}$ kgあるボールがあります。このボール6個で何kgですか。　【全部できて12点】

(式)

答え(　　　　)

❹ 1mLで $\frac{1}{60}$ m^2 ぬれる絵の具があります。この絵の具を9mL用意すると何 m^2 ぬれますか。　【全部できて12点】

(式)

答え(　　　　)

分数÷整数

目標時間 20分

学習した日　月　日

名前

得点　／100点

6010
解説→309ページ

らくらくマルつけ

算数

❶ 次の計算をしましょう。　1つ8点【64点】

(1) $\frac{3}{7}\div 2=$

(2) $\frac{5}{8}\div 3=$

(3) $\frac{7}{3}\div 6=$

(4) $\frac{3}{2}\div 4=$

(5) $\frac{6}{5}\div 3=$

(6) $\frac{4}{11}\div 8=$

(7) $\frac{9}{5}\div 6=$

(8) $\frac{4}{7}\div 10=$

❷ $\frac{6}{7}$mのテープを５人で同じ長さに分けます。テープの長さは１人何ｍになりますか。　【全部できて12点】

(式)

答え(　　　　　)

❸ $\frac{6}{11}$Lのりんごジュースを３人で同じ量に分けます。りんごジュースは１人何Lになりますか。　【全部できて12点】

(式)

答え(　　　　　)

❹ ９個で$\frac{3}{5}$kgのケーキがあります。ケーキ１個は何kgですか。　【全部できて12点】

(式)

答え(　　　　　)

分数÷整数

目標時間 20分

学習した日　　月　　日

名前

得点

／100点

6010
解説→309ページ

らくらくマルつけ

❶ 次の計算をしましょう。　1つ8点【64点】

(1) $\frac{3}{7}\div 2=$

(2) $\frac{5}{8}\div 3=$

(3) $\frac{7}{3}\div 6=$

(4) $\frac{3}{2}\div 4=$

(5) $\frac{6}{5}\div 3=$

(6) $\frac{4}{11}\div 8=$

(7) $\frac{9}{5}\div 6=$

(8) $\frac{4}{7}\div 10=$

❷ $\frac{6}{7}$mのテープを５人で同じ長さに分けます。テープの長さは１人何mになりますか。　【全部できて12点】

(式)

答え(　　　　　　)

❸ $\frac{6}{11}$Lのりんごジュースを３人で同じ量に分けます。りんごジュースは１人何Lになりますか。　【全部できて12点】

(式)

答え(　　　　　　)

❹ ９個で$\frac{3}{5}$kgのケーキがあります。ケーキ１個は何kgですか。　【全部できて12点】

(式)

答え(　　　　　　)

11 分数×分数 ①

学習した日　　月　　日

名前

得点

／100点

6011
解説→309ページ

らくらくマルつけ

算数

❶ 次の計算をしましょう。　1つ8点【64点】

(1) $\frac{2}{3}\times\frac{2}{5}=$

(2) $\frac{1}{3}\times\frac{4}{7}=$

(3) $\frac{1}{4}\times\frac{2}{3}=$

(4) $\frac{5}{7}\times\frac{7}{9}=$

(5) $\frac{3}{4}\times\frac{8}{9}=$

(6) $\frac{5}{6}\times\frac{3}{10}=$

(7) $7\times\frac{2}{3}=$

(8) $3\times\frac{10}{9}=$

❷ 1mの重さが$\frac{2}{7}$kgの木の棒(ぼう)があります。この木の棒を$\frac{4}{3}$m用意します。木の棒の重さは何kgですか。　【全部できて12点】

(式)

答え(　　　　　　)

❸ 右の図の長方形の面積は何cm^2ですか。　【全部できて12点】

$\frac{6}{5}$cm

$\frac{7}{24}$cm

(式)

答え(　　　　　　)

❹ 1時間あたり$\frac{12}{7}m^3$水が出る水道があります。水道から$\frac{5}{3}$時間，水を出し続けたとき，水は全部で何m^3出ましたか。　【全部できて12点】

(式)

答え(　　　　　　)

分数×分数 ①

目標時間（もくひょうじかん） 20分

学習した日　月　日

名前

得点　／100点

らくらくマルつけ　6011

解説→309ページ

❶ 次の計算をしましょう。 1つ8点【64点】

(1) $\frac{2}{3}\times\frac{2}{5}=$

(2) $\frac{1}{3}\times\frac{4}{7}=$

(3) $\frac{1}{4}\times\frac{2}{3}=$

(4) $\frac{5}{7}\times\frac{7}{9}=$

(5) $\frac{3}{4}\times\frac{8}{9}=$

(6) $\frac{5}{6}\times\frac{3}{10}=$

(7) $7\times\frac{2}{3}=$

(8) $3\times\frac{10}{9}=$

❷ 1mの重さが$\frac{2}{7}$kgの木の棒（ぼう）があります。この木の棒を$\frac{4}{3}$m用意します。木の棒の重さは何kgですか。【全部できて12点】

(式)

答え(　　　　　)

❸ 右の図の長方形の面積は何cm^2ですか。【全部できて12点】

(式)

答え(　　　　　)

❹ 1時間あたり$\frac{12}{7}m^3$水が出る水道があります。水道から$\frac{5}{3}$時間，水を出し続けたとき，水は全部で何m^3出ましたか。【全部できて12点】

(式)

答え(　　　　　)

12 分数×分数 ②

学習した日　　月　　日

名前

得点　　／100点

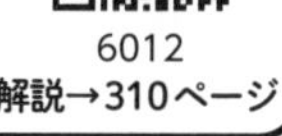

6012
解説→310ページ

算数

1 次の計算をしましょう。　1つ8点【64点】

(1) $2\frac{1}{5}\times\frac{2}{7}=$

(2) $\frac{2}{3}\times1\frac{4}{9}=$

(3) $\frac{3}{4}\times1\frac{5}{7}=$

(4) $6\frac{2}{9}\times\frac{3}{8}=$

(5) $1\frac{1}{4}\times2\frac{1}{3}=$

(6) $2\frac{5}{6}\times1\frac{2}{5}=$

(7) $2\frac{1}{7}\times3\frac{2}{11}=$

(8) $7\frac{3}{7}\times10\frac{1}{2}=$

2 1mの値段(ねだん)が200円のリボンがあります。このリボンの$1\frac{1}{4}$mの代金はいくらですか。　【全部できて12点】

(式)

答え(　　　　　　)

3 右の図の長方形の面積は何cm^2ですか。　【全部できて12点】

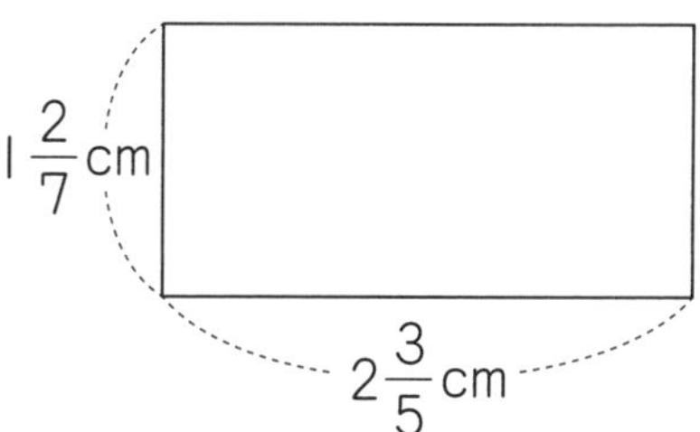

(式)

答え(　　　　　　)

4 みさきさんは，時速40kmで進む電車に，$1\frac{3}{8}$時間乗っていました。みさきさんが電車で移動した道のりは何kmですか。　【全部できて12点】

(式)

答え(　　　　　　)

分数×分数 ②

目標時間 20分

学習した日　　月　　日

名前

得点　　／100点

6012

解説→310ページ

❶ 次の計算をしましょう。 1つ8点【64点】

(1) $2\frac{1}{5}\times\frac{2}{7}=$

(2) $\frac{2}{3}\times1\frac{4}{9}=$

(3) $\frac{3}{4}\times1\frac{5}{7}=$

(4) $6\frac{2}{9}\times\frac{3}{8}=$

(5) $1\frac{1}{4}\times2\frac{1}{3}=$

(6) $2\frac{5}{6}\times1\frac{2}{5}=$

(7) $2\frac{1}{7}\times3\frac{2}{11}=$

(8) $7\frac{3}{7}\times10\frac{1}{2}=$

❷ 1mの値段（ねだん）が200円のリボンがあります。このリボンの $1\frac{1}{4}$mの代金はいくらですか。【全部できて12点】

(式)

答え(　　　　　　)

❸ 右の図の長方形の面積は何 cm^2 ですか。【全部できて12点】

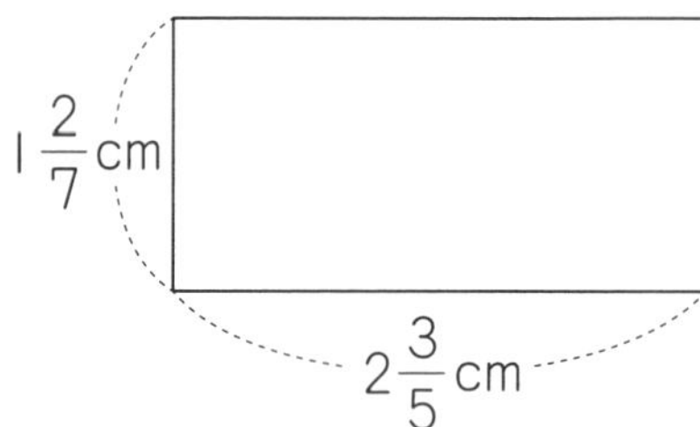

(式)

答え(　　　　　　)

❹ みさきさんは，時速40kmで進む電車に，$1\frac{3}{8}$時間乗っていました。みさきさんが電車で移動した道のりは何kmですか。【全部できて12点】

(式)

答え(　　　　　　)

13 小数×分数，積の大きさ

目標時間 20分

学習した日　月　日

名前

得点　／100点

6013
解説→310ページ

らくらくマルつけ

算数

❶ 次の計算をしましょう。

1つ8点【64点】

(1) $0.9\times\frac{1}{5}=$

(2) $\frac{1}{3}\times0.5=$

(3) $0.8\times\frac{6}{7}=$

(4) $\frac{4}{9}\times0.6=$

(5) $1.8\times\frac{5}{12}=$

(6) $\frac{2}{3}\times\frac{4}{5}\times\frac{4}{3}=$

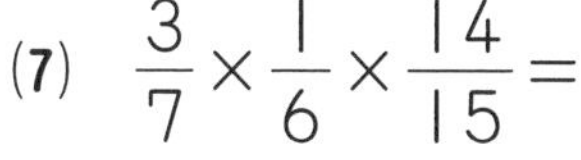

(7) $\frac{3}{7}\times\frac{1}{6}\times\frac{14}{15}=$

(8) $1.3\times\frac{5}{7}\times\frac{2}{3}=$

❷ 次のア～カのかけ算の式について，あとの問いに答えましょう。

1つ9点【18点】

ア　$64\times\frac{2}{7}$

イ　$64\times\frac{7}{3}$

ウ　$64\times\frac{11}{6}$

エ　64×1

オ　$64\times\frac{5}{16}$

カ　$64\times2\frac{1}{6}$

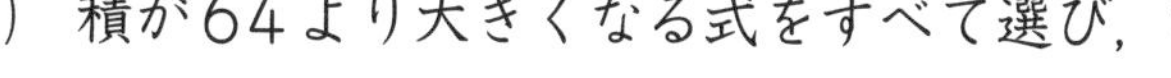

(1) 積が64より大きくなる式をすべて選び，記号で書きましょう。

（　　　　　）

(2) 積が64より小さくなる式をすべて選び，記号で書きましょう。

（　　　　　）

❸ 次の□にあてはまる不等号を書きましょう。

1つ9点【18点】

(1) $9\times\frac{3}{2}$ □ 9

(2) $\frac{2}{7}\times\frac{2}{5}$ □ $\frac{2}{7}$

＼もう１回チャレンジ!!／

13 小数×分数，積の大きさ

目標時間 20分

学習した日　月　日

名前

得点　／100点

らくらくマルつけ

6013
解説→310ページ

❶ 次の計算をしましょう。 1つ8点【64点】

(1) $0.9\times\frac{1}{5}=$

(2) $\frac{1}{3}\times0.5=$

(3) $0.8\times\frac{6}{7}=$

(4) $\frac{4}{9}\times0.6=$

(5) $1.8\times\frac{5}{12}=$

(6) $\frac{2}{3}\times\frac{4}{5}\times\frac{4}{3}=$

(7) $\frac{3}{7}\times\frac{1}{6}\times\frac{14}{15}=$

(8) $1.3\times\frac{5}{7}\times\frac{2}{3}=$

❷ 次のア～カのかけ算の式について，あとの問いに答えましょう。 1つ9点【18点】

ア $64\times\frac{2}{7}$　イ $64\times\frac{7}{3}$

ウ $64\times\frac{11}{6}$　エ 64×1

オ $64\times\frac{5}{16}$　カ $64\times2\frac{1}{6}$

(1) 積が64より大きくなる式をすべて選び，記号で書きましょう。

(　　　　　)

(2) 積が64より小さくなる式をすべて選び，記号で書きましょう。

(　　　　　)

❸ 次の□にあてはまる不等号を書きましょう。 1つ9点【18点】

(1) $9\times\frac{3}{2}$ □ 9

(2) $\frac{2}{7}\times\frac{2}{5}$ □ $\frac{2}{7}$

逆数，計算のきまり

目標時間 20分

学習した日　月　日
名前
得点　／100点
6014
解説→310ページ

算数

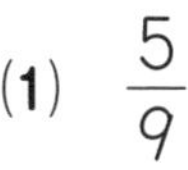
次の数の逆数を書きましょう。　1つ8点【48点】

(1) $\frac{5}{9}$　(　　　)

(2) $\frac{8}{7}$　(　　　)

(3) $\frac{1}{5}$　(　　　)

(4) 4　(　　　)

(5) 1.1　(　　　)

(6) 0.08　(　　　)

2 次の式を，くふうして計算しましょう。　1つ10点【40点】

(1) $\frac{3}{2}\times\frac{5}{9}\times\frac{2}{3}=$

(2) $\left(\frac{7}{10}\times1\frac{1}{4}\right)\times\frac{4}{5}=$

(3) $\left(\frac{3}{5}+\frac{2}{3}\right)\times15=$

(4) $\frac{3}{8}\times\frac{2}{9}+\frac{5}{8}\times\frac{2}{9}=$

3 次のような，高さが同じで，底辺がそれぞれ$\frac{3}{4}$cmと$\frac{7}{4}$cmの平行四辺形があります。2つの平行四辺形の面積は合わせて何cm^2ですか。　【全部できて12点】

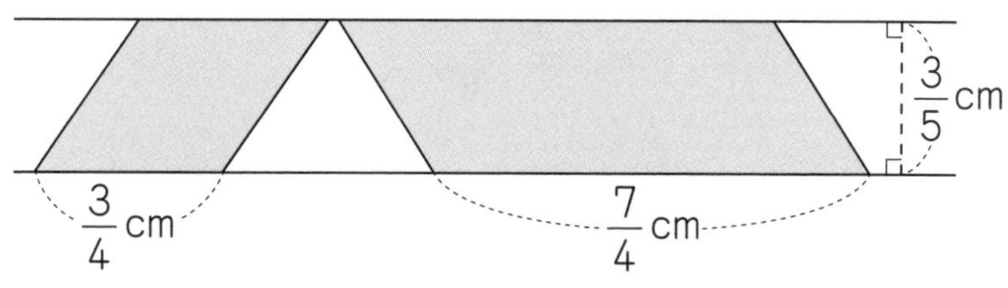

(式)

答え(　　　)

14 逆数，計算のきまり

目標時間 20分

学習した日　月　日

名前

得点　／100点

6014
解説→310ページ

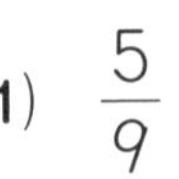

1 次の数の逆数を書きましょう。　1つ8点【48点】

(1) $\frac{5}{9}$　　(2) $\frac{8}{7}$

(　　　　)　(　　　　)

(3) $\frac{1}{5}$　　(4) 4

(　　　　)　(　　　　)

(5) 1.1　　(6) 0.08

(　　　　)　(　　　　)

2 次の式を，くふうして計算しましょう。　1つ10点【40点】

(1) $\frac{3}{2}\times\frac{5}{9}\times\frac{2}{3}=$

(2) $\left(\frac{7}{10}\times1\frac{1}{4}\right)\times\frac{4}{5}=$

(3) $\left(\frac{3}{5}+\frac{2}{3}\right)\times15=$

(4) $\frac{3}{8}\times\frac{2}{9}+\frac{5}{8}\times\frac{2}{9}=$

3 次のような，高さが同じで，底辺がそれぞれ$\frac{3}{4}$cmと$\frac{7}{4}$cmの平行四辺形があります。2つの平行四辺形の面積は合わせて何cm^{2}ですか。

【全部できて12点】

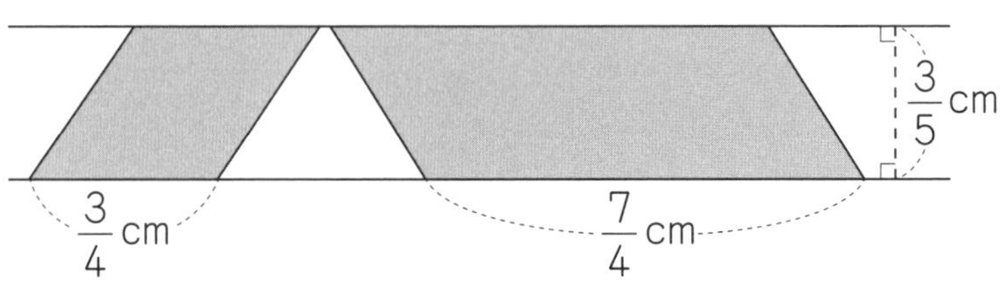

(式)

答え(　　　　)

15 分数÷分数 ①

学習した日　　月　　日

名前

得点

／100点

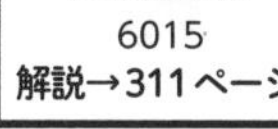

らくらくマルつけ

❶ 次の計算をしましょう。　1つ8点【64点】

(1) $\frac{3}{5} \div \frac{1}{6} =$

(2) $\frac{1}{9} \div \frac{3}{7} =$

(3) $3 \div \frac{4}{5} =$

(4) $\frac{1}{6} \div \frac{3}{4} =$

(5) $\frac{5}{4} \div \frac{7}{12} =$

(6) $\frac{4}{5} \div \frac{2}{5} =$

(7) $2 \div \frac{4}{15} =$

(8) $\frac{16}{27} \div \frac{4}{9} =$

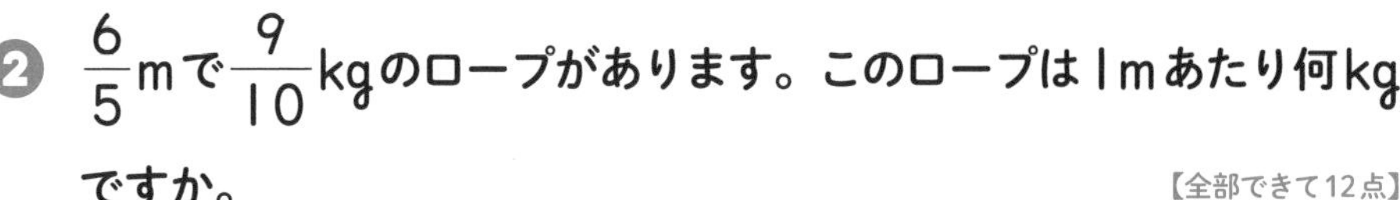

❷ $\frac{6}{5}$mで$\frac{9}{10}$kgのロープがあります。このロープは１mあたり何kgですか。　【全部できて12点】

(式)

答え(　　　　　)

❸ 右の図の長方形の縦(たて)の長さは何cmですか。　【全部できて12点】

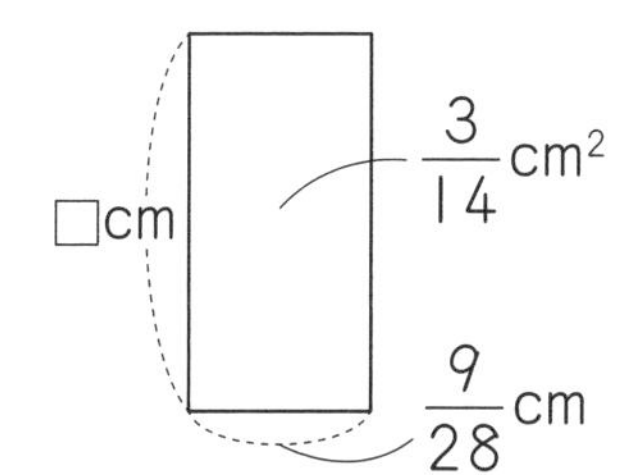

(式)

答え(　　　　　)

❹ 車に乗って分速$\frac{9}{10}$kmで走ります。$\frac{3}{5}$kmの道のりを進むのに何分かかりますか。　【全部できて12点】

(式)

答え(　　　　　)

算数

分数÷分数 ①

学習した日　　月　　日

名前

得点

／100点

6015
解説→311ページ

❶ 次の計算をしましょう。 1つ8点【64点】

(1) $\frac{3}{5} \div \frac{1}{6} =$

(2) $\frac{1}{9} \div \frac{3}{7} =$

(3) $3 \div \frac{4}{5} =$

(4) $\frac{1}{6} \div \frac{3}{4} =$

(5) $\frac{5}{4} \div \frac{7}{12} =$

(6) $\frac{4}{5} \div \frac{2}{5} =$

(7) $2 \div \frac{4}{15} =$

(8) $\frac{16}{27} \div \frac{4}{9} =$

❷ $\frac{6}{5}$mで$\frac{9}{10}$kgのロープがあります。このロープは1mあたり何kgですか。【全部できて12点】

(式)

答え(　　　　　)

❸ 右の図の長方形の縦(たて)の長さは何cmですか。【全部できて12点】

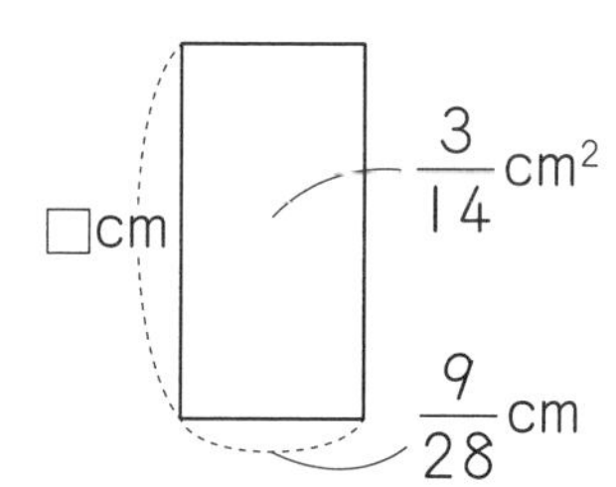

(式)

答え(　　　　　)

❹ 車に乗って分速$\frac{9}{10}$kmで走ります。$\frac{3}{5}$kmの道のりを進むのに何分かかりますか。【全部できて12点】

(式)

答え(　　　　　)

分数÷分数②

目標時間 20分

学習した日　月　日

名前

得点　／100点

6016
解説→311ページ

らくらくマルつけ

❶ 次の計算をしましょう。 1つ8点【64点】

(1) $2\frac{1}{2} \div 1\frac{1}{3} =$

(2) $1\frac{4}{5} \div \frac{5}{2} =$

(3) $1\frac{1}{10} \div \frac{2}{5} =$

(4) $2\frac{2}{3} \div 1\frac{1}{6} =$

(5) $\frac{7}{8} \div 4\frac{1}{5} =$

(6) $1\frac{5}{12} \div 4\frac{1}{4} =$

(7) $2\frac{4}{7} \div 1\frac{4}{5} =$

(8) $5\frac{1}{4} \div 1\frac{1}{6} =$

❷ $3\frac{2}{3}$m^{2}で，$1\frac{1}{6}$kgの板Aがあります。次の問いに答えましょう。 【36点】

(1) この板Aは1m^{2}あたり何kgですか。 （全部できて12点）

(式)

答え(　　　　)

(2) この板Aは1kgあたり何m^{2}ですか。 （全部できて12点）

(式)

答え(　　　　)

(3) 板Aと$5\frac{1}{3}$m^{2}で4kgの板Bとでは，1m^{2}あたりの重さはどちらが重いですか。 （全部できて12点）

(式)

答え(　　　　)

算数

分数÷分数 ②

目標時間 20分

学習した日　月　日

名前

得点

／100点

6016
解説→311ページ

❶ 次の計算をしましょう。　1つ8点【64点】

(1) $2\frac{1}{2} \div 1\frac{1}{3} =$

(2) $1\frac{4}{5} \div \frac{5}{2} =$

(3) $1\frac{1}{10} \div \frac{2}{5} =$

(4) $2\frac{2}{3} \div 1\frac{1}{6} =$

(5) $\frac{7}{8} \div 4\frac{1}{5} =$

(6) $1\frac{5}{12} \div 4\frac{1}{4} =$

(7) $2\frac{4}{7} \div 1\frac{4}{5} =$

(8) $5\frac{1}{4} \div 1\frac{1}{6} =$

❷ $3\frac{2}{3}$m²で，$1\frac{1}{6}$kgの板Aがあります。次の問いに答えましょう。

【36点】

(1) この板Aは1m²あたり何kgですか。　(全部できて12点)

(式)

答え(　　　　)

(2) この板Aは1kgあたり何m²ですか。　(全部できて12点)

(式)

答え(　　　　)

(3) 板Aと$5\frac{1}{3}$m²で4kgの板Bとでは，1m²あたりの重さはどちらが重いですか。　(全部できて12点)

(式)

答え(　　　　)

17 小数÷分数，商の大きさ

学習した日　月　日

名前

得点　／100点

解説→311ページ

算数

❶ 次の計算をしましょう。

1つ8点【64点】

(1) $0.5 \div \frac{3}{4} =$

(2) $\frac{5}{6} \div 1.5 =$

(3) $0.9 \div 2\frac{1}{4} =$

(4) $2\frac{2}{5} \div 0.8 =$

(5) $\frac{1}{4} \div \frac{4}{5} \div \frac{7}{8} =$

(6) $\frac{1}{2} \div \frac{3}{8} \div 1\frac{1}{3} =$

(7) $0.8 \div \frac{3}{4} \div 3\frac{1}{3} =$

(8) $2.5 \div \frac{1}{8} \div 5 =$

❷ 次のア〜カのわり算の式について，あとの問いに答えましょう。

1つ9点【18点】

ア　$20 \div \frac{5}{7}$　　イ　$20 \div 2\frac{1}{4}$

ウ　$20 \div \frac{7}{20}$　　エ　$20 \div 1$

オ　$20 \div \frac{8}{3}$　　カ　$20 \div \frac{10}{9}$

(1) 商が20より小さくなる式をすべて選び，記号で書きましょう。

(　　　　　　)

(2) 商が20より大きくなる式をすべて選び，記号で書きましょう。

(　　　　　　)

❸ 次の□にあてはまる不等号を書きましょう。

1つ9点【18点】

(1) $8 \div \frac{5}{3}$ □ 8

(2) $\frac{3}{4} \div \frac{1}{3}$ □ $\frac{3}{4}$

小数÷分数，商の大きさ

学習した日　　月　　日

名前

得点

／100点

6017
解説→311ページ

❶ 次の計算をしましょう。　1つ8点【64点】

(1) $0.5 \div \frac{3}{4} =$

(2) $\frac{5}{6} \div 1.5 =$

(3) $0.9 \div 2\frac{1}{4} =$

(4) $2\frac{2}{5} \div 0.8 =$

(5) $\frac{1}{4} \div \frac{4}{5} \div \frac{7}{8} =$

(6) $\frac{1}{2} \div \frac{3}{8} \div 1\frac{1}{3} =$

(7) $0.8 \div \frac{3}{4} \div 3\frac{1}{3} =$

(8) $2.5 \div \frac{1}{8} \div 5 =$

❷ 次のア～カのわり算の式について，あとの問いに答えましょう。

1つ9点【18点】

ア $20 \div \frac{5}{7}$　　イ $20 \div 2\frac{1}{4}$

ウ $20 \div \frac{7}{20}$　　エ $20 \div 1$

オ $20 \div \frac{8}{3}$　　カ $20 \div \frac{10}{9}$

(1) 商が20より小さくなる式をすべて選び，記号で書きましょう。

(　　　　　)

(2) 商が20より大きくなる式をすべて選び，記号で書きましょう。

(　　　　　)

❸ 次の□にあてはまる不等号を書きましょう。　1つ9点【18点】

(1) $8 \div \frac{5}{3}$ □ 8

(2) $\frac{3}{4} \div \frac{1}{3}$ □ $\frac{3}{4}$

割合(わりあい)を表す分数

学習した日　月　日
名前

得点
／100点

解説→312ページ

算数

1 長さが$\frac{1}{6}$mの青いロープがあります。次の問いに答えましょう。　【28点】

(1) 赤いロープの長さは青いロープの長さの$\frac{3}{5}$倍です。赤いロープは何mですか。　(全部できて14点)

(式)　答え(　　)

(2) 白いロープの長さは青いロープの長さの$1\frac{1}{4}$倍です。白いロープは何mですか。　(全部できて14点)

(式)　答え(　　)

2 重さが$\frac{8}{15}$kgの荷物Aと$\frac{4}{7}$kgの荷物Bと0.3kgの荷物Cがあります。次の問いに答えましょう。　【30点】

(1) 荷物Bの重さは荷物Aの重さの何倍ですか。　(全部できて15点)

(式)　答え(　　)

(2) 荷物Cの重さは荷物Aの重さの何倍ですか。　(全部できて15点)

(式)　答え(　　)

3 さくらさんは500円の筆箱を買いました。この筆箱の値段(ねだん)は，消しゴムの値段の$\frac{10}{3}$倍です。消しゴムの値段は何円ですか。　【全部できて14点】

(式)

答え(　　)

4 砂糖(さとう)が120g残っています。これは買ったときの砂糖の重さの$\frac{2}{5}$にあたります。最初に買ったときの砂糖の重さは何gですか。　【全部できて14点】

(式)

答え(　　)

5 そうたさんの小学校で，サッカークラブに入っている人は56人，野球クラブに入っている人は63人います。サッカークラブに入っている人は，野球クラブに入っている人の何倍ですか。　【全部できて14点】

(式)

答え(　　)

\ もう１回チャレンジ!! /

割合(わりあい)を表す分数

目標(もくひょう)時間 20分

学習した日　月　日

名前

得点　／100点

6018 解説→312ページ

❶ 長さが$\frac{1}{6}$mの青いロープがあります。次の問いに答えましょう。【28点】

(1) 赤いロープの長さは青いロープの長さの$\frac{3}{5}$倍です。赤いロープは何mですか。(全部できて14点)

(式)　答え(　　　　)

(2) 白いロープの長さは青いロープの長さの$1\frac{1}{4}$倍です。白いロープは何mですか。(全部できて14点)

(式)　答え(　　　　)

❷ 重さが$\frac{8}{15}$kgの荷物Aと$\frac{4}{7}$kgの荷物Bと0.3kgの荷物Cがあります。次の問いに答えましょう。【30点】

(1) 荷物Bの重さは荷物Aの重さの何倍ですか。(全部できて15点)

(式)　答え(　　　　)

(2) 荷物Cの重さは荷物Aの重さの何倍ですか。(全部できて15点)

(式)　答え(　　　　)

❸ さくらさんは500円の筆箱を買いました。この筆箱の値段(ねだん)は，消しゴムの値段の$\frac{10}{3}$倍です。消しゴムの値段は何円ですか。【全部できて14点】

(式)

答え(　　　　)

❹ 砂糖(さとう)が120g残っています。これは買ったときの砂糖の重さの$\frac{2}{5}$にあたります。最初に買ったときの砂糖の重さは何gですか。【全部できて14点】

(式)

答え(　　　　)

❺ そうたさんの小学校で，サッカークラブに入っている人は56人，野球クラブに入っている人は63人います。サッカークラブに入っている人は，野球クラブに入っている人の何倍ですか。【全部できて14点】

(式)

答え(　　　　)

資料の整理

目標時間 20分

学習した日　月　日

名前

得点　／100点

6019

解説→312ページ

らくらくマルつけ

算数

1 次の表は，Aグループ10人，Bグループ9人，Cグループ12人の10点満点のテストの得点を表したものです。あとの問いに答えましょう。

Aグループ

番号	①	②	③	④	⑤	⑥	⑦	⑧	⑨	⑩
点	4	10	6	4	2	3	9	5	4	2

Bグループ

番号	①	②	③	④	⑤	⑥	⑦	⑧	⑨
点	8	3	9	5	6	1	1	6	1

Cグループ

番号	①	②	③	④	⑤	⑥	⑦	⑧	⑨	⑩	⑪	⑫
点	2	8	1	6	2	9	3	3	4	1	10	6

(1) Aグループの得点の平均値(へいきんち)は何点ですか。　(全部できて15点)

(式)

答え(　　　　)

(2) Bグループの得点の平均値は何点ですか。四捨五入して$\frac{1}{10}$の位までの概数(がいすう)で表しましょう。　(全部できて15点)

(式)

答え(　　　　)

(3) Cグループの得点の平均値は何点ですか。四捨五入して$\frac{1}{10}$の位までの概数で表しましょう。　(全部できて15点)

(式)

答え(　　　　)

(4) どのグループの得点の平均値が最も高いといえますか。　(15点)

(　　　　)

(5) Aグループの得点をドットプロットで表しましょう。(全部できて20点)

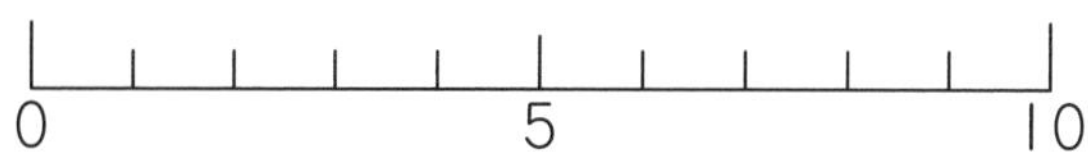

(6) Bグループの得点をドットプロットで表しましょう。(全部できて20点)

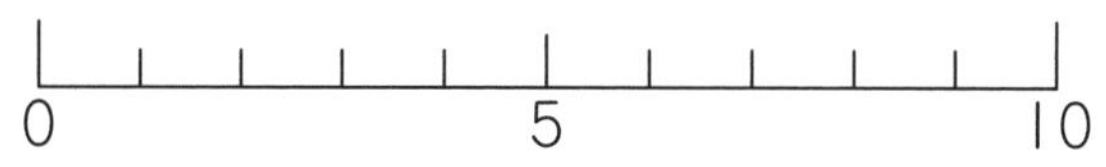

資料の整理

目標時間 20分

学習した日　月　日

名前

得点　／100点

6019 解説→312ページ

らくらくマルつけ

❶ 次の表は，Aグループ10人，Bグループ9人，Cグループ12人の10点満点のテストの得点を表したものです。あとの問いに答えましょう。

Aグループ

番号	①	②	③	④	⑤	⑥	⑦	⑧	⑨	⑩
点	4	10	6	4	2	3	9	5	4	2

Bグループ

番号	①	②	③	④	⑤	⑥	⑦	⑧	⑨
点	8	3	9	5	6	1	1	6	1

Cグループ

番号	①	②	③	④	⑤	⑥	⑦	⑧	⑨	⑩	⑪	⑫
点	2	8	1	6	2	9	3	3	4	1	10	6

(1) Aグループの得点の平均値(へいきんち)は何点ですか。　(全部できて15点)

(式)

答え(　　　　)

(2) Bグループの得点の平均値は何点ですか。四捨五入して$\frac{1}{10}$の位までの概数(がいすう)で表しましょう。　(全部できて15点)

(式)

答え(　　　　)

(3) Cグループの得点の平均値は何点ですか。四捨五入して$\frac{1}{10}$の位までの概数で表しましょう。　(全部できて15点)

(式)

答え(　　　　)

(4) どのグループの得点の平均値が最も高いといえますか。　(15点)

(　　　　)

(5) Aグループの得点をドットプロットで表しましょう。(全部できて20点)

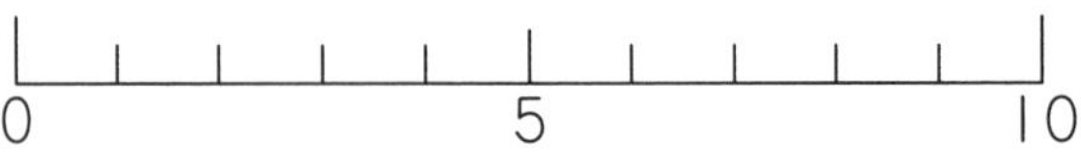

(6) Bグループの得点をドットプロットで表しましょう。(全部できて20点)

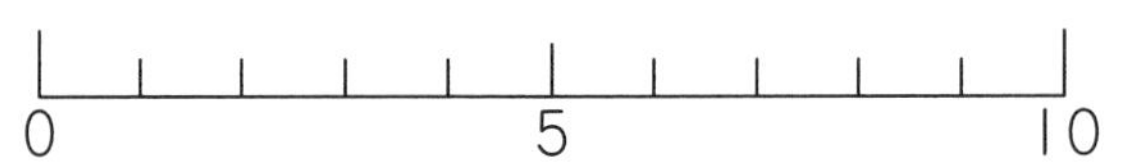

中央値・最頻値

学習した日　　月　　日

名前

得点　　／100点

らくらくマルつけ

6020
解説→312ページ

❶ Aグループ10人，Bグループ9人で10点満点のテストをしました。次の図は，それぞれの得点をドットプロットで表したものです。あとの問いに答えましょう。

Aグループ

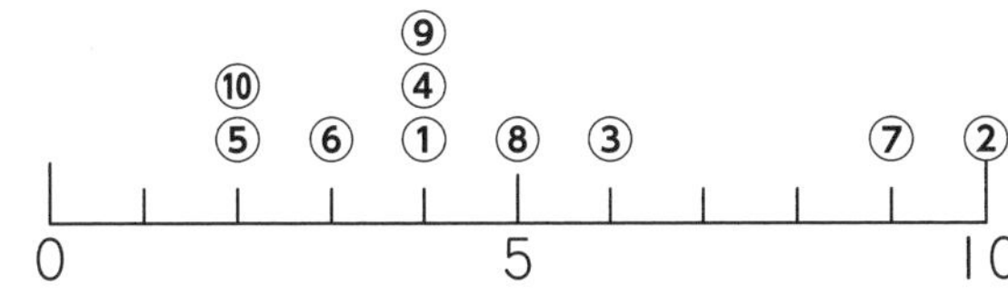

Bグループ

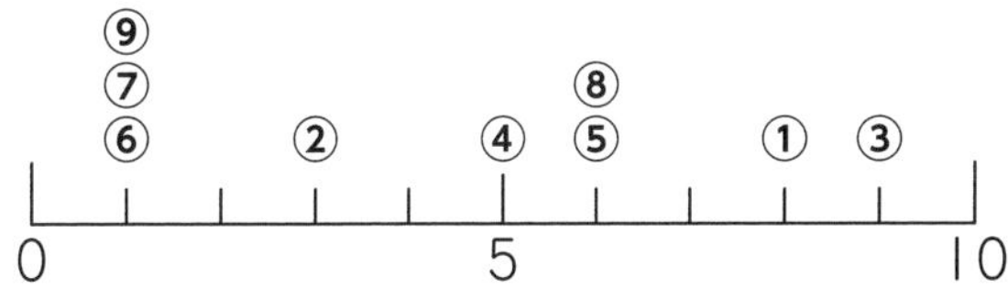

(1) Aグループの得点の中央値は何点ですか。 (20点)

(　　　　)

(2) Bグループの得点の中央値は何点ですか。 (20点)

(　　　　)

(3) どちらのグループの得点の中央値が高いといえますか。 (10点)

(　　　　)

(4) Aグループの得点の最頻値は何点ですか。 (20点)

(　　　　)

(5) Bグループの得点の最頻値は何点ですか。 (20点)

(　　　　)

(6) どちらのグループの得点の最頻値が高いといえますか。 (10点)

(　　　　)

算数

中央値・最頻値

目標時間 20分

学習した日　月　日

名前

得点　／100点

6020
解説→312ページ

らくらくマルつけ

❶ Aグループ10人，Bグループ9人で10点満点のテストをしました。次の図は，それぞれの得点をドットプロットで表したものです。あとの問いに答えましょう。

Aグループ

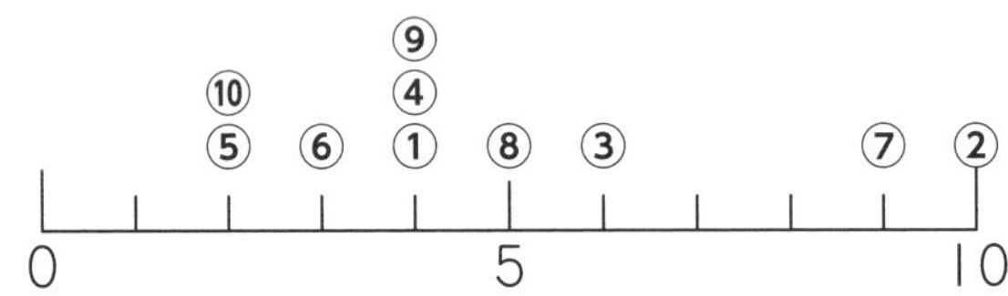

Bグループ

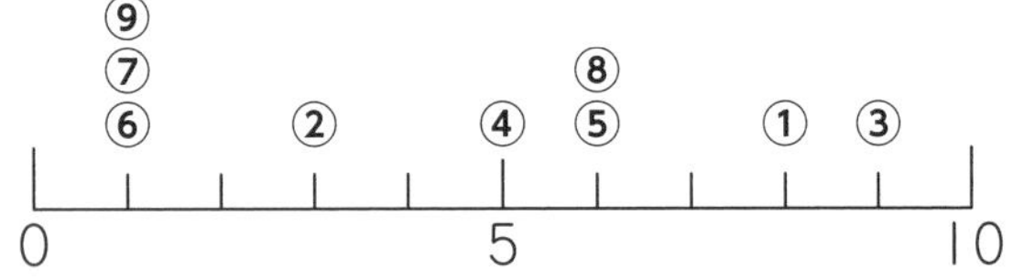

(1)　Aグループの得点の中央値は何点ですか。　(20点)

(　　　)

(2)　Bグループの得点の中央値は何点ですか。　(20点)

(　　　)

(3)　どちらのグループの得点の中央値が高いといえますか。　(10点)

(　　　)

(4)　Aグループの得点の最頻値は何点ですか。　(20点)

(　　　)

(5)　Bグループの得点の最頻値は何点ですか。　(20点)

(　　　)

(6)　どちらのグループの得点の最頻値が高いといえますか。　(10点)

(　　　)

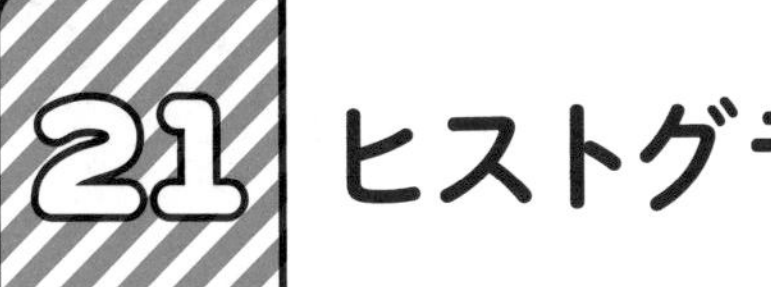

21 ヒストグラム

目標時間 20分

学習した日　　月　　日

名前

得点　　／100点

6021 解説→312ページ

❶ 次の図は，30人の100点満点の漢字テストの点数を数直線を使って表したものです。あとの問いに答えましょう。

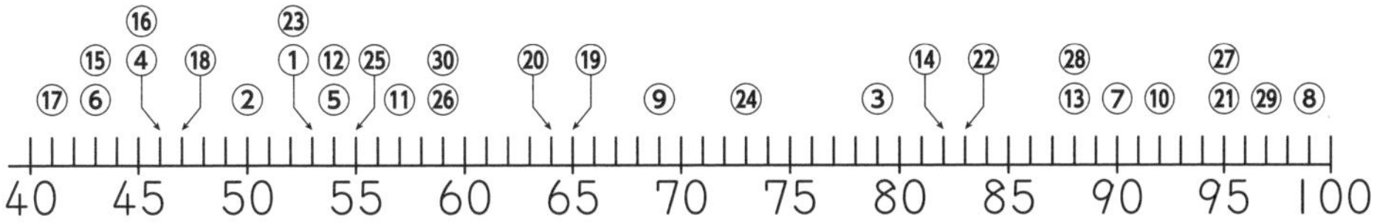

(1) テストの点数について，ちらばりのようすを右の表に整理します。表にあてはまる数を書きましょう。　1つ5点(35点)

点数(点)	人数(人)
以上　未満 40 ～ 50	
50 ～ 60	
60 ～ 70	
70 ～ 80	
80 ～ 90	
90 ～ 100	
合計	

(2) 一番度数(どすう)が多いのはどの階級(かいきゅう)ですか。　(12点)

(　　　　　　　　)

(3) 点数が80点以上の人は何人ですか。　(12点)

(　　　　　)

(4) 点数が60点未満の人は何人ですか。　(12点)

(　　　　　)

(5) 漢字テストの点数のデータのうち，点数が低い方から数えて20番目の記録は，どの階級に入りますか。　(12点)

(　　　　　　　　)

(6) 点数のちらばりのようすをヒストグラムに表しましょう。　(17点)

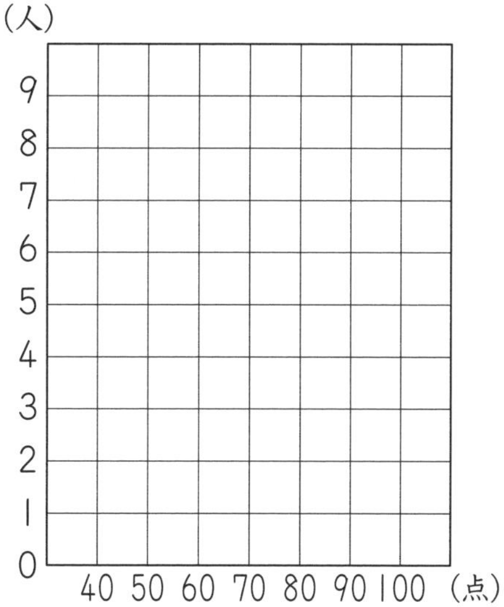

\ もう1回チャレンジ!! /

ヒストグラム

目標時間 20分

学習した日　月　日

名前

得点　／100点

6021
解説→312ページ

❶ 次の図は，30人の100点満点の漢字テストの点数を数直線を使って表したものです。あとの問いに答えましょう。

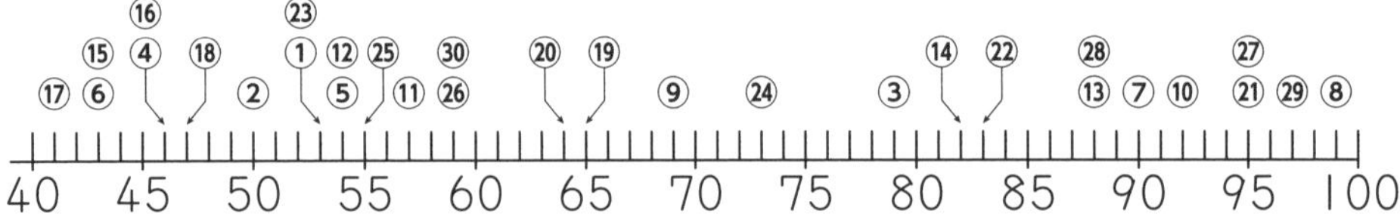

(1) テストの点数について，ちらばりのようすを右の表に整理します。表にあてはまる数を書きましょう。　1つ5点(35点)

点数(点)	人数(人)
以上　未満 40 ～ 50	
50 ～ 60	
60 ～ 70	
70 ～ 80	
80 ～ 90	
90 ～ 100	
合計	

(2) 一番度数が多いのはどの階級ですか。　(12点)

(　　　　　　)

(3) 点数が80点以上の人は何人ですか。　(12点)

(　　　　　　)

(4) 点数が60点未満の人は何人ですか。　(12点)

(　　　　　　)

(5) 漢字テストの点数のデータのうち，点数が低い方から数えて20番目の記録は，どの階級に入りますか。　(12点)

(　　　　　　)

(6) 点数のちらばりのようすをヒストグラムに表しましょう。　(17点)

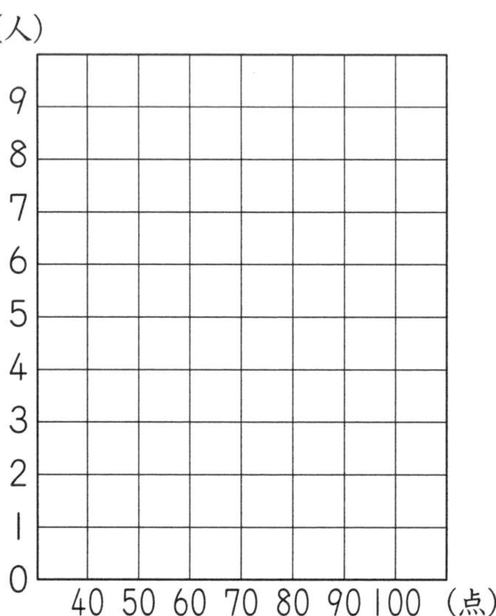

円の面積

学習した日　　月　　日

名前

得点

／100点

6022
解説→313ページ

らくらくマルつけ

算数

❶ 円の面積の公式について答えましょう。　【20点】

(円の面積)＝(　ア　)×(　ア　)×(　イ　)

(1) ア，イにあてはまることばをそれぞれ答えましょう。(全部できて10点)

ア(　　　　)　イ(　　　　)

(2) (1)の公式を使って，直径6cmの円の面積を求めましょう。

(式)　(全部できて10点)

答え(　　　　)

❷ 次の円の面積は何cm^2ですか。　【20点】

(1)

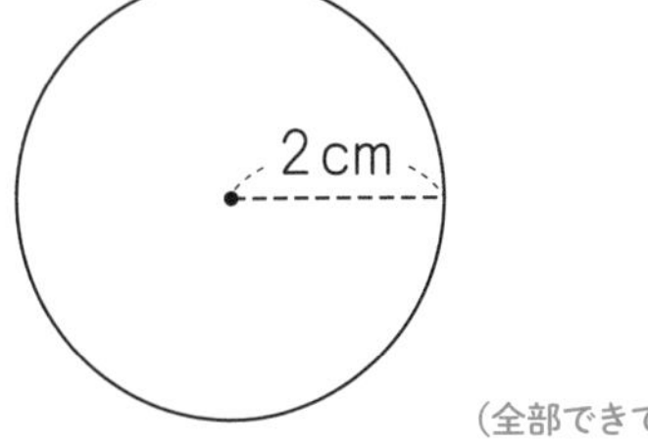

(全部できて10点)

(式)

答え(　　　　)

(2)

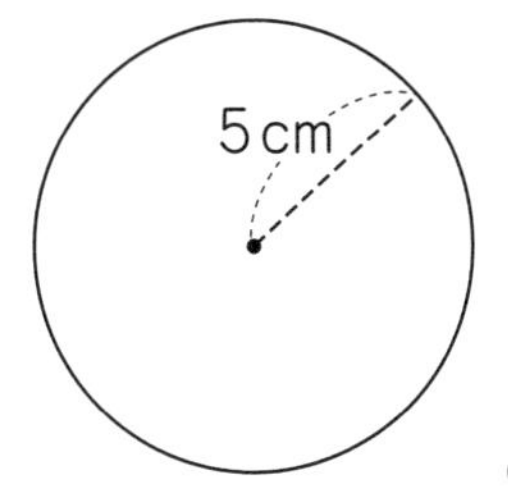

(全部できて10点)

(式)

答え(　　　　)

❸ 次の図形の面積は何cm^2ですか。　【60点】

(1)

14cm

(全部できて15点)

(式)

答え(　　　　)

(2)

6cm

(全部できて15点)

(式)

答え(　　　　)

(3)

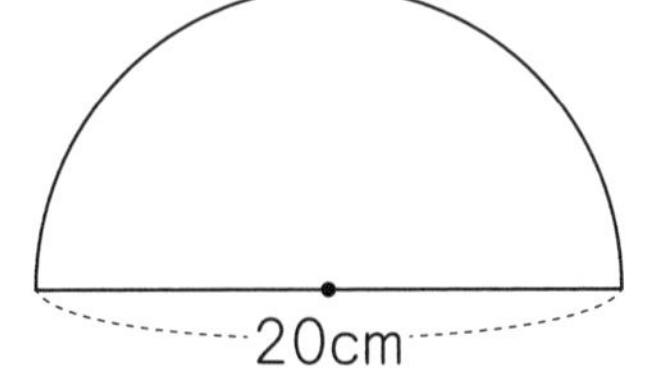

(全部できて15点)

(式)

答え(　　　　)

(4)

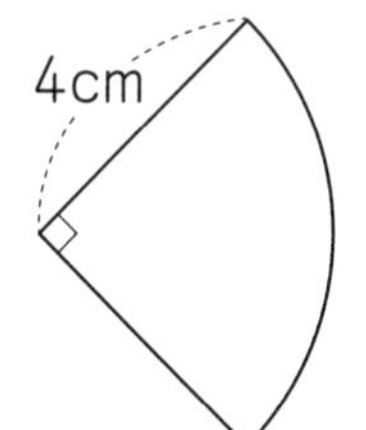

(全部できて15点)

(式)

答え(　　　　)

＼もう１回チャレンジ!!／

円の面積

学習した日　月　日

名前

得点

／100点

6022
解説→313ページ

❶ 円の面積の公式について答えましょう。 【20点】

（円の面積）＝（　ア　）×（　ア　）×（　イ　）

(1) ア，イにあてはまることばをそれぞれ答えましょう。（全部できて10点）

ア（　　　　）　イ（　　　　）

(2) (1)の公式を使って，直径6cmの円の面積を求めましょう。

（式） （全部できて10点）

答え（　　　　）

❷ 次の円の面積は何cm^{2}ですか。 【20点】

(1)

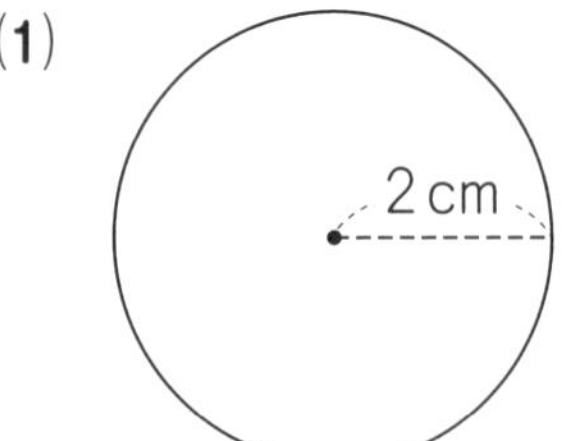

（全部できて10点）

（式）

答え（　　　　）

(2)

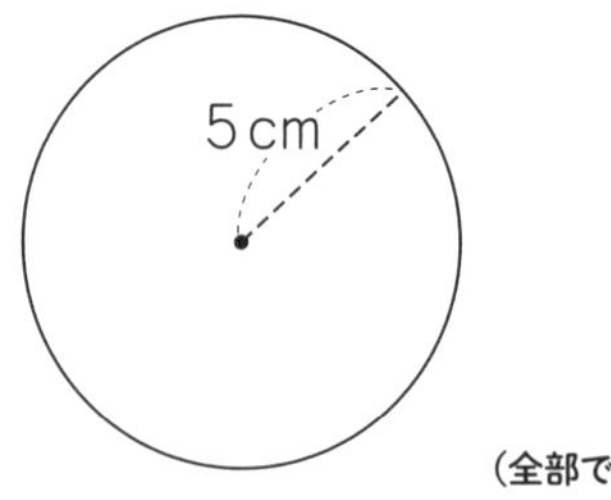

（全部できて10点）

（式）

答え（　　　　）

❸ 次の図形の面積は何cm^{2}ですか。 【60点】

(1)

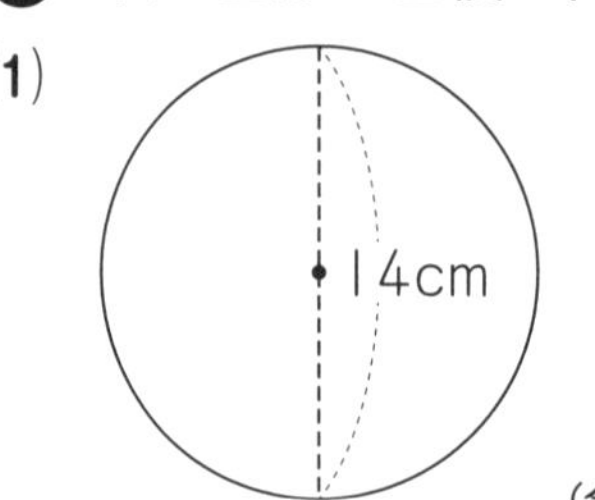

（全部できて15点）

（式）

答え（　　　　）

(2)

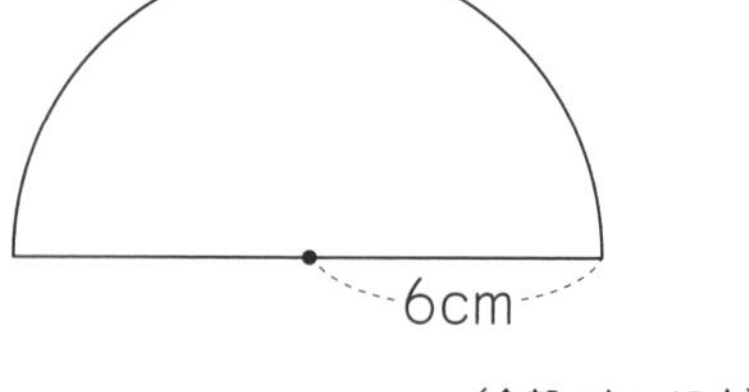

（全部できて15点）

（式）

答え（　　　　）

(3)

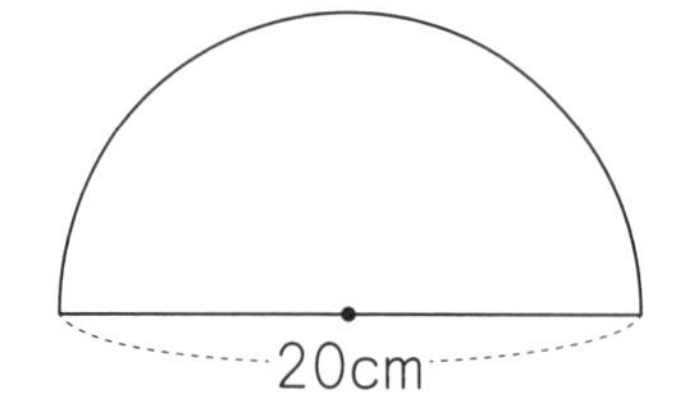

（全部できて15点）

（式）

答え（　　　　）

(4)

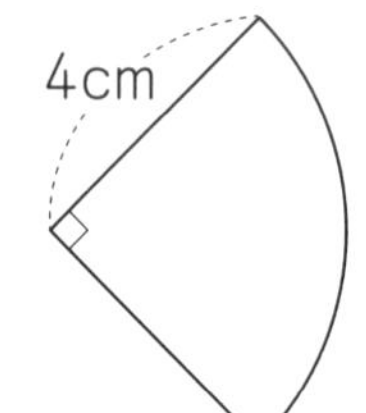

（全部できて15点）

（式）

答え（　　　　）

面積のくふう

学習した日　　月　　日

名前

得点

／100点

6023
解説→313ページ

1 色をぬった部分の面積は何cm^2ですか。

(1)　　(全部できて25点)

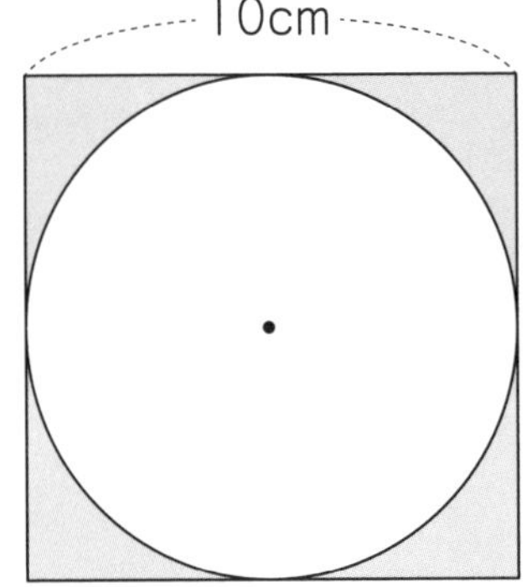

(式)

答え(　　　　　　　)

(2)　　(全部できて25点)

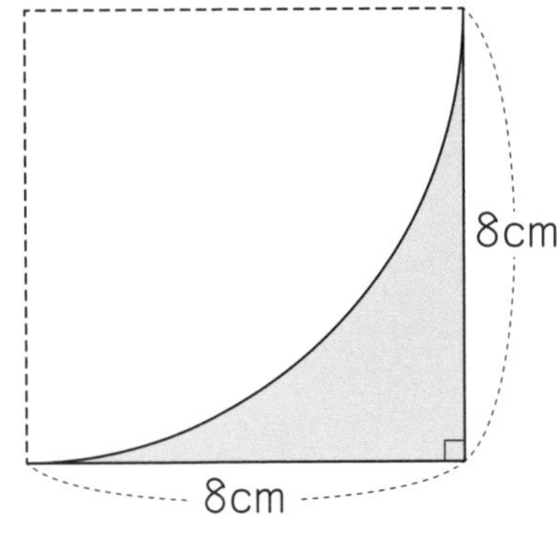

(式)

答え(　　　　　　　)

(3)　　(全部できて25点)

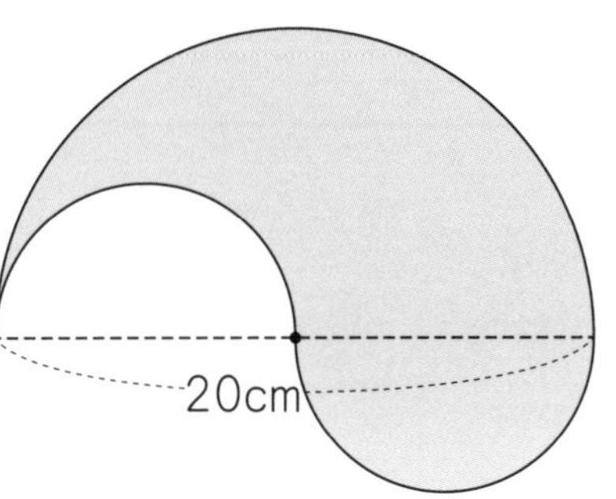

(式)

答え(　　　　　　　)

(4)　　(全部できて25点)

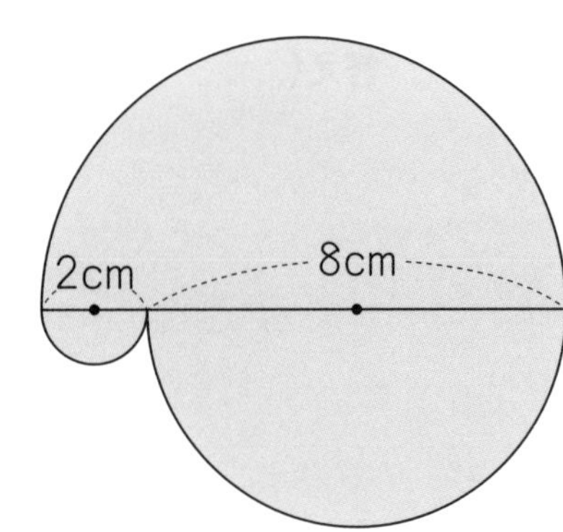

(式)

答え(　　　　　　　)

23 面積のくふう

目標時間 20分

学習した日　月　日

名前

得点　／100点

6023
解説→313ページ

らくらくマルつけ

❶ 色をぬった部分の面積は何cm^2ですか。

(1)　(全部できて25点)

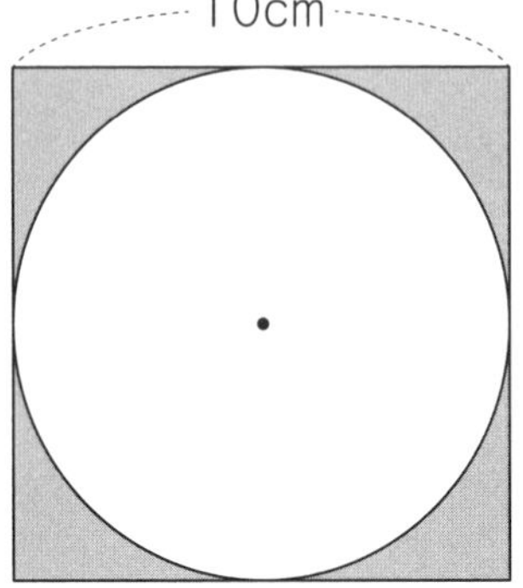

(式)

答え(　　　　　　)

(2)　(全部できて25点)

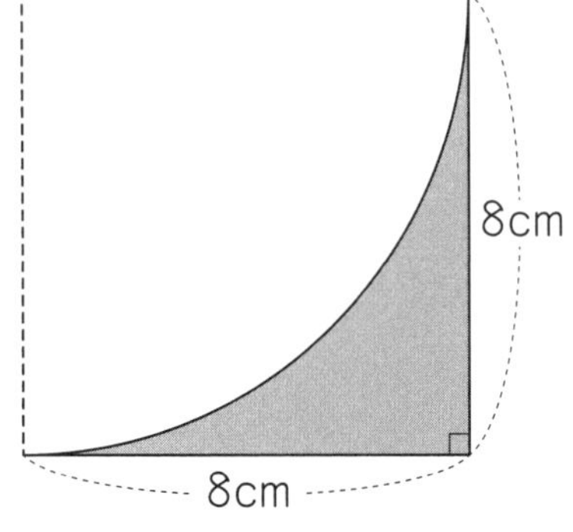

(式)

答え(　　　　　　)

(3)　(全部できて25点)

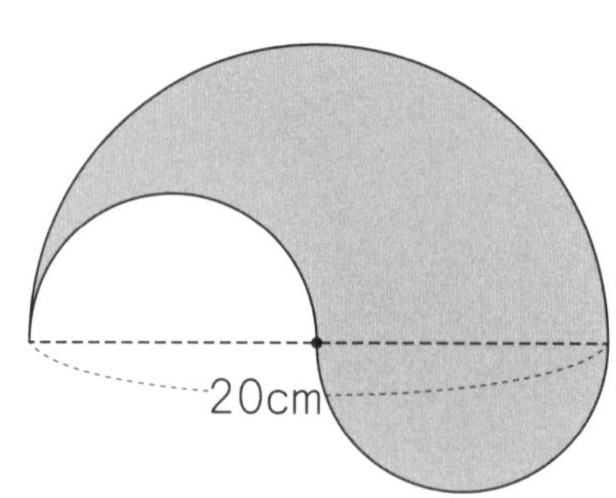

(式)

答え(　　　　　　)

(4)　(全部できて25点)

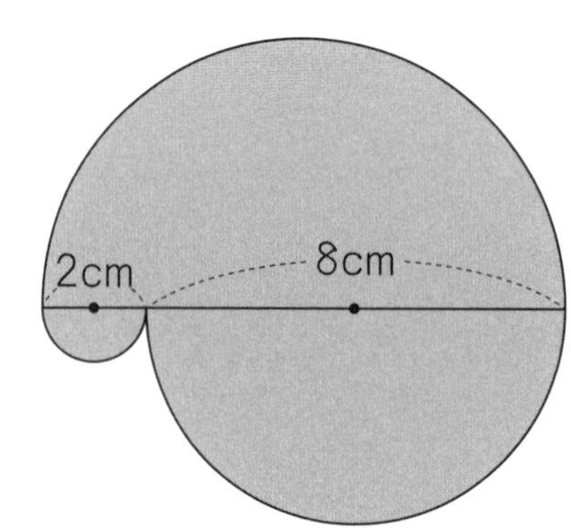

(式)

答え(　　　　　　)

角柱の体積

目標時間 20分

学習した日　月　日

名前

得点　／100点

らくらくマルつけ

6024

解説→313ページ

❶ 次の角柱の体積は何 cm^3 ですか。【60点】

(1)

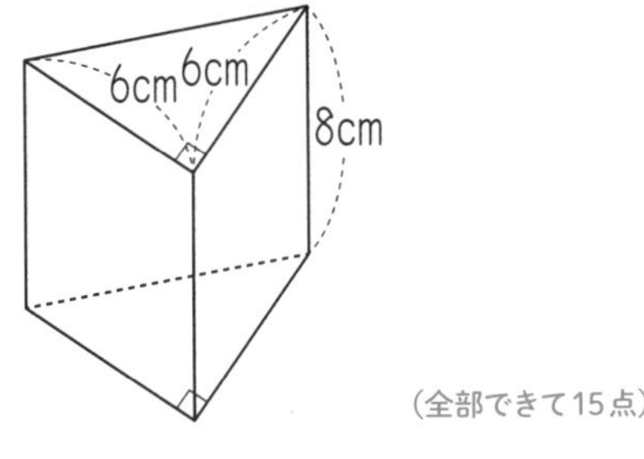

（全部できて15点）

（式）

答え（　　　　　　）

(2)

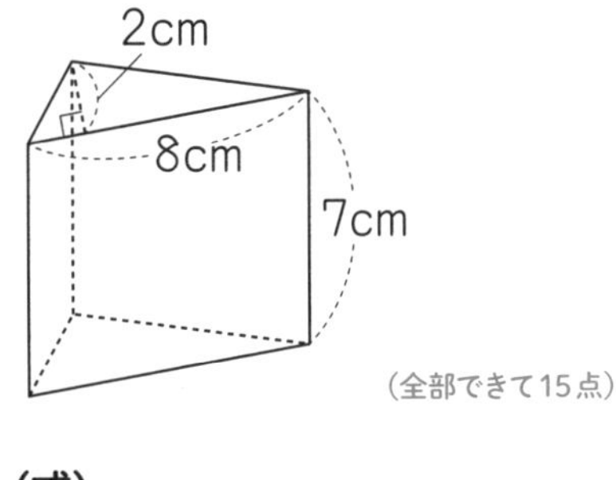

（全部できて15点）

（式）

答え（　　　　　　）

(3)

4cm
3cm
5cm
3cm
8cm

（全部できて15点）

（式）

答え（　　　　　　）

(4)

3cm
2cm
5cm
10cm

（全部できて15点）

（式）

答え（　　　　　　）

❷ 図のような角柱の体積は何 cm^3 ですか。【全部できて20点】

（式）

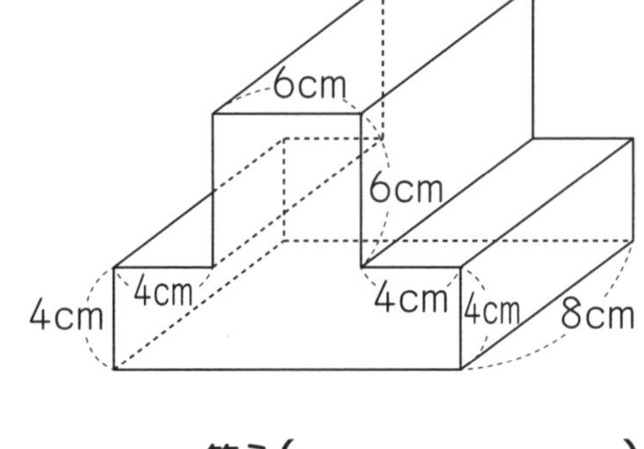

答え（　　　　　　）

❸ 右の図は三角柱の展開図です。この展開図を組み立てたときにできる三角柱の体積は何 cm^3 ですか。

【全部できて20点】

（式）

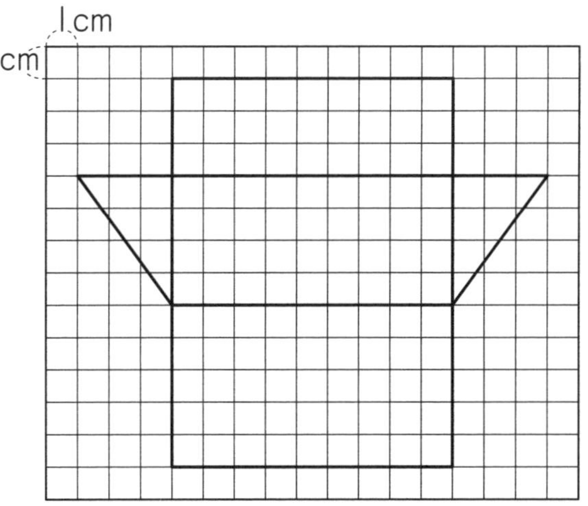

答え（　　　　　　）

算数

＼もう１回チャレンジ!!／

角柱の体積

目標時間（もくひょうじかん） 20分

学習した日　　月　　日

名前

得点　　／100点

6024
解説→313ページ

らくらくマルつけ

❶ 次の角柱の体積は何cm^3ですか。【60点】

(1)

6cm　6cm　8cm

（全部できて15点）

（式）

答え（　　　　　　）

(2)

2cm　8cm　7cm

（全部できて15点）

（式）

答え（　　　　　　）

(3)

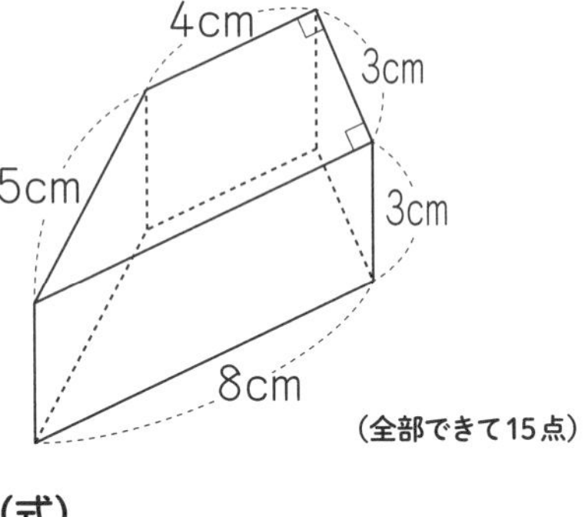

（全部できて15点）

（式）

答え（　　　　　　）

(4)

3cm　12cm　5cm　10cm

（全部できて15点）

（式）

答え（　　　　　　）

❷ 図のような角柱の体積は何cm^3ですか。【全部できて20点】

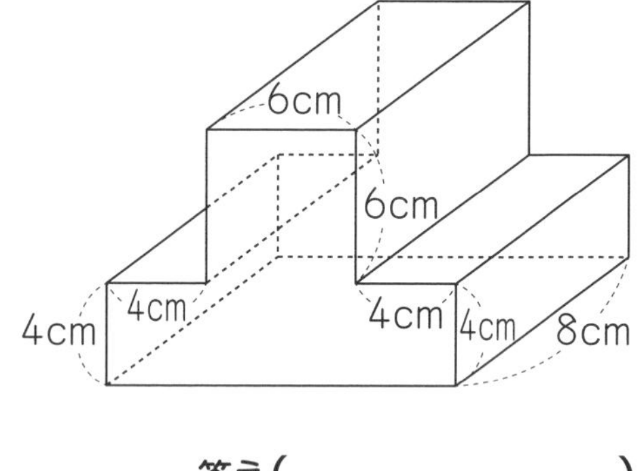

（式）

答え（　　　　　　）

❸ 右の図は三角柱の展開図（てんかいず）です。この展開図を組み立てたときにできる三角柱の体積は何cm^3ですか。

【全部できて20点】

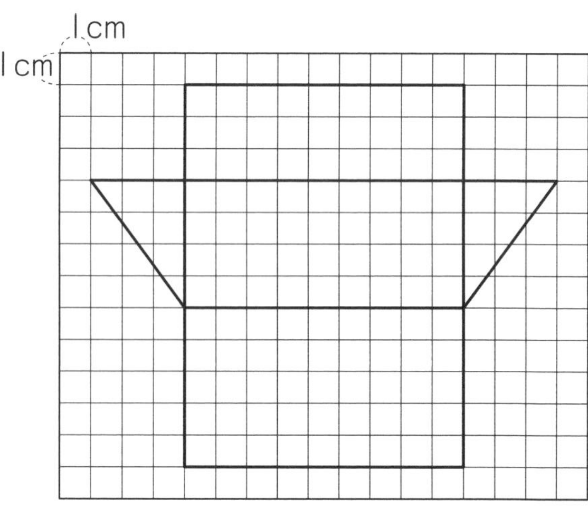

（式）

答え（　　　　　　）

円柱の体積

目標時間 20分

学習した日　　月　　日

名前

得点

／100点

6025
解説→314ページ

らくらくマルつけ

算数

❶ 次の立体の体積は何 cm^3 ですか。【60点】

(1)

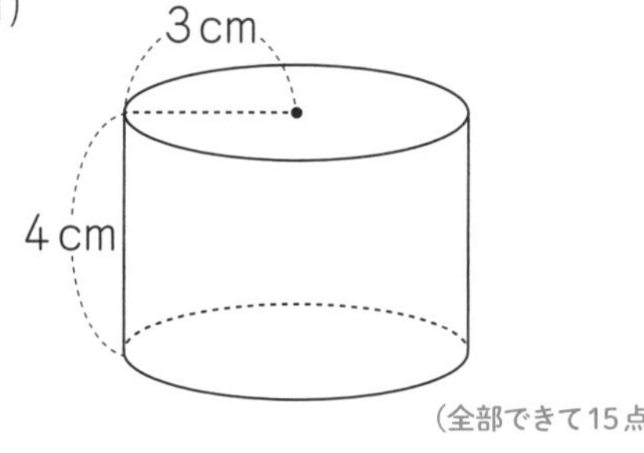

(全部できて15点)

(式)

答え(　　　　　　)

(2)

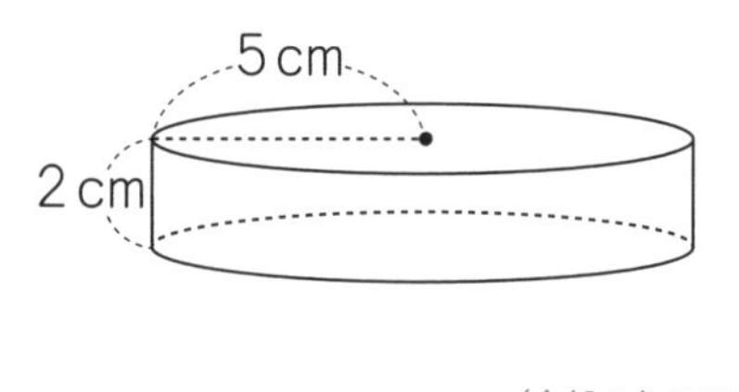

(全部できて15点)

(式)

答え(　　　　　　)

(3)

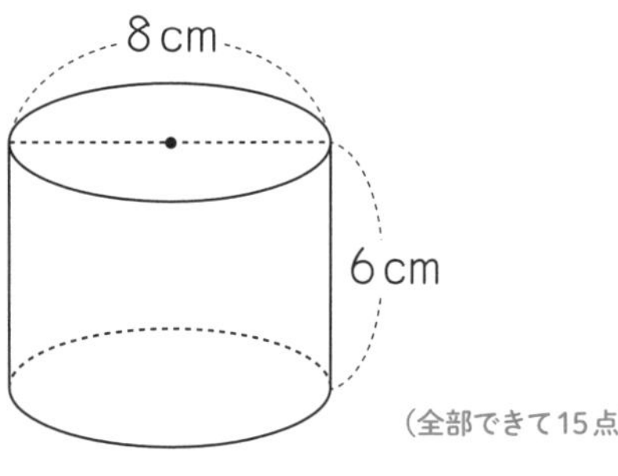

(全部できて15点)

(式)

答え(　　　　　　)

(4)

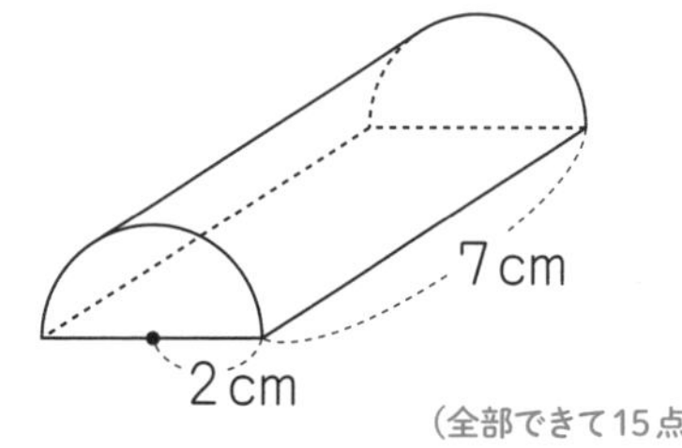

(全部できて15点)

(式)

答え(　　　　　　)

❷ 次の図のような，円柱から円柱を取り除(のぞ)いた立体の体積は何 cm^3 ですか。【全部できて20点】

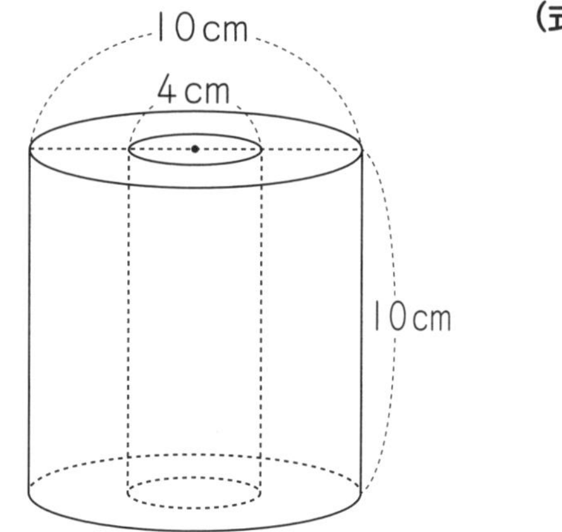

(式)

答え(　　　　　　)

❸ 右の図は円柱の展開図(てんかいず)です。この展開図を組み立てたときにできる円柱の体積は何 cm^3 ですか。【全部できて20点】

(式)

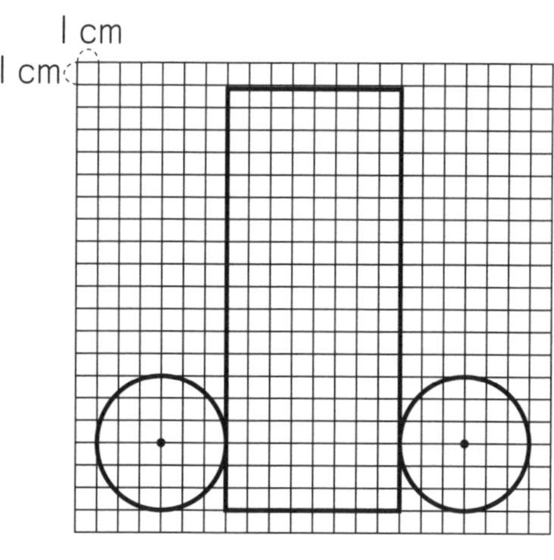

答え(　　　　　　)

円柱の体積

目標時間 20分

学習した日　月　日

名前

得点　／100点

6025 解説→314ページ

らくらくマルつけ

❶ 次の立体の体積は何 cm^3 ですか。【60点】

(1)

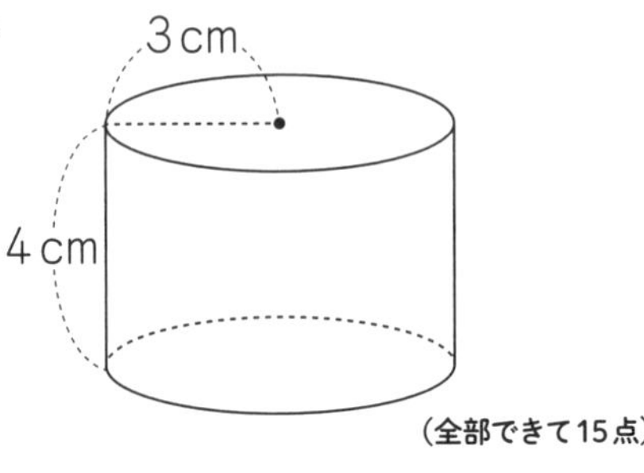

（全部できて15点）

（式）

答え（　　　）

(2)

5cm
2cm

（全部できて15点）

（式）

答え（　　　）

(3)

8cm
6cm

（全部できて15点）

（式）

答え（　　　）

(4)

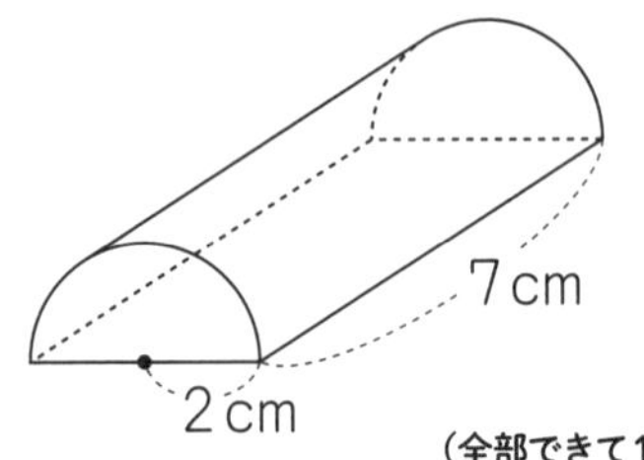

（全部できて15点）

（式）

答え（　　　）

❷ 次の図のような，円柱から円柱を取り除いた立体の体積は何 cm^3 ですか。【全部できて20点】

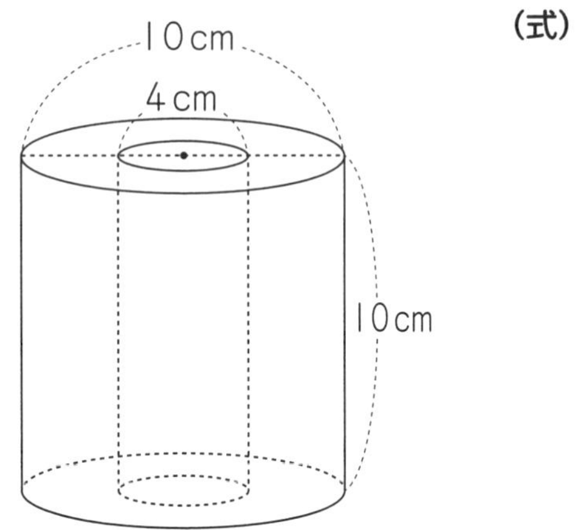

（式）

答え（　　　）

❸ 右の図は円柱の展開図です。この展開図を組み立てたときにできる円柱の体積は何 cm^3 ですか。【全部できて20点】

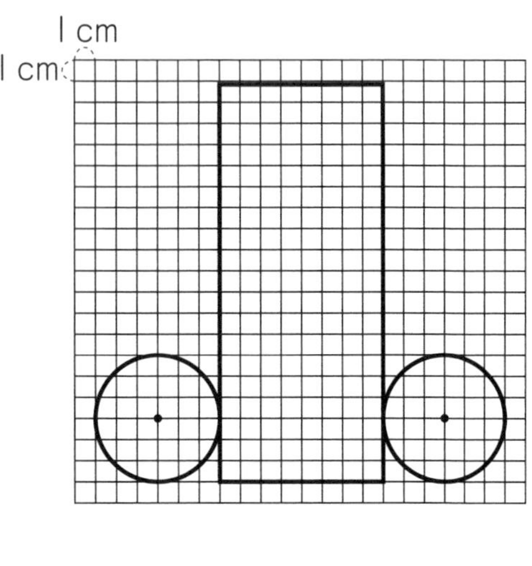

（式）

答え（　　　）

比①

目標時間 20分

学習した日　　月　　日

名前

得点

／100点

6026
解説→314ページ

らくらくマルつけ

❶ かほさんはコーヒー31mLと牛乳100mLを混ぜてコーヒー牛乳をつくりました。次の問いに答えましょう。 1つ14点【56点】

(1) 混ぜたコーヒーの量と牛乳の量の割合を比を使って表しましょう。

(　　　　　　)

(2) コーヒーの量は，牛乳の量の何倍ですか。

(　　　　　　)

(3) ゆうきさんはコーヒー47mLと牛乳200mLを混ぜてコーヒー牛乳をつくりました。混ぜたコーヒーの量と牛乳の量の割合を比を使って表しましょう。

(　　　　　　)

(4) (1)で表した比と(3)で表した比は等しいですか。等しい場合には○，等しくない場合には×を書きましょう。

(　　)

❷ はるとさんはみりん27mLとしょうゆ46mLでソースをつくります。次の問いに答えましょう。 1つ14点【28点】

(1) 混ぜたみりんの量としょうゆの量の割合を比を使って表しましょう。

(　　　　　　)

(2) (1)の比と等しい比を，次からすべて選び，記号で書きましょう。

(　　　　　　)

ア　3:5　　イ　54:92　　ウ　27:40　　エ　81:138

❸ あるせんざいは，せんざいの量と水の量を1:6の割合で混ぜて使います。この比について，比の値を求めましょう。 【16点】

(　　)

算数

比①

目標時間 20分

学習した日　　月　　日

名前

得点　　／100点

6026
解説→314ページ

❶ かほさんはコーヒー31mLと牛乳100mLを混ぜてコーヒー牛乳をつくりました。次の問いに答えましょう。 1つ14点【56点】

(1) 混ぜたコーヒーの量と牛乳の量の割合を比を使って表しましょう。

（　　　　　　）

(2) コーヒーの量は，牛乳の量の何倍ですか。

（　　　　　　）

(3) ゆうきさんはコーヒー47mLと牛乳200mLを混ぜてコーヒー牛乳をつくりました。混ぜたコーヒーの量と牛乳の量の割合を比を使って表しましょう。

（　　　　　　）

(4) (1)で表した比と(3)で表した比は等しいですか。等しい場合には○，等しくない場合には×を書きましょう。

（　　）

❷ はるとさんはみりん27mLとしょうゆ46mLでソースをつくります。次の問いに答えましょう。 1つ14点【28点】

(1) 混ぜたみりんの量としょうゆの量の割合を比を使って表しましょう。

（　　　　　　）

(2) (1)の比と等しい比を，次からすべて選び，記号で書きましょう。

（　　　　　　）

ア　3:5　　イ　54:92　　ウ　27:40　　エ　81:138

❸ あるせんざいは，せんざいの量と水の量を1:6の割合で混ぜて使います。この比について，比の値を求めましょう。 【16点】

（　　）

比②

学習した日　　月　　日

名前

得点

／100点

解説→314ページ

❶ xにあてはまる数を答えましょう。　1つ6点【60点】

(1) $4:7=24:x$　　(　　　)

(2) $10:3=x:21$　　(　　　)

(3) $3:5=x:45$　　(　　　)

(4) $11:7=33:x$　　(　　　)

(5) $6:12=18:x$　　(　　　)

(6) $12:4=x:1$　　(　　　)

(7) $60:150=x:15$　　(　　　)

(8) $24:32=3:x$　　(　　　)

(9) $80:100=4:x$　　(　　　)

(10) $56:64=x:16$　　(　　　)

❷ 次の比を簡単にしましょう。　1つ5点【40点】

(1) $6:16$　　(　　　)

(2) $40:24$　　(　　　)

(3) $48:48$　　(　　　)

(4) $300:500$　　(　　　)

(5) $0.2:1$　　(　　　)

(6) $4.9:1.4$　　(　　　)

(7) $\frac{1}{4}:6$　　(　　　)

(8) $\frac{2}{3}:\frac{4}{5}$　　(　　　)

比(ひ) ②

目標時間(もくひょうじかん) 20分

学習した日　　月　　日

名前

得点

／100点

6027
解説→314ページ

1 xにあてはまる数を答えましょう。　1つ6点【60点】

(1) $4:7=24:x$　(　　)

(2) $10:3=x:21$　(　　)

(3) $3:5=x:45$　(　　)

(4) $11:7=33:x$　(　　)

(5) $6:12=18:x$　(　　)

(6) $12:4=x:1$　(　　)

(7) $60:150=x:15$　(　　)

(8) $24:32=3:x$　(　　)

(9) $80:100=4:x$　(　　)

(10) $56:64=x:16$　(　　)

2 次の比(ひ)を簡単(かんたん)にしましょう。　1つ5点【40点】

(1) $6:16$　(　　)

(2) $40:24$　(　　)

(3) $48:48$　(　　)

(4) $300:500$　(　　)

(5) $0.2:1$　(　　)

(6) $4.9:1.4$　(　　)

(7) $\frac{1}{4}:6$　(　　)

(8) $\frac{2}{3}:\frac{4}{5}$　(　　)

比③

学習した日　月　日

名前

得点

／100点

6028
解説→314ページ

算数

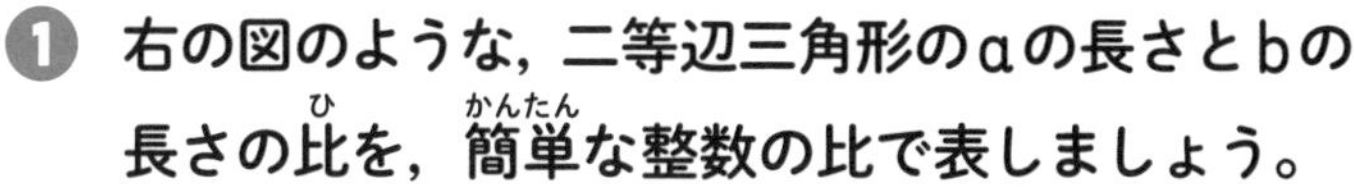

❶ 右の図のような，二等辺三角形のaの長さとbの長さの比を，簡単な整数の比で表しましょう。

1つ12点【60点】

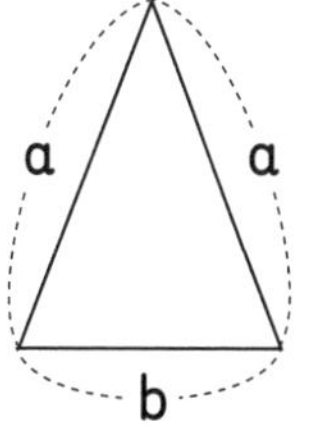

(1) aの長さが10cm，bの長さが4cm

(　　　　　)

(2) aの長さが18cm，bの長さが30cm

(　　　　　)

(3) aの長さが2.6cm，bの長さが3.9cm

(　　　　　)

(4) aの長さが$\frac{3}{4}$m，bの長さが$\frac{5}{8}$m

(　　　　　)

(5) aの長さがbの長さの2.2倍

(　　　　　)

❷ 次の比を，簡単な整数の比で表しましょう。

1つ10点【40点】

(1) ある土地の縦の長さ54mと横の長さ99mの長さの比

(　　　　　)

(2) ねていた時間の9時間と起きていた時間の15時間の時間の比

(　　　　　)

(3) ぶた肉300gとピーマン450gの重さの比

(　　　　　)

(4) あらたさんのクラスの男子21人と女子18人の人数の比

(　　　　　)

比③

学習した日　　月　　日

名前

得点

／100点

6028
解説→314ページ

❶ 右の図のような，二等辺三角形のaの長さとbの長さの比を，簡単な整数の比で表しましょう。

1つ12点【60点】

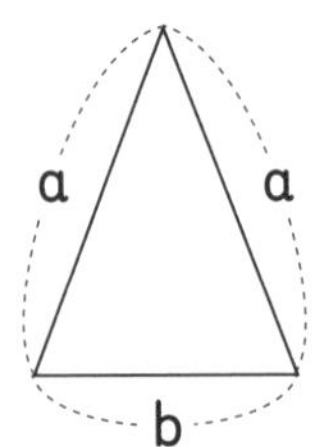

(1) aの長さが10cm，bの長さが4cm

(　　　　　)

(2) aの長さが18cm，bの長さが30cm

(　　　　　)

(3) aの長さが2.6cm，bの長さが3.9cm

(　　　　　)

(4) aの長さが$\frac{3}{4}$m，bの長さが$\frac{5}{8}$m

(　　　　　)

(5) aの長さがbの長さの2.2倍

(　　　　　)

❷ 次の比を，簡単な整数の比で表しましょう。

1つ10点【40点】

(1) ある土地の縦の長さ54mと横の長さ99mの長さの比

(　　　　　)

(2) ねていた時間の9時間と起きていた時間の15時間の時間の比

(　　　　　)

(3) ぶた肉300gとピーマン450gの重さの比

(　　　　　)

(4) あらたさんのクラスの男子21人と女子18人の人数の比

(　　　　　)

比の利用

学習した日　月　日

名前

得点

／100点

6029

解説→315ページ

算数

1 **ゆうさんはりんごジュースとみかんジュースを4：1の割合で混ぜてミックスジュースをつくります。次の問いに答えましょう。** 【40点】

(1) りんごジュースの量を80mLにすると，みかんジュースは何mL必要ですか。 (全部できて10点)

(式)

答え(　　　　)

(2) みかんジュースの量を30mLにすると，りんごジュースは何mL必要ですか。 (全部できて10点)

(式)

答え(　　　　)

(3) りんごジュースとみかんジュースの量の比を4：1にして，全部で125mLのミックスジュースをつくります。りんごジュースとみかんジュースは，それぞれ何mL用意すればよいですか。 (全部できて20点)

(式)

りんごジュース(　　　　)
みかんジュース(　　　　)

2 **りくさんとお姉さんは600mLのジュースを分けて飲みます。りくさんとお姉さんのジュースの量の比は5：7にします。次の問いに答えましょう。** 【25点】

(1) りくさんと全体のジュースの量の比を書きましょう。 (10点)

(　　　　)

(2) りくさんは何mLのジュースをもらいましたか。 (全部できて15点)

(式)

答え(　　　　)

3 **兄と弟はお金を出し合って，1600円のゲームソフトを買います。兄は弟の出す金額の3倍の金額を出します。次の問いに答えましょう。** 【35点】

(1) 兄の出す金額と弟の出す金額の比を書きましょう。 (15点)

(　　　　)

(2) 兄と弟は，それぞれ何円出せばよいですか。 (全部できて20点)

(式)

兄(　　　　)
弟(　　　　)

29 比(ひ)の利用

目標時間(もくひょうじかん) 20分

学習した日　月　日

名前

得点　／100点

らくらくマルつけ

6029
解説→315ページ

❶ ゆうさんはりんごジュースとみかんジュースを4：1の割合(わりあい)で混ぜてミックスジュースをつくります。次の問いに答えましょう。 【40点】

(1) りんごジュースの量を80mLにすると，みかんジュースは何mL必要ですか。 (全部できて10点)

(式)

答え(　　　　　)

(2) みかんジュースの量を30mLにすると，りんごジュースは何mL必要ですか。 (全部できて10点)

(式)

答え(　　　　　)

(3) りんごジュースとみかんジュースの量の比(ひ)を4：1にして，全部で125mLのミックスジュースをつくります。りんごジュースとみかんジュースは，それぞれ何mL用意すればよいですか。 (全部できて20点)

(式)

りんごジュース(　　　　　)
みかんジュース(　　　　　)

❷ りくさんとお姉さんは600mLのジュースを分けて飲みます。りくさんとお姉さんのジュースの量の比は5：7にします。次の問いに答えましょう。 【25点】

(1) りくさんと全体のジュースの量の比を書きましょう。 (10点)

(　　　　　)

(2) りくさんは何mLのジュースをもらいましたか。 (全部できて15点)

(式)

答え(　　　　　)

❸ 兄と弟はお金を出し合って，1600円のゲームソフトを買います。兄は弟の出す金額の3倍の金額を出します。次の問いに答えましょう。 【35点】

(1) 兄の出す金額と弟の出す金額の比を書きましょう。 (15点)

(　　　　　)

(2) 兄と弟は，それぞれ何円出せばよいですか。 (全部できて20点)

(式)

兄(　　　　　)
弟(　　　　　)

拡大図と縮図 ①

学習した日　　月　　日

名前

得点

／100点

6030
解説→315ページ

算数

1 次の三角形アについて，あとの問いに答えましょう。　1つ10点【30点】

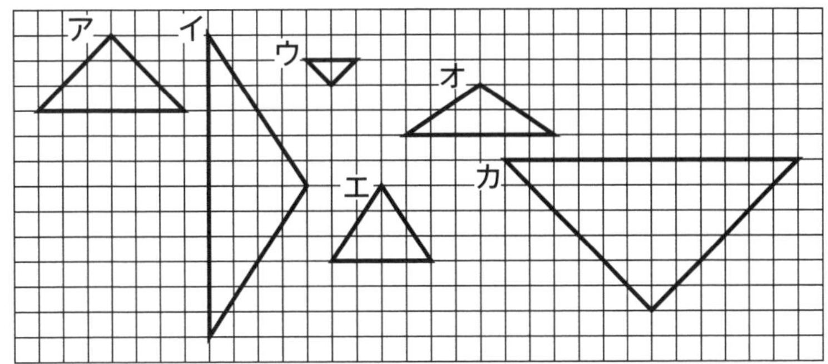

(1) 三角形アの図形の拡大図になっている図形を，イ～カから選び，記号で書きましょう。　(　　)

(2) 三角形アの図形の縮図になっている図形を，イ～カから選び，記号で書きましょう。　(　　)

(3) 三角形オの図形は三角形イの何倍の縮図ですか。

(　　)

2 右のアの長方形は，イの長方形の縦と横の長さを3cmずつ長くしたものです。アはイの拡大図といえますか。　【10点】

(　　)

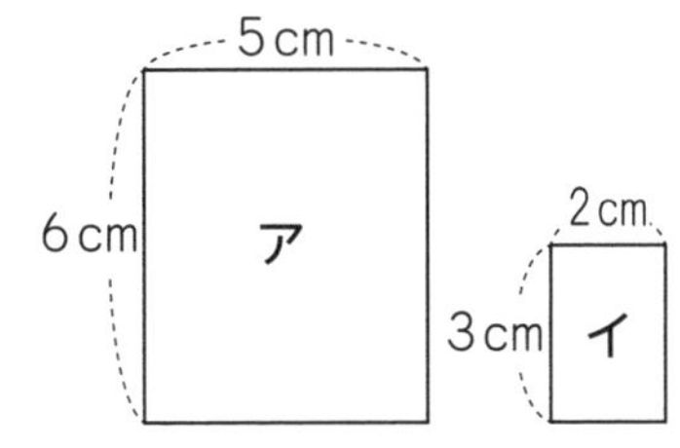

3 次の四角形EFGHは，四角形ABCDの拡大図です。あとの問いに答えましょう。　1つ15点【60点】

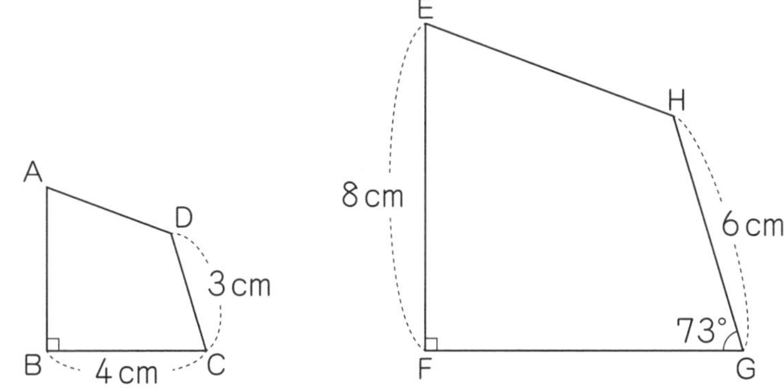

(1) 四角形EFGHは，四角形ABCDの何倍の拡大図ですか。

(　　)

(2) 辺EHに対応する辺はどれですか。

(　　)

(3) 辺FGは何cmですか。

(　　)

(4) 角Cは何度ですか。

(　　)

拡大図と縮図 ①

目標時間 20分

学習した日　月　日

名前

得点　／100点

6030 解説→315ページ

らくらくマルつけ

❶ 次の三角形アについて，あとの問いに答えましょう。 1つ10点【30点】

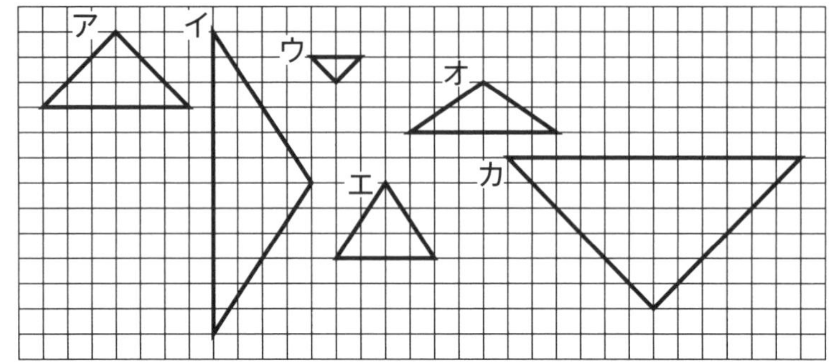

(1) 三角形アの図形の拡大図になっている図形を，イ～カから選び，記号で書きましょう。　(　　)

(2) 三角形アの図形の縮図になっている図形を，イ～カから選び，記号で書きましょう。　(　　)

(3) 三角形オの図形は三角形イの何倍の縮図ですか。

(　　)

❷ 右のアの長方形は，イの長方形の縦と横の長さを3cmずつ長くしたものです。アはイの拡大図といえますか。 【10点】

(　　　　)

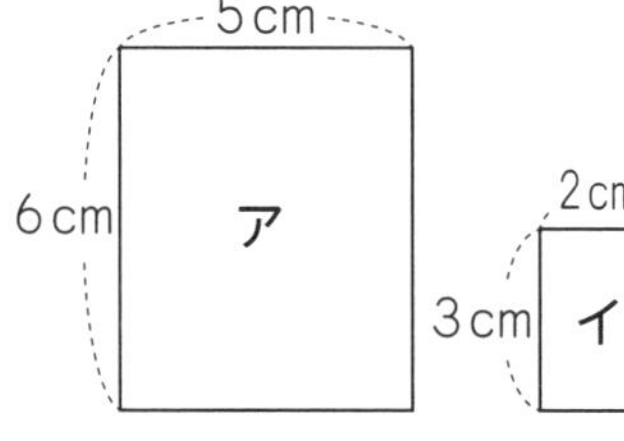

❸ 次の四角形EFGHは，四角形ABCDの拡大図です。あとの問いに答えましょう。 1つ15点【60点】

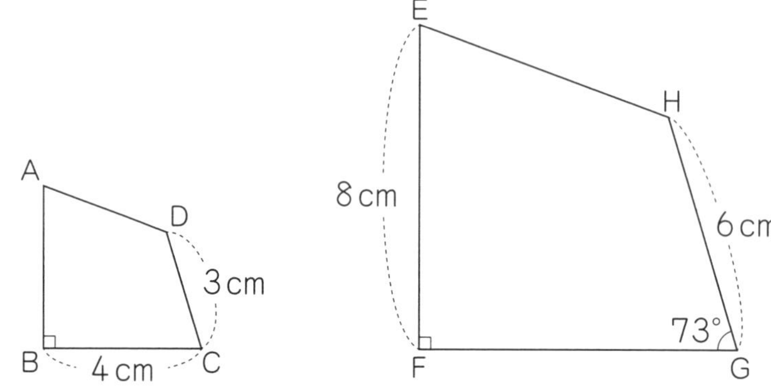

(1) 四角形EFGHは，四角形ABCDの何倍の拡大図ですか。

(　　)

(2) 辺EHに対応する辺はどれですか。

(　　)

(3) 辺FGは何cmですか。

(　　)

(4) 角Cは何度ですか。

(　　)

拡大図と縮図 ②

学習した日　月　日

名前

得点

／100点

6031
解説→315ページ

算数

1 次の図のような三角形アがあります。あとの問いに答えましょう。

1つ20点【40点】

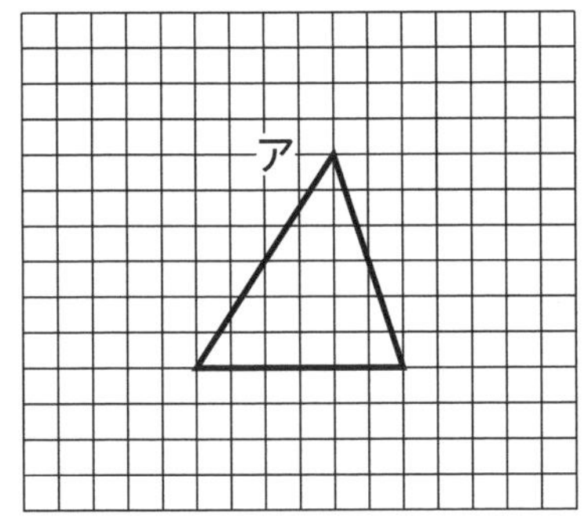

(1) 三角形アの2倍の拡大図をかきましょう。

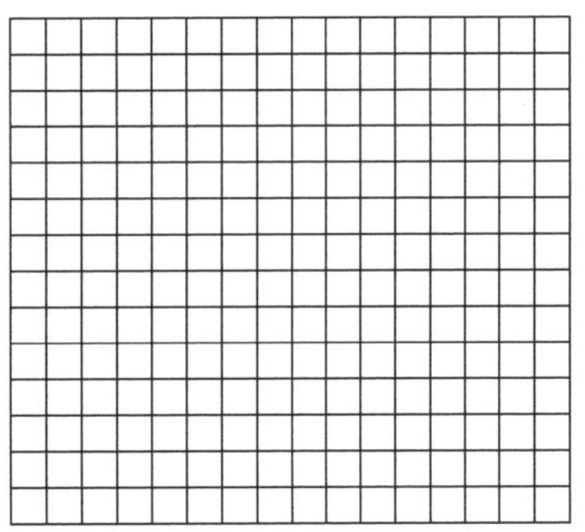

(2) 三角形アの$\frac{1}{2}$倍の縮図をかきましょう。

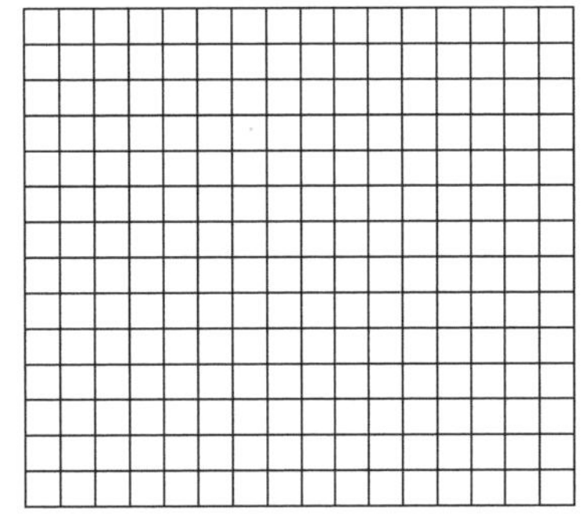

2 三角形ABCを2倍に拡大した三角形DEFを，分度器やものさしを使ってかきましょう。

【20点】

3 四角形ABCDがあります。次の問いに答えましょう。 1つ20点【40点】

(1) 頂点Aを中心にして1.5倍に拡大した四角形AEFGを，ものさしを使ってかきましょう。

(2) 頂点Aを中心にして$\frac{1}{2}$に縮小した四角形AHIJを，ものさしを使ってかきましょう。

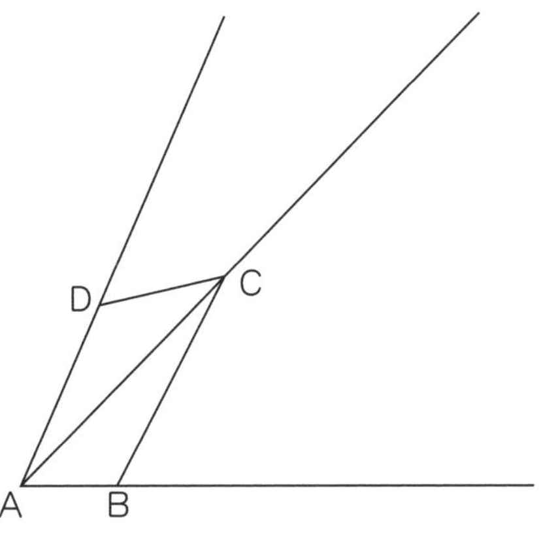

拡大図と縮図②

目標時間 20分

学習した日　月　日
名前
得点　／100点

6031
解説→315ページ

❶ 次の図のような三角形アがあります。あとの問いに答えましょう。 1つ20点【40点】

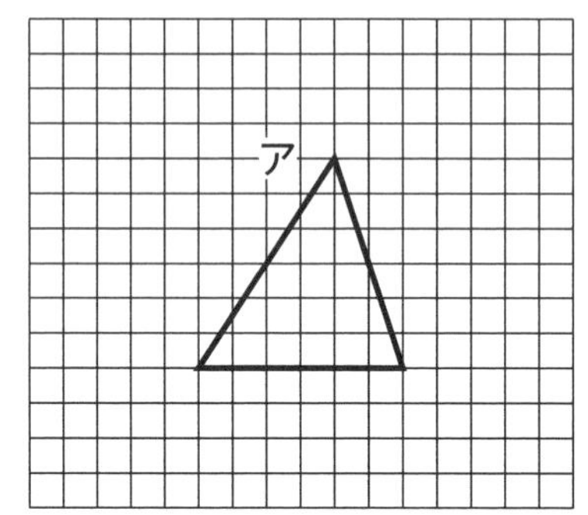

(1) 三角形アの2倍の拡大図をかきましょう。

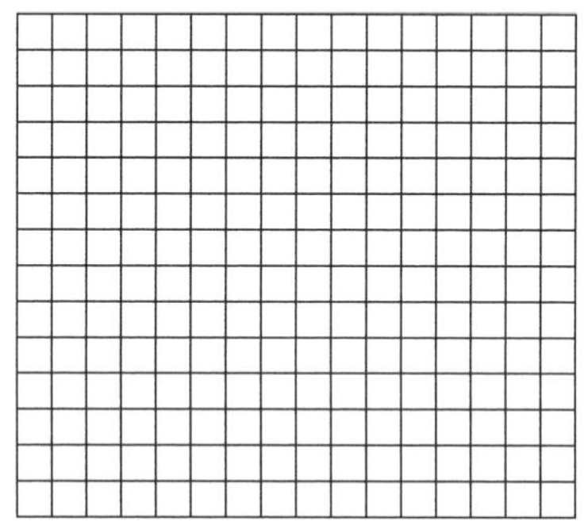

(2) 三角形アの$\frac{1}{2}$倍の縮図をかきましょう。

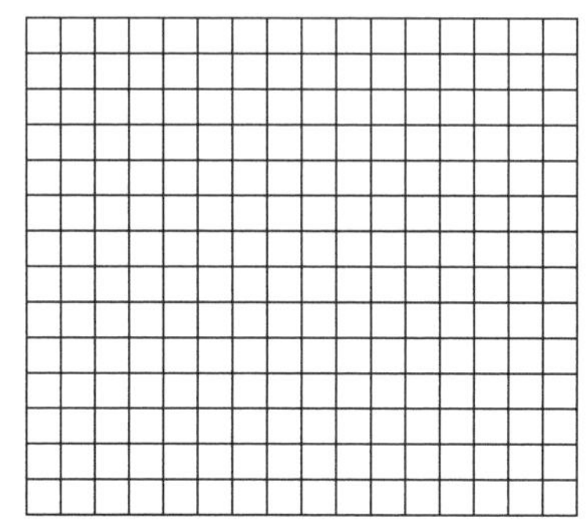

❷ 三角形ABCを2倍に拡大した三角形DEFを，分度器やものさしを使ってかきましょう。 【20点】

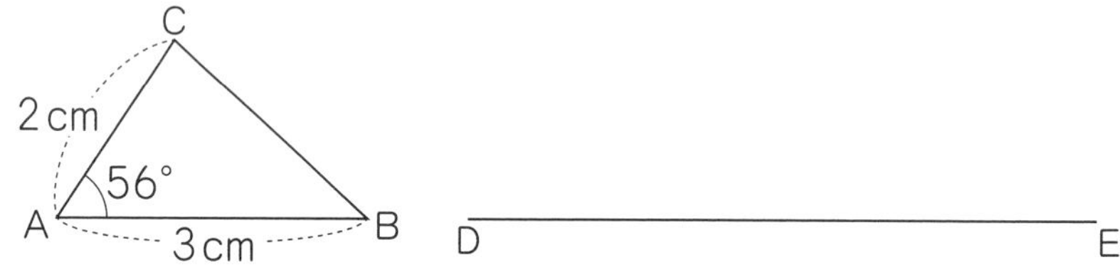

❸ 四角形ABCDがあります。次の問いに答えましょう。 1つ20点【40点】

(1) 頂点Aを中心にして1.5倍に拡大した四角形AEFGを，ものさしを使ってかきましょう。

(2) 頂点Aを中心にして$\frac{1}{2}$に縮小した四角形AHIJを，ものさしを使ってかきましょう。

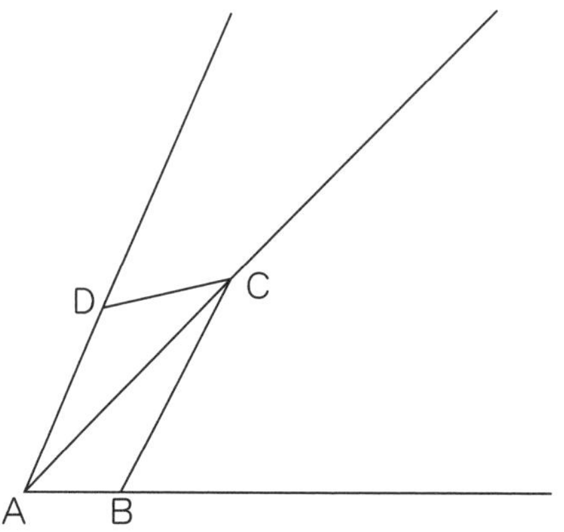

拡大と縮小の利用

学習した日　月　日

名前

得点

／100点

解説→316ページ

❶ 次のア～オの三角形について，拡大図と縮図の関係になっているものをすべて選び，記号で書きましょう。【40点】

（　　　　　）

ア

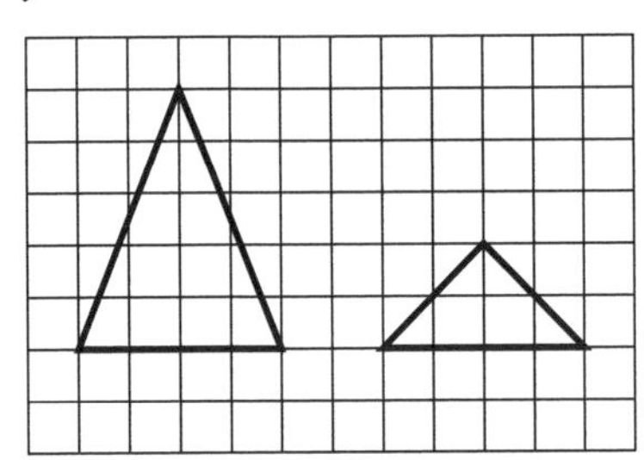

イ

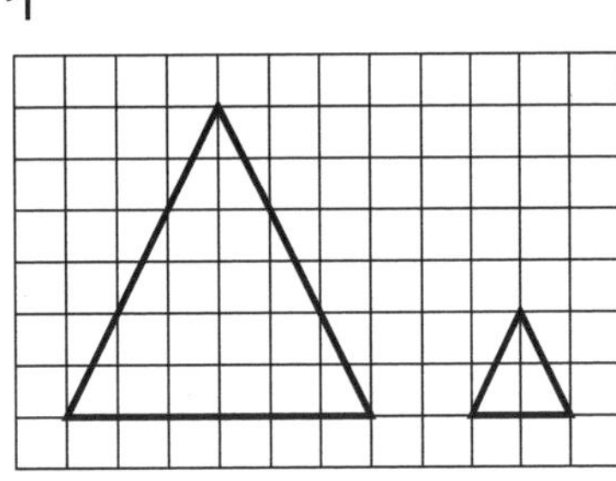

ウ

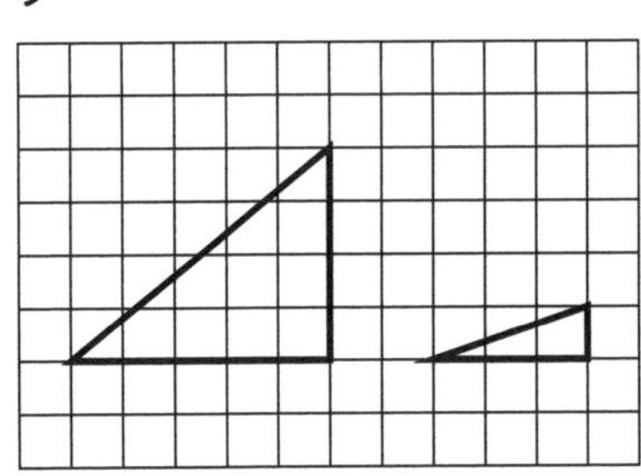

エ

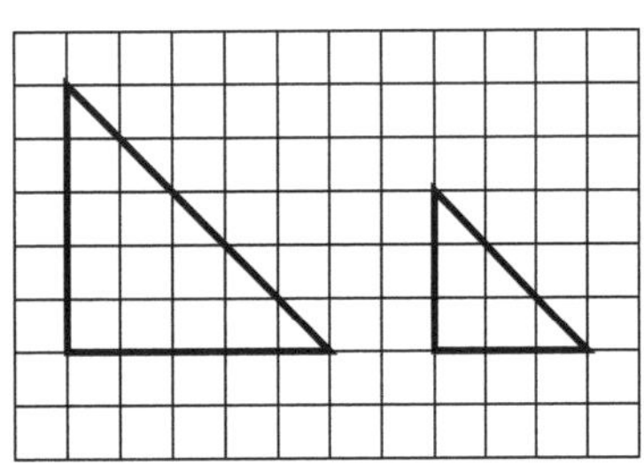

オ

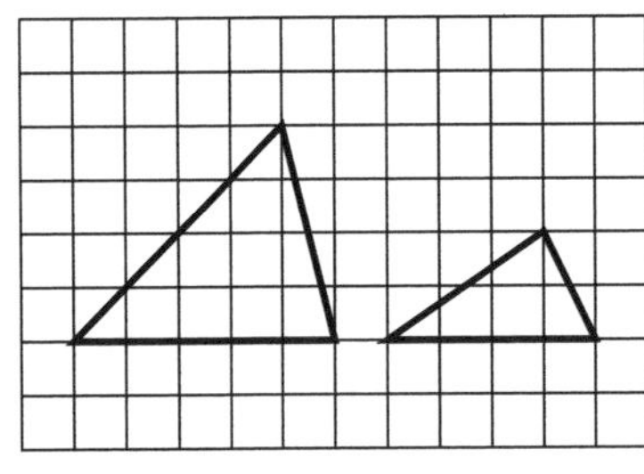

❷ 次の図は，ある学校のしき地の縮図です。ABの実際の長さ20mを1cmに縮めて表しています。あとの問いに答えましょう。

1つ20点【60点】

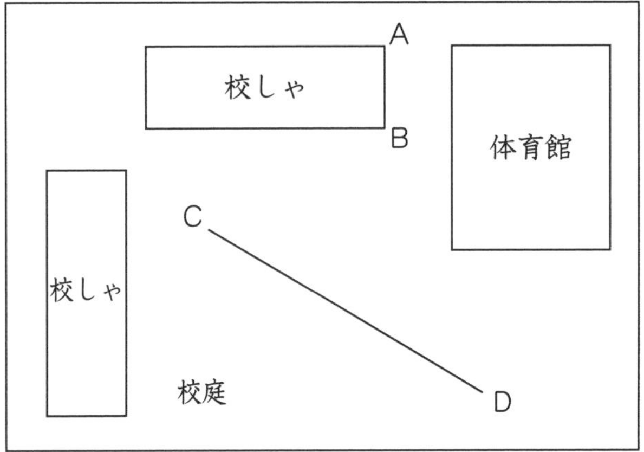

(1) 何分の1の縮図になっていますか。

（　　　　　）

(2) 校庭の縮図でのCDの長さをはかると4cmでした。CDの実際の長さは何mですか。

（　　　　　）

(3) 体育館の実際の縦の長さは50mあります。縮図では何cmになりますか。

（　　　　　）

算数

拡大と縮小の利用

目標時間 20分

学習した日　　月　　日

名前

得点

／100点

6032
解説→316ページ

らくらくマルつけ

1 次のア～オの三角形について，拡大図と縮図の関係になっているものをすべて選び，記号で書きましょう。【40点】

（　　　　　）

ア

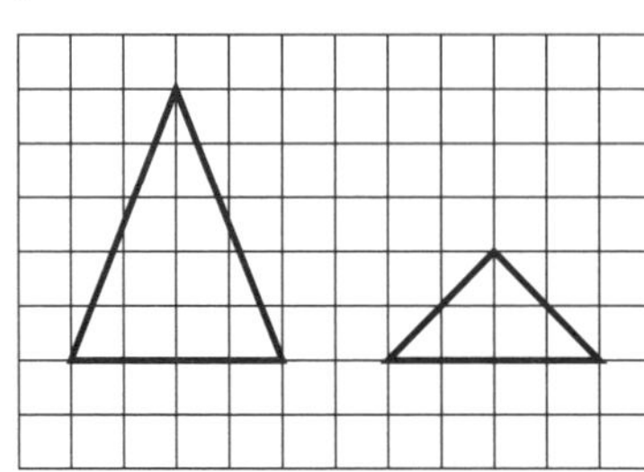

イ

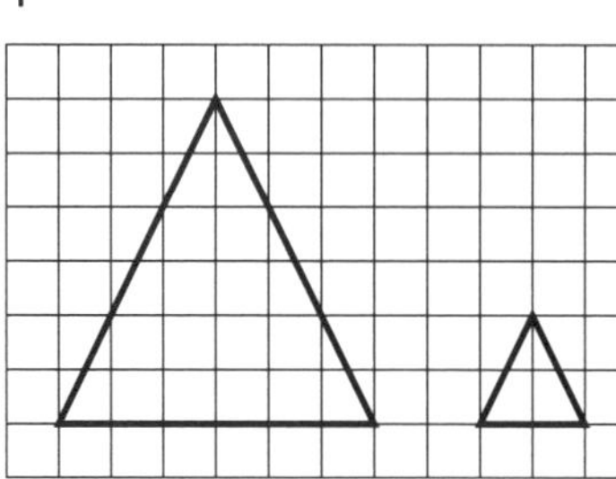

ウ

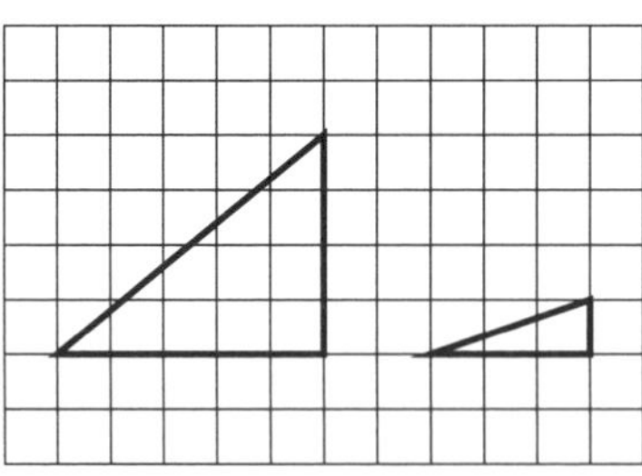

エ

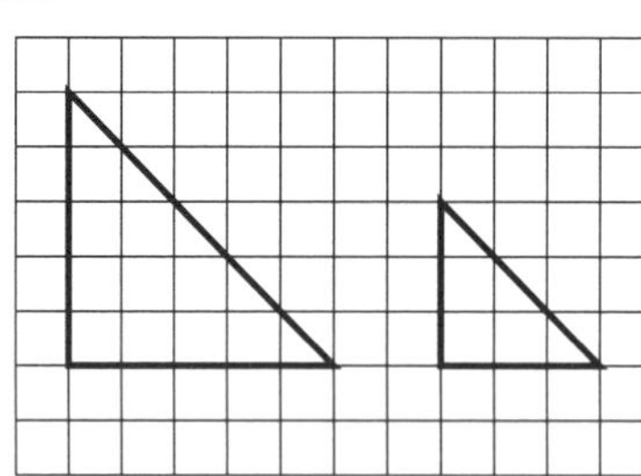

オ

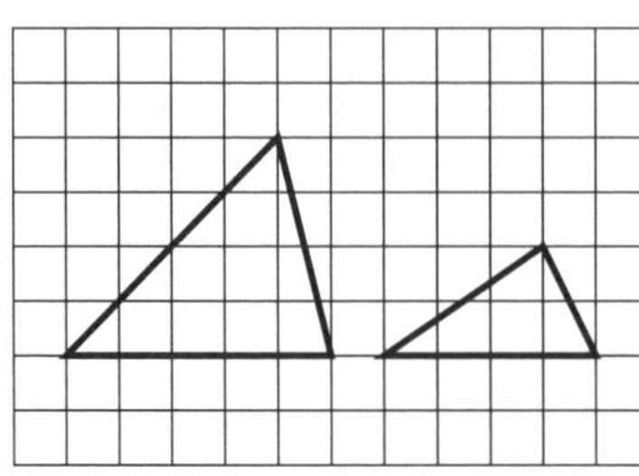

2 次の図は，ある学校のしき地の縮図です。ABの実際の長さ20mを1cmに縮めて表しています。あとの問いに答えましょう。

1つ20点【60点】

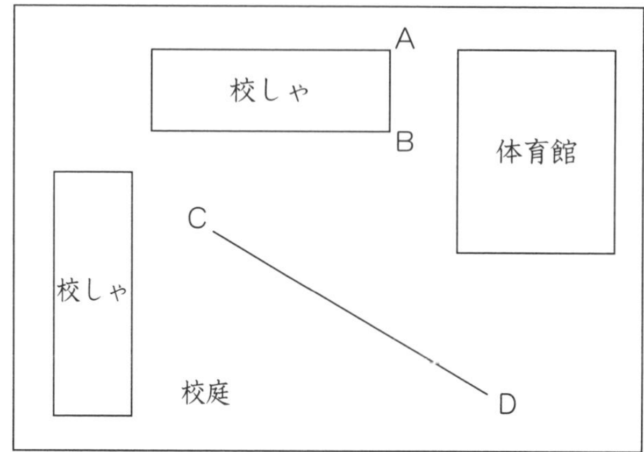

(1) 何分の１の縮図になっていますか。

（　　　　　）

(2) 校庭の縮図でのCDの長さをはかると4cmでした。CDの実際の長さは何mですか。

（　　　　　）

(3) 体育館の実際の縦の長さは50mあります。縮図では何cmになりますか。

（　　　　　）

およその形と大きさ①

目標時間 20分

学習した日　　月　　日

名前

得点　　／100点

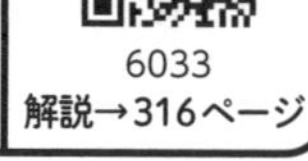

6033
解説→316ページ

らくらくマルつけ

❶ 右のようなカバンを長方形とみて考えます。およその面積は何cm^2ですか。

【全部できて25点】

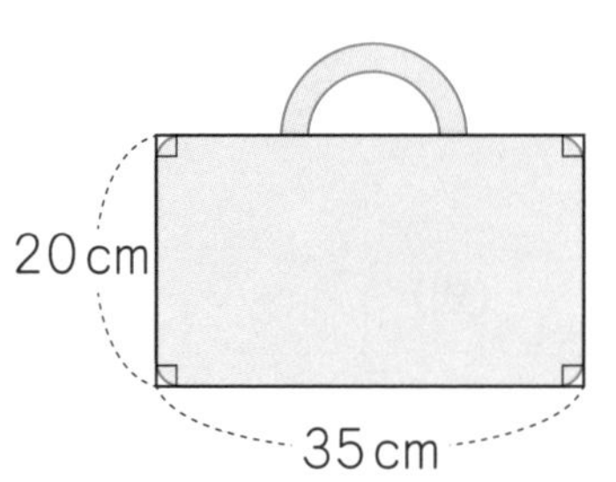

（式）

答え（　　　　　　　）

❷ 右のような池を台形とみて考えます。およその面積は何m^2ですか。

【全部できて25点】

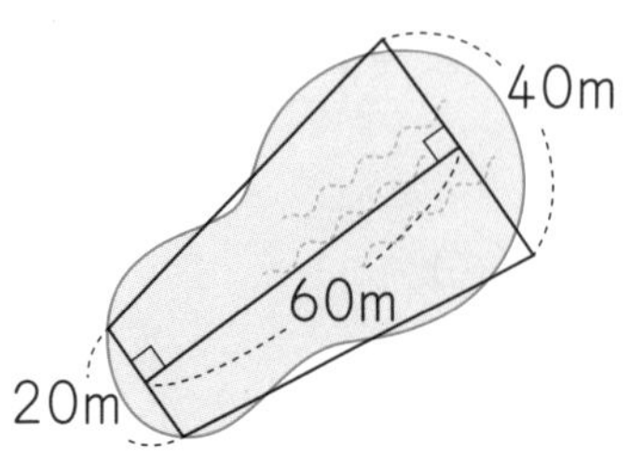

（式）

答え（　　　　　　　）

❸ 右のような地域を正方形とみて考えます。およその面積は何km^2ですか。

【全部できて25点】

（式）

答え（　　　　　　　）

❹ 右のような公園を円とみて考えます。およその面積は何m^2ですか。

【全部できて25点】

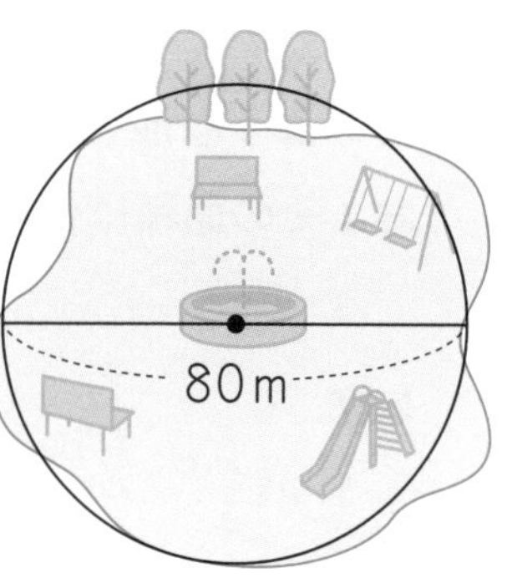

（式）

答え（　　　　　　　）

算数

およその形と大きさ①

学習した日　　月　　日

名前

得点

／100点

6033
解説→316ページ

❶ 右のようなカバンを長方形とみて考えます。およその面積は何 cm^2 ですか。

【全部できて25点】

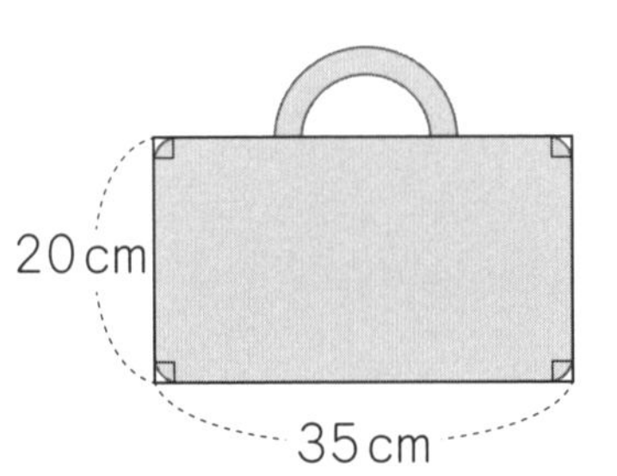

（式）

答え（　　　　　　）

❷ 右のような池を台形とみて考えます。およその面積は何 m^2 ですか。

【全部できて25点】

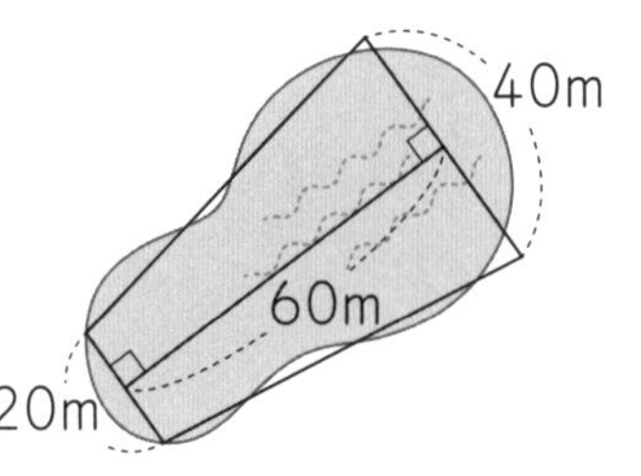

（式）

答え（　　　　　　）

❸ 右のような地域を正方形とみて考えます。およその面積は何 km^2 ですか。

【全部できて25点】

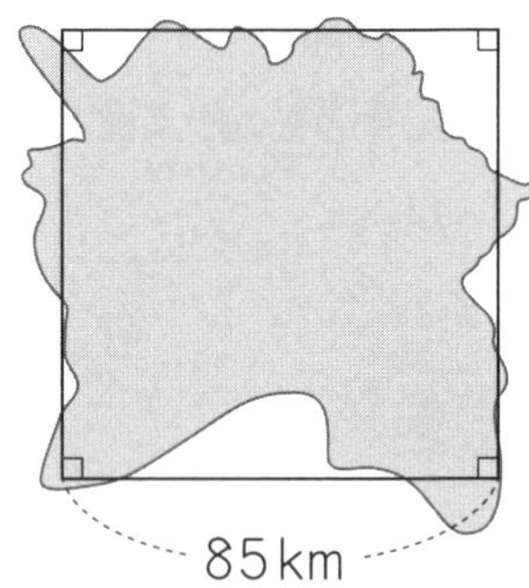

（式）

答え（　　　　　　）

❹ 右のような公園を円とみて考えます。およその面積は何 m^2 ですか。

【全部できて25点】

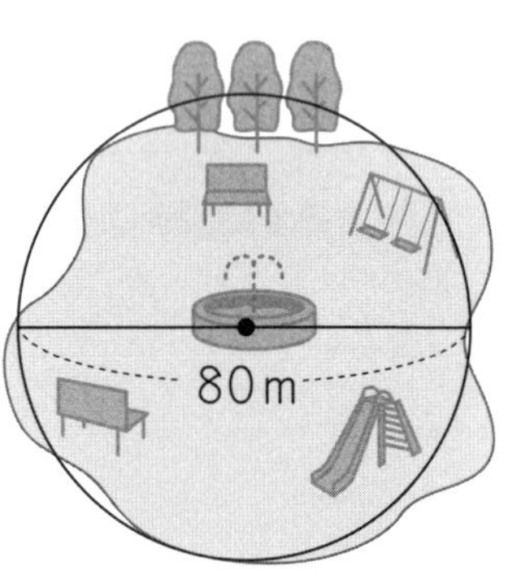

（式）

答え（　　　　　　）

34 およその形と大きさ②

目標時間 20分

学習した日　月　日

名前

得点 ／100点

6034
解説→316ページ

らくらくマルつけ

❶ 次のようなエアコンを直方体とみて体積を求めます。およその体積は何cm^3ですか。 【全部できて25点】

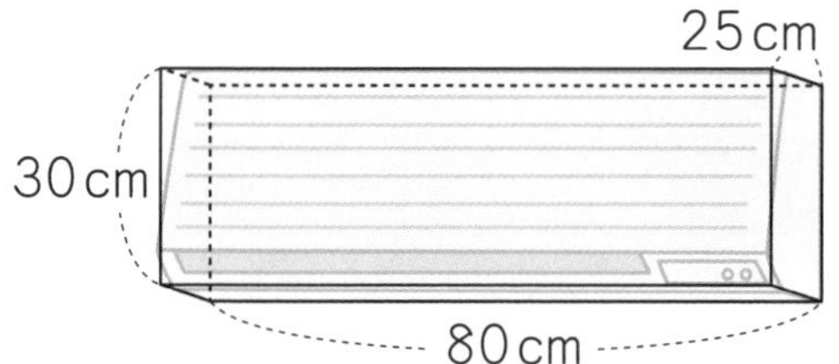

（式）

答え（　　　　　）

❷ 次のような植木ばちを円柱とみて体積を求めます。およその体積は何cm^3ですか。 【全部できて25点】

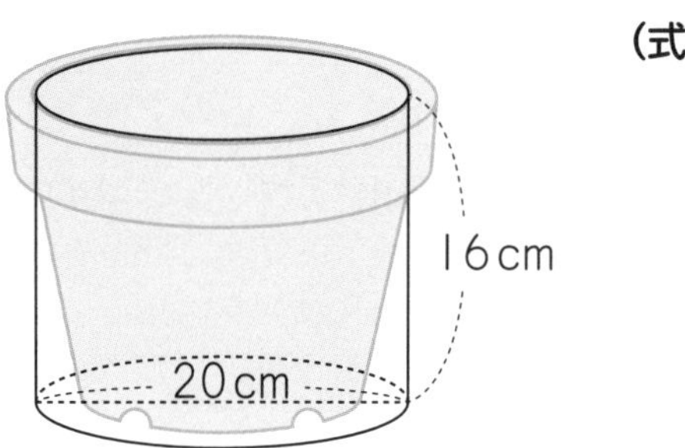

（式）

答え（　　　　　）

❸ 次のようなプールがあります。あとの問いに答えましょう。 【50点】

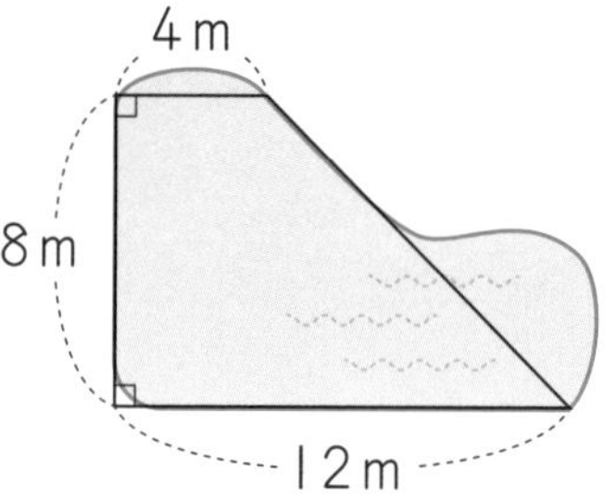

(1) このプールを，上の図のような台形とみて面積を求めます。およその面積は何m^2ですか。 （全部できて25点）

（式）

答え（　　　　　）

(2) このプールの深さはどこも0.8mだそうです。このプールに入る水の体積を求めると，およその体積は何m^3ですか。 （全部できて25点）

（式）

答え（　　　　　）

算数

およその形と大きさ②

目標時間 20分

学習した日　　月　　日

名前

得点　　／100点

6034
解説→316ページ

らくらくマルつけ

❶ 次のようなエアコンを直方体とみて体積を求めます。およその体積は何cm^3ですか。【全部できて25点】

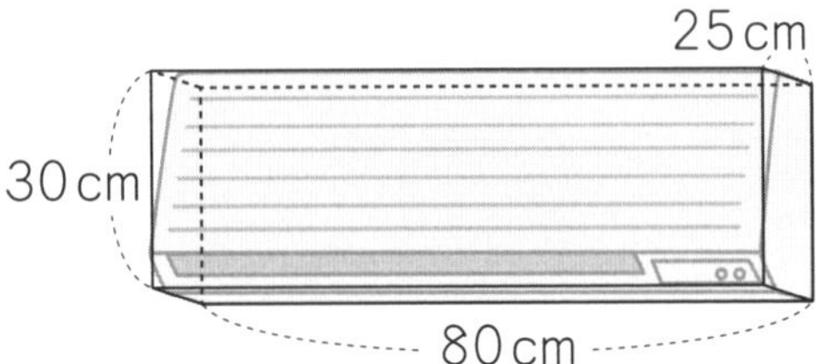

(式)

答え(　　　　　　)

❷ 次のような植木ばちを円柱とみて体積を求めます。およその体積は何cm^3ですか。【全部できて25点】

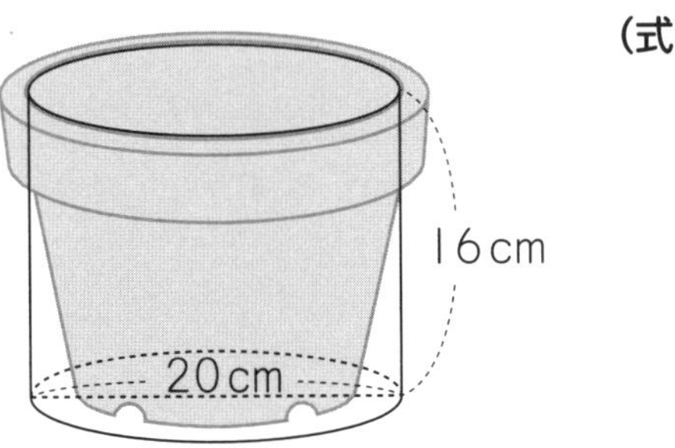

(式)

答え(　　　　　　)

❸ 次のようなプールがあります。あとの問いに答えましょう。【50点】

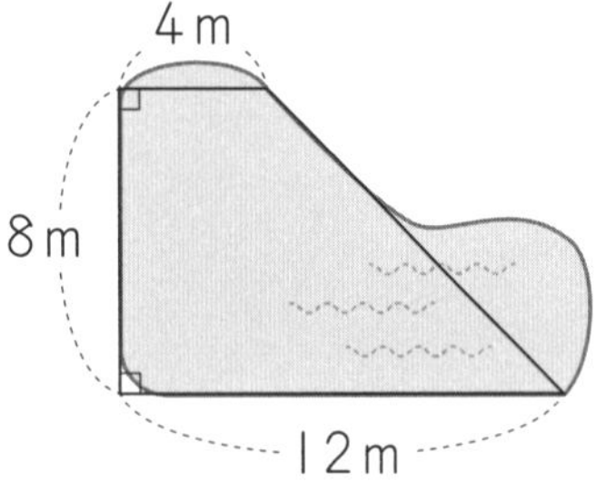

(1) このプールを，上の図のような台形とみて面積を求めます。およその面積は何m^2ですか。【全部できて25点】

(式)

答え(　　　　　　)

(2) このプールの深さはどこも0.8mだそうです。このプールに入る水の体積を求めると，およその体積は何m^3ですか。【全部できて25点】

(式)

答え(　　　　　　)

比例の式

学習した日　　月　　日

名前

得点

／100点

6035
解説→316ページ

算数

❶ 次の表は，平行四辺形の高さを3cmと決めて，底辺を変えたときの面積の変わり方を表したものです。あとの問いに答えましょう。

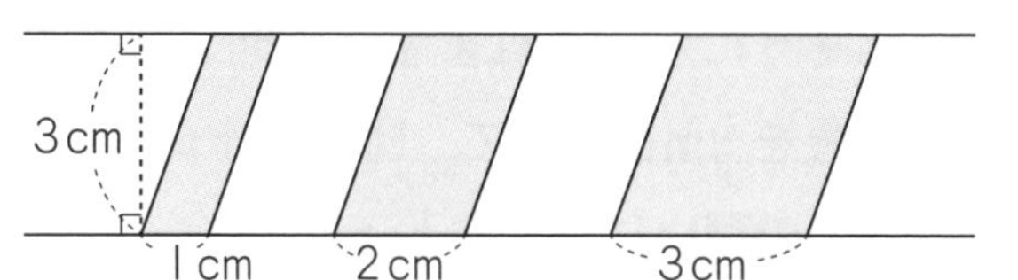

1つ14点【56点】

底辺(cm)	1	2	3	4	5	6	
面積(cm^2)	3	6	9	12	15	18	

(1) 底辺が2cmから6cmの3倍になると面積は何倍になりますか。

（　　　　）

(2) 底辺が4cmから1cmの$\frac{1}{4}$倍になると，面積は何倍になりますか。

（　　　　）

(3) 平行四辺形の面積は底辺に比例していますか。

（　　　　）

(4) 平行四辺形の面積を底辺でわったときの商はいつも決まった数になります。決まった数を求めましょう。

（　　　　）

❷ 水そうに水を入れます。時間と水の量について，時間をx秒，水の量をymLとして，時間と水の量の関係を次の表に表しました。あとの問いに答えましょう。

1つ14点【28点】

時間　x(秒)	1	2	3	4	5	6	
水の量　y(mL)	10	20	30	40	50	60	

(1) 水の量は時間に比例していますか。

（　　　　）

(2) xとyの関係を式に表しましょう。

（　　　　）

❸ みかんの値段（ねだん）が1個70円です。みかんの個数を1個，2個，3個，…と変えていきます。みかんの個数をx個，みかんの値段の合計をy円として，xとyの関係を式に表しましょう。

【16点】

（　　　　）

比例の式

目標時間 20分

学習した日　月　日

名前

得点　／100点

6035
解説→316ページ

❶ 次の表は，平行四辺形の高さを3cmと決めて，底辺を変えたときの面積の変わり方を表したものです。あとの問いに答えましょう。　1つ14点【56点】

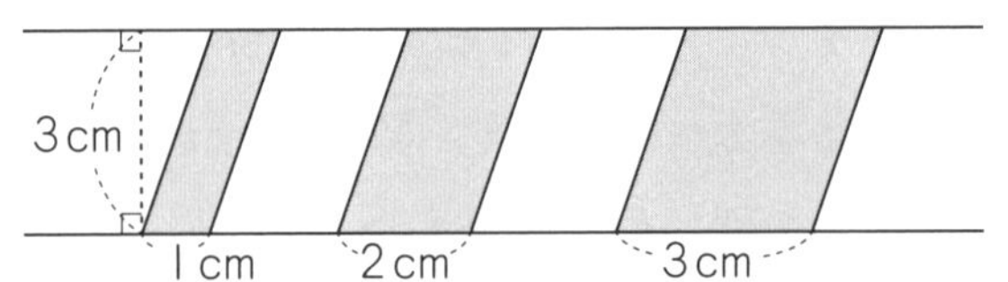

底辺(cm)	1	2	3	4	5	6	
面積(cm^2)	3	6	9	12	15	18	

(1) 底辺が2cmから6cmの3倍になると面積は何倍になりますか。

(　　　)

(2) 底辺が4cmから1cmの$\frac{1}{4}$倍になると，面積は何倍になりますか。

(　　　)

(3) 平行四辺形の面積は底辺に比例していますか。

(　　　)

(4) 平行四辺形の面積を底辺でわったときの商はいつも決まった数になります。決まった数を求めましょう。

(　　　)

❷ 水そうに水を入れます。時間と水の量について，時間をx秒，水の量をymLとして，時間と水の量の関係を次の表に表しました。あとの問いに答えましょう。　1つ14点【28点】

時間　x(秒)	1	2	3	4	5	6	
水の量　y(mL)	10	20	30	40	50	60	

(1) 水の量は時間に比例していますか。

(　　　)

(2) xとyの関係を式に表しましょう。

(　　　)

❸ みかんの値段(ねだん)が1個70円です。みかんの個数を1個，2個，3個，…と変えていきます。みかんの個数をx個，みかんの値段の合計をy円として，xとyの関係を式に表しましょう。　【16点】

(　　　)

比例のグラフ

目標時間 20分

学習した日　月　日

名前

得点　／100点

6036
解説→317ページ

❶ $1m^2$あたりの重さが2kgの板があります。この板の重さは，面積に比例しています。板の面積をxm²，重さを$y$kgとして，次の問いに答えましょう。【55点】

(1) xとyの関係を式に表しましょう。(15点)

(　　　　)

(2) (1)の式をもとに，表にあてはまる数を答えましょう。(全部できて20点)

面積　x(m²)	1	2	3	4	5	6	7	
重さ　y(kg)								

(3) 横軸にxの値を，縦軸にyの値を表します。(2)の表をもとに，xとyの関係を表すグラフをかきましょう。(20点)

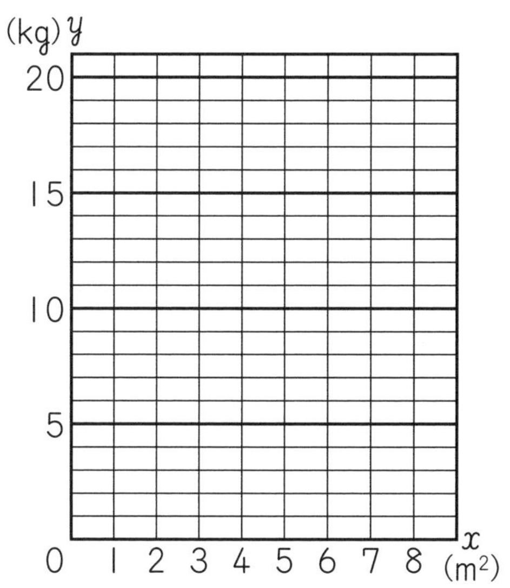

❷ みなとさんが歩いた時間をx分，歩いた道のりをymとして，xとyの関係をグラフに表すと，右のようになりました。次の問いに答えましょう。

1つ15点【45点】

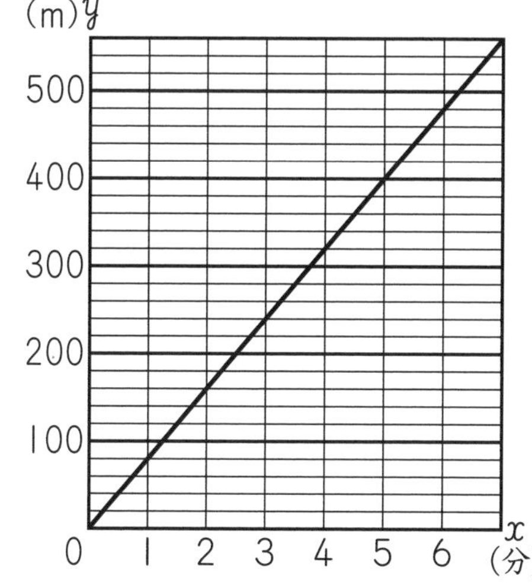

(1) xの値が1増えるとyの値はいくつ増えますか。

(　　　　)

(2) みなとさんが歩いた時間が5分のときの道のりを読み取りましょう。

(　　　　)

(3) みなとさんが歩いた道のりが320mのときの時間を読み取りましょう。

(　　　　)

算数

比例のグラフ

目標時間 20分

学習した日　月　日

名前

得点　／100点

6036 解説→317ページ

❶ $1m^2$あたりの重さが2kgの板があります。この板の重さは，面積に比例しています。板の面積をxm²，重さを$y$kgとして，次の問いに答えましょう。【55点】

(1) xとyの関係を式に表しましょう。(15点)

(　　　　　　)

(2) (1)の式をもとに，表にあてはまる数を答えましょう。(全部できて20点)

面積　x(m²)	1	2	3	4	5	6	7	
重さ　y(kg)								

(3) 横軸にxの値を，縦軸にyの値を表します。(2)の表をもとに，xとyの関係を表すグラフをかきましょう。(20点)

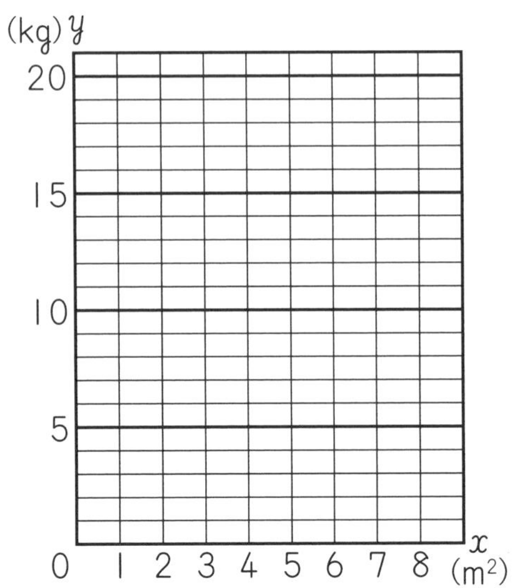

❷ みなとさんが歩いた時間をx分，歩いた道のりをymとして，xとyの関係をグラフに表すと，右のようになりました。次の問いに答えましょう。

1つ15点【45点】

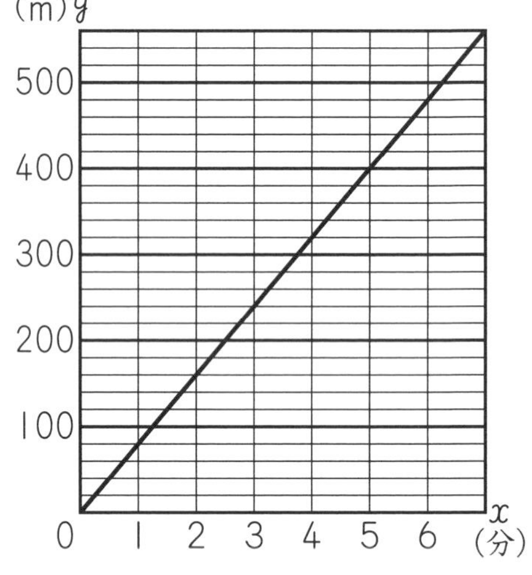

(1) xの値が1増えるとyの値はいくつ増えますか。

(　　　　　　)

(2) みなとさんが歩いた時間が5分のときの道のりを読み取りましょう。

(　　　　　　)

(3) みなとさんが歩いた道のりが320mのときの時間を読み取りましょう。

(　　　　　　)

比例の利用

目標時間 20分

学習した日　　月　　日

名前

得点　　／100点

6037
解説→317ページ

❶ 次の図のように正方形の個数を１個ずつ増やしていきます。あとの問いに答えましょう。 【26点】

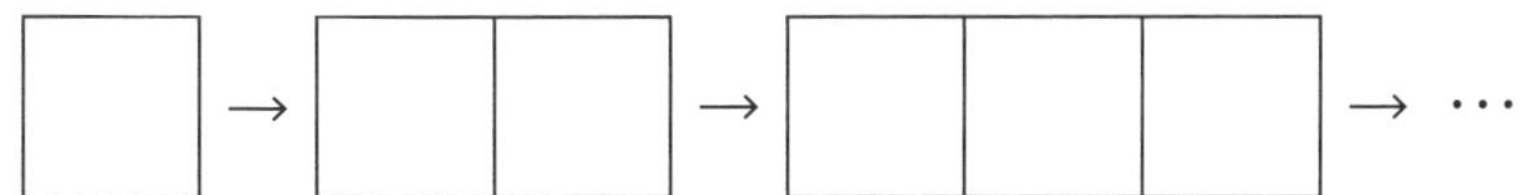

(1) 正方形の１辺の長さを3cmとして，正方形の個数をx個，全体の面積を$y$cm²としてxとyの関係を表に表しましょう。（全部できて13点）

正方形　x(個)	1	2	3	4	5	6	
面積　y(cm²)	9	18					

(2) 正方形の個数が11個のときの全体の面積は何cm²ですか。（13点）

（　　　　）

❷ 本が何冊（なんさつ）か重ねてあります。全体の厚さは約60cmで，重さは約3kgです。この本のおよその冊数をしらべようと思います。次の問いに答えましょう。 1つ13点【26点】

(1) 本１冊の厚さは2cmです。本は全部でおよそ何冊あるといえますか。

（　　　　）

(2) 本12冊の重さは1.2kgです。本は全部でおよそ何冊あるといえますか。

（　　　　）

❸ 右のグラフは列車Aと列車Bが同時に出発したときの，進んだ時間x分と道のり$y$kmを表しています。次の問いに答えましょう。 1つ16点【48点】

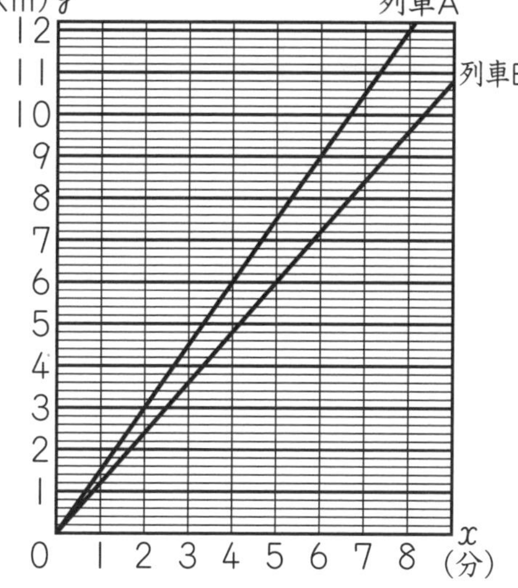

(1) 列車Aと列車Bでは，どちらが速いといえますか。

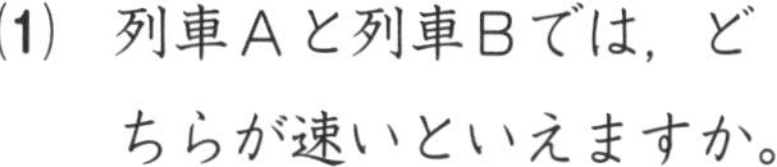

（　　　　）

(2) 6km地点を列車Aが通過してから，列車Bが通過するまでの時間は何分ですか。

（　　　　）

(3) 出発してから４分後に，列車Aと列車Bは何kmはなれていますか。

（　　　　）

比例の利用

目標時間 20分

学習した日　　月　　日

名前

得点　／100点

6037 解説→317ページ

らくらくマルつけ

❶ 次の図のように正方形の個数を１個ずつ増やしていきます。あとの問いに答えましょう。【26点】

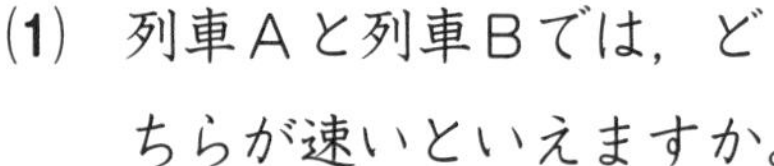

(1) 正方形の１辺の長さを3cmとして，正方形の個数をx個，全体の面積を$y$cm²としてxとyの関係を表に表しましょう。（全部できて13点）

正方形　x(個)	1	2	3	4	5	6	
面積　y(cm²)	9	18					

(2) 正方形の個数が11個のときの全体の面積は何cm²ですか。（13点）

（　　　　）

❷ 本が何冊(なんさつ)か重ねてあります。全体の厚さは約60cmで，重さは約3kgです。この本のおよその冊数をしらべようと思います。次の問いに答えましょう。1つ13点【26点】

(1) 本１冊の厚さは2cmです。本は全部でおよそ何冊あるといえますか。

（　　　　）

(2) 本12冊の重さは1.2kgです。本は全部でおよそ何冊あるといえますか。

（　　　　）

❸ 右のグラフは列車Aと列車Bが同時に出発したときの，進んだ時間x分と道のり$y$kmを表しています。次の問いに答えましょう。1つ16点【48点】

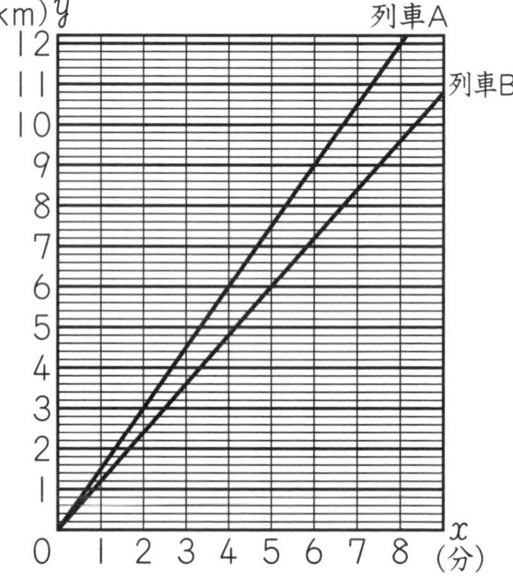

(1) 列車Aと列車Bでは，どちらが速いといえますか。

（　　　　）

(2) 6km地点を列車Aが通過してから，列車Bが通過するまでの時間は何分ですか。

（　　　　）

(3) 出発してから4分後に，列車Aと列車Bは何kmはなれていますか。

（　　　　）

反比例の式

学習した日　月　日

名前

得点

／100点

6038
解説→317ページ

算数

❶ 30dLのジュースがあり，人数あたりに同じ量ずつ分けます。人数を変えたときの1人あたりのジュースの量を考えます。あとの問いに答えましょう。 1つ14点【56点】

人数　　　（人）	1	2	3	4	5	6	
ジュースの量(dL)	30	15	10	7.5	6	5	

(1) 人数が3人から6人の2倍になるとジュースの量は何倍になりますか。

（　　　　）

(2) 人数が6人から2人の$\frac{1}{3}$倍になるとジュースの量は何倍になりますか。

（　　　　）

(3) 1人あたりのジュースの量は人数に反比例していますか。

（　　　　）

(4) 人数と1人あたりのジュースの量の積はいつも決まった数になります。決まった数を求めましょう。

（　　　　）

❷ 6kmの道のりを乗り物で進みます。乗り物が時速$x$kmで進んだときのかかった時間をy時間として，時間と速さの関係を次の表に表しました。あとの問いに答えましょう。 1つ14点【28点】

時速　x(km)	1	2	3	4	5	6	
時間　y(時間)	6	3	2	1.5	1.2	1	

(1) 時間は時速に反比例していますか。

（　　　　）

(2) xとyの関係を式に表しましょう。

（　　　　）

❸ 面積が36cm²の長方形の縦の長さを$x$cm，横の長さを$y$cmとして，xとyの関係を式に表しましょう。 【16点】

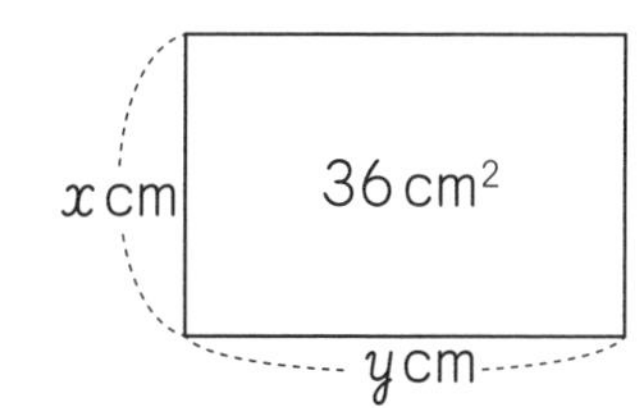

（　　　　）

反比例の式

目標時間 20分

学習した日　月　日

名前

得点　／100点

6038
解説→317ページ

らくらくマルつけ

❶ 30dLのジュースがあり，人数あたりに同じ量ずつ分けます。人数を変えたときの1人あたりのジュースの量を考えます。あとの問いに答えましょう。　1つ14点【56点】

人数　　　(人)	1	2	3	4	5	6	
ジュースの量(dL)	30	15	10	7.5	6	5	

(1) 人数が3人から6人の2倍になるとジュースの量は何倍になりますか。

(　　　)

(2) 人数が6人から2人の$\frac{1}{3}$倍になるとジュースの量は何倍になりますか。

(　　　)

(3) 1人あたりのジュースの量は人数に反比例していますか。

(　　　)

(4) 人数と1人あたりのジュースの量の積はいつも決まった数になります。決まった数を求めましょう。

(　　　)

❷ 6kmの道のりを乗り物で進みます。乗り物が時速$x$kmで進んだときのかかった時間をy時間として，時間と速さの関係を次の表に表しました。あとの問いに答えましょう。　1つ14点【28点】

時速　x(km)	1	2	3	4	5	6	
時間　y(時間)	6	3	2	1.5	1.2	1	

(1) 時間は時速に反比例していますか。

(　　　)

(2) xとyの関係を式に表しましょう。

(　　　)

❸ 面積が36cm²の長方形の縦の長さを$x$cm，横の長さを$y$cmとして，xとyの関係を式に表しましょう。　【16点】

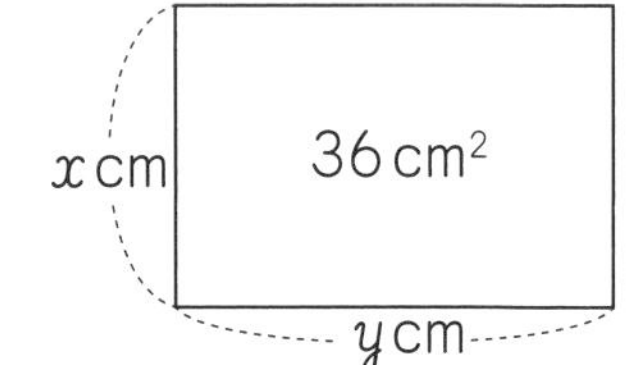

(　　　)

反比例のグラフ

学習した日　月　日

名前

得点

／100点

6039
解説→318ページ

❶ 面積が$6cm^2$の平行四辺形があります。この平行四辺形の底辺を$x$cm，高さを$y$cmとすると，高さは，底辺に反比例しています。次の問いに答えましょう。 【55点】

(1) xとyの関係を式に表しましょう。 (15点)

(　　　　　　　　)

(2) (1)の式をもとに，表にあてはまる数を答えましょう。 (全部できて20点)

底辺　x(cm)	1	2	3
高さ　y(cm)			
底辺　x(cm)	4	5	6
高さ　y(cm)			

(3) 横軸にxの値を，縦軸にyの値を表し，(2)の表をもとに，対応するxとyの値の組を表す点を右の図にかきましょう。 (20点)

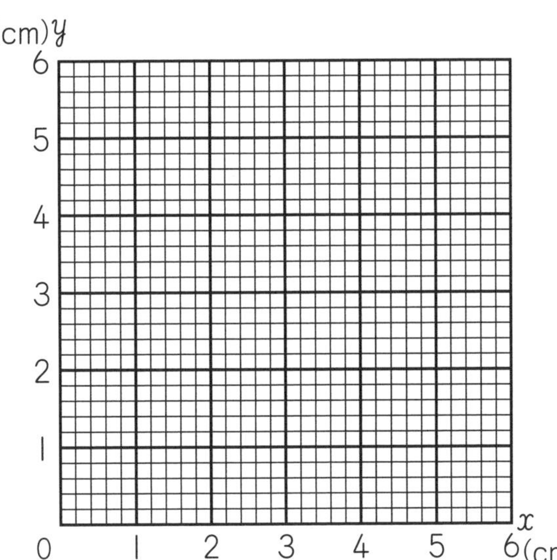

❷ 右のグラフは，水そうに水を入れるときの，1分間に入れる水の量xLと，満水になる時間y分を表したもので，xとyは反比例の関係です。次の問いに答えましょう。

1つ15点【45点】

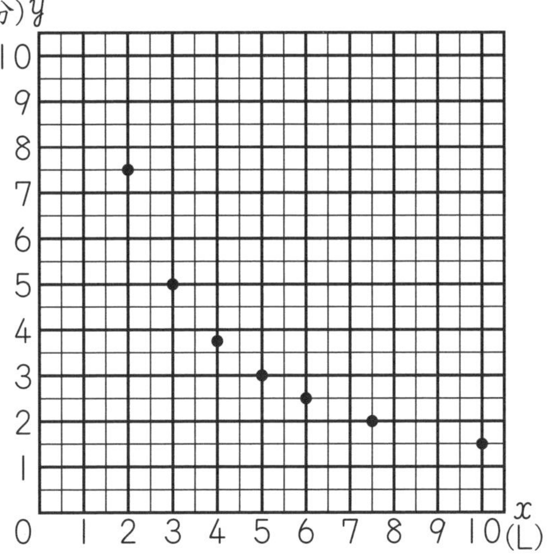

(1) 1分間に入れる水の量が5Lのときの水そうが水でいっぱいになる時間は何分ですか。

(　　　　)

(2) 2分で水そうが水でいっぱいになるときの1分間に入れる水の量は何Lですか。

(　　　　)

(3) xの値が1のときのyの値を求めましょう。

(　　　　)

算数

39 反比例のグラフ

学習した日　　月　　日

名前

得点　　／100点

らくらくマルつけ

6039
解説→318ページ

❶ 面積が6cm²の平行四辺形があります。この平行四辺形の底辺を$x$cm，高さを$y$cmとすると，高さは，底辺に反比例しています。次の問いに答えましょう。【55点】

(1) xとyの関係を式に表しましょう。（15点）

（　　　　　　　　）

(2) (1)の式をもとに，表にあてはまる数を答えましょう。（全部できて20点）

底辺　x(cm)	1	2	3
高さ　y(cm)			
底辺　x(cm)	4	5	6
高さ　y(cm)			

(3) 横軸にxの値を，縦軸にyの値を表し，(2)の表をもとに，対応するxとyの値の組を表す点を右の図にかきましょう。（20点）

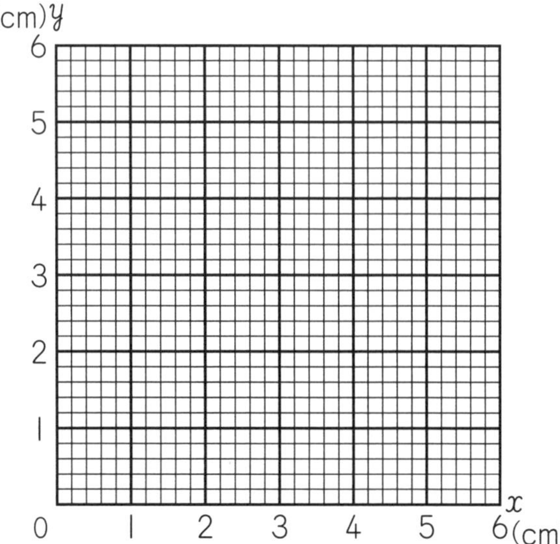

❷ 右のグラフは，水そうに水を入れるときの，1分間に入れる水の量xLと，満水になる時間y分を表したもので，xとyは反比例の関係です。次の問いに答えましょう。

1つ15点【45点】

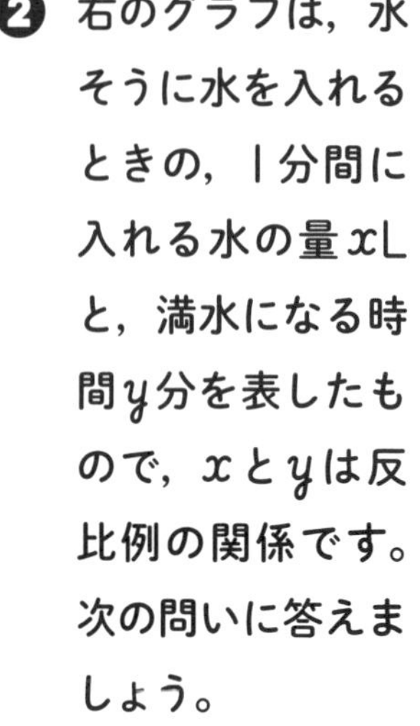

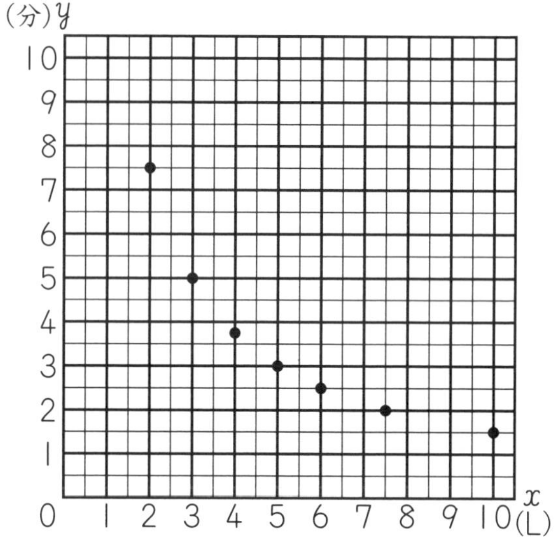

(1) 1分間に入れる水の量が5Lのときの水そうが水でいっぱいになる時間は何分ですか。

（　　　　）

(2) 2分で水そうが水でいっぱいになるときの1分間に入れる水の量は何Lですか。

（　　　　）

(3) xの値が1のときのyの値を求めましょう。

（　　　　）

比例と反比例

学習した日　月　日

名前

得点

／100点

6040
解説→318ページ

算数

❶ ももかさんは1200m先の図書館まで歩いて行きました。次の問いに答えましょう。 【50点】

(1) ももかさんの歩く速さが分速70mのとき，ももかさんの歩いた時間をx分，歩いた道のりをymとして，次の表にあてはまる数を答えましょう。 (全部できて20点)

時間　x(分)	1	2	3	4
道のり　y(m)				
時間　x(分)	5	6	7	8
道のり　y(m)				

(2) ももかさんの歩く速さを分速xm，図書館に着くまでにかかった時間をy分として，次の表にあてはまる数を答えましょう。 (全部できて20点)

分速　x(m)	10	20	30	40
時間　y(分)				
分速　x(m)	50	60	80	100
時間　y(分)				

(3) ももかさんが分速120mで走ったとき，図書館に10分以内で着くでしょうか。着く場合は○，着かない場合は×を書きましょう。(10点)

(　　　)

❷ 次のことがらについて答えましょう。 【50点】

ア 縦(たて)の長さが12cmの長方形の横の長さ$x$cmと面積$y$cm^2

横の長さ　x(cm)	1	2	3	4	5	6
面積　y(cm^2)	12	24	36	48	60	72

イ 面積が60cm^{2}の長方形の縦の長さ$x$cmと横の長さ$y$cm

縦の長さ　x(cm)	1	2	3	4	5	6
横の長さ　y(cm)	60	30	20	15	12	10

ウ 縦の長さが25cmの長方形の横の長さ$x$cmと周りの長さ$y$cm

横の長さ　x(cm)	1	2	3	4	5	6
周りの長さ　y(cm)	52	54	56	58	60	62

(1) ア～ウのうち，xとyの関係が比例するものを選び，記号で書きましょう。また，そのxとyの関係を式に表しましょう。 (全部できて25点)

比例の関係(　　　)　式(　　　　　　　　)

(2) ア～ウのうち，xとyの関係が反比例するものを選び，記号で書きましょう。また，そのxとyの関係を式に表しましょう。 (全部できて25点)

反比例の関係(　　　)　式(　　　　　　　　)

比例と反比例

目標時間 20分

学習した日　　月　　日

名前

得点　　／100点

6040
解説→318ページ

らくらくマルつけ

❶ ももかさんは1200m先の図書館まで歩いて行きました。次の問いに答えましょう。 【50点】

(1) ももかさんの歩く速さが分速70mのとき，ももかさんの歩いた時間をx分，歩いた道のりをymとして，次の表にあてはまる数を答えましょう。 (全部できて20点)

時間　x(分)	1	2	3	4
道のり　y(m)				
時間　x(分)	5	6	7	8
道のり　y(m)				

(2) ももかさんの歩く速さを分速xm，図書館に着くまでにかかった時間をy分として，次の表にあてはまる数を答えましょう。 (全部できて20点)

分速　x(m)	10	20	30	40
時間　y(分)				
分速　x(m)	50	60	80	100
時間　y(分)				

(3) ももかさんが分速120mで走ったとき，図書館に10分以内で着くでしょうか。着く場合は○，着かない場合は×を書きましょう。(10点)

(　　　)

❷ 次のことがらについて答えましょう。 【50点】

ア　縦(たて)の長さが12cmの長方形の横の長さ$x$cmと面積$y$cm^2

横の長さ　x(cm)	1	2	3	4	5	6
面積　y(cm^2)	12	24	36	48	60	72

イ　面積が60cm^{2}の長方形の縦の長さ$x$cmと横の長さ$y$cm

縦の長さ　x(cm)	1	2	3	4	5	6
横の長さ　y(cm)	60	30	20	15	12	10

ウ　縦の長さが25cmの長方形の横の長さ$x$cmと周りの長さ$y$cm

横の長さ　x(cm)	1	2	3	4	5	6
周りの長さ　y(cm)	52	54	56	58	60	62

(1) ア～ウのうち，xとyの関係が比例するものを選び，記号で書きましょう。また，そのxとyの関係を式に表しましょう。 (全部できて25点)

比例の関係(　　　)　式(　　　　　　　　)

(2) ア～ウのうち，xとyの関係が反比例するものを選び，記号で書きましょう。また，そのxとyの関係を式に表しましょう。 (全部できて25点)

反比例の関係(　　　)　式(　　　　　　　　)

並べ方

学習した日　月　日

名前

得点

／100点

6041
解説→318ページ

❶ いちご，メロン，レモン，ぶどうの４種類のかき氷があり，しゅんさんと弟で，４種類のかき氷の中からそれぞれちがう種類のかき氷を１種類ずつ選びます。次の問いに答えましょう。 1つ10点【20点】

(1) いちごを「い」，メロンを「メ」，レモンを「レ」，ぶどうを「ぶ」として，次の２人のかき氷の選び方についての図を完成させましょう。

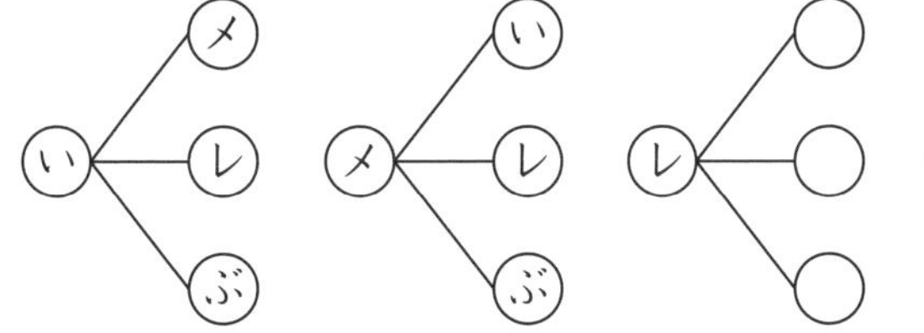

(2) ２人の選び方は全部で何通りありますか。

(　　　)

❷ A，B，Cを横１列に並べます。次の問いに答えましょう。 1つ10点【20点】

(1) 次の並べ方についての図を完成させましょう。

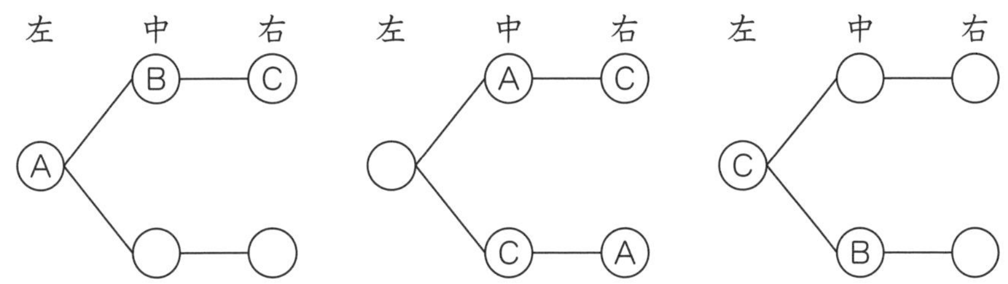

(2) A，B，Cの並べ方は全部で何通りありますか。

(　　　)

❸ [1]，[3]，[5]の３枚のカードを並べて３けたの整数をつくります。次の問いに答えましょう。 1つ12点【36点】

(1) 並べてできる３けたの整数を，すべて書きましょう。

(　　　)

(2) ３けたの整数は全部で何個できますか。

(　　　)

(3) ３けたの整数の中で，350以下の数は何個ありますか。

(　　　)

❹ こうきさん，あおいさん，りんさん，ひかりさんの４人が１列に並びます。４人の並び方は全部で何通りありますか。 【24点】

(　　　)

算数

並べ方

学習した日　　月　　日

名前

得点　　／100点

らくらくマルつけ　6041
解説→318ページ

❶ いちご，メロン，レモン，ぶどうの４種類のかき氷があり，しゅんさんと弟で，４種類のかき氷の中からそれぞれちがう種類のかき氷を１種類ずつ選びます。次の問いに答えましょう。　1つ10点【20点】

(1) いちごを「い」，メロンを「メ」，レモンを「レ」，ぶどうを「ぶ」として，次の２人のかき氷の選び方についての図を完成させましょう。

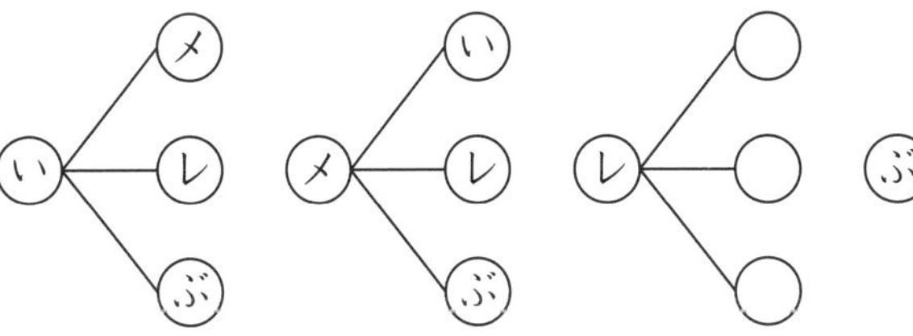

(2) ２人の選び方は全部で何通りありますか。

（　　　　）

❷ A，B，Cを横１列に並べます。次の問いに答えましょう。　1つ10点【20点】

(1) 次の並べ方についての図を完成させましょう。

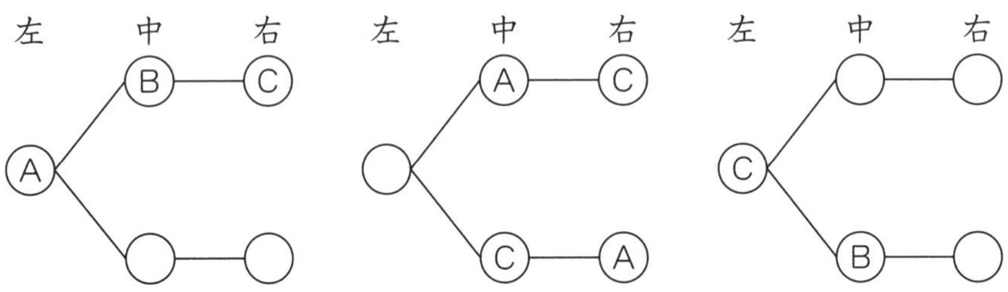

(2) A，B，Cの並べ方は全部で何通りありますか。

（　　　　）

❸ 1，3，5の３枚のカードを並べて３けたの整数をつくります。次の問いに答えましょう。　1つ12点【36点】

(1) 並べてできる３けたの整数を，すべて書きましょう。

（　　　　）

(2) ３けたの整数は全部で何個できますか。

（　　　　）

(3) ３けたの整数の中で，350以下の数は何個ありますか。

（　　　　）

❹ こうきさん，あおいさん，りんさん，ひかりさんの４人が１列に並びます。４人の並び方は全部で何通りありますか。　【24点】

（　　　　）

組み合わせ

学習した日　月　日

名前

得点

／100点

解説→319ページ

算数

❶ たいちさん，はるかさん，こうたろうさん，みゆさんの４人から学級委員２人を選びます。選び方の組み合わせについて，たいちさんを「た」，はるかさんを「は」，こうたろうさんを「こ」，みゆさんを「み」として，組み合わせをすべて書きましょう。【30点】

(　　　　　　　　　　　　)

❷ A，B，C，D，Eの５チームで，それぞれどのチームとも１回ずつあたるように試合をします。試合の組み合わせを右下のように考えましたが，組み合わせが１試合足りません。足りない組み合わせを書きましょう。【20点】

A－B	A－C	A－D
A－E	B－C	B－E
C－D	C－E	D－E

(　　　　)

❸ いちご，バナナ，ぶどう，みかん，りんごの５つのくだものの中から３つを選んでパフェをつくります。いちごを「い」，バナナを「バ」，ぶどうを「ぶ」，みかんを「み」，りんごを「り」として，くだものの組み合わせを右下のように考えましたが，足りない組み合わせが他に２つあります。足りない組み合わせを書きましょう。【20点】

いーバーぶ	いーバーみ	いーぶーみ	いーぶーり
いーみーり	バーぶーみ	バーぶーり	バーみーり

(　　　　　　　　)

❹ いちご，バナナ，ぶどう，みかんの４つのくだものの中から３つを選んでジュースをつくります。いちごを「い」，バナナを「バ」，ぶどうを「ぶ」，みかんを「み」として，次の問いに答えましょう。1つ15点【30点】

(1) 選ぶくだものに○をつける方法で，下の表を完成させましょう。

い	バ	ぶ	み

(2) 選ばないくだものに×をつける方法で，下の表を完成させましょう。

い	バ	ぶ	み

42 組み合わせ

目標時間 20分

学習した日　　月　　日

名前

得点　　／100点

6042
解説→319ページ

❶ たいちさん，はるかさん，こうたろうさん，みゆさんの４人から学級委員２人を選びます。選び方の組み合わせについて，たいちさんを「た」，はるかさんを「は」，こうたろうさんを「こ」，みゆさんを「み」として，組み合わせをすべて書きましょう。【30点】

（　　　　　　　　　　　　　　　　　　　　）

❷ A，B，C，D，Eの５チームで，それぞれどのチームとも１回ずつあたるように試合をします。試合の組み合わせを右下のように考えましたが，組み合わせが１試合足りません。足りない組み合わせを書きましょう。【20点】

A－B	A－C	A－D
A－E	B－C	B－E
C－D	C－E	D－E

（　　　　　）

❸ いちご，バナナ，ぶどう，みかん，りんごの５つのくだものの中から３つを選んでパフェをつくります。いちごを「い」，バナナを「バ」，ぶどうを「ぶ」，みかんを「み」，りんごを「り」として，くだものの組み合わせを右下のように考えましたが，足りない組み合わせが他に２つあります。足りない組み合わせを書きましょう。【20点】

いーバーぶ	いーバーみ	いーぶーみ	いーぶーり
いーみーり	バーぶーみ	バーぶーり	バーみーり

（　　　　　　　　　）

❹ いちご，バナナ，ぶどう，みかんの４つのくだものの中から３つを選んでジュースをつくります。いちごを「い」，バナナを「バ」，ぶどうを「ぶ」，みかんを「み」として，次の問いに答えましょう。1つ15点【30点】

(1) 選ぶくだものに○をつける方法で，下の表を完成させましょう。

い	バ	ぶ	み

(2) 選ばないくだものに×をつける方法で，下の表を完成させましょう。

い	バ	ぶ	み

いろいろな場合①

学習した日　月　日

名前

得点

／100点

らくらくマルつけ

6043
解説→319ページ

算数

❶ みおさんは山登りをしようと思っています。A地点から山頂(さんちょう)のD地点まで行くには，次のような行き方があり，それぞれかかる時間と料金が書かれています。あとの問いに答えましょう。

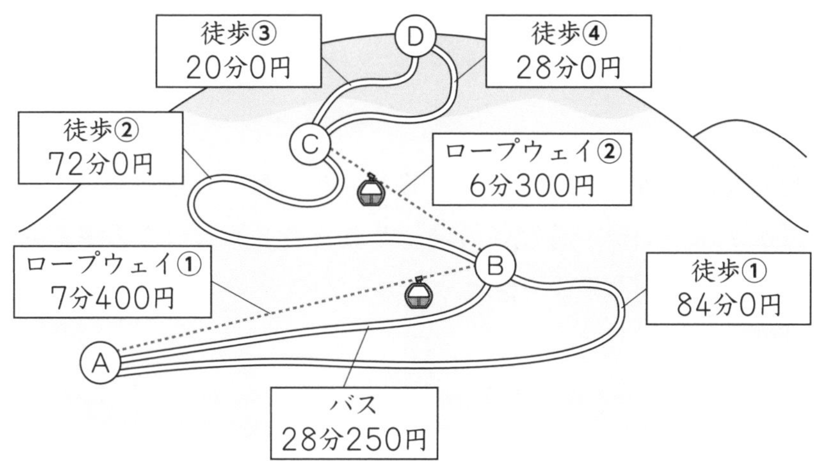

(1) みおさんはA地点からD地点までの行き方を次のような図にまとめました。図にあてはまることばを書きましょう。(全部できて10点)

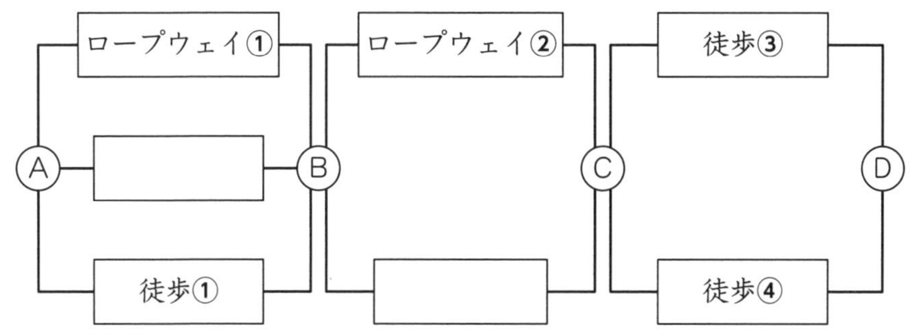

(2) B地点からC地点までの行き方は何通りありますか。(15点)

(　　　　)

(3) A地点からC地点までの行き方は全部で何通りありますか。(15点)

(　　　　)

(4) 待ち時間を考えないことにすると，A地点からD地点まで行くのにかかる時間が一番短いのは，それぞれどんな行き方をしたときで，全部で何分かかりますか。(全部できて30点)

A地点からB地点(　　　　)
B地点からC地点(　　　　)
C地点からD地点(　　　　)
時間(　　　　)

(5) 待ち時間を考えないことにすると，A地点からD地点まで行くのにかかる料金が一番安いのは，どんな行き方をしたときで，何分かかりますか。ただし，C地点からD地点までは徒歩③で考えます。(全部できて30点)

A地点からB地点(　　　　)
B地点からC地点(　　　　)
時間(　　　　)

43 いろいろな場合①

学習した日　　月　　日

名前

得点　　／100点

らくらくマルつけ

6043

解説→319ページ

❶ みおさんは山登りをしようと思っています。A地点から山頂のD地点まで行くには，次のような行き方があり，それぞれかかる時間と料金が書かれています。あとの問いに答えましょう。

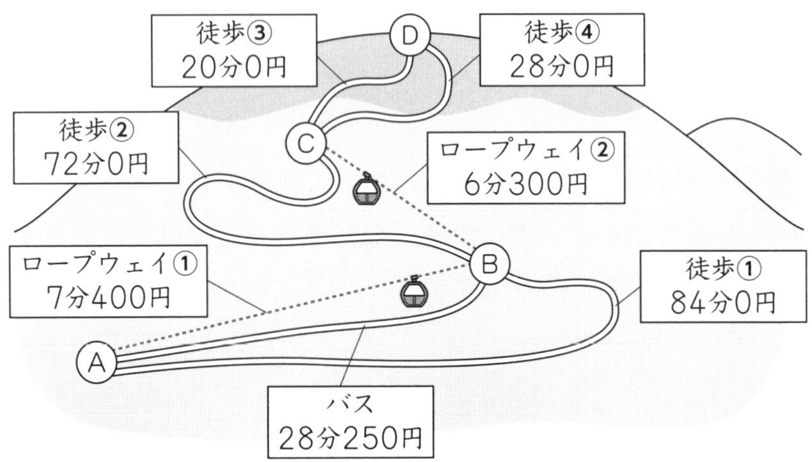

(1) みおさんはA地点からD地点までの行き方を次のような図にまとめました。図にあてはまることばを書きましょう。(全部できて10点)

A ―（ロープウェイ① ／ □ ／ 徒歩①）― B ―（ロープウェイ② ／ □）― C ―（徒歩③ ／ 徒歩④）― D

(2) B地点からC地点までの行き方は何通りありますか。(15点)

(　　　　)

(3) A地点からC地点までの行き方は全部で何通りありますか。(15点)

(　　　　)

(4) 待ち時間を考えないことにすると，A地点からD地点まで行くのにかかる時間が一番短いのは，それぞれどんな行き方をしたときで，全部で何分かかりますか。(全部できて30点)

A地点からB地点(　　　　)
B地点からC地点(　　　　)
C地点からD地点(　　　　)
時間(　　　　)

(5) 待ち時間を考えないことにすると，A地点からD地点まで行くのにかかる料金が一番安いのは，どんな行き方をしたときで，何分かかりますか。ただし，C地点からD地点までは徒歩③で考えます。(全部できて30点)

A地点からB地点(　　　　)
B地点からC地点(　　　　)
時間(　　　　)

いろいろな場合②

目標時間 20分

学習した日　月　日

名前

得点

／100点

らくらくマルつけ

6044
解説→320ページ

算数

1 子ども会で遊園地と水族館に行きます。遊園地に行く人は20人，水族館に行く人は17人，両方行く人は10人でした。あとの問いに答えましょう。　1つ12点【36点】

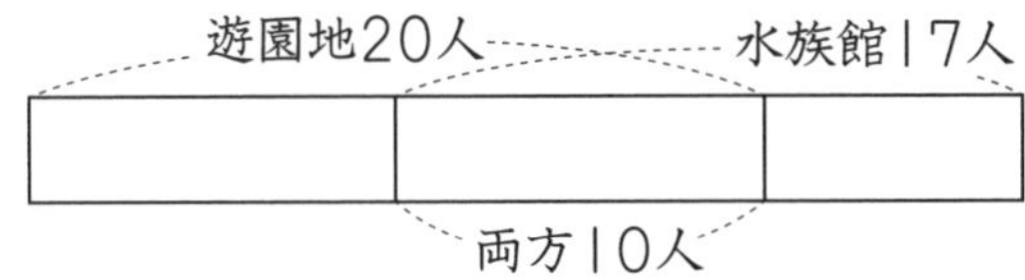

(1) 遊園地にだけ行く人は何人ですか。

(　　　　)

(2) 水族館にだけ行く人は何人ですか。

(　　　　)

(3) 遊園地にだけ行く人には1000円，水族館にだけ行く人には800円，遊園地と水族館の両方に行く人には1500円を子ども会から出すことになりました。子ども会が出すお金は，全部で何円ですか。

(　　　　)

2 ある週の土曜日と日曜日の２日間，かけるさんの住んでいる地区でボランティア活動がありました。ボランティア活動に参加した人は全員で85人で，土曜日に参加した人は60人，日曜日に参加した人は50人でした。２日間とも参加した人もいました。次の問いに答えましょう。　【64点】

(1) 次のような図に表したとき，あてはまる数を書きましょう。　（全部できて16点）

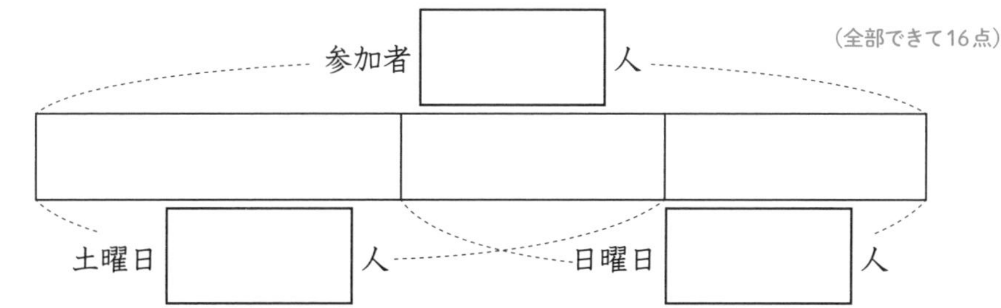

(2) 土曜日にだけ参加した人は何人ですか。　（16点）

(　　　　)

(3) 日曜日にだけ参加した人は何人ですか。　（16点）

(　　　　)

(4) ２日間とも参加した人は何人ですか。　（16点）

(　　　　)

＼もう１回チャレンジ!! ／

いろいろな場合②

目標時間 20分

✎学習した日　　月　　日

名前

得点　／100点

6044
解説→320ページ

らくらくマルつけ

❶ 子ども会で遊園地と水族館に行きます。遊園地に行く人は20人，水族館に行く人は17人，両方行く人は10人でした。あとの問いに答えましょう。　1つ12点【36点】

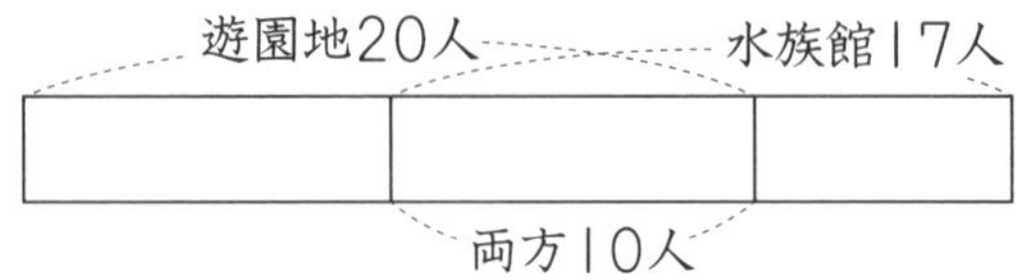

(1) 遊園地にだけ行く人は何人ですか。

(　　　　)

(2) 水族館にだけ行く人は何人ですか。

(　　　　)

(3) 遊園地にだけ行く人には1000円，水族館にだけ行く人には800円，遊園地と水族館の両方に行く人には1500円を子ども会から出すことになりました。子ども会が出すお金は，全部で何円ですか。

(　　　　)

❷ ある週の土曜日と日曜日の２日間，かけるさんの住んでいる地区でボランティア活動がありました。ボランティア活動に参加した人は全員で85人で，土曜日に参加した人は60人，日曜日に参加した人は50人でした。２日間とも参加した人もいました。次の問いに答えましょう。　【64点】

(1) 次のような図に表したとき，あてはまる数を書きましょう。　（全部できて16点）

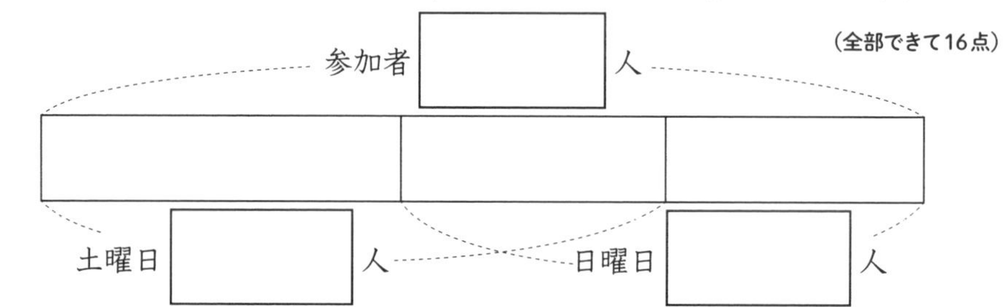

(2) 土曜日にだけ参加した人は何人ですか。　（16点）

(　　　　)

(3) 日曜日にだけ参加した人は何人ですか。　（16点）

(　　　　)

(4) ２日間とも参加した人は何人ですか。　（16点）

(　　　　)

まとめのテスト①

学習した日　月　日

名前

得点

／100点

6045
解説→320ページ

算数

❶ 右の図のような正六角形があります。次の問いに答えましょう。 1つ10点【30点】

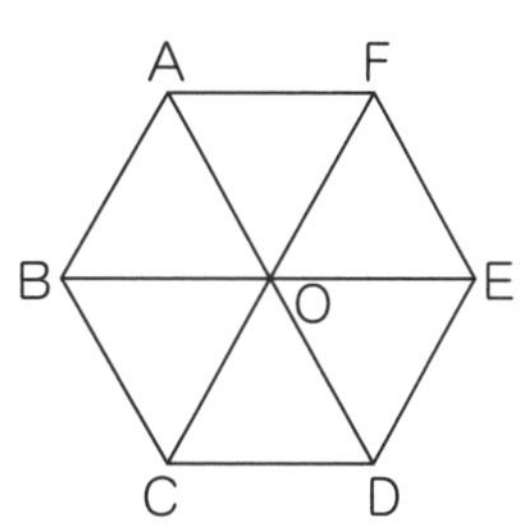
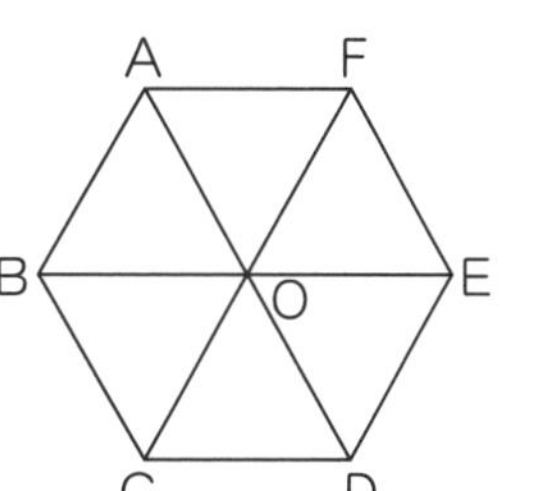

(1) 直線ADを対称の軸とした線対称の図形としてみると，辺ABに対応する辺はどれですか。

(　　　　)

(2) 点Oを対称の中心とした点対称の図形としてみると，辺ABに対応する辺はどれですか。

(　　　　)

(3) 対称の軸は全部で何本ですか。

(　　　　)

❷ 縦の長さが$x$cm，横の長さが7cmの長方形があります。次の問いに答えましょう。 1つ10点【20点】

(1) この長方形の面積を$y$cm²として，xとyの関係を式に表しましょう。

(　　　　)

(2) この長方形で，「$x\times2+7\times2$」で表される数量を次から選び，記号で答えましょう。(　　　　)

ア　長方形の周りの長さ

イ　長方形の面積

ウ　長方形の縦の長さと横の長さの和

❸ 10cmのろうそくがあります。このろうそくは火をつけると1分間に1cmずつ短くなります。次の問いに答えましょう。 1つ10点【20点】

(1) 火がついている時間をx分，残っているろうそくの長さを$y$cmとして，xとyの関係を式に表しましょう。

(　　　　)

(2) xの値が4のときのyの値を求めましょう。

(　　　　)

❹ 次の計算をしましょう。 1つ5点【30点】

(1) $\frac{7}{12}\times8=$

(2) $\frac{12}{5}\div18=$

(3) $\frac{3}{4}\times\frac{5}{6}=$

(4) $2\frac{1}{3}\times4\frac{1}{2}=$

(5) $7\times\frac{2}{7}=$

(6) $7\frac{1}{2}\times\frac{2}{3}=$

まとめのテスト❶

学習した日　　月　　日

名前

得点

／100点

6045
解説→320ページ

❶ 右の図のような正六角形があります。次の問いに答えましょう。　1つ10点【30点】

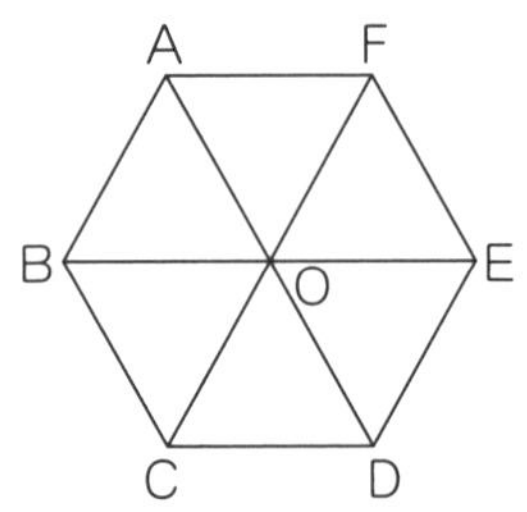

(1) 直線ADを対称の軸とした線対称の図形としてみると，辺ABに対応する辺はどれですか。

(　　　　)

(2) 点Oを対称の中心とした点対称の図形としてみると，辺ABに対応する辺はどれですか。

(　　　　)

(3) 対称の軸は全部で何本ですか。

(　　　　)

❷ 縦の長さが$x$cm，横の長さが7cmの長方形があります。次の問いに答えましょう。　1つ10点【20点】

(1) この長方形の面積を$y$cm^{2}として，xとyの関係を式に表しましょう。

(　　　　)

(2) この長方形で，「$x\times2+7\times2$」で表される数量を次から選び，記号で答えましょう。　(　　　　)

ア　長方形の周りの長さ

イ　長方形の面積

ウ　長方形の縦の長さと横の長さの和

❸ 10cmのろうそくがあります。このろうそくは火をつけると1分間に1cmずつ短くなります。次の問いに答えましょう。

1つ10点【20点】

(1) 火がついている時間をx分，残っているろうそくの長さを$y$cmとして，xとyの関係を式に表しましょう。

(　　　　)

(2) xの値が4のときのyの値を求めましょう。

(　　　　)

❹ 次の計算をしましょう。　1つ5点【30点】

(1) $\frac{7}{12}\times8=$

(2) $\frac{12}{5}\div18=$

(3) $\frac{3}{4}\times\frac{5}{6}=$

(4) $2\frac{1}{3}\times4\frac{1}{2}=$

(5) $7\times\frac{2}{7}=$

(6) $7\frac{1}{2}\times\frac{2}{3}=$

46 まとめのテスト❷

目標時間 20分

学習した日　月　日

名前

得点　／100点

6046
解説→320ページ

らくらくマルつけ

❶ 次の計算をしましょう。　1つ7点【42点】

(1) $\frac{1}{4}\times\frac{14}{15}\times\frac{3}{8}=$

(2) $\frac{3}{10}\times\frac{5}{21}+\frac{7}{10}\times\frac{5}{21}=$

(3) $\frac{5}{12}\div\frac{10}{11}=$

(4) $4\frac{3}{4}\div2\frac{3}{4}=$

(5) $3\frac{1}{5}\div0.6=$

(6) $\frac{2}{7}\div\frac{9}{8}\div\frac{4}{3}=$

❷ 右の図形の色をぬった部分の面積を求めましょう。　【全部できて18点】

(式)

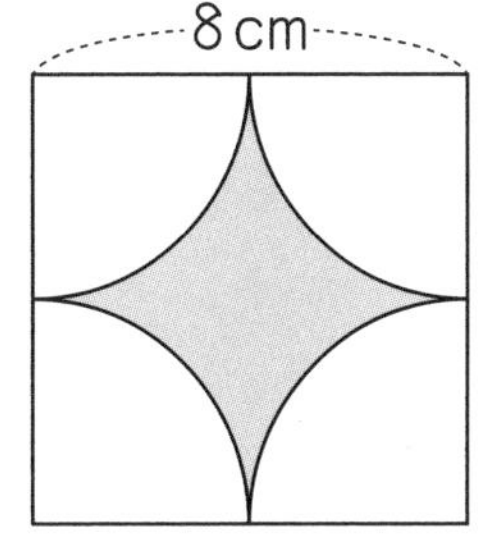

答え(　　　　)

❸ 下の表は，りんさんのクラス20人の15点満点のテストの結果を表したものです。あとの問いに答えましょう。　【40点】

番号	①	②	③	④	⑤	⑥	⑦	⑧	⑨	⑩
得点(点)	9	4	3	2	4	11	2	5	7	8
番号	⑪	⑫	⑬	⑭	⑮	⑯	⑰	⑱	⑲	⑳
得点(点)	9	10	14	7	10	12	8	13	5	5

(1) この結果をドットプロットで表しましょう。　(全部できて10点)

(2) 20人の中央値は何点ですか。　(10点)

(　　　　)

(3) 20人の最頻値は何点ですか。　(10点)

(　　　　)

(4) このデータのちらばりのようすを整理したものを表に表します。表にあてはまる数を書きましょう。　(全部できて10点)

点数(点)	人数(人)
以上　未満 0 ～ 5	
5 ～ 10	
10 ～ 15	
合計	

まとめのテスト❷

目標時間 20分

学習した日　　月　　日

名前

得点　／100点

らくらくマルつけ 6046 解説→320ページ

❶ 次の計算をしましょう。　1つ7点【42点】

(1) $\frac{1}{4}\times\frac{14}{15}\times\frac{3}{8}=$

(2) $\frac{3}{10}\times\frac{5}{21}+\frac{7}{10}\times\frac{5}{21}=$

(3) $\frac{5}{12}\div\frac{10}{11}=$

(4) $4\frac{3}{4}\div2\frac{3}{4}=$

(5) $3\frac{1}{5}\div0.6=$

(6) $\frac{2}{7}\div\frac{9}{8}\div\frac{4}{3}=$

❷ 右の図形の色をぬった部分の面積を求めましょう。　【全部できて18点】

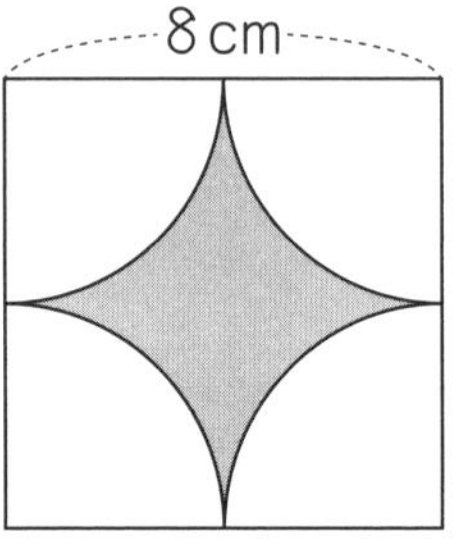

(式)

答え(　　　　　)

❸ 下の表は，りんさんのクラス20人の15点満点のテストの結果を表したものです。あとの問いに答えましょう。　【40点】

番号	①	②	③	④	⑤	⑥	⑦	⑧	⑨	⑩
得点(点)	9	4	3	2	4	11	2	5	7	8
番号	⑪	⑫	⑬	⑭	⑮	⑯	⑰	⑱	⑲	⑳
得点(点)	9	10	14	7	10	12	8	13	5	5

(1) この結果をドットプロットで表しましょう。　(全部できて10点)

(2) 20人の中央値は何点ですか。　(10点)

(　　　　　)

(3) 20人の最頻値は何点ですか。　(10点)

(　　　　　)

(4) このデータのちらばりのようすを整理したものを表に表します。表にあてはまる数を書きましょう。　(全部できて10点)

点数(点)	人数(人)
以上　未満 0 ～ 5	
5 ～ 10	
10 ～ 15	
合計	

まとめのテスト❸

目標時間 20分

学習した日　月　日
名前
得点　／100点

6047
解説→321ページ

算数

❶ 次の立体の体積は何cm^3ですか。【26点】

(1) 四角柱　(全部できて13点)

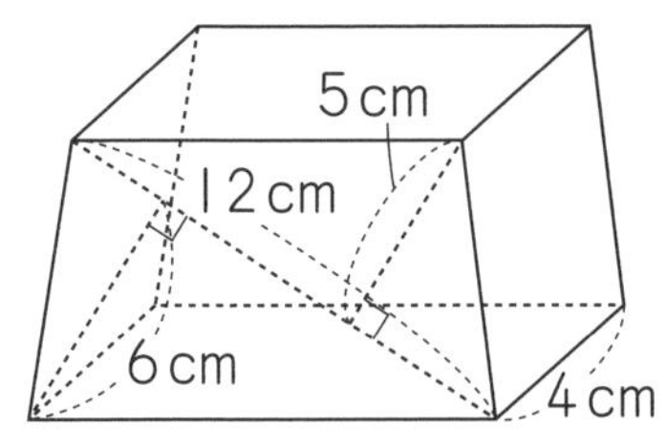

(式)

答え(　　　)

(2) 円柱　(全部できて13点)

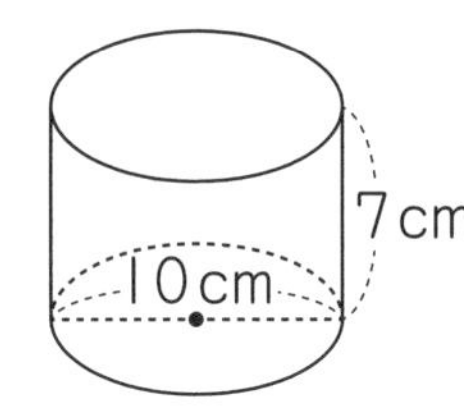

(式)

答え(　　　)

❷ 四角形EFGHは四角形ABCDの縮図です。次の問いに答えましょう。　1つ12点【24点】

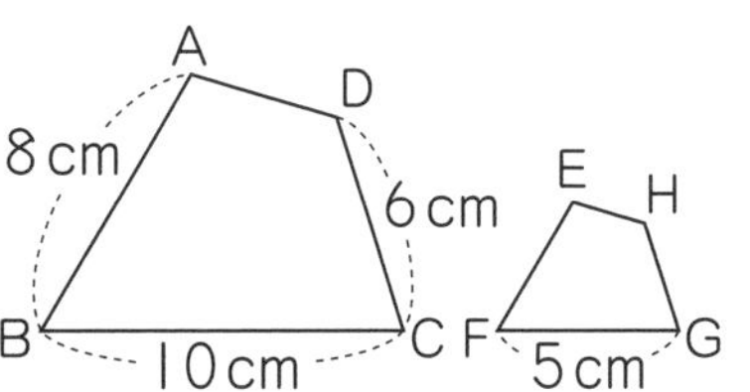

(1) 四角形EFGHは四角形ABCDの何倍の縮図ですか。

(　　　)

(2) 辺HGの長さは何cmですか。

(　　　)

❸ さきさんはシロップ20mLと水100mLでジュースをつくります。次の問いに答えましょう。【24点】

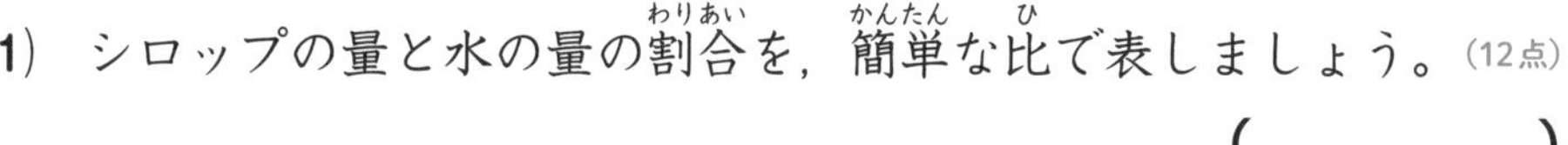

(1) シロップの量と水の量の割合を，簡単な比で表しましょう。(12点)

(　　　)

(2) 300mLのジュースをつくるときに必要なシロップの量は何mLですか。(全部できて12点)

(式)

答え(　　　)

❹ 右の図は，ある湖の地図です。次の問いに答えましょう。【26点】

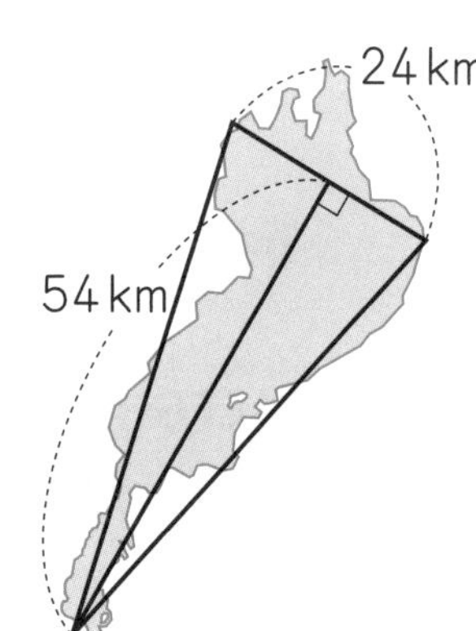

(1) この湖を三角形とみて考えたとき，およその面積は何km^2ですか。(全部できて13点)

(式)

答え(　　　)

(2) 湖の水の深さをどこも40mの三角柱とみて考えたとき，およその体積は何km^3ですか。(全部できて13点)

(式)

答え(　　　)

まとめのテスト③

学習した日　　月　　日

名前

得点　　／100点

6047
解説→321ページ

❶ 次の立体の体積は何cm³ですか。 【26点】

(1) 四角柱 （全部できて13点）

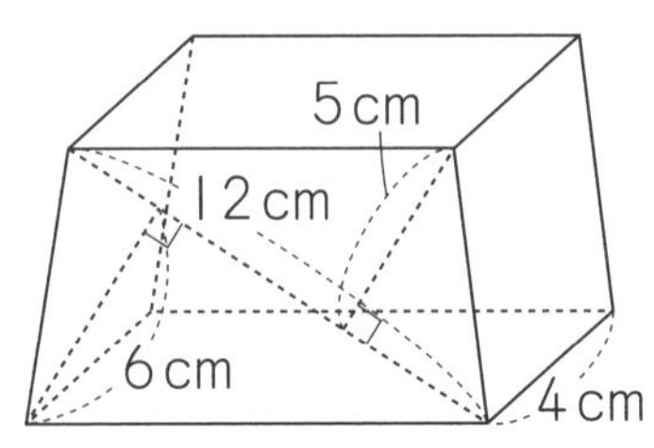

（式）

答え（　　　　　）

(2) 円柱 （全部できて13点）

7cm
10cm

（式）

答え（　　　　　）

❷ 四角形EFGHは四角形ABCDの縮図です。次の問いに答えましょう。 1つ12点【24点】

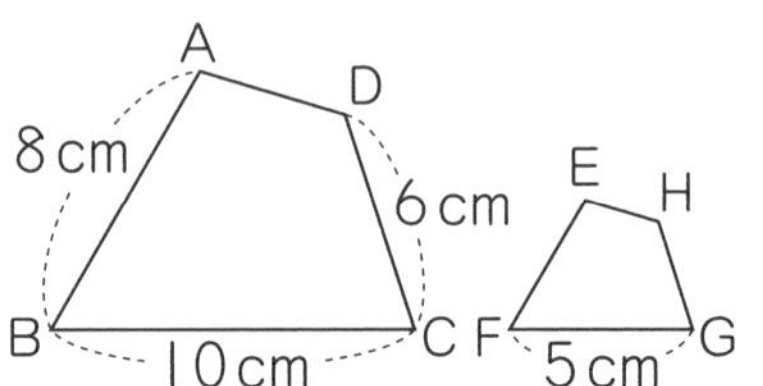

(1) 四角形EFGHは四角形ABCDの何倍の縮図ですか。

（　　　　　）

(2) 辺HGの長さは何cmですか。

（　　　　　）

❸ さきさんはシロップ20mLと水100mLでジュースをつくります。次の問いに答えましょう。 【24点】

(1) シロップの量と水の量の割合を，簡単な比で表しましょう。（12点）

（　　　　　）

(2) 300mLのジュースをつくるときに必要なシロップの量は何mLですか。 （全部できて12点）

（式）

答え（　　　　　）

❹ 右の図は，ある湖の地図です。次の問いに答えましょう。 【26点】

24km
54km

(1) この湖を三角形とみて考えたとき，およその面積は何km²ですか。 （全部できて13点）

（式）

答え（　　　　　）

(2) 湖の水の深さをどこも40mの三角柱とみて考えたとき，およその体積は何km³ですか。 （全部できて13点）

（式）

答え（　　　　　）

まとめのテスト④

目標時間 20分

学習した日　月　日

名前

得点　／100点

6048
解説→321ページ

❶ ある生き物は分速20cmで進みます。この生き物の進んだ時間をx分，進んだ道のりを$y$cmとして，次の問いに答えましょう。

【30点】

(1) xとyの関係を式に表しましょう。（10点）

（　　　　）

(2) xとyの関係を表に表しましょう。（全部できて10点）

時間　x(分)	1	2	3	4	5	6	
道のり　y(cm)							

(3) 横軸にxの値を，縦軸にyの値を表します。(2)の表をもとに，xとyの関係を表すグラフをかきましょう。（10点）

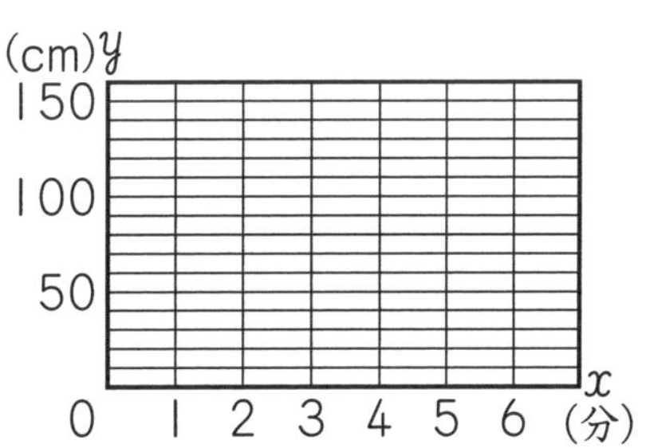

❷ 30kmの道のりを自動車で進みます。自動車の速さを時速$x$km，かかった時間をy時間として表に表すと次のようになります。xとyの関係を式に表しましょう。

【25点】

時速　x(km)	10	20	30	40	50	60	
時間　y(時間)	3	1.5	1	0.75	0.6	0.5	

（　　　　）

❸ A，B，C，D，Eの5人から2人を選びます。次の問いに答えましょう。

1つ15点【45点】

(1) 5人から2人を選ぶ組み合わせをすべて書きましょう。

（　　　　）

(2) 選んだ2人のうち，1人を代表，もう1人を副代表として，代表と副代表の選び方についての図を完成させましょう。

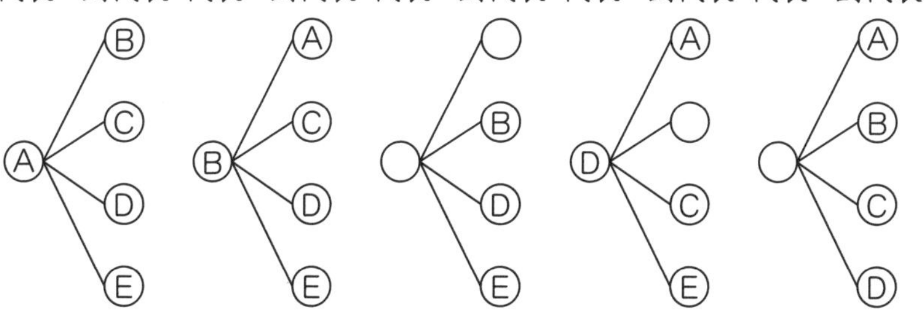

(3) Dさんが副代表になるのは何通りありますか。

（　　　　）

算数

48 まとめのテスト④

学習した日　　月　　日

名前

得点　　／100点

6048
解説→321ページ

❶ ある生き物は分速20cmで進みます。この生き物の進んだ時間をx分，進んだ道のりを$y$cmとして，次の問いに答えましょう。

【30点】

(1) xとyの関係を式に表しましょう。　(10点)

(　　　　　　　　)

(2) xとyの関係を表に表しましょう。　(全部できて10点)

時間　x(分)	1	2	3	4	5	6	
道のり　y(cm)							

(3) 横軸にxの値を，縦軸にyの値を表します。(2)の表をもとに，xとyの関係を表すグラフをかきましょう。　(10点)

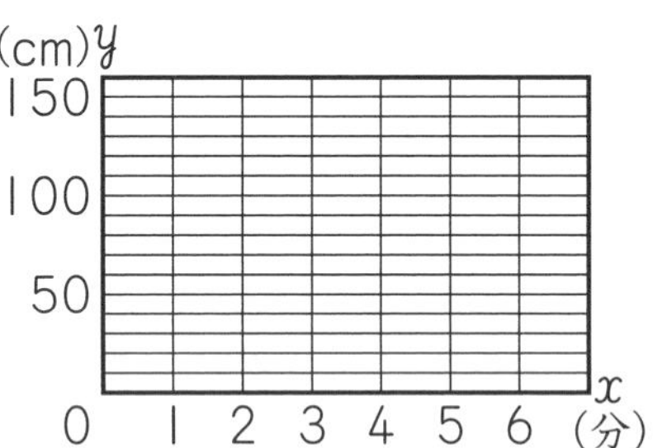

❷ 30kmの道のりを自動車で進みます。自動車の速さを時速$x$km，かかった時間をy時間として表に表すと次のようになります。xとyの関係を式に表しましょう。

【25点】

時速　x(km)	10	20	30	40	50	60	
時間　y(時間)	3	1.5	1	0.75	0.6	0.5	

(　　　　　　　　)

❸ A, B, C, D, Eの５人から２人を選びます。次の問いに答えましょう。

1つ15点【45点】

(1) ５人から２人を選ぶ組み合わせをすべて書きましょう。

(　　　　　　　　　　　　　　　　)

(2) 選んだ２人のうち，１人を代表，もう１人を副代表として，代表と副代表の選び方についての図を完成させましょう。

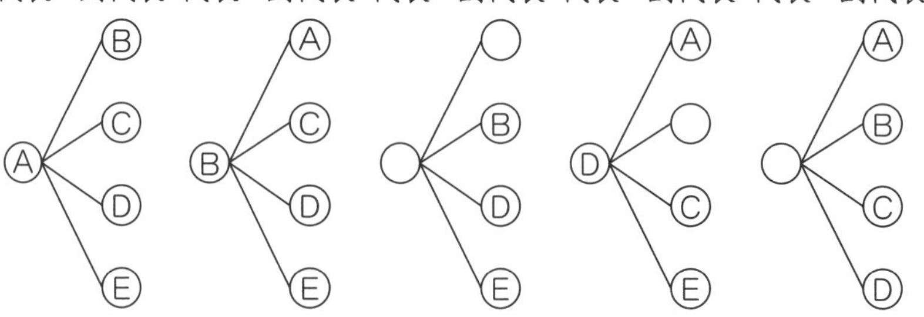

(3) Dさんが副代表になるのは何通りありますか。

(　　　　)

アルファベット

目標時間 20分

学習した日　月　日
名前
得点　／100点

6049
解説→322ページ

らくらくマルつけ

英語

❶ 音声を聞いて，読まれたアルファベットが書かれた絵を次からそれぞれ選び，記号で書きましょう。

1つ3点【18点】

英語音声はこちらから！

♪6-01

(1)（　　）(2)（　　）(3)（　　）
(4)（　　）(5)（　　）(6)（　　）

ア 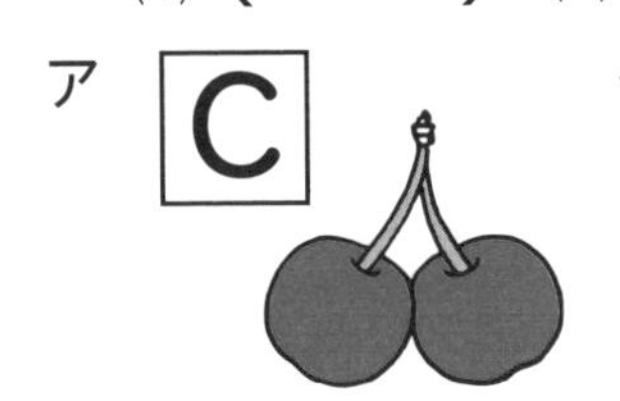

イ 

ウ 

エ 

オ 

カ 

❷ 音声を聞いて，読まれた順にアルファベットが書かれたカードを次からそれぞれ選び，記号で書きましょう。

1つ6点【18点】

(1)（　　）(2)（　　）(3)（　　）

ア 

イ 

ウ 

❸ 音声を聞いて，読まれたアルファベットを，(1)〜(3)は大文字で，(4)〜(6)は小文字で書きましょう。

1つ6点【36点】

(1)　　(2)　　(3)

(4)　　(5)　　(6)

❹ 音声を聞いて，□にあてはまるアルファベットをあとからそれぞれ選んで書き，単語を完成させましょう。また，他の文字もなぞりましょう。

1つ7点【28点】

(1) 

(2) 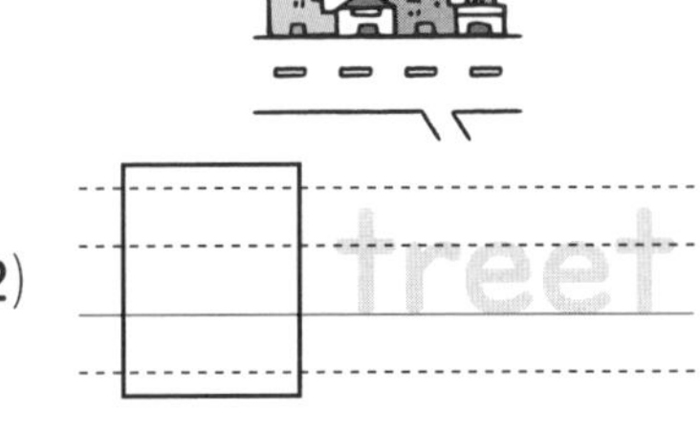

(3) 

(4) 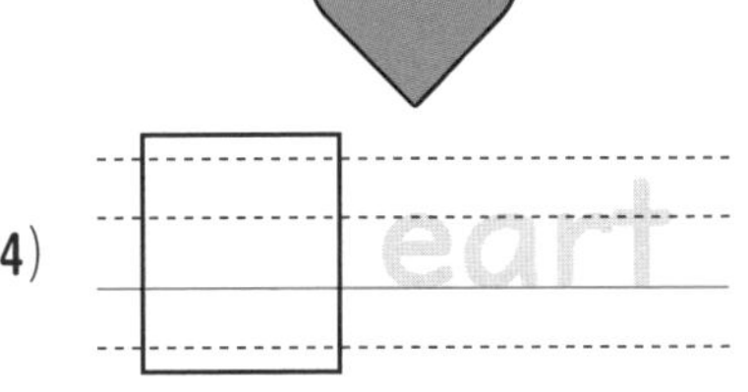

s　h　g　p　e

アルファベット

目標時間 20分

学習した日　月　日
名前
得点　／100点

6049
解説→322ページ

❶ 音声を聞いて，読まれたアルファベットが書かれた絵を次からそれぞれ選び，記号で書きましょう。 1つ3点【18点】

英語音声はこちらから！ ♪6-01

(1)（　　）(2)（　　）(3)（　　）
(4)（　　）(5)（　　）(6)（　　）

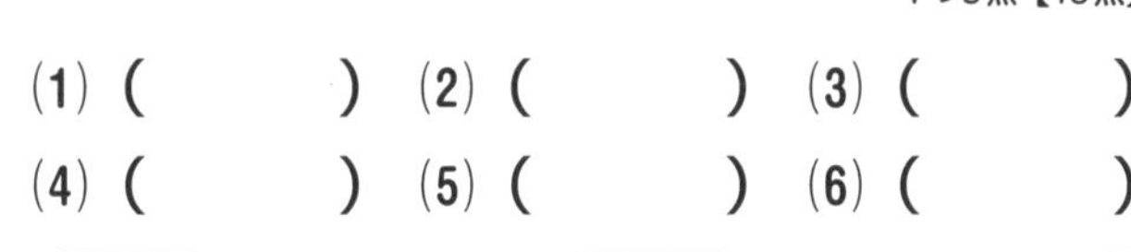

ア
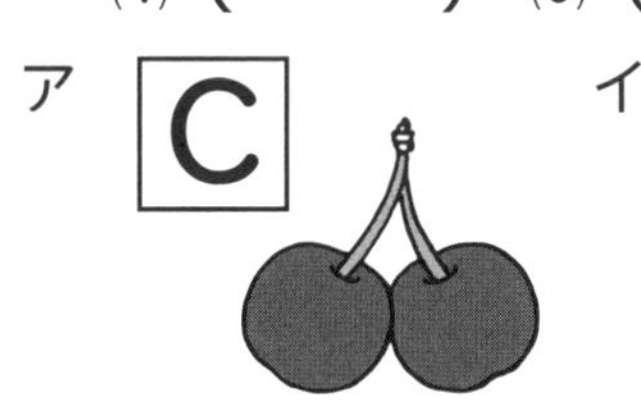

イ

ウ

エ

オ

カ

❷ 音声を聞いて，読まれた順にアルファベットが書かれたカードを次からそれぞれ選び，記号で書きましょう。 1つ6点【18点】

(1)（　　）(2)（　　）(3)（　　）

❸ 音声を聞いて，読まれたアルファベットを，(1)～(3)は大文字で，(4)～(6)は小文字で書きましょう。 1つ6点【36点】

(1)　(2)　(3)

(4)　(5)　(6)

❹ 音声を聞いて，□にあてはまるアルファベットをあとからそれぞれ選んで書き，単語を完成させましょう。また，他の文字もなぞりましょう。 1つ7点【28点】

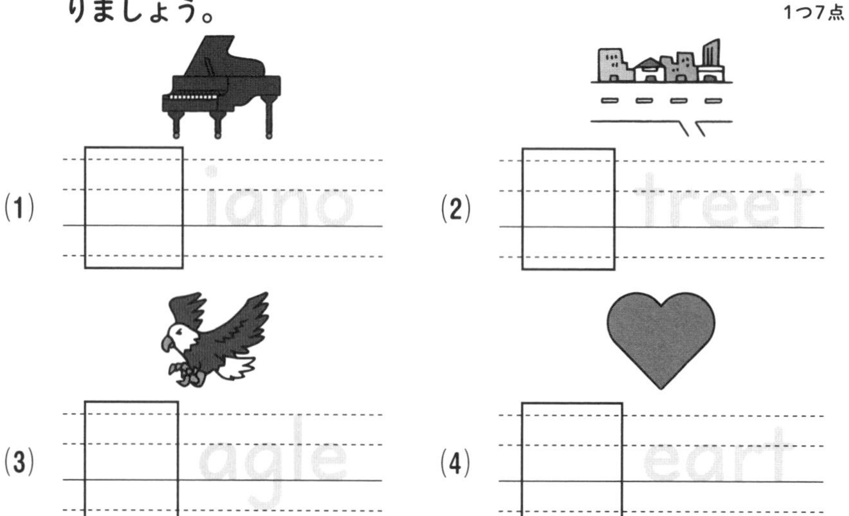

s　h　g　p　e

自己(じこ)しょうかいをしよう

目標時間(もくひょうじかん) 20分

学習した日　月　日
名前
得点　／100点

6050
解説→322ページ

らくらくマルつけ

1 音声を聞いて，読まれた英語と合う絵を選び，記号を○で囲みましょう。　1つ10点【20点】

英語音声はこちらから！

♪6-02

(1) ア 　イ 

(2) ア 　イ 

2 音声を聞いて，読まれた英語と次の日本語が合っていれば○，ちがっていれば×を書きましょう。　1つ12点【36点】

ジョン

(1) ぼくはオーストラリア出身です。　(　　)

(2) ぼくは算数が好きです。　(　　)

(3) ぼくは泳ぐことができます。　(　　)

3 音声を聞いて，＿＿＿にあてはまる英語をあとからそれぞれ選んで書き，英文を完成させましょう。　1つ12点【24点】

(1)

I like ＿＿＿＿＿＿ .

(私(わたし)はイヌが好きです)

(2)

I can ＿＿＿＿＿＿ .

(私はおどることができます)

dance	dogs

4 音声を聞いて，読まれた英文になるように，あとの英語を並(なら)べかえて，＿＿＿に書きましょう。　1つ10点【20点】

(1) Where ＿＿＿＿＿＿ ?

[you / from / are] (あなたはどこの出身ですか)

(2) ＿＿＿＿＿＿ .

[from / I'm / Japan] (私は日本出身です)

英語

自己(じこ)しょうかいをしよう

目標時間(もくひょうじかん) 20分

学習した日　月　日
名前
得点　／100点

6050
解説→322ページ

❶ 音声を聞いて，読まれた英語と合う絵を選び，記号を〇で囲みましょう。 1つ10点【20点】

英語音声はこちらから！
♪6-02

(1) ア

イ

(2) ア

イ

❷ 音声を聞いて，読まれた英語と次の日本語が合っていれば〇，ちがっていれば×を書きましょう。 1つ12点【36点】

ジョン

(1) ぼくはオーストラリア出身です。
(　　)

(2) ぼくは算数が好きです。
(　　)

(3) ぼくは泳ぐことができます。
(　　)

❸ 音声を聞いて，＿＿にあてはまる英語をあとからそれぞれ選んで書き，英文を完成させましょう。 1つ12点【24点】

(1)

I like ＿＿＿＿＿＿＿＿ .

(私(わたし)はイヌが好きです)

(2)

I can ＿＿＿＿＿＿＿＿ .

(私はおどることができます)

dance	dogs

❹ 音声を聞いて，読まれた英文になるように，あとの英語を並(なら)べかえて，＿＿に書きましょう。 1つ10点【20点】

(1) Where ＿＿＿＿＿＿＿＿＿＿＿＿ ?

[you / from / are]（あなたはどこの出身ですか）

(2) ＿＿＿＿＿＿＿＿＿＿＿＿ .

[from / I'm / Japan]（私は日本出身です）

気持ちや特ちょうを伝えよう

目標時間 20分

学習した日　月　日
名前
得点　／100点

らくらくマルつけ
6051
解説→322ページ

英語

1 音声を聞いて，読まれた英語と合う絵を次からそれぞれ選び，記号で書きましょう。 1つ10点【30点】

英語音声はこちらから！
♪6-03

(1) (　　) (2) (　　) (3) (　　)

ア　イ　ウ

2 音声を聞いて，読まれた英語が絵と合っていれば○，ちがっていれば×を書きましょう。 1つ5点【20点】

(1)

(　　)

(2)

(　　)

(3)

(　　)

(4)

(　　)

3 音声を聞いて，読まれた英文と合う絵を選び，記号を○で囲みましょう。 1つ10点【20点】

(1) ア

イ

(2) ア

イ

4 音声を聞いて，□にあてはまる英語をあとからそれぞれ選んで書き，英文を完成させましょう。また，他の文字もなぞりましょう。 1つ15点【30点】

(1) I have a ＿＿＿＿. （私は本を持っています）

(2) My book is ＿＿＿＿.

（私の本はおもしろいです）

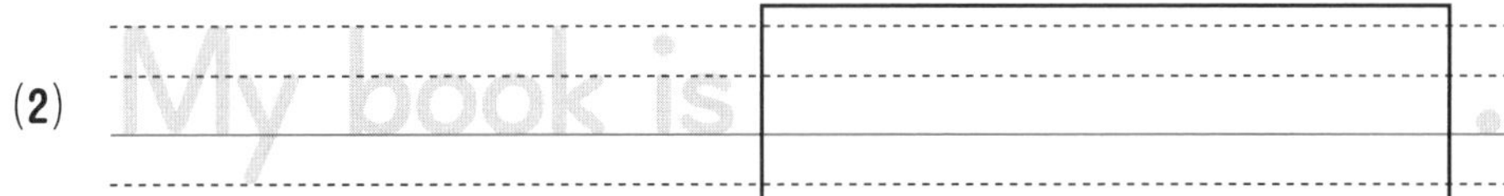
book　ruler　popular　interesting

＼もう１回チャレンジ!!／

気持ちや特ちょうを伝えよう

目標時間（もくひょうじかん）

20分

学習した日　　月　　日

名前

得点

／100点

らくらくマルつけ

6051

解説→322ページ

❶ 音声を聞いて，読まれた英語と合う絵を次からそれぞれ選び，記号で書きましょう。　1つ10点【30点】

英語音声はこちらから！

♪6-03

(1)（　　　）　(2)（　　　）　(3)（　　　）

ア

イ

ウ

❷ 音声を聞いて，読まれた英語が絵と合っていれば○，ちがっていれば×を書きましょう。　1つ5点【20点】

(1)

（　　　）

(2)

（　　　）

(3)

（　　　）

(4)

（　　　）

❸ 音声を聞いて，読まれた英文と合う絵を選び，記号を○で囲みましょう。　1つ10点【20点】

(1) ア

イ

(2) ア

イ

❹ 音声を聞いて，［　　］にあてはまる英語をあとからそれぞれ選んで書き，英文を完成させましょう。また，他の文字もなぞりましょう。　1つ15点【30点】

(1) I have a ［　　　　］.　（私（わたし）は本を持っています）

(2) My book is ［　　　　］.

（私の本はおもしろいです）

book	ruler	popular	interesting

日常生活について伝えよう

目標時間 20分

学習した日　　月　　日

名前

得点　　／100点

らくらくマルつけ

6052
解説→322ページ

❶ 音声を聞いて，絵と合う英語を選び，記号を○で囲みましょう。 1つ5点【15点】

英語音声はこちらから！

♪6-04

(1) 

【 ア・イ 】

(2) 

【 ア・イ 】

(3) 

【 ア・イ 】

❷ 音声を聞いて，読まれた英文と合う絵を次からそれぞれ選び，記号で書きましょう。 1つ10点【40点】

(1) (　　　) (2) (　　　) (3) (　　　) (4) (　　　)

ア 

イ 

ウ 

エ 

❸ 音声を聞いて，読まれた英文と合う絵を選び，記号を○で囲みましょう。 1つ10点【30点】

(1) 曜日

ア 

イ 

(2) すること

ア 

イ 

(3) 時間

ア 

イ 

❹ 音声を聞いて，□にあてはまる英語をあとから選んで書き，英文を完成させましょう。また，他の文字もなぞりましょう。 【15点】

I come to school □ .

(私は自転車で学校に来ます)

by bike 　by train 

英語

4 日常生活について伝えよう

目標時間（もくひょうじかん） 20分

学習した日　　月　　日

名前

得点　　／100点

6052 解説→322ページ

らくらくマルつけ

1 音声を聞いて，絵と合う英語を選び，記号を○で囲みましょう。　1つ5点【15点】

英語音声はこちらから！

♪6-04

(1)

【 ア・イ 】

(2)

【 ア・イ 】

(3)

【 ア・イ 】

2 音声を聞いて，読まれた英文と合う絵を次からそれぞれ選び，記号で書きましょう。　1つ10点【40点】

(1) (　　　) (2) (　　　) (3) (　　　) (4) (　　　)

ア

イ

ウ

エ

3 音声を聞いて，読まれた英文と合う絵を選び，記号を○で囲みましょう。　1つ10点【30点】

(1) 曜日　ア

イ

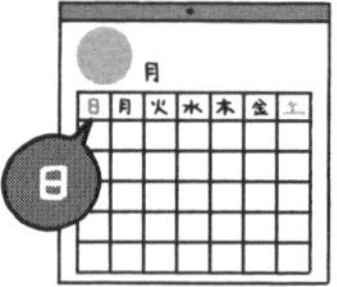

(2) すること　ア

イ

(3) 時間　ア

イ

4 音声を聞いて，□にあてはまる英語をあとから選んで書き，英文を完成させましょう。また，他の文字もなぞりましょう。　【15点】

I come to school □ .

（私（わたし）は自転車で学校に来ます）

by bike 　　by train 

住んでいる場所を伝えよう

学習した日　月　日

名前

得点

／100点

6053
解説→323ページ

❶ 音声を聞いて，読まれた英語と合うものを，次の絵のア～エからそれぞれ選び，記号で書きましょう。 1つ10点【30点】

(1)（　　　）　(2)（　　　）　(3)（　　　）

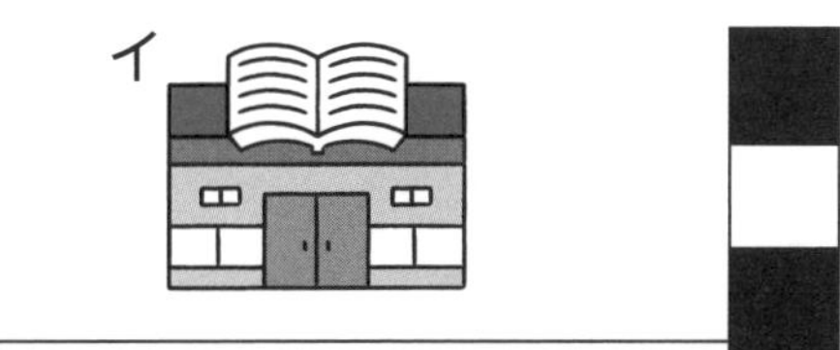

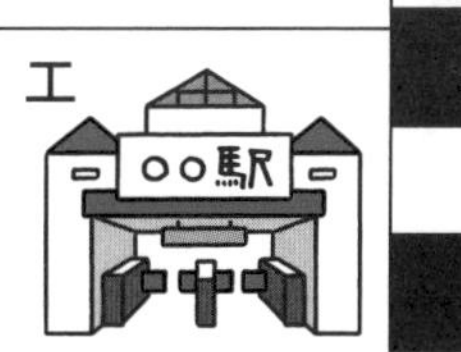

❷ 音声を聞いて，読まれた英文が絵と合っていれば○，ちがっていれば×を書きましょう。 1つ10点【30点】

(1)

（　　　）

(2)

（　　　）

(3)

（　　　）

❸ 音声を聞いて，読まれた英文と合うものを選び，記号を○で囲みましょう。 1つ5点【10点】

(1) 住んでいる場所

ア　京都　　イ　大阪　　ウ　東京

(2) 住んでいる場所にあるもの

ア
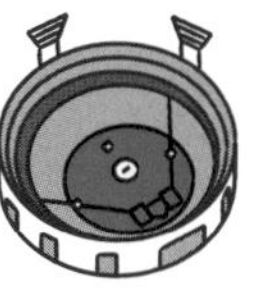
イ

ウ

❹ 音声を聞いて，読まれた英文をなぞって書きましょう。 1つ10点【30点】

(1) あなたはどこに住んでいますか。

Where do you live?

(2) 私は東京に住んでいます。

I live in Tokyo.

(3) 病院があります。

We have a hospital.

英語

5 住んでいる場所を伝えよう

目標時間 20分

学習した日　　月　　日

名前

得点　　／100点

6053
解説→323ページ

❶ 音声を聞いて，読まれた英語と合うものを，次の絵のア～エからそれぞれ選び，記号で書きましょう。 1つ10点【30点】

英語音声はこちらから！

♪6-05

(1)（　　　）(2)（　　　）(3)（　　　）

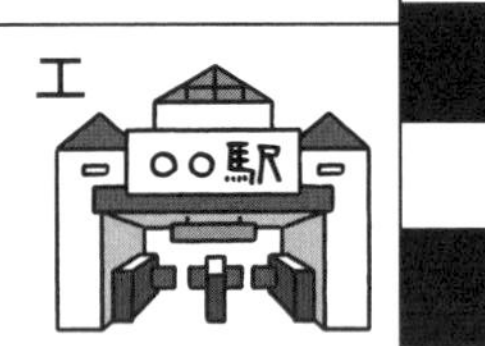

❷ 音声を聞いて，読まれた英文が絵と合っていれば○，ちがっていれば×を書きましょう。 1つ10点【30点】

(1)

（　　）

(2)

（　　）

(3)

（　　）

❸ 音声を聞いて，読まれた英文と合うものを選び，記号を○で囲みましょう。 1つ5点【10点】

(1) 住んでいる場所

ア　京都　　　イ　大阪　　　ウ　東京

(2) 住んでいる場所にあるもの

ア

イ

ウ

❹ 音声を聞いて，読まれた英文をなぞって書きましょう。 1つ10点【30点】

(1) あなたはどこに住んでいますか。

Where do you live?

(2) 私（わたし）は東京に住んでいます。

I live in Tokyo.

(3) 病院があります。

We have a hospital.

行ってみたい国を伝えよう

目標時間 20分

学習した日　月　日
名前
得点　／100点

6054
解説→323ページ

1 音声を聞いて，読まれた英文と合う日本語を○で囲みましょう。　1つ10点【30点】

(1) (ブラジル ／ エジプト) はすてきな国です。

(2) あなたは (ピラミッド ／ カーニバル) を見ることができます。

(3) それは (有名です ／ 美しいです)。

2 音声を聞いて，読まれた英文と合う絵を選び，記号を○で囲みましょう。　1つ10点【20点】

(1) ア

イ

(2) ア

イ
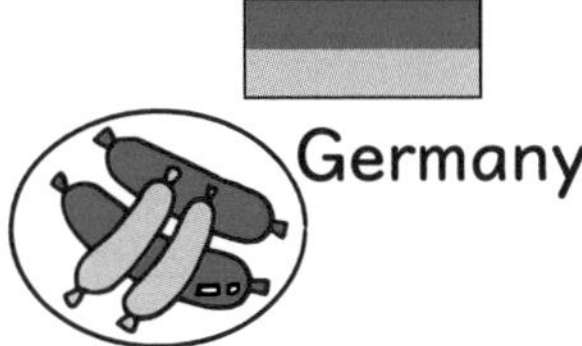

3 音声を聞いて，それぞれの人物と行きたい国の絵を線で結びましょう。　1つ10点【30点】

(1)  ・　　・ ア 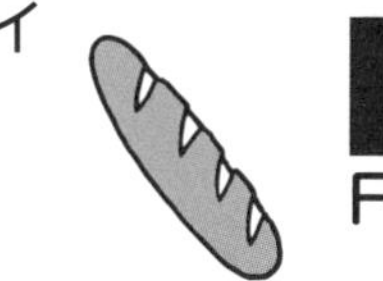

(2)  ・　　・ イ France

(3) ・　　・ ウ India

4 音声を聞いて，□にあてはまる英語をあとからそれぞれ選んで書き，英文を完成させましょう。また，他の文字もなぞりましょう。　1つ10点【20点】

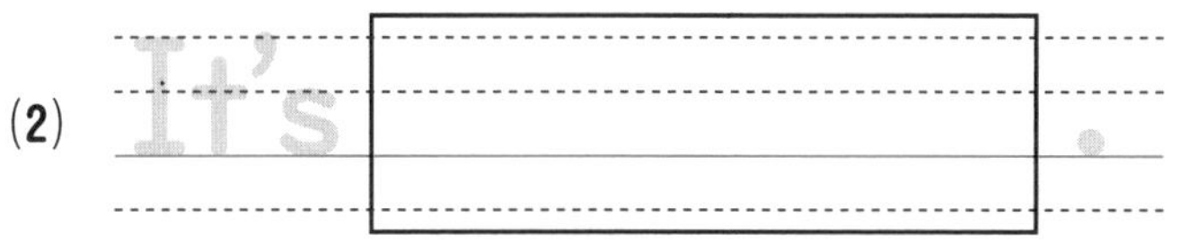

(1) You can eat ＿＿＿＿.
(あなたはピザを食べることができます)

(2) It's ＿＿＿＿.
(それはおいしいです)

delicious	pizza

＼もう１回チャレンジ!! ／

行ってみたい国を伝えよう

学習した日　月　日

名前

得点　／100点

解説→323ページ

❶ 音声を聞いて，読まれた英文と合う日本語を○で囲みましょう。 1つ10点【30点】

(1)（ ブラジル ／ エジプト ）はすてきな国です。

(2) あなたは（ ピラミッド ／ カーニバル ）を見ることができます。

(3) それは（ 有名です ／ 美しいです ）。

❷ 音声を聞いて，読まれた英文と合う絵を選び，記号を○で囲みましょう。 1つ10点【20点】

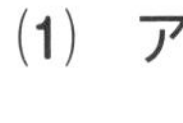

(1) ア

イ

(2) ア

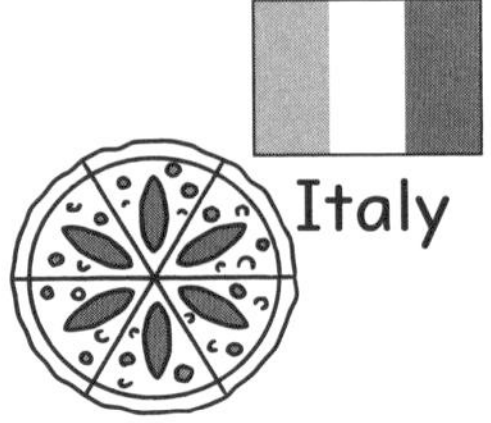

イ

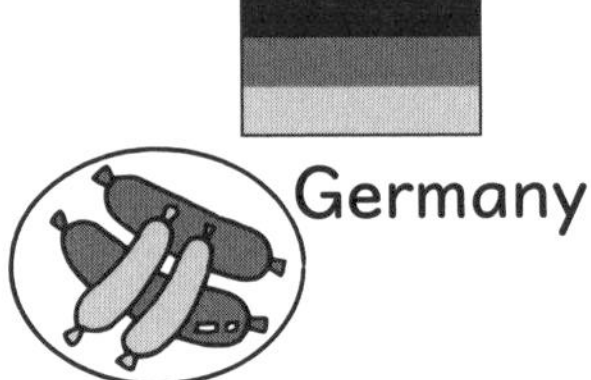

❸ 音声を聞いて，それぞれの人物と行きたい国の絵を線で結びましょう。 1つ10点【30点】

(1) 　・　・　ア 

(2) 　・　・　イ 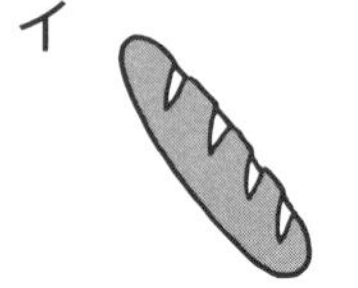

(3) 　・　・　ウ 

❹ 音声を聞いて，□にあてはまる英語をあとからそれぞれ選んで書き，英文を完成させましょう。また，他の文字もなぞりましょう。 1つ10点【20点】

(1) 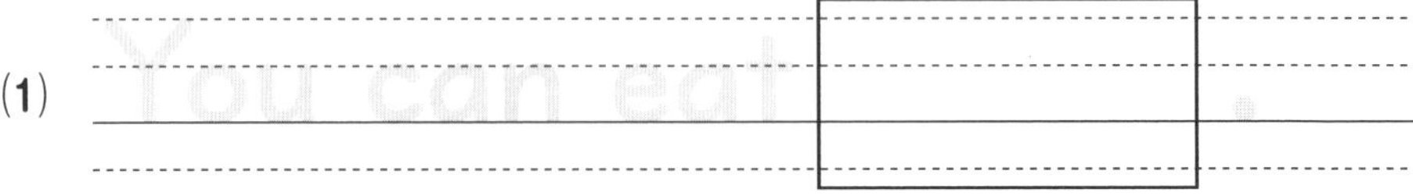

（あなたはピザを食べることができます）

(2) 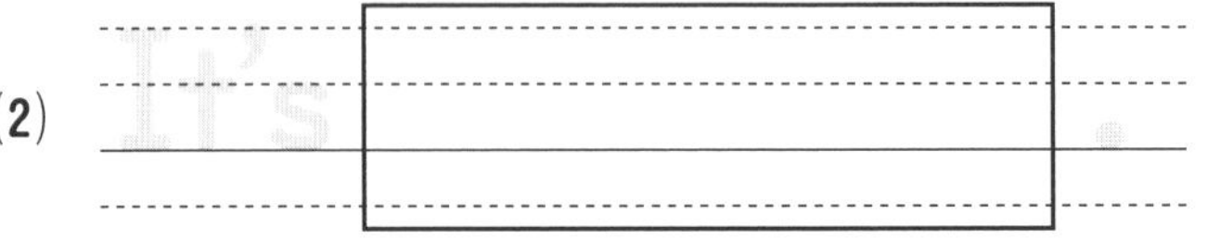

（それはおいしいです）

delicious	pizza

7 したいことについて伝えよう

目標時間 20分

学習した日　月　日
名前
得点　／100点
6055
解説→323ページ
らくらくマルつけ

❶ 音声を聞いて，読まれた英語と合うものを次の絵のア～ウからそれぞれ選び，記号で書きましょう。

1つ10点【30点】

英語音声はこちらから！

♪6-07

(1) (　　　)　(2) (　　　)　(3) (　　　)

ア
イ
ウ

❷ 音声を聞いて，読まれた英文が絵と合っていれば○，ちがっていれば×を書きましょう。

1つ10点【20点】

(1) (　　　)　(2) (　　　)

❸ 音声を聞いて，それぞれの人物が見たいスポーツを，(　　)に日本語で書きましょう。

1つ10点【20点】

名前	見たいスポーツ
リンダ	(1) (　　　)
アオト	(2) (　　　)

❹ 音声を聞いて，読まれた英文になるように，あとの英語を並(なら)べかえて，＿＿に書きましょう。

1つ15点【30点】

(1) What ＿＿＿＿＿＿＿＿ eat?

[you / want / do / to]

(あなたは何を食べたいですか)

(2) I ＿＿＿＿＿＿＿＿.

[to / rice / want / eat]

(私(わたし)はご飯を食べたいです)

＼もう１回チャレンジ!!／

したいことについて伝えよう

目標時間 20分

学習した日　月　日

名前

得点　／100点

6055
解説→323ページ

❶ 音声を聞いて，読まれた英語と合うものを次の絵のア〜ウからそれぞれ選び，記号で書きましょう。

1つ10点【30点】

英語音声はこちらから！

♪6-07

(1) (　　　) (2) (　　　) (3) (　　　)

❷ 音声を聞いて，読まれた英文が絵と合っていれば○，ちがっていれば×を書きましょう。

1つ10点【20点】

(1)

(　　)

(2)

(　　)

❸ 音声を聞いて，それぞれの人物が見たいスポーツを，(　　)に日本語で書きましょう。

1つ10点【20点】

名前	見たいスポーツ
リンダ	(1) (　　　　　)
アオト	(2) (　　　　　)

❹ 音声を聞いて，読まれた英文になるように，あとの英語を並(なら)べかえて，＝＝＝に書きましょう。

1つ15点【30点】

(1) What ________________ eat?

[you / want / do / to]
(あなたは何を食べたいですか)

(2) I ________________.

[to / rice / want / eat]
(私(わたし)はご飯を食べたいです)

夏休みの思い出を伝えよう ①

目標時間 20分

学習した日　月　日
名前
得点　／100点

6056
解説→324ページ

❶ 音声を聞いて，絵と合う英語を選び，記号を〇で囲みましょう。　1つ10点【20点】

英語音声はこちらから！
♪6-08

(1)

【ア・イ・ウ】

(2)

【ア・イ・ウ】

❷ 音声を聞いて，読まれた英文と合う絵を選び，記号を〇で囲みましょう。　1つ10点【20点】

(1) イチカ　ア

イ

(2) テッド　ア
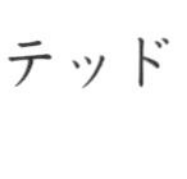

イ

❸ 音声を聞いて，読まれた英文と合う絵を次からそれぞれ選び，記号で書きましょう。　1つ10点【30点】

(1)（　　）(2)（　　）(3)（　　）

ア　イ

ウ

❹ 音声を聞いて，□にあてはまる英語をあとからそれぞれ選んで書き，英文を完成させましょう。また，他の文字もなぞりましょう。　1つ15点【30点】

(1) I □ to the lake.
（ぼくは湖に行きました）

(2) I □ fishing.
（ぼくは魚つりを楽しみました）

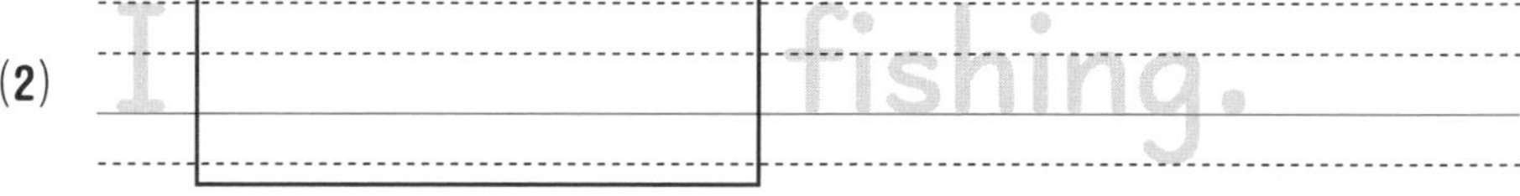

英語

夏休みの思い出を伝えよう ①

目標時間 20分

学習した日　月　日

名前

得点

／100点

6056
解説→324ページ

らくらくマルつけ

1 音声を聞いて，絵と合う英語を選び，記号を○で囲みましょう。 1つ10点【20点】

(1)

【 ア・イ・ウ 】

(2)

【 ア・イ・ウ 】

2 音声を聞いて，読まれた英文と合う絵を選び，記号を○で囲みましょう。 1つ10点【20点】

(1) イチカ

ア

イ

(2) テッド

ア

イ

3 音声を聞いて，読まれた英文と合う絵を次からそれぞれ選び，記号で書きましょう。 1つ10点【30点】

(1) (　　　) (2) (　　　) (3) (　　　)

ア

イ

ウ

4 音声を聞いて，□にあてはまる英語をあとからそれぞれ選んで書き，英文を完成させましょう。また，他の文字もなぞりましょう。 1つ15点【30点】

(1) I [　　　　] to the lake.

(ぼくは湖に行きました)

(2) I [　　　　] fishing.

(ぼくは魚つりを楽しみました)

夏休みの思い出を伝えよう②

目標時間 20分

学習した日　月　日	得点
名前	／100点

6057
解説→324ページ

❶ 音声を聞いて，エミリーの夏休みの日記の内容と合う英語を，〇で囲みましょう。 1つ10点【30点】

(1) I (went ／ had) to Osaka.

(2) I (saw ／ ate) *takoyaki*.

(3) It was (great ／ exciting).

❷ 音声を聞いて，絵と合う英文を選び，記号を〇で囲みましょう。 1つ10点【20点】

(1)

【 ア・イ 】

(2)

【 ア・イ 】

❸ 音声を聞いて，読まれた英文が絵と合っていれば〇，ちがっていれば×を書きましょう。 1つ10点【30点】

(1) (　　)

(2) (　　)

(3) (　　)

❹ 音声を聞いて，読まれた英文をなぞって書きましょう。 1つ10点【20点】

(1) あなたは夏に何をしましたか。

What did you do in summer?

(2) 私はかき氷を食べました。

I ate shaved ice.

夏休みの思い出を伝えよう②

学習した日　　月　　日

名前

得点

／100点

❶ 音声を聞いて，エミリーの夏休みの日記の内容と合う英語を，○で囲みましょう。 1つ10点【30点】

(1) I (went ／ had) to Osaka.

(2) I (saw ／ ate) *takoyaki*.

(3) It was (great ／ exciting).

❷ 音声を聞いて，絵と合う英文を選び，記号を○で囲みましょう。

1つ10点【20点】

(1)

【 ア・イ 】

(2)

【 ア・イ 】

❸ 音声を聞いて，読まれた英文が絵と合っていれば○，ちがっていれば×を書きましょう。

1つ10点【30点】

(1)

(　　　)

(2)

(　　　)

(3)

(　　　)

❹ 音声を聞いて，読まれた英文をなぞって書きましょう。1つ10点【20点】

(1) あなたは夏に何をしましたか。

What did you do in summer?

(2) 私(わたし)はかき氷を食べました。

I ate shaved ice.

いろいろなことをたずねよう

目標時間 20分

学習した日　月　日
名前
得点　／100点

らくらくマルつけ
6058
解説→324ページ

❶ 音声を聞いて，読まれた英文が絵と合っていれば○，ちがっていれば×を書きましょう。
1つ13点【26点】

英語音声はこちらから！
♪6-10

(1)

(　　)

(2)

(　　)

❷ 音声を聞いて，読まれた英文と合う絵を選び，記号を○で囲みましょう。
1つ12点【24点】

(1) ア

イ

(2) ア

イ

❸ 音声を聞いて，それぞれの動物が住んでいる場所と食べるものをあとからそれぞれ選び，記号で書きましょう。
1つ5点【20点】

	カエル	ゴリラ
住んでいる場所	(1) (　　)	(2) (　　)
食べるもの	(3) (　　)	(4) (　　)

ア 池　イ 海　ウ 森
エ 魚　オ 虫　カ 果物

❹ 音声を聞いて，[　　]にあてはまる英語をあとからそれぞれ選んで書き，英文を完成させましょう。また，他の文字もなぞりましょう。
1つ15点【30点】

(1) [　　　　] do birds eat?
(鳥は何を食べますか)

(2) [　　　　] do tigers live?
(トラはどこに住んでいますか)

Where　What　When

英語

いろいろなことをたずねよう

学習した日　　月　　日

名前

得点

／100点

6058
解説→324ページ

❶ 音声を聞いて，読まれた英文が絵と合っていれば○，ちがっていれば×を書きましょう。

1つ13点【26点】

英語音声はこちらから！

♪6-10

(1)　(　　　)

(2)

(　　　)

❷ 音声を聞いて，読まれた英文と合う絵を選び，記号を○で囲みましょう。

1つ12点【24点】

(1) ア

イ

(2) ア

イ

❸ 音声を聞いて，それぞれの動物が住んでいる場所と食べるものをあとからそれぞれ選び，記号で書きましょう。

1つ5点【20点】

	カエル	ゴリラ
住んでいる場所	(1)（　　　）	(2)（　　　）
食べるもの	(3)（　　　）	(4)（　　　）

ア　池　　イ　海　　ウ　森
エ　魚　　オ　虫　　カ　果物

❹ 音声を聞いて，□にあてはまる英語をあとからそれぞれ選んで書き，英文を完成させましょう。また，他の文字もなぞりましょう。

1つ15点【30点】

(1) □ do birds eat?

（鳥は何を食べますか）

(2) □ do tigers live?

（トラはどこに住んでいますか）

Where　　What　　When

11 身近な人について伝えよう

目標時間 20分

学習した日　　月　　日

名前

得点　　／100点

6059
解説→325ページ

らくらくマルつけ

❶ 音声を聞いて，絵と合う英語を選び，記号を○で囲みましょう。 1つ5点【20点】

英語音声はこちらから！

♪6-11

(1) 【 ア・イ 】

(2)

【 ア・イ 】

(3)

【 ア・イ 】

(4)

【 ア・イ 】

❷ 音声を聞いて，読まれた英文と合う英語を○で囲みましょう。 1つ10点【30点】

(1) This is my (mother ／ father).
(こちらは私の父です)

(2) He is a (doctor ／ cook).
(かれはコックです)

(3) He is (gentle ／ brave).
(かれはやさしいです)

❸ 音声を聞いて，それぞれの人物の性格や特ちょうに合うものをあとからそれぞれ選び，記号で書きましょう。 1つ10点【30点】

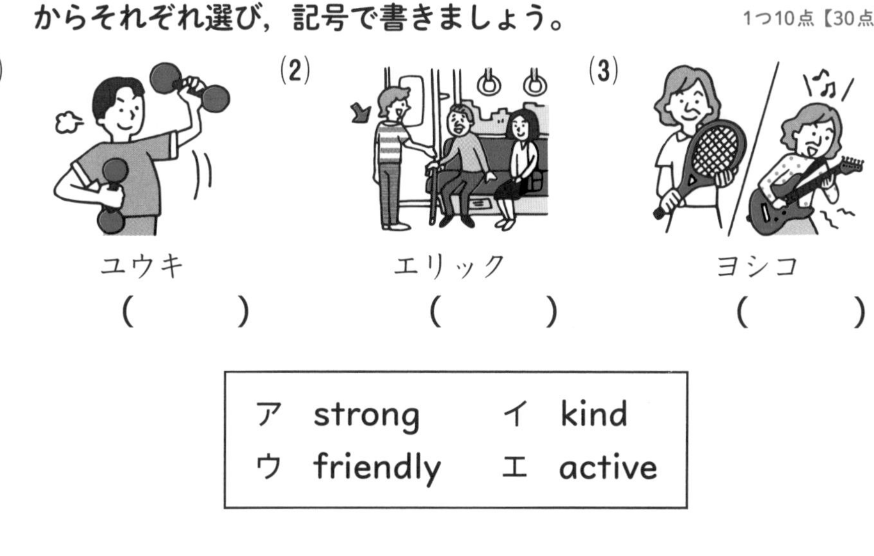

(1) ユウキ (　　)　(2) エリック (　　)　(3) ヨシコ (　　)

ア strong	イ kind
ウ friendly	エ active

❹ 音声を聞いて，読まれた英文になるように，あとの英語を並べかえて，＿＿に書きましょう。 1つ10点【20点】

(1) ＿＿＿＿＿＿＿＿＿＿＿＿＿＿＿＿？

[is / this / Who]（こちらはだれですか）

(2) ＿＿＿＿＿＿＿＿＿＿＿＿＿＿＿＿．

[is / sister / This / my]（こちらは私の姉です）

英語

身近な人について伝えよう

学習した日　　月　　日

名前

得点

／100点

らくらくマルつけ

6059
解説→325ページ

❶ 音声を聞いて，絵と合う英語を選び，記号を〇で囲みましょう。

1つ5点【20点】

(1)

【 ア・イ 】

(2)

【 ア・イ 】

(3)

【 ア・イ 】

(4)

【 ア・イ 】

❷ 音声を聞いて，読まれた英文と合う英語を〇で囲みましょう。

1つ10点【30点】

(1) This is my (mother ／ father).
（こちらは私の父です）

(2) He is a (doctor ／ cook).
（かれはコックです）

(3) He is (gentle ／ brave).
（かれはやさしいです）

❸ 音声を聞いて，それぞれの人物の性格や特ちょうに合うものをあとからそれぞれ選び，記号で書きましょう。

1つ10点【30点】

(1) ユウキ
(　　　)

(2) エリック
(　　　)

(3) ヨシコ
(　　　)

ア	strong	イ	kind
ウ	friendly	エ	active

❹ 音声を聞いて，読まれた英文になるように，あとの英語を並べかえて，＿＿に書きましょう。

1つ10点【20点】

(1) ＿＿＿＿＿＿＿＿＿＿＿＿＿＿＿＿＿＿＿＿？

[is / this / Who]（こちらはだれですか）

(2) ＿＿＿＿＿＿＿＿＿＿＿＿＿＿＿＿＿＿＿＿.

[is / sister / This / my]（こちらは私の姉です）

小学校の思い出を伝えよう

目標時間 20分

学習した日　月　日

名前

得点　／100点

らくらくマルつけ

6060
解説→325ページ

1 音声を聞いて，読まれた英語が絵と合っていれば○，ちがっていれば×を書きましょう。

英語音声はこちらから！
♪6-12

1つ10点【30点】

(1) 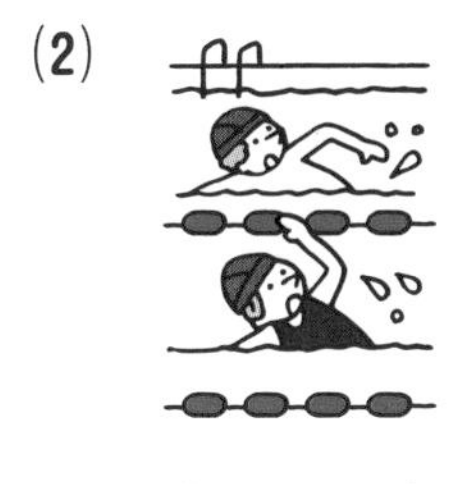
(　　)

(2) 
(　　)

(3)
(　　)

2 音声を聞いて，読まれた英文と合う絵を選び，記号を○で囲みましょう。

1つ10点【20点】

(1) ア 

イ 

(2) ア 

イ 

3 音声を聞いて，次の質問の答えを日本語で書きましょう。

1つ10点【30点】

(1) リオのいちばんの思い出の行事は何ですか。　(　　　　)

(2) その行事で，リオはどこに行きましたか。　(　　　　)

(3) その行事で，リオは何を楽しみましたか。
(　　　　)

4 音声を聞いて，読まれた質問に対するあなた自身の答えとなるように，あとの英語から選び，□に書きましょう。また，他の文字もなぞりましょう。

【20点】

My best memory is our

(私のいちばんの思い出は□です)

□.

- entrance ceremony（入学式）
- chorus contest（合唱コンクール）
- sports day（運動会）
- school trip（修学旅行）
- music festival（音楽祭）
- drama festival（学芸会）

英語

小学校の思い出を伝えよう

目標時間 20分

学習した日　月　日

名前

得点　／100点

6060

解説→325ページ

らくらくマルつけ

1 音声を聞いて，読まれた英語が絵と合っていれば○，ちがっていれば×を書きましょう。

英語音声はこちらから！ ♪6-12

1つ10点【30点】

(1)  (　　)

(2)  (　　)

(3) (　　)

2 音声を聞いて，読まれた英文と合う絵を選び，記号を○で囲みましょう。

1つ10点【20点】

(1) ア 

イ 

(2) ア 

イ 

3 音声を聞いて，次の質問の答えを日本語で書きましょう。

1つ10点【30点】

(1) リオのいちばんの思い出の行事は何ですか。　(　　　)

(2) その行事で，リオはどこに行きましたか。　(　　　)

(3) その行事で，リオは何を楽しみましたか。　(　　　)

4 音声を聞いて，読まれた質問に対するあなた自身の答えとなるように，あとの英語から選び，[　　]に書きましょう。また，他の文字もなぞりましょう。

【20点】

My best memory is our

(私のいちばんの思い出は[　　]です)

[　　　　]

entrance ceremony（入学式）
chorus contest（合唱コンクール）
sports day（運動会）　school trip（修学旅行）
music festival（音楽祭）　drama festival（学芸会）

中学校生活について伝えよう

目標時間（もくひょうじかん） 20分

学習した日　　月　　日

名前

得点　／100点

らくらくマルつけ

6061 解説→325ページ

1 音声を聞いて，読まれた英語と合う絵を次からそれぞれ選び，記号で書きましょう。　1つ5点【20点】

英語音声はこちらから！ ♪6-13

(1) (　　　) (2) (　　　)

(3) (　　　) (4) (　　　)

ア

イ

ウ

エ

2 音声を聞いて，絵と合う英語を選び，記号を○で囲みましょう。　1つ10点【20点】

(1)

【 ア・イ 】

(2)

【 ア・イ 】

3 音声を聞いて，それぞれの人物が中学校生活で楽しみにしている行事と入りたい部活（クラブ）をあとからそれぞれ選び，記号で書きましょう。　1つ10点【40点】

	ハルト	エイミー
楽しみにしている行事	(1) (　　　)	(2) (　　　)
入りたい部活（クラブ）	(3) (　　　)	(4) (　　　)

ア　音楽祭　　イ　学芸会　　ウ　体育祭

エ　陸上部　　オ　演劇部（えんげきぶ）　　カ　ブラスバンド部

4 音声を聞いて，□にあてはまる英語をあとから選んで書き，英文を完成させましょう。また，他の文字もなぞりましょう。　【全部できて20点】

□ do you

want to □ ?

（あなたは何のクラブに入りたいですか）

join　enjoy　What　club　When　event

中学校生活について伝えよう

目標時間 20分

学習した日　月　日

名前

得点　／100点

らくらくマルつけ　6061　解説→325ページ

❶ 音声を聞いて，読まれた英語と合う絵を次からそれぞれ選び，記号で書きましょう。　1つ5点【20点】

(1)（　　）(2)（　　）

(3)（　　）(4)（　　）

ア

イ

ウ

エ

❷ 音声を聞いて，絵と合う英語を選び，記号を○で囲みましょう。　1つ10点【20点】

(1)

【ア・イ】

(2)

【ア・イ】

❸ 音声を聞いて，それぞれの人物が中学校生活で楽しみにしている行事と入りたい部活（クラブ）をあとからそれぞれ選び，記号で書きましょう。　1つ10点【40点】

	ハルト	エイミー
楽しみにしている行事	(1)（　　）	(2)（　　）
入りたい部活（クラブ）	(3)（　　）	(4)（　　）

ア　音楽祭　　イ　学芸会　　ウ　体育祭
エ　陸上部　　オ　演劇部（えんげき）　　カ　ブラスバンド部

❹ 音声を聞いて，□にあてはまる英語をあとから選んで書き，英文を完成させましょう。また，他の文字もなぞりましょう。　【全部できて20点】

□ do you
want to □ ?

（あなたは何のクラブに入りたいですか）

join　enjoy　What　club　When　event

将来(しょうらい)の夢を伝えよう

目標(もくひょう)時間 20分

学習した日　月　日

名前

得点　／100点

6062
解説→326ページ

らくらくマルつけ

英語

❶ 音声を聞いて，読まれた英語と合う絵を次からそれぞれ選び，記号で書きましょう。 1つ9点【36点】

英語音声はこちらから！
♪6-14

(1)（　　）(2)（　　）

(3)（　　）(4)（　　）

ア

イ

ウ

エ

❷ 音声を聞いて，読まれた英文が絵と合っていれば○，ちがっていれば×を書きましょう。 1つ9点【18点】

メアリー

（　　）

レン

（　　）

❸ 音声を聞いて，次の日本語の質問の答えと合うものを，あとから選び，記号で書きましょう。 1つ10点【20点】

(1) 質問：ジェーンは何になりたいですか。（　　）

ア

イ

ウ

エ

(2) 質問：ジェーンは何が好きですか。（　　）

ア　スポーツ　　イ　音楽

ウ　理科　　エ　動物

❹ 音声を聞いて，読まれた質問の答えと合う英文を，あとからそれぞれ選び，＿＿に書きましょう。 1つ13点【26点】

(1) ＿＿＿＿＿＿＿＿＿＿＿＿＿＿＿＿

(2) ＿＿＿＿＿＿＿＿＿＿＿＿＿＿＿＿

I like vegetables.	I want to be a doctor.
I'm good at swimming.	

14 将来の夢を伝えよう

目標時間 20分

学習した日　月　日
名前
得点　／100点

6062
解説→326ページ

らくらくマルつけ

❶ 音声を聞いて，読まれた英語と合う絵を次からそれぞれ選び，記号で書きましょう。　1つ9点【36点】

英語音声はこちらから！
♪6-14

(1)（　　）(2)（　　）
(3)（　　）(4)（　　）

ア

イ

ウ

エ

❷ 音声を聞いて，読まれた英文が絵と合っていれば○，ちがっていれば×を書きましょう。　1つ9点【18点】

メアリー

レン

（　　）　（　　）

❸ 音声を聞いて，次の日本語の質問の答えと合うものを，あとから選び，記号で書きましょう。　1つ10点【20点】

(1) 質問：ジェーンは何になりたいですか。（　　）

ア

イ

ウ
エ

(2) 質問：ジェーンは何が好きですか。（　　）

ア　スポーツ　イ　音楽
ウ　理科　エ　動物

❹ 音声を聞いて，読まれた質問の答えと合う英文を，あとからそれぞれ選び，＿＿に書きましょう。　1つ13点【26点】

(1)

(2)

I like vegetables.	I want to be a doctor.
I'm good at swimming.	

15 まとめのテスト❶

目標時間 20分

学習した日　月　日
名前
得点　／100点

6063
解説→326ページ

らくらくマルつけ

❶ 音声を聞いて，読まれた英文が絵と合っていれば○，ちがっていれば×を書きましょう。

英語音声はこちらから！

♪6-15

1つ10点【40点】

(1)

(　　)

(2)

(　　)

(3)

(　　)

(4)
(　　)

❷ 音声を聞いて，読まれた英文と合う英語を○で囲みましょう。

1つ10点【20点】

(1) I can (dance ／ swim) well.
(私はじょうずにおどることができます)

(2) I always (get up ／ go to bed) at nine.
(私はいつも9時にねます)

❸ 音声を聞いて，読まれた英文の答えの意味を表す日本語を選び，記号で書きましょう。

1つ10点【20点】

(1) ア　ぼくはネコが好きです。　(　　)
イ　ぼくは日本出身です。
ウ　ぼくはイツキです。

(2) ア　私はときどき日曜日に野球をします。　(　　)
イ　私はいつも月曜日にピアノを練習します。
ウ　私はたいてい日曜日にサッカーをします。

❹ 音声を聞いて，□にあてはまる英語をあとからそれぞれ選んで書き，英文を完成させましょう。また，他の文字もなぞりましょう。

1つ10点【20点】

(1)
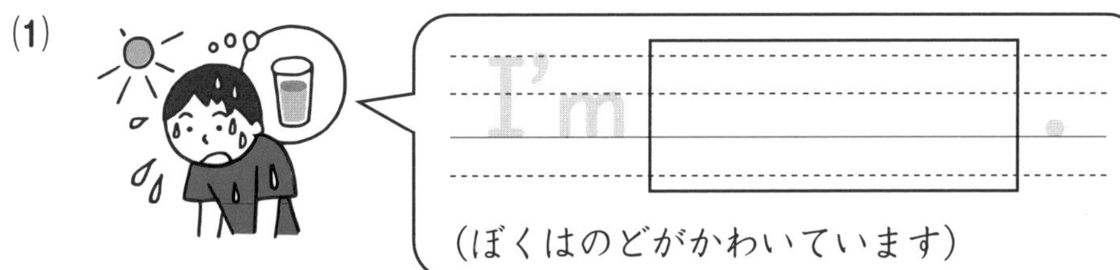

(2)
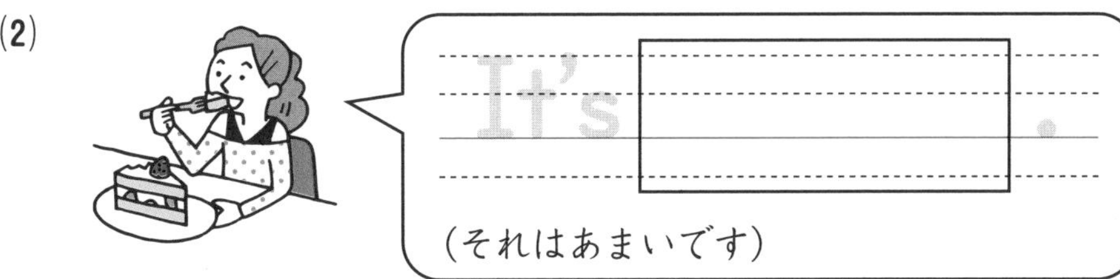

sweet	sour	fine	thirsty

英語

\ もう1回チャレンジ!! /

15 まとめのテスト❶

目標時間 20分

学習した日　　月　　日

名前

得点　　／100点

らくらくマルつけ

6063 解説→326ページ

❶ 音声を聞いて，読まれた英文が絵と合っていれば○，ちがっていれば×を書きましょう。

1つ10点【40点】

(1)　(　　　)

(2)

(　　　)

(3)

(　　　)

(4)

(　　　)

❷ 音声を聞いて，読まれた英文と合う英語を○で囲みましょう。

1つ10点【20点】

(1) I can (dance ／ swim) well.
(私(わたし)はじょうずにおどることができます)

(2) I always (get up ／ go to bed) at nine.
(私はいつも9時にねます)

❸ 音声を聞いて，読まれた英文の答えの意味を表す日本語を選び，記号で書きましょう。

1つ10点【20点】

(1)　ア　ぼくはネコが好きです。　(　　　)
　　イ　ぼくは日本出身です。
　　ウ　ぼくはイツキです。

(2)　ア　私はときどき日曜日に野球をします。　(　　　)
　　イ　私はいつも月曜日にピアノを練習します。
　　ウ　私はたいてい日曜日にサッカーをします。

❹ 音声を聞いて，□にあてはまる英語をあとからそれぞれ選んで書き，英文を完成させましょう。また，他の文字もなぞりましょう。

1つ10点【20点】

(1)

(2)

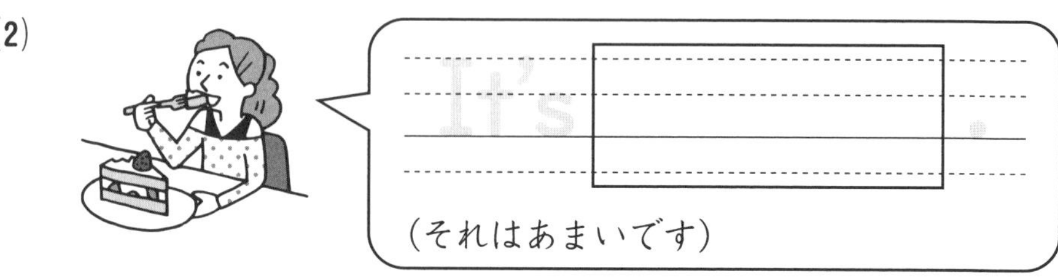

sweet	sour	fine	thirsty

まとめのテスト❷

目標時間 20分

学習した日　月　日

名前

得点　／100点

6064
解説→326ページ

英語

❶ 音声を聞いて，絵と合う英文を選び，記号を○で囲みましょう。 1つ10点【20点】

英語音声はこちらから！

♪6-16

(1)

【 ア・イ・ウ 】

(2)

【 ア・イ・ウ 】

❷ 音声を聞いて，読まれた英文と合う英語を○で囲みましょう。 1つ5点【30点】

(1) A：(Who ／ When) is this?
B：This is my (father ／ mother).
(A：こちらはだれですか。B：こちらは私の母です)

(2) A：(Where ／ When) is your birthday?
B：My birthday is (October ／ November) 5th.
(A：あなたの誕生日はいつですか。B：私の誕生日は11月5日です)

(3) A：(Who ／ What) did you do in summer?
B：I (went to ／ saw) the sea.
(A：あなたは夏に何をしましたか。B：私は海に行きました)

❸ 音声を聞いて，読まれた英文と合うものをあとからそれぞれ選び，記号で書きましょう。 1つ10点【30点】

楽しみにしている行事	(1) (　　　)
入りたい部活（クラブ）	(2) (　　　)
将来なりたい職業	(3) (　　　)

ア　先生	イ　消防士	ウ　学芸会
エ　体育祭	オ　テニス部	カ　演劇部

❹ 音声を聞いて，読まれた英文になるように，あとの英語を並べかえて，＿＿に書きましょう。 1つ10点【20点】

(1) ＿＿＿＿＿＿＿＿＿＿＿＿＿＿?

[do / eat / frogs / What]
(カエルは何を食べますか)

(2) ＿＿＿＿＿＿＿＿＿＿＿＿＿＿.

[good / I'm / math / at]
(ぼくは算数が得意です)

＼もう１回チャレンジ!!／

まとめのテスト②

目標時間 20分

学習した日　月　日

名前

得点　／100点

らくらくマルつけ

6064

解説→326ページ

❶ 音声を聞いて，絵と合う英文を選び，記号を○で囲みましょう。 1つ10点【20点】

英語音声はこちらから！

♪6-16

(1)

【ア・イ・ウ】

(2)

【ア・イ・ウ】

❷ 音声を聞いて，読まれた英文と合う英語を○で囲みましょう。 1つ5点【30点】

(1) A：(Who ／ When) is this?
B：This is my (father ／ mother).
(A：こちらはだれですか。B：こちらは私の母です)

(2) A：(Where ／ When) is your birthday?
B：My birthday is (October ／ November) 5th.
(A：あなたの誕生日はいつですか。B：私の誕生日は 11 月 5 日です)

(3) A：(Who ／ What) did you do in summer?
B：I (went to ／ saw) the sea.
(A：あなたは夏に何をしましたか。B：私は海に行きました)

❸ 音声を聞いて，読まれた英文と合うものをあとからそれぞれ選び，記号で書きましょう。 1つ10点【30点】

楽しみにしている行事	(1) (　　　)
入りたい部活（クラブ）	(2) (　　　)
将来なりたい職業	(3) (　　　)

ア　先生　　イ　消防士　　ウ　学芸会
エ　体育祭　　オ　テニス部　　カ　演劇部

❹ 音声を聞いて，読まれた英文になるように，あとの英語を並べかえて，＿＿に書きましょう。 1つ10点【20点】

(1) ＿＿＿＿＿＿＿＿＿＿＿＿＿＿＿＿?

[do / eat / frogs / What]
(カエルは何を食べますか)

(2) ＿＿＿＿＿＿＿＿＿＿＿＿＿＿＿＿.

[good / I'm / math / at]
(ぼくは算数が得意です)

ものが燃えるとき①

学習した日　　月　　日

名前

得点

／100点

6065
解説→327ページ

1 **図のように，ねん土に立てたろうそくに火をつけて，底を切った集気びんをのせました。Aはふたをして，Cはねん土に切れこみを入れました。しばらくそのままにして，ろうそくが燃え続けるかを調べました。あとの問いに答えましょう。** 1つ10点【40点】

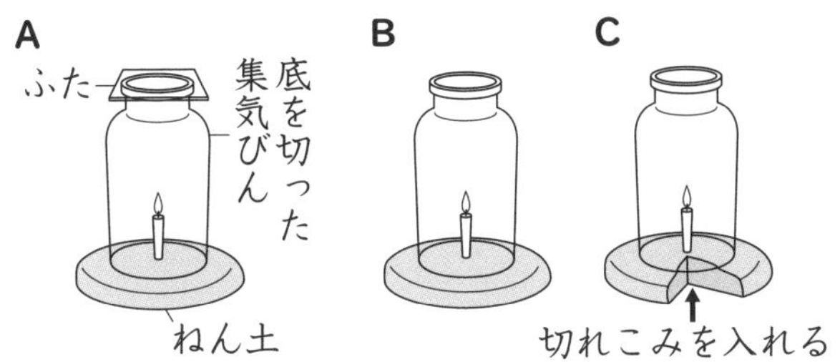

(1) A～Cのろうそくはそれぞれどうなりますか。燃え続けたときは○，火が消えたときは×を書きましょう。

A（　　）B（　　）C（　　）

(2) ろうそくが燃え続けるためには，集気びんの中の何が入れかわる必要がありますか。（　　）

2 **一部を切ったねん土に火をつけたろうそくを立て，底を切った集気びんをかぶせました。図のように，びんの口と底のすき間に火のついた線こうを近づけました。次の問いに答えましょう。** 1つ10点【40点】

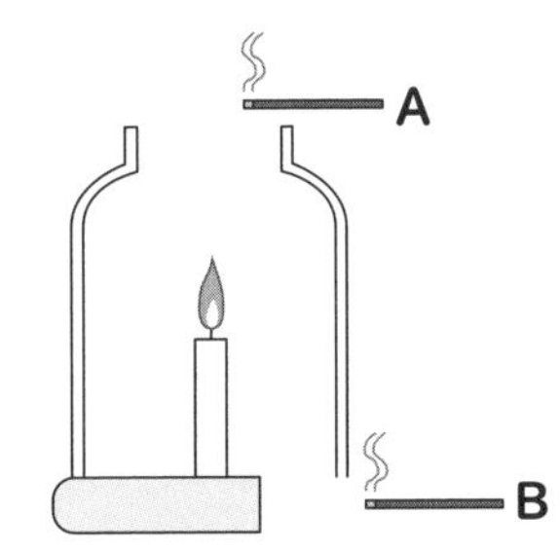

(1) 火のついた線こうを近づけたのは，何を調べるためですか。次から選び，記号で書きましょう。（　　）

ア　ろうそくの燃え方　　イ　びんの中の温度

ウ　空気の流れ

(2) A，Bの線こうのけむりはどうなりましたか。次からそれぞれ選び，記号で書きましょう。

A（　　）B（　　）

ア　びんの中に入った。

イ　びんの中に入らなかった。

(3) びんにふたをしたとき，ろうそくの火はどうなりますか。次から選び，記号で書きましょう。（　　）

ア　火はしばらくすると消える。

イ　火は燃え続ける。

3 **図は，空気中の気体の体積の割合を表しています。A，Bの気体は何ですか。次からそれぞれ選び，記号で書きましょう。** 1つ10点【20点】

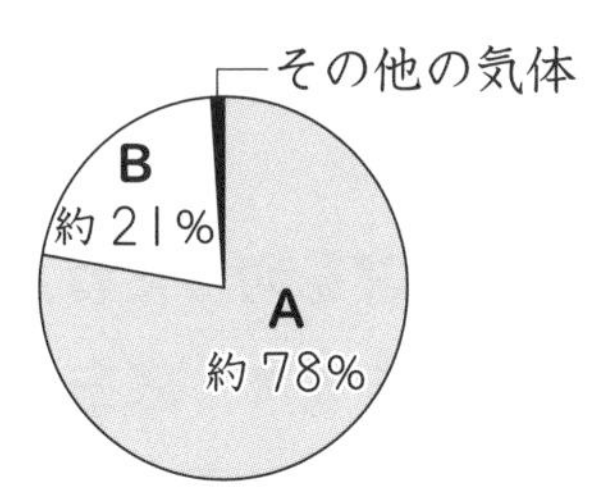

A（　　）B（　　）

ア　酸素　　イ　二酸化炭素

ウ　ちっ素

ものが燃えるとき①

学習した日　　月　　日

名前

得点

／100点

6065
解説→327ページ

❶ 図のように，ねん土に立てたろうそくに火をつけて，底を切った集気びんをのせました。Aはふたをして，Cはねん土に切れこみを入れました。しばらくそのままにして，ろうそくが燃え続けるかを調べました。あとの問いに答えましょう。 1つ10点【40点】

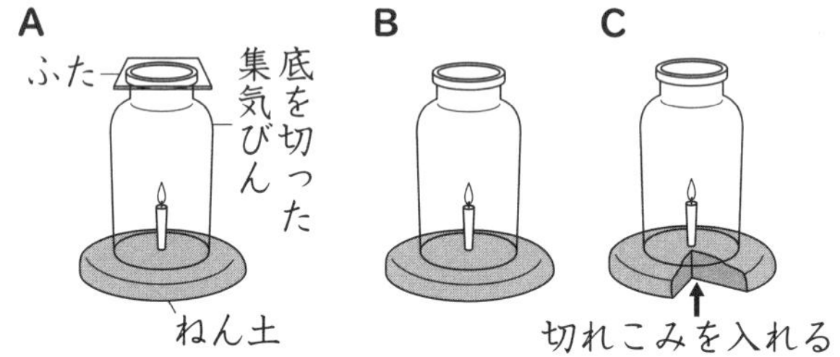

(1) A～Cのろうそくはそれぞれどうなりますか。燃え続けたときは○，火が消えたときは×を書きましょう。

A（　　）B（　　）C（　　）

(2) ろうそくが燃え続けるためには，集気びんの中の何が入れかわる必要がありますか。（　　）

❷ 一部を切ったねん土に火をつけたろうそくを立て，底を切った集気びんをかぶせました。図のように，びんの口と底のすき間に火のついた線こうを近づけました。次の問いに答えましょう。 1つ10点【40点】

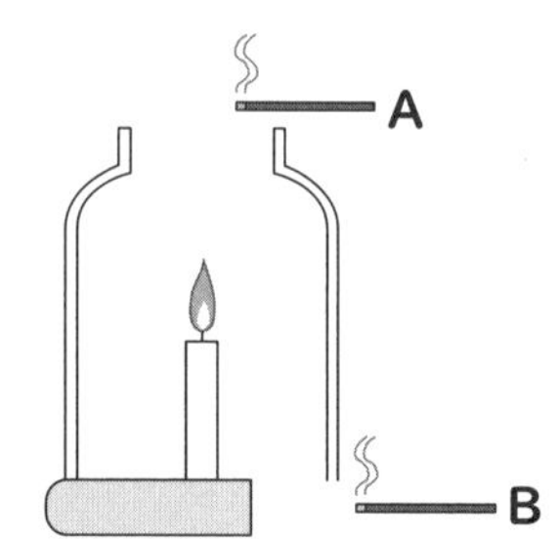

(1) 火のついた線こうを近づけたのは，何を調べるためですか。次から選び，記号で書きましょう。（　　）

ア　ろうそくの燃え方　　イ　びんの中の温度

ウ　空気の流れ

(2) A，Bの線こうのけむりはどうなりましたか。次からそれぞれ選び，記号で書きましょう。

A（　　）B（　　）

ア　びんの中に入った。

イ　びんの中に入らなかった。

(3) びんにふたをしたとき，ろうそくの火はどうなりますか。次から選び，記号で書きましょう。（　　）

ア　火はしばらくすると消える。

イ　火は燃え続ける。

❸ 図は，空気中の気体の体積の割合を表しています。A，Bの気体は何ですか。次からそれぞれ選び，記号で書きましょう。 1つ10点【20点】

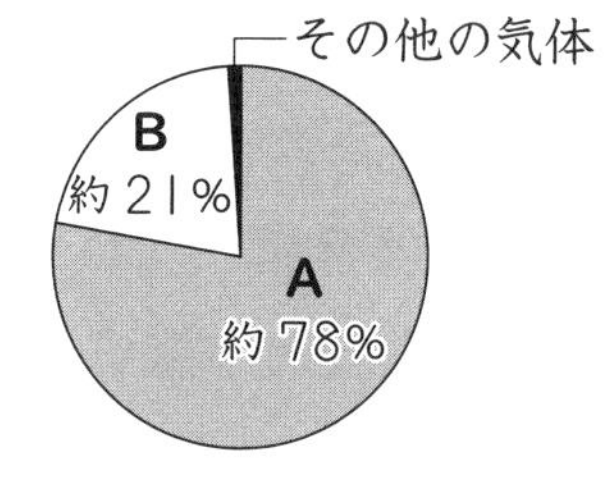

A（　　）B（　　）

ア　酸素　　イ　二酸化炭素

ウ　ちっ素

ものが燃えるとき②

目標時間 20分

学習した日　月　日

名前

得点　／100点

6066 解説→327ページ

らくらくマルつけ

❶ 図のように，二酸化炭素，ちっ素，酸素の入ったびんに，火のついたろうそくを入れ，ふたをしました。次の問いに答えましょう。

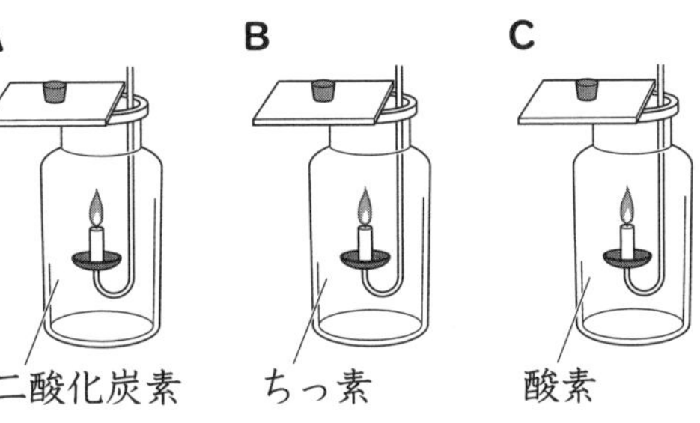

1つ10点【40点】

(1) **A**～**C**のびんの中に入れたろうそくはどうなりましたか。次からそれぞれ選び，記号で書きましょう。

A（　　）**B**（　　）**C**（　　）

ア　空気中と同じように燃えた。

イ　空気中よりも激(はげ)しく燃えた。

ウ　すぐに消えた。

(2) ものを燃やすはたらきがあるのはどの気体といえますか。

（　　　　）

❷ 図は，空気中にふくまれる酸素や二酸化炭素の体積の割合(わりあい)を調べる器具です。次の問いに答えましょう。

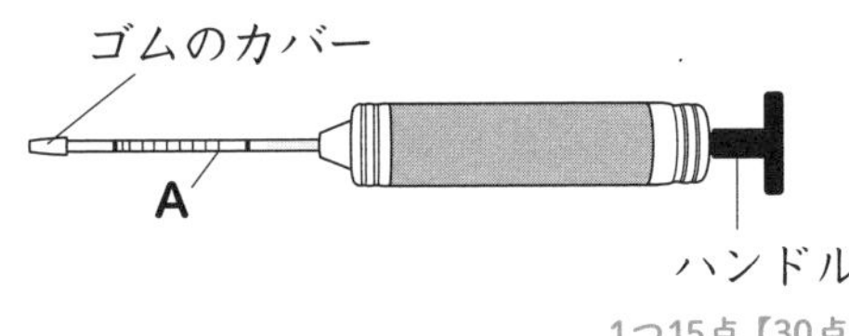

1つ15点【30点】

(1) 図の**A**の部分を何といいますか。

（　　　　）

(2) 空気中にふくまれる酸素をとりこむと，**A**の部分の色が右の図のように変わりました。このときの酸素の体積の割合はどのくらいですか。次から選び，記号で書きましょう。（　　）

ア　19％　　イ　21％　　ウ　23％

❸ 図のように，びんの中に火のついたろうそくを入れ，火が消えるまで待ちました。火が消えたときのびんの中の空気の成分を，ろうそくを入れる前のびんの中の空気の成分と比べました。次の問いに答えましょう。

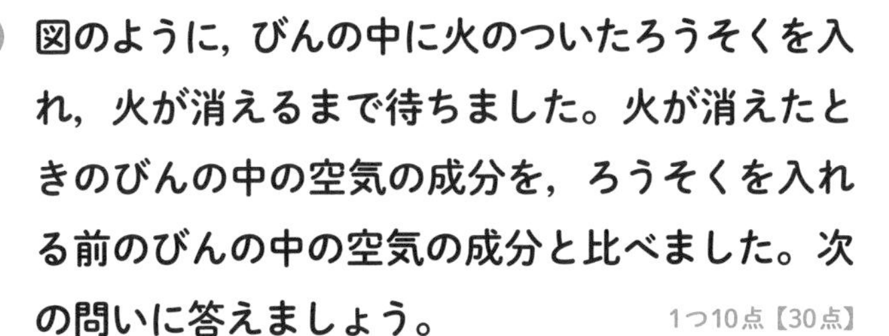

1つ10点【30点】

(1) ろうそくを入れる前と比べると，空気中の酸素とちっ素の体積の割合はどうなりますか。次からそれぞれ選び，記号で書きましょう。

酸素（　　）ちっ素（　　）

ア　増える。　イ　減る。　ウ　変わらない。

(2) 火が消えたとき，ろうそくを入れる前よりもびんの中の空気中の二酸化炭素の割合は増えていました。このことは，火が消えたときのびんの中にある液を入れてよくふると白くにごったことからわかります。ある液とは何ですか。（　　　　）

理科

ものが燃えるとき②

学習した日　月　日
名前
得点　／100点

6066
解説→327ページ

❶ 図のように，二酸化炭素，ちっ素，酸素の入ったびんに，火のついたろうそくを入れ，ふたをしました。次の問いに答えましょう。

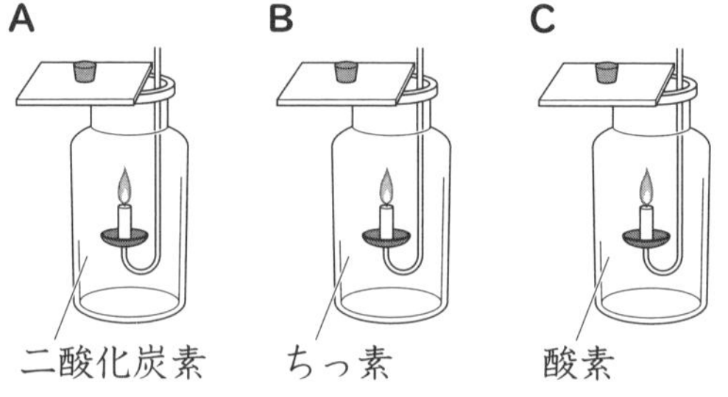

1つ10点【40点】

(1) A～Cのびんの中に入れたろうそくはどうなりましたか。次からそれぞれ選び，記号で書きましょう。

A（　　）B（　　）C（　　）

ア　空気中と同じように燃えた。
イ　空気中よりも激(はげ)しく燃えた。
ウ　すぐに消えた。

(2) ものを燃やすはたらきがあるのはどの気体といえますか。

（　　　）

❷ 図は，空気中にふくまれる酸素や二酸化炭素の体積の割合(わりあい)を調べる器具です。次の問いに答えましょう。

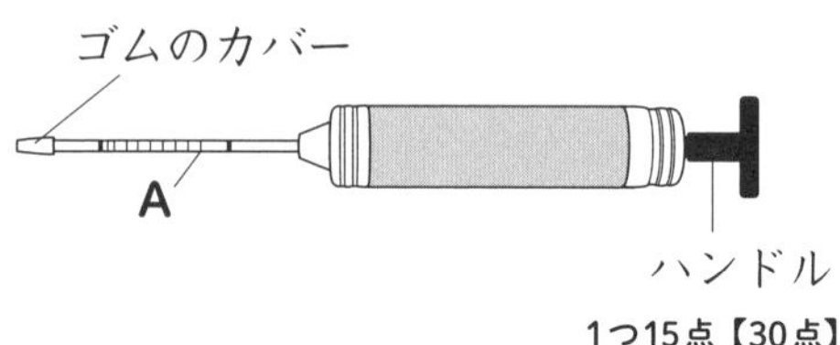

1つ15点【30点】

(1) 図のAの部分を何といいますか。

（　　　）

(2) 空気中にふくまれる酸素をとりこむと，Aの部分の色が右の図のように変わりました。このときの酸素の体積の割合はどのくらいですか。次から選び，記号で書きましょう。

（　　）

ア　19％　　イ　21％　　ウ　23％

❸ 図のように，びんの中に火のついたろうそくを入れ，火が消えるまで待ちました。火が消えたときのびんの中の空気の成分を，ろうそくを入れる前のびんの中の空気の成分と比べました。次の問いに答えましょう。

1つ10点【30点】

(1) ろうそくを入れる前と比べると，空気中の酸素とちっ素の体積の割合はどうなりますか。次からそれぞれ選び，記号で書きましょう。

酸素（　　）ちっ素（　　）

ア　増える。　イ　減る。　ウ　変わらない。

(2) 火が消えたとき，ろうそくを入れる前よりもびんの中の空気中の二酸化炭素の割合は増えていました。このことは，火が消えたときのびんの中にある液を入れてよくふると白くにごったことからわかります。ある液とは何ですか。

（　　　）

3 人や動物の体とはたらき①

学習した日　　月　　日

名前

得点

／100点

6067
解説→327ページ

1 **2つの試験管A，Bに，それぞれうすいでんぷんの液を入れました。だ液を試験管Bの液にだけ混ぜ合わせ，図のように，試験管A，Bを40℃の湯で10分間あたためました。次の問いに答えましょう。**

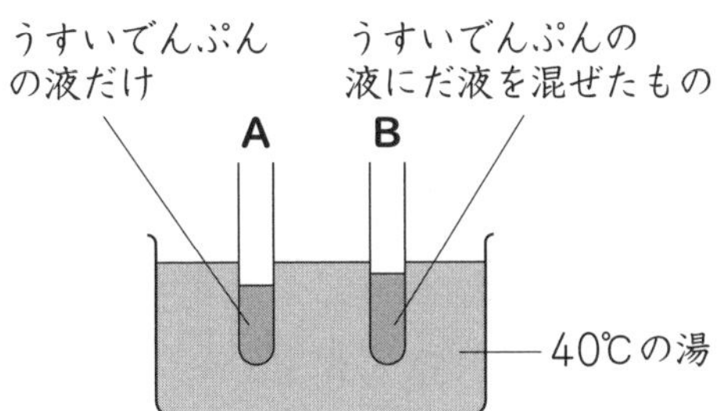

1つ10点【50点】

(1) 試験管A，Bにヨウ素液を入れると，片方(かたほう)の試験管でだけ変化がありました。変化があったのはどちらの試験管で，どのように変化しましたか。それぞれ記号で書きましょう。試験管はA，Bから，変化は次のア〜ウから選んで答えること。

試験管（　　　）　変化（　　　）

ア　赤色に変化した。

イ　黄色に変化した。

ウ　青むらさき色に変化した。

(2) (1)より，だ液にはどのようなはたらきがあるとわかりますか。

（　　　　　　　　　　）

(3) 食べ物を体に吸収(きゅうしゅう)されやすい養分に変化させることを何といいますか。（　　　　）

(4) だ液のように，食べ物を体に吸収されやすい養分に変化させるはたらきをもつ液を何といいますか。

（　　　　）

2 **図は，人の口から入った食べ物の通り道を表したものです。次の問いに答えましょう。**

1つ10点【50点】

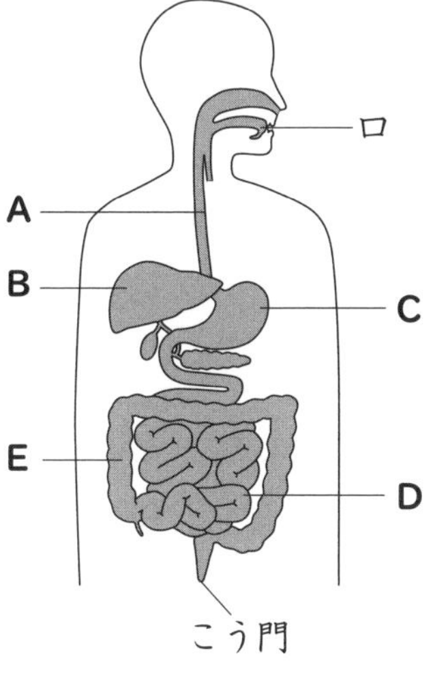

(1) 口から始まってこう門に終わる食べ物の通り道を何といいますか。

（　　　　）

(2) 人の胃(い)とかん臓(ぞう)はどこにありますか。図のA〜Eからそれぞれ選び，記号で書きましょう。

胃（　　　）　かん臓（　　　）

(3) 胃から出る，食べ物を体に吸収されやすいものに変化させる液体を何といいますか。

（　　　　）

(4) 図のDのつくりはどのようなはたらきをしますか。次から選び，記号で書きましょう。

（　　　）

ア　吸収された養分の一部をたくわえる。

イ　水分とともに養分を吸収する。

ウ　水分を吸収して，残ったものが便になる。

3 人や動物の体とはたらき①

目標時間 20分

学習した日　月　日

名前

得点

／100点

6067

解説→327ページ

❶ 2つの試験管A，Bに，それぞれうすいでんぷんの液を入れました。だ液を試験管Bの液にだけ混ぜ合わせ，図のように，試験管A，Bを40℃の湯で10分間あたためました。次の問いに答えましょう。 1つ10点【50点】

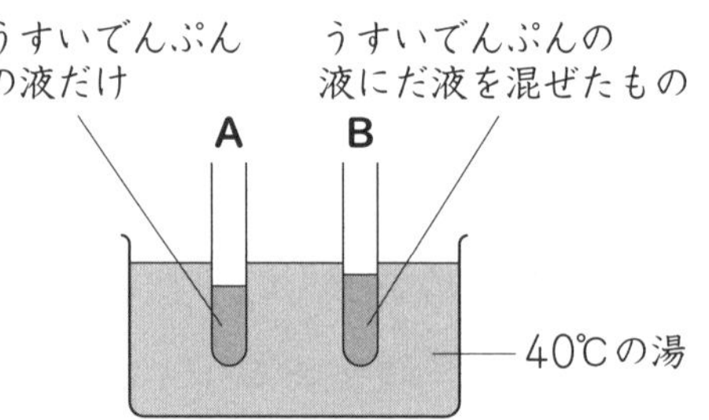

(1) 試験管A，Bにヨウ素液を入れると，片方の試験管でだけ変化がありました。変化があったのはどちらの試験管で，どのように変化しましたか。それぞれ記号で書きましょう。試験管はA，Bから，変化は次のア～ウから選んで答えること。

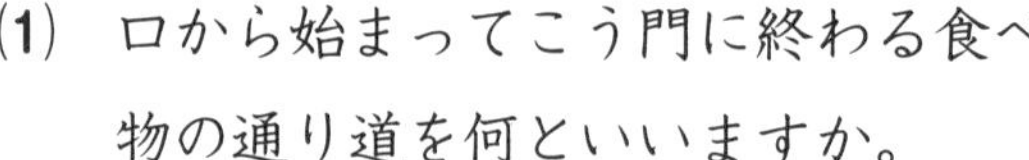

試験管（　　）　変化（　　）

ア　赤色に変化した。

イ　黄色に変化した。

ウ　青むらさき色に変化した。

(2) (1)より，だ液にはどのようなはたらきがあるとわかりますか。

（　　　　　　　　　　）

(3) 食べ物を体に吸収されやすい養分に変化させることを何といいますか。　（　　　）

(4) だ液のように，食べ物を体に吸収されやすい養分に変化させるはたらきをもつ液を何といいますか。

（　　　）

❷ 図は，人の口から入った食べ物の通り道を表したものです。次の問いに答えましょう。 1つ10点【50点】

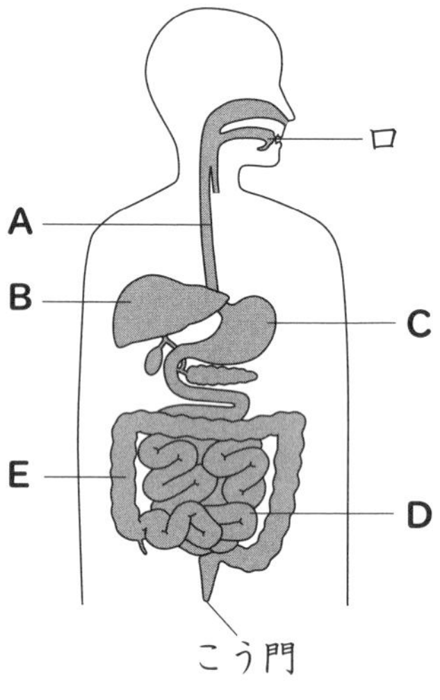

(1) 口から始まってこう門に終わる食べ物の通り道を何といいますか。

（　　　）

(2) 人の胃とかん臓はどこにありますか。図のA～Eからそれぞれ選び，記号で書きましょう。

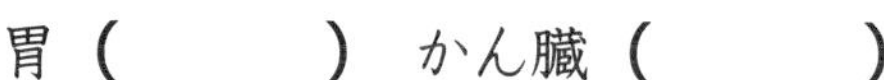

胃（　　）　かん臓（　　）

(3) 胃から出る，食べ物を体に吸収されやすいものに変化させる液体を何といいますか。

（　　　）

(4) 図のDのつくりはどのようなはたらきをしますか。次から選び，記号で書きましょう。

（　　）

ア　吸収された養分の一部をたくわえる。

イ　水分とともに養分を吸収する。

ウ　水分を吸収して，残ったものが便になる。

4 人や動物の体とはたらき②

学習した日　　月　　日

名前

得点

／100点

6068
解説→328ページ

1 **2まいのポリエチレンのふくろA，Bを用意し，Aに空気，Bにははいた息を入れ，それぞれのふくろの中の酸素と二酸化炭素の体積の割合を調べました。次の問いに答えましょう。** 1つ10点【40点】

(1) ポリエチレンのふくろ**A**，**B**にそれぞれ少量の石灰水を入れ，ふくろの口を閉じて軽くふるとどうなりましたか。次から選び，記号で書きましょう。

(　　　)

ア　ふくろ**A**だけが白くにごった。
イ　ふくろ**B**だけが白くにごった。
ウ　ふくろ**A**もふくろ**B**も白くにごった。

(2) はいた息にふくまれていた酸素と二酸化炭素の体積の割合は，空気と比べるとどうなっていましたか。次からそれぞれ選び，記号で書きましょう。

酸素(　　　)　二酸化炭素(　　　)

ア　増えていた。　　イ　減っていた。
ウ　変わっていなかった。

(3) 人は空気を吸ったり，息をはいたりして，体内に何をとり入れていると考えられますか。次から選び，記号で書きましょう。

(　　　)

ア　ちっ素　　イ　酸素　　ウ　二酸化炭素

2 **図は，人が空気を吸ったり，息をはいたりするはたらきをする体のつくりを表しています。次の問いに答えましょう。** 1つ10点【40点】

(1) 図の**A**の部分を何といいますか。

(　　　)

(2) 図の**B**の部分を何といいますか。(　　　)

(3) 図の**B**の部分では，どのようなやりとりが行われますか。次から選び，記号で書きましょう。(　　　)

ア　二酸化炭素をとり入れて，酸素を出す。
イ　酸素をとり入れて，二酸化炭素を出す。
ウ　酸素と二酸化炭素をとり入れる。

(4) (3)のようなはたらきのことを何といいますか。

(　　　)

3 **いろいろな動物がどのように呼吸をしているかを調べました。次の問いに答えましょう。** 1つ10点【20点】

(1) 人とはちがって，肺で呼吸をしていない動物はどちらですか。次から選び，記号で書きましょう。(　　　)

ア　ウサギ　　イ　フナ

(2) (1)の動物は何で呼吸していますか。(　　　)

理科

4 人や動物の体とはたらき②

目標時間 20分

学習した日　月　日

名前

得点　／100点

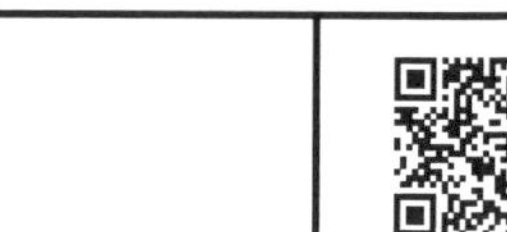

6068
解説→328ページ

❶ ２まいのポリエチレンのふくろA，Bを用意し，Aに空気，Bにははいた息を入れ，それぞれのふくろの中の酸素と二酸化炭素の体積の割合を調べました。次の問いに答えましょう。 1つ10点【40点】

(1) ポリエチレンのふくろA，Bにそれぞれ少量の石灰水を入れ，ふくろの口を閉じて軽くふるとどうなりましたか。次から選び，記号で書きましょう。

（　　　）

ア　ふくろAだけが白くにごった。

イ　ふくろBだけが白くにごった。

ウ　ふくろAもふくろBも白くにごった。

(2) はいた息にふくまれていた酸素と二酸化炭素の体積の割合は，空気と比べるとどうなっていましたか。次からそれぞれ選び，記号で書きましょう。

酸素（　　　）　二酸化炭素（　　　）

ア　増えていた。　　イ　減っていた。

ウ　変わっていなかった。

(3) 人は空気を吸ったり，息をはいたりして，体内に何をとり入れていると考えられますか。次から選び，記号で書きましょう。

（　　　）

ア　ちっ素　　イ　酸素　　ウ　二酸化炭素

❷ 図は，人が空気を吸ったり，息をはいたりするはたらきをする体のつくりを表しています。次の問いに答えましょう。 1つ10点【40点】

B　A

(1) 図のAの部分を何といいますか。

（　　　）

(2) 図のBの部分を何といいますか。（　　　）

(3) 図のBの部分では，どのようなやりとりが行われますか。次から選び，記号で書きましょう。（　　　）

ア　二酸化炭素をとり入れて，酸素を出す。

イ　酸素をとり入れて，二酸化炭素を出す。

ウ　酸素と二酸化炭素をとり入れる。

(4) (3)のようなはたらきのことを何といいますか。

（　　　）

❸ いろいろな動物がどのように呼吸をしているかを調べました。次の問いに答えましょう。 1つ10点【20点】

(1) 人とはちがって，肺で呼吸をしていない動物はどちらですか。次から選び，記号で書きましょう。（　　　）

ア　ウサギ　　イ　フナ

(2) (1)の動物は何で呼吸していますか。（　　　）

5 人や動物の体とはたらき③

目標時間 20分

学習した日　　月　　日

名前

得点　　／100点

6069
解説→328ページ

1 図は，人の心臓（しんぞう）のつくりを表しています。次の問いに答えましょう。 1つ10点【20点】

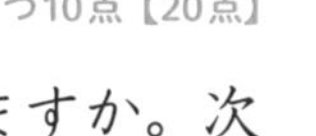

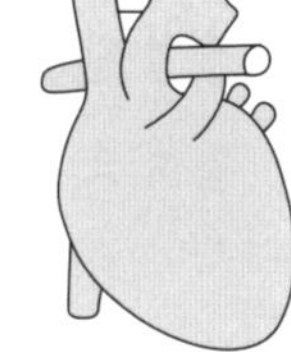

(1) 心臓はどのようなはたらきをしていますか。次から選び，記号で書きましょう。

（　　）

ア　体内に酸素をとり入れる。

イ　血液を肺（はい）や全身に送り出す。

ウ　養分を吸収（きゅうしゅう）する。

(2) 心臓が縮（ちぢ）んだりゆるんだりする動きを何といいますか。

（　　　　）

2 図は，血液が人の体をどのように流れているかを表したものです。次の問いに答えましょう。 1つ10点【20点】

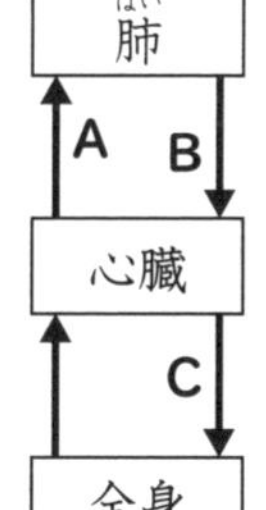

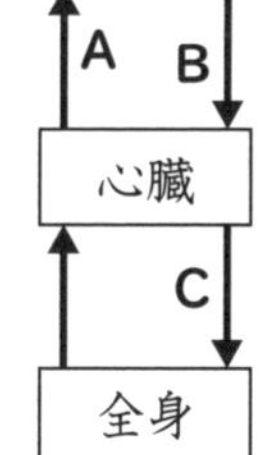

(1) Bを流れる血液は，Aを流れる血液とくらべて何を多くふくむようになっていますか。次から選び，記号で書きましょう。（　　）

ア　酸素　　　イ　二酸化炭素

(2) Cを流れる血液は，全身に何を運んでいますか。次から選び，記号で書きましょう。（　　）

ア　酸素　　　イ　二酸化炭素

3 図は，人の体の中を流れる血液のようすを表したものです。次の問いに答えましょう。 1つ10点【60点】

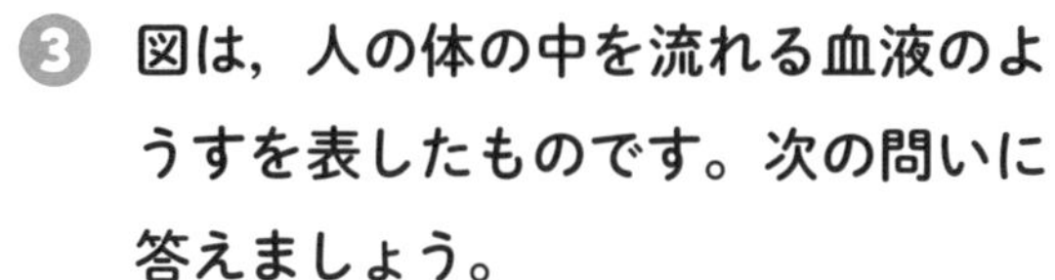

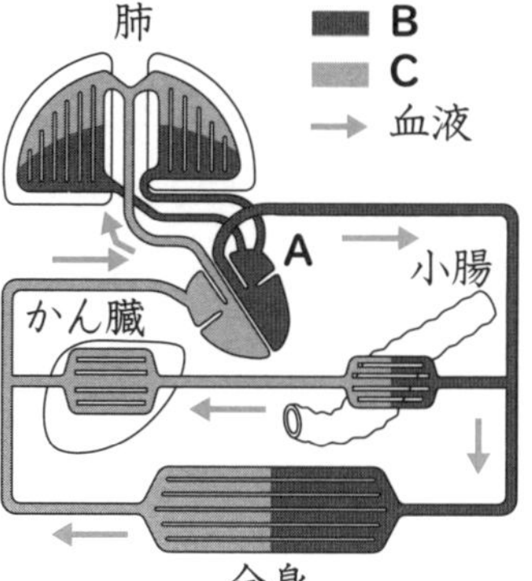

(1) 図のAを何といいますか。

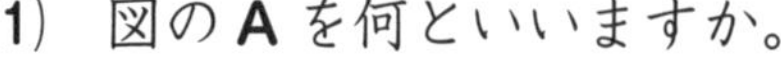

（　　　　）

(2) 肺や全身へ送られた血液は，肺や全身でどのようなはたらきをしますか。次からそれぞれ選び，記号で書きましょう。

肺（　　）　全身（　　）

ア　酸素を出し，二酸化炭素を受けとる。

イ　二酸化炭素を出し，酸素を受けとる。

(3) Cの血液は，Bの血液と比べるとどのようになっていますか。次から2つ選び，記号で書きましょう。

（　　）（　　）

ア　酸素が少なくなっている。

イ　二酸化炭素が少なくなっている。

ウ　酸素が多くなっている。

エ　二酸化炭素が多くなっている。

(4) 手首などを手でおさえたときに感じることのできる血管の動きを何といいますか。（　　　　）

理科

人や動物の体とはたらき③

学習した日　　月　　日

名前

得点

／100点

6069
解説→328ページ

らくらくマルつけ

❶ 図は，人の心臓（しんぞう）のつくりを表しています。次の問いに答えましょう。　1つ10点【20点】

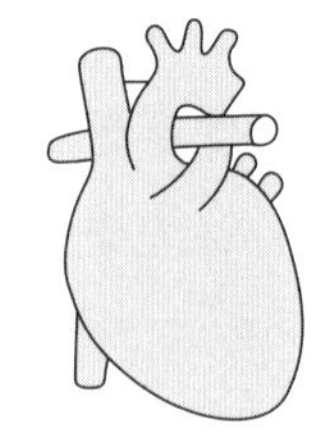

(1) 心臓はどのようなはたらきをしていますか。次から選び，記号で書きましょう。
（　　　）

ア　体内に酸素をとり入れる。

イ　血液を肺（はい）や全身に送り出す。

ウ　養分を吸収（きゅうしゅう）する。

(2) 心臓が縮（ちぢ）んだりゆるんだりする動きを何といいますか。
（　　　　　）

❷ 図は，血液が人の体をどのように流れているかを表したものです。次の問いに答えましょう。　1つ10点【20点】

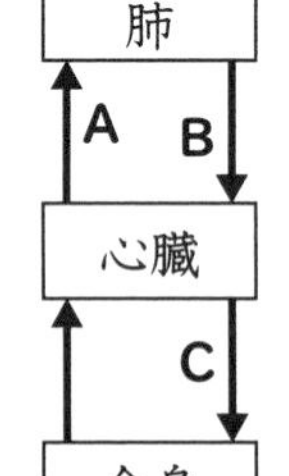
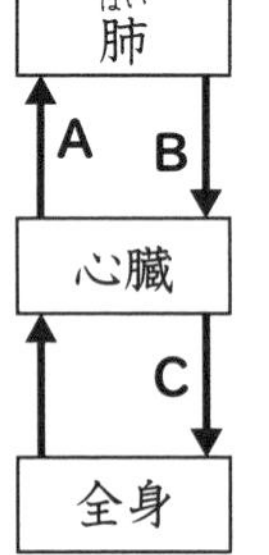

(1) Bを流れる血液は，Aを流れる血液とくらべて何を多くふくむようになっていますか。次から選び，記号で書きましょう。
（　　　）

ア　酸素　　　イ　二酸化炭素

(2) Cを流れる血液は，全身に何を運んでいますか。次から選び，記号で書きましょう。
（　　　）

ア　酸素　　　イ　二酸化炭素

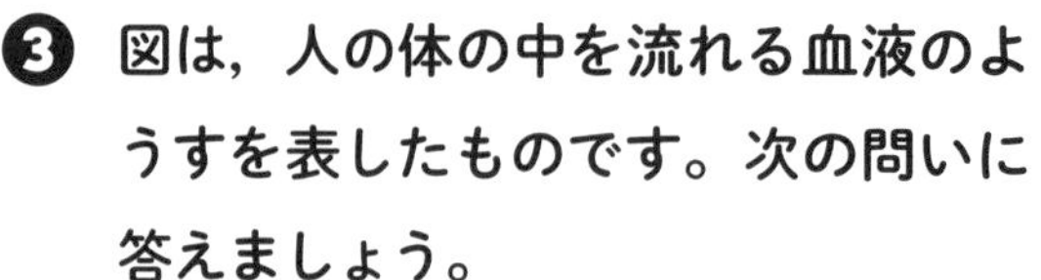
❸ 図は，人の体の中を流れる血液のようすを表したものです。次の問いに答えましょう。　1つ10点【60点】

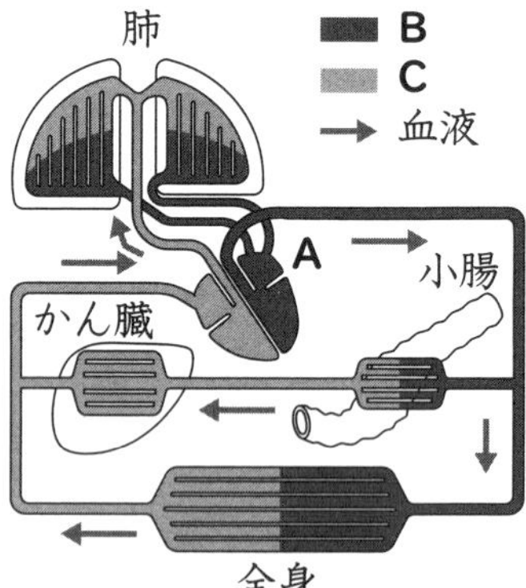

(1) 図のAを何といいますか。
（　　　　）

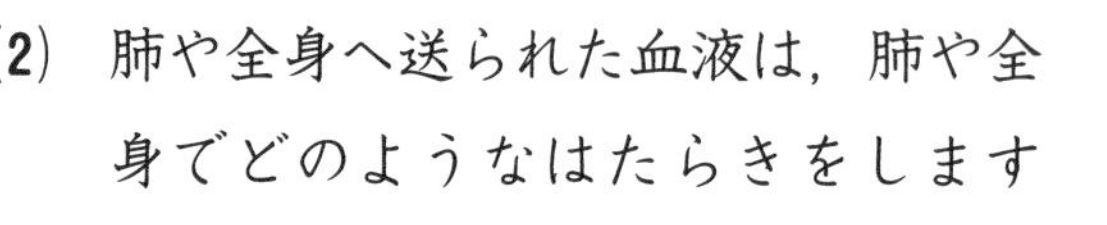
(2) 肺や全身へ送られた血液は，肺や全身でどのようなはたらきをしますか。次からそれぞれ選び，記号で書きましょう。

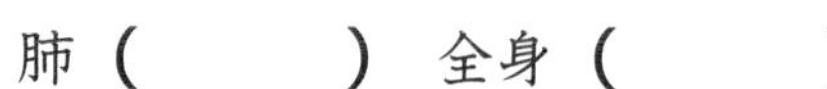
肺（　　　）　全身（　　　）

ア　酸素を出し，二酸化炭素を受けとる。

イ　二酸化炭素を出し，酸素を受けとる。

(3) Cの血液は，Bの血液と比べるとどのようになっていますか。次から２つ選び，記号で書きましょう。
（　　　）（　　　）

ア　酸素が少なくなっている。

イ　二酸化炭素が少なくなっている。

ウ　酸素が多くなっている。

エ　二酸化炭素が多くなっている。

(4) 手首などを手でおさえたときに感じることのできる血管の動きを何といいますか。
（　　　　）

人や動物の体とはたらき④

目標時間 20分

学習した日　月　日

名前

得点　／100点

6070
解説→328ページ

らくらくマルつけ

❶ 排出について，次の問いに答えましょう。 1つ10点【40点】

(1) 体の中で不要となったものや余分な水分を血液中からこし出す臓器を何といいますか。（　　　）

(2) 血液中から不要なものが(1)でこし出され，余分な水分とともに体外に出されるものを何といいますか。（　　　）

(3) (2)がためられる臓器を何といいますか。（　　　）

(4) 消化された食べ物が小腸や大腸を通ったあと，吸収されずに，体外に出されるものを何といいますか。（　　　）

❷ 図は，排出にかかわるある部分を表したものです。次の問いに答えましょう。 1つ10点【30点】

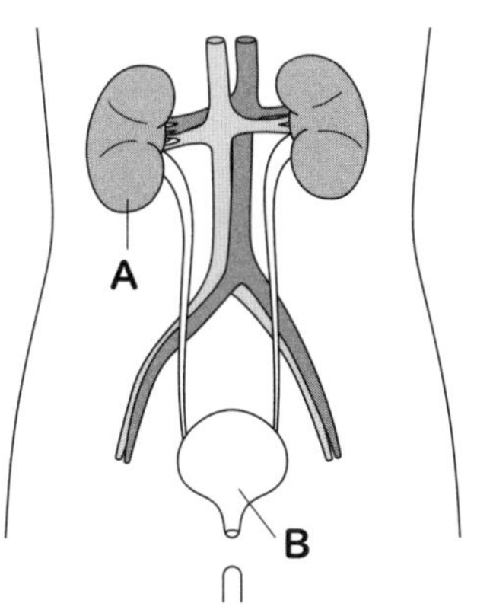

(1) 図のAを何といいますか。（　　　）

(2) 図のAはどのようなはたらきをしますか。次から選び，記号で書きましょう。（　　　）

ア　消化された食べ物の養分を吸収する。

イ　血液中から不要なものをこし出し，尿をつくる。

ウ　酸素を体内にとり入れ，二酸化炭素を体外へ出す。

(3) 図のBについての正しい文はどれですか。次から選び，記号で書きましょう。（　　　）

ア　Aで吸収されたものをこし出して，体外へ出す。

イ　Aで吸収されたものをこし出して，さらに吸収する。

ウ　Aでこし出されたものをためて，体外へ出す。

エ　Aでこし出されたものをためて，吸収する。

❸ 図は，食べ物の通り道の一部を表しています。次の問いに答えましょう。 1つ10点【30点】

(1) 図のAを何といいますか。（　　　）

(2) 図のAはどのようなはたらきをしますか。次から選び，記号で書きましょう。（　　　）

ア　養分を一時的にたくわえる。

イ　養分を水分とともに吸収する。

ウ　おもに水分を吸収する。

エ　食べ物を吸収されやすい養分に変える。

(3) 便（ふん）を体外に出すBを何といいますか。（　　　）

理科

人や動物の体とはたらき④

学習した日　　月　　日

名前

得点　　／100点

6070
解説→328ページ

❶ 排出について，次の問いに答えましょう。 1つ10点【40点】

(1) 体の中で不要となったものや余分な水分を血液中からこし出す臓器を何といいますか。（　　　　）

(2) 血液中から不要なものが(1)でこし出され，余分な水分とともに体外に出されるものを何といいますか。（　　　　）

(3) (2)がためられる臓器を何といいますか。

（　　　　）

(4) 消化された食べ物が小腸や大腸を通ったあと，吸収されずに，体外に出されるものを何といいますか。（　　　　）

❷ 図は，排出にかかわるある部分を表したものです。次の問いに答えましょう。 1つ10点【30点】

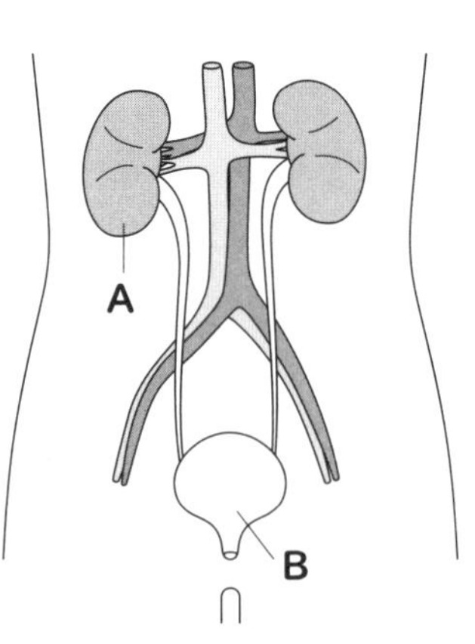

(1) 図の A を何といいますか。

（　　　　）

(2) 図の A はどのようなはたらきをしますか。次から選び，記号で書きましょう。（　　）

ア　消化された食べ物の養分を吸収する。

イ　血液中から不要なものをこし出し，尿をつくる。

ウ　酸素を体内にとり入れ，二酸化炭素を体外へ出す。

(3) 図の B についての正しい文はどれですか。次から選び，記号で書きましょう。（　　）

ア　A で吸収されたものをこし出して，体外へ出す。

イ　A で吸収されたものをこし出して，さらに吸収する。

ウ　A でこし出されたものをためて，体外へ出す。

エ　A でこし出されたものをためて，吸収する。

❸ 図は，食べ物の通り道の一部を表しています。次の問いに答えましょう。 1つ10点【30点】

A
B

(1) 図の A を何といいますか。

（　　　　）

(2) 図の A はどのようなはたらきをしますか。次から選び，記号で書きましょう。（　　）

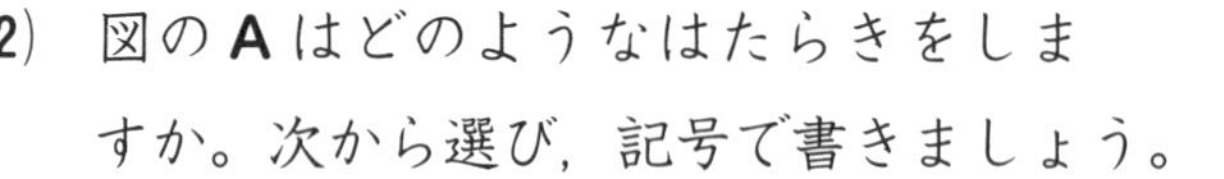

ア　養分を一時的にたくわえる。

イ　養分を水分とともに吸収する。

ウ　おもに水分を吸収する。

エ　食べ物を吸収されやすい養分に変える。

(3) 便（ふん）を体外に出す B を何といいますか。

（　　　　）

7 植物の体とはたらき①

目標時間 20分

学習した日　月　日

名前

得点　／100点

らくらくマルつけ

6071
解説→329ページ

1 はち植えの植物が，土がかわいてしおれてしまいました。この植物をもとにもどすためには，どうすればよいですか。次から選び，記号で書きましょう。 【20点】

（　　）

ア　水をあたえる。　イ　日光に当てる。
ウ　肥料をあたえる。

2 図のように，赤い色水の入った三角フラスコにホウセンカを入れました。数時間後，根・くき・葉を縦(たて)や横に切って，切り口のようすを調べました。次の問いに答えましょう。 1つ10点【50点】

(1) 三角フラスコに赤い色水を入れたのはなぜですか。次から選び，記号で書きましょう。（　　）

ア　水の蒸発(じょうはつ)をおさえるため。
イ　水の減り方を調べるため。
ウ　水の通り方を調べるため。

(2) ホウセンカの根・くき・葉の部分で，それぞれどこが赤く染(そ)まっていましたか。赤く染まっていた部分には○，染まっていなかった部分には×を書きましょう。

根（　　）くき（　　）葉（　　）

(3) (2)から，ホウセンカが根からとり入れた水はどうなっているといえますか。次から選び，記号で書きましょう。（　　）

ア　根にたまっている。
イ　くきにたまっている。
ウ　葉までいきわたっている。

3 図のように，晴れた日の朝，葉をとり去ったホウセンカ（A）と葉をつけたままのホウセンカ（B）にふくろをかぶせ，約15分後にふくろの内側のようすを調べました。次の問いに答えましょう。 1つ10点【30点】

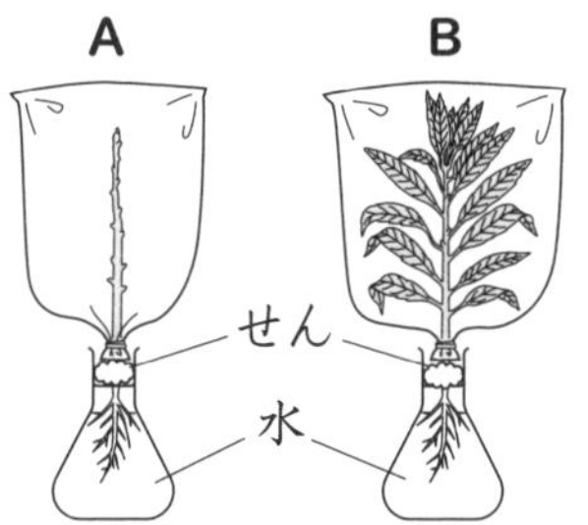

(1) ふくろの内側に水てきが多くついていたのは，A，Bのどちらのホウセンカですか。（　　）

(2) 植物の体から水が水蒸気(すいじょうき)となって出ていくことを何といいますか。（　　）

(3) (2)で水が出ていく小さな穴(あな)はどこにたくさんありますか。次から選び，記号で書きましょう。（　　）

ア　くきの先　イ　くきの表面
ウ　葉の表側　エ　葉の裏側(うらがわ)

理科

植物の体とはたらき①

目標時間 20分

学習した日　月　日

名前

得点　／100点

らくらくマルつけ

6071

解説→329ページ

1 **はち植えの植物が，土がかわいてしおれてしまいました。この植物をもとにもどすためには，どうすればよいですか。次から選び，記号で書きましょう。** 【20点】

（　　）

ア　水をあたえる。　　イ　日光に当てる。

ウ　肥料をあたえる。

2 **図のように，赤い色水の入った三角フラスコにホウセンカを入れました。数時間後，根・くき・葉を縦や横に切って，切り口のようすを調べました。次の問いに答えましょう。** 1つ10点【50点】

(1) 三角フラスコに赤い色水を入れたのはなぜですか。次から選び，記号で書きましょう。（　　）

ア　水の蒸発をおさえるため。

イ　水の減り方を調べるため。

ウ　水の通り方を調べるため。

(2) ホウセンカの根・くき・葉の部分で，それぞれどこが赤く染まっていましたか。赤く染まっていた部分には○，染まっていなかった部分には×を書きましょう。

根（　　）くき（　　）葉（　　）

(3) (2)から，ホウセンカが根からとり入れた水はどうなっているといえますか。次から選び，記号で書きましょう。

（　　）

ア　根にたまっている。

イ　くきにたまっている。

ウ　葉までいきわたっている。

3 **図のように，晴れた日の朝，葉をとり去ったホウセンカ（A）と葉をつけたままのホウセンカ（B）にふくろをかぶせ，約15分後にふくろの内側のようすを調べました。次の問いに答えましょう。** 1つ10点【30点】

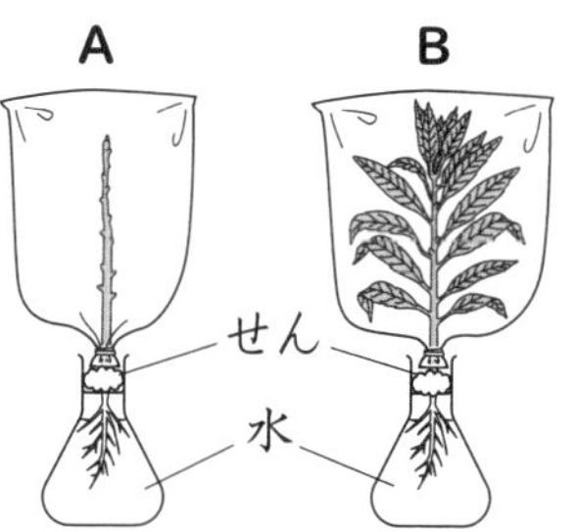

(1) ふくろの内側に水てきが多くついていたのは，A，Bのどちらのホウセンカですか。（　　）

(2) 植物の体から水が水蒸気となって出ていくことを何といいますか。（　　）

(3) (2)で水が出ていく小さな穴はどこにたくさんありますか。次から選び，記号で書きましょう。（　　）

ア　くきの先　　イ　くきの表面

ウ　葉の表側　　エ　葉の裏側

8 植物の体とはたらき②

目標時間 20分

学習した日　月　日

名前

得点　／100点

6072
解説→329ページ

❶ 晴れた日の朝，はち植えのホウセンカにふくろをかぶせて息をふきこみ，ふくろの中の酸素と二酸化炭素の体積の割合を調べました。その後，1時間ホウセンカに日光を当てて，もう一度ふくろの中の気体の体積の割合を調べました。次の問いに答えましょう。

1つ10点【30点】

(1) 1時間後，酸素と二酸化炭素の体積の割合はどうなりましたか。次からそれぞれ選び，記号で書きましょう。

酸素（　　）　二酸化炭素（　　）

ア　増えた。　イ　減った。　ウ　変化しなかった。

(2) 植物がとり入れている気体は何ですか。

（　　　　）

❷ 図は，植物と空気の関わりについて表しています。次の問いに答えましょう。

1つ10点【30点】

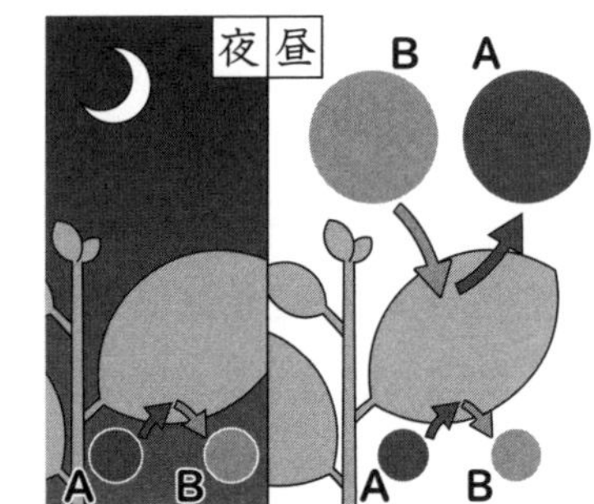

(1) 図のAの気体は何を表していますか。（　　）

(2) 植物のはたらきとして正しいものには○，まちがっているものには×を書きましょう。

①（　　）②（　　）

① 昼には呼吸をするが，夜には呼吸をしない。

② 昼は，全体として酸素を出しているといえる。

❸ 図のように，3枚のジャガイモの葉A～Cにアルミニウムはくをかぶせ，1日おきました。次の日の朝，Aはつみとり，Bはアルミニウムはくを外し，4～5時間BとCを日光に当てました。その後，葉A～Cを湯でにて，ヨウ素液につけました。次の問いに答えましょう。

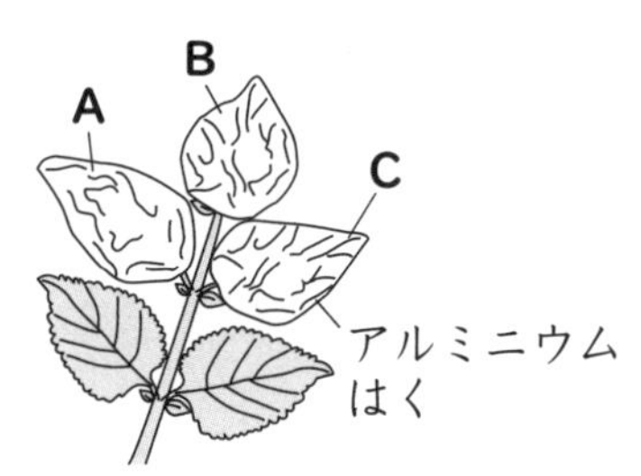

1つ10点【40点】

(1) 葉にあった養分は，夜の間にどうなりましたか。次から選び，記号で書きましょう。（　　）

ア　すべて葉に残っていた。　イ　増えた。

ウ　使われてなくなったり，別の場所に移動したりした。

(2) ジャガイモの葉にできた養分を何といいますか。

（　　　　）

(3) ヨウ素液につけると色が変わったのはどの葉ですか。A～Cから選び，記号で書きましょう。（　　）

(4) (3)より，ジャガイモの葉では，どのようなときに養分がつくられることがわかりましたか。次から選び，記号で書きましょう。

（　　）

ア　日光が当たっているとき。

イ　日光が当たっていないとき。

理科

植物の体とはたらき②

学習した日　月　日

名前

得点

／100点

解説→329ページ

❶ 晴れた日の朝，はち植えのホウセンカにふくろをかぶせて息をふきこみ，ふくろの中の酸素と二酸化炭素の体積の割合（わりあい）を調べました。その後，1時間ホウセンカに日光を当てて，もう一度ふくろの中の気体の体積の割合を調べました。次の問いに答えましょう。

1つ10点【30点】

(1) 1時間後，酸素と二酸化炭素の体積の割合はどうなりましたか。次からそれぞれ選び，記号で書きましょう。

酸素（　　　）二酸化炭素（　　　）

ア　増えた。　イ　減った。　ウ　変化しなかった。

(2) 植物がとり入れている気体は何ですか。

（　　　　　　）

❷ 図は，植物と空気の関わりについて表しています。次の問いに答えましょう。

1つ10点【30点】

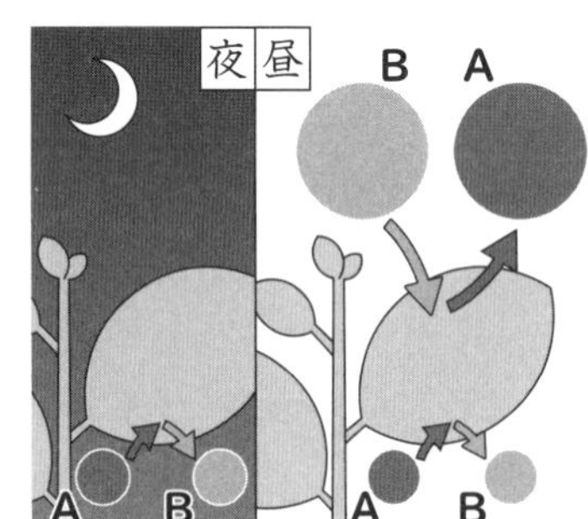

(1) 図のAの気体は何を表していますか。　（　　　　）

(2) 植物のはたらきとして正しいものには○，まちがっているものには×を書きましょう。

①（　　　）②（　　　）

① 昼には呼吸（こきゅう）をするが，夜には呼吸をしない。

② 昼は，全体として酸素を出しているといえる。

❸ 図のように，3枚（まい）のジャガイモの葉A〜Cにアルミニウムはくをかぶせ，1日おきました。次の日の朝，Aはつみとり，Bはアルミニウムはくを外し，4〜5時間BとCを日光に当てました。その後，葉A〜Cを湯でにて，ヨウ素液につけました。次の問いに答えましょう。

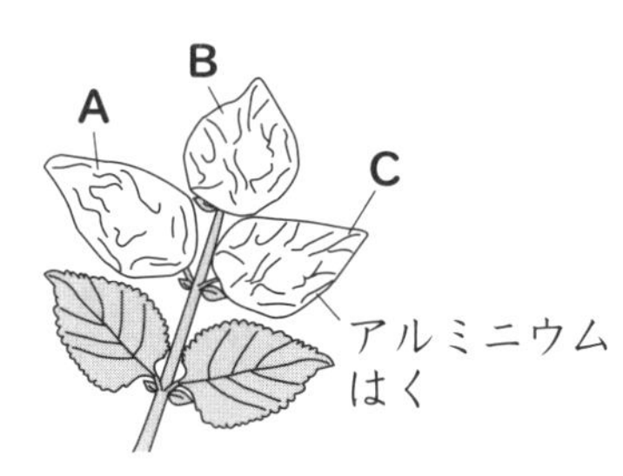

1つ10点【40点】

(1) 葉にあった養分は，夜の間にどうなりましたか。次から選び，記号で書きましょう。（　　　）

ア　すべて葉に残っていた。　イ　増えた。

ウ　使われてなくなったり，別の場所に移動したりした。

(2) ジャガイモの葉にできた養分を何といいますか。

（　　　　　）

(3) ヨウ素液につけると色が変わったのはどの葉ですか。A〜Cから選び，記号で書きましょう。（　　　）

(4) (3)より，ジャガイモの葉では，どのようなときに養分がつくられることがわかりましたか。次から選び，記号で書きましょう。

（　　　）

ア　日光が当たっているとき。

イ　日光が当たっていないとき。

生物どうしのつながり

学習した日　月　日
名前
得点
／100点

6073
解説→329ページ

1 動物はほかの生物を食べることで，養分を体にとり入れて生きています。次の問いに答えましょう。 1つ10点【30点】

(1) 動物には，植物だけを食べるものがいますか。または，いませんか。 (　　　)

(2) タカは何を食べて生きていますか。次から選び，記号で書きましょう。 (　　)

ア 木の実　イ キャベツの葉　ウ リス

(3) 動物の食べもののもとをたどっていくと，何にたどり着きますか。

(　　　)

2 図は，陸上の4つの生物を表しています。この4つの生物は，「食べる・食べられる」の関係でつながっています。あとの問いに答えましょう。 1つ10点【30点】

リス

ヘビ

木の実

イタチ

(1) 4つの生物を食べられるものから食べるものの順に並(なら)べかえ，2番目を記号で書きましょう。

(　　)

ア リス　イ ヘビ　ウ 木の実　エ イタチ

(2) 「食べる・食べられる」という関係で1本の線のようになっている生物間のつながりを何といいますか。

(　　　)

(3) 水中の生き物どうしでは，(2)の関係はどうなっていますか。次から選び，記号で書きましょう。 (　　)

ア 水中の生き物どうしでも見られる。

イ 水中の生き物どうしでは見られない。

3 図は，空気を通した生物のつながりを表しています。次の問いに答えましょう。 1つ10点【40点】

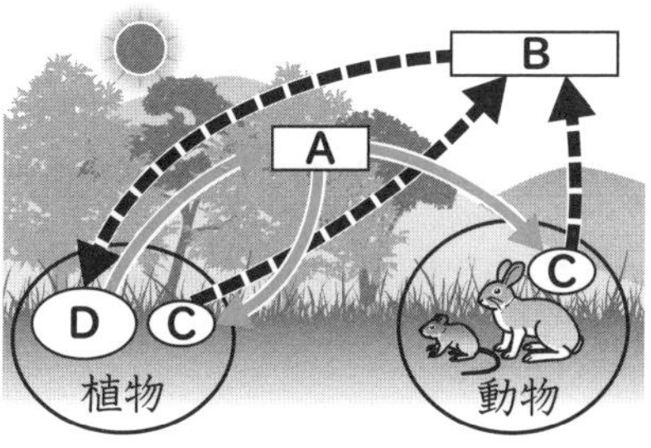

(1) Aの気体は何ですか。次から選び，記号で書きましょう。

(　　)

ア ちっ素　イ 酸素　ウ 二酸化炭素

(2) Cのはたらきを何といいますか。 (　　　)

(3) 日光が当たっているときにしか行われないはたらきはC，Dのどちらですか。 (　　)

(4) 空気のほかに，植物や動物が生きていくのに欠かせないもので，植物や動物の体を出たり入ったりしている液体は何ですか。

(　　)

理科

生物どうしのつながり

目標時間 20分

学習した日　月　日

名前

得点　／100点

6073
解説→329ページ

らくらくマルつけ

❶ 動物はほかの生物を食べることで，養分を体にとり入れて生きています。次の問いに答えましょう。 1つ10点【30点】

(1) 動物には，植物だけを食べるものがいますか。または，いませんか。　(　　　　)

(2) タカは何を食べて生きていますか。次から選び，記号で書きましょう。　(　　)

ア　木の実　　イ　キャベツの葉　　ウ　リス

(3) 動物の食べもののもとをたどっていくと，何にたどり着きますか。

(　　　　)

❷ 図は，陸上の４つの生物を表しています。この４つの生物は，「食べる・食べられる」の関係でつながっています。あとの問いに答えましょう。 1つ10点【30点】

リス

ヘビ

木の実

イタチ

(1) ４つの生物を食べられるものから食べるものの順に並べかえ，２番目を記号で書きましょう。

(　　)

ア　リス　　イ　ヘビ　　ウ　木の実　　エ　イタチ

(2) 「食べる・食べられる」という関係で１本の線のようになっている生物間のつながりを何といいますか。

(　　　　)

(3) 水中の生き物どうしでは，(2)の関係はどうなっていますか。次から選び，記号で書きましょう。　(　　)

ア　水中の生き物どうしでも見られる。

イ　水中の生き物どうしでは見られない。

❸ 図は，空気を通した生物のつながりを表しています。次の問いに答えましょう。 1つ10点【40点】

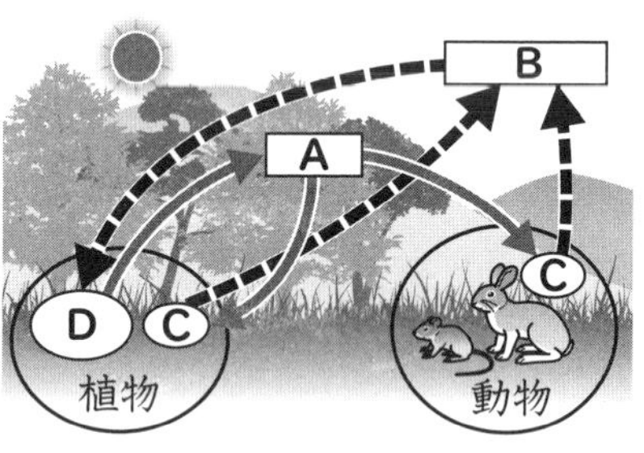

(1) Aの気体は何ですか。次から選び，記号で書きましょう。

(　　)

ア　ちっ素　　イ　酸素　　ウ　二酸化炭素

(2) Cのはたらきを何といいますか。　(　　　)

(3) 日光が当たっているときにしか行われないはたらきはC，Dのどちらですか。　(　　)

(4) 空気のほかに，植物や動物が生きていくのに欠かせないもので，植物や動物の体を出たり入ったりしている液体は何ですか。

(　　)

実験器具

✎学習した日　　月　　日

名前

得点

／100点

6074
解説→330ページ

❶ 図は，液体を吸い上げて，別の容器に移すときに使うこまごめピペットを表しています。次の問いに答えましょう。

1つ10点【20点】

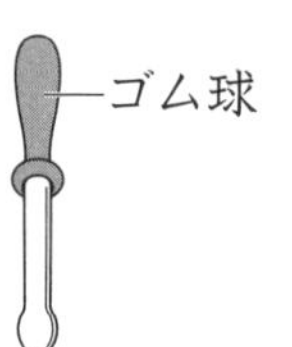

(1) どのようにして液体を吸い上げますか。次から選び，記号で書きましょう。　(　　　)

ア　先を液体の中に入れてからゴム球をおしつぶす。

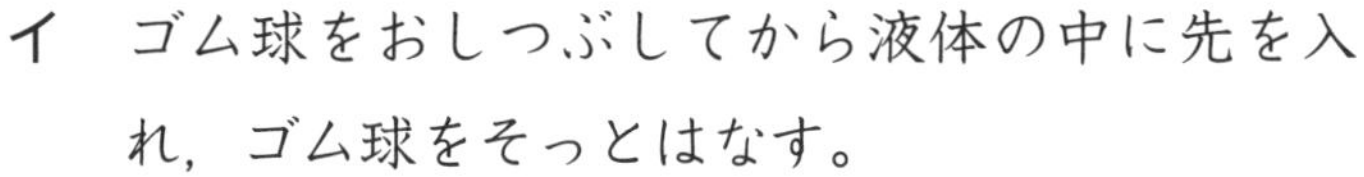

イ　ゴム球をおしつぶしてから液体の中に先を入れ，ゴム球をそっとはなす。

(2) 液体を吸い上げたとき，こまごめピペットの先はどのようにしなければなりませんか。次の（　　　）にあてはまる方向を書きましょう。　(　　　)

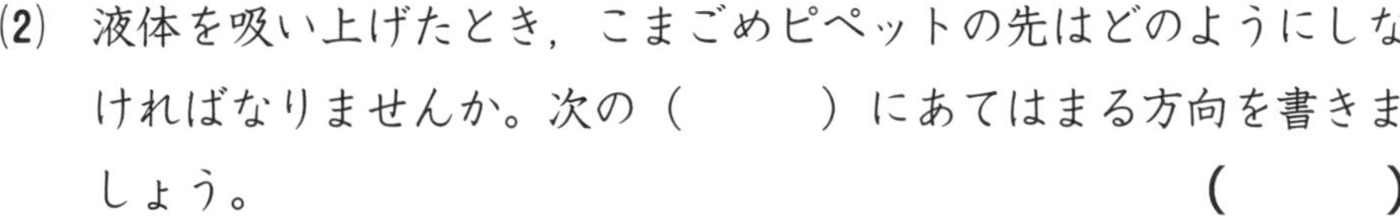

液体がゴム球に入るとゴム球をいためることがあるので，先を（　　　）に向けてはいけない。

❷ 図は，小さなものを大きくして見るときに使うけんび鏡を表しています。次の問いに答えましょう。

1つ12点【60点】

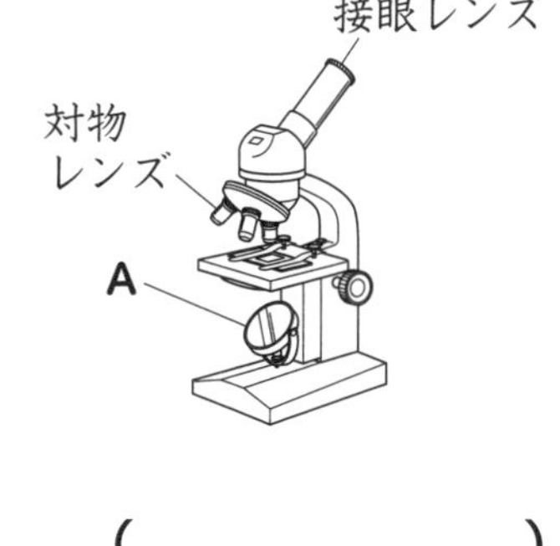

(1) けんび鏡の倍率が100倍のときと200倍のときでは，どちらのほうがより大きく見えますか。　(　　　　)

(2) けんび鏡の倍率はどのように求めることができますか。次から選び，記号で書きましょう。　(　　　)

ア　接眼レンズの倍率＋対物レンズの倍率

イ　接眼レンズの倍率×対物レンズの倍率

(3) 図の**A**の鏡を何といいますか。　(　　　　)

(4) ピントを合わせるとき，どのようにすればよいですか。次から選び，記号で書きましょう。　(　　　)

ア　はじめに対物レンズとプレパラートの間を広くし，近づけながらピントを合わせる。

イ　はじめに対物レンズとプレパラートの間をせまくし，遠ざけながらピントを合わせる。

(5) (4)のようにする理由を答えなさい。

(　　　　　　　　　　　　　　　　)

❸ 図の方位磁針について，次の問いに答えましょう。

1つ10点【20点】

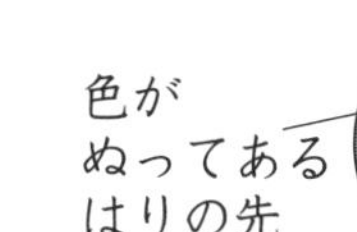

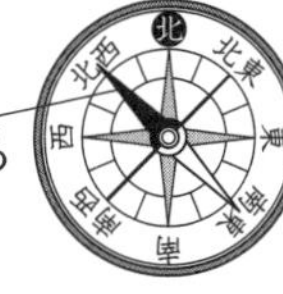

(1) 手のひらにどのように置きますか。次から選び，記号で書きましょう。　(　　　)

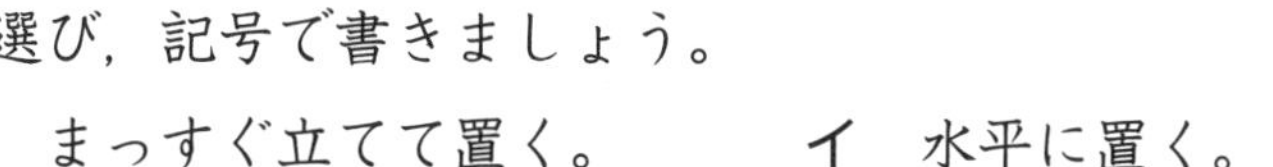

ア　まっすぐ立てて置く。　　イ　水平に置く。

(2) 方位を調べるとき，色がぬってある針の先を文字ばんのどの方位と合わせますか。　(　　　)

理科

実験器具

目標時間 20分

学習した日　月　日

名前

得点　／100点

6074
解説→330ページ

❶ 図は，液体を吸い上げて，別の容器に移すときに使うこまごめピペットを表しています。次の問いに答えましょう。 1つ10点【20点】

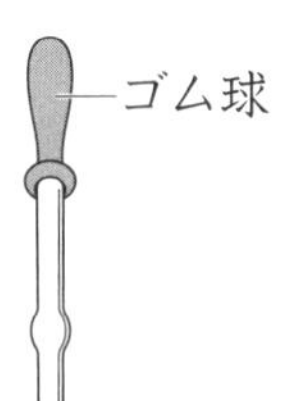

(1) どのようにして液体を吸い上げますか。次から選び，記号で書きましょう。（　　）

ア　先を液体の中に入れてからゴム球をおしつぶす。

イ　ゴム球をおしつぶしてから液体の中に先を入れ，ゴム球をそっとはなす。

(2) 液体を吸い上げたとき，こまごめピペットの先はどのようにしなければなりませんか。次の（　　）にあてはまる方向を書きましょう。（　　）

液体がゴム球に入るとゴム球をいためることがあるので，先を（　　）に向けてはいけない。

❷ 図は，小さなものを大きくして見るときに使うけんび鏡を表しています。次の問いに答えましょう。 1つ12点【60点】

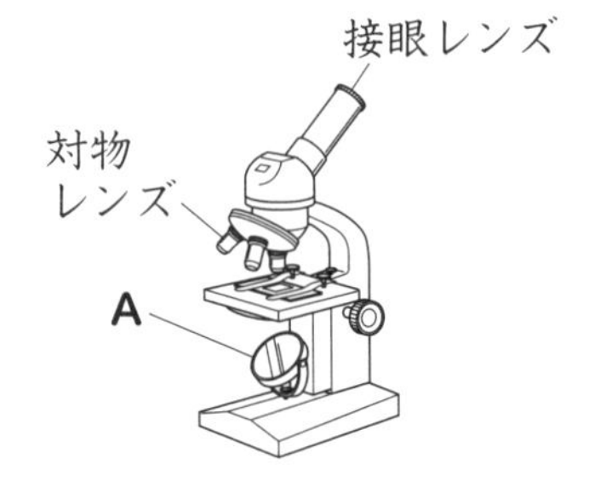

(1) けんび鏡の倍率が100倍のときと200倍のときでは，どちらのほうがより大きく見えますか。（　　）

(2) けんび鏡の倍率はどのように求めることができますか。次から選び，記号で書きましょう。（　　）

ア　接眼レンズの倍率＋対物レンズの倍率

イ　接眼レンズの倍率×対物レンズの倍率

(3) 図のＡの鏡を何といいますか。（　　）

(4) ピントを合わせるとき，どのようにすればよいですか。次から選び，記号で書きましょう。（　　）

ア　はじめに対物レンズとプレパラートの間を広くし，近づけながらピントを合わせる。

イ　はじめに対物レンズとプレパラートの間をせまくし，遠ざけながらピントを合わせる。

(5) (4)のようにする理由を答えなさい。

（　　　　　　　　）

❸ 図の方位磁針について，次の問いに答えましょう。 1つ10点【20点】

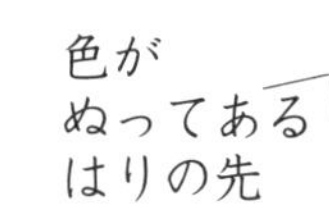

(1) 手のひらにどのように置きますか。次から選び，記号で書きましょう。（　　）

ア　まっすぐ立てて置く。　　イ　水平に置く。

(2) 方位を調べるとき，色がぬってある針の先を文字ばんのどの方位と合わせますか。（　　）

水よう液の性質①

目標時間 20分

学習した日　月　日

名前

得点

／100点

6075

解説→330ページ

らくらくマルつけ

❶ 図は，リトマス紙を表しています。リトマス紙に水よう液をつけると，色の変化で水よう液を仲間分けすることができます。次の問いに答えましょう。

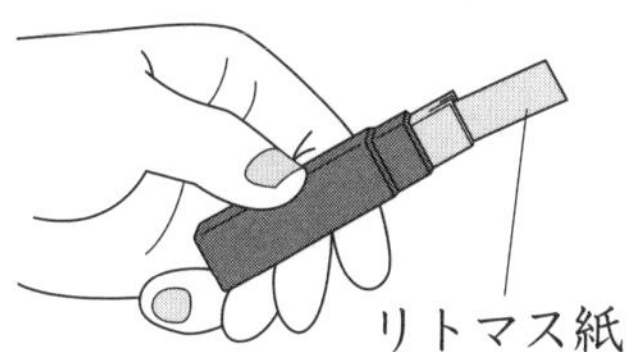

1つ10点【30点】

(1) リトマス紙はどのようにとり出しますか。次から選び，記号で書きましょう。（　　）

ア　直接手でとり出す。　イ　ピンセットでとり出す。

(2) ある水よう液を青色のリトマス紙につけると，赤色に変わりました。この水よう液は何性ですか。

（　　　　）性

(3) ある水よう液を赤色のリトマス紙につけると，青色に変わりました。この水よう液は何性ですか。

（　　　　）性

❷ 水よう液にムラサキキャベツ液やＢＴＢ（ビーティービー）液を入れると，色の変化で水よう液の性質を調べることができます。酸性の水よう液にムラサキキャベツ液とＢＴＢ液をそれぞれ入れると何色になりますか。次からそれぞれ選び，記号で書きましょう。　1つ5点【10点】

ムラサキキャベツ液（　　）　ＢＴＢ液（　　）

ア　赤色　イ　黄色　ウ　青色　エ　緑色

❸ 塩酸（A），アンモニア水（B），食塩水（C），炭酸水（D），石灰（せっかい）水（すい）（E）をそれぞれ青色のリトマス紙と赤色のリトマス紙につけ，色の変化を調べました。次の問いに答えましょう。

1つ10点【60点】

(1) 赤色のリトマス紙に塩酸をつけると，色はどのように変わりましたか。次から選び，記号で書きましょう。

（　　）

ア　青色に変わった。　イ　変わらなかった。

(2) 赤色のリトマス紙にアンモニア水をつけると，色はどのように変わりましたか。次から選び，記号で書きましょう。

（　　）

ア　青色に変わった。　イ　変わらなかった。

(3) アンモニア水の性質は何性ですか。

（　　　　）性

(4) リトマス紙の色の変化が塩酸と同じである水よう液はどれですか。**B**～**E**から選び，記号で書きましょう。

（　　）

(5) 赤色のリトマス紙と青色のリトマス紙のどちらも色が変わらなかったのは，どの水よう液ですか。**A**～**E**から選び，記号で書きましょう。（　　）

(6) (5)の水よう液は何性ですか。（　　　　）性

理科

水よう液の性質①

目標時間 20分

学習した日　　月　　日

名前

得点　　／100点

6075
解説→330ページ

❶ **図は，リトマス紙を表しています。リトマス紙に水よう液をつけると，色の変化で水よう液を仲間分けすることができます。次の問いに答えましょう。**

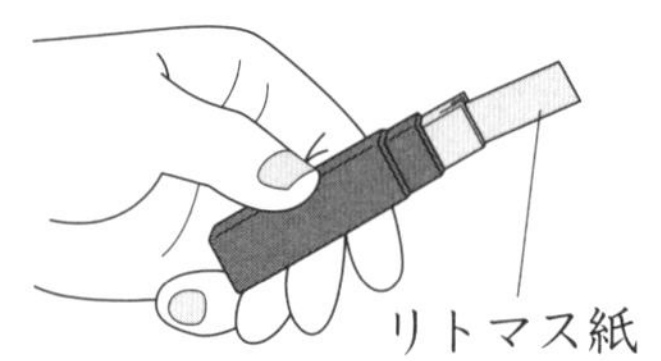

1つ10点【30点】

(1) リトマス紙はどのようにとり出しますか。次から選び，記号で書きましょう。（　　）

ア　直接手でとり出す。　イ　ピンセットでとり出す。

(2) ある水よう液を青色のリトマス紙につけると，赤色に変わりました。この水よう液は何性ですか。

（　　　　）性

(3) ある水よう液を赤色のリトマス紙につけると，青色に変わりました。この水よう液は何性ですか。

（　　　　）性

❷ **水よう液にムラサキキャベツ液やＢＴＢ液を入れると，色の変化で水よう液の性質を調べることができます。酸性の水よう液にムラサキキャベツ液とＢＴＢ液をそれぞれ入れると何色になりますか。次からそれぞれ選び，記号で書きましょう。** 1つ5点【10点】

ムラサキキャベツ液（　　）　ＢＴＢ液（　　）

ア　赤色　イ　黄色　ウ　青色　エ　緑色

❸ **塩酸（A），アンモニア水（B），食塩水（C），炭酸水（D），石灰水（E）をそれぞれ青色のリトマス紙と赤色のリトマス紙につけ，色の変化を調べました。次の問いに答えましょう。**

1つ10点【60点】

(1) 赤色のリトマス紙に塩酸をつけると，色はどのように変わりましたか。次から選び，記号で書きましょう。

（　　）

ア　青色に変わった。　イ　変わらなかった。

(2) 赤色のリトマス紙にアンモニア水をつけると，色はどのように変わりましたか。次から選び，記号で書きましょう。

（　　）

ア　青色に変わった。　イ　変わらなかった。

(3) アンモニア水の性質は何性ですか。

（　　　　）性

(4) リトマス紙の色の変化が塩酸と同じである水よう液はどれですか。B～Eから選び，記号で書きましょう。

（　　）

(5) 赤色のリトマス紙と青色のリトマス紙のどちらも色が変わらなかったのは，どの水よう液ですか。A～Eから選び，記号で書きましょう。（　　）

(6) (5)の水よう液は何性ですか。（　　　　）性

水よう液の性質②

目標時間 20分

学習した日　月　日

名前

得点　／100点

6076
解説→330ページ

❶ 図のように，試験管に５種類の水よう液，塩酸（A），アンモニア水（B），食塩水（C），炭酸水（D），石灰水（E）をそれぞれ入れ，見た目とにおいを調べました。次に，それぞれの水よう液を蒸発皿に少量とって熱し，蒸発皿のようすを調べました。次の問いに答えましょう。

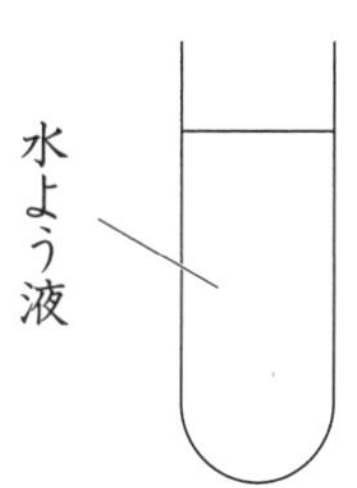

1つ10点【60点】

(1) 試験管に入れたとき，あわが出ていたのはどの水よう液ですか。A～Eから選び，記号で書きましょう。（　　）

(2) においがしたのはどの水よう液ですか。次から選び，記号で書きましょう。（　　）

ア　AとB　　イ　BとD

ウ　CとE　　エ　DとE

(3) 塩酸，食塩水，石灰水を蒸発皿に少量とって熱したあと，蒸発皿には何が残りましたか。次からそれぞれ選び，記号で書きましょう。

塩酸（　　）　食塩水（　　）　石灰水（　　）

ア　白い固体が残った。

イ　黒い固体が残った。

ウ　何も残らなかった。

(4) 蒸発皿に何も残らなかった水よう液には，何がとけていましたか。次から選び，記号で書きましょう。（　　）

ア　固体　　イ　液体　　ウ　気体

❷ 図のように，炭酸水の入った容器を軽くふって，炭酸水から出る気体を２本の試験管に集めました。次の問いに答えましょう。

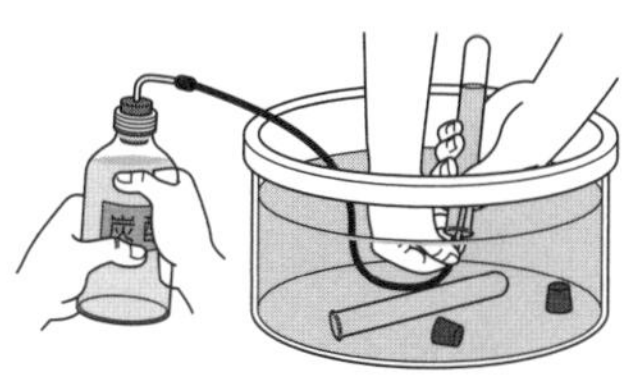

1つ10点【40点】

(1) 試験管に火のついた線こうを入れると，どうなりますか。次から選び，記号で書きましょう。

（　　）

ア　線こうが激しく燃える。

イ　線こうがすぐに消える。

(2) 試験管に石灰水を少量入れてよくふると，どうなりますか。次から選び，記号で書きましょう。

（　　）

ア　白くにごる。　　イ　赤色に変化する。

(3) (1)，(2)から，炭酸水には何という気体がとけていることがわかりますか。（　　　　）

(4) 炭酸水のように，気体がとけている水よう液はどれですか。次から選び，記号で書きましょう。

（　　）

ア　食塩水　　イ　石灰水　　ウ　塩酸

理科

水よう液の性質②

目標時間 20分

学習した日　　月　　日

名前

得点　　／100点

6076 解説→330ページ

らくらくマルつけ

❶ 図のように，試験管に５種類の水よう液，塩酸（A），アンモニア水（B），食塩水（C），炭酸水（D），石灰水（E）をそれぞれ入れ，見た目とにおいを調べました。次に，それぞれの水よう液を蒸発皿に少量とって熱し，蒸発皿のようすを調べました。次の問いに答えましょう。　1つ10点【60点】

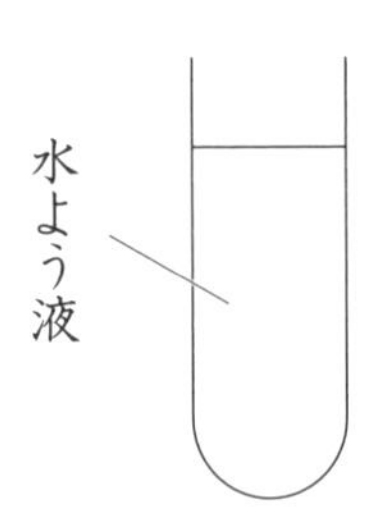

(1) 試験管に入れたとき，あわが出ていたのはどの水よう液ですか。A～Eから選び，記号で書きましょう。（　　）

(2) においがしたのはどの水よう液ですか。次から選び，記号で書きましょう。（　　）

ア　AとB　　イ　BとD

ウ　CとE　　エ　DとE

(3) 塩酸，食塩水，石灰水を蒸発皿に少量とって熱したあと，蒸発皿には何が残りましたか。次からそれぞれ選び，記号で書きましょう。

塩酸（　　）食塩水（　　）石灰水（　　）

ア　白い固体が残った。

イ　黒い固体が残った。

ウ　何も残らなかった。

(4) 蒸発皿に何も残らなかった水よう液には，何がとけていましたか。次から選び，記号で書きましょう。（　　）

ア　固体　　イ　液体　　ウ　気体

❷ 図のように，炭酸水の入った容器を軽くふって，炭酸水から出る気体を２本の試験管に集めました。次の問いに答えましょう。　1つ10点【40点】

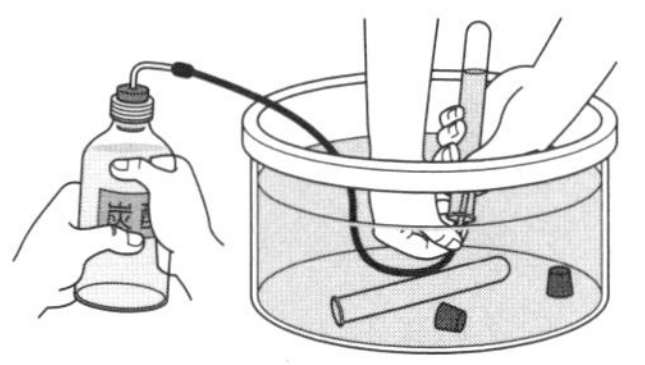

(1) 試験管に火のついた線こうを入れると，どうなりますか。次から選び，記号で書きましょう。

（　　）

ア　線こうが激しく燃える。

イ　線こうがすぐに消える。

(2) 試験管に石灰水を少量入れてよくふると，どうなりますか。次から選び，記号で書きましょう。

（　　）

ア　白くにごる。　　イ　赤色に変化する。

(3) (1)，(2)から，炭酸水には何という気体がとけていることがわかりますか。（　　　　）

(4) 炭酸水のように，気体がとけている水よう液はどれですか。次から選び，記号で書きましょう。

（　　）

ア　食塩水　　イ　石灰水　　ウ　塩酸

水よう液の性質③

学習した日　月　日
名前
得点　／100点

6077
解説→331ページ

❶ 図のように，２つの試験管にアルミニウムを入れ，試験管Aにうすい塩酸，試験管Bに水を加えました。次の問いに答えましょう。

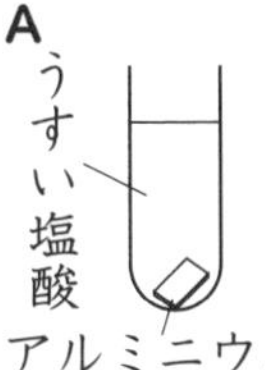

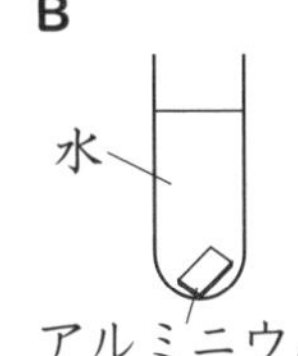

1つ10点【30点】

(1) 試験管A，Bの中のアルミニウムはどうなりましたか。次からそれぞれ選び，記号で書きましょう。

A（　　）B（　　）

ア　あわが出て，見えなくなった。
イ　変化しなかった。

(2) (1)の結果から何がわかりますか。次から選び，記号で書きましょう。（　　）

ア　うすい塩酸は金属をとかす。
イ　水は金属をとかす。
ウ　うすい塩酸も水も金属をとかす。

❷ 試験管にアルミニウムを入れて塩酸を加えると，アルミニウムはあわを出してとけました。また，アルミニウムがとけた液体の上ずみ液を蒸発皿にとって熱し，残ったものを調べました。次の問いに答えましょう。　【40点】

(1) 蒸発皿に残ったものの見た目は，もとのアルミニウムと同じでしたか。（10点）（　　）

(2) 蒸発皿に残ったものに塩酸を加えるとどうなりますか。次から選び，記号で書きましょう。（15点）（　　）

ア　とけない。
イ　あわを出してとける。
ウ　あわを出さずにとける。

(3) 蒸発皿に残ったものの性質は，もとのアルミニウムの性質と比べるとどうなっていますか。次から選び，記号で書きましょう。（15点）（　　）

ア　同じである。　イ　ちがっている。

❸ 試験管に鉄を入れて塩酸を加えると，鉄はあわを出してとけました。鉄がとけた液体の上ずみ液を蒸発皿にとって熱し，残ったものを調べました。次の問いに答えましょう。　1つ10点【30点】

(1) 蒸発皿に残ったものの見た目はどうなりますか。次から選び，記号で書きましょう。（　　）

ア　黒色の固体　イ　うすい黄色の固体

(2) 鉄と，鉄がとけた液体を熱して蒸発皿に残ったものにそれぞれ磁石を近づけるとどうなりますか。次からそれぞれ選び，記号で書きましょう。

鉄（　　）蒸発皿に残ったもの（　　）

ア　磁石につく。　イ　磁石につかない。

理科

＼もう1回チャレンジ!!／

水よう液の性質③

学習した日　　月　　日

名前

得点

／100点

6077
解説→331ページ

❶ 図のように，２つの試験管にアルミニウムを入れ，試験管Aにうすい塩酸，試験管Bに水を加えました。次の問いに答えましょう。

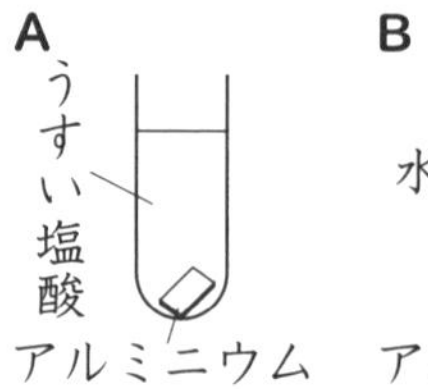

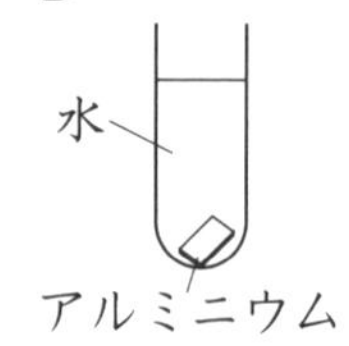

1つ10点【30点】

(1) 試験管A，Bの中のアルミニウムはどうなりましたか。次からそれぞれ選び，記号で書きましょう。

A（　　　）　B（　　　）

ア　あわが出て，見えなくなった。

イ　変化しなかった。

(2) (1)の結果から何がわかりますか。次から選び，記号で書きましょう。（　　　）

ア　うすい塩酸は金属をとかす。

イ　水は金属をとかす。

ウ　うすい塩酸も水も金属をとかす。

❷ 試験管にアルミニウムを入れて塩酸を加えると，アルミニウムはあわを出してとけました。また，アルミニウムがとけた液体の上(うわ)ずみ液を蒸発皿(じょうはつざら)にとって熱し，残ったものを調べました。次の問いに答えましょう。【40点】

(1) 蒸発皿に残ったものの見た目は，もとのアルミニウムと同じでしたか。(10点)（　　　　　）

(2) 蒸発皿に残ったものに塩酸を加えるとどうなりますか。次から選び，記号で書きましょう。(15点)（　　　）

ア　とけない。

イ　あわを出してとける。

ウ　あわを出さずにとける。

(3) 蒸発皿に残ったものの性質は，もとのアルミニウムの性質と比べるとどうなっていますか。次から選び，記号で書きましょう。

(15点)（　　　）

ア　同じである。　　イ　ちがっている。

❸ 試験管に鉄を入れて塩酸を加えると，鉄はあわを出してとけました。鉄がとけた液体の上ずみ液を蒸発皿にとって熱し，残ったものを調べました。次の問いに答えましょう。 1つ10点【30点】

(1) 蒸発皿に残ったものの見た目はどうなりますか。次から選び，記号で書きましょう。（　　　）

ア　黒色の固体　　イ　うすい黄色の固体

(2) 鉄と，鉄がとけた液体を熱して蒸発皿に残ったものにそれぞれ磁石(じしゃく)を近づけるとどうなりますか。次からそれぞれ選び，記号で書きましょう。

鉄（　　　）　蒸発皿に残ったもの（　　　）

ア　磁石につく。　　イ　磁石につかない。

月と太陽

目標時間 20分

学習した日　月　日

名前

得点

／100点

6078
解説→331ページ

❶ 暗くなると，空に月がかがやいて見えます。次の問いに答えましょう。 1つ10点【30点】

(1) 月の表面には丸いくぼみが見られます。このくぼみを何といいますか。（　　　　）

(2) 月はどのようにかがやいていますか。次から選び，記号で書きましょう。（　　）

ア　みずから光を出してかがやいている。

イ　光を反射してかがやいている。

(3) 同じ時刻に月を見ると，日によって月の位置と形はどうなっていますか。次から選び，記号で答えましょう。（　　）

ア　位置は変わるが，形はほぼ変わらない。

イ　形は変わるが，位置はほぼ変わらない。

ウ　位置も形も変わる。

エ　位置も形も変わらない。

❷ 図のように，暗くした部屋で電灯の光を横からボールに当てました。ボールの位置をA～Hのように動かして月の見え方について調べました。次の問いに答えましょう。 1つ10点【70点】

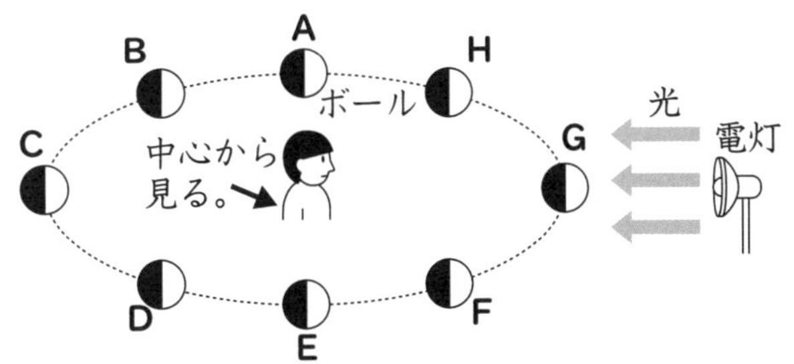

(1) 電灯とボールはそれぞれ何に見立てていますか。次からそれぞれ選び，記号で書きましょう。

電灯（　　）　ボール（　　）

ア　太陽　　イ　月　　ウ　地球

(2) ボールの位置がEとHのとき，ボールはどのように見えますか。次からそれぞれ選び，記号で書きましょう。

E（　　）　H（　　）

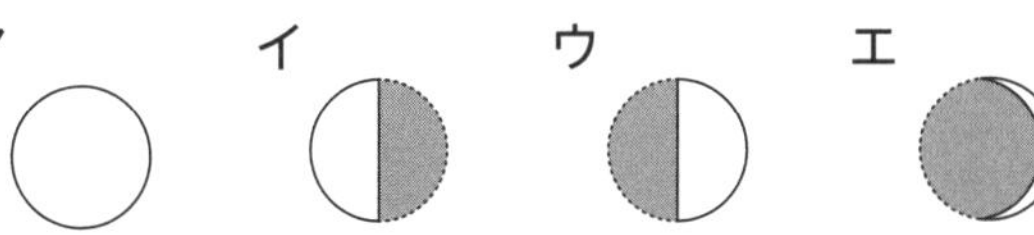

(3) ボールの光った部分が満月のようになるのは，ボールがどこにあるときですか。A～Hから選び，記号で書きましょう。（　　）

(4) 月の一部がかがやいているとき，太陽はどちら側にあることがわかりますか。次から選び，記号で書きましょう。（　　）

ア　月のかがやいている側

イ　月のかがやいていない側

(5) 日によって月の形の見え方が変わるのは，何が変わるからですか。次から選び，記号で書きましょう。（　　）

ア　月の大きさ

イ　太陽の光の強さ

ウ　月と太陽の位置関係

理科

月と太陽

目標時間 20分

学習した日　月　日
名前
得点　／100点

6078
解説→331ページ

1 暗くなると，空に月がかがやいて見えます。次の問いに答えましょう。 1つ10点【30点】

(1) 月の表面には丸いくぼみが見られます。このくぼみを何といいますか。（　　）

(2) 月はどのようにかがやいていますか。次から選び，記号で書きましょう。（　　）

ア　みずから光を出してかがやいている。

イ　光を反射してかがやいている。

(3) 同じ時刻に月を見ると，日によって月の位置と形はどうなっていますか。次から選び，記号で答えましょう。（　　）

ア　位置は変わるが，形はほぼ変わらない。

イ　形は変わるが，位置はほぼ変わらない。

ウ　位置も形も変わる。

エ　位置も形も変わらない。

2 図のように，暗くした部屋で電灯の光を横からボールに当てました。ボールの位置をA～Hのように動かして月の見え方について調べました。次の問いに答えましょう。 1つ10点【70点】

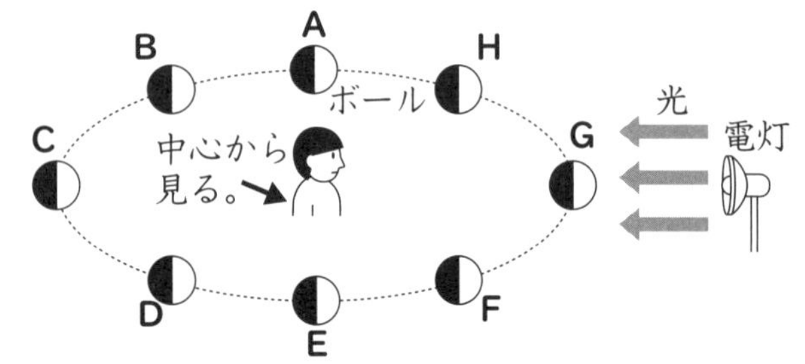

(1) 電灯とボールはそれぞれ何に見立てていますか。次からそれぞれ選び，記号で書きましょう。

電灯（　　）　ボール（　　）

ア　太陽　　イ　月　　ウ　地球

(2) ボールの位置が**E**と**H**のとき，ボールはどのように見えますか。次からそれぞれ選び，記号で書きましょう。

E（　　）　**H**（　　）

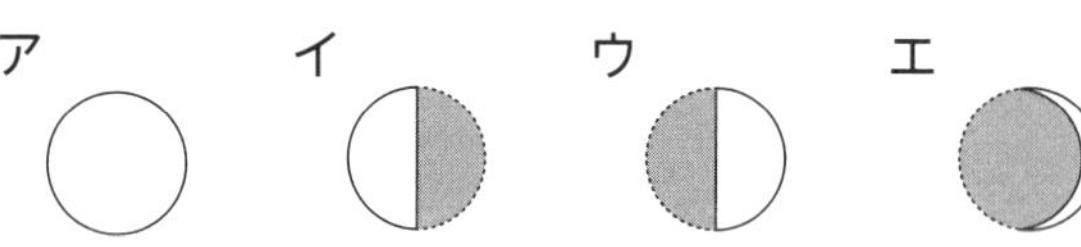

(3) ボールの光った部分が満月のようになるのは，ボールがどこにあるときですか。**A**～**H**から選び，記号で書きましょう。

（　　）

(4) 月の一部がかがやいているとき，太陽はどちら側にあることがわかりますか。次から選び，記号で書きましょう。（　　）

ア　月のかがやいている側

イ　月のかがやいていない側

(5) 日によって月の形の見え方が変わるのは，何が変わるからですか。次から選び，記号で書きましょう。（　　）

ア　月の大きさ

イ　太陽の光の強さ

ウ　月と太陽の位置関係

大地のつくりと変化①

学習した日　　月　　日

名前

得点

／100点

6079
解説→331ページ

1 図は，地下のようすを知るために機械を使って調査しているようすを表しています。次の問いに答えましょう。

1つ10点【30点】

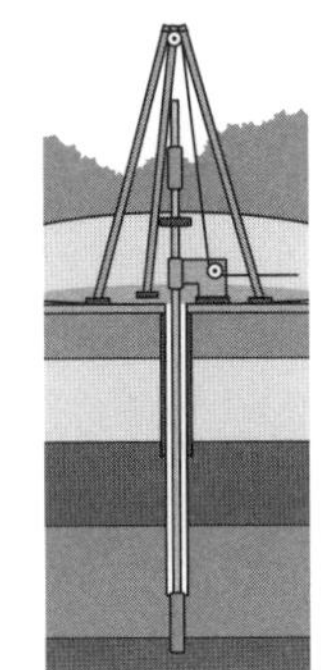

(1) 図のように，機械を使って地下の土や岩石をほり出して行う調査を何調査といいますか。

(　　　　　　　　)

(2) 右の図は，調査した試料を地表からの深さの順に並べ，つぶを調べて，深さで表したものです。どろ，砂，れきはつぶの何によって区別されていますか。次から選び，記号で答えましょう。　(　　　)

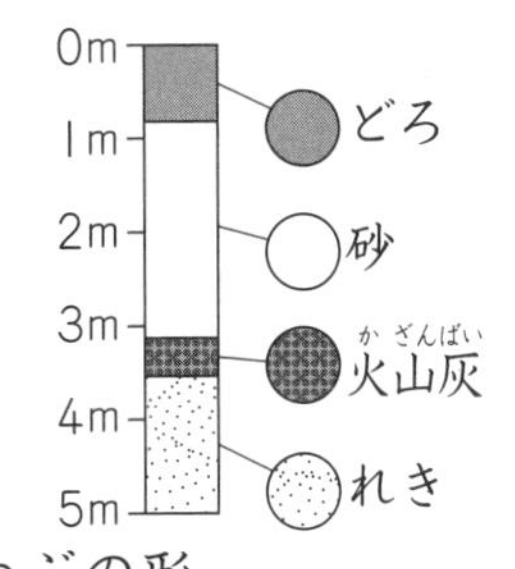

ア　つぶの色　　イ　つぶの大きさ　　ウ　つぶの形

(3) (2)で調査した地点では，深さが３mのところに何のつぶが見られますか。　(　　　)

2 図は，層が重なり合って，がけがしま模様のように見えているようすを表しています。次の問いに答えましょう。

1つ10点【40点】

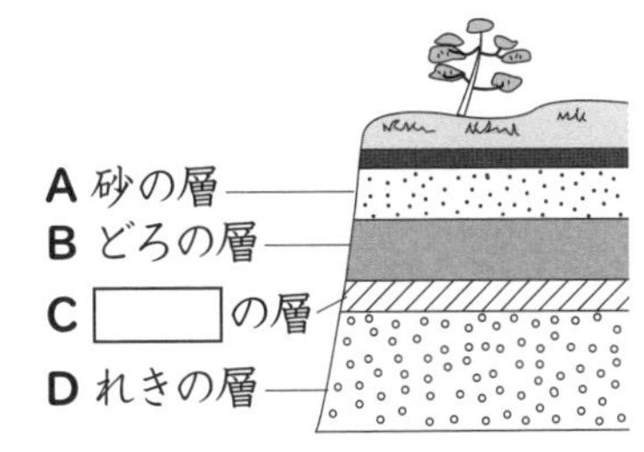

(1) 図のように，層が重なり合って広がっているものを何といいますか。

(　　　)

(2) A，B，Dの層のうち，つぶがいちばん大きいものと，いちばん小さいものを，図のA，B，Dからそれぞれ選び，記号で答えましょう。

いちばん大きい（　　　）　いちばん小さい（　　　）

(3) Cの層は，火山からふき出されたものが降り積もってできていました。この，火山からふき出されたものとは何ですか。

(　　　)

3 図のように，がけに見られた地層で，Aのような貝のすがたが残ったものが見られました。次の問いに答えましょう。

1つ15点【30点】

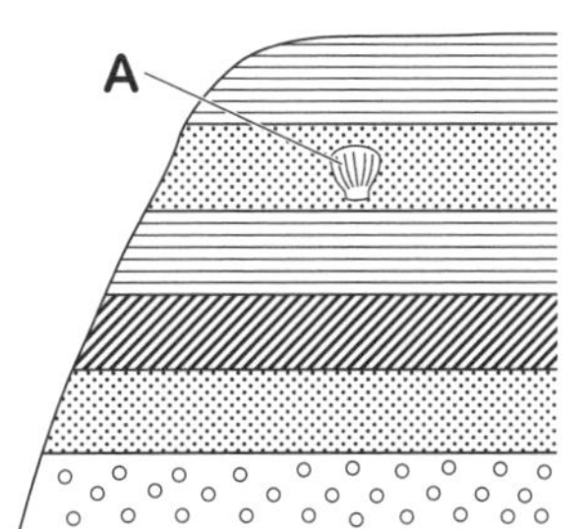

(1) この貝のように，生物の体や生活のあとなどが残ったものを何といいますか。

(　　　)

(2) (1)として見つかることがあるのは，ほかにどのようなものがありますか。次からすべて選び，記号で書きましょう。

(　　　)

ア　動物のすみか
イ　川を流れてきた丸みを帯びた石
ウ　火山のふん火のときにふき出されたれき
エ　木の葉など植物の一部

15 大地のつくりと変化①

学習した日　　月　　日

名前

得点

／100点

6079
解説→331ページ

らくらくマルつけ

❶ 図は，地下のようすを知るために機械を使って調査しているようすを表しています。次の問いに答えましょう。

1つ10点【30点】

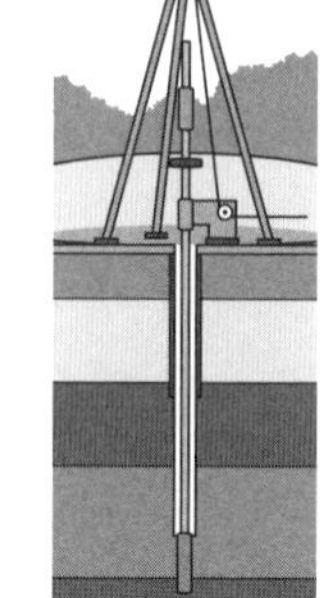

(1) 図のように，機械を使って地下の土や岩石をほり出して行う調査を何調査といいますか。

(　　　　　　　　)

(2) 右の図は，調査した試料を地表からの深さの順に並べ，つぶを調べて，深さで表したものです。どろ，砂，れきはつぶの何によって区別されていますか。次から選び，記号で答えましょう。　(　　　)

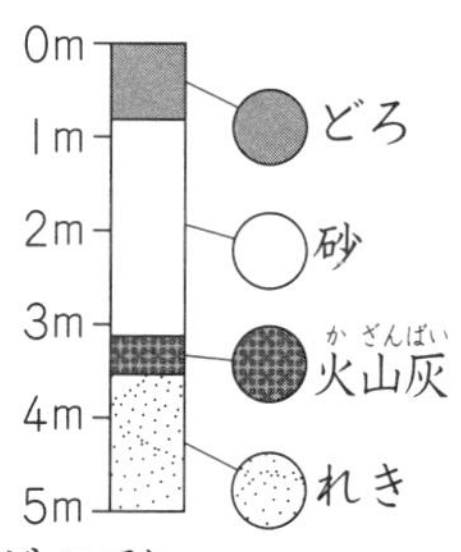

ア　つぶの色　　イ　つぶの大きさ　　ウ　つぶの形

(3) (2)で調査した地点では，深さが３ｍのところに何のつぶが見られますか。

(　　　)

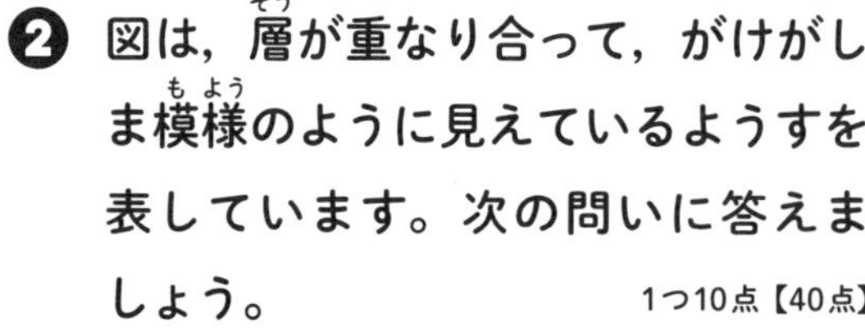

❷ 図は，層が重なり合って，がけがしま模様のように見えているようすを表しています。次の問いに答えましょう。

1つ10点【40点】

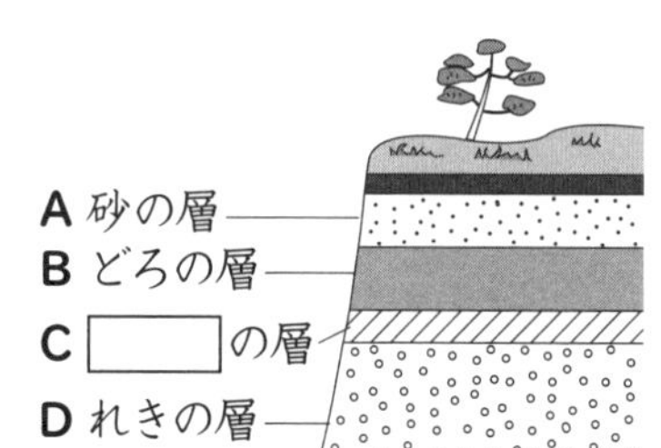

(1) 図のように，層が重なり合って広がっているものを何といいますか。

(　　　)

(2) A，B，Dの層のうち，つぶがいちばん大きいものと，いちばん小さいものを，図のA，B，Dからそれぞれ選び，記号で答えましょう。

いちばん大きい (　　　)　いちばん小さい (　　　)

(3) Cの層は，火山からふき出されたものが降り積もってできていました。この，火山からふき出されたものとは何ですか。

(　　　)

❸ 図のように，がけに見られた地層で，Aのような貝のすがたが残ったものが見られました。次の問いに答えましょう。

1つ15点【30点】

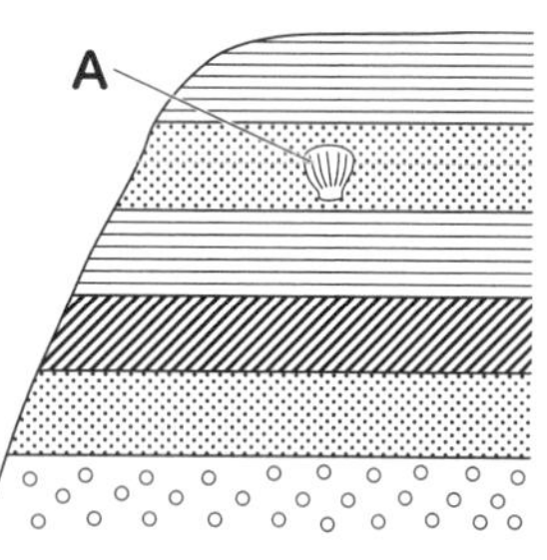

(1) この貝のように，生物の体や生活のあとなどが残ったものを何といいますか。

(　　　)

(2) (1)として見つかることがあるのは，ほかにどのようなものがありますか。次からすべて選び，記号で書きましょう。

(　　　)

ア　動物のすみか
イ　川を流れてきた丸みを帯びた石
ウ　火山のふん火のときにふき出されたれき
エ　木の葉など植物の一部

大地のつくりと変化②

学習した日　月　日
名前
得点　／100点
6080
解説→332ページ

らくらくマルつけ

1 砂(すな)やれき，どろは流れる水のはたらきによって運ぱんされ，海底などにたい積します。次の問いに答えましょう。 1つ10点【60点】

(1) 土砂(どしゃ)のたい積のしかたについて説明した文として正しいものはどれですか。次から選び，記号で書きましょう。
（　　）

ア　河口に近い場所には，しずむ速さのおそいものが積もる。
イ　河口から遠い場所には，つぶの大きさの小さいものが積もる。

(2) 次のA，Bにたい積したものは，砂，どろ，れきのうちどれですか。
A（　　　）B（　　　）

A　河口に近い場所
B　河口から遠い場所

(3) たい積した土砂を調べると，つぶの形はどのようなものが多いですか。次から選び，記号で書きましょう。
（　　）

ア　丸みのあるもの
イ　角ばったもの

(4) たい積したどろが長い年月の間に固まってできた岩石を何といいますか。
（　　　）

(5) 土砂のたい積が何度もくり返されると，海底に何ができますか。
（　　　）

2 図は，がけに見られた地層(ちそう)のようすを表しています。図の火山灰(かざんばい)の層からつぶを少し取り，水でよく洗(あら)って，双眼実体(そうがんじったい)けんび鏡(きょう)で観察しました。次の問いに答えましょう。 1つ8点【40点】

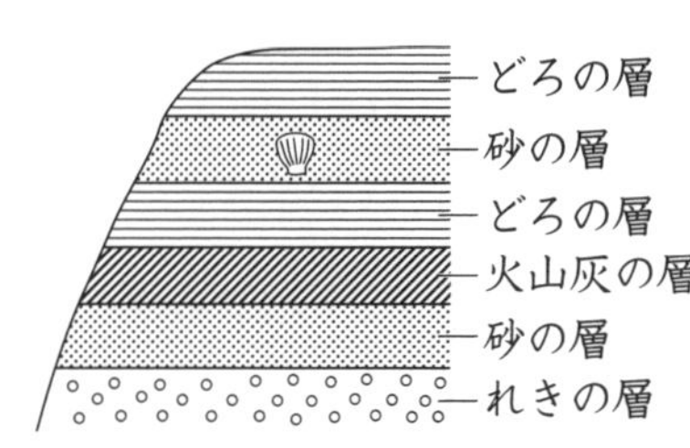

(1) 火山灰は，何が起こったときに積もりましたか。
（　　　）

(2) 図のような地層のしま模様(もよう)について説明した文として正しいものはどれですか。次から選び，記号で書きましょう。（　　）

ア　しま模様があるのは表面だけである。
イ　しま模様はおくまで続いている。

(3) 火山灰のつぶは，どろ，砂，れきのつぶと比べるとどのような形になっていますか。次から選び，記号で書きましょう。
（　　）

ア　まるみがある。　　イ　角ばっている。

(4) 火山灰のつぶを観察したときに見られたものとして正しいものには○，まちがっているものには×を書きましょう。
①（　　）②（　　）

①　小さな穴(あな)のたくさんあいたつぶ
②　とうめいなガラスのかけらのようなもの

理科

大地のつくりと変化②

学習した日　月　日

名前

得点

／100点

6080
解説→332ページ

❶ 砂やれき，どろは流れる水のはたらきによって運ぱんされ，海底などにたい積します。次の問いに答えましょう。 1つ10点【60点】

(1) 土砂のたい積のしかたについて説明した文として正しいものはどれですか。次から選び，記号で書きましょう。

（　　）

ア　河口に近い場所には，しずむ速さのおそいものが積もる。

イ　河口から遠い場所には，つぶの大きさの小さいものが積もる。

(2) 次の**A**，**B**にたい積したものは，砂，どろ，れきのうちどれですか。

A（　　　） **B**（　　　）

A　河口に近い場所

B　河口から遠い場所

(3) たい積した土砂を調べると，つぶの形はどのようなものが多いですか。次から選び，記号で書きましょう。

（　　）

ア　丸みのあるもの

イ　角ばったもの

(4) たい積したどろが長い年月の間に固まってできた岩石を何といいますか。

（　　　）

(5) 土砂のたい積が何度もくり返されると，海底に何ができますか。

（　　　）

❷ 図は，がけに見られた地層のようすを表しています。図の火山灰の層からつぶを少し取り，水でよく洗って，双眼実体けんび鏡で観察しました。次の問いに答えましょう。 1つ8点【40点】

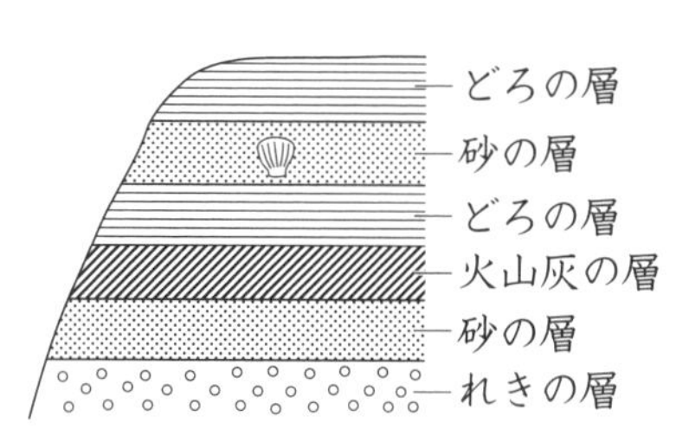

(1) 火山灰は，何が起こったときに積もりましたか。

（　　　）

(2) 図のような地層のしま模様について説明した文として正しいものはどれですか。次から選び，記号で書きましょう。（　　）

ア　しま模様があるのは表面だけである。

イ　しま模様はおくまで続いている。

(3) 火山灰のつぶは，どろ，砂，れきのつぶと比べるとどのような形になっていますか。次から選び，記号で書きましょう。

（　　）

ア　まるみがある。　　イ　角ばっている。

(4) 火山灰のつぶを観察したときに見られたものとして正しいものには○，まちがっているものには×を書きましょう。

①（　　） ②（　　）

①　小さな穴のたくさんあいたつぶ

②　とうめいなガラスのかけらのようなもの

大地のつくりと変化③

目標時間 20分

学習した日　月　日

名前

得点　／100点

6081
解説→332ページ

1 火山活動によって，大地が変化することがあります。次の問いに答えましょう。 1つ10点【40点】

(1) 日本は火山活動の多い地域ですか，少ない地域ですか。

（　　　　）

(2) 火山がふん火したときに火口からふき出して，建てものや畑などに降り積もることのあるものは何ですか。

（　　　　）

(3) 火山がふん火したときに火口から流れ出て，建てものなどをおおってしまうことのあるものは何ですか。

（　　　　）

(4) 火山活動による大地の変化についての文としてまちがっているものはどれですか。次から選び，記号で書きましょう。

（　　）

ア　山ができたり，島が広がったりする。
イ　くぼ地や湖ができる。
ウ　海底が持ち上げられる。

2 地下で大きな力がはたらくと，大地が変化することがあります。次の問いに答えましょう。 1つ10点【30点】

(1) 地下で大きな力がはたらくと，大地にずれが生じることがあります。この大地のずれを何といいますか。

（　　　　）

(2) (1)のずれは，地表で見られることがありますか。

（　　　　）

(3) (1)のずれが生じたときに，大地がゆれることを何といいますか。

（　　　　）

3 地震が起こると，わたしたちのくらしにえいきょうをおよぼします。次の問いに答えましょう。 1つ10点【30点】

(1) 地震による大地の変化についての文としてまちがっているものはどれですか。次から選び，記号で書きましょう。

（　　）

ア　山のしゃ面がくずれる。
イ　海上にまで土地が広がる。
ウ　土地が盛り上がる。
エ　土地がしずむ。

(2) 地震が海底の地下で起こると，海水が地上におし寄せることがあります。この現象を何といいますか。

（　　　　）

(3) 地震によって起こる液状化現象とはどのようなものですか。次から選び，記号で書きましょう。

（　　）

ア　がけなどがくずれること。
イ　土地がやわらかくなること。

大地のつくりと変化③

目標時間 20分

学習した日　　月　　日

名前

得点　　／100点

6081

解説→332ページ

❶ 火山活動によって，大地が変化することがあります。次の問いに答えましょう。 1つ10点【40点】

(1) 日本は火山活動の多い地域(ちいき)ですか，少ない地域ですか。

(　　　　　)

(2) 火山がふん火したときに火口からふき出して，建てものや畑などに降(ふ)り積もることのあるものは何ですか。

(　　　　　)

(3) 火山がふん火したときに火口から流れ出て，建てものなどをおおってしまうことのあるものは何ですか。

(　　　　　)

(4) 火山活動による大地の変化についての文としてまちがっているものはどれですか。次から選び，記号で書きましょう。

(　　　)

ア　山ができたり，島が広がったりする。

イ　くぼ地や湖ができる。

ウ　海底が持ち上げられる。

❷ 地下で大きな力がはたらくと，大地が変化することがあります。次の問いに答えましょう。 1つ10点【30点】

(1) 地下で大きな力がはたらくと，大地にずれが生じることがあります。この大地のずれを何といいますか。

(　　　　　)

(2) (1)のずれは，地表で見られることがありますか。

(　　　　　)

(3) (1)のずれが生じたときに，大地がゆれることを何といいますか。

(　　　　　)

❸ 地震(じしん)が起こると，わたしたちのくらしにえいきょうをおよぼします。次の問いに答えましょう。 1つ10点【30点】

(1) 地震による大地の変化についての文としてまちがっているものはどれですか。次から選び，記号で書きましょう。

(　　　)

ア　山のしゃ面がくずれる。

イ　海上にまで土地が広がる。

ウ　土地が盛(も)り上がる。

エ　土地がしずむ。

(2) 地震が海底の地下で起こると，海水が地上におし寄せることがあります。この現象を何といいますか。

(　　　　　)

(3) 地震によって起こる液状化現象とはどのようなものですか。次から選び，記号で書きましょう。

(　　　)

ア　がけなどがくずれること。

イ　土地がやわらかくなること。

てこのはたらき①

学習した日　　月　　日

名前

得点

／100点

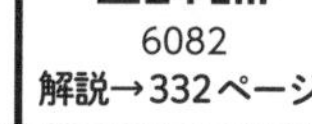

6082
解説→332ページ

1 **図のように，棒を使っておもりを持ち上げました。次の問いに答えましょう。**

1つ10点【40点】

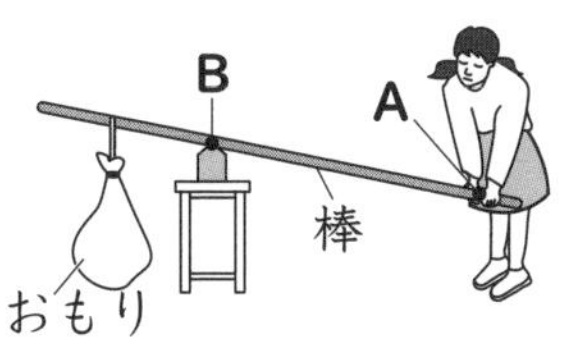

(1) 図のように，棒を１点で支え，力を加えてものを持ち上げるしくみを何といいますか。　(　　　)

(2) 図のようにおもりを持ち上げているとき，Aでどの向きに力を加えていますか。次から選び，記号で書きましょう。　(　　　)

ア　上向き　　　イ　下向き

(3) 図のA，Bの位置をそれぞれ何といいますか。

A (　　　)　B (　　　)

2 **図のように，おもりを持ち上げ，手ごたえの大きさを調べました。次の問いに答えましょう。**

1つ10点【20点】

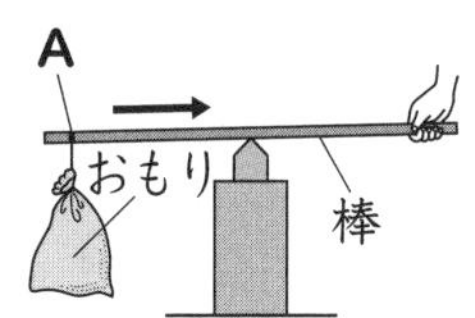

(1) 図のAの位置を何といいますか。次から選び，記号で書きましょう。　(　　　)

ア　力点　　　イ　支点　　　ウ　作用点

(2) 図のおもりの位置をAから矢印の向きに動かすと，手ごたえはどうなりますか。次から選び，記号で書きましょう。　(　　　)

ア　大きくなる。　　　イ　小さくなる。

3 **図のようにおもりを持ち上げ，力を加える位置とおもりをつるす位置をそれぞれ動かし，手ごたえの大きさを調べました。次の問いに答えましょう。**

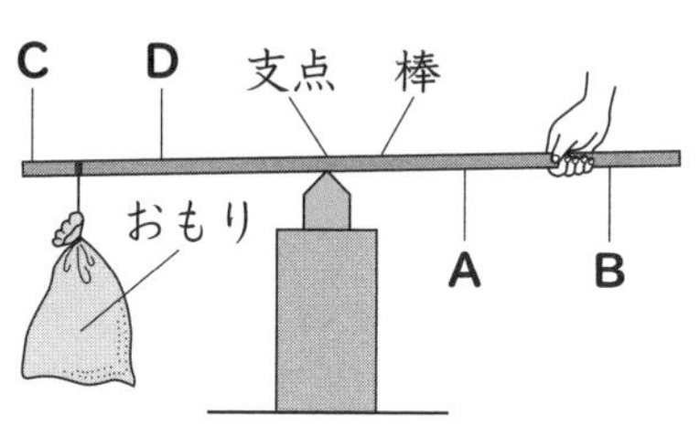

1つ10点【40点】

(1) 力を加える位置をどこに動かすと，手ごたえが大きくなりますか。A，Bから選び，記号で書きましょう。　(　　　)

(2) おもりをつるす位置をどこに動かすと，手ごたえが大きくなりますか。C，Dから選び，記号で書きましょう。　(　　　)

(3) 支点から力点までの長さをどのようにすると，小さな力でおもりを持ち上げることができますか。次から選び，記号で書きましょう。　(　　　)

ア　長くする。　　　イ　短くする。

(4) 支点から作用点までの長さをどのようにすると，小さな力でおもりを持ち上げることができますか。次から選び，記号で書きましょう。　(　　　)

ア　長くする。　　　イ　短くする。

理科

てこのはたらき①

学習した日　月　日

名前

得点

／100点

6082
解説→332ページ

❶ 図のように，棒を使っておもりを持ち上げました。次の問いに答えましょう。

1つ10点【40点】

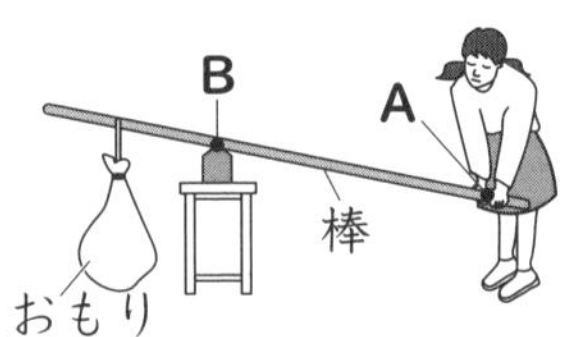

(1) 図のように，棒を１点で支え，力を加えてものを持ち上げるしくみを何といいますか。　（　　　）

(2) 図のようにおもりを持ち上げているとき，Aでどの向きに力を加えていますか。次から選び，記号で書きましょう。　（　　　）

ア　上向き　　イ　下向き

(3) 図のA，Bの位置をそれぞれ何といいますか。

A（　　　）　B（　　　）

❷ 図のように，おもりを持ち上げ，手ごたえの大きさを調べました。次の問いに答えましょう。

1つ10点【20点】

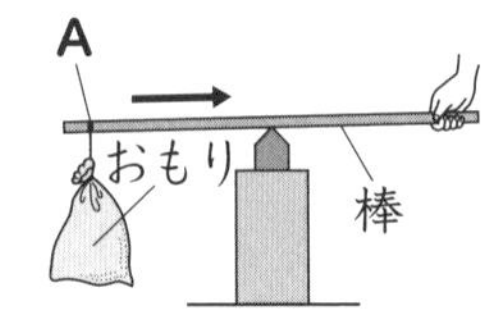

(1) 図のAの位置を何といいますか。次から選び，記号で書きましょう。　（　　　）

ア　力点（りきてん）　　イ　支点　　ウ　作用点

(2) 図のおもりの位置をAから矢印の向きに動かすと，手ごたえはどうなりますか。次から選び，記号で書きましょう。　（　　　）

ア　大きくなる。　　イ　小さくなる。

❸ 図のようにおもりを持ち上げ，力を加える位置とおもりをつるす位置をそれぞれ動かし，手ごたえの大きさを調べました。次の問いに答えましょう。

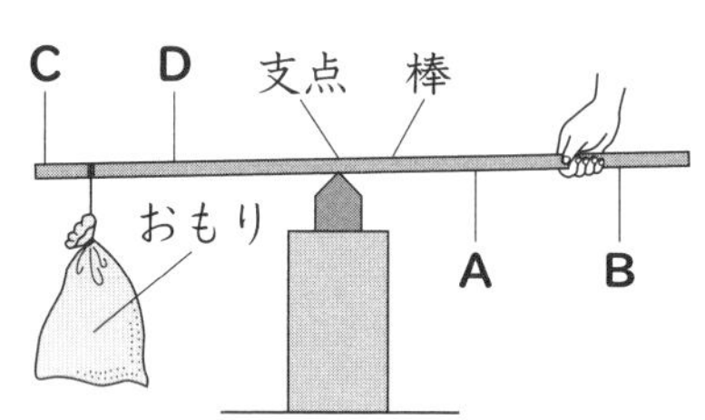

1つ10点【40点】

(1) 力を加える位置をどこに動かすと，手ごたえが大きくなりますか。A，Bから選び，記号で書きましょう。　（　　　）

(2) おもりをつるす位置をどこに動かすと，手ごたえが大きくなりますか。C，Dから選び，記号で書きましょう。　（　　　）

(3) 支点から力点までの長さをどのようにすると，小さな力でおもりを持ち上げることができますか。次から選び，記号で書きましょう。　（　　　）

ア　長くする。　　イ　短くする。

(4) 支点から作用点までの長さをどのようにすると，小さな力でおもりを持ち上げることができますか。次から選び，記号で書きましょう。　（　　　）

ア　長くする。　　イ　短くする。

てこのはたらき②

学習した日　　月　　日

名前

得点

／100点

6083
解説→333ページ

① 図のように，実験用てこの左うでの目盛り4におもり1個をつるし，右うでの1番，2番，…と順におもり1個をつるす場所を移していき，うでのかたむきを調べます。次の問いに答えましょう。

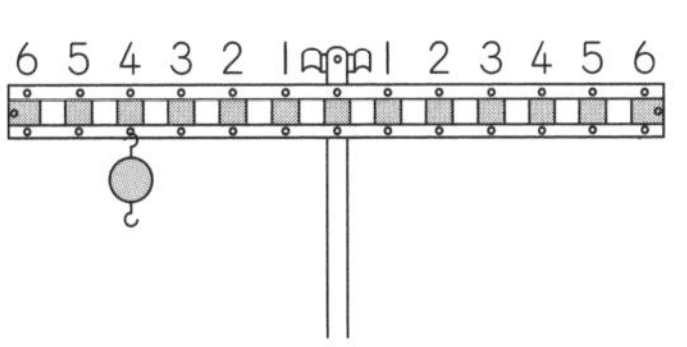

1つ10点【20点】

(1) おもりを右うでの3番につるしたとき，てこのうでのかたむきはどうなりましたか。次から選び，記号で書きましょう。

(　　)

ア　右にかたむいた。　　イ　左にかたむいた。

(2) てこが水平につり合ったのは，おもりを右うでの何番につるしたときですか。　(　　)番

② 図のように，実験用てこの左うでの目盛り4におもり（20g）3個，右うでの目盛り2に同じ重さのおもり2個をつるしました。次の問いに答えましょう。

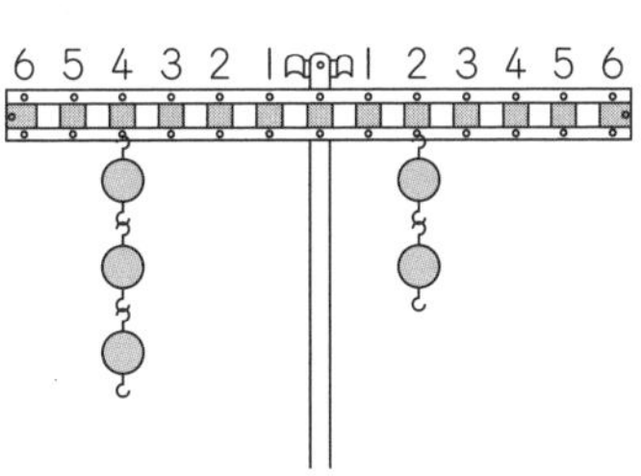

【50点】

(1) 図のとき，てこのうでのかたむきはどうなりましたか。次から選び，記号で書きましょう。　(10点)(　　)

ア　右にかたむいた。　　イ　左にかたむいた。

(2) おもりがてこのうでをかたむけるはたらきの大きさは，どのように表すことができますか。次から選び，記号で書きましょう。

(10点)(　　)

ア　おもりの重さ×支点からのきょり

イ　おもりの重さ÷支点からのきょり

ウ　おもりの重さ＋支点からのきょり

(3) 右うでの2個のおもりを何番に移動させると，てこは水平につり合うようになりますか。　(15点)(　　)番

(4) 右うでのおもりをすべてとりはずし，目盛り5の位置を下向きに手でおしててこを水平につり合わせるためには，手は何gのおもりの重さと同じ力でおせばよいですか。

(15点)(　　)g

③ 図は，てこのはたらきを利用しているせんぬきとくぎぬき（バール）を表しています。次の問いに答えましょう。

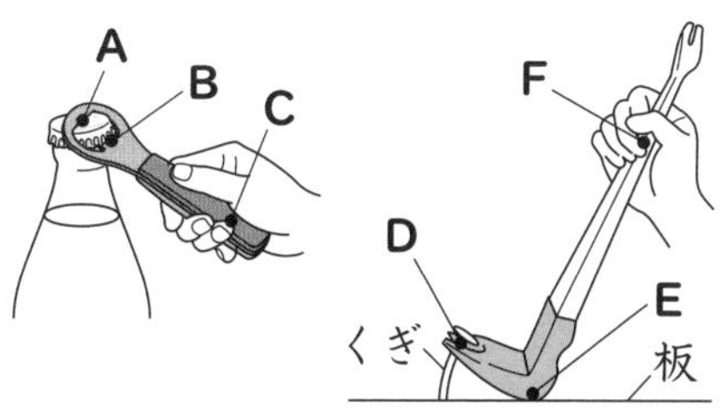

1つ10点【30点】

(1) せんぬきとくぎぬきの支点はそれぞれどこですか。A～Fから選び，記号で答えましょう。

せんぬき(　　)くぎぬき(　　)

(2) 支点，力点，作用点の位置は道具によって同じですか，または，ちがいますか。　(　　)

理科

てこのはたらき②

学習した日　月　日
名前
得点
／100点

6083
解説→333ページ

❶ 図のように，実験用てこの左うでの目盛り4におもり1個をつるし，右うでの1番，2番，…と順におもり1個をつるす場所を移していき，うでのかたむきを調べます。次の問いに答えましょう。

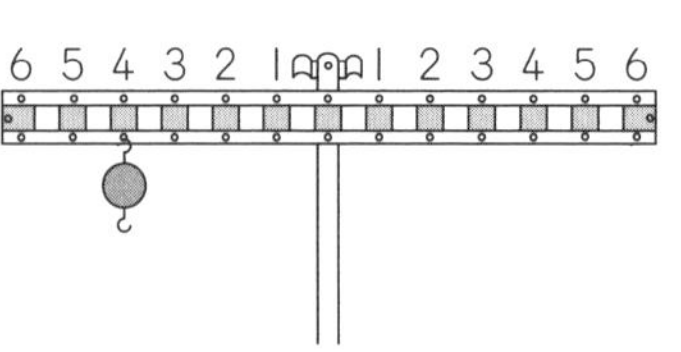

1つ10点【20点】

(1) おもりを右うでの3番につるしたとき，てこのうでのかたむきはどうなりましたか。次から選び，記号で書きましょう。
(　　　)

ア　右にかたむいた。　　イ　左にかたむいた。

(2) てこが水平につり合ったのは，おもりを右うでの何番につるしたときですか。　(　　　)番

❷ 図のように，実験用てこの左うでの目盛り4におもり（20g）3個，右うでの目盛り2に同じ重さのおもり2個をつるしました。次の問いに答えましょう。

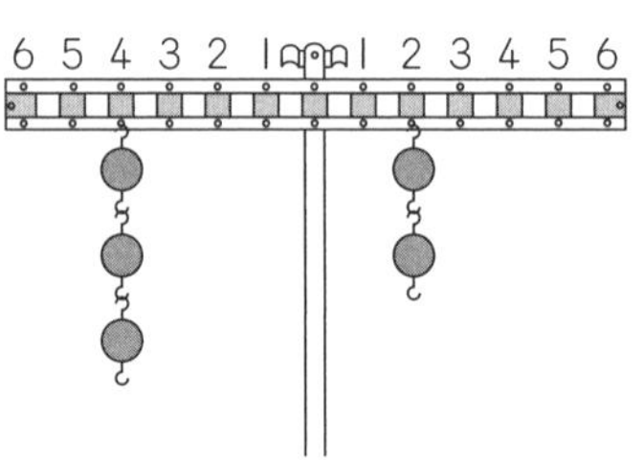

【50点】

(1) 図のとき，てこのうでのかたむきはどうなりましたか。次から選び，記号で書きましょう。　(10点)(　　　)

ア　右にかたむいた。　　イ　左にかたむいた。

(2) おもりがてこのうでをかたむけるはたらきの大きさは，どのように表すことができますか。次から選び，記号で書きましょう。
(10点)(　　　)

ア　おもりの重さ×支点からのきょり
イ　おもりの重さ÷支点からのきょり
ウ　おもりの重さ＋支点からのきょり

(3) 右うでの2個のおもりを何番に移動させると，てこは水平につり合うようになりますか。　(15点)(　　　)番

(4) 右うでのおもりをすべてとりはずし，目盛り5の位置を下向きに手でおしててこを水平につり合わせるためには，手は何gのおもりの重さと同じ力でおせばよいですか。
(15点)(　　　)g

❸ 図は，てこのはたらきを利用しているせんぬきとくぎぬき（バール）を表しています。次の問いに答えましょう。

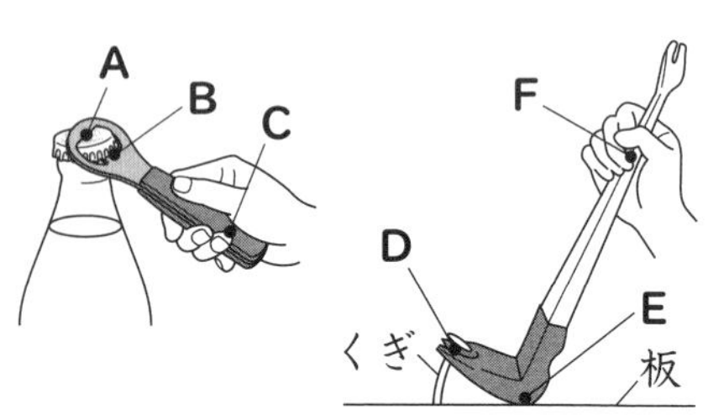

1つ10点【30点】

(1) せんぬきとくぎぬきの支点はそれぞれどこですか。A～Fから選び，記号で答えましょう。
せんぬき(　　　)くぎぬき(　　　)

(2) 支点，力点，作用点の位置は道具によって同じですか，または，ちがいますか。　(　　　　　)

電気とわたしたちの生活

学習した日　月　日
名前
得点
／100点

6084
解説→333ページ

らくらくマルつけ

1 **図のように，Aの器具とモーターをつなぎ，器具Aに日光を当てると，モーターが回りました。次の問いに答えましょう。**

1つ10点【30点】

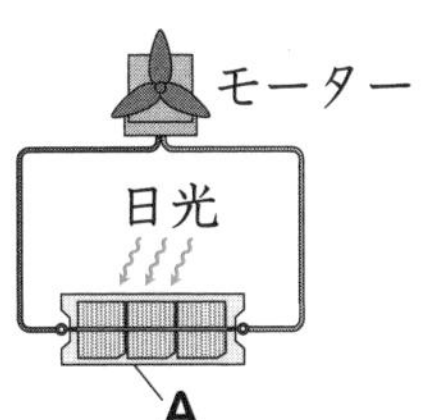

(1) Aの器具を何といいますか。

(　　　　　)

(2) Aの器具に日光を当てるのをやめると，モーターはどうなりますか。次から選び，記号で書きましょう。

(　　)

ア　回り続ける。　　　イ　回らなくなる。

(3) Aの器具のつなぐ向きを逆にすると，モーターはどうなりますか。次から選び，記号で書きましょう。　(　　)

ア　速く回る。　　　イ　ゆっくり回る。
ウ　逆向きに回る。　エ　同じように回り続ける。

2 **図のように，手回し発電機と豆電球をつなぎ，手回し発電機のハンドルをゆっくり回すと明かりがつきました。次の問いに答えましょう。**

【40点】

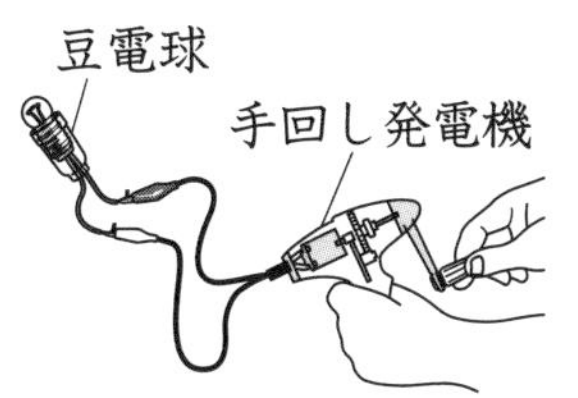

(1) ハンドルを速く回すと，ゆっくり回したときと比べて豆電球の明かりはどうなりますか。次から選び，記号で書きましょう。

(10点) (　　)

ア　明るくなる。　イ　暗くなる。　ウ　変わらない。

(2) ハンドルの回す速さは変えずに回す向きを逆にすると，逆にする前と比べて豆電球の明かりはどうなりますか。次から選び，記号で書きましょう。

(15点) (　　)

ア　明るくなる。　イ　暗くなる。　ウ　変わらない。

(3) この実験で，手回し発電機がつくった電気はどのようなものに変わりましたか。次から2つ選び，記号で書きましょう。

(全部できて15点) (　　　)

ア　光　　イ　音　　ウ　熱　　エ　運動

3 **図のように，Aの器具と手回し発電機をつなぎ，手回し発電機のハンドルを回しました。次の問いに答えましょう。**

1つ10点【30点】

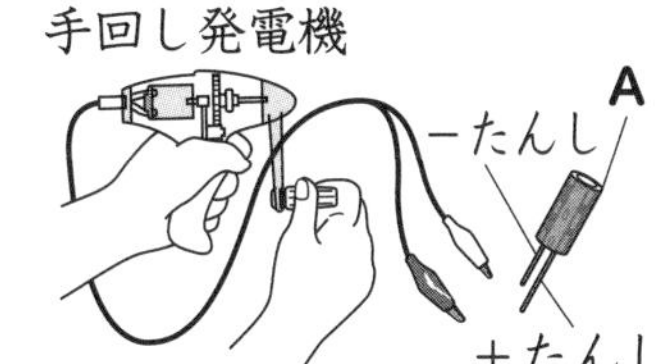

(1) Aの器具を何といいますか。

(　　　　　)

(2) Aの器具は，何をすることができますか。次から選び，記号で書きましょう。　(　　)

ア　電気をつくることができる。
イ　電気をためることができる。

(3) Aの器具の＋たんしは，手回し発電機の＋たんしか－たんしのどちらとつなぎますか。　(　　　)

理科

電気とわたしたちの生活

学習した日　　月　　日

名前

得点

／100点

6084
解説→333ページ

❶ 図のように，Aの器具とモーターをつなぎ，器具Aに日光を当てると，モーターが回りました。次の問いに答えましょう。

1つ10点【30点】

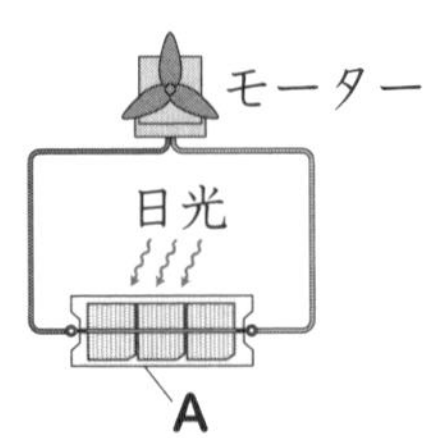

(1) Aの器具を何といいますか。

(　　　　　　　)

(2) Aの器具に日光を当てるのをやめると，モーターはどうなりますか。次から選び，記号で書きましょう。

(　　　)

ア　回り続ける。　　イ　回らなくなる。

(3) Aの器具のつなぐ向きを逆にすると，モーターはどうなりますか。次から選び，記号で書きましょう。　(　　　)

ア　速く回る。　　イ　ゆっくり回る。

ウ　逆向きに回る。　　エ　同じように回り続ける。

❷ 図のように，手回し発電機と豆電球をつなぎ，手回し発電機のハンドルをゆっくり回すと明かりがつきました。次の問いに答えましょう。

【40点】

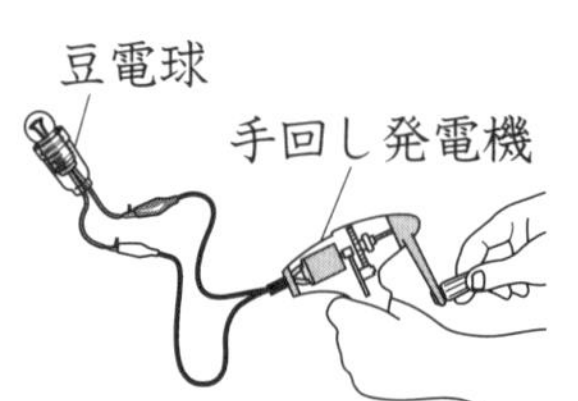

(1) ハンドルを速く回すと，ゆっくり回したときと比べて豆電球の明かりはどうなりますか。次から選び，記号で書きましょう。

(10点) (　　　)

ア　明るくなる。　イ　暗くなる。　ウ　変わらない。

(2) ハンドルの回す速さは変えずに回す向きを逆にすると，逆にする前と比べて豆電球の明かりはどうなりますか。次から選び，記号で書きましょう。

(15点) (　　　)

ア　明るくなる。　イ　暗くなる。　ウ　変わらない。

(3) この実験で，手回し発電機がつくった電気はどのようなものに変わりましたか。次から2つ選び，記号で書きましょう。

(全部できて15点) (　　　　)

ア　光　　イ　音　　ウ　熱　　エ　運動

❸ 図のように，Aの器具と手回し発電機をつなぎ，手回し発電機のハンドルを回しました。次の問いに答えましょう。

1つ10点【30点】

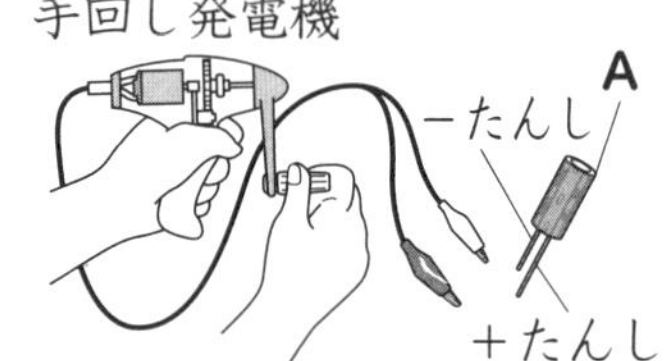

(1) Aの器具を何といいますか。

(　　　　　　　)

(2) Aの器具は，何をすることができますか。次から選び，記号で書きましょう。　(　　　)

ア　電気をつくることができる。

イ　電気をためることができる。

(3) Aの器具の＋たんしは，手回し発電機の＋たんしか－たんしのどちらとつなぎますか。　(　　　　)

わたしたちと地球環境

目標時間 20分

学習した日　月　日

名前

得点　／100点

6085
解説→333ページ

1 わたしたち人は，水，空気，ほかの生物とかかわり合って生きています。次の問いに答えましょう。 1つ10点【40点】

(1) わたしたち人は，水，空気，ほかの生物と直接的にはどのようにかかわり合っていますか。次からそれぞれ選び，記号で書きましょう。

水（　　）　空気（　　）　ほかの生物（　　）

ア　電気をつくるために，石油や石炭などの燃料を燃やしている。
イ　食料を得るために，ウシやブタを育てている。
ウ　よごれた皿などを洗っている。

(2) わたしたち人は，水，空気，ほかの生物にえいきょうをあたえることがありますか，または，ありませんか。

（　　）

2 次の問いに答えましょう。 1つ12点【24点】

(1) ここ約100年の間に，空気中の二酸化炭素の割合はどのようになっていますか。次から選び，記号で書きましょう。

（　　）

ア　増え続けている。　　イ　減り続けている。

(2) (1)が原因で，地球の気温は少しずつどのようになっていると考えられていますか。次から選び，記号で書きましょう。

（　　）

ア　上がっている。　　イ　下がっている。

3 地球でくらし続けるために，わたしたちは環境を守るくふうをしなければなりません。次の問いに答えましょう。 1つ12点【36点】

(1) 水に対するえいきょうを少なくするため，よごれた水はどのようにして川に流せばよいですか。次から選び，記号で書きましょう。

（　　）

ア　水道水でうすめてから流す。
イ　きれいにしてから流す。

(2) 空気に対するえいきょうを少なくするための取り組みとしてまちがっているものを，次から選び，記号で書きましょう。

（　　）

ア　石油や石炭などを使わずに発電する。
イ　二酸化炭素を多く出す自動車を開発する。
ウ　植林をして森林を守る。

(3) ほかの生物に対するえいきょうを少なくするため，木を切ったり燃やしたりした山林はどのようにすればよいですか。次から選び，記号で書きましょう。

（　　）

ア　木を切ったり燃やしたりした山林に，もともと生えていたものと同じ種類の木を植える。
イ　山林の木をさらに切ったり燃やしたりして，野菜などを育てる農地をつくる。

21 わたしたちと地球環境

目標時間 20分

学習した日　月　日

名前

得点　／100点

らくらくマルつけ

6085

解説→333ページ

❶ わたしたち人は，水，空気，ほかの生物とかかわり合って生きています。次の問いに答えましょう。 1つ10点【40点】

(1) わたしたち人は，水，空気，ほかの生物と直接的にはどのようにかかわり合っていますか。次からそれぞれ選び，記号で書きましょう。

水（　　　）空気（　　　）ほかの生物（　　　）

ア　電気をつくるために，石油や石炭などの燃料を燃やしている。

イ　食料を得るために，ウシやブタを育てている。

ウ　よごれた皿などを洗っている。

(2) わたしたち人は，水，空気，ほかの生物にえいきょうをあたえることがありますか，または，ありませんか。

（　　　　　）

❷ 次の問いに答えましょう。 1つ12点【24点】

(1) ここ約100年の間に，空気中の二酸化炭素の割合はどのようになっていますか。次から選び，記号で書きましょう。

（　　）

ア　増え続けている。　　イ　減り続けている。

(2) (1)が原因で，地球の気温は少しずつどのようになっていると考えられていますか。次から選び，記号で書きましょう。

（　　）

ア　上がっている。　　イ　下がっている。

❸ 地球でくらし続けるために，わたしたちは環境を守るくふうをしなければなりません。次の問いに答えましょう。 1つ12点【36点】

(1) 水に対するえいきょうを少なくするため，よごれた水はどのようにして川に流せばよいですか。次から選び，記号で書きましょう。

（　　）

ア　水道水でうすめてから流す。

イ　きれいにしてから流す。

(2) 空気に対するえいきょうを少なくするための取り組みとしてまちがっているものを，次から選び，記号で書きましょう。

（　　）

ア　石油や石炭などを使わずに発電する。

イ　二酸化炭素を多く出す自動車を開発する。

ウ　植林をして森林を守る。

(3) ほかの生物に対するえいきょうを少なくするため，木を切ったり燃やしたりした山林はどのようにすればよいですか。次から選び，記号で書きましょう。（　　）

ア　木を切ったり燃やしたりした山林に，もともと生えていたものと同じ種類の木を植える。

イ　山林の木をさらに切ったり燃やしたりして，野菜などを育てる農地をつくる。

まとめのテスト①

目標時間 20分

学習した日　　月　　日

名前

得点　　／100点

6086
解説→334ページ

らくらくマルつけ

① 図のように，石灰水の入ったびんの中に火のついたろうそくを入れ，火が消えるまで待ちました。火が消えてからろうそくを出し，ふたをしてびんをふりました。次の問いに答えましょう。

1つ10点【20点】

(1) 火が消えたとき，びんの中の酸素はどうなっていますか。次から選び，記号で書きましょう。（　　）

ア　増えている。

イ　全部なくなっている。

ウ　一部がなくなっている。

(2) びんをふると，石灰水はどうなりましたか。次から選び，記号で書きましょう。（　　）

ア　白くにごった。　　イ　黒くにごった。

② 図は，人の体のつくりを表しています。次の問いに答えましょう。　1つ10点【40点】

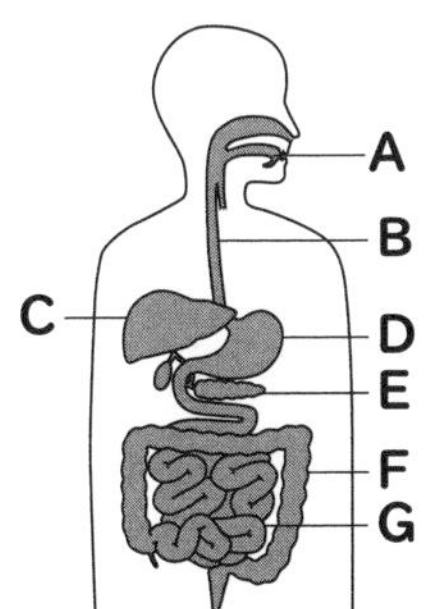

(1) でんぷんは，Aの部分から出される液体のはたらきによって別のものに変化します。この液体を何といいますか。

（　　）

(2) 食べ物を体に吸収されやすい養分に変えるはたらきをする，Dの部分を何といいますか。

（　　）

(3) 体の中で，食べ物を細かくしたり，体に吸収されやすい養分に変えたりすることを何といいますか。

（　　）

(4) 食べ物の養分は体の中のどの部分で吸収されますか。A～Gから選び，記号で書きましょう。（　　）

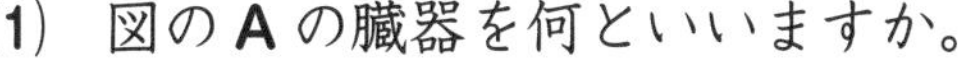

③ 図は，呼吸のはたらきをする臓器を表しています。次の問いに答えましょう。

1つ10点【20点】

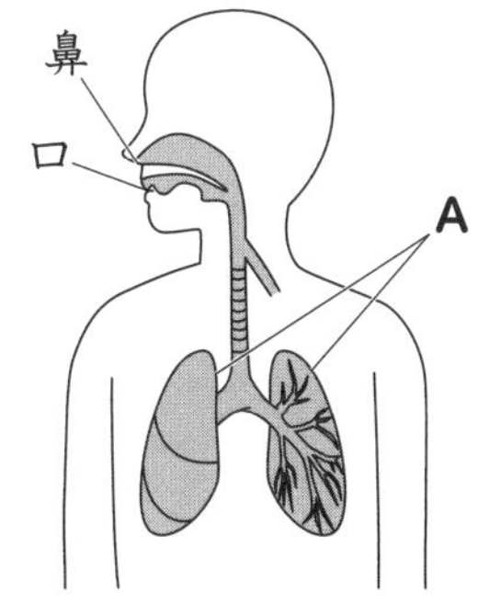

(1) 図のAの臓器を何といいますか。

（　　）

(2) 図のAの臓器では，体内に何がとり入れられますか。（　　）

④ 人の心臓のはたらきについて，正しいものはどれですか。次から2つ選び，記号で書きましょう。

1つ10点【20点】

（　　）（　　）

ア　肺へ酸素を運ぶ。　　イ　肺へ二酸化炭素を運ぶ。

ウ　全身へ酸素を運ぶ。　　エ　全身へ二酸化炭素を運ぶ。

オ　酸素をとり入れ，二酸化炭素を出す。

カ　二酸化炭素をとり入れ，酸素を出す。

理科

＼もう１回チャレンジ!!／

22 まとめのテスト❶

目標時間 20分

学習した日　　月　　日

名前

得点　　／100点

らくらくマルつけ

6086
解説→334ページ

❶ **図のように，石灰水の入ったびんの中に火のついたろうそくを入れ，火が消えるまで待ちました。火が消えてからろうそくを出し，ふたをしてびんをふりました。次の問いに答えましょう。**

1つ10点【20点】

(1)　火が消えたとき，びんの中の酸素はどうなっていますか。次から選び，記号で書きましょう。　（　　）

ア　増えている。

イ　全部なくなっている。

ウ　一部がなくなっている。

(2)　びんをふると，石灰水はどうなりましたか。次から選び，記号で書きましょう。　（　　）

ア　白くにごった。　　イ　黒くにごった。

❷ **図は，人の体のつくりを表しています。次の問いに答えましょう。**　1つ10点【40点】

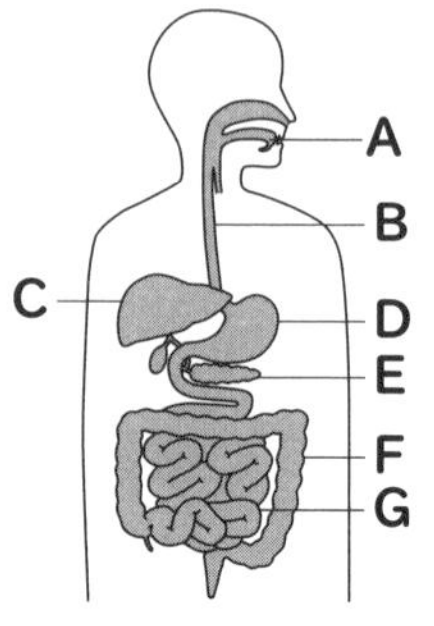

(1)　でんぷんは，**A**の部分から出される液体のはたらきによって別のものに変化します。この液体を何といいますか。

（　　）

(2)　食べ物を体に吸収されやすい養分に変えるはたらきをする，**D**の部分を何といいますか。

（　　）

(3)　体の中で，食べ物を細かくしたり，体に吸収されやすい養分に変えたりすることを何といいますか。

（　　）

(4)　食べ物の養分は体の中のどの部分で吸収されますか。**A**～**G**から選び，記号で書きましょう。　（　　）

❸ **図は，呼吸のはたらきをする臓器を表しています。次の問いに答えましょう。**

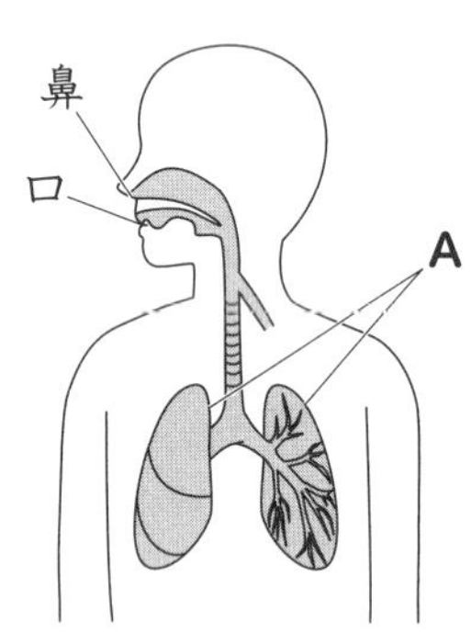

1つ10点【20点】

(1)　図の**A**の臓器を何といいますか。

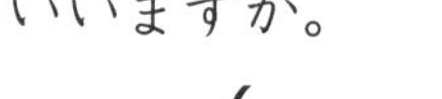

（　　）

(2)　図の**A**の臓器では，体内に何がとり入れられますか。

（　　）

❹ **人の心臓のはたらきについて，正しいものはどれですか。次から2つ選び，記号で書きましょう。**

1つ10点【20点】

（　　）（　　）

ア　肺へ酸素を運ぶ。　　イ　肺へ二酸化炭素を運ぶ。

ウ　全身へ酸素を運ぶ。　　エ　全身へ二酸化炭素を運ぶ。

オ　酸素をとり入れ，二酸化炭素を出す。

カ　二酸化炭素をとり入れ，酸素を出す。

まとめのテスト②

目標時間 20分

学習した日　　月　　日

名前

得点　　／100点

6087

解説→334ページ

1 図のように，夕方，ジャガイモの葉A～Cにアルミニウムはくをかぶせて一晩おきました。次の日の朝，Aはつみとり，Bはアルミニウムはくを外してから，Cはそのままで，4～5時間日光に当てました。葉A～Cはつみとった後，やわらかくなるまで数分間湯でにて，水で洗い，ある液体につけると，1枚の葉だけ青むらさき色に変わりました。次の問いに答えましょう。

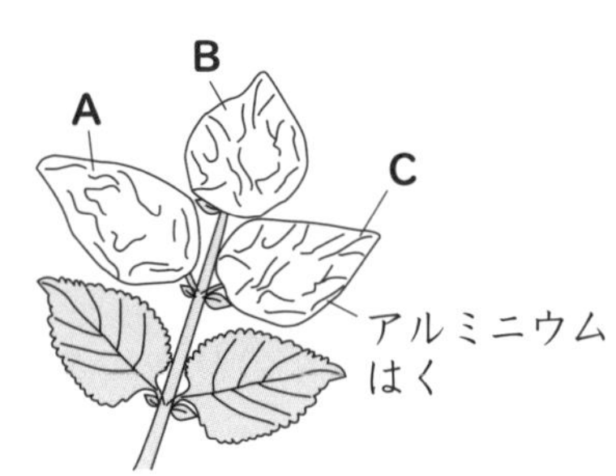

1つ10点【30点】

(1) 葉A～Cにつけたある液体とは何ですか。

(　　　　　　)

(2) でんぷんができていた葉はどれですか。A～Cから選び，記号で書きましょう。

(　　　)

(3) でんぷんができるには日光が必要であるということは，どの葉とどの葉の結果からいえますか。次から選び，記号で書きましょう。

(　　　)

ア　AとB　　イ　AとC　　ウ　BとC

2 赤色と青色のリトマス紙を使って，石灰水，塩酸，アンモニア水，食塩水，炭酸水の5つの水よう液の性質を調べました。次の問いに答えましょう。

1つ10点【30点】

(1) リトマス紙に石灰水をつけると，色はどのようになりましたか。次から選び，記号で書きましょう。(　　　)

ア　青色のリトマス紙が赤色に変わった。

イ　赤色のリトマス紙が青色に変わった。

ウ　どちらのリトマス紙も変わらなかった。

(2) (1)より，石灰水は何性であることがわかりますか。

(　　　　　　)性

(3) 性質を調べた水よう液の中で，石灰水と同じ性質の水よう液はどれですか。(　　　　　　)

3 図は，北極側から見た地球と月，太陽の位置関係を表しています。次の問いに答えましょう。

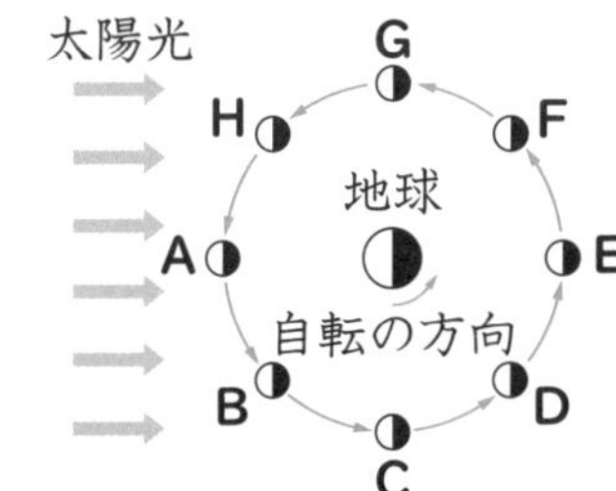

1つ10点【40点】

(1) A，Eの位置にある月をそれぞれ何といいますか。

A (　　　　　)　E (　　　　　)

(2) 日本から右の形の月が見えるのは，月がどこにあるときですか。A～Hから選び，記号で書きましょう。

(　　　)

(3) 月の形は約何日でもとにもどりますか。次から選び，記号で書きましょう。(　　　)

ア　約7日　　イ　約15日　　ウ　約30日

理科

まとめのテスト❷

学習した日　　月　　日

名前

得点

／100点

6087
解説→334ページ

❶ 図のように，夕方，ジャガイモの葉A～Cにアルミニウムはくをかぶせて一晩おきました。次の日の朝，Aはつみとり，Bはアルミニウムはくを外してから，Cはそのままで，4～5時間日光に当てました。葉A～Cはつみとった後，やわらかくなるまで数分間湯でにて，水で洗い，ある液体につけると，1枚の葉だけ青むらさき色に変わりました。次の問いに答えましょう。

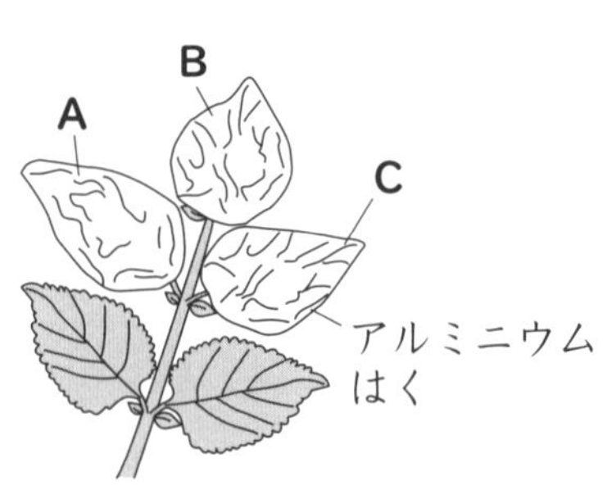

1つ10点【30点】

(1) 葉A～Cにつけたある液体とは何ですか。

(　　　　　　)

(2) でんぷんができていた葉はどれですか。A～Cから選び，記号で書きましょう。

(　　　)

(3) でんぷんができるには日光が必要であるということは，どの葉とどの葉の結果からいえますか。次から選び，記号で書きましょう。

(　　　)

ア　AとB　　イ　AとC　　ウ　BとC

❷ 赤色と青色のリトマス紙を使って，石灰水，塩酸，アンモニア水，食塩水，炭酸水の5つの水よう液の性質を調べました。次の問いに答えましょう。

1つ10点【30点】

(1) リトマス紙に石灰水をつけると，色はどのようになりましたか。次から選び，記号で書きましょう。　(　　　)

ア　青色のリトマス紙が赤色に変わった。

イ　赤色のリトマス紙が青色に変わった。

ウ　どちらのリトマス紙も変わらなかった。

(2) (1)より，石灰水は何性であることがわかりますか。

(　　　　　　)性

(3) 性質を調べた水よう液の中で，石灰水と同じ性質の水よう液はどれですか。　(　　　　　　)

❸ 図は，北極側から見た地球と月，太陽の位置関係を表しています。次の問いに答えましょう。

1つ10点【40点】

太陽光

G　F　E　D　C　B　A　H

地球

自転の方向

(1) A，Eの位置にある月をそれぞれ何といいますか。

A(　　　　)　E(　　　　)

(2) 日本から右の形の月が見えるのは，月がどこにあるときですか。A～Hから選び，記号で書きましょう。

(　　　)

(3) 月の形は約何日でもとにもどりますか。次から選び，記号で書きましょう。　(　　　)

ア　約7日　　イ　約15日　　ウ　約30日

まとめのテスト❸

目標時間 20分

学習した日　　月　　日

名前

得点　　／100点

6088 解説→334ページ

❶ 図1のように，れき・砂・どろを混ぜた土を水の中に流しこむと，水そうの底に図2のように積もりました。次の問いに答えましょう。

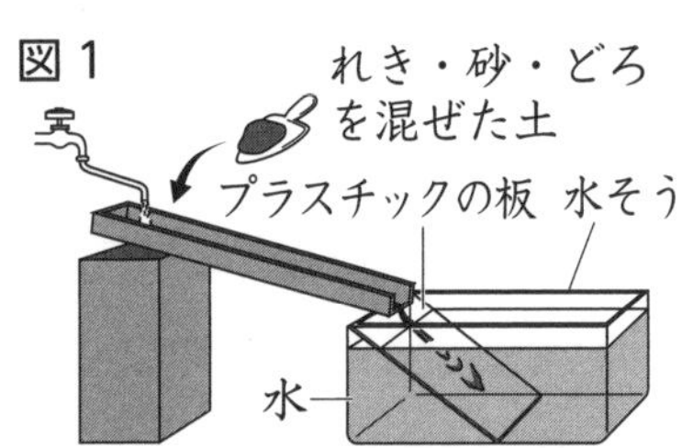

1つ10点【40点】

(1) 図2のように層になって積もったのは，れき・砂・どろのつぶの何がちがうからですか。（　　）

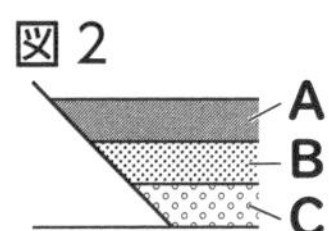

ア　かたさ　　イ　大きさ　　ウ　形

(2) 図2のA～Cにはそれぞれ何が積もりましたか。

A（　　　）　B（　　　）　C（　　　）

❷ 図のように，実験用てこにおもり（1個10g）をつるしました。次の問いに答えましょう。

1つ10点【20点】

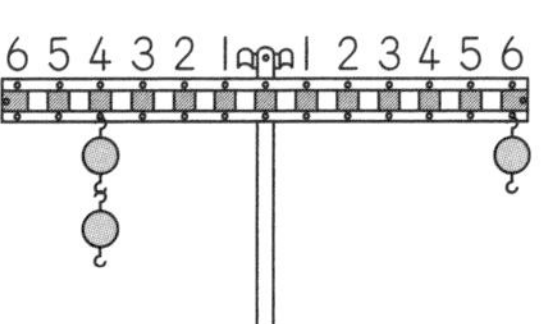

(1) 図のとき，てこのうでのかたむきはどうなりましたか。次から選び，記号で書きましょう。（　　）

ア　右にかたむいた。　　イ　左にかたむいた。

(2) 右うでのおもりをどのようにつるし直すと，てこは水平につり合いますか。次から選び，記号で書きましょう。（　　）

ア　目盛り１に５個　　イ　目盛り２に４個

ウ　目盛り３に３個　　エ　目盛り５に２個

❸ 図1のように，手回し発電機とコンデンサーをつなぎ，手回し発電機のハンドルを30秒間回して電気をためました。次に，図2のように，豆電球とコンデンサーをつなぎ，明かりのついている時間を調べました。豆電球を発光ダイオードにかえて，同じように明かりのついている時間を調べました。次の問いに答えましょう。

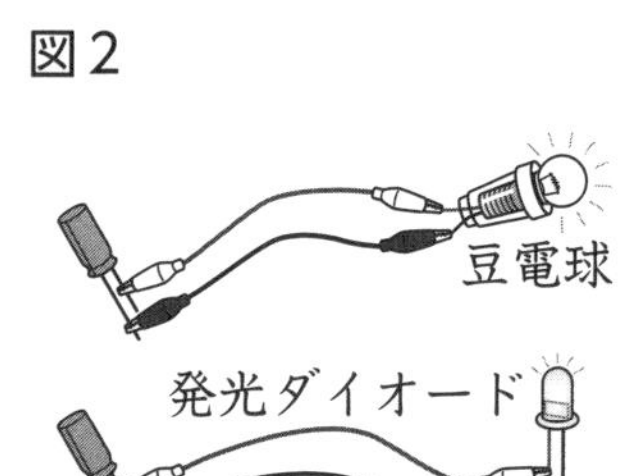

1つ10点【40点】

(1) コンデンサーはどのようなはたらきをしますか。

（　　　　　　　）

(2) 豆電球と発光ダイオードの明かりのついている時間は，どちらのほうが長かったですか。

（　　　　　）

(3) 同じ時間で比べると，豆電球と発光ダイオードの使う電気の量は，どちらのほうが大きいですか。

（　　　　）

(4) 明かりのついている豆電球と発光ダイオードをさわると，どちらのほうがあたたかかったですか。

（　　　　）

まとめのテスト❸

学習した日　　月　　日

名前

得点

／100点

6088

解説→334ページ

❶ 図1のように，れき・砂（すな）・どろを混ぜた土を水の中に流しこむと，水そうの底に図2のように積もりました。次の問いに答えましょう。

1つ10点【40点】

図1

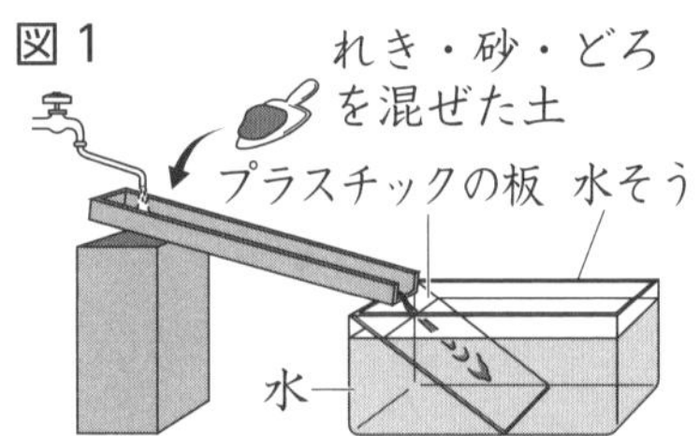

(1) 図2のように層（そう）になって積もったのは，れき・砂・どろのつぶの何がちがうからですか。（　　）

ア　かたさ　　イ　大きさ　　ウ　形

図2

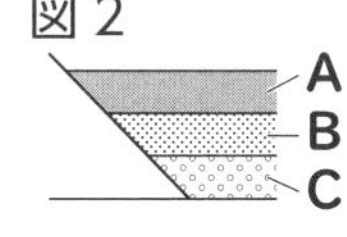

(2) 図2のA～Cにはそれぞれ何が積もりましたか。

A（　　　）　B（　　　）　C（　　　）

❷ 図のように，実験用てこにおもり（1個10g）をつるしました。次の問いに答えましょう。

1つ10点【20点】

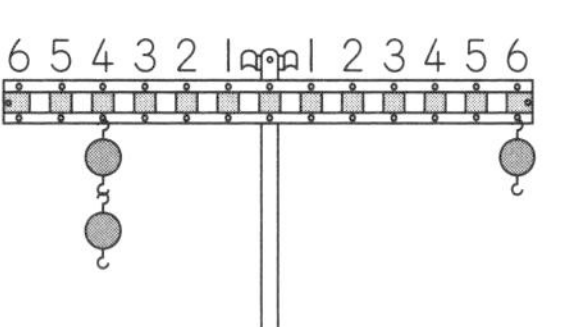

(1) 図のとき，てこのうでのかたむきはどうなりましたか。次から選び，記号で書きましょう。（　　）

ア　右にかたむいた。　　イ　左にかたむいた。

(2) 右うでのおもりをどのようにつるし直すと，てこは水平につり合いますか。次から選び，記号で書きましょう。（　　）

ア　目盛（めも）り1に5個　　イ　目盛り2に4個

ウ　目盛り3に3個　　エ　目盛り5に2個

❸ 図1のように，手回し発電機とコンデンサーをつなぎ，手回し発電機のハンドルを30秒間回して電気をためました。次に，図2のように，豆電球とコンデンサーをつなぎ，明かりのついている時間を調べました。豆電球を発光ダイオードにかえて，同じように明かりのついている時間を調べました。次の問いに答えましょう。

1つ10点【40点】

図1

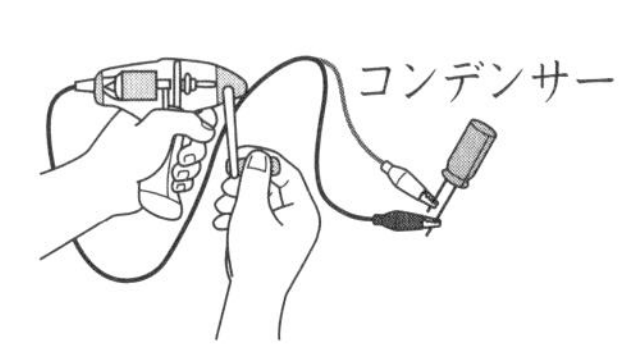

図2

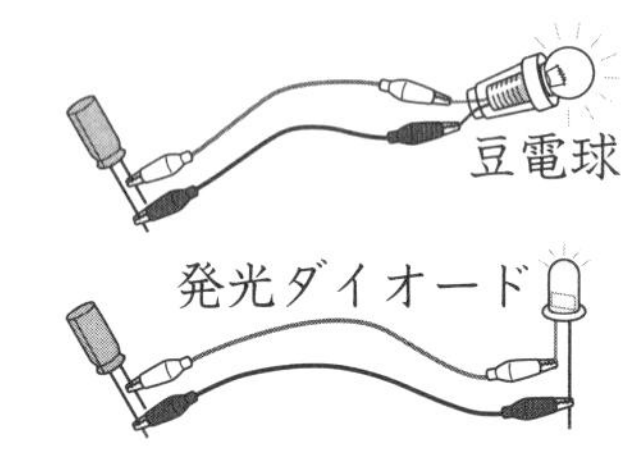

(1) コンデンサーはどのようなはたらきをしますか。

（　　　　　　）

(2) 豆電球と発光ダイオードの明かりのついている時間は，どちらのほうが長かったですか。

（　　　　）

(3) 同じ時間で比べると，豆電球と発光ダイオードの使う電気の量は，どちらのほうが大きいですか。

（　　）

(4) 明かりのついている豆電球と発光ダイオードをさわると，どちらのほうがあたたかかったですか。

（　　）

くらしと日本国憲法

目標時間 20分

学習した日　　月　　日

名前

得点　　／100点

6089

解説→335ページ

らくらくマルつけ

❶ 日本国憲法について，次の問いに答えましょう。 1つ8点【48点】

(1) 次の①〜③にあてはまる日本国憲法の原則を，右の図からそれぞれ選び，書きましょう。

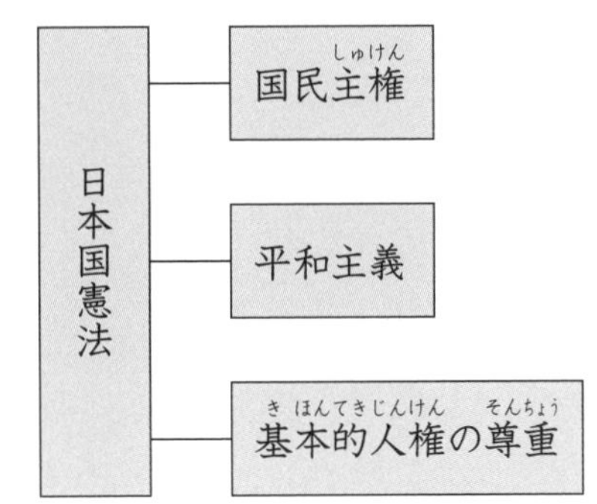

① 二度と戦争をくり返さない。
(　　　　　　　　)

② 国の政治のあり方を最終的に決定するのは国民である。
(　　　　　　　　)

③ 人が生まれながらにしてもっている権利を大切にする。
(　　　　　　　　)

(2) 日本国憲法は（　　　）年11月3日に公布されました。（　　　）にあてはまる年を，次から選び，記号で書きましょう。
(　　　)

ア　1945　　イ　1946　　ウ　1947　　エ　1948

(3) (1)③に関係の深い，すべての人が使いやすいデザインを何といいますか。　(　　　　　　　　)デザイン

(4) 次の日本国憲法の条文中の（　　　）にあてはまることばを書きましょう。　(　　　　)

（　　　）は，日本国の象徴であり日本国民統合の象徴であって，この地位は，主権をもつ日本国民の総意にもとづく。

❷ 国民の権利や義務について，次の文を読んで，あとの問いに答えましょう。 【52点】

日本国憲法では，だれもが幸せに生きる権利が保障されている。その中には，健康で（　①　）的な生活を営む権利，居住や移転，（　②　）を選ぶ自由，労働者が（　③　）する権利，（　④　）を受ける権利などがある。また，わたしたちがよりよい生活を送るために，自分自身とほかの人の人権を尊重することが大切である。

(1) 文中の①〜④にあてはまることばを，次からそれぞれ選び，書きましょう。 1つ7点（28点）

①（　　　　）②（　　　　）
③（　　　　）④（　　　　）

【　団結　　文化　　裁判　　職業　】

(2) 日本国憲法で定められている国民の3つの義務について，次の①〜③にあてはまることばを，それぞれ2字で書きましょう。 1つ8点（24点）

・仕事について（　①　）義務　(　　　　)
・子どもに（　②　）を受けさせる義務　(　　　　)
・（　③　）を納める義務　(　　　　)

社会

くらしと日本国憲法

目標時間 20分

学習した日　　月　　日

名前

得点　　／100点

6089 解説→335ページ

らくらくマルつけ

❶ 日本国憲法について，次の問いに答えましょう。 1つ8点【48点】

(1) 次の①～③にあてはまる日本国憲法の原則を，右の図からそれぞれ選び，書きましょう。

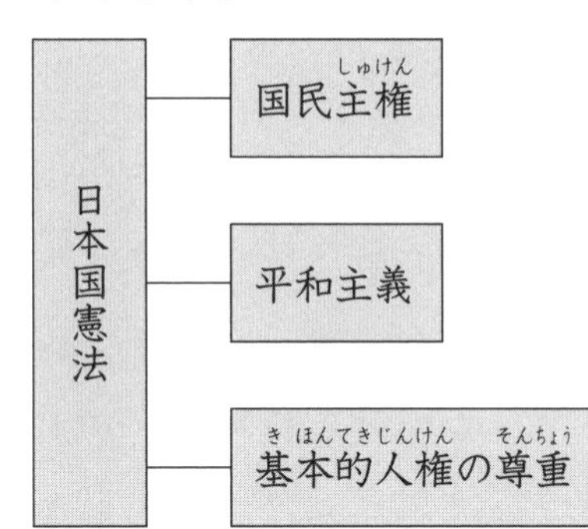

① 二度と戦争をくり返さない。
(　　　　　　　　　　)

② 国の政治のあり方を最終的に決定するのは国民である。
(　　　　　　　　　　)

③ 人が生まれながらにしてもっている権利を大切にする。
(　　　　　　　　　　)

(2) 日本国憲法は（　　　）年11月3日に公布されました。（　　　）にあてはまる年を，次から選び，記号で書きましょう。
(　　　)

ア 1945　イ 1946　ウ 1947　エ 1948

(3) (1)③に関係の深い，すべての人が使いやすいデザインを何といいますか。(　　　　　　　　)デザイン

(4) 次の日本国憲法の条文中の（　　　）にあてはまることばを書きましょう。(　　　　)

> （　　　）は，日本国の象徴であり日本国民統合の象徴であって，この地位は，主権をもつ日本国民の総意にもとづく。

❷ 国民の権利や義務について，次の文を読んで，あとの問いに答えましょう。 【52点】

> 日本国憲法では，だれもが幸せに生きる権利が保障されている。その中には，健康で（　①　）的な生活を営む権利，居住や移転，（　②　）を選ぶ自由，労働者が（　③　）する権利，（　④　）を受ける権利などがある。また，わたしたちがよりよい生活を送るために，自分自身とほかの人の人権を尊重することが大切である。

(1) 文中の①～④にあてはまることばを，次からそれぞれ選び，書きましょう。 1つ7点（28点）

①(　　　　)②(　　　　)
③(　　　　)④(　　　　)

【 団結　文化　裁判　職業 】

(2) 日本国憲法で定められている国民の3つの義務について，次の①～③にあてはまることばを，それぞれ2字で書きましょう。 1つ8点（24点）

・仕事について（　①　）義務　(　　　　)
・子どもに（　②　）を受けさせる義務　(　　　　)
・（　③　）を納める義務　(　　　　)

国の政治のしくみ①

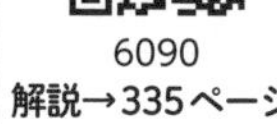

学習した日　月　日

名前

得点　／100点

6090
解説→335ページ

1 右の図を見て，次の問いに答えましょう。【44点】

(1) 次の①～③の仕事を行う機関を，右の図からそれぞれ選び，書きましょう。

1つ6点（18点）

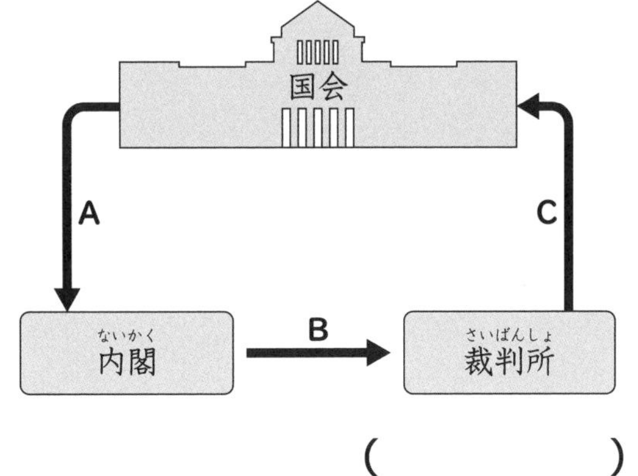

① 法律や予算をもとに実際に政治を行う。（　　　）

② 争いごとなどの問題を法律にもとづいて解決する。（　　　）

③ 法律を定めたり，予算を決めたりする。（　　　）

(2) 図のように，国会・内閣・裁判所が国の重要な役割を分担するしくみを何といいますか。（8点）

（　　　）

(3) 図中のA～Cの矢印にあてはまるものを，次からそれぞれ選び，記号で書きましょう。1つ6点（18点）

A（　　）　B（　　）　C（　　）

ア 衆議院の解散を決める。
イ 法律が憲法に違反していないかどうか審査する。
ウ 裁判官をやめさせるかどうかを裁判で決定する。
エ 内閣総理大臣を国会議員のなかから指名する。
オ 最高裁判所の長官を指名する。

2 国会について，次の問いに答えましょう。1つ7点【56点】

議院	A	B
任期	C 年（解散あり）	6年（解散なし）
投票できる人	D オ以上	D オ以上
議員定数	465名	248名

（2022年12月現在）

(1) 右の表中のA，Bにあてはまる議院の名前を，それぞれ書きましょう。

A（　　　）
B（　　　）

(2) 表中のC，Dにあてはまる数字を，次からそれぞれ選び，書きましょう。

C（　　）　D（　　）

【 4　6　18　20 】

(3) 国会の仕事を，次から3つ選び，記号で書きましょう。

（　　）（　　）（　　）

ア 天皇に助言する。
イ 予算の議決を行う。
ウ 国会の召集を決める。
エ 外国と条約を結ぶ。
オ 法律を話し合って決める。
カ 外国との条約を承認する。

(4) 次の文中の（　　）にあてはまる，出席者の過半数の賛成で，ものごとを決定する方法を，漢字3字で書きましょう。

（　　　）

> 法律や予算について，AとBそれぞれの議院で話し合いをしたあと，（　　）で決定される。

社会

国の政治のしくみ①

目標時間 20分

学習した日　月　日
名前
得点　／100点

6090
解説→335ページ

らくらくマルつけ

❶ 右の図を見て，次の問いに答えましょう。【44点】

(1) 次の①～③の仕事を行う機関を，右の図からそれぞれ選び，書きましょう。1つ6点（18点）

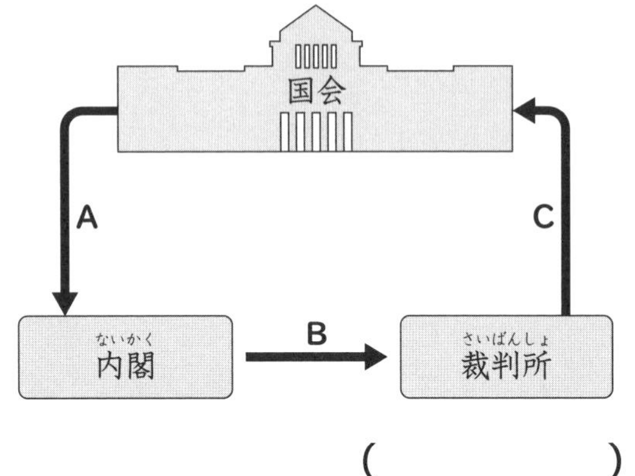

① 法律や予算をもとに実際に政治を行う。（　　　）

② 争いごとなどの問題を法律にもとづいて解決する。（　　　）

③ 法律を定めたり，予算を決めたりする。（　　　）

(2) 図のように，国会・内閣・裁判所が国の重要な役割を分担するしくみを何といいますか。（8点）

（　　　）

(3) 図中のA～Cの矢印にあてはまるものを，次からそれぞれ選び，記号で書きましょう。1つ6点（18点）

A（　　）B（　　）C（　　）

ア 衆議院の解散を決める。
イ 法律が憲法に違反していないかどうか審査する。
ウ 裁判官をやめさせるかどうかを裁判で決定する。
エ 内閣総理大臣を国会議員のなかから指名する。
オ 最高裁判所の長官を指名する。

❷ 国会について，次の問いに答えましょう。1つ7点【56点】

(1) 右の表中のA，Bにあてはまる議院の名前を，それぞれ書きましょう。

A（　　　）
B（　　　）

議院	A	B
任期	C 年（解散あり）	6年（解散なし）
投票できる人	D 才以上	D 才以上
議員定数	465名	248名

（2022年12月現在）

(2) 表中のC，Dにあてはまる数字を，次からそれぞれ選び，書きましょう。

C（　　）D（　　）

【 4　6　18　20 】

(3) 国会の仕事を，次から３つ選び，記号で書きましょう。

（　　）（　　）（　　）

ア 天皇に助言する。
イ 予算の議決を行う。
ウ 国会の召集を決める。
エ 外国と条約を結ぶ。
オ 法律を話し合って決める。
カ 外国との条約を承認する。

(4) 次の文中の（　　）にあてはまる，出席者の過半数の賛成で，ものごとを決定する方法を，漢字３字で書きましょう。

（　　　）

> 法律や予算について，AとBそれぞれの議院で話し合いをしたあと，（　　）で決定される。

3 国の政治のしくみ②

学習した日　月　日

名前

得点　/100点

6091
解説→335ページ

❶ 内閣と国のおもな機関についてまとめた右の図を見て，次の問いに答えましょう。 1つ7点【49点】

総務省　ア 法務省　内閣府　イ 外務省　内閣　防衛省　ウ 財務省　内閣総理大臣　（　　）　環境省　エ 文部科学省　農林水産省　オ 国土交通省　経済産業省　カ 厚生労働省

(1) 内閣総理大臣が任命し，専門的な仕事を担当する，図の（　　）にあてはまるものを何といいますか。

（　　　　　）

(2) 内閣の仕事を，次から2つ選び，記号で書きましょう。

（　　）（　　）

ア　条約を承認する。

イ　天皇の国事行為に助言と承認をあたえる。

ウ　法律案をつくる。

エ　予算を議決する。

(3) 次の仕事を行っている省を，図中のア～カからそれぞれ選び，記号で書きましょう。

① 文化やスポーツに関する仕事　（　　）

② 国の予算や税金などに関する仕事　（　　）

③ 国民の健康に関する仕事　（　　）

④ 外交に関する仕事　（　　）

❷ 裁判所のしくみを表した右の図を見て，次の問いに答えましょう。 【51点】

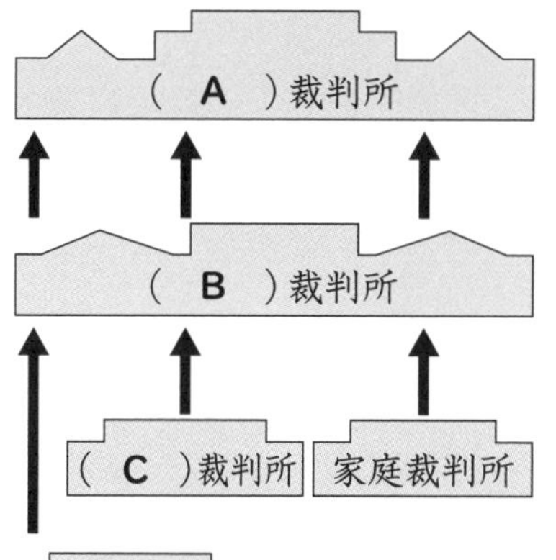

(1) 図中のA～Dにあてはまることばを，次からそれぞれ選び，書きましょう。 1つ7点（28点）

A（　　　　）　B（　　　　）

C（　　　　）　D（　　　　）

【 高等　簡易　地方　最高 】

(2) 裁判の判決に納得できないときは，図のように，上級の裁判所にうったえて，合計3回まで裁判を受けることができます。このようなしくみを何といいますか。

(8点)（　　　　　）

(3) 2009年から始まった，国民が裁判に参加し，有罪か無罪かなどを判断する制度を何といいますか。 (8点)（　　　　　）制度

(4) (3)の目的として正しいものを，次から2つ選び，記号で書きましょう。 (全部できて7点)（　　）（　　）

ア　国民の裁判への関心を高めること

イ　判決に国民の視点をとり入れること

ウ　裁判官が適任かどうかを国民が判断すること

エ　裁判所だけに権力を集中させないこと

\ もう1回チャレンジ!! /

3 国の政治のしくみ②

目標時間 20分

学習した日　　月　　日

名前

得点　　／100点

6091

解説→335ページ

❶ 内閣と国のおもな機関についてまとめた右の図を見て，次の問いに答えましょう。 1つ7点【49点】

総務省　ア 法務省　内閣府　イ 外務省　内閣　防衛省　ウ 財務省　内閣総理大臣　（　　）　環境省　エ 文部科学省　農林水産省　オ 国土交通省　経済産業省　カ 厚生労働省

(1) 内閣総理大臣が任命し，専門的な仕事を担当する，図の（　　）にあてはまるものを何といいますか。

（　　　　　　　）

(2) 内閣の仕事を，次から2つ選び，記号で書きましょう。

（　　　）（　　　）

ア　条約を承認する。

イ　天皇の国事行為に助言と承認をあたえる。

ウ　法律案をつくる。

エ　予算を議決する。

(3) 次の仕事を行っている省を，図中のア～カからそれぞれ選び，記号で書きましょう。

① 文化やスポーツに関する仕事　（　　）

② 国の予算や税金などに関する仕事　（　　）

③ 国民の健康に関する仕事　（　　）

④ 外交に関する仕事　（　　）

❷ 裁判所のしくみを表した右の図を見て，次の問いに答えましょう。 【51点】

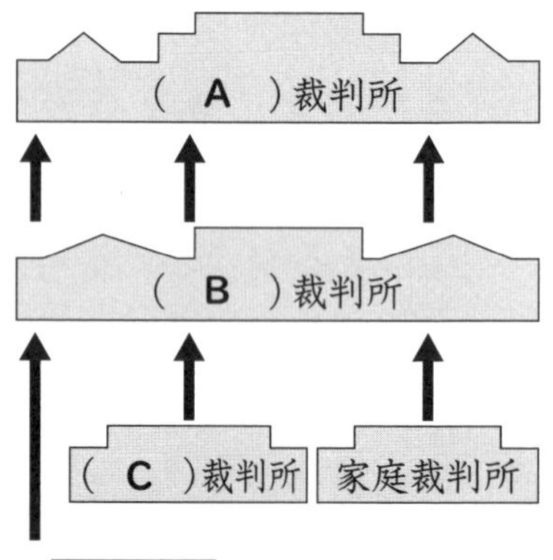

(1) 図中のA～Dにあてはまることばを，次からそれぞれ選び，書きましょう。 1つ7点（28点）

A（　　　　　）　B（　　　　　）

C（　　　　　）　D（　　　　　）

【 高等　簡易　地方　最高 】

(2) 裁判の判決に納得できないときは，図のように，上級の裁判所にうったえて，合計3回まで裁判を受けることができます。このようなしくみを何といいますか。

(8点)（　　　　　　　）

(3) 2009年から始まった，国民が裁判に参加し，有罪か無罪かなどを判断する制度を何といいますか。 (8点)（　　　　　　　）制度

(4) (3)の目的として正しいものを，次から2つ選び，記号で書きましょう。 (全部できて7点)（　　　）（　　　）

ア　国民の裁判への関心を高めること

イ　判決に国民の視点をとり入れること

ウ　裁判官が適任かどうかを国民が判断すること

エ　裁判所だけに権力を集中させないこと

くらしを支える政治

目標時間 20分

学習した日　月　日

名前

得点　／100点

6092
解説→336ページ

❶ 災害がおきたときの政治の働きを示した次の図を見て，あとの問いに答えましょう。 1つ10点【50点】

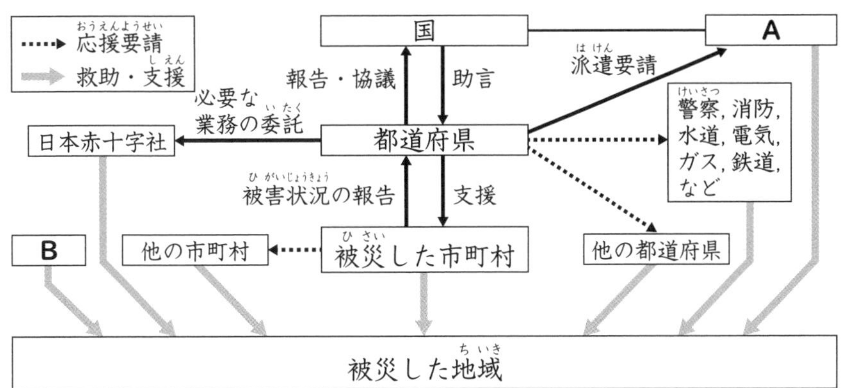

(1) 次の①～③にあてはまることばを，あとからそれぞれ選び，記号で書きましょう。

・日本赤十字社は（　①　）から業務を委託される。（　　　）
・他の市町村への応援要請は（　②　）が行う。（　　　）
・報告を受けた（　③　）は都道府県に助言を行う。（　　　）

ア　都道府県　　イ　国　　ウ　被災した市町村
エ　他の市町村　　オ　日本赤十字社

(2) 図中の［A］には，災害時に救助活動などを行う組織の名前，［B］には，被災した地域を自らすすんで支援する活動に取り組む人たちをさすことばが入ります。［A］と［B］にあてはまることばをそれぞれ書きましょう。

A（　　　　　）　B（　　　　　）

❷ 災害からの復旧や復興に向けた政治の働きの一例を示した次の図を見て，あとの問いに答えましょう。 1つ10点【50点】

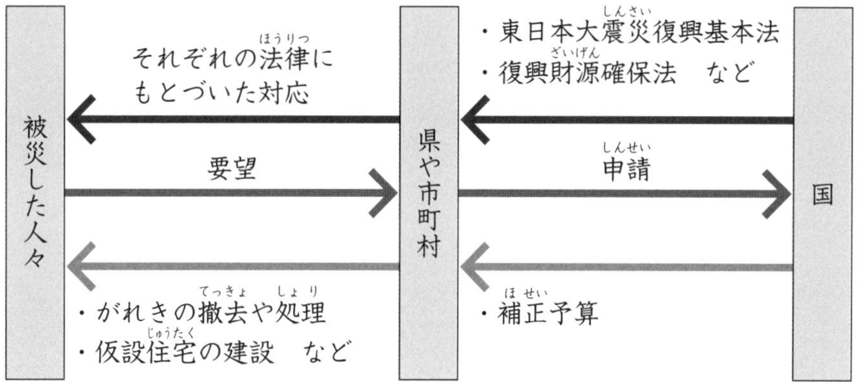

(1) 図を参考にして，次の文中の（　　）にあてはまることばを，漢字2字で書きましょう。（　　　）

県や市町村からの申請を受けて，国は復興を順調に進めるために必要な（　　）を定める。

(2) 次のア～エの文は，①復旧の活動と②復興の活動のどちらにあてはまりますか。それぞれ2つずつ選び，記号で書きましょう。

①（　　）（　　）　②（　　）（　　）

ア　水道や電気などのライフラインをもとにもどす。
イ　被災者の心をケアするための交流の場をつくる。
ウ　住宅地に流れこんだ土砂を撤去する。
エ　土砂をせき止めるための砂防ダムを建設する。

社会

4 くらしを支える政治

学習した日　　月　　日

名前

得点

／100点

6092
解説→336ページ

❶ 災害がおきたときの政治の働きを示した次の図を見て，あとの問いに答えましょう。 1つ10点【50点】

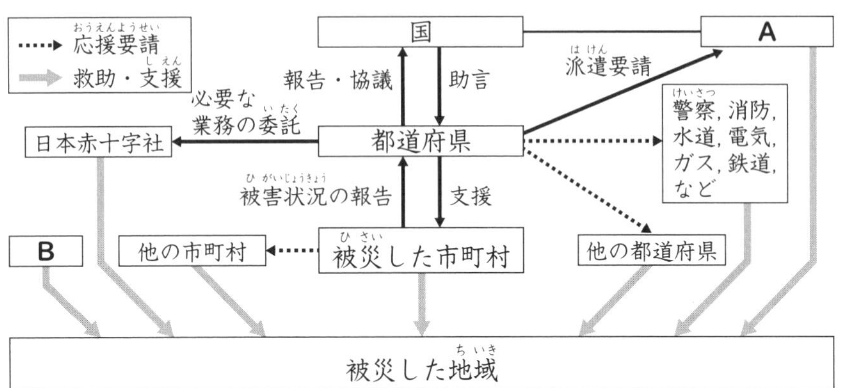

(1) 次の①～③にあてはまることばを，あとからそれぞれ選び，記号で書きましょう。

・日本赤十字社は（　①　）から業務を委託される。（　　　）

・他の市町村への応援要請は（　②　）が行う。（　　　）

・報告を受けた（　③　）は都道府県に助言を行う。（　　　）

ア　都道府県　　イ　国　　ウ　被災した市町村

エ　他の市町村　　オ　日本赤十字社

(2) 図中の［A］には，災害時に救助活動などを行う組織の名前，［B］には，被災した地域を自らすすんで支援する活動に取り組む人たちをさすことばが入ります。［A］と［B］にあてはまることばをそれぞれ書きましょう。

A（　　　　　　）B（　　　　　　）

❷ 災害からの復旧や復興に向けた政治の働きの一例を示した次の図を見て，あとの問いに答えましょう。 1つ10点【50点】

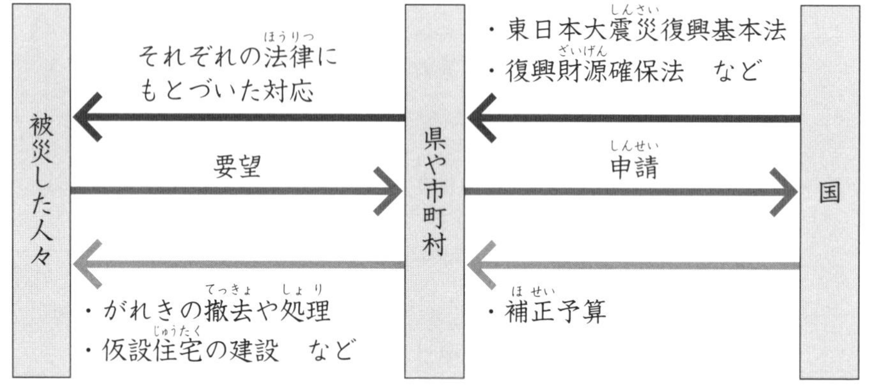

(1) 図を参考にして，次の文中の（　　　）にあてはまることばを，漢字２字で書きましょう。（　　　）

県や市町村からの申請を受けて，国は復興を順調に進めるために必要な（　　　）を定める。

(2) 次のア～エの文は，①復旧の活動と②復興の活動のどちらにあてはまりますか。それぞれ２つずつ選び，記号で書きましょう。

①（　　）（　　）②（　　）（　　）

ア　水道や電気などのライフラインをもとにもどす。

イ　被災者の心をケアするための交流の場をつくる。

ウ　住宅地に流れこんだ土砂を撤去する。

エ　土砂をせき止めるための砂防ダムを建設する。

わたしたちの生活とまちづくり

目標時間 20分

学習した日　月　日

名前

得点　／100点

6093
解説→336ページ

❶ 次の図は市でつくる図書館とお金の関係を示しています。これを見て，あとの問いに答えましょう。　1つ10点【50点】

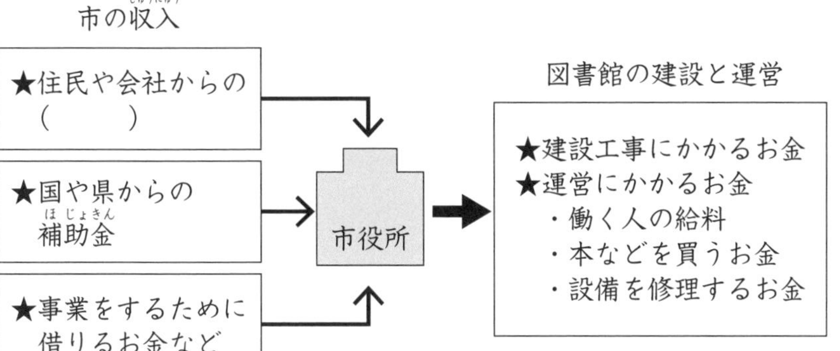

(1) 図中の（　　）にあてはまることばを書きましょう。
（　　　）

(2) 図を参考にして，次の①～④の文のうち，正しいものには○，まちがっているものには×を書きましょう。

① 図書館は国からの補助金だけでつくられる。（　　）

② 図書館を建設したあとは，運営するためのお金はかからない。（　　）

③ 図書館を建設するために，市役所がお金を借りることがある。（　　）

④ 図書館の職員の給料は，建設の工事をする会社が負担する。（　　）

❷ 次の資料1は区における政治と住民のつながりについて，資料2は世田谷区の歳入について示しています。これを見て，あとの問いに答えましょう。　1つ10点【50点】

資料1

区民 →選挙→ 区長
区長 →行政→ 区民
区長 →（　　）案の提出→ 区議会
区議会 →（　　）の議決→ 区長
区民 →選挙→ 区議会

資料2

歳入 3193億円
区民からの税金 38.8%
都から 25.2
国から 15.9
その他 20.1

（2019年）　（世田谷区役所資料）

(1) 資料1の（　　）に共通してあてはまることばを書きましょう。
（　　　）

(2) 区内の施設の建設は（ ① ）の要望にもとづいて，（ ② ）で費用や運営計画を話し合ったあと，決定されます。①，②にあてはまることばを，次からそれぞれ選び，書きましょう。
①（　　　）②（　　　）

【 区民　区長　区議会　国会 】

(3) 資料2の世田谷区の歳入について正しいものを，次から2つ選び，記号で書きましょう。（　　）（　　）

ア 国と都からのお金が半分以上をしめている。
イ 区民からの税金は1000億円以上である。
ウ 国と都からのお金は区民からの税金より多い。
エ 都からのお金は1000億円以上である。

社会

\ もう1回チャレンジ!! /

わたしたちの生活とまちづくり

目標時間 20分

学習した日　　月　　日

名前

得点　　／100点

らくらくマルつけ
6093
解説→336ページ

❶ 次の図は市でつくる図書館とお金の関係を示しています。これを見て，あとの問いに答えましょう。 1つ10点【50点】

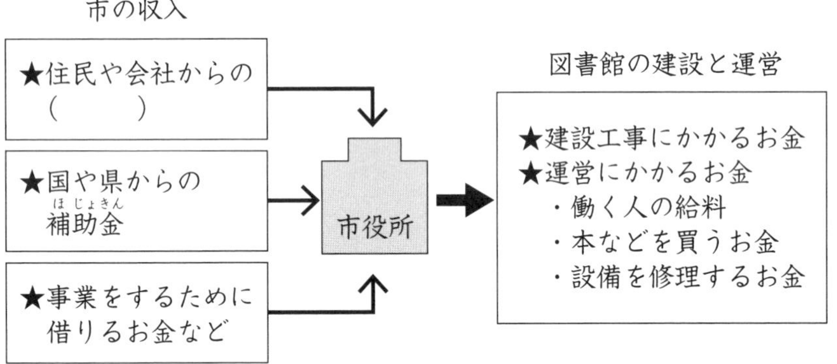

(1) 図中の（　　）にあてはまることばを書きましょう。

（　　　　）

(2) 図を参考にして，次の①～④の文のうち，正しいものには○，まちがっているものには×を書きましょう。

① 図書館は国からの補助金だけでつくられる。（　　）

② 図書館を建設したあとは，運営するためのお金はかからない。（　　）

③ 図書館を建設するために，市役所がお金を借りることがある。（　　）

④ 図書館の職員の給料は，建設の工事をする会社が負担する。（　　）

❷ 次の資料1は区における政治と住民のつながりについて，資料2は世田谷区の歳入について示しています。これを見て，あとの問いに答えましょう。 1つ10点【50点】

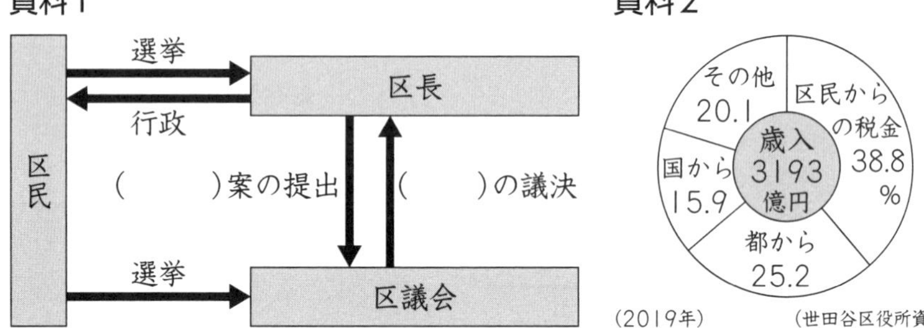

(1) 資料1の（　　）に共通してあてはまることばを書きましょう。

（　　　　）

(2) 区内の施設の建設は（ ① ）の要望にもとづいて，（ ② ）で費用や運営計画を話し合ったあと，決定されます。①，②にあてはまることばを，次からそれぞれ選び，書きましょう。

①（　　　　）　②（　　　　）

【 区民　区長　区議会　国会 】

(3) 資料2の世田谷区の歳入について正しいものを，次から2つ選び，記号で書きましょう。（　　）（　　）

ア 国と都からのお金が半分以上をしめている。
イ 区民からの税金は1000億円以上である。
ウ 国と都からのお金は区民からの税金より多い。
エ 都からのお金は1000億円以上である。

むらからくにへ

目標時間 20分

学習した日　月　日

名前

得点

／100点

6094
解説→336ページ

1 大昔のくらしについて，次のA～Cの図を見て，あとの問いに答えましょう。 1つ10点【30点】

A

B

C

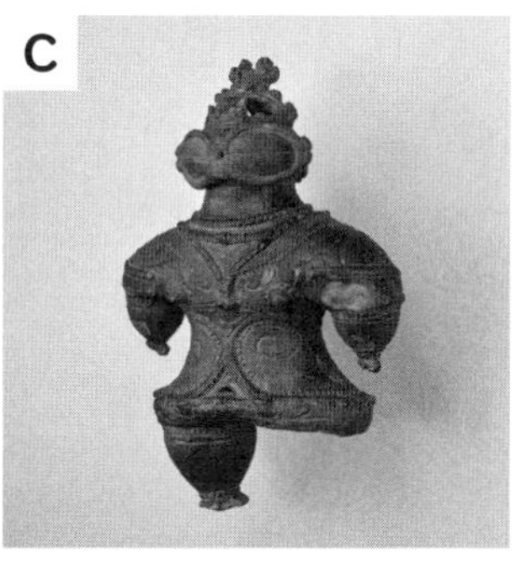

(1) Aは大昔の人々がくらした住居です。このような住居を何といいますか。　(　　　)

(2) Bは大昔につくられた，縄目の文様がついている土器です。このような土器を何といいますか。　(　　　)

(3) Cは，縄文時代に豊作などを祈ってつくられたと考えられる土製品です。これを何といいますか。　(　　　)

2 弥生時代について，次の問いに答えましょう。 【50点】

(1) 今から約2500～2300年前に伝えられ，弥生時代には各地でさいばいされるようになった作物は何ですか。 (10点) (　　　)

(2) ほかのむらを従えた指導者は豪族とよばれ，なかには小さなくにをつくり，(　　　)となるものも現れました。(　　　)にあてはまることばを書きましょう。 (10点) (　　　)

(3) (1)の作物を収穫するときに使われた道具を，次から選び，書きましょう。 (5点) (　　　)

【 石包丁　矢じり　銅鐸　銅剣 】

(4) 集落のまわりにほりなどをめぐらせた，佐賀県にある遺跡の名前を次から選び，記号で書きましょう。 (5点) (　　　)

ア 登呂遺跡　イ 三内丸山遺跡
ウ 板付遺跡　エ 吉野ヶ里遺跡

(5) 弥生時代について述べた，次の文中の①くにの名前と②人物名をそれぞれ書きましょう。 1つ10点 (20点)

> 中国の古い歴史の本には，(①)の女王である(②)から，中国の皇帝に使いが送られたことが書かれている。

① (　　　) ② (　　　)

3 古墳時代について，次の問いに答えましょう。 1つ10点【20点】

(1) 右の写真は，大阪府にある仁徳天皇陵古墳（大仙古墳）です。このような形の古墳を何といいますか。

(　　　)

(2) 中国や朝鮮半島から来て，土木工事などの技術を伝え，大和朝廷（大和政権）で活やくした人たちを何といいますか。　(　　　)

[写真提供] ColBase(https://colbase.nich.go.jp)／PIXTA(Hiroko)／堺市

社会

むらからくにへ

目標時間 20分

学習した日　　月　　日

名前

得点

／100点

6094
解説→336ページ

らくらくマルつけ

❶ 大昔のくらしについて，次のA～Cの図を見て，あとの問いに答えましょう。 1つ10点【30点】

A

B

C
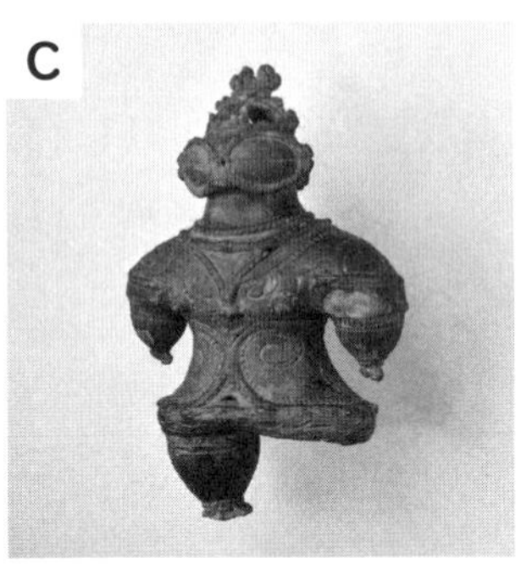

(1) Aは大昔の人々がくらした住居です。このような住居を何といいますか。 (　　　　)

(2) Bは大昔につくられた，縄目の文様がついている土器です。このような土器を何といいますか。 (　　　　)

(3) Cは，縄文時代に豊作などを祈ってつくられたと考えられる土製品です。これを何といいますか。 (　　　　)

❷ 弥生時代について，次の問いに答えましょう。 【50点】

(1) 今から約2500～2300年前に伝えられ，弥生時代には各地でさいばいされるようになった作物は何ですか。 (10点) (　　　　)

(2) ほかのむらを従えた指導者は豪族とよばれ，なかには小さなくにをつくり，(　　　)となるものも現れました。(　　　)にあてはまることばを書きましょう。 (10点) (　　　　)

(3) (1)の作物を収穫するときに使われた道具を，次から選び，書きましょう。 (5点) (　　　　)

【 石包丁　　矢じり　　銅鐸　　銅剣 】

(4) 集落のまわりにほりなどをめぐらせた，佐賀県にある遺跡の名前を次から選び，記号で書きましょう。 (5点) (　　　　)

ア　登呂遺跡　　イ　三内丸山遺跡
ウ　板付遺跡　　エ　吉野ヶ里遺跡

(5) 弥生時代について述べた，次の文中の①くにの名前と②人物名をそれぞれ書きましょう。 1つ10点 (20点)

> 中国の古い歴史の本には，(　①　)の女王である(　②　)から，中国の皇帝に使いが送られたことが書かれている。

①(　　　　)　②(　　　　)

❸ 古墳時代について，次の問いに答えましょう。 1つ10点【20点】

(1) 右の写真は，大阪府にある仁徳天皇陵古墳（大仙古墳）です。このような形の古墳を何といいますか。 (　　　　)

(2) 中国や朝鮮半島から来て，土木工事などの技術を伝え，大和朝廷（大和政権）で活やくした人たちを何といいますか。 (　　　　)

天皇中心の国づくり

目標時間 20分

学習した日　月　日

名前

得点　／100点

6095
解説→337ページ

1 飛鳥時代に活やくした次のA，Bの人物について，あとの問いに答えましょう。　1つ10点【50点】

A　わたしは天皇を助ける役職につき，蘇我氏とともに天皇中心の新しい国づくりにあたりました。

B　わたしは中臣鎌足とともに蘇我氏をたおし，天皇を中心とする新しい政治をはじめました。

(1)　A, Bにあたる人物の名前を，次から選び，それぞれ書きましょう。

A（　　　　　）B（　　　　　）

【 中大兄皇子　小野妹子　聖徳太子　ワカタケル 】

(2)　Aの人物について，次の問いに答えましょう。

① 右の内容は，Aの人物が役人の心構えを示すために定めたものです。これを何といいますか。

・人の和を大切にしなさい。
・仏教を信じなさい。
・天皇の命令は必ず聞きなさい。
（一部）

（　　　　　）

② Aの人物が，家がらに関係なく，すぐれた人材を採用するために定めたものを何といいますか。

（　　　　　）

(3)　Bの下線部について，この政治の改革を何といいますか。

（　　　　　）

2 次の問いに答えましょう。　1つ10点【50点】

(1)　8世紀はじめにできた国を治める法律を何といいますか。

（　　　　　）

(2)　710年，奈良につくられた新しい都を何といいますか。

（　　　　　）

(3)　右のことがらを行った人物はだれですか。

・全国に国分寺をつくった。
・東大寺の大仏をつくった。

（　　　　　）

(4)　中国から日本にやってきて，正式な仏教を伝えた僧を，次から選び，書きましょう。（　　　　　）

【 行基　卑弥呼　鑑真　阿倍仲麻呂 】

(5)　正倉院におさめられているものを，次から選び，記号で書きましょう。

（　　）

ア

イ
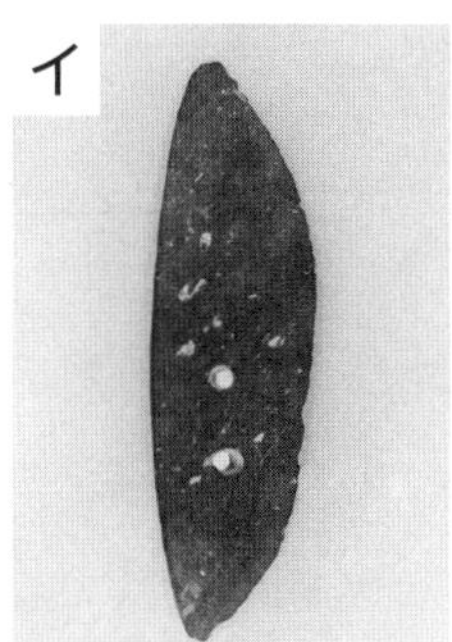

ウ
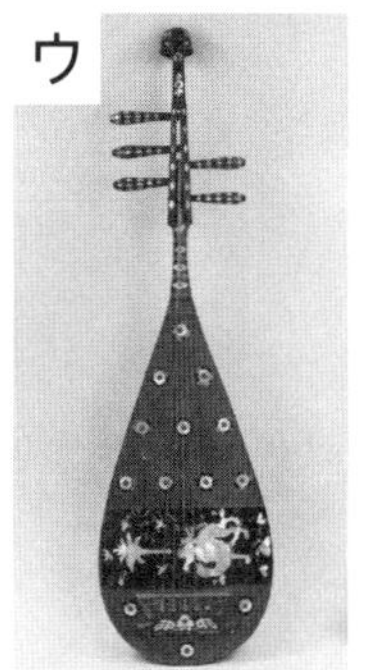

エ

［写真提供］ColBase(https://colbase.nich.go.jp)

社会

＼もう1回チャレンジ!! ／

7 天皇中心の国づくり

目標時間 20分

学習した日　月　日

名前

得点　／100点

6095

解説→337ページ

らくらくマルつけ

❶ 飛鳥時代に活やくした次のA，Bの人物について，あとの問いに答えましょう。 1つ10点【50点】

A　わたしは天皇を助ける役職につき，蘇我氏とともに天皇中心の新しい国づくりにあたりました。

B　わたしは中臣鎌足とともに蘇我氏をたおし，天皇を中心とする<u>新しい政治</u>をはじめました。

(1)　A，Bにあたる人物の名前を，次から選び，それぞれ書きましょう。

A（　　　　　　）B（　　　　　　）

【 中大兄皇子　小野妹子　聖徳太子　ワカタケル 】

(2)　Aの人物について，次の問いに答えましょう。

①　右の内容は，Aの人物が役人の心構えを示すために定めたものです。これを何といいますか。

・人の和を大切にしなさい。
・仏教を信じなさい。
・天皇の命令は必ず聞きなさい。
（一部）

（　　　　　　）

②　Aの人物が，家がらに関係なく，すぐれた人材を採用するために定めたものを何といいますか。

（　　　　　　）

(3)　Bの下線部について，この政治の改革を何といいますか。

（　　　　　　）

❷ 次の問いに答えましょう。 1つ10点【50点】

(1)　8世紀はじめにできた国を治める法律を何といいますか。

（　　　　　　）

(2)　710年，奈良につくられた新しい都を何といいますか。

（　　　　　　）

(3)　右のことがらを行った人物はだれですか。

・全国に国分寺をつくった。
・東大寺の大仏をつくった。

（　　　　　　）

(4)　中国から日本にやってきて，正式な仏教を伝えた僧を，次から選び，書きましょう。（　　　　　　）

【 行基　卑弥呼　鑑真　阿倍仲麻呂 】

(5)　正倉院におさめられているものを，次から選び，記号で書きましょう。（　　　）

ア

イ
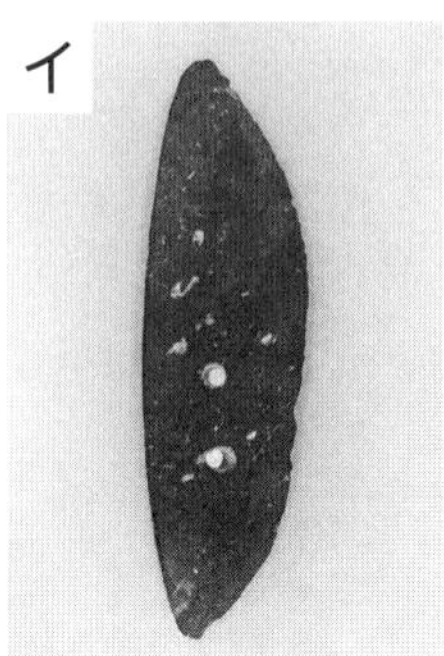

ウ
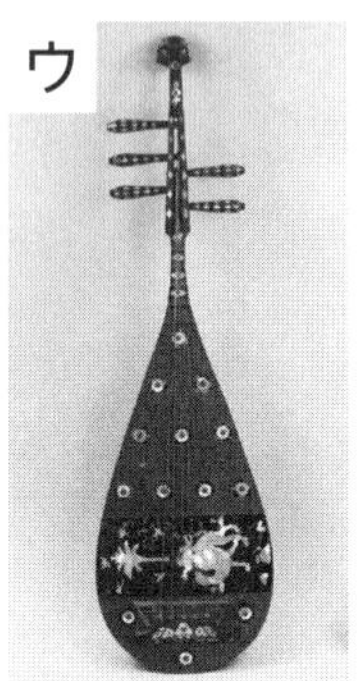

エ

貴族の生活

目標時間 20分

学習した日　月　日

名前

得点　／100点

6096
解説→337ページ

❶ 平安時代のようすについて，次の文を読んで，あとの問いに答えましょう。 1つ10点【40点】

> 都がA平安京に移されると，一部の有力なB貴族が朝廷の政治を動かすようになり，なかでもC中臣鎌足の子孫である一族が，D朝廷で大きな力をもつようになった。

(1) 下線部Aについて，平安京は現在のどの都道府県に置かれましたか。（　　　）

(2) 下線部Bについて，右のような貴族のやしきのつくりを何といいますか。（　　　）

(3) 下線部Cについて，次の歌をよんだ人物の名前を書きましょう。

（　　　）

「この世をば　わが世とぞ思ふ(う)　もち月の　かけたることも
なしと思へ(え)ば」

(4) 下線部Dについて，(3)の一族はどのようにして大きな力をもつようになったか，次から選び，記号で書きましょう。（　　　）

ア　中国の皇帝から王として認められた。

イ　家がらに関係なく，能力で役人をとりたてた。

ウ　むすめを天皇のきさきにし，天皇との関係を深めた。

エ　うらないによって，人をひきつけた。

❷ 平安時代の文化について，次の問いに答えましょう。 1つ10点【60点】

(1) 平安時代の文化の特色を，次から選び，記号で書きましょう。

（　　　）

ア　大陸の文化と仏教のえいきょうを強く受けた文化

イ　大陸の文化をもとにした日本風の文化

ウ　大和地方を中心に栄えた，渡来人が活やくした文化

エ　飛鳥地方を中心に栄えた，仏教をもとにした文化

(2) 平安時代に，漢字からできた日本独自の文字を何といいますか。

（　　　）

(3) 次の①，②の文学作品の作者を，あとからそれぞれ選び，書きましょう。

①「源氏物語」（　　　）

②「枕草子」（　　　）

【 紀貫之　清少納言　紫式部　菅原道真 】

(4) 右のような貴族の生活ぶりをえがいた日本風の絵を何といいますか。

（　　　）

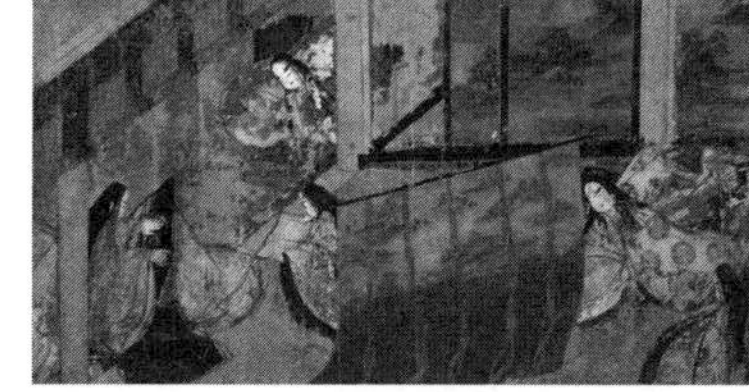

(5) 端午の節句や，七夕などのように，平安時代から現在まで続いている，1年を通して決まった時期に行われる行事や儀式のことを何といいますか。

（　　　）

社会

［イラスト提供］林拓海

8 貴族の生活

目標時間 20分

学習した日　　月　　日

名前

得点　　／100点

6096 解説→337ページ

らくらくマルつけ

1 平安時代のようすについて，次の文を読んで，あとの問いに答えましょう。 1つ10点【40点】

> 都がA平安京に移されると，一部の有力なB貴族が朝廷の政治を動かすようになり，なかでもC中臣鎌足の子孫である一族が，D朝廷で大きな力をもつようになった。

(1) 下線部Aについて，平安京は現在のどの都道府県に置かれましたか。（　　　）

(2) 下線部Bについて，右のような貴族のやしきのつくりを何といいますか。（　　　）

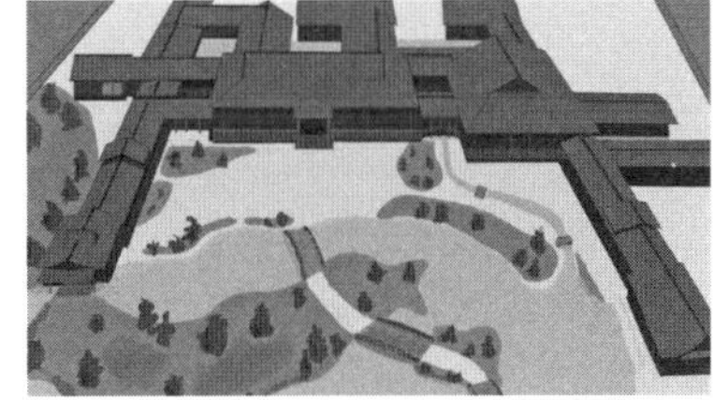

(3) 下線部Cについて，次の歌をよんだ人物の名前を書きましょう。（　　　）

「この世をば　わが世とぞ思ふ　もち月の　かけたることも
なしと思へば」

(4) 下線部Dについて，(3)の一族はどのようにして大きな力をもつようになったか，次から選び，記号で書きましょう。（　　　）

ア　中国の皇帝から王として認められた。

イ　家がらに関係なく，能力で役人をとりたてた。

ウ　むすめを天皇のきさきにし，天皇との関係を深めた。

エ　うらないによって，人をひきつけた。

2 平安時代の文化について，次の問いに答えましょう。 1つ10点【60点】

(1) 平安時代の文化の特色を，次から選び，記号で書きましょう。（　　　）

ア　大陸の文化と仏教のえいきょうを強く受けた文化

イ　大陸の文化をもとにした日本風の文化

ウ　大和地方を中心に栄えた，渡来人が活やくした文化

エ　飛鳥地方を中心に栄えた，仏教をもとにした文化

(2) 平安時代に，漢字からできた日本独自の文字を何といいますか。（　　　）

(3) 次の①，②の文学作品の作者を，あとからそれぞれ選び，書きましょう。

①「源氏物語」（　　　）

②「枕草子」（　　　）

【 紀貫之　清少納言　紫式部　菅原道真 】

(4) 右のような貴族の生活ぶりをえがいた日本風の絵を何といいますか。（　　　）

(5) 端午の節句や，七夕などのように，平安時代から現在まで続いている，１年を通して決まった時期に行われる行事や儀式のことを何といいますか。（　　　）

　［イラスト提供］林拓海

武士の政治

目標時間

20分

学習した日　　月　　日

名前

得点

／100点

6097

解説→337ページ

らくらくマルつけ

❶ 武士の世の中で活やくした次のA，Bの人物について，あとの問いに答えましょう。　1つ10点【60点】

A　平治の乱に勝利し，武士ではじめて太政大臣になった。
B　武士のかしらとして朝廷から<u>征夷大将軍</u>に任じられ，鎌倉に幕府を開いた。

(1)　A，Bの人物の名前を，次からそれぞれ選び，書きましょう。

A（　　　　　）B（　　　　　）

【　源頼朝　　源義経　　平清盛　　藤原道長　】

(2)　Bの下線部について，右の図は幕府（将軍）と武士との関係を示したものです。図中の①～③にあてはまることばを，次の①～③の説明を参考に，あとからそれぞれ選び，記号で書きましょう。

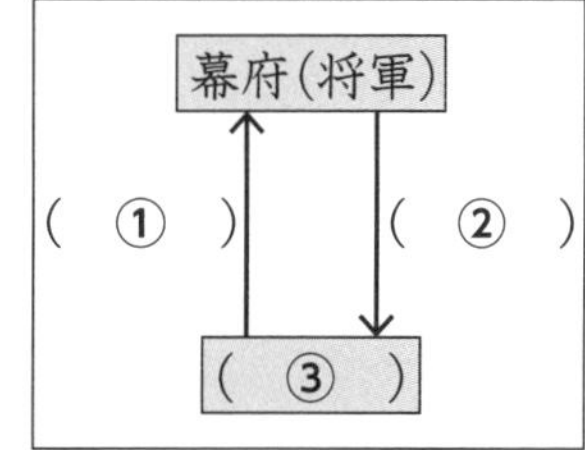

①　武士が幕府（将軍）のために戦うこと。（　　）
②　幕府（将軍）が領地をあたえ保護すること。（　　）
③　将軍の家来になった武士のこと。（　　）

ア　奉公　　イ　豪族　　ウ　御家人　　エ　ご恩

(3)　Bの人物の死後，執権となって幕府の政治を動かすようになった一族を，次から選び，記号で書きましょう。

（　　）

ア　蘇我氏　　イ　北条氏　　ウ　藤原氏　　エ　平氏

❷ 次の文を読んで，あとの問いに答えましょう。　1つ10点【40点】

①<u>承久の乱</u>の後，幕府の力は西国にまでおよぶようになり，武士の裁判の基準となる法律もつくられた。13世紀後半，2度にわたり②<u>モンゴルの軍隊がせめてきた</u>。幕府はこれをしりぞけたが，③<u>幕府に不満をもつ武士が多くなった</u>。

(1)　下線部①について，このとき御家人に団結をうったえた源頼朝の妻を，次から選び，記号で書きましょう。（　　）

ア　紫式部　　イ　卑弥呼　　ウ　清少納言　　エ　北条政子

(2)　下線部②について，次の問いに答えましょう。

A　このときの執権はだれですか。

（　　　　）

B　このときの中国の王朝の名前を，次から選び，記号で書きましょう。（　　）

ア　唐　　イ　元　　ウ　宋　　エ　隋

(3)　下線部③の理由を，次から選び，記号で書きましょう。

（　　）

ア　幕府がほうびに新しい領地をあたえなかったため。
イ　幕府が貴族を重視する政治を行ったため。
ウ　土地と人民を幕府のものとしたため。
エ　遣唐使がとりやめになったため。

＼もう１回チャレンジ!! ／

武士の政治

目標時間  20分

学習した日　　月　　日

名前

得点　　／100点

らくらくマルつけ

6097
解説→337ページ

❶ 武士の世の中で活やくした次のA，Bの人物について，あとの問いに答えましょう。 1つ10点【60点】

A　平治の乱に勝利し，武士ではじめて太政大臣になった。
B　武士のかしらとして朝廷から征夷大将軍に任じられ，鎌倉に幕府を開いた。

(1)　A，Bの人物の名前を，次からそれぞれ選び，書きましょう。

A（　　　　　　）B（　　　　　　）

【 源頼朝　源義経　平清盛　藤原道長 】

(2)　Bの下線部について，右の図は幕府（将軍）と武士との関係を示したものです。図中の①～③にあてはまることばを，次の①～③の説明を参考に，あとからそれぞれ選び，記号で書きましょう。

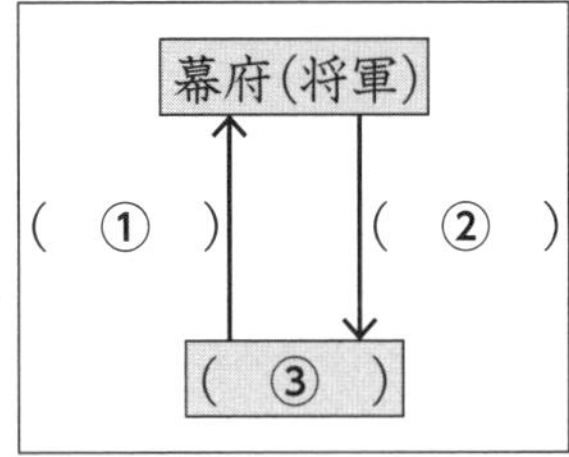

①　武士が幕府（将軍）のために戦うこと。（　　）
②　幕府（将軍）が領地をあたえ保護すること。（　　）
③　将軍の家来になった武士のこと。（　　）

ア　奉公　イ　豪族　ウ　御家人　エ　ご恩

(3)　Bの人物の死後，執権となって幕府の政治を動かすようになった一族を，次から選び，記号で書きましょう。（　　）

ア　蘇我氏　イ　北条氏　ウ　藤原氏　エ　平氏

❷ 次の文を読んで，あとの問いに答えましょう。 1つ10点【40点】

①承久の乱の後，幕府の力は西国にまでおよぶようになり，武士の裁判の基準となる法律もつくられた。13世紀後半，２度にわたり②モンゴルの軍隊がせめてきた。幕府はこれをしりぞけたが，③幕府に不満をもつ武士が多くなった。

(1)　下線部①について，このとき御家人に団結をうったえた源頼朝の妻を，次から選び，記号で書きましょう。（　　）

ア　紫式部　イ　卑弥呼　ウ　清少納言　エ　北条政子

(2)　下線部②について，次の問いに答えましょう。

A　このときの執権はだれですか。（　　　　）

B　このときの中国の王朝の名前を，次から選び，記号で書きましょう。（　　）

ア　唐　イ　元　ウ　宋　エ　隋

(3)　下線部③の理由を，次から選び，記号で書きましょう。（　　）

ア　幕府がほうびに新しい領地をあたえなかったため。
イ　幕府が貴族を重視する政治を行ったため。
ウ　土地と人民を幕府のものとしたため。
エ　遣唐使がとりやめになったため。

室町時代の文化

目標時間 20分

学習した日　月　日
名前
得点　／100点

6098
解説→338ページ

1 次の文を読んで，あとの問いに答えましょう。 1つ10点【60点】

> 14世紀中ごろに鎌倉幕府がたおされ，足利氏によって(　　　)に室町幕府が開かれた。A 3代将軍足利義満の時代に幕府の力が最も強まり，文化やB 芸術が保護された。また，C 8代将軍足利義政の時代にも文化が栄えた。

(1) (　　　)にあてはまる地名を，次から選び，記号で書きましょう。(　　　)

ア 奈良　イ 京都　ウ 大阪　エ 平泉

(2) 下線部Aについて，足利義満が貿易を行った中国の王朝の名前を，次から選び，記号で書きましょう。(　　　)

ア 唐　イ 隋　ウ 明　エ 宋

(3) 下線部Bについて，次の問いに答えましょう。

① 足利義満が保護した右の芸能の名前を書きましょう。(　　　)

② ①の芸能を大成した人物を，次から選び，記号で書きましょう。(　　　)

ア 雪舟　イ 観阿弥・世阿弥
ウ 行基　エ 菅原道真

(4) 下線部Cについて，①足利義満と②足利義政が建てた建物を，次からそれぞれ選び，記号で書きましょう。

①(　　　)　②(　　　)

ア 銀閣　イ 法隆寺　ウ 正倉院　エ 金閣

2 次の資料を見て，あとの問いに答えましょう。 1つ10点【40点】

A

B

(1) Aは室町時代につくられた部屋の内部です。このつくりを，次から選び，書きましょう。(　　　)

【 寝殿造　書院造　校倉造 】

(2) Bのように，すみだけでえがかれた絵を何といいますか。(　　　)

(3) 室町時代に生まれ，現代に受けつがれている文化を，次から2つ選び，記号で書きましょう。(　　　)(　　　)

ア 生け花　イ けまり　ウ 茶の湯　エ 和歌

［イラスト・写真提供］PIXTA(Jun)／林拓海／ColBase(https://colbase.nich.go.jp)

＼もう１回チャレンジ!!／

室町時代の文化

目標時間 20分

学習した日　　月　　日

名前

得点　　／100点

らくらくマルつけ　6098　解説→338ページ

❶ 次の文を読んで，あとの問いに答えましょう。　1つ10点【60点】

> 14世紀中ごろに鎌倉幕府がたおされ，足利氏によって（　　　）に室町幕府が開かれた。A 3代将軍足利義満の時代に幕府の力が最も強まり，文化やB 芸術が保護された。また，C 8代将軍足利義政の時代にも文化が栄えた。

(1)　（　　　）にあてはまる地名を，次から選び，記号で書きましょう。　（　　　）

ア　奈良　　イ　京都　　ウ　大阪　　エ　平泉

(2)　下線部Aについて，足利義満が貿易を行った中国の王朝の名前を，次から選び，記号で書きましょう。　（　　　）

ア　唐　　イ　隋　　ウ　明　　エ　宋

(3)　下線部Bについて，次の問いに答えましょう。

①　足利義満が保護した右の芸能の名前を書きましょう。　（　　　　）

②　①の芸能を大成した人物を，次から選び，記号で書きましょう。　（　　　）

ア　雪舟　　イ　観阿弥・世阿弥
ウ　行基　　エ　菅原道真

(4)　下線部Cについて，①足利義満と②足利義政が建てた建物を，次からそれぞれ選び，記号で書きましょう。

①（　　　）②（　　　）

ア　銀閣　　イ　法隆寺　　ウ　正倉院　　エ　金閣

❷ 次の資料を見て，あとの問いに答えましょう。　1つ10点【40点】

(1)　Aは室町時代につくられた部屋の内部です。このつくりを，次から選び，書きましょう。　（　　　　）

【　寝殿造　　書院造　　校倉造　】

(2)　Bのように，すみだけでえがかれた絵を何といいますか。　（　　　　）

(3)　室町時代に生まれ，現代に受けつがれている文化を，次から2つ選び，記号で書きましょう。　（　　　）（　　　）

ア　生け花　　イ　けまり　　ウ　茶の湯　　エ　和歌

11 天下統一の動き

目標時間 20分

学習した日　　月　　日

名前

得点　　／100点

らくらくマルつけ

6099

解説→338ページ

1 次の文を読んで，あとの問いに答えましょう。　1つ10点【50点】

> 尾張の小さな大名であった織田信長は，しだいに勢力をひろげ，（　　　）幕府をほろぼし，A長篠の戦いで甲斐の武田氏をやぶった。信長はB安土城を築き，天下統一の拠点とした。さらに仏教勢力を武力で従わせるいっぽう，ヨーロッパから伝えられたCキリスト教は保護した。

(1) （　　　）にあてはまることばを書きましょう。　（　　　　）

(2) ヨーロッパから伝えられ，下線部Aの戦いで効果的に使われた武器は何ですか。　（　　　　）

(3) 下線部Bについて，信長が安土城下で行った楽市・楽座の説明を，次から選び，記号で書きましょう。　（　　）

ア　商人の行き来を禁じた。

イ　中国と貿易を行った。

ウ　自由な商売を認めた。

エ　同業者組合の座を認めた。

(4) 下線部Cについて，キリスト教を日本に伝えた人物はだれですか。　（　　　　）

(5) 織田信長をせめて，本能寺で自害させた人物を，次から選び，記号で書きましょう。　（　　）

ア　明智光秀　　イ　今川義元　　ウ　源義経　　エ　平清盛

2 次の資料を見て，あとの問いに答えましょう。　【50点】

A

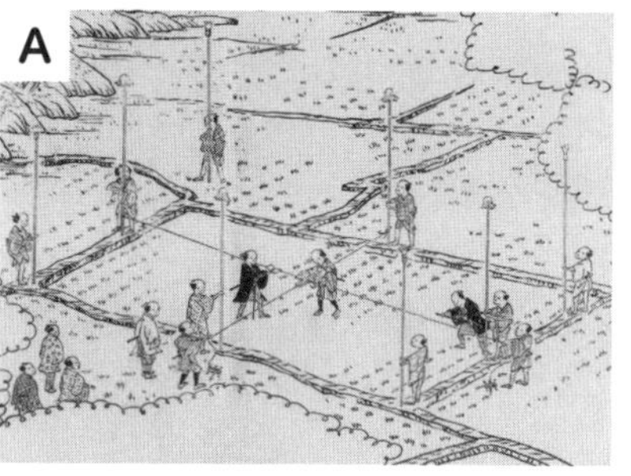

B

> 一　百姓が刀や弓，やり，鉄砲などの武器をもつことを禁止する。

(1) Aは田畑の広さや土地のよしあしを調べているところです。これを何といいますか。　(10点)（　　　　）

(2) Bの命令を何といいますか。　(10点)（　　　　）

(3) ①Aを行った理由と，②Bの命令を出した理由を，次からそれぞれ選び，記号で書きましょう。　1つ5点(10点)

①（　　）②（　　）

ア　土地を改良するため。

イ　一揆を防ぐため。

ウ　年貢を確実にとるため。

エ　キリスト教を禁止するため。

(4) A，Bの結果，区別がはっきりするようになった身分の組み合わせを，次から選び，記号で書きましょう。　(10点)（　　）

ア　武士と僧　　イ　貴族と百姓・町人

ウ　武士と貴族　　エ　武士と百姓・町人

(5) A，Bを命じた人物の名前を書きましょう。　(10点)

（　　　　）

社会

［写真提供］国立国会図書館

天下統一の動き

目標時間 20分

学習した日　月　日
名前
得点　／100点
6099
解説→338ページ
らくらくマルつけ

❶ 次の文を読んで，あとの問いに答えましょう。　1つ10点【50点】

尾張の小さな大名であった織田信長は，しだいに勢力をひろげ，（　　）幕府をほろぼし，A長篠の戦いで甲斐の武田氏をやぶった。信長はB安土城を築き，天下統一の拠点とした。さらに仏教勢力を武力で従わせるいっぽう，ヨーロッパから伝えられたCキリスト教は保護した。

(1) （　　）にあてはまることばを書きましょう。　（　　）

(2) ヨーロッパから伝えられ，下線部Aの戦いで効果的に使われた武器は何ですか。　（　　）

(3) 下線部Bについて，信長が安土城下で行った楽市・楽座の説明を，次から選び，記号で書きましょう。　（　　）
ア　商人の行き来を禁じた。
イ　中国と貿易を行った。
ウ　自由な商売を認めた。
エ　同業者組合の座を認めた。

(4) 下線部Cについて，キリスト教を日本に伝えた人物はだれですか。　（　　）

(5) 織田信長をせめて，本能寺で自害させた人物を，次から選び，記号で書きましょう。　（　　）
ア　明智光秀　イ　今川義元　ウ　源 義経　エ　平清盛

❷ 次の資料を見て，あとの問いに答えましょう。　【50点】

A
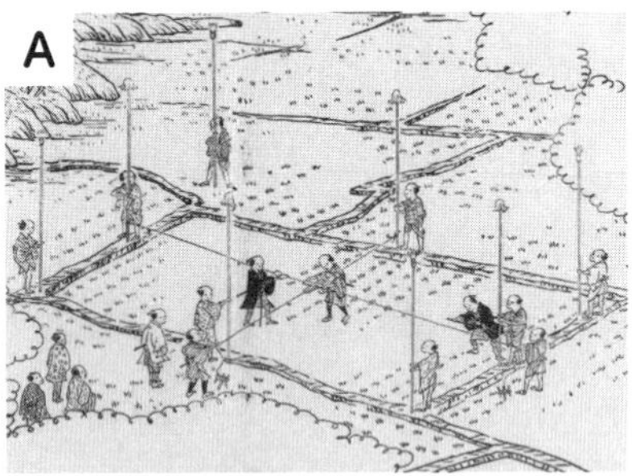

B
一　百姓が刀や弓，やり，鉄砲などの武器をもつことを禁止する。

(1) Aは田畑の広さや土地のよしあしを調べているところです。これを何といいますか。　(10点)（　　）

(2) Bの命令を何といいますか。　(10点)（　　）

(3) ①Aを行った理由と，②Bの命令を出した理由を，次からそれぞれ選び，記号で書きましょう。　1つ5点（10点）
①（　　）②（　　）
ア　土地を改良するため。
イ　一揆を防ぐため。
ウ　年貢を確実にとるため。
エ　キリスト教を禁止するため。

(4) A，Bの結果，区別がはっきりするようになった身分の組み合わせを，次から選び，記号で書きましょう。　(10点)（　　）
ア　武士と僧　イ　貴族と百姓・町人
ウ　武士と貴族　エ　武士と百姓・町人

(5) A，Bを命じた人物の名前を書きましょう。　(10点)
（　　）

［写真提供］国立国会図書館

江戸幕府の政治

目標時間 20分

学習した日　　月　　日

名前

得点　　／100点

6100
解説→338ページ

らくらくマルつけ

❶ 次の文を読んで，あとの問いに答えましょう。　1つ10点【60点】

> 豊臣秀吉の死後，（　　　）の戦いに勝った徳川家康は，A 江戸幕府を開き，全国の B 大名のほか，C さまざまな身分の人々を支配した。

(1) （　　　）にあてはまる地名を，次から選び，記号で書きましょう。　（　　　）

ア　桶狭間　　イ　関ヶ原　　ウ　壇ノ浦　　エ　長篠

(2) 下線部 A に許可された大名や商人が行った貿易の結果，右の地図中の★につくられた日本人の居住地を何といいますか。

（　　　　　）

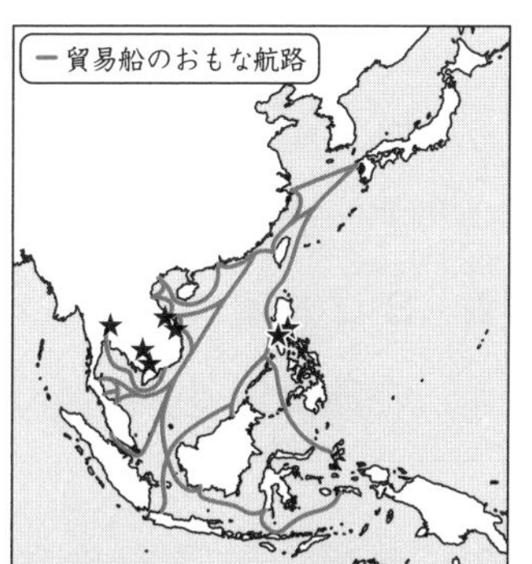

(3) 下線部 B について，次の問いに答えましょう。

① (1)の戦いのあとに徳川家に従った大名を何といいますか。　（　　　　　）

② 全国の大名をとりしまるためにつくられた法律の名前を書きましょう。　（　　　　　）

③ 大名が1年おきに江戸と自分の領地を行き来する制度を何といいますか。　（　　　　　）

(4) 下線部 C のうち，人口の約85％をしめていたものを，次から選び，記号で書きましょう。　（　　　）

ア　武士　　イ　町人　　ウ　百姓　　エ　公家

❷ 右の資料を見て，次の問いに答えましょう。　1つ10点【40点】

A

(1) A が使われた目的を，次から選び，記号で書きましょう。　（　　　）

ア　宣教師を招くため。

イ　仏教徒を見つけるため。

ウ　キリスト教徒を見つけるため。

エ　武士と百姓を区別するため。

B

(2) B は長崎につくられた人工の島です。この島を何といいますか。

（　　　　　）

(3) 長崎で貿易を許された国の組み合わせを，次から選び，記号で書きましょう。　（　　　）

ア　スペインとポルトガル　　イ　オランダとスペイン

ウ　イギリスと中国（清）　　エ　オランダと中国（清）

(4) 鎖国下において，朝鮮との交易の窓口となった藩を，次から選び，記号で書きましょう。　（　　　）

ア　対馬藩　　イ　薩摩藩　　ウ　松前藩　　エ　加賀藩

社会

[写真提供] ColBase(https://colbase.nich.go.jp)／長崎歴史文化博物館

江戸幕府の政治

目標時間 20分

学習した日　　月　　日

名前

得点　　／100点

6100
解説→338ページ

らくらくマルつけ

❶ 次の文を読んで，あとの問いに答えましょう。 1つ10点【60点】

> 豊臣秀吉の死後，（　　　）の戦いに勝った徳川家康は，A江戸幕府を開き，全国のB大名のほか，Cさまざまな身分の人々を支配した。

(1) （　　　）にあてはまる地名を，次から選び，記号で書きましょう。（　　　）

ア　桶狭間　　イ　関ヶ原　　ウ　壇ノ浦　　エ　長篠

(2) 下線部Aに許可された大名や商人が行った貿易の結果，右の地図中の★につくられた日本人の居住地を何といいますか。

ー貿易船のおもな航路

（　　　　　）

(3) 下線部Bについて，次の問いに答えましょう。

① (1)の戦いのあとに徳川家に従った大名を何といいますか。

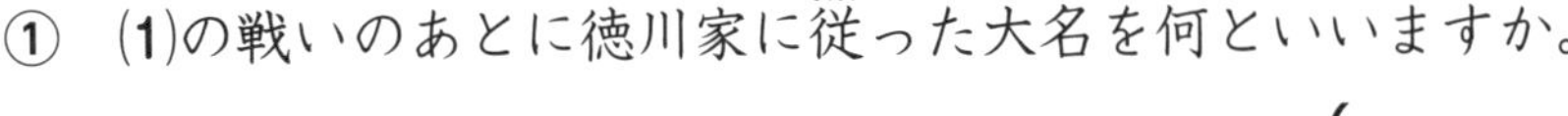

（　　　　）

② 全国の大名をとりしまるためにつくられた法律の名前を書きましょう。（　　　　　　）

③ 大名が１年おきに江戸と自分の領地を行き来する制度を何といいますか。（　　　　）

(4) 下線部Cのうち，人口の約85%をしめていたものを，次から選び，記号で書きましょう。（　　　）

ア　武士　　イ　町人　　ウ　百姓　　エ　公家

❷ 右の資料を見て，次の問いに答えましょう。 1つ10点【40点】

(1) Aが使われた目的を，次から選び，記号で書きましょう。（　　　）

ア　宣教師を招くため。

イ　仏教徒を見つけるため。

ウ　キリスト教徒を見つけるため。

エ　武士と百姓を区別するため。

A

(2) Bは長崎につくられた人工の島です。この島を何といいますか。

（　　　　）

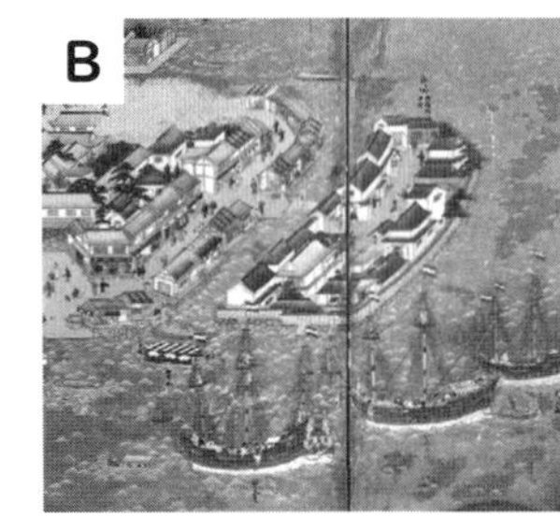

B

(3) 長崎で貿易を許された国の組み合わせを，次から選び，記号で書きましょう。（　　　）

ア　スペインとポルトガル　　イ　オランダとスペイン

ウ　イギリスと中国（清）　　エ　オランダと中国（清）

(4) 鎖国下において，朝鮮との交易の窓口となった藩を，次から選び，記号で書きましょう。（　　　）

ア　対馬藩　　イ　薩摩藩　　ウ　松前藩　　エ　加賀藩

［写真提供］ColBase(https://colbase.nich.go.jp)／長崎歴史文化博物館

江戸時代の文化と学問

学習した日　月　日

名前

得点

／100点

6101
解説→339ページ

❶ 次の文を読んで，あとの問いに答えましょう。 【80点】

> 江戸やA大阪などでは，力をつけた（　　）が担い手となって新しいB文化やC学問が生まれた。

(1)（　　）にあてはまる身分を，次から選び，記号で書きましょう。 (10点)（　　）

ア　僧・神官　　イ　町人　　ウ　武士　　エ　貴族

(2) 下線部Aについて，大阪は「天下の（　　）」とよばれました。（　　）にあてはまることばを書きましょう。(10点)（　　）

(3) 下線部Bについて，大量につくられた，右のような多色刷りの版画を，何といいますか。 (10点)（　　）

(4) 下線部Cについて，次の①，②が説明している学問の名前を，あとからそれぞれ選び，書きましょう。 1つ10点（20点）

① オランダ語でヨーロッパの技術などを研究する。（　　）

② 古典から，日本古来の考え方を研究する。（　　）

【 国学　　蘭学　　儒学　　天文学 】

(5) 読み・書き・そろばんなど，生活に必要な知識を学ぶための庶民の教育機関を何といいますか。 (10点)

（　　）

(6) 次の①～④にあてはまる人物を，あとからそれぞれ選び，記号で書きましょう。 1つ5点（20点）

① 天文学や測量術を学び，正確な日本地図をつくった。（　　）

② 「曽根崎心中」など，人形浄瑠璃の脚本を書いた。（　　）

③ オランダ語の医学書をほん訳し，「解体新書」を出版した。（　　）

④ 「東海道五十三次」などの絵をえがいた。（　　）

ア　歌川広重　　イ　近松門左衛門
ウ　伊能忠敬　　エ　杉田玄白

❷ 次の文とグラフの①，②にあてはまることばと人物の名前を，それぞれ書きましょう。 1つ10点【20点】

> グラフは農村部でおこった百姓一揆と都市部でおこった（①）の発生件数を表している。また，大阪では（②）が役人たちを批判して，反乱をおこした。

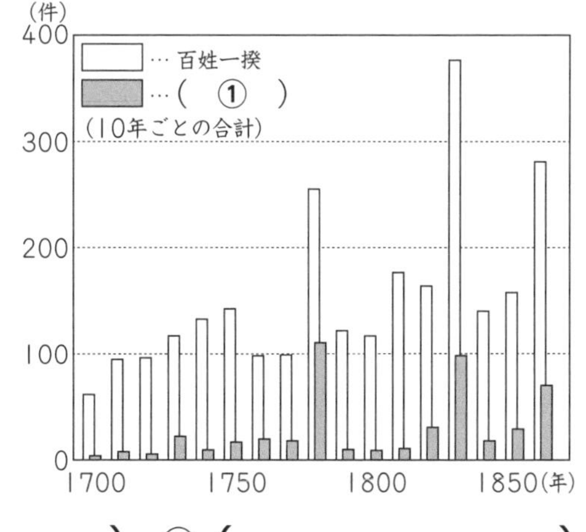

①（　　）　②（　　）

社会

江戸時代の文化と学問

目標時間 20分

学習した日　　月　　日

名前

得点　　／100点

らくらくマルつけ

6101
解説→339ページ

❶ 次の文を読んで，あとの問いに答えましょう。【80点】

> 江戸やＡ大阪などでは，力をつけた（　　　）が担い手となって新しいＢ文化やＣ学問が生まれた。

(1) （　　　）にあてはまる身分を，次から選び，記号で書きましょう。

(10点)（　　　）

ア　僧・神官　　イ　町人　　ウ　武士　　エ　貴族

(2) 下線部Ａについて，大阪は「天下の（　　　）」とよばれました。（　　　）にあてはまることばを書きましょう。(10点)（　　　）

(3) 下線部Ｂについて，大量につくられた，右のような多色刷りの版画を，何といいますか。

(10点)（　　　）

(4) 下線部Ｃについて，次の①，②が説明している学問の名前を，あとからそれぞれ選び，書きましょう。　1つ10点（20点）

①　オランダ語でヨーロッパの技術などを研究する。

（　　　）

②　古典から，日本古来の考え方を研究する。（　　　）

【　国学　　蘭学　　儒学　　天文学　】

(5) 読み・書き・そろばんなど，生活に必要な知識を学ぶための庶民の教育機関を何といいますか。(10点)

（　　　）

(6) 次の①～④にあてはまる人物を，あとからそれぞれ選び，記号で書きましょう。　1つ5点（20点）

①　天文学や測量術を学び，正確な日本地図をつくった。

（　　　）

②　「曽根崎心中」など，人形浄瑠璃の脚本を書いた。（　　　）

③　オランダ語の医学書をほん訳し，「解体新書」を出版した。

（　　　）

④　「東海道五十三次」などの絵をえがいた。（　　　）

ア　歌川広重　　イ　近松門左衛門

ウ　伊能忠敬　　エ　杉田玄白

❷ 次の文とグラフの①，②にあてはまることばと人物の名前を，それぞれ書きましょう。　1つ10点【20点】

> グラフは農村部でおこった百姓一揆と都市部でおこった（　①　）の発生件数を表している。また，大阪では（　②　）が役人たちを批判して，反乱をおこした。

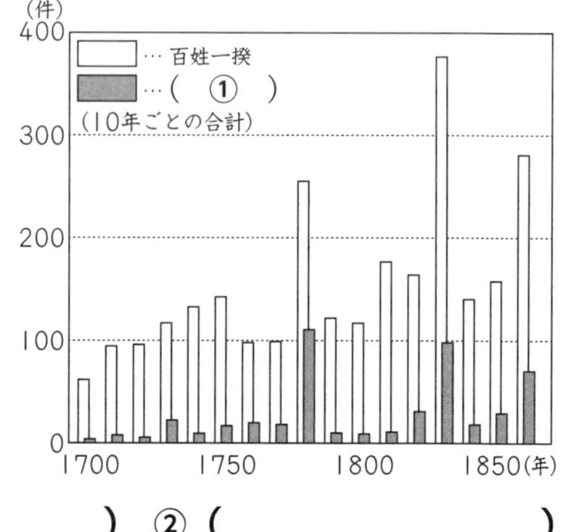

①（　　　）　②（　　　）

明治維新と近代化

目標時間 20分

学習した日　月　日

名前

得点　／100点

6102
解説→339ページ

1 次の①～③の人物の名前を，それぞれ書きましょう。 1つ10点【30点】

① 浦賀にやってきて開国を求めたアメリカの使者。

（　　　　　）

② 勝海舟の弟子で，薩摩藩と長州藩の同盟を実現させた土佐藩出身の人物。

（　　　　　）

③ 政権を朝廷に返上した，江戸幕府の15代将軍。

（　　　　　）

2 明治維新について，次の問いに答えましょう。 1つ5点【20点】

(1) 1868年，明治天皇の名で出された新しい政治の方針を書きましょう。

（　　　　　）

(2) 次の①～③にあてはまる政策を，あとからそれぞれ選び，書きましょう。

① 国を豊かにして，強い軍隊をつくることをめざした。

（　　　　　）

② 近代的な工業を始めるために，官営工場をつくった。

（　　　　　）

③ 土地に対する税のしくみを改め，国の収入の安定をめざした。

（　　　　　）

【 殖産興業　地租改正　富国強兵　四民平等 】

3 次の資料を見て，あとの問いに答えましょう。 【50点】

A

B

第１条　日本は（　　）が治める。
第４条　（　　）は国の元首である。
第11条　（　　）が陸海軍を統率する。
（一部）

(1) Aは自由民権運動の演説会のようすをえがいたものです。自由民権運動の中心となった人物を，次から選び，記号で書きましょう。

(10点)（　　）

ア 西郷隆盛　イ 福沢諭吉　ウ 板垣退助　エ 伊藤博文

(2) Bは1889年に，日本で発布された憲法です。

① この憲法を何といいますか。 (15点)

（　　　　　）

② （　　）に共通してあてはまることばを書きましょう。(15点)

（　　　　　）

③ この憲法は，皇帝の権力が強いある国の憲法を参考にしてつくられました。この国を次から選び，記号で書きましょう。

(10点)（　　）

ア インド　イ 中国　ウ アメリカ　エ ドイツ

社会

［イラスト提供］林拓海

＼もう１回チャレンジ!!／

明治維新と近代化

目標時間 20分

学習した日　　月　　日

名前

得点　　／100点

6102
解説→339ページ

らくらくマルつけ

❶ 次の①～③の人物の名前を，それぞれ書きましょう。 1つ10点【30点】

① 浦賀にやってきて開国を求めたアメリカの使者。

（　　　　　）

② 勝海舟の弟子で，薩摩藩と長州藩の同盟を実現させた土佐藩出身の人物。

（　　　　　）

③ 政権を朝廷に返上した，江戸幕府の15代将軍。

（　　　　　）

❷ 明治維新について，次の問いに答えましょう。 1つ5点【20点】

(1) 1868年，明治天皇の名で出された新しい政治の方針を書きましょう。

（　　　　　）

(2) 次の①～③にあてはまる政策を，あとからそれぞれ選び，書きましょう。

① 国を豊かにして，強い軍隊をつくることをめざした。

（　　　　　）

② 近代的な工業を始めるために，官営工場をつくった。

（　　　　　）

③ 土地に対する税のしくみを改め，国の収入の安定をめざした。

（　　　　　）

【 殖産興業　　地租改正　　富国強兵　　四民平等 】

❸ 次の資料を見て，あとの問いに答えましょう。 【50点】

A

B

第１条　日本は（　　）が治める。
第４条　（　　）は国の元首である。
第11条　（　　）が陸海軍を統率する。
（一部）

(1) Aは自由民権運動の演説会のようすをえがいたものです。自由民権運動の中心となった人物を，次から選び，記号で書きましょう。

(10点)（　　）

ア 西郷隆盛　　イ 福沢諭吉　　ウ 板垣退助　　エ 伊藤博文

(2) Bは1889年に，日本で発布された憲法です。

① この憲法を何といいますか。 (15点)

（　　　　　）

② （　　）に共通してあてはまることばを書きましょう。(15点)

（　　）

③ この憲法は，皇帝の権力が強いある国の憲法を参考にしてつくられました。この国を次から選び，記号で書きましょう。

(10点)（　　）

ア インド　　イ 中国　　ウ アメリカ　　エ ドイツ

［イラスト提供］林拓海

世界に進出する日本①

目標時間 20分

学習した日　月　日

名前

得点　／100点

6103
解説→339ページ

らくらくマルつけ

❶ 右の年表を見て，次の問いに答えましょう。　1つ10点【50点】

年代	おもなできごと
1858	不平等な条約を結ぶ →外国に領事裁判権（治外法権）を認める…A →日本に関税自主権がない…B
1894	条約の一部を改正する…C
1911	条約改正が達成される…D

(1) 年表中のAについて，条約改正の声が高まるきっかけとなった，和歌山県沖でおこった事件を何といいますか。

（　　　　　）事件

(2) 年表中のBについて，次の文中の①，②にあてはまることばを，あとからそれぞれ選び，記号で書きましょう。

①（　　）②（　　）

> 関税を自由に決めることができなかったため，外国の品物が（ ① ）輸入され，日本国内の産業が（ ② ）た。

ア　高く　　イ　安く　　ウ　発展し　　エ　おとろえ

(3) 年表中のC・Dのときの外務大臣を，次からそれぞれ選び，記号で書きましょう。　C（　　）D（　　）

ア　小村寿太郎
イ　伊藤博文
ウ　板垣退助
エ　陸奥宗光

❷ 右の地図を見て，次の問いに答えましょう。　1つ10点【50点】

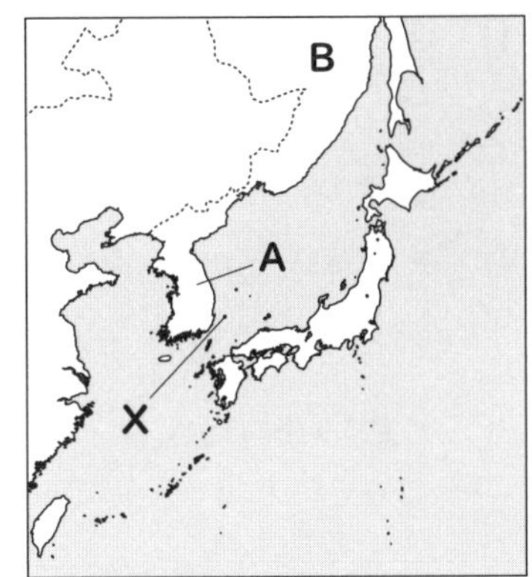

(1) 地図中のAの国でおきた農民の反乱をきっかけにして，1894年におこった戦争を何といいますか。

（　　　　）戦争

(2) 1904年に地図中のBの国との間でおこった戦争を何といいますか。

（　　　　）戦争

(3) (2)の戦争に関係のある次の①，②にあてはまる人物を，あとからそれぞれ選び，書きましょう。

① この戦争で戦地に行った弟を心配して，右の詩を発表した。

（　　　　）

> あゝをとうとよ，君を泣く，君死にたまふことなかれ，末に生れし君なれば　親のなさけはまさりしも…

② この戦争のとき，地図中のXで行われた海戦で日本海軍を率い，Bの艦隊をやぶった。　（　　　　）

【 西郷隆盛　東郷平八郎　与謝野晶子　大隈重信 】

(4) (2)の戦争後のできごととして正しいものを，次から選び，記号で書きましょう。　（　　）

ア　西南戦争がおこった。　イ　台湾を植民地とした。
ウ　韓国を併合した。　エ　自由民権運動がおこった。

社会

世界に進出する日本①

目標時間 20分

✎学習した日　　月　　日

名前

得点

／100点

6103
解説→339ページ

らくらくマルつけ

❶ 右の年表を見て，次の問いに答えましょう。 1つ10点【50点】

年代	おもなできごと
1858	不平等な条約を結ぶ →外国に領事裁判権（治外法権）を認める…A →日本に関税自主権がない…B
1894	条約の一部を改正する…C
1911	条約改正が達成される…D

(1) 年表中のAについて，条約改正の声が高まるきっかけとなった，和歌山県沖でおこった事件を何といいますか。

（　　　　　　　　）事件

(2) 年表中のBについて，次の文中の①，②にあてはまることばを，あとからそれぞれ選び，記号で書きましょう。

①（　　　）②（　　　）

関税を自由に決めることができなかったため，外国の品物が（ ① ）輸入され，日本国内の産業が（ ② ）た。

ア　高く　　イ　安く　　ウ　発展し　　エ　おとろえ

(3) 年表中のC・Dのときの外務大臣を，次からそれぞれ選び，記号で書きましょう。　C（　　　）D（　　　）

ア　小村寿太郎
イ　伊藤博文
ウ　板垣退助
エ　陸奥宗光

❷ 右の地図を見て，次の問いに答えましょう。 1つ10点【50点】

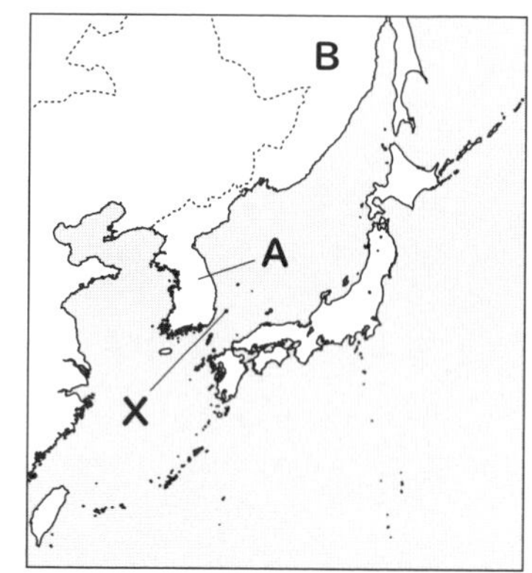

(1) 地図中のAの国でおきた農民の反乱をきっかけにして，1894年におこった戦争を何といいますか。

（　　　　）戦争

(2) 1904年に地図中のBの国との間でおこった戦争を何といいますか。

（　　　　）戦争

(3) (2)の戦争に関係のある次の①，②にあてはまる人物を，あとからそれぞれ選び，書きましょう。

① この戦争で戦地に行った弟を心配して，右の詩を発表した。

（　　　　　　）

あゝをとうとよ，君を泣く，君死にたまふことなかれ，末に生れし君なれば　親のなさけはまさりしも…

② この戦争のとき，地図中のXで行われた海戦で日本海軍を率い，Bの艦隊をやぶった。（　　　　　　）

【 西郷隆盛　　東郷平八郎　　与謝野晶子　　大隈重信 】

(4) (2)の戦争後のできごととして正しいものを，次から選び，記号で書きましょう。（　　　）

ア　西南戦争がおこった。　　イ　台湾を植民地とした。
ウ　韓国を併合した。　　エ　自由民権運動がおこった。

世界に進出する日本②

目標時間 20分

学習した日　月　日

名前

得点

／100点

らくらくマルつけ

6104

解説→340ページ

❶ 右の年表を見て，次の問いに答えましょう。　1つ10点【50点】

年代	おもなできごと
1914	ヨーロッパで戦争がおこる…A
1923	(　　　)がおこる…B
1925	普通選挙制度が定められる…C

(1) 年表中のAの戦争を何といいますか。

(　　　　　　　　)

(2) (1)について，正しいものを次から選び，記号で書きましょう。

(　　　)

ア　日本は，戦争に参加しなかった。

イ　日本は，戦争に参加し，敗戦国の１つとなった。

ウ　戦争中，日本は好景気となった。

エ　戦争中，日本では輸出が減った。

(3) 年表中の（　　　）にあてはまる，東京などの都市に大きな被害をあたえた災害を何といいますか。

(　　　　　　　　)

(4) 年表中のA～Bの期間に，身分制度が改められたあとも差別に苦しんできた人々が結成した組織を何といいますか。

(　　　　　　　　)

(5) 年表中のCにより選挙権が認められた人を，次から選び，記号で書きましょう。　(　　　)

ア　20才以上の男性　　イ　20才以上の男女

ウ　25才以上の男性　　エ　25才以上の男女

❷ 次の問いに答えましょう。　【50点】

(1) 右の写真の工場について，次の文中の①，②にあてはまることばを，それぞれ書きましょう。　1つ8点（16点）

① (　　　　　　)

② (　　　　　　)

（　①　）戦争後，北九州につくられた官営（　②　）である。

(2) 次の①～④にあてはまる人物を，あとからそれぞれ選び，記号で書きましょう。　1つ7点（28点）

①　アフリカなどで黄熱病の研究に取り組んだ。　(　　　)

②　ドイツの研究所で学び，破傷風の治療法を発見した。　(　　　)

③　アメリカに留学したのち，女性の教育に力を入れた。　(　　　)

④　足尾銅山の操業停止を政府にうったえた。　(　　　)

ア　志賀潔　　イ　野口英世　　ウ　樋口一葉

エ　田中正造　　オ　津田梅子　　カ　北里柴三郎

(3) 大正時代に，女性の地位向上をめざす運動の中心となり，「もともと女性は太陽であった」と，うったえた人物はだれですか。

（6点）(　　　　　　　　)

社会

［写真提供］Alamy／アフロ

＼もう1回チャレンジ!! ／

16 世界に進出する日本②

目標時間 20分

学習した日　月　日

名前

得点　／100点

6104 解説→340ページ

らくらくマルつけ

❶ 右の年表を見て，次の問いに答えましょう。 1つ10点【50点】

年代	おもなできごと
1914	ヨーロッパで戦争がおこる…A
1923	（　　　）がおこる…B
1925	普通選挙制度が定められる…C

(1) 年表中のAの戦争を何といいますか。

（　　　　　　　　　　）

(2) (1)について，正しいものを次から選び，記号で書きましょう。

（　　　）

ア　日本は，戦争に参加しなかった。

イ　日本は，戦争に参加し，敗戦国の１つとなった。

ウ　戦争中，日本は好景気となった。

エ　戦争中，日本では輸出が減った。

(3) 年表中の（　　　）にあてはまる，東京などの都市に大きな被害をあたえた災害を何といいますか。

（　　　　　　　　　　）

(4) 年表中のA～Bの期間に，身分制度が改められたあとも差別に苦しんできた人々が結成した組織を何といいますか。

（　　　　　　　　　　）

(5) 年表中のCにより選挙権が認められた人を，次から選び，記号で書きましょう。（　　　）

ア　20才以上の男性　　イ　20才以上の男女

ウ　25才以上の男性　　エ　25才以上の男女

❷ 次の問いに答えましょう。 【50点】

(1) 右の写真の工場について，次の文中の①，②にあてはまることばを，それぞれ書きましょう。 1つ8点（16点）

①（　　　　　　）

②（　　　　　　）

（　①　）戦争後，北九州につくられた官営（　②　）である。

(2) 次の①～④にあてはまる人物を，あとからそれぞれ選び，記号で書きましょう。 1つ7点（28点）

① アフリカなどで黄熱病の研究に取り組んだ。（　　　）

② ドイツの研究所で学び，破傷風の治療法を発見した。（　　　）

③ アメリカに留学したのち，女性の教育に力を入れた。（　　　）

④ 足尾銅山の操業停止を政府にうったえた。（　　　）

ア　志賀潔　　イ　野口英世　　ウ　樋口一葉

エ　田中正造　　オ　津田梅子　　カ　北里柴三郎

(3) 大正時代に，女性の地位向上をめざす運動の中心となり，「もともと女性は太陽であった」と，うったえた人物はだれですか。

（6点）（　　　　　　　　　　）

［写真提供］Alamy／アフロ

戦争と人々のくらし

目標時間  20分

学習した日　月　日

名前

得点　／100点

6105
解説→340ページ

らくらくマルつけ

❶ 次の問いに答えましょう。 【52点】

(1) 1931年に日本軍が南満州鉄道の線路を爆破したのをきっかけに，軍事行動をおこし，満州を占領したできごとを何といいますか。 (9点) (　　　　　)

(2) (1)のあと，日本軍がつくった満州国の位置を，右の地図中のア～エから選び，記号で書きましょう。 (7点) (　　　)

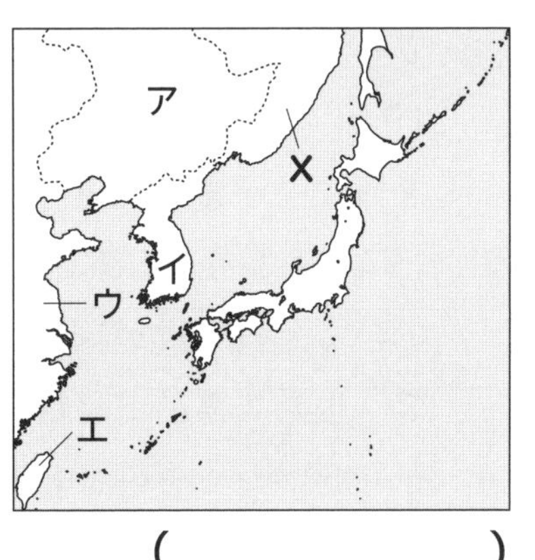

(3) 満州国の独立が認められなかったことで，日本が脱退した国際機関を何といいますか。 (9点) (　　　　　)

(4) 地図中のXにあてはまる，1922年に建国された国の名前を書きましょう。 (9点) (　　　　　)

(5) 日中戦争について述べた文として，正しいものを次から2つ選び，記号で書きましょう。 1つ9点 (18点)

(　　　)(　　　)

ア　ペキン（北京）郊外ではじまり，中国各地に広がった。

イ　アメリカやイギリスは日本を支援した。

ウ　女性や子どもなど多くの中国の住民にも被害がおよんだ。

エ　戦争の結果，日本は朝鮮半島を支配した。

❷ 次の問いに答えましょう。 1つ6点【48点】

(1) 日本が1940年に軍事同盟を結んだ国を，次から2つ選び，記号で書きましょう。 (　　　)(　　　)

ア　イギリス　　　イ　イタリア

ウ　オーストラリア　　エ　ドイツ

(2) 1941年に日本がアメリカなどを攻撃したことではじまった戦争を何といいますか。 (　　　　　)

(3) 1940年ごろの日本のようすについて述べた文として，まちがっているものを次から選び，記号で書きましょう。 (　　　)

ア　生活必需品が配給制や切符制となった。

イ　ぜいたくをいましめる看板が立てられた。

ウ　中学生や女学生が兵器工場などで働かされた。

エ　米の安売りを求める民衆の運動が全国に広まった。

(4) 次の文中の①，②にあてはまることばを，それぞれ書きましょう。

①(　　　　　)　②(　　　　　)

> 日本本土への（　①　）がはじまると，都市の小学生は親元をはなれ，集団で地方に（　②　）した。

(5) 原子爆弾が投下された日本の都市を，次から2つ選び，記号で書きましょう。 (　　　)(　　　)

ア　大阪　　イ　長崎　　ウ　東京　　エ　広島

社会

＼もう1回チャレンジ!!／

17 戦争と人々のくらし

目標時間  20分

学習した日　　月　　日

名前

得点　　／100点

6105
解説→340ページ

❶ 次の問いに答えましょう。【52点】

(1) 1931年に日本軍が南満州鉄道の線路を爆破したのをきっかけに，軍事行動をおこし，満州を占領したできごとを何といいますか。(9点)（　　　　）

(2) (1)のあと，日本軍がつくった満州国の位置を，右の地図中のア～エから選び，記号で書きましょう。(7点)（　　）

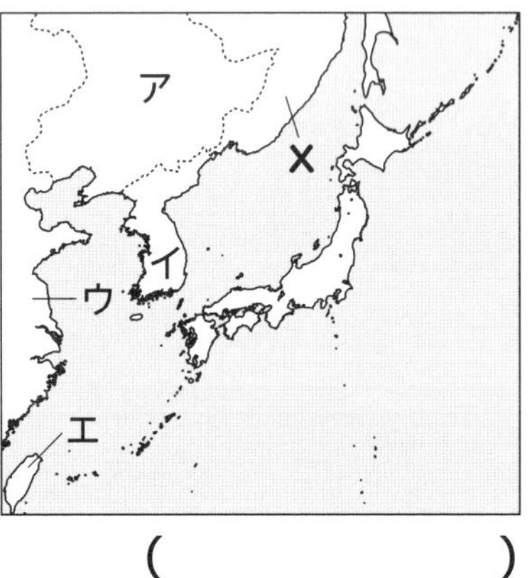

(3) 満州国の独立が認められなかったことで，日本が脱退した国際機関を何といいますか。(9点)（　　　　）

(4) 地図中のXにあてはまる，1922年に建国された国の名前を書きましょう。(9点)（　　　　）

(5) 日中戦争について述べた文として，正しいものを次から2つ選び，記号で書きましょう。1つ9点（18点）（　　）（　　）

ア　ペキン（北京）郊外ではじまり，中国各地に広がった。
イ　アメリカやイギリスは日本を支援した。
ウ　女性や子どもなど多くの中国の住民にも被害がおよんだ。
エ　戦争の結果，日本は朝鮮半島を支配した。

❷ 次の問いに答えましょう。1つ6点【48点】

(1) 日本が1940年に軍事同盟を結んだ国を，次から2つ選び，記号で書きましょう。（　　）（　　）

ア　イギリス　　　イ　イタリア
ウ　オーストラリア　　エ　ドイツ

(2) 1941年に日本がアメリカなどを攻撃したことではじまった戦争を何といいますか。（　　　　）

(3) 1940年ごろの日本のようすについて述べた文として，まちがっているものを次から選び，記号で書きましょう。（　　）

ア　生活必需品が配給制や切符制となった。
イ　ぜいたくをいましめる看板が立てられた。
ウ　中学生や女学生が兵器工場などで働かされた。
エ　米の安売りを求める民衆の運動が全国に広まった。

(4) 次の文中の①，②にあてはまることばを，それぞれ書きましょう。
①（　　　　）②（　　　　）

> 日本本土への（　①　）がはじまると，都市の小学生は親元をはなれ，集団で地方に（　②　）した。

(5) 原子爆弾が投下された日本の都市を，次から2つ選び，記号で書きましょう。（　　）（　　）

ア　大阪　　イ　長崎　　ウ　東京　　エ　広島

18 終戦後の日本

目標時間 20分

学習した日　　月　　日
名前
得点　／100点
らくらくマルつけ
6106
解説→340ページ

❶ 右の年表を見て，次の問いに答えましょう。 1つ10点【40点】

年代	おもなできごと
1945	戦後改革がはじまる…A
	（　　　）が発足する
1950	朝鮮戦争がおこる
1956	日本が（　　　）に加盟する

(1) 年表中のAの戦後改革の内容として正しいものを，次から２つ選び，記号で書きましょう。

（　　　）（　　　）

ア　軍隊が強化された。
イ　義務教育が小学校と中学校の９年間になった。
ウ　25才以上のすべての男性に選挙権が認められた。
エ　多くの農民が自分の土地をもてるようになった。

(2) 年表中の（　　　）にあてはまる，世界平和を守るための国際組織を何といいますか。

（　　　　　　　）

(3) 右の写真は何のようすを示したものですか。正しいものを次から選び，記号で書きましょう。

（　　　）

ア　食べ物がなく，農村に買い出しに行った。
イ　校舎が焼けたので，校庭で授業が行われた。
ウ　日本国憲法が公布された。
エ　アメリカ軍が日本を占領した。

❷ 右の資料を見て，次の問いに答えましょう。 1つ10点【60点】

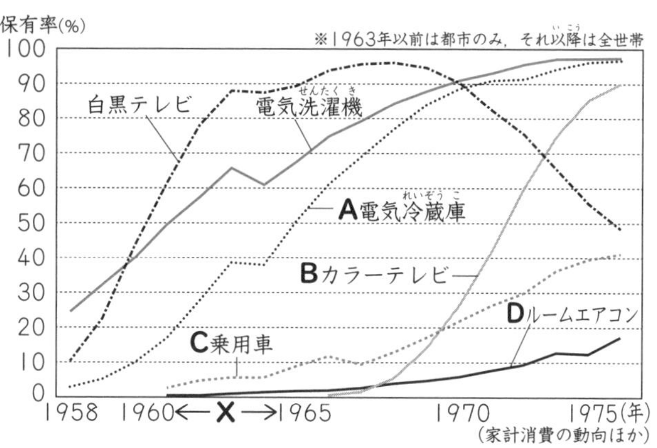

(1) 資料中の電化製品のうち，1950年代に，白黒テレビと電気洗濯機とともに「三種の神器」とよばれたものを，A～Dから選び，記号で書きましょう。（　　　）

(2) 資料のころ，経済が成長して国民の生活は豊かになりました。このころのめざましい経済成長は何とよばれましたか。

（　　　　　　　）

(3) 資料中のXの期間にオリンピック・パラリンピックが開かれた日本の都市の名前を書きましょう。（　　　　）

(4) 次の①～③にあてはまる国を，あとからそれぞれ選び，書きましょう。

① 1951年に日本との間に安全保障条約が結ばれた。

（　　　　）

② 1965年に日本との国交が正常化された。（　　　　）

③ 1978年に日本との間に平和友好条約が結ばれた。

（　　　　）

【 中国　韓国　アメリカ 】

社会

［写真提供］毎日新聞社／アフロ

終戦後の日本

目標時間 20分

学習した日　月　日

名前

得点　／100点

6106 解説→340ページ

らくらくマルつけ

❶ 右の年表を見て，次の問いに答えましょう。 1つ10点【40点】

(1) 年表中のAの戦後改革の内容として正しいものを，次から2つ選び，記号で書きましょう。

(　　)(　　)

年代	おもなできごと
1945	戦後改革がはじまる…A
	(　　)が発足する
1950	朝鮮戦争がおこる
1956	日本が(　　)に加盟する

ア　軍隊が強化された。

イ　義務教育が小学校と中学校の9年間になった。

ウ　25才以上のすべての男性に選挙権が認められた。

エ　多くの農民が自分の土地をもてるようになった。

(2) 年表中の(　　)にあてはまる，世界平和を守るための国際組織を何といいますか。

(　　)

(3) 右の写真は何のようすを示したものですか。正しいものを次から選び，記号で書きましょう。

(　　)

ア　食べ物がなく，農村に買い出しに行った。

イ　校舎が焼けたので，校庭で授業が行われた。

ウ　日本国憲法が公布された。

エ　アメリカ軍が日本を占領した。

❷ 右の資料を見て，次の問いに答えましょう。 1つ10点【60点】

(1) 資料中の電化製品のうち，1950年代に，白黒テレビと電気洗濯機とともに「三種の神器」とよばれたものを，A～Dから選び，記号で書きましょう。

(　　)

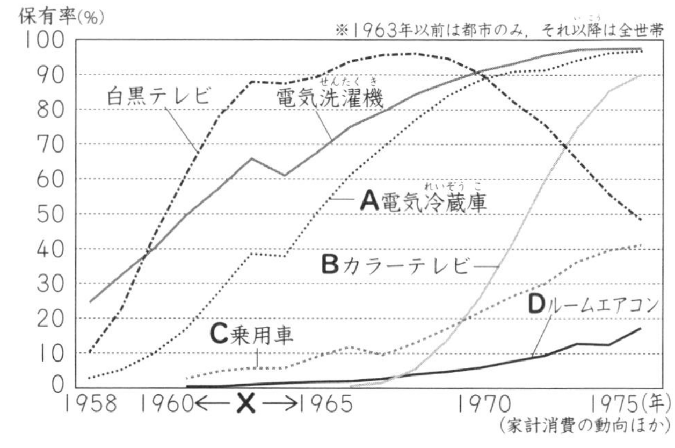

(2) 資料のころ，経済が成長して国民の生活は豊かになりました。このころのめざましい経済成長は何とよばれましたか。

(　　)

(3) 資料中のXの期間にオリンピック・パラリンピックが開かれた日本の都市の名前を書きましょう。

(　　)

(4) 次の①～③にあてはまる国を，あとからそれぞれ選び，書きましょう。

① 1951年に日本との間に安全保障条約が結ばれた。

(　　)

② 1965年に日本との国交が正常化された。(　　)

③ 1978年に日本との間に平和友好条約が結ばれた。

(　　)

【　中国　　韓国　　アメリカ　】

日本とつながりの深い国々

目標(もくひょう)時間 20分

学習した日　　月　　日

名前

得点

／100点

6107

解説→341ページ

❶ 次の地図を見て，あとの問いに答えましょう。 1つ8点【64点】

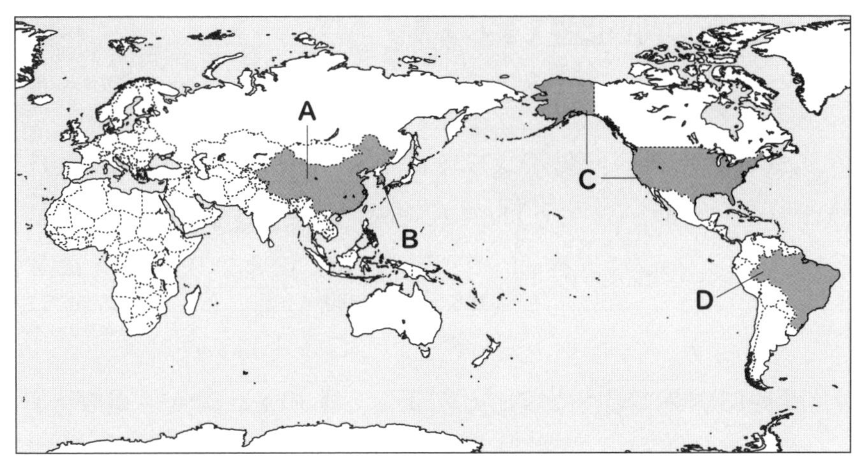

(1) 地図中のAとBの国の正式な名前を，それぞれ書きましょう。

A（　　　　　　　　　）B（　　　　　　　　　）

(2) 次の①～④は，どの国の国旗ですか。地図中のA～Dからそれぞれ選び，記号で書きましょう。

①

②

③

④

（　　）（　　）（　　）（　　）

(3) AとCの国の首都を，次から選び，それぞれ書きましょう。

A（　　　　　　）C（　　　　　　）

【 ワシントンD.C.　ニューヨーク　ソウル　ペキン 】

❷ 次のグラフのA，Bの国と日本との貿易について示した資料を見て，あとの問いに答えましょう。 1つ9点【36点】

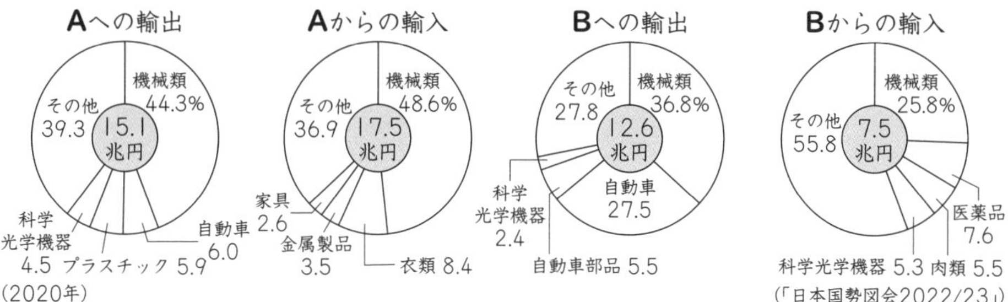

(1) 資料について述べた文として正しいものを，次から選び，記号で書きましょう。（　　）

ア　日本からBへの輸出上位2位に医薬品が入っている。

イ　日本の自動車の輸出額はAよりBのほうが大きい。

ウ　A，Bともに日本の輸出額が輸入額より大きい。

エ　Aからの輸入は半分以上，機械類がしめている。

(2) A，Bの資料にあてはまる国を，次からそれぞれ選び，記号で書きましょう。A（　　）B（　　）

ア　中国(ちゅうごく)　イ　サウジアラビア　ウ　韓国(かんこく)

エ　アメリカ　オ　ブラジル

(3) 次の説明にあてはまる国を，(2)のア～オから選び，記号で書きましょう。（　　）

日本と同じく米が主食で，伝統的なつけ物であるキムチも食べられる。

社会

日本とつながりの深い国々

学習した日　　月　　日

名前

得点　　／100点

6107
解説→341ページ

らくらくマルつけ

1 次の地図を見て，あとの問いに答えましょう。　1つ8点【64点】

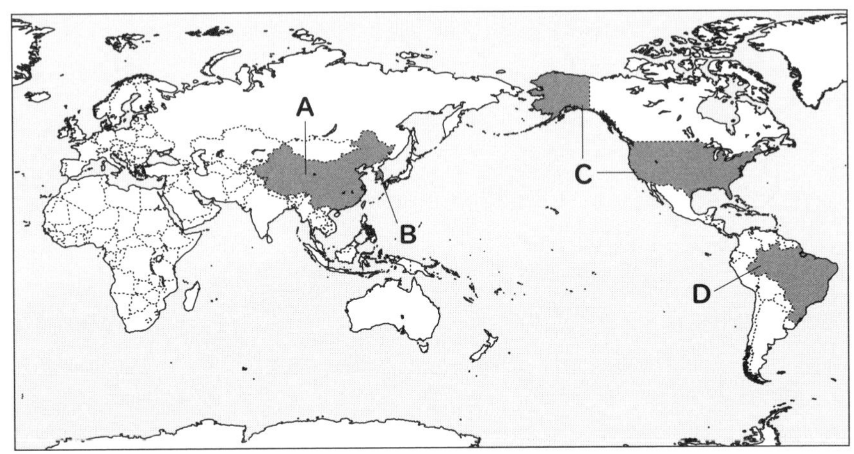

(1) 地図中の**A**と**B**の国の正式な名前を，それぞれ書きましょう。

A（　　　　　　　　　　）**B**（　　　　　　　　　　）

(2) 次の①～④は，どの国の国旗ですか。地図中の**A**～**D**からそれぞれ選び，記号で書きましょう。

①

②

③

④

（　　）（　　）（　　）（　　）

(3) **A**と**C**の国の首都を，次から選び，それぞれ書きましょう。

A（　　　　　　　　）**C**（　　　　　　　　）

【 ワシントンD.C.　ニューヨーク　ソウル　ペキン 】

2 次のグラフの**A**，**B**の国と日本との貿易について示した資料を見て，あとの問いに答えましょう。　1つ9点【36点】

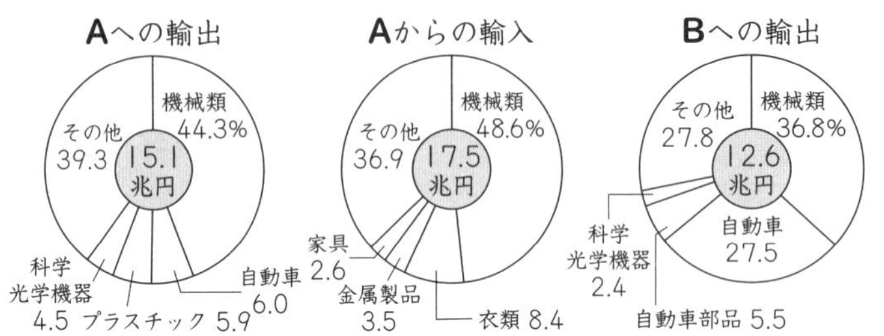

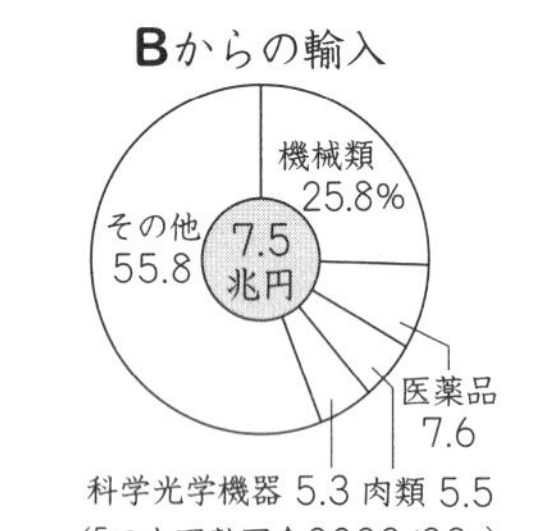

(1) 資料について述べた文として正しいものを，次から選び，記号で書きましょう。（　　）

ア　日本から**B**への輸出上位2位に医薬品が入っている。

イ　日本の自動車の輸出額は**A**より**B**のほうが大きい。

ウ　**A**，**B**ともに日本の輸出額が輸入額より大きい。

エ　**A**からの輸入は半分以上，機械類がしめている。

(2) **A**，**B**の資料にあてはまる国を，次からそれぞれ選び，記号で書きましょう。　**A**（　　）**B**（　　）

ア　中国（ちゅうごく）　イ　サウジアラビア　ウ　韓国（かんこく）

エ　アメリカ　オ　ブラジル

(3) 次の説明にあてはまる国を，(2)のア～オから選び，記号で書きましょう。（　　）

日本と同じく米が主食で，伝統的なつけ物であるキムチも食べられる。

国際協力と世界の課題①

目標時間 20分

学習した日　月　日

名前

得点　／100点

6108
解説→341ページ

らくらくマルつけ

❶ 国際連合（国連）についての資料を見て，次の問いに答えましょう。 1つ10点【60点】

(1) 右の表中の①にあてはまることばを，次から選び，記号で書きましょう。（　　）

発足	（ ① ）後の1945年
A機関	安全保障理事会など
加盟国	（ ② ）国（2022年現在）

ア　第一次世界大戦　　イ　日清戦争
ウ　第二次世界大戦　　エ　日露戦争

(2) 表中の下線部Aについて，飢えなど，困難な状況にある子供たちを守る活動を行う機関を，次から選び，記号で書きましょう。（　　）

ア　ユネスコ　　イ　国連総会
ウ　ユニセフ　　エ　ＪＩＣＡ

(3) 表中の②にあてはまる，2022年に国連に加盟している国の数を，次から選び，書きましょう。（　　）

【 13　53　103　193 】

(4) 国連が平和を守るために行う，復興支援や紛争を防ぐ活動を何といいますか。（　　）

(5) (4)を行うために日本から送られている組織を，次から1つ選び，書きましょう。（　　）

【 市議会　自衛隊　消防　外務省 】

(6) 国連や各国の政府から独立して活動する民間の団体のことを，アルファベットで何といいますか。（　　）

❷ 日本の青年海外協力隊の派遣国について示した次の地図を見て，あとの問いに答えましょう。 1つ10点【40点】

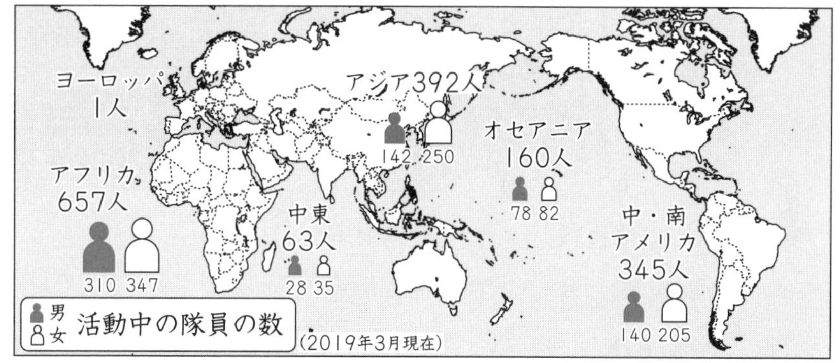

(1) 次の文中の①，②にあてはまることばを，あとからそれぞれ選び，記号で書きましょう。①（　　）②（　　）

> 青年海外協力隊は，日本の（ ① ）の活動の1つで，おもに（ ② ）に派遣されて，教育や農業などの分野で活やくしている。

ア　ＧＮＰ　　イ　先進国　　ウ　ＯＤＡ　　エ　発展途上国

(2) 地図から読み取れることとして正しいものを，次から2つ選び，記号で書きましょう。（　　）（　　）

ア　隊員が最も多く派遣されているのはアフリカである。
イ　オセアニアより中東のほうが派遣人数は多い。
ウ　アジアより中・南アメリカのほうが派遣人数は多い。
エ　ほとんどの地域では，男性隊員より女性隊員のほうが多い。

社会

国際協力と世界の課題①

目標時間 20分

学習した日　月　日

名前

得点　／100点

らくらくマルつけ

6108
解説→341ページ

❶ 国際連合（国連）についての資料を見て，次の問いに答えましょう。　1つ10点【60点】

発足	（ ① ）後の1945年
A機関	安全保障理事会など
加盟国	（ ② ）国（2022年現在）

(1) 右の表中の①にあてはまることばを，次から選び，記号で書きましょう。（　　）

ア　第一次世界大戦　　イ　日清戦争

ウ　第二次世界大戦　　エ　日露戦争

(2) 表中の下線部Aについて，飢えなど，困難な状況にある子供たちを守る活動を行う機関を，次から選び，記号で書きましょう。

ア　ユネスコ　　イ　国連総会　（　　）

ウ　ユニセフ　　エ　JICA

(3) 表中の②にあてはまる，2022年に国連に加盟している国の数を，次から選び，書きましょう。（　　）

【 13　53　103　193 】

(4) 国連が平和を守るために行う，復興支援や紛争を防ぐ活動を何といいますか。（　　）

(5) (4)を行うために日本から送られている組織を，次から1つ選び，書きましょう。（　　）

【 市議会　自衛隊　消防　外務省 】

(6) 国連や各国の政府から独立して活動する民間の団体のことを，アルファベットで何といいますか。（　　）

❷ 日本の青年海外協力隊の派遣国について示した次の地図を見て，あとの問いに答えましょう。　1つ10点【40点】

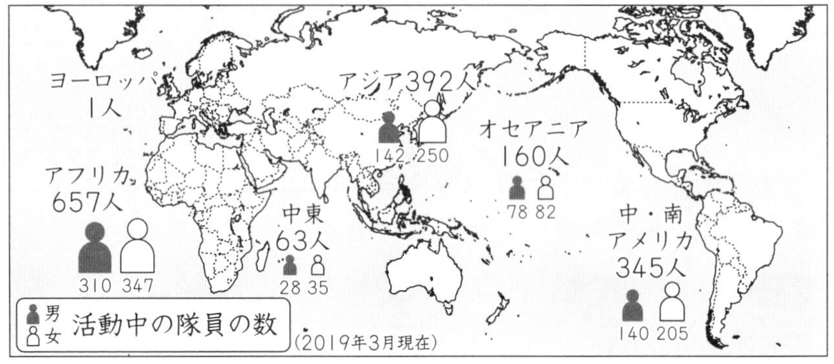

(1) 次の文中の①，②にあてはまることばを，あとからそれぞれ選び，記号で書きましょう。　①（　　）②（　　）

青年海外協力隊は，日本の（ ① ）の活動の1つで，おもに（ ② ）に派遣されて，教育や農業などの分野で活やくしている。

ア　GNP　　イ　先進国　　ウ　ODA　　エ　発展途上国

(2) 地図から読み取れることとして正しいものを，次から2つ選び，記号で書きましょう。（　　）（　　）

ア　隊員が最も多く派遣されているのはアフリカである。

イ　オセアニアより中東のほうが派遣人数は多い。

ウ　アジアより中・南アメリカのほうが派遣人数は多い。

エ　ほとんどの地域では，男性隊員より女性隊員のほうが多い。

21 国際協力と世界の課題②

目標時間 20分

学習した日 月 日	得点
名前	／100点

6109 解説→341ページ

らくらくマルつけ

1 次の資料は国連で採択されたＳＤＧｓの一部を示したものです。これを見て，あとの問いに答えましょう。 1つ10点【60点】

1 貧困をなくそう	2 飢餓をゼロに	3 すべての人に健康と福祉を
4 質の高い教育をみんなに	6 安全な水とトイレを世界中に	7 エネルギーをみんなにそしてクリーンに
12 つくる責任つかう責任	14 海の豊かさを守ろう	15 陸の豊かさも守ろう

(1) ＳＤＧｓとは何の略称ですか。（　　）にあてはまることばを書きましょう。（　　　　）な開発目標

(2) 次のＡ～Ｄの具体的な目標にあてはまるものを，資料からそれぞれ選び，番号で書きましょう。

Ａ 魚をとりすぎないように，漁獲量を制限する。（　　）

Ｂ 再生可能エネルギーの割合を大はばに増加させる。（　　）

Ｃ １日1.9ドル未満で生活する人々をなくす。（　　）

Ｄ 海水のたん水化などの国際協力の支援を拡大する。（　　）

(3) 資料の２の目標に対してわたしたちができる取り組みを，次から選び，記号で書きましょう。（　　）

ア 節電に取り組む　　イ 食品ロスを減らす

ウ 街のごみをひろう　　エ 戦争の経験を語り伝える

2 地球環境問題について，次の問いに答えましょう。 1つ10点【40点】

(1) 右の地図中のツバルで問題になっていることを，次から選び，記号で書きましょう。（　　）

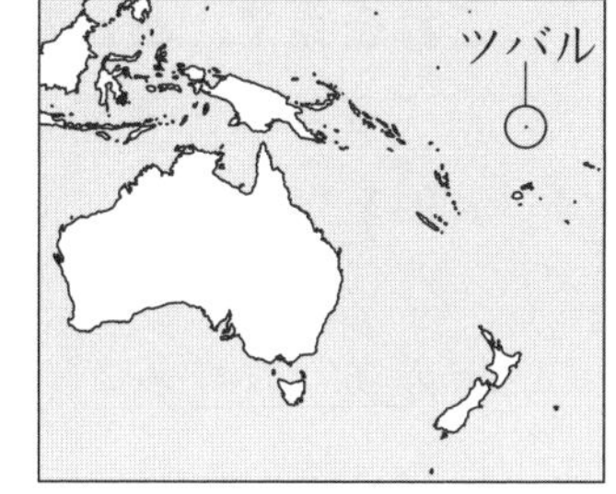

ア 有害な物質をふくんだ雨が降っている。

イ 雨があまり降らず，干ばつの危険性がある。

ウ 大気の汚れがひどく，健康被害がおこっている。

エ 海水面が上がり，水ぼつする危険性がある。

(2) (1)の原因となっている地球環境問題を，次から選び，記号で書きましょう。（　　）

ア 地球温暖化　　イ さばく化

ウ 酸性雨　　エ 川の汚染

(3) 地球全体がかかえる課題を解決するために大切なことを，次から２つ選び，記号で書きましょう。（　　）（　　）

ア 環境を守るとりきめを定めること。

イ 現代の世代の利益を優先すること。

ウ 国際社会の一員として助け合うこと。

エ 政治や宗教のちがいをなくしていくこと。

社会

＼もう１回チャレンジ!!／

国際協力と世界の課題②

目標時間 20分

学習した日　月　日

名前

得点　／100点

6109 解説→341ページ

らくらくマルつけ

❶ 次の資料は国連で採択されたＳＤＧｓの一部を示したものです。これを見て，あとの問いに答えましょう。 1つ10点【60点】

1 貧困をなくそう	2 飢餓をゼロに	3 すべての人に健康と福祉を
4 質の高い教育をみんなに	6 安全な水とトイレを世界中に	7 エネルギーをみんなにそしてクリーンに
12 つくる責任つかう責任	14 海の豊かさを守ろう	15 陸の豊かさも守ろう

(1) ＳＤＧｓとは何の略称ですか。（　　）にあてはまることばを書きましょう。（　　　　　）な開発目標

(2) 次のＡ～Ｄの具体的な目標にあてはまるものを，資料からそれぞれ選び，番号で書きましょう。

Ａ 魚をとりすぎないように，漁獲量を制限する。（　　）

Ｂ 再生可能エネルギーの割合を大はばに増加させる。（　　）

Ｃ １日1.9ドル未満で生活する人々をなくす。（　　）

Ｄ 海水のたん水化などの国際協力の支援を拡大する。（　　）

(3) 資料の２の目標に対してわたしたちができる取り組みを，次から選び，記号で書きましょう。（　　）

ア 節電に取り組む　　イ 食品ロスを減らす

ウ 街のごみをひろう　　エ 戦争の経験を語り伝える

❷ 地球環境問題について，次の問いに答えましょう。 1つ10点【40点】

(1) 右の地図中のツバルで問題になっていることを，次から選び，記号で書きましょう。（　　）

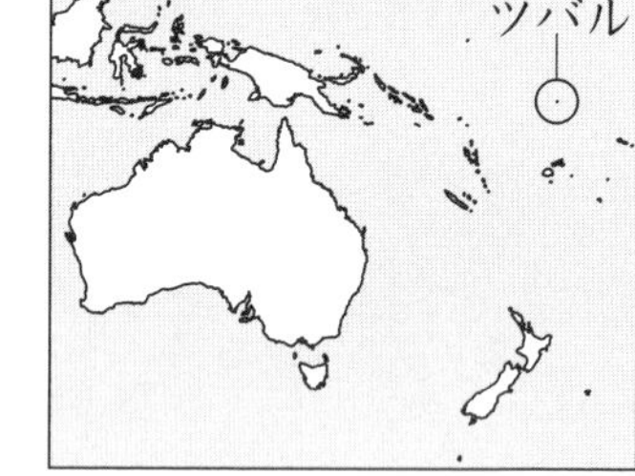

ア 有害な物質をふくんだ雨が降っている。

イ 雨があまり降らず，干ばつの危険性がある。

ウ 大気の汚れがひどく，健康被害がおこっている。

エ 海水面が上がり，水ぼつする危険性がある。

(2) (1)の原因となっている地球環境問題を，次から選び，記号で書きましょう。（　　）

ア 地球温暖化　　イ さばく化

ウ 酸性雨　　エ 川の汚染

(3) 地球全体がかかえる課題を解決するために大切なことを，次から2つ選び，記号で書きましょう。（　　）（　　）

ア 環境を守るとりきめを定めること。

イ 現代の世代の利益を優先すること。

ウ 国際社会の一員として助け合うこと。

エ 政治や宗教のちがいをなくしていくこと。

22 まとめのテスト❶

学習した日　月　日
名前
得点　／100点

解説→342ページ

❶ 日本国憲法(けんぽう)や国の政治について，次の問いに答えましょう。 1つ9点【54点】

(1) 次の①，②にあてはまる数字やことばをそれぞれ書きましょう。

①（　　）②（　　　　）

日本国憲法の三つの原則のうち，第（　①　）条には，外国との争いを武力で解決しないという（　②　）について書かれています。

(2) 右の図と次の文中の①～③に共通してあてはまることばを，それぞれ書きましょう。

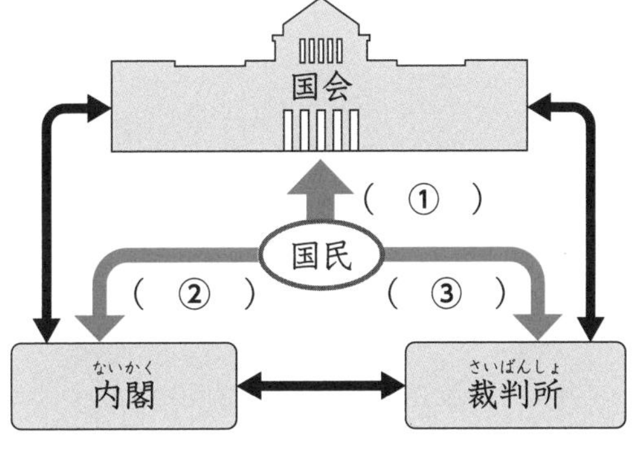

・国会議員は，国民の代表として（　①　）で選ばれる。

（　　　　）

・国の政治に対する意見は（　②　）とよばれ，国の政治にえいきょうをあたえる。（　　　　）

・国民は裁判官がふさわしいかどうかを（　③　）によって判断する。（　　　　）

(3) 図中の国会は国会議員の中から（　　）を指名します。（　　）にあてはまることばを，次から選び，書きましょう。

【 天皇(てんのう)　内閣総理大臣　最高裁判所長官　市会議員 】

（　　　　）

❷ 右の年表を見て，次の問いに答えましょう。 【46点】

(1) 年表中のA・B・Fにあてはまる人物を，次からそれぞれ選び，記号で書きましょう。 1つ6点（18点）

A（　　）

B（　　）

F（　　）

年代	おもなできごと
239	邪馬台国(やまたいこく)の（　A　）が中国(ちゅうごく)に使いを送る
604	（　B　）が十七条(じゅうしちじょう)の憲法を定める
645	C 大化(たいか)の改新(かいしん)が始まる
710	奈良(なら)に都が移される…D
	↕X
794	京都(きょうと)に都が移される…E
1016	（　F　）が摂政(せっしょう)となり政治を行う

ア 藤原道長(ふじわらのみちなが)　イ 聖徳太子(しょうとくたいし)　ウ 中臣鎌足(なかとみのかまたり)　エ 卑弥呼(ひみこ)

(2) 年表中のCのときにほろぼされた一族を，次から選び，書きましょう。 （9点）（　　　　）

【 蘇我氏(そがし)　菅原氏(すがわらし)　平氏(へいし)　源氏(げんじ) 】

(3) 年表中のD・Eの都をそれぞれ何といいますか。 1つ6点（12点）

D（　　　　）　E（　　　　）

(4) 年表中のXの時期におこったできごとを，次から選び，記号で書きましょう。 （7点）（　　）

ア 法隆寺(ほうりゅうじ)が建てられた。
イ 「源氏物語(げんじものがたり)」が書かれた。
ウ 土偶(どぐう)がつくられた。
エ 東大寺(とうだいじ)がつくられた。

社会

＼もう1回チャレンジ!! ／

22 まとめのテスト❶

目標時間 20分

学習した日　月　日

名前

得点　／100点

6110
解説→342ページ

らくらくマルつけ

❶ 日本国憲法や国の政治について，次の問いに答えましょう。

1つ9点【54点】

(1) 次の①，②にあてはまる数字やことばをそれぞれ書きましょう。

①（　　　）②（　　　　　　）

日本国憲法の三つの原則のうち，第（　①　）条には，外国との争いを武力で解決しないという（　②　）について書かれています。

(2) 右の図と次の文中の①～③に共通してあてはまることばを，それぞれ書きましょう。

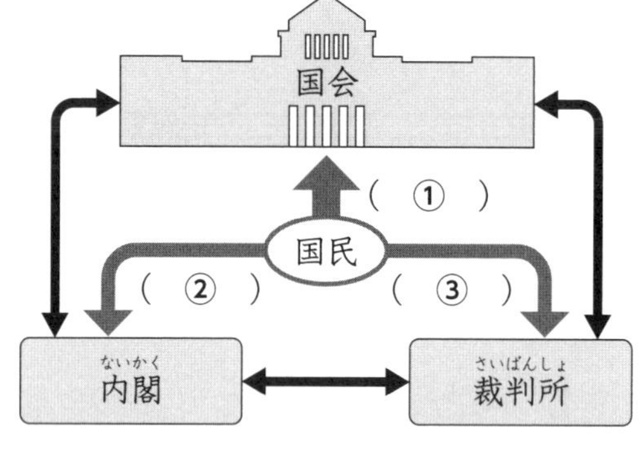

・国会議員は，国民の代表として（　①　）で選ばれる。

（　　　　　）

・国の政治に対する意見は（　②　）とよばれ，国の政治にえいきょうをあたえる。

（　　　　　）

・国民は裁判官がふさわしいかどうかを（　③　）によって判断する。

（　　　　　　　）

(3) 図中の国会は国会議員の中から（　　　）を指名します。（　　　）にあてはまることばを，次から選び，書きましょう。

【　天皇　　内閣総理大臣　　最高裁判所長官　　市会議員　】

（　　　　　　　　　）

❷ 右の年表を見て，次の問いに答えましょう。

【46点】

(1) 年表中のA・B・Fにあてはまる人物を，次からそれぞれ選び，記号で書きましょう。　1つ6点（18点）

A（　　　）

B（　　　）

F（　　　）

年代	おもなできごと
239	邪馬台国の（　A　）が中国に使いを送る
604	（　B　）が十七条の憲法を定める
645	C 大化の改新が始まる
710	奈良に都が移される…D
	↕ X
794	京都に都が移される…E
1016	（　F　）が摂政となり政治を行う

ア　藤原道長　　イ　聖徳太子　　ウ　中臣鎌足　　エ　卑弥呼

(2) 年表中のCのときにほろぼされた一族を，次から選び，書きましょう。　（9点）（　　　　　）

【　蘇我氏　　菅原氏　　平氏　　源氏　】

(3) 年表中のD・Eの都をそれぞれ何といいますか。　1つ6点（12点）

D（　　　　　）　E（　　　　　）

(4) 年表中のXの時期におこったできごとを，次から選び，記号で書きましょう。　（7点）（　　　）

ア　法隆寺が建てられた。

イ　「源氏物語」が書かれた。

ウ　土偶がつくられた。

エ　東大寺がつくられた。

23 まとめのテスト②

目標時間 20分

学習した日　月　日
名前
得点　／100点

6111
解説→342ページ

らくらくマルつけ

① 右の年表を見て，次の問いに答えましょう。　1つ10点【50点】

年代	おもなできごと
1185	A 壇ノ浦の戦いがおこる
1221	B 承久の乱がおこる
	↕X
1338	C 室町幕府が成立する
1573	室町幕府がほろぶ

(1) 下線部Aでほろんだ一族を，次から選び，記号で書きましょう。　(　　)

ア 北条氏　イ 蘇我氏
ウ 藤原氏　エ 平氏

(2) 下線部Bについて，次の文は北条政子が承久の乱のときにうったえた内容の一部です。文中の（①），（②）にあてはまることばを，あとからそれぞれ選び，記号で書きましょう。

①(　　　)　②(　　　)

> 頼朝さまが（①）に幕府を開いてからの（②）は山よりも高く海よりも深いものです。…

【 鎌倉　室町　江戸　奉公　ご恩 】

(3) Xの間におこったできごとを次から選び，記号で書きましょう。　(　　)

ア 遣唐使を停止する。　イ 関ヶ原の戦いがおこる。
ウ 元寇がおこる。　エ キリスト教が伝わる。

(4) 下線部Cがおとろえたころ，各地に現れ，実力をたくわえた武将を何といいますか。　(　　　)

② 右の資料を見て，次の問いに答えましょう。　1つ10点【50点】

A

> 一　大名は領地と江戸に交代で住み，毎年4月に江戸に参勤すること。

(1) Aについて，次の問いに答えましょう。

① Aのきまりを定め，江戸幕府の支配体制を強化した，三代目の将軍はだれですか。

(　　　)

② 武家諸法度に，Aのきまりが追加されたころのできごとを，次から選び，記号で書きましょう。　(　　)

ア 日本に鉄砲が伝来した。　イ 鎖国体制が始まった。
ウ 楽市・楽座が行われた。　エ 世阿弥が能を大成した。

(2) Bは杉田玄白らによってほん訳された書物にえがかれた図です。この書物を何といいますか。　(　　　)

B

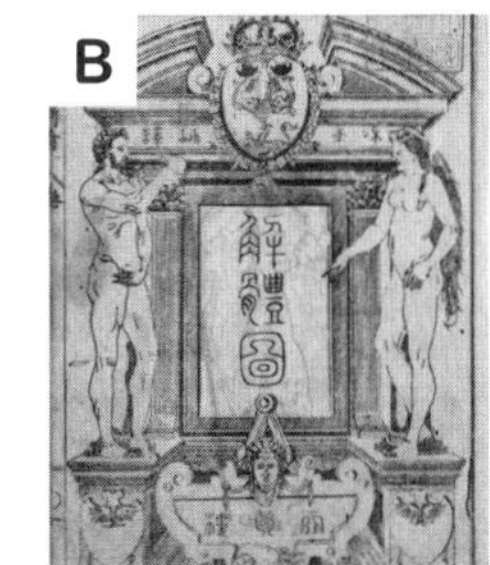

(3) Cについて，次の問いに答えましょう。

① Cは1872年にできた官営の工場です。何といいますか。

(　　　)

② Cができたころ，「学問のすゝめ」を書いた人物の名前を書きましょう。

(　　　)

C

社会

［写真提供］国立国会図書館

23 まとめのテスト②

目標時間 20分

学習した日　　月　　日

名前

得点　　／100点

らくらくマルつけ

6111
解説→342ページ

❶ 右の年表を見て，次の問いに答えましょう。　1つ10点【50点】

年代	おもなできごと
1185	A 壇ノ浦の戦いがおこる
1221	B 承久の乱がおこる
	↕X
1338	C 室町幕府が成立する
1573	室町幕府がほろぶ

(1) 下線部Aでほろんだ一族を，次から選び，記号で書きましょう。　（　　）

ア　北条氏　　イ　蘇我氏
ウ　藤原氏　　エ　平氏

(2) 下線部Bについて，次の文は北条政子が承久の乱のときにうったえた内容の一部です。文中の（ ① ），（ ② ）にあてはまることばを，あとからそれぞれ選び，記号で書きましょう。

①（　　　）②（　　　）

> 頼朝さまが（ ① ）に幕府を開いてからの（ ② ）は山よりも高く海よりも深いものです。…

【 鎌倉　　室町　　江戸　　奉公　　ご恩 】

(3) Xの間におこったできごとを次から選び，記号で書きましょう。　（　　）

ア　遣唐使を停止する。　　イ　関ヶ原の戦いがおこる。
ウ　元寇がおこる。　　エ　キリスト教が伝わる。

(4) 下線部Cがおとろえたころ，各地に現れ，実力をたくわえた武将を何といいますか。　（　　　）

❷ 右の資料を見て，次の問いに答えましょう。　1つ10点【50点】

A

> 一　大名は領地と江戸に交代で住み，毎年４月に江戸に参勤すること。

(1) Aについて，次の問いに答えましょう。

① Aのきまりを定め，江戸幕府の支配体制を強化した，三代目の将軍はだれですか。　（　　　）

② 武家諸法度に，Aのきまりが追加されたころのできごとを，次から選び，記号で書きましょう。　（　　）

ア　日本に鉄砲が伝来した。　　イ　鎖国体制が始まった。
ウ　楽市・楽座が行われた。　　エ　世阿弥が能を大成した。

(2) Bは杉田玄白らによってほん訳された書物にえがかれた図です。この書物を何といいますか。　（　　　）

B

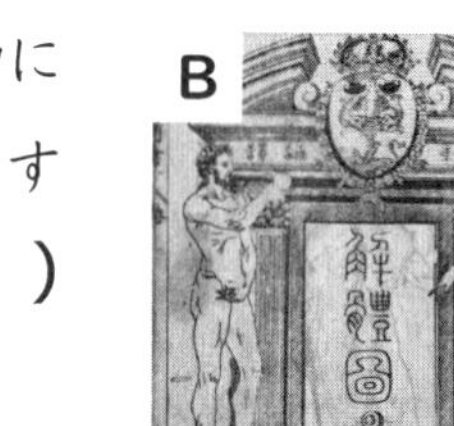

(3) Cについて，次の問いに答えましょう。

① Cは1872年にできた官営の工場です。何といいますか。　（　　　）

② Cができたころ，「学問のすゝめ」を書いた人物の名前を書きましょう。　（　　　）

C

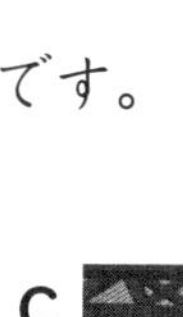

　［写真提供］国立国会図書館

まとめのテスト③

目標時間 20分

学習した日　　月　　日	得点
名前	／100点

らくらくマルつけ 6112 解説→342ページ

❶ 右の年表を見て，次の問いに答えましょう。　1つ10点【60点】

年代	おもなできごと
1904	日本と（　①　）の戦争が始まる
1911	A 不平等条約の改正が実現する
1937	日本と（　②　）の戦争が始まる
1950	（　③　）戦争が始まる
1951	B サンフランシスコ平和条約が結ばれる
	↕ X
1964	東京オリンピック・パラリンピックが開かれる

(1) 年表中の①～③にあてはまることばを，それぞれ書きましょう。

① (　　　　　　)
② (　　　　　　)
③ (　　　　　　)

(2) 年表中の下線部Aについて，このときに日本が回復した権利は何ですか。　(　　　　　　)

(3) 年表中の下線部Bと同時に結ばれ，アメリカ軍の基地が日本に残ることになった条約を何といいますか。
(　　　　　　)

(4) 年表中のXの時期におこったできごとを，次から選び，記号で書きましょう。　(　　　)

ア　広島と長崎に原子爆弾が落とされる。
イ　日本が国際連合に加盟する。
ウ　関東大震災がおこる。
エ　日本国憲法が公布される。

❷ 次の問いに答えましょう。　1つ10点【40点】

(1) あとの①，②の説明にあてはまる国を，次の地図中のア～エからそれぞれ選び，記号で書きましょう。

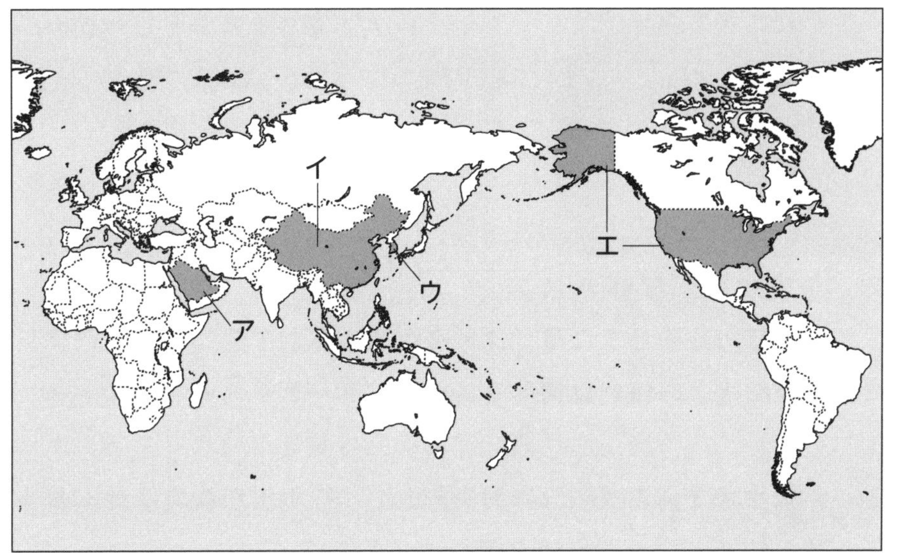

① 日本にとって最大の貿易相手国で，国民の約9割が漢民族である。　(　　　)

② おもに英語が話されており，大型機械をつかった大規模な農業が行われている。　(　　　)

(2) 二酸化炭素など，地球温暖化の原因となるガスのことを何といいますか。　(　　　　　　)

(3) 2015年に国連で決められた「持続可能な開発目標」の略称を，アルファベットで書きましょう。　(　　　　　　)

社会

＼もう１回チャレンジ!! ／

24 まとめのテスト③

目標時間 20分

学習した日　月　日

名前

得点　／100点

6112

解説→342ページ

❶ 右の年表を見て，次の問いに答えましょう。　1つ10点【60点】

年代	おもなできごと
1904	日本と（　①　）の戦争が始まる
1911	A 不平等条約の改正が実現する
1937	日本と（　②　）の戦争が始まる
1950	（　③　）戦争が始まる
1951	B サンフランシスコ平和条約が結ばれる
	↕ X
1964	東京オリンピック・パラリンピックが開かれる

(1) 年表中の①～③にあてはまることばを，それぞれ書きましょう。

① (　　　　　)

② (　　　　　)

③ (　　　　　)

(2) 年表中の下線部Aについて，このときに日本が回復した権利は何ですか。　(　　　　　)

(3) 年表中の下線部Bと同時に結ばれ，アメリカ軍の基地が日本に残ることになった条約を何といいますか。

(　　　　　)

(4) 年表中のXの時期におこったできごとを，次から選び，記号で書きましょう。　(　　　)

ア　広島と長崎に原子爆弾が落とされる。

イ　日本が国際連合に加盟する。

ウ　関東大震災がおこる。

エ　日本国憲法が公布される。

❷ 次の問いに答えましょう。　1つ10点【40点】

(1) あとの①，②の説明にあてはまる国を，次の地図中のア～エからそれぞれ選び，記号で書きましょう。

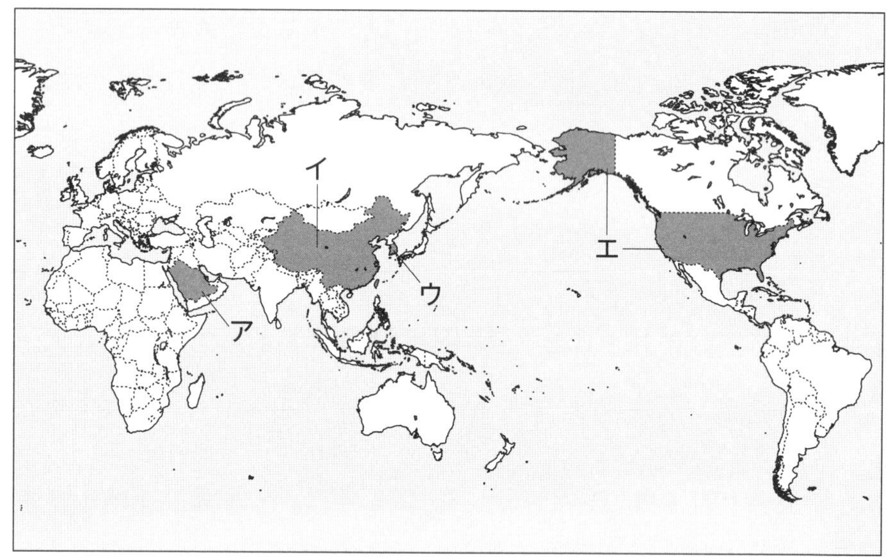

① 日本にとって最大の貿易相手国で，国民の約9割が漢民族である。　(　　　)

② おもに英語が話されており，大型機械をつかった大規模な農業が行われている。　(　　　)

(2) 二酸化炭素など，地球温暖化の原因となるガスのことを何といいますか。　(　　　　　)

(3) 2015年に国連で決められた「持続可能な開発目標」の略称を，アルファベットで書きましょう。　(　　　　　)

1 漢字①

学習した日　月　日

名前

得点　/100点

目標時間 20分

らくらくマルつけ

解説↓ 343ページ

6113

国語

1 （　）に――線の読みがなを書きましょう。 1つ5点【50点】

(1) 外国語を通訳する。（　　）

(2) 日本の文化を伝承する。（　　）

(3) 私語をつつしむ。（　　）

(4) 有名なぶ台が開幕する。（　　）

(5) 茶道(さどう)にはさまざまな流派がある。（　　）

(6) 人口密度の高い国を調べる。（　　）

(7) 家に帰ったら必ず手を洗いなさい。（　　）

(8) 黒板に書いた文字を消し忘れる。（　　）

(9) 晴れた日に布とんを干す。（　　）

(10) 大きく息を吸う。（　　）

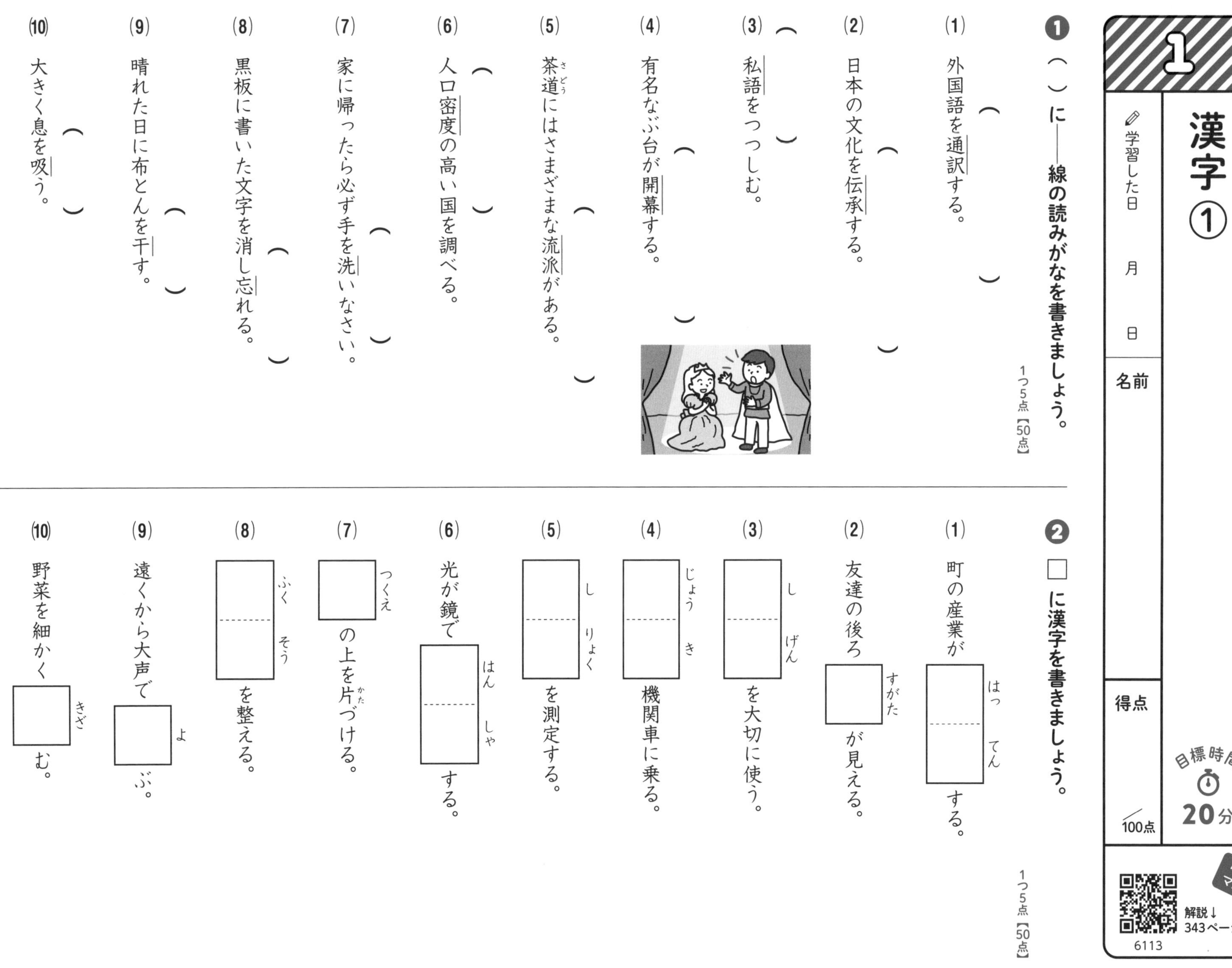

2 □に漢字を書きましょう。 1つ5点【50点】

(1) 町の産業が□□(はってん)する。

(2) 友達の後ろ□(すがた)が見える。

(3) □□(しげん)を大切に使う。

(4) □□(じょうき)機関車に乗る。

(5) □□(しりょく)を測定する。

(6) 光が鏡で□□(はんしゃ)する。

(7) □(つくえ)の上を片(かた)づける。

(8) □□(ふくそう)を整える。

(9) 遠くから大声で□(よ)ぶ。

(10) 野菜を細かく□(きざ)む。

もう1回チャレンジ!!

1 漢字①

学習した日　　月　　日

名前

得点　　／100点

目標時間 20分

らくらくマルつけ

解説↓343ページ

6113

❶ （　）に――線の読みがなを書きましょう。

1つ5点【50点】

(1) 外国語を通訳する。（　　）

(2) 日本の文化を伝承する。（　　）

(3) 私語をつつしむ。（　　）

(4) 有名なぶ台が開幕する。（　　）

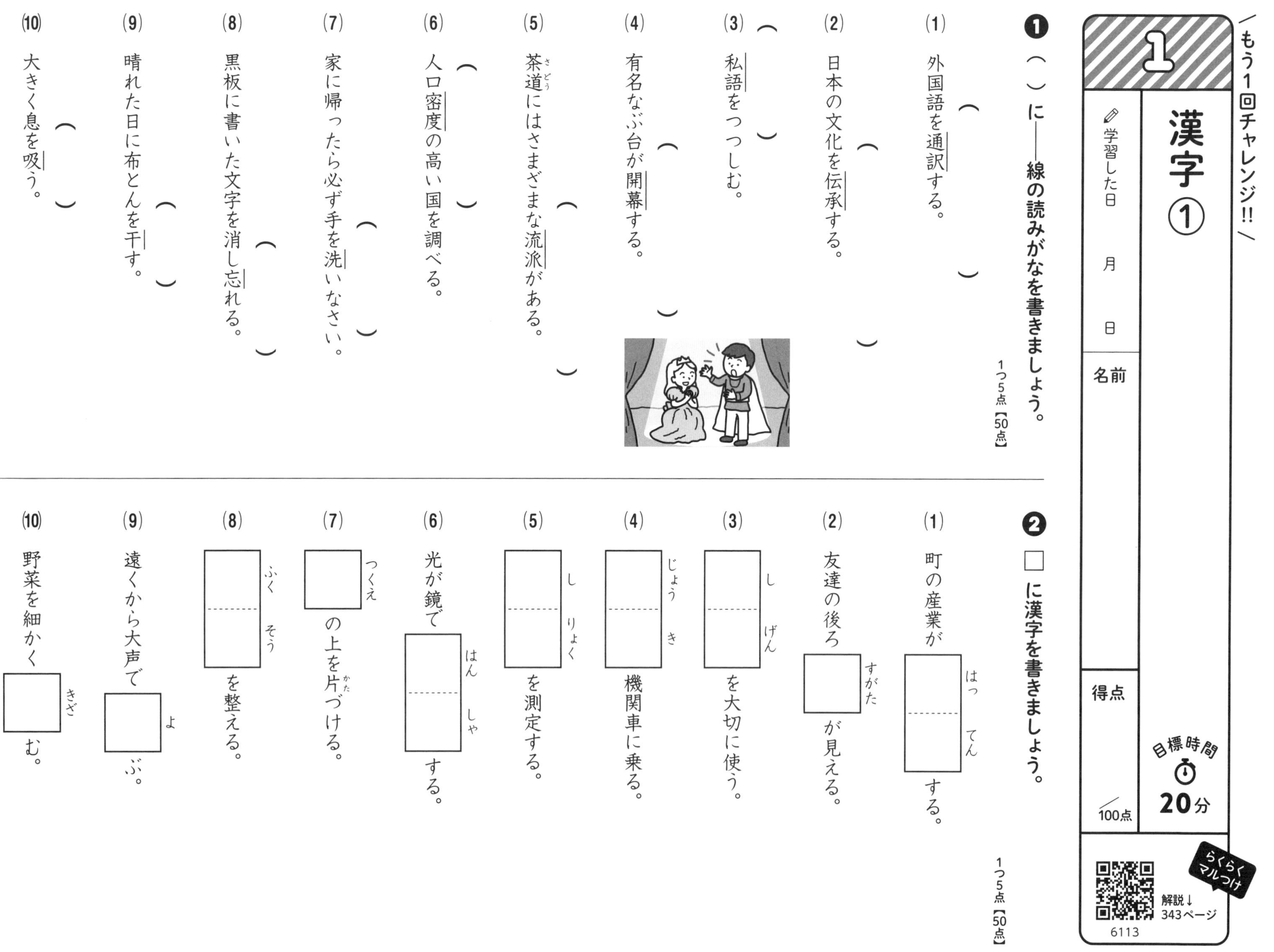

(5) 茶道(さどう)にはさまざまな流派がある。（　　）

(6) 人口密度の高い国を調べる。（　　）

(7) 家に帰ったら必ず手を洗いなさい。（　　）

(8) 黒板に書いた文字を消し忘れる。（　　）

(9) 晴れた日に布とんを干す。（　　）

(10) 大きく息を吸う。（　　）

❷ □に漢字を書きましょう。

1つ5点【50点】

(1) 町の産業が□□(はってん)する。

(2) 友達の後ろ□(すがた)が見える。

(3) □□(しげん)を大切に使う。

(4) □□(じょうき)機関車に乗る。

(5) □□(しりょく)を測定する。

(6) 光が鏡で□□(はんしゃ)する。

(7) □(つくえ)の上を片(かた)づける。

(8) □□(ふくそう)を整える。

(9) 遠くから大声で□(よ)ぶ。

(10) 野菜を細かく□(きざ)む。

2 漢字②

学習した日　月　日

名前

得点　／100点

目標時間 20分

解説↓ 343ページ
6114

らくらくマルつけ

1 （　）に――線の読みがなを書きましょう。　1つ5点【50点】

(1) 駅の階段を急いで下りる。（　）
(2) 中央の座席にこしかける。（　）
(3) 難問にちょう戦する。（　）
(4) 意見を簡潔にまとめる。（　）
(5) 病院で肺活量を調べる。（　）
(6) 各国の首脳が集まる。（　）
(7) 豊かな暮らしを送る。（　）
(8) 竹を割ったような性格だ。（　）
(9) すばらしい芸術作品を創る。（　）
(10) 誤ってゆかに生卵（なまたまご）を落とす。（　）

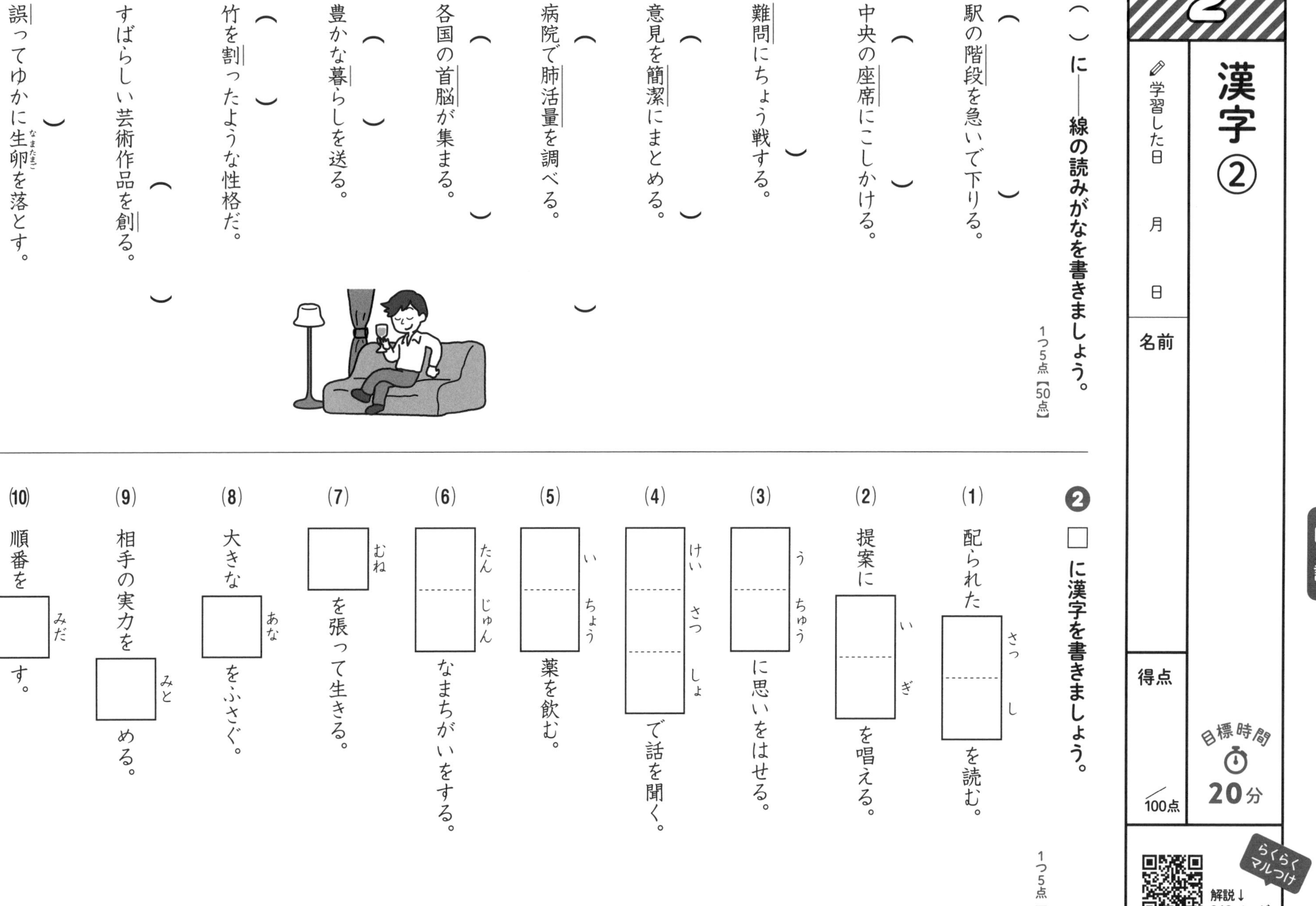

2 □に漢字を書きましょう。　1つ5点【50点】

(1) 配られた□□（さっし）を読む。
(2) 提案に□□（いぎ）を唱える。
(3) □□（うちゅう）に思いをはせる。
(4) □□□（けいさつしょ）で話を聞く。
(5) □□（いちょう）薬を飲む。
(6) □□（たんじゅん）なまちがいをする。
(7) □（むね）を張って生きる。
(8) 大きな□（あな）をふさぐ。
(9) 相手の実力を□（みと）める。
(10) 順番を□（みだ）す。

もう1回チャレンジ!!

2 漢字②

学習した日　月　日

名前

得点　/100点

目標時間 20分

らくらくマルつけ

解説↓ 343ページ

6114

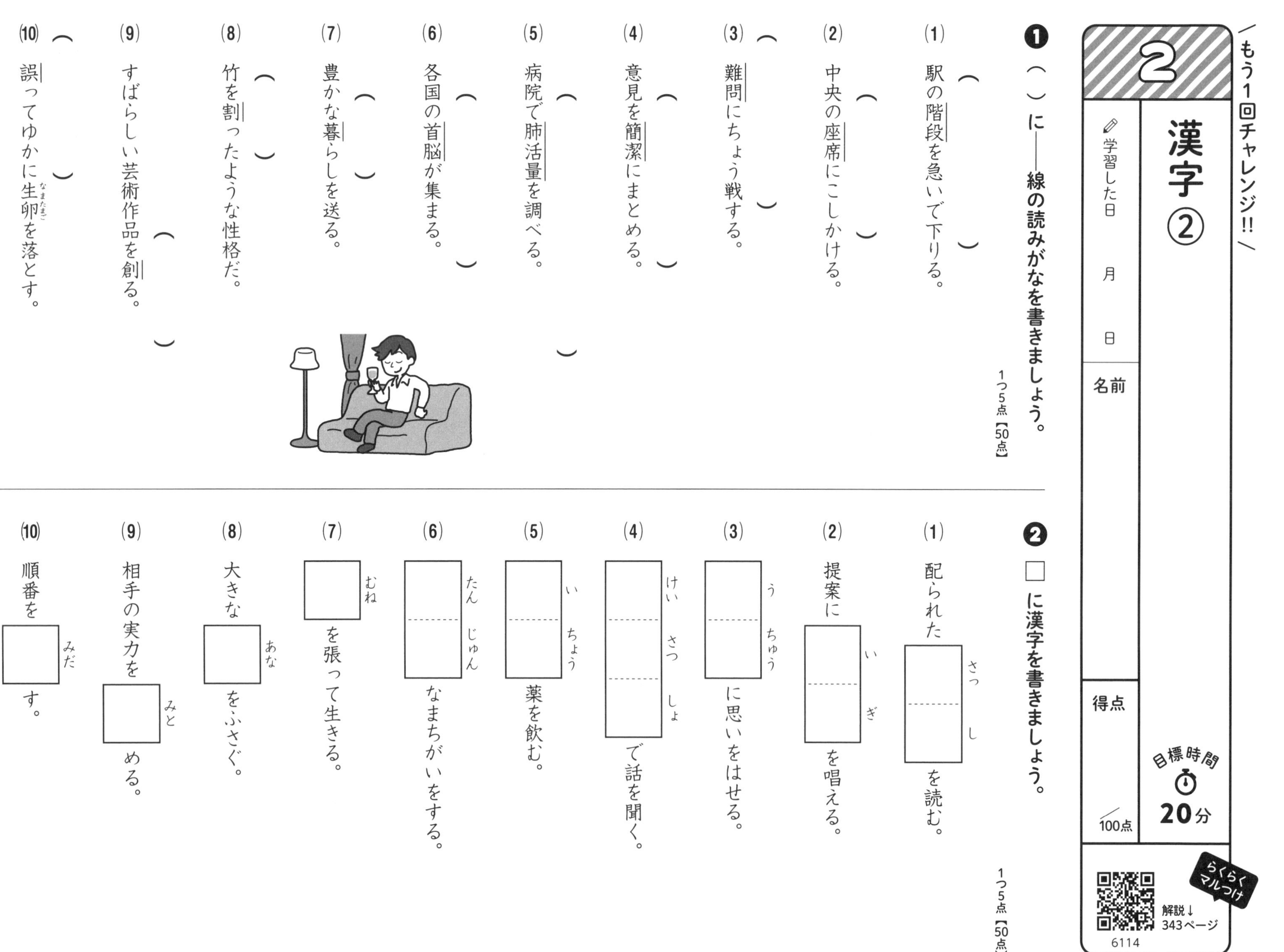

❶ (　)に――線の読みがなを書きましょう。

1つ5点【50点】

(1) 駅の階段を急いで下りる。(　)

(2) 中央の座席にこしかける。(　)

(3) 難問にちょう戦する。(　)

(4) 意見を簡潔にまとめる。(　)

(5) 病院で肺活量を調べる。(　)

(6) 各国の首脳が集まる。(　)

(7) 豊かな暮らしを送る。(　)

(8) 竹を割ったような性格だ。(　)

(9) すばらしい芸術作品を創る。(　)

(10) 誤ってゆかに生卵(なまたまご)を落とす。(　)

❷ □に漢字を書きましょう。

1つ5点【50点】

(1) 配られた□□(さっし)を読む。

(2) 提案に□□(いぎ)を唱える。

(3) □□(うちゅう)に思いをはせる。

(4) □□□(けいさつしょ)で話を聞く。

(5) □□(いちょう)薬を飲む。

(6) □□(たんじゅん)なまちがいをする。

(7) □(むね)を張って生きる。

(8) 大きな□(あな)をふさぐ。

(9) 相手の実力を□(みと)める。

(10) 順番を□(みだ)す。

3 物語① 場面と心情の変化

学習した日　月　日

名前

得点　／100点

目標時間 20分

らくらくマルつけ

解説↓ 343ページ

6115

国語

1 次の文章を読んで、問題に答えましょう。

［ばらづくりの名人のドラガンがつくっためずらしい青いばらは評判になったが、ドラガンはむなしい気持ちをかかえていた。］

ドラガンは心も体も空っぽでした。そうして、張りつめた糸がぷつんと切れるように、とうとうたおれてしまいました。

村をおとずれる人の列は、となり村との境をこえてとぎれることがないほどでしたが、ドラガンには外のさわぎなど聞こえるはずもありません。とびらをかたくとざしたまま、来る日も来る日もねむりつづけたのでした。

ばらの季節も終わりかけたある朝、ようやくドラガンは目を覚ましました。

窓（まど）を開けると、空が目の前にありました。いいえ、それは空ではなく、青いばらの花ばなでした。

その青の中に、あわいピンクの点がうかび上がっています。目をこらして見ると、それは、小さなピンクのばらでした。朝つゆを受けて、まばゆいほどに光っています。

ドラガンははだしのまま畑へ飛びだすと、その小さなばらにかけ寄りました。

「これが、ばらの花なのか……。」

あきることなくばらを見た後、ドラガンはほうっとため息をつきました。

「これまで、わたしは、いったい何をしてきたのだろう……。」

次の年、ドラガンの畑には、あわいピンクのばらが一面にさきました。

それはそれはみごとなさきようでした。

（高山貴久子（こうやまきくこ）「ばらの谷」より）

(1) この文章を三つの場面に分けたとき、第二場面と第三場面の始まりの部分を文章から書きぬきましょう。　1つ10点（20点）

第二場面　［　　　　］

第三場面　［　　　　］

(2) 「とうとうたおれてしまいました」とありますが、なぜですか。文章から書きぬきましょう。　（20点）

心と体が空っぽになり、［　　　　］が切れたようになってしまったから。

(3) 「はだしのまま畑へ飛びだす」とありますが、ここからドラガンのどのような様子がわかりますか。次から選び、記号で書きましょう。　（20点）（　　）

ア　はらをたてている様子。

イ　いてもたってもいられない様子。

ウ　おそるおそるうかがう様子。

(4) 「ほうっとため息をつきました」とありますが、なぜですか。文章から書きぬきましょう。　1つ20点（40点）

［　　　　］をつくり続けるうちにむなしい気持ちになっていたが、［　　　　］をつくることこそが自分の追い求めていたことだと気づいたから。

3 物語① 場面と心情の変化

学習した日　月　日

名前

得点　／100点

目標時間 20分

解説↓ 343ページ

6115

❶ 次の文章を読んで、問題に答えましょう。

［ばらづくりの名人のドラガンがつくっためずらしい青いばらは評判になったが、ドラガンはむなしい気持ちをかかえていた。］

ドラガンは心も体も空っぽでした。そうして、張りつめた糸がぷつんと切れるように、とうとうたおれてしまいました。

村をおとずれる人の列は、となり村との境をこえてとぎれることがないほどでしたが、ドラガンには外のさわぎなど聞こえるはずもありません。とびらをかたくとざしたまま、来る日も来る日もねむりつづけたのでした。

ばらの季節も終わりかけたある朝、ようやくドラガンは目を覚ましました。

窓（まど）を開けると、空が目の前にありました。いいえ、それは空ではなく、青いばらの花ばなでした。

その青の中に、あわいピンクの点がうかび上がっています。目をこらして見ると、それは、小さなピンクのばらでした。朝つゆを受けて、まばゆいほどに光っています。

ドラガンははだしのまま畑へ飛びだすと、その小さなばらにかけ寄りました。

「これが、ばらの花なのか……。」

あきることなくばらを見た後、ドラガンはほうっとため息をつきました。

「これまで、わたしは、いったい何をしてきたのだろう……。」

次の年、ドラガンの畑には、あわいピンクのばらが一面にさきました。

それはそれはみごとなさきようでした。

（高山貴久子（こうやまきくこ）「ばらの谷」より）

(1) この文章を三つの場面に分けたとき、第二場面と第三場面の始まりの部分を文章から書きぬきましょう。　1つ10点（20点）

第二場面 ［　　　　　］

第三場面 ［　　　　　］

(2) 「とうとうたおれてしまいました」とありますが、なぜですか。文章から書きぬきましょう。　（20点）

心と体が空っぽになり、［　　　　　］が切れたようになってしまったから。

(3) 「はだしのまま畑へ飛びだす」とありますが、ここからドラガンのどのような様子がわかりますか。次から選び、記号で書きましょう。　（20点）（　　）

ア　はらをたてている様子。

イ　いてもたってもいられない様子。

ウ　おそるおそるうかがう様子。

(4) 「ほうっとため息をつきました」とありますが、なぜですか。文章から書きぬきましょう。　1つ20点（40点）

むなしい気持ちになっていたが、［　　　　］をつくり続けるうちに［　　　　］をつくることこそが自分の追い求めていたことだと気づいたから。

4 物語② 人物像

学習した日　月　日

名前

得点　／100点

目標時間 20分

らくらくマルつけ

解説↓344ページ

6116

❶ 次の文章を読んで、問題に答えましょう。

「平和学習の日」に「ぼく」の友達のいわたくんのお母さんとおばあちゃんが、戦争体験を話してくれた。次はその話を聞いたあとの場面である。

いわたくんちのおばあちゃんは、カメラを向けられると、

「ピース！」

と言わずに、

「いやあよ。」

と言う。

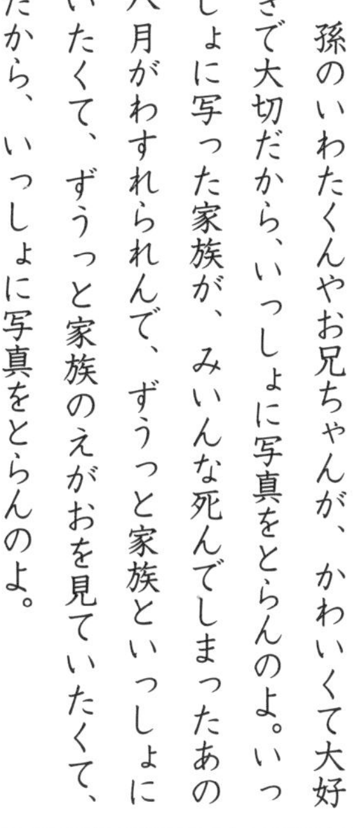

ぼく、知っとるんよ。

孫のいわたくんやお兄ちゃんが、かわいくて大好きで大切だから、いっしょに写真をとらんのよ。いっしょに写った家族が、みいんな死んでしまったあの八月がわすれられんで、ずうっと家族といっしょにいたくて、ずうっと家族のえがおを見ていたくて、だから、いっしょに写真をとらんのよ。

いわたくんちのおばあちゃんが、家族といっしょににっこり「ピース！」、そんな日が来るといいのに。

ぼくはにわうるしの木を見上げた。この木はあの日もここにいた。戦争も平和も見てきた木。

にわうるしの木は、どう思う？　家族や友達が死ぬのはみんないやなはずなのに、何で戦争なんかするんかねえ？

にわうるしの木の下に、おばあちゃんがいる。いわたくんが手をふってかけ寄っていく。うれしそうに手をふり返すおばあちゃん。

いわたくんのお母さんが遠くから写真をとっているのが見えた。

（天野夏美「いわたくんちのおばあちゃん」より）

(1) 「いやあよ」とありますが、なぜ、おばあちゃんはそう言うのですか。文章から書きぬきましょう。　1つ20点（40点）

おばあちゃんと、写真に［　　　　　　　　］家族が、［　　］によって、みんな死んでしまったから。

(2) 「そんな日」とありますが、どんな日ですか。文章から書きぬきましょう。　（20点）

おばあちゃんが、家族といっしょに［　　　　］した表情でカメラに向き合える日。

(3) 「何で戦争なんかするんかねえ？」とありますが、ここから「ぼく」のどのような気持ちがわかりますか。次から選び、記号で書きましょう。　（20点）（　　）

ア　家族を思う気持ち。
イ　写真が好きな気持ち。
ウ　平和を願う気持ち。

(4) 「うれしそうに手をふり返すおばあちゃん」とありますが、ここからおばあちゃんのどのような気持ちが伝わりますか。文章から書きぬきましょう。　（20点）

かわいくて大好きな孫のことを、［　　］に思う気持ち。

もう1回チャレンジ!!

4 物語② 人物像

学習した日　月　日

名前

得点　／100点

目標時間 20分

解説↓344ページ

6116

らくらくマルつけ

1 次の文章を読んで、問題に答えましょう。

「平和学習の日」に「ぼく」の友達のいわたくんのお母さんとおばあちゃんが、戦争体験を話してくれた。次はその話を聞いたあとの場面である。

いわたくんちのおばあちゃんは、カメラを向けられると、

「ピース！」

と言わずに、

「いやあよ。」

と言う。

ぼく、知っとるんよ。

孫のいわたくんやお兄ちゃんが、かわいくて大好きで大切だから、いっしょに写真をとらんのよ。いっしょに写った家族が、みいんな死んでしまったあの八月がわすれられんで、ずうっと家族といっしょにいたくて、ずうっと家族のえがおを見ていたくて、だから、いっしょに写真をとらんのよ。

いわたくんちのおばあちゃんが、家族といっしょににっこり「ピース！」、そんな日が来るといいのに。

ぼくはにわうるしの木を見上げた。この木はあの日もここにいた。戦争も平和も見てきた木。

にわうるしの木は、どう思う？　家族や友達が死ぬのはみんないやなはずなのに、何で戦争なんかするんかねえ？

にわうるしの木の下に、おばあちゃんがいる。いわたくんが手をふってかけ寄っていく。うれしそうに手をふり返すおばあちゃん。

いわたくんのお母さんが遠くから写真をとっているのが見えた。

（天野夏美「いわたくんちのおばあちゃん」より）

(1) 「いやあよ」とありますが、なぜ、おばあちゃんはそう言うのですか。文章から書きぬきましょう。　1つ20点（40点）

おばあちゃんと、写真に［　　　　　　　］家族が、［　　］によって、みんな死んでしまったから。

(2) 「そんな日」とありますが、どんな日ですか。文章から書きぬきましょう。（20点）

おばあちゃんが、家族といっしょに［　　　　］した表情でカメラに向き合える日。

(3) 「何で戦争なんかするんかねえ？」とありますが、ここから「ぼく」のどのような気持ちがわかりますか。次から選び、記号で書きましょう。（20点）（　　）

ア　家族を思う気持ち。

イ　写真が好きな気持ち。

ウ　平和を願う気持ち。

(4) 「うれしそうに手をふり返すおばあちゃん」とありますが、ここからおばあちゃんのどのような気持ちが伝わりますか。文章から書きぬきましょう。（20点）

かわいくて大好きな孫のことを、［　　］に思う気持ち。

5 同じ部分をもつ漢字の音と意味

学習した日　月　日

名前

得点　／100点

目標時間 20分

らくらくマルつけ

解説↓ 344ページ

6117

❶ 次の文の□にあてはまる漢字を〈　〉から選び、書きましょう。 1つ6点【36点】

(1) せい〈晴・精・清〉

① □米したばかりの米。

② □流にすんでいる魚。

③ □天の中、行われた運動会。

(2) けい〈軽・径・経〉

① 円の直□の長さを求める。

② □自動車を運転する。

③ 入手した□路を調べる。

❷ 次の二つの漢字に共通する音を表す部分を書きましょう。 1つ4点【20点】

(1) 政・整 □

(2) 板・飯 □

(3) 花・貨 □

(4) 性・星 □

(5) 固・故 □

❸ 次の漢字の部首が表す意味をあとからそれぞれ選び、記号で書きましょう。 1つ6点【24点】

(1) 貯・財（　）

(2) 情・快（　）

(3) 新・断（　）

(4) 店・庫（　）

ア 建物に関係している。

イ ものを切ることに関係している。

ウ お金に関係している。

エ 心の動きに関係している。

❹ 次の部首をもつ漢字をあとから選び、記号で書きましょう。 1つ5点【20点】

(1) さんずい　ア 酒　イ 源（　）

(2) もんがまえ　ア 間　イ 問（　）

(3) うかんむり　ア 案　イ 室（　）

(4) にすい　ア 冷　イ 状（　）

国語

＼もう1回チャレンジ!!／

5 同じ部分をもつ漢字の音と意味

学習した日　月　日

名前

得点　／100点

目標時間 20分

らくらくマルつけ

解説↓ 344ページ

6117

❶ 次の文の□にあてはまる漢字を〈　〉から選び、書きましょう。 1つ6点【36点】

(1) せい〈晴・精・清〉

① □米したばかりの米。

② □流にすんでいる魚。

③ □天の中、行われた運動会。

(2) けい〈軽・径・経〉

① 円の直□の長さを求める。

② □自動車を運転する。

③ 入手した□路を調べる。

❷ 次の二つの漢字に共通する音を表す部分を書きましょう。 1つ4点【20点】

(1) 政・整 □

(2) 板・飯 □

(3) 花・貨 □

(4) 性・星 □

(5) 固・故 □

❸ 次の漢字の部首が表す意味をあとからそれぞれ選び、記号で書きましょう。 1つ6点【24点】

(1) 貯・財（　）

(2) 情・快（　）

(3) 新・断（　）

(4) 店・庫（　）

ア 建物に関係している。

イ ものを切ることに関係している。

ウ お金に関係している。

エ 心の動きに関係している。

❹ 次の部首をもつ漢字をあとから選び、記号で書きましょう。 1つ5点【20点】

(1) さんずい　ア 酒　イ 源（　）

(2) もんがまえ　ア 間　イ 問（　）

(3) うかんむり　ア 案　イ 室（　）

(4) にすい　ア 冷　イ 状（　）

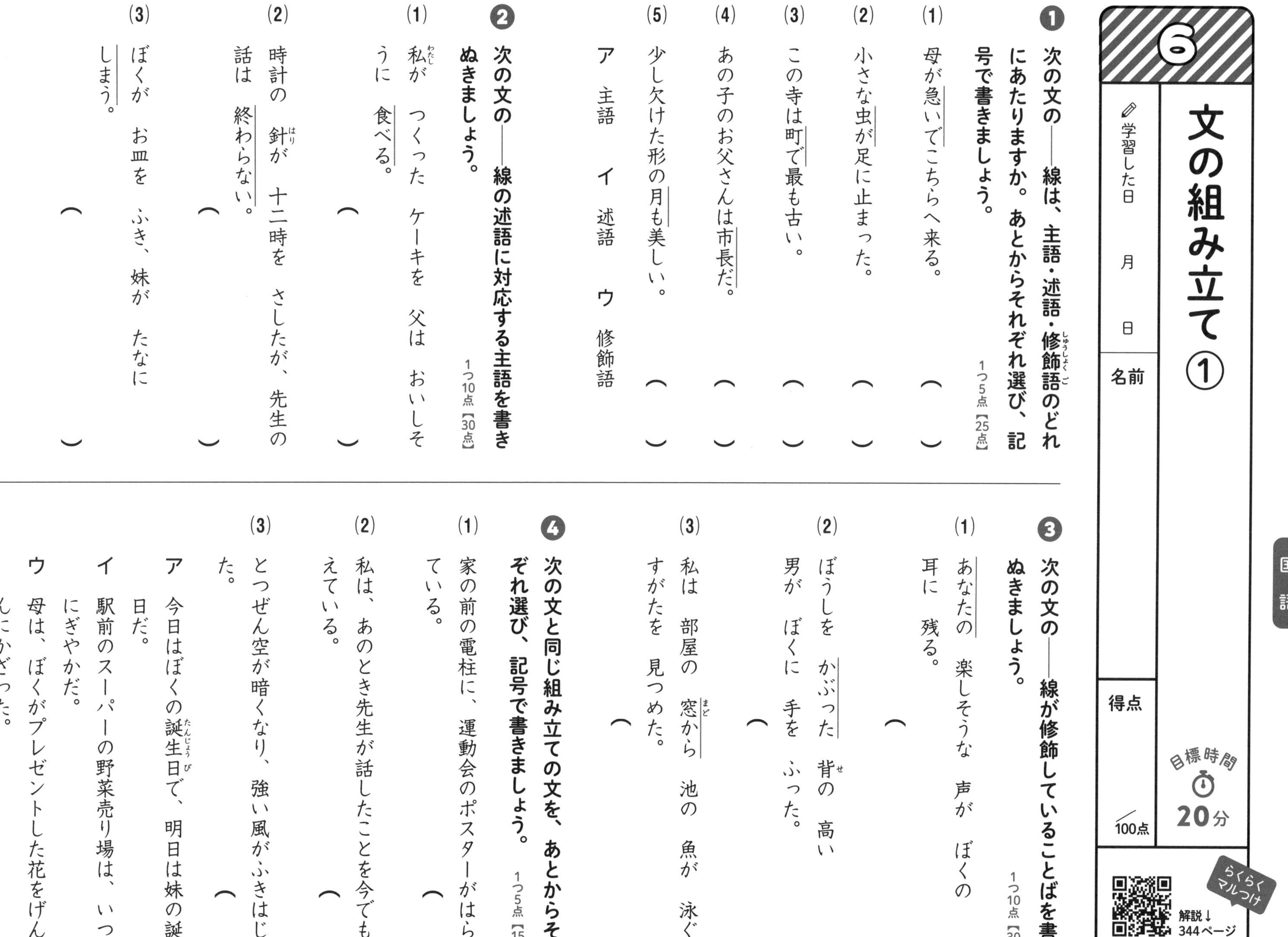

6 文の組み立て①

学習した日　月　日

名前

得点　/100点

目標時間 20分

らくらくマルつけ

解説↓344ページ

6118

1 次の文の――線は、主語・述語・修飾語のどれにあたりますか。あとからそれぞれ選び、記号で書きましょう。 1つ5点【25点】

(1) 母が急いでこちらへ来る。（　）

(2) 小さな虫が足に止まった。（　）

(3) この寺は町で最も古い。（　）

(4) あの子のお父さんは市長だ。（　）

(5) 少し欠けた形の月も美しい。（　）

ア 主語　イ 述語　ウ 修飾語

2 次の文の――線の述語に対応する主語を書きぬきましょう。 1つ10点【30点】

(1) 私が　つくった　ケーキを　父は　おいしそうに　食べる。（　）

(2) 時計の　針が　十二時を　さしたが、先生の　話は　終わらない。（　）

(3) ぼくが　お皿を　ふき、妹が　たなに　しまう。（　）

3 次の文の――線が修飾していることばを書きぬきましょう。 1つ10点【30点】

(1) あなたの　楽しそうな　声が　ぼくの　耳に　残る。（　）

(2) ぼうしを　かぶった　背の　高い　男が　ぼくに　手を　ふった。（　）

(3) 私は　部屋の　窓から　池の　魚が　泳ぐ　すがたを　見つめた。（　）

4 次の文と同じ組み立ての文を、あとからそれぞれ選び、記号で書きましょう。 1つ5点【15点】

(1) 家の前の電柱に、運動会のポスターがはられている。（　）

(2) 私は、あのとき先生が話したことを今でも覚えている。（　）

(3) とつぜん空が暗くなり、強い風がふきはじめた。（　）

ア 今日はぼくの誕生日で、明日は妹の誕生日だ。

イ 駅前のスーパーの野菜売り場は、いつもにぎやかだ。

ウ 母は、ぼくがプレゼントした花をげんかんにかざった。

＼もう1回チャレンジ!!／

6 文の組み立て①

学習した日　月　日

名前

得点　／100点

目標時間 20分

らくらくマルつけ

解説↓ 344ページ

6118

❶ 次の文の――線は、主語・述語・修飾語（しゅうしょくご）のどれにあたりますか。あとからそれぞれ選び、記号で書きましょう。 1つ5点【25点】

(1) 母が急いでこちらへ来る。（　　）

(2) 小さな虫が足に止まった。（　　）

(3) この寺は町で最も古い。（　　）

(4) あの子のお父さんは市長だ。（　　）

(5) 少し欠けた形の月も美しい。（　　）

ア 主語　イ 述語　ウ 修飾語

❷ 次の文の――線の述語に対応する主語を書きぬきましょう。 1つ10点【30点】

(1) 私（わたし）が　つくった　ケーキを　父は　おいしそうに　食べる。（　　）

(2) 時計の　針（はり）が　十二時を　さしたが、先生の　話は　終わらない。（　　）

(3) ぼくが　お皿を　ふき、妹が　たなに　しまう。（　　）

❸ 次の文の――線が修飾していることばを書きぬきましょう。 1つ10点【30点】

(1) あなたの　楽しそうな　声が　ぼくの　耳に　残る。（　　）

(2) ぼうしを　かぶった　背（せ）の　高い　男が　ぼくに　手を　ふった。（　　）

(3) 私は　部屋の　窓（まど）から　池の　魚が　泳ぐ　すがたを　見つめた。（　　）

❹ 次の文と同じ組み立ての文を、あとからそれぞれ選び、記号で書きましょう。 1つ5点【15点】

(1) 家の前の電柱に、運動会のポスターがはられている。（　　）

(2) 私は、あのとき先生が話したことを今でも覚えている。（　　）

(3) とつぜん空が暗くなり、強い風がふきはじめた。（　　）

ア 今日はぼくの誕生日（たんじょうび）で、明日は妹の誕生日だ。

イ 駅前のスーパーの野菜売り場は、いつもにぎやかだ。

ウ 母は、ぼくがプレゼントした花をげんかんにかざった。

7 漢字③

学習した日　月　日

名前

得点　／100点

目標時間 20分

らくらくマルつけ

解説↓ 344ページ

6119

国語

1 （　）に——線の読みがなを書きましょう。 1つ5点【50点】

(1) 手続きをすばやく処理する。（　　）

(2) けがをして運動に支障をきたす。（　　）

(3) 思う存分好きな本を読む。（　　）

(4) 心臓の働きを研究する。（　　）

(5) 近所の銭湯に行く。（　　）

(6) 自宅に友人を招く。（　　）

(7) 山の中腹まで登る。（　　）

(8) 厳しいルールを決める。（　　）

(9) 雨が一層強く降(ふ)り出した。（　　）

(10) 舌をやけどする。（　　）

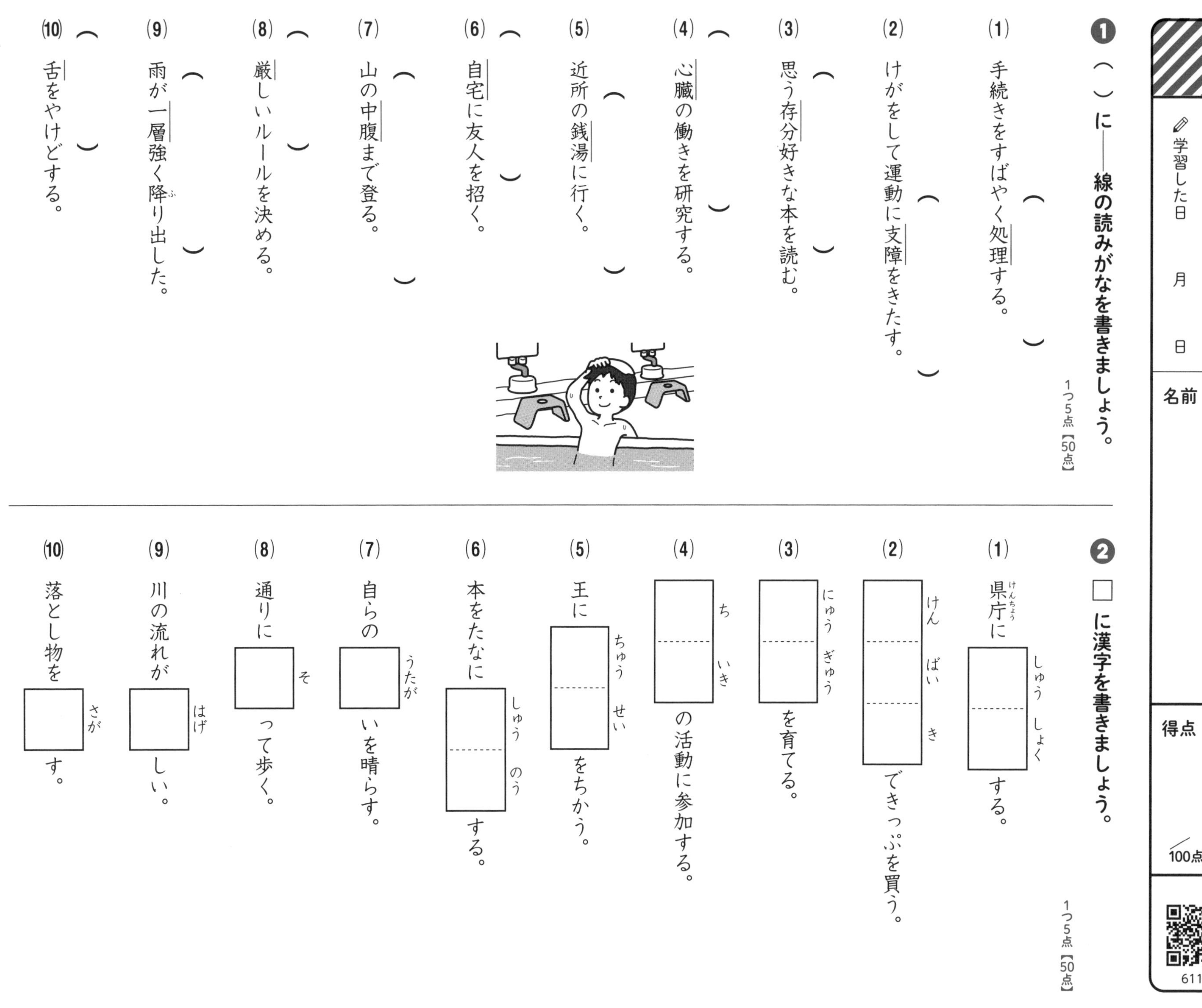

2 □に漢字を書きましょう。 1つ5点【50点】

(1) 県庁(けんちょう)に［しゅう｜しょく］する。

(2) ［けん｜ばい｜き］できっぷを買う。

(3) ［にゅう｜ぎゅう］を育てる。

(4) ［ち｜いき］の活動に参加する。

(5) 王に［ちゅう｜せい］をちかう。

(6) 本をたなに［しゅう｜のう］する。

(7) 自らの［うたが］いを晴らす。

(8) 通りに［そ］って歩く。

(9) 川の流れが［はげ］しい。

(10) 落とし物を［さが］す。

もう1回チャレンジ!!

7

漢字③

学習した日　月　日

名前

得点

/100点

目標時間 20分

らくらくマルつけ

解説↓ 344ページ

6119

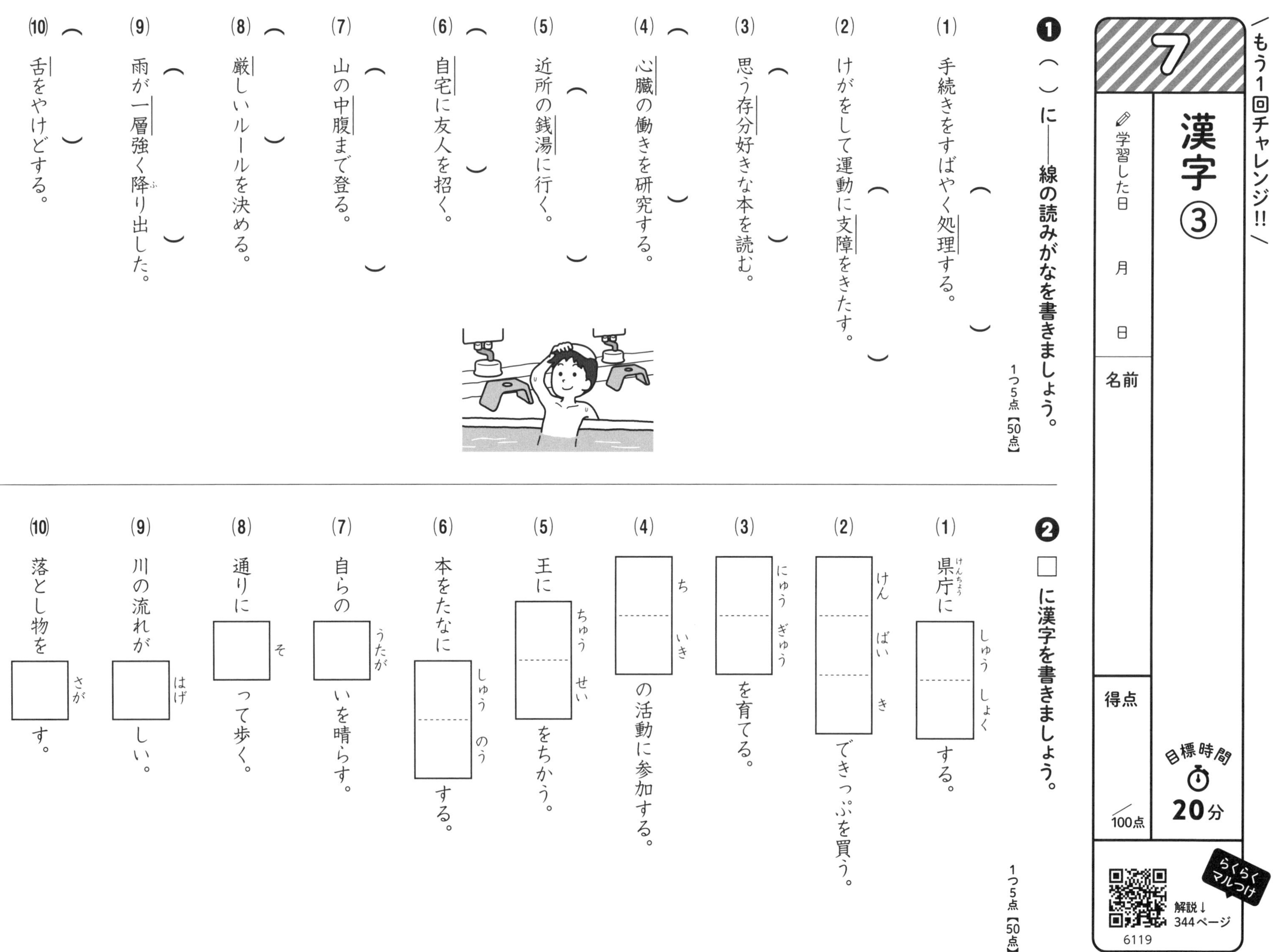

❶ （　）に――線の読みがなを書きましょう。　1つ5点【50点】

(1) 手続きをすばやく処理する。（　）

(2) けがをして運動に支障をきたす。（　）

(3) 思う存分好きな本を読む。（　）

(4) 心臓の働きを研究する。（　）

(5) 近所の銭湯に行く。（　）

(6) 自宅に友人を招く。（　）

(7) 山の中腹まで登る。（　）

(8) 厳しいルールを決める。（　）

(9) 雨が一層強く降(ふ)り出した。（　）

(10) 舌をやけどする。（　）

❷ □に漢字を書きましょう。　1つ5点【50点】

(1) 県庁(けんちょう)に□□(しゅうしょく)する。

(2) □□□(けんばいき)できっぷを買う。

(3) □□(にゅうぎゅう)を育てる。

(4) □□(ちいき)の活動に参加する。

(5) 王に□□(ちゅうせい)をちかう。

(6) 本をたなに□□(しゅうのう)する。

(7) 自らの□(うたが)いを晴らす。

(8) 通りに□(そ)って歩く。

(9) 川の流れが□(はげ)しい。

(10) 落とし物を□(さが)す。

8

漢字④

✎学習した日　月　日

名前

得点　／100点

目標時間 20分

解説↓ 345ページ

6120

らくらくマルつけ

国語

❶ (　)に――線の読みがなを書きましょう。

1つ5点【50点】

(1) 多くの資金を提供する。(　　)

(2) 家系図が見つかる。(　　)

(3) 台風が日本列島を縦断する。(　　)

(4) 臨時のバスが出る。(　　)

(5) 仁義を大切にする。(　　)

(6) 訓練して筋力をつける。(　　)

(7) 我先にうばい合う。(　　)

(8) 美しい泉がわく。(　　)

(9) 法律(ほうりつ)で罪人を公正に裁く。(　　)

(10) 久しぶりに恩師(おんし)を訪ねる。(　　)

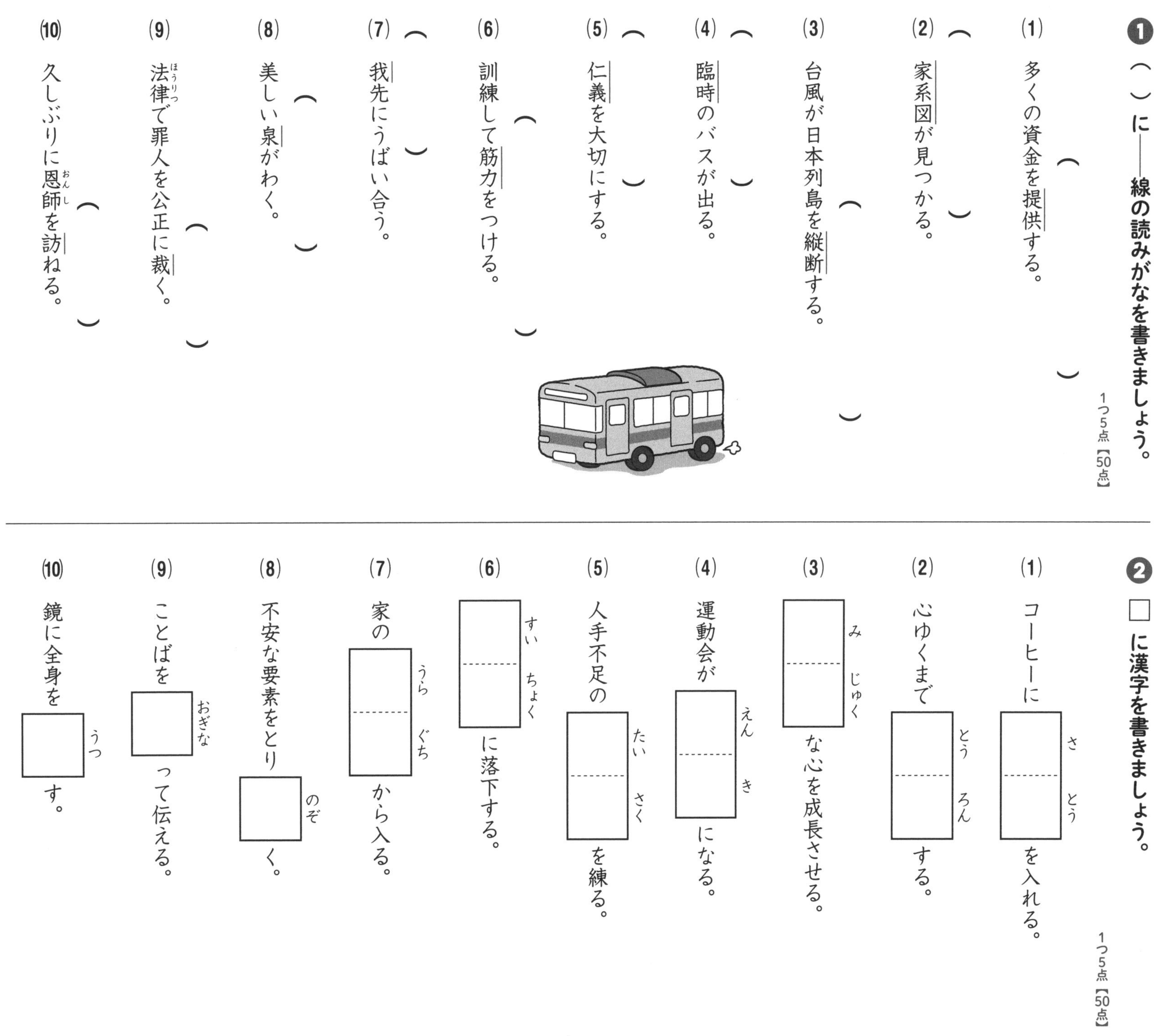

❷ □に漢字を書きましょう。

1つ5点【50点】

(1) コーヒーに□(さとう)を入れる。

(2) 心ゆくまで□(とうろん)する。

(3) □(みじゅく)な心を成長させる。

(4) 運動会が□(えんき)になる。

(5) 人手不足の□(たいさく)を練る。

(6) □(すいちょく)に落下する。

(7) 家の□(うらぐち)から入る。

(8) 不安な要素をとり□(のぞ)く。

(9) ことばを□(おぎな)って伝える。

(10) 鏡に全身を□(うつ)す。

もう1回チャレンジ!!

8

漢字④

学習した日　月　日

名前

得点　/100点

目標時間 20分

らくらくマルつけ

解説↓345ページ

6120

❶（　）に――線の読みがなを書きましょう。　1つ5点【50点】

(1) 多くの資金を提供する。（　　）

(2) 家系図が見つかる。（　　）

(3) 台風が日本列島を縦断する。（　　）

(4) 臨時のバスが出る。（　　）

(5) 仁義を大切にする。（　　）

(6) 訓練して筋力をつける。（　　）

(7) 我先にうばい合う。（　　）

(8) 美しい泉がわく。（　　）

(9) 法律（ほうりつ）で罪人を公正に裁く。（　　）

(10) 久しぶりに恩師（おんし）を訪ねる。（　　）

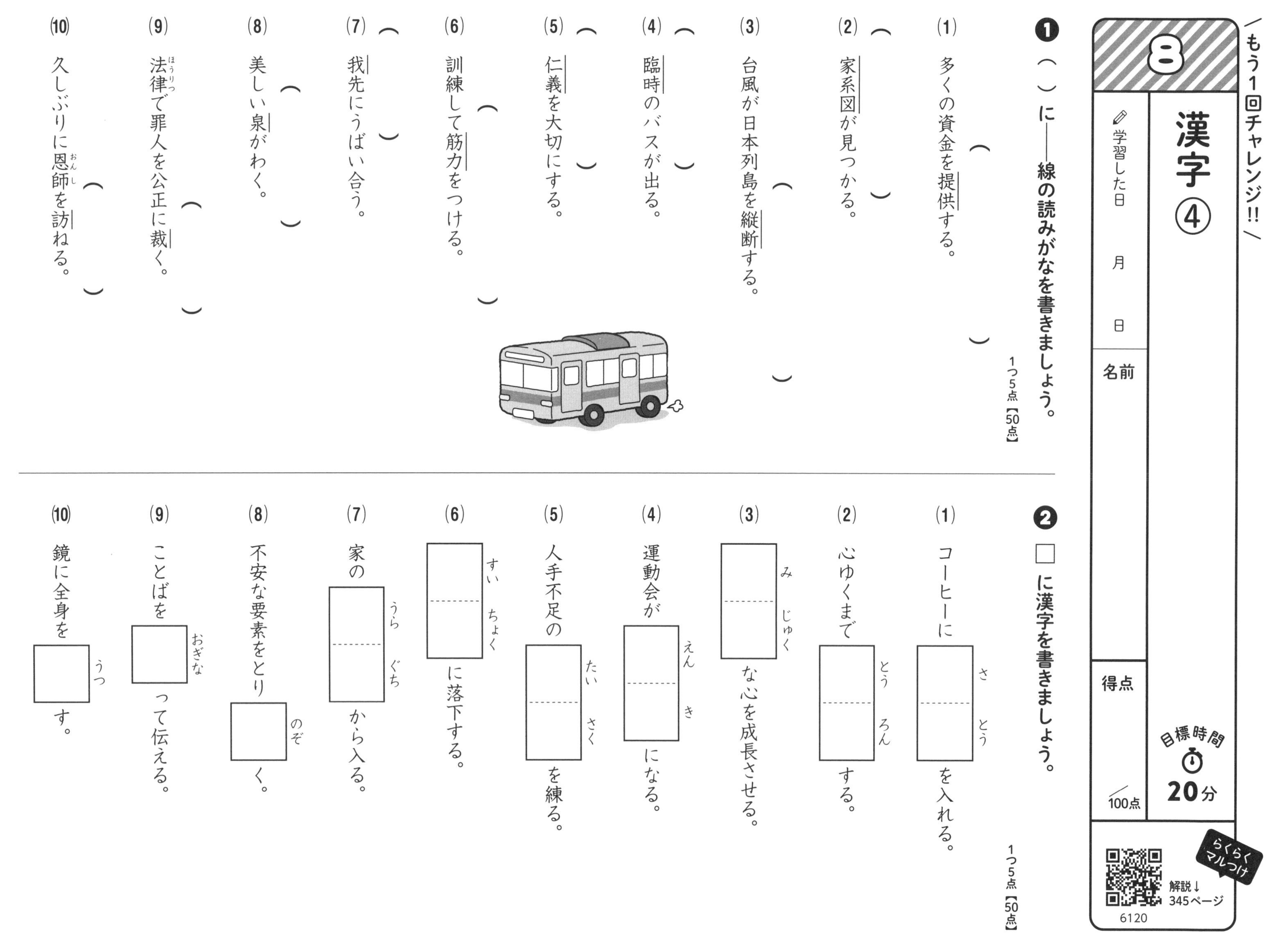

❷□に漢字を書きましょう。　1つ5点【50点】

(1) コーヒーに［さ｜とう］を入れる。

(2) 心ゆくまで［とう｜ろん］する。

(3) ［み｜じゅく］な心を成長させる。

(4) 運動会が［えん｜き］になる。

(5) 人手不足の［たい｜さく］を練る。

(6) ［すい｜ちょく］に落下する。

(7) 家の［うら｜ぐち］から入る。

(8) 不安な要素をとり［のぞ］く。

(9) ことばを［おぎな］って伝える。

(10) 鏡に全身を［うつ］す。

9 説明文① 筆者の意見

学習した日　　月　　日

名前

得点　　／100点

目標時間 20分

らくらくマルつけ　解説↓ 345ページ

6121

❶ 次の文章を読んで、問題に答えましょう。

1 おすすめしたいのは本を読んだら人に話すことです。話しはじめれば何か言わなければと思考が動き出します。相手から質問をされたり、ちがった理解の仕方を提示されればさらに考えが深まります。

2 実際やってみるとわかりますが、記おくがあいまいだとうまく伝えることができません。相手から質問されて答えられなければ、理解が足りていないのです。

3 私（わたし）自身は中学生のころから、本を読むたびに友達に話していました。友達も同じ本を読んでいれば感想を言い合うし、どちらかだけ読んでいる場合でも、片方（かたほう）が伝えてもう片方が質問をする。読んでいるとちゅうの段階（だんかい）でもとにかく話す。それがふつうになっていました。その友達とは大学、大学院までもいっしょだったので、本を読んでは対話するというのを十年以上くり返していたことになります。

（中略）

4 語る相手がいない場合には、レビュー*を読んでみてください。いまの時代、検さくすればネット上に感想がたくさん見つかります。

*評価や感想。

5 自分と同じ感想を持った人のレビューを読めば「そうそうその通り」と思って考えの確認（かくにん）ができますし、「それは気づかなかった」「なるほどそういう見方もあるのか」と新たな観点に気づかされることもあるでしょう。レビューの中には「いやいや、それはない」「ちょっと浅い感想じゃないかな」と反論（はんろん）したくなるものもあるかもしれません。反論するということは、思考が動いているのです。

（齋藤孝（さいとうたかし）「読書する人だけがたどり着ける場所」より）

(1) 「実際やってみるとわかりますが」とありますが、どんなことがわかりますか。文章から書きぬきましょう。（20点）

その本をきちんと理解していないと、相手の［　　］に答えられないこと。

(2) 「それ」とは、どのようなことをさしていますか。文章から書きぬきましょう。（20点）

本を読むたびに友達と［　　］すること。

(3) 「そうそうその通り」とありますが、それは、何を読んだときに思うことですか。文章から書きぬきましょう。（20点）

自分と［　　　　］を持った人のレビュー。

(4) この文章で、具体例として筆者の経験が書かれているのは、どの段落ですか。1～5の段落番号を書きましょう。（20点）

（　　）

(5) この文章で、筆者が最も伝えたいことが書かれているのは、どの段落ですか。1～5の段落番号を書きましょう。（20点）

（　　）

もう1回チャレンジ!!

9 説明文① 筆者の意見

学習した日　月　日

名前

得点　/100点

目標時間 20分

らくらくマルつけ

解説↓ 345ページ

6121

1 次の文章を読んで、問題に答えましょう。

①おすすめしたいのは本を読んだら人に話すことです。話しはじめれば何か言わなければと思考が動き出します。相手から質問をされたり、ちがった理解の仕方を提示されればさらに考えが深まります。

②実際やってみるとわかりますが、記おくがあいまいだとうまく伝えることができません。相手から質問されて答えられなければ、理解が足りていないのです。

③私自身は中学生のころから、本を読むたびに友達に話していました。友達も同じ本を読んでいれば感想を言い合うし、どちらかだけ読んでいる場合でも、片方が伝えてもう片方が質問をする。読んでいるとちゅうの段階でもとにかく話す。それがふつうになっていました。その友達とは大学、大学院までもいっしょだったので、本を読んでは対話するというのを十年以上くり返していたことになります。

（中略）

④語る相手がいない場合には、レビュー*を読んでみてください。いまの時代、検さくすればネット上に感想がたくさん見つかります。

*評価や感想。

⑤自分と同じ感想を持った人のレビューを読めば「そうそうその通り」と思って考えの確認ができますし、「それは気づかなかった」「なるほどそういう見方もあるのか」と新たな観点に気づかされることもあるでしょう。レビューの中には「いやいや、それはない」「ちょっと浅い感想じゃないかな」と反論したくなるものもあるかもしれません。反論するということは、思考が動いているのです。

（齋藤孝「読書する人だけがたどり着ける場所」より）

(1) 「実際やってみるとわかりますが」とありますが、どんなことがわかりますか。文章から書きぬきましょう。(20点)

その本をきちんと理解していないと、相手の［　　］に答えられないこと。

(2) 「それ」とは、どのようなことをさしていますか。文章から書きぬきましょう。(20点)

本を読むたびに友達と［　　］すること。

(3) 「そうそうその通り」とありますが、それは、何を読んだときに思うことですか。文章から書きぬきましょう。(20点)

自分と［　　　　］を持った人のレビュー。

(4) この文章で、具体例として筆者の経験が書かれているのは、どの段落ですか。①～⑤の段落番号を書きましょう。(20点)

（　　）

(5) この文章で、筆者が最も伝えたいことが書かれているのは、どの段落ですか。①～⑤の段落番号を書きましょう。(20点)

（　　）

10 説明文② 具体例

学習した日　月　日

名前

得点　／100点

目標時間 20分

らくらくマルつけ　解説↓345ページ　6122

国語

❶ 次の文章を読んで、問題に答えましょう。

[1]水中生活への適応という点から見れば（中略）一番すぐれた種はコイで、一番おとった種はトカゲとニワトリになるだろう。また、走るのが速いという点から見れば、一番すぐれた種はイヌになる。

[2]当たり前のことだが、何を「すぐれた」と考えるかによって、生物の順番は入れかわる。どんなときでもすぐれた生物というものはいない。客観的にすぐれた生物というものはいないのだ。それは、脳が大きい生物についても当てはまる。

[3]たとえば、脳が大きい生物は、空腹に弱い生物だ。脳は大量のエネルギーを使う器官である。私たちヒトの脳は体重の二パーセントしかないにもかかわらず、体全体で消費するエネルギーの二〇～二十五パーセントも使ってしまう。

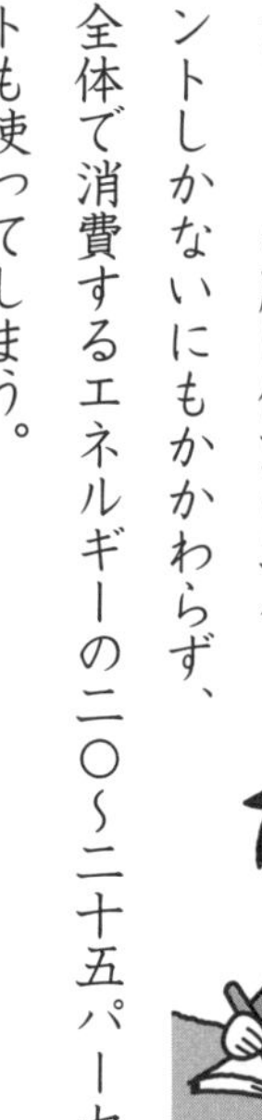

[4]大きな脳は、どんどんエネルギーを使うので、その分たくさん食べなくてはいけない。もしもききんが起きて農作物が取れなくなり、食べ物がなくなれば、脳が大きい人から死んでいくだろう。［　　］食糧事情が悪い場合は、脳が小さいほうが「すぐれた」状態なのだ。

[5]「ある条件ですぐれている」ということは「別の条件ではおとっている」ということだ。あらゆる条件ですぐれた生物というものは、理論的にありえない。生物は、そのときどきのかん境に適応するようには進化するけれど、何らかの絶対的な高みに向かって進歩していくわけではない。進化は進歩ではないのだ。

（更科功「残酷な進化論」より）

(1) 「どんなときでもすぐれた生物というものはいない」ということの具体例が書かれているのはどの段落とどの段落ですか。次から選び、記号で書きましょう。（20点）（　　）

ア [2]段落と[3]段落
イ [3]段落と[4]段落
ウ [4]段落と[5]段落

(2) 「脳が大きい生物」とありますが、筆者がその例として挙げている生物を文章から書きぬきましょう。（20点）［　　］

(3) 「脳が大きい生物は、空腹に弱い」とありますが、なぜですか。文章から書きぬきましょう。（20点）

脳は［　　　　　］をたくさん使うから。

(4) ［　　］にあてはまることばを次から選び、記号で書きましょう。（20点）（　　）

ア しかし
イ なぜなら
ウ だから

(5) この文章で筆者の意見が書かれているのは、どの段落ですか。[1]～[5]の段落番号を書きましょう。（20点）（　　）

もう1回チャレンジ!!

10 説明文② 具体例

学習した日　月　日

名前

得点　／100点

目標時間 20分

らくらくマルつけ

解説↓ 345ページ

6122

❶ 次の文章を読んで、問題に答えましょう。

1 水中生活への適応という点から見れば（中略）一番すぐれた種はコイで、一番おとった種はトカゲとニワトリになるだろう。また、走るのが速いという点から見れば、一番すぐれた種はイヌになる。

2 当たり前のことだが、何を「すぐれた」と考えるかによって、生物の順番は入れかわる。どんなときでもすぐれた生物というものはいない。客観的にすぐれた生物というものはいないのだ。それは、脳が大きい生物についても当てはまる。

3 たとえば、脳が大きい生物は、空腹に弱い生物だ。脳は大量のエネルギーを使う器官である。私たちヒトの脳は体重の二パーセントしかないにもかかわらず、体全体で消費するエネルギーの二〇～二十五パーセントも使ってしまう。

4 大きな脳は、どんどんエネルギーを使うので、その分たくさん食べなくてはいけない。もしもききんが起きて農作物が取れなくなり、食べ物がなくなれば、脳が大きい人から死んでいくだろう。［　］食糧事情が悪い場合は、脳が小さいほうが「すぐれた」状態なのだ。

5 「ある条件ですぐれている」ということは「別の条件ではおとっている」ということだ。あらゆる条件ですぐれた生物というものは、理論的にありえない。生物は、そのときどきのかん境に適応するようには進化するけれど、何らかの絶対的な高みに向かって進歩していくわけではない。進化は進歩ではないのだ。

（更科功「残酷な進化論」より）

(1) 「どんなときでもすぐれた生物というものはいない」ということの具体例が書かれているのはどの段落とどの段落ですか。次から選び、記号で書きましょう。（20点）（　）

ア 2段落と3段落
イ 3段落と4段落
ウ 4段落と5段落

(2) 「脳が大きい生物」とありますが、筆者がその例として挙げている生物を文章から書きぬきましょう。（20点）［　］

(3) 「脳が大きい生物は、空腹に弱い」とありますが、なぜですか。文章から書きぬきましょう。（20点）

脳は［　　　　　］をたくさん使うから。

(4) ［　］にあてはまることばを次から選び、記号で書きましょう。（20点）（　）

ア しかし
イ なぜなら
ウ だから

(5) この文章で筆者の意見が書かれているのは、どの段落ですか。1～5の段落番号を書きましょう。（20点）（　）

11 漢字二字の熟語

学習した日　月　日
名前
得点　/100点
目標時間 20分
らくらくマルつけ
解説↓346ページ
6123

1 次の熟語の構成について説明したものをあとからそれぞれ選び、記号で書きましょう。 1つ3点【18点】

(1) 外国（　）　(2) 市立（　）
(3) 左右（　）　(4) 不便（　）
(5) 放水（　）　(6) 状態（　）

ア　似た意味の漢字を組み合わせたもの。
イ　反対の意味の漢字を組み合わせたもの。
ウ　上の字が下の字を修飾するもの。
エ　下の字が上の字の目的や対象になるもの。
オ　上の字が主語、下の字が述語のもの。
カ　上の字が下の字の意味を打ち消すもの。

2 次の熟語と構成が同じものをあとから選び、記号で書きましょう。 1つ6点【18点】

(1) 失敗（　）
ア　時短　イ　計算
ウ　前後　エ　不動

(2) 近所（　）
ア　競争　イ　天地
ウ　感想　エ　牛肉

(3) 転校（　）
ア　国旗　イ　豊富
ウ　読書　エ　最近

3 次の熟語の構成の説明に合う熟語をあとから選び、記号で書きましょう。 1つ8点【32点】

(1) 似た意味の漢字を組み合わせたもの。（　）
ア　求人　イ　出発
ウ　新緑　エ　上流

(2) 上の字が下の字を修飾するもの。（　）
ア　開門　イ　学習
ウ　岩石　エ　黒板

(3) 下の字が上の字の目的や対象になるもの。（　）
ア　作文　イ　室内
ウ　親友　エ　実物

(4) 上の字が主語、下の字が述語のもの。（　）
ア　空気　イ　母語
ウ　県営　エ　先頭

4 次の熟語の中で、ほかの熟語と構成がちがうものを選び、記号で書きましょう。 1つ8点【32点】

(1) ア　大小　イ　父母　ウ　年少　エ　東西（　）
(2) ア　切断　イ　人類　ウ　生産　エ　停止（　）
(3) ア　思考　イ　少量　ウ　昨年　エ　直線（　）
(4) ア　初雪　イ　登山　ウ　記名　エ　着席（　）

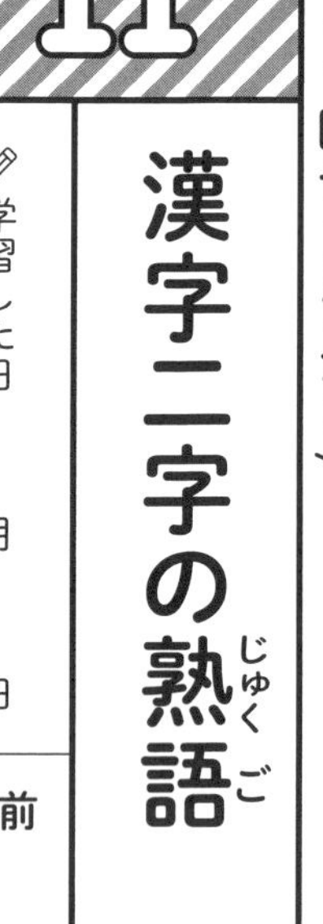

漢字二字の熟語

学習した日　月　日

名前

得点　/100点

目標時間 20分

らくらくマルつけ
解説↓ 346ページ
6123

❶ 次の熟語の構成について説明したものをあとからそれぞれ選び、記号で書きましょう。 1つ3点【18点】

(1) 外国（　）　(2) 市立（　）
(3) 左右（　）　(4) 不便（　）
(5) 放水（　）　(6) 状態（　）

ア 似た意味の漢字を組み合わせたもの。
イ 反対の意味の漢字を組み合わせたもの。
ウ 上の字が下の字を修飾するもの。
エ 下の字が上の字の目的や対象になるもの。
オ 上の字が主語、下の字が述語のもの。
カ 上の字が下の字の意味を打ち消すもの。

❷ 次の熟語と構成が同じものをあとから選び、記号で書きましょう。 1つ6点【18点】

(1) 失敗（　）
ア 時短　イ 計算
ウ 前後　エ 不動

(2) 近所（　）
ア 競争　イ 天地
ウ 感想　エ 牛肉

(3) 転校（　）
ア 国旗　イ 豊富
ウ 読書　エ 最近

❸ 次の熟語の構成の説明に合う熟語をあとから選び、記号で書きましょう。 1つ8点【32点】

(1) 似た意味の漢字を組み合わせたもの。（　）
ア 求人　イ 出発
ウ 新緑　エ 上流

(2) 上の字が下の字を修飾するもの。（　）
ア 開門　イ 学習
ウ 岩石　エ 黒板

(3) 下の字が上の字の目的や対象になるもの。（　）
ア 作文　イ 室内
ウ 親友　エ 実物

(4) 上の字が主語、下の字が述語のもの。（　）
ア 空気　イ 母語
ウ 県営　エ 先頭

❹ 次の熟語の中で、ほかの熟語と構成がちがうものを選び、記号で書きましょう。 1つ8点【32点】

(1) ア 大小　イ 父母　ウ 年少　エ 東西（　）
(2) ア 切断　イ 人類　ウ 生産　エ 停止（　）
(3) ア 思考　イ 少量　ウ 昨年　エ 直線（　）
(4) ア 初雪　イ 登山　ウ 記名　エ 着席（　）

国語

12 特別な読み方をする言葉

学習した日　　月　　日

名前

得点　　／100点

目標時間 20分

らくらくマルつけ

解説↓ 346ページ

6124

❶ 次の――線の言葉の読み方をひらがなで書きましょう。 1つ6点【60点】

(1) 自分の部屋で遊ぶ。（　　）

(2) 朝食に果物を食べる。（　　）

(3) 今朝は体の調子がよい。（　　）

(4) 忘（わす）れものに気づいて真っ青になった。（　　）

(5) 遊園地で迷子になった。（　　）

(6) 文字を上手に書けるようになる。（　　）

(7) 真面目に勉強をする。（　　）

(8) 時計の時刻（じこく）を合わせる。（　　）

(9) 大人料金をはらう。（　　）

(10) 川原でキャンプをする。（　　）

❷ 次の読み方をする言葉をあとからそれぞれ選び、記号で書きましょう。 1つ2点【8点】

(1) ふたり（　　）

(2) はつか（　　）

(3) ついたち（　　）

(4) たなばた（　　）

ア 一日　イ 二人
ウ 七夕　エ 二十日

❸ 次の府や県の名前をひらがなで書きましょう。 1つ4点【32点】

(1) 神奈川（　　）

(2) 鹿児島（　　）

(3) 大阪（　　）

(4) 富山（　　）

(5) 滋賀（　　）

(6) 岐阜（　　）

(7) 愛媛（　　）

(8) 茨城（　　）

もう1回チャレンジ!!

12

特別な読み方をする言葉

学習した日　月　日

名前

得点

/100点

目標時間 20分

らくらくマルつけ

解説↓346ページ

6124

❶ 次の――線の言葉の読み方をひらがなで書きましょう。　1つ6点【60点】

(1) 自分の部屋で遊ぶ。（　）

(2) 朝食に果物を食べる。（　）

(3) 今朝は体の調子がよい。（　）

(4) 忘(わす)れものに気づいて真っ青になった。（　）

(5) 遊園地で迷子になった。（　）

(6) 文字を上手に書けるようになる。（　）

(7) 真面目に勉強をする。（　）

(8) 時計の時刻(じこく)を合わせる。（　）

(9) 大人料金をはらう。（　）

(10) 川原でキャンプをする。（　）

❷ 次の読み方をする言葉をあとからそれぞれ選び、記号で書きましょう。　1つ2点【8点】

(1) ふたり（　）

(2) はつか（　）

(3) ついたち（　）

(4) たなばた（　）

ア 一日　イ 二人
ウ 七夕　エ 二十日

❸ 次の府や県の名前をひらがなで書きましょう。　1つ4点【32点】

(1) 神奈川（　）

(2) 鹿児島（　）

(3) 大阪（　）

(4) 富山（　）

(5) 滋賀（　）

(6) 岐阜（　）

(7) 愛媛（　）

(8) 茨城（　）

13

漢字⑤

学習した日　月　日

名前

得点　／100点

目標時間 20分

らくらくマルつけ

解説↓ 346ページ

6125

国語

1 （　）に――線の読みがなを書きましょう。　1つ5点【50点】

(1) 家族の安否を気づかう。（　）

(2) 枚挙にいとまがない。（　）

(3) 朝から頭痛がする。（　）

(4) 救護班を急行させる。（　）

(5) 批判を受け入れる。（　）

(6) ピアノを演奏する。（　）

(7) 山の頂から町を見下ろす。（　）

(8) 昨晩(さくばん)はいつもより暖かかった。（　）

(9) 店頭に雑誌(ざっし)をていねいに並べる。（　）

(10) 規模(きぼ)の大きな会社に勤める。（　）

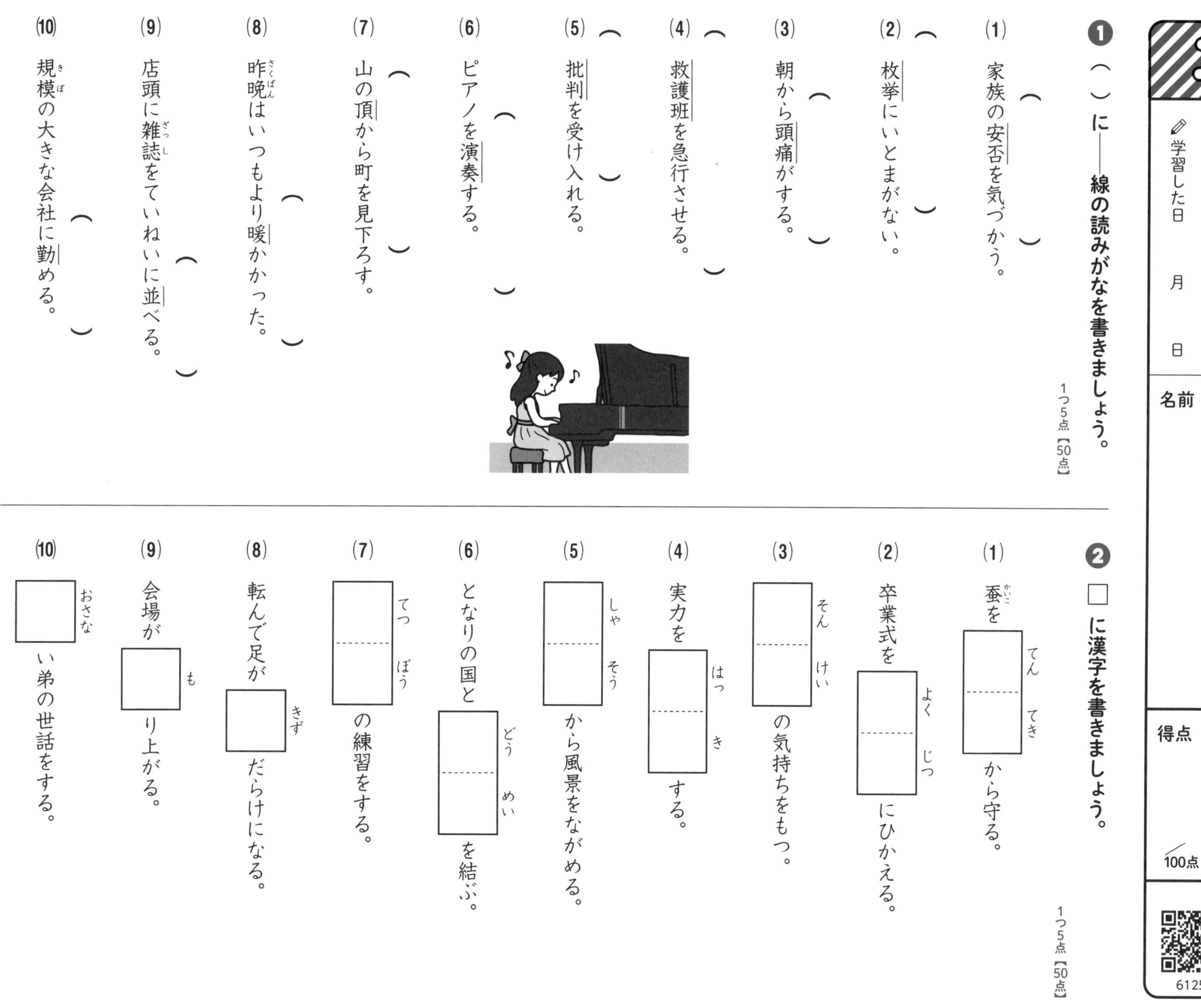

2 □に漢字を書きましょう。　1つ5点【50点】

(1) 蚕(かいこ)を［てんてき］から守る。

(2) 卒業式を［よくじつ］にひかえる。

(3) ［そんけい］の気持ちをもつ。

(4) 実力を［はっき］する。

(5) ［しゃそう］から風景をながめる。

(6) となりの国と［どうめい］を結ぶ。

(7) ［てつぼう］の練習をする。

(8) 転んで足が［きず］だらけになる。

(9) 会場が［も］り上がる。

(10) ［おさな］い弟の世話をする。

＼もう1回チャレンジ!!／

13 漢字⑤

学習した日　月　日

名前

得点　／100点

目標時間 20分

らくらくマルつけ

解説↓346ページ

6125

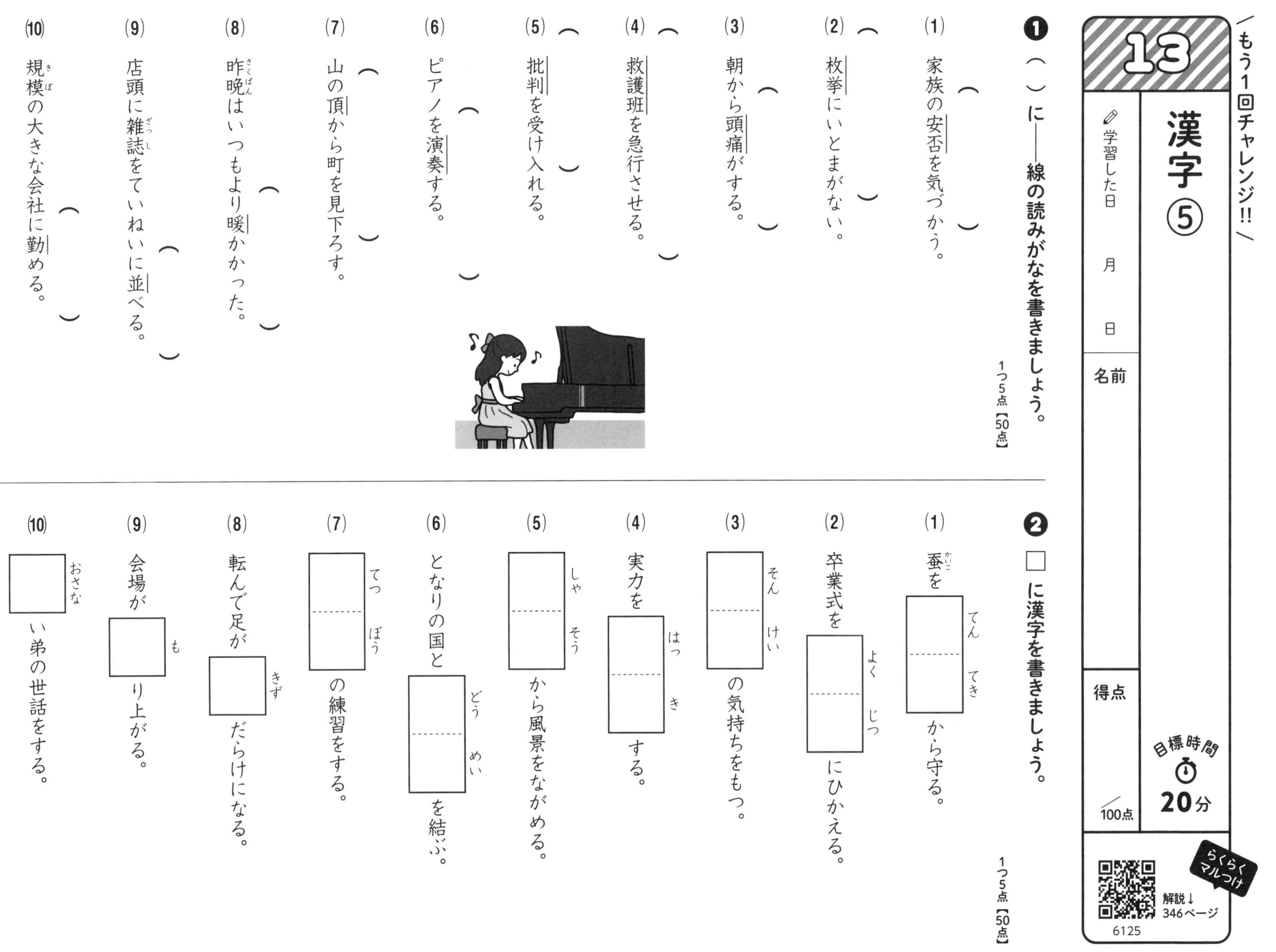

1 （　）に――線の読みがなを書きましょう。　1つ5点【50点】

(1) 家族の安否を気づかう。（　　）

(2) 枚挙にいとまがない。（　　）

(3) 朝から頭痛がする。（　　）

(4) 救護班を急行させる。（　　）

(5) 批判を受け入れる。（　　）

(6) ピアノを演奏する。（　　）

(7) 山の頂から町を見下ろす。（　　）

(8) 昨晩（さくばん）はいつもより暖かかった。（　　）

(9) 店頭に雑誌（ざっし）をていねいに並べる。（　　）

(10) 規模（きぼ）の大きな会社に勤める。（　　）

2 □に漢字を書きましょう。　1つ5点【50点】

(1) 蚕（かいこ）を□□（てんてき）から守る。

(2) 卒業式を□□（よくじつ）にひかえる。

(3) □□（そんけい）の気持ちをもつ。

(4) 実力を□□（はっき）する。

(5) □□（しゃそう）から風景をながめる。

(6) となりの国と□□（どうめい）を結ぶ。

(7) □□（てつぼう）の練習をする。

(8) 転んで足が□（きず）だらけになる。

(9) 会場が□（も）り上がる。

(10) □（おさな）い弟の世話をする。

14 漢字⑥

学習した日　月　日

名前

得点　／100点

目標時間 20分

らくらくマルつけ

解説↓ 346ページ

6126

1 （　）に――線の読みがなを書きましょう。　1つ5点【50点】

(1) 預金（よきん）の残高の推移を調べる。（　　）
(2) 祖父の看病を何よりも優先（ゆうせん）する。（　　）
(3) はずかしくて顔が紅潮する。（　　）
(4) 公民館で寸劇が行われる。（　　）
(5) 書類を郵送する。（　　）
(6) 拡大した地図で道順を確かめる。（　　）
(7) 絹ごしの豆ふを買い求める。（　　）
(8) 持久走のタイムが縮む。（　　）
(9) 数日後に目的地に至った。（　　）
(10) 先生の指示に従う。（　　）

2 □に漢字を書きましょう。　1つ5点【50点】

(1) ドアを□□（かいへい）する。
(2) 力士が□□（どひょう）に上がる。
(3) 世界□□（いさん）に登録される。
(4) □□□（ちょさくけん）を守る。
(5) □□（かいぜん）すべき点を伝える。
(6) その道の□□（せんもん）の人に聞く。
(7) 費用を□□（ふたん）する。
(8) □（わか）い力が必要になる。
(9) □（あぶ）ない場所に近づかない。
(10) 不要なものを□（す）てる。

＼もう1回チャレンジ!!／

14 漢字⑥

学習した日　月　日

名前

得点　/100点

目標時間 20分

らくらくマルつけ

解説↓346ページ

6126

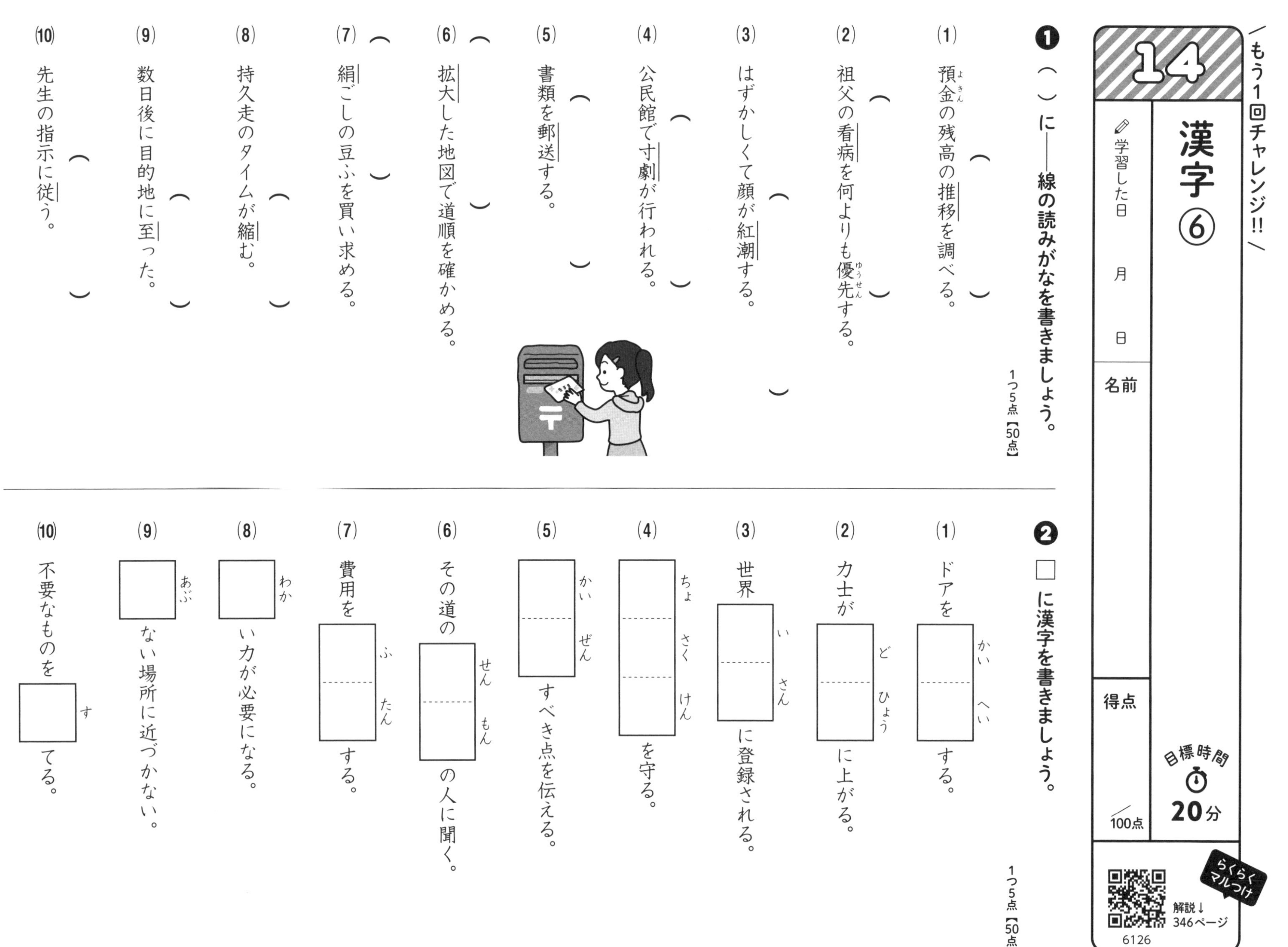

1 （　）に――線の読みがなを書きましょう。　1つ5点【50点】

(1) 預金（よきん）の残高の推移を調べる。（　）

(2) 祖父の看病を何よりも優先（ゆうせん）する。（　）

(3) はずかしくて顔が紅潮する。（　）

(4) 公民館で寸劇が行われる。（　）

(5) 書類を郵送する。（　）

(6) 拡大した地図で道順を確かめる。（　）

(7) 絹ごしの豆ふを買い求める。（　）

(8) 持久走のタイムが縮む。（　）

(9) 数日後に目的地に至った。（　）

(10) 先生の指示に従う。（　）

2 □に漢字を書きましょう。　1つ5点【50点】

(1) ドアを□□（かいへい）する。

(2) 力士が□□（どひょう）に上がる。

(3) 世界□□（いさん）に登録される。

(4) □□□（ちょさくけん）を守る。

(5) □□（かいぜん）すべき点を伝える。

(6) その道の□□（せんもん）の人に聞く。

(7) 費用を□□（ふたん）する。

(8) □（わか）い力が必要になる。

(9) □（あぶ）ない場所に近づかない。

(10) 不要なものを□（す）てる。

15 物語③ 人物どうしの関係

学習した日　月　日
名前
得点　／100点
目標時間 20分
らくらくマルつけ
解説↓ 347ページ
6127

1 次の文章を読んで、問題に答えましょう。

毎日、楊（ヤン）は、ろくろ＊の前にすわりつづけた。

ろくろがコマのようにまわりはじめると、楊の心の中に、なにか、するどいかんのようなものがはたらいてくる。楊は、一気につちをひきあげ、思うままの形をたくみにつくりだす。手のあたたかみから、つちがくずれる寸前（すんぜん）に、きりりと仕上げるさまは、ろくろの名人といってもいいほどだった。

しかし、そうしてできた壺（つぼ）を見ても、父親が手ばなしでほめたことは一度もなかった。

「おまえの壺はきびしすぎるな。」

ぽつんと、そんなふうにいったりした。

「きびしすぎる……？　どういうことですか。」

「生まれてきた壺は、どれにもみんな、性質があるのだよ。それをつくったものの心、そのものといってもいい。おまえの壺は……、［　　］とは、ほど遠いよ。自分をおしだしすぎている。」

このことばを聞いて、楊はまっ赤（か）になり、だまって父親をにらみつけた。自分をだすことのほうがだいじなのに、なにをいっているのだろう――と、楊は思った。

（だからお父さんは、たいしたものをのこすことができないんだ。飯茶わんとか、どびんとか、焼いて売って、くらしのためにしているだけなんだ。ただの職人のくせに……。）

（岡野薫子（おかのかおるこ）「桃花片（とうかへん）」より）

＊焼き物などで使用する、回転する円形の台。

(1) 「毎日、楊は、ろくろの前にすわりつづけた」とありますが、その結果、楊はどうなりましたか。文章から書きぬきましょう。（20点）

［　　　　　］とよべるほどに上達した。

(2) 「父親」とありますが、楊は父親のことをどのように思っていますか。文章から書きぬきましょう。（20点）

くらしのために焼き物をつくるだけの、［　　　　　］である。

(3) ［　］にあてはまることばを次から選び、記号で書きましょう。（10点）（　　）

ア　美しさとか、いかめしさ
イ　豊かさとか、なごやかさ
ウ　するどさとか、力強さ

(4) 「楊はまっ赤になり、だまって父親をにらみつけた」とありますが、このときの楊の気持ちを次から選び、記号で書きましょう。（10点）（　　）

ア　ほめてもらえず、悲しい気持ち。
イ　図星をさされ、はずかしい気持ち。
ウ　納得（なっとく）できず、反発する気持ち。

(5) 楊と父親では、焼き物に対する考え方がどのようにちがいますか。1つ20点（40点）

楊は、焼き物をつくるときには（　　　　）ことが大切だと考えているが、父親は、（　　　　）ことはよくない、と考えている。

国語

もう1回チャレンジ!!

15 物語③ 人物どうしの関係

学習した日　月　日

名前

得点　／100点

目標時間 20分

らくらくマルつけ

解説↓ 347ページ

6127

❶ 次の文章を読んで、問題に答えましょう。

毎日、楊は、ろくろの前にすわりつづけた。ろくろがコマのようにまわりはじめると、楊の心の中に、なにか、するどいかんのようなものがはたらいてくる。楊は、一気につちをひきあげ、思うままの形をたくみにつくりだす。手のあたたかみからつちがくずれる寸前に、きりりと仕上げるさまは、ろくろの名人といってもいいほどだった。

＊焼き物などで使用する、回転する円形の台。

しかし、そうしてできた壺を見ても、父親が手ばなしでほめたことは一度もなかった。

「おまえの壺はきびしすぎるな。」

ぽつんと、そんなふうにいったりした。

「きびしすぎる……？　どういうことですか。」

「生まれてきた壺は、どれにもみんな、性質があるのだよ。それをつくったものの心、そのものといってもいい。おまえの壺は……、［　］とは、ほど遠いよ。自分をおしだしすぎている。」

このことばを聞いて、楊はまっ赤になり、だまって父親をにらみつけた。自分をだすことのほうがだいじなのに、なにをいっているのだろう──と、楊は思った。

（だからお父さんは、たいしたものをのこすことができないんだ。飯茶わんとか、どびんとか、焼いて売って、くらしのためにしているだけなんだ。ただの職人のくせに……。）

（岡野薫子「桃花片」より）

(1) 「毎日、楊は、ろくろの前にすわりつづけた」とありますが、その結果、楊はどうなりましたか。文章から書きぬきましょう。（20点）

［　　　　］とよべるほどに上達した。

(2) 「父親」とありますが、楊は父親のことをどのように思っていますか。文章から書きぬきましょう。（20点）

くらしのために焼き物をつくるだけの、［　　　　］である。

(3) ［　］にあてはまることばを次から選び、記号で書きましょう。（10点）（　）

ア　美しさとか、いかめしさ

イ　豊かさとか、なごやかさ

ウ　するどさとか、力強さ

(4) 「楊はまっ赤になり、だまって父親をにらみつけた」とありますが、このときの楊の気持ちを次から選び、記号で書きましょう。（10点）（　）

ア　ほめてもらえず、悲しい気持ち。

イ　図星をさされ、はずかしい気持ち。

ウ　納得できず、反発する気持ち。

(5) 楊と父親では、焼き物に対する考え方がどのようにちがいますか。（1つ20点）（40点）

楊は、焼き物をつくるときには（　　　　）ことが大切だと考えているが、父親は、（　　　　）ことはよくない、と考えている。

16 物語④ 主題

学習した日　月　日

名前

得点　/100点

目標時間 20分

らくらくマルつけ

解説↓347ページ

6128

❶ 次の文章を読んで、問題に答えましょう。

サボテンは相変わらず立っていた。炎熱（えんねつ）の中。うず巻（ま）く砂（さ）じんの中。かわききった荒野（こうや）の中。

ある日、一人の旅人が通りかかった。もう死ぬ直前だった。体中がひからびていた。旅人はこしにつるしていた剣（けん）をぬいた。気力をふりしぼってサボテンにきりつけた。ざっくりと割（わ）れた傷口（きずぐち）からおどろくほどの水が流れた。旅人はサボテンの水を飲んだ。そして、再び旅を続けた。

あの時の風がまたふいてきた。

「ばかだな。君はなんにもしないのに、きられてしまったじゃないか。」

サボテンはあえぎながら答えた。

「ぼくがあるから、あの人が助かった。ぼくがここにいるということは、むだじゃなかった。たとえぼくが死んでも、一つの命が生きるのだ。生きるということは助け合うことだと思うよ。」

サボテンの傷口はやがて回復した。信じられないほどの気力で立ち直った。砂ばくは全くかわいているように見える。でも、水はどこかにある。サボテンは、ほんのかすかな水を体にためて、さりげなく立っている。見たところは砂（すな）まみれだが。

ある日、おどろくほど美しい花がさいた。だれ一人として見る人もなかったのに。

（やなせたかし「サボテンの花」より）

(1) 「おどろくほどの水」とありますが、これと反対の意味のことばを文章から書きぬきましょう。(10点)

［　　　　　　］水

(2) 「あえぎながら」とありますが、それはどのような様子を表していますか。次から選び、記号で書きましょう。(10点)（　　）

ア　いかりに満ちた様子。

イ　悲しみをたたえた様子。

ウ　苦しそうな様子。

(3) 「ぼくがあるから、あの人が助かった」とありますが、そのようにいえるのはなぜですか。文章から書きぬきましょう。(20点)

旅人は、［　　　　　　］を口にすることで、死なずに済（す）んだから。

(4) 「信じられないほどの気力で立ち直った」とありますが、このあとサボテンの身にどのような変化が起きましたか。次のことばに続けて書きましょう。(20点)

砂まみれになりながらも、人知れず

（　　　　　　　　　　　）。

(5) この文章の主題をまとめた次の文にあてはまることばを、文章から書きぬきましょう。1つ20点(40点)

［　　　］ことは、すなわち［　　　　］ことである。

国語

もう1回チャレンジ!!

16 物語④ 主題

学習した日　月　日

名前

得点　／100点

目標時間 20分

解説↓347ページ

らくらくマルつけ

6128

❶ 次の文章を読んで、問題に答えましょう。

　サボテンは相変わらず立っていた。炎熱の中。うず巻く砂じんの中。かわききった荒野の中。

　ある日、一人の旅人が通りかかった。もう死ぬ直前だった。体中がひからびていた。旅人はこしにつるしていた剣をぬいた。気力をふりしぼってサボテンにきりつけた。ざっくりと割れた傷口からおどろくほどの水が流れた。旅人はサボテンの水を飲んだ。そして、再び旅を続けた。

　あの時の風がまたふいてきた。

「ばかだな。君はなんにもしないのに、きられてしまったじゃないか。」

　サボテンはあえぎながら答えた。

「ぼくがあるから、あの人が助かった。ぼくがここにいるということは、むだじゃなかった。たとえぼくが死んでも、一つの命が生きるのだ。生きるということは助け合うことだと思うよ。」

　サボテンの傷口はやがて回復した。信じられないほどの気力で立ち直った。砂ばくは全くかわいているように見える。でも、水はどこかにある。サボテンは、ほんのかすかな水を体にためて、さりげなく立っている。見たところは砂まみれだが。

　ある日、おどろくほど美しい花がさいた。だれ一人として見る人もなかったのに。

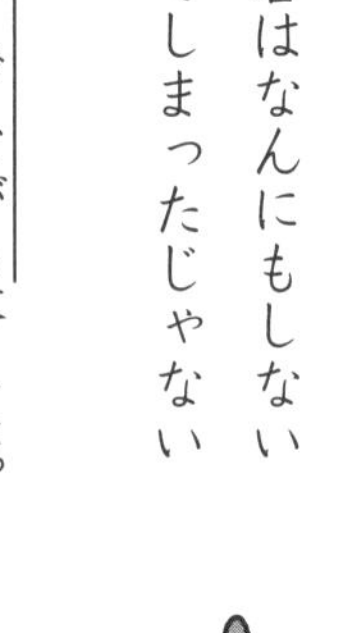

（やなせたかし「サボテンの花」より）

(1)「おどろくほどの水」とありますが、これと反対の意味のことばを文章から書きぬきましょう。（10点）

［　　　　　　］水

(2)「あえぎながら」とありますが、それはどのような様子を表していますか。次から選び、記号で書きましょう。（10点）（　　）

ア　いかりに満ちた様子。
イ　悲しみをたたえた様子。
ウ　苦しそうな様子。

(3)「ぼくがあるから、あの人が助かった」とありますが、そのようにいえるのはなぜですか。文章から書きぬきましょう。（20点）

旅人は、［　　　　　　］を口にすることで、死なずに済んだから。

(4)「信じられないほどの気力で立ち直った」とありますが、このあとサボテンの身にどのような変化が起きましたか。次のことばに続けて書きましょう。（20点）

砂まみれになりながらも、人知れず
（　　　　　　　　　　　　）。

(5) この文章の主題をまとめた次の文にあてはまることばを、文章から書きぬきましょう。1つ20点（40点）

［　　　　］ことは、すなわち［　　　　］ことである。

17 接続語

学習した日　月　日

名前

得点　／100点

目標時間 20分

らくらくマルつけ　解説↓347ページ　6129

❶ 次の文の□にあてはまることばをあとからそれぞれ選び、記号で書きましょう。（記号は一度しか使えません。）　1つ8点【32点】

(1) 兄は物知りだ。□、スポーツも得意だ。（　）

(2) 会場まではバス、□、電車で行く。（　）

(3) 毎日休まず練習した。□、勝つことはできなかった。（　）

(4) おなかがすいた。□、パンを食べることにした。（　）

ア しかし　イ あるいは　ウ そこで　エ しかも

❷ 次の文の□にあてはまることばをあとから選び、記号で書きましょう。　1つ8点【16点】

(1) 昨日は早めに寝（ね）た。だが、□。（　）

ア ぐっすりねむれた　イ 月が出ている　ウ ねぼうしてしまった　エ すっきり目覚めた

(2) 水泳が苦手だ。だから、□。（　）

ア 絵をかくことが好きだ　イ 水着が似合わない　ウ 走るのがおそい　エ プールが好きではない

❸ 次の文の――線のことばと入れかえても文の意味が変わらないことばをあとから選び、記号で書きましょう。　1つ8点【24点】

(1) 宿題は終わった。さて、遊びに行くとしよう。（　）

ア また　イ さらに　ウ では　エ なぜなら

(2) ぼくの家は、東町の交番の前にある。つまり、君の家とは近いのだ。（　）

ア しかし　イ すなわち　ウ および　エ あるいは

(3) 牛乳（ぎゅうにゅう）、もしくは、麦茶がもらえる。（　）

ア そして　イ または　ウ だから　エ そのうえ

❹ 次の説明にあてはまることばをあとからそれぞれ選び、記号で書きましょう。　1つ7点【28点】

(1) 前の内容が原因で、その結果があとにくることを表すことば。（　）

(2) 前の内容と反対になる内容があとにくることを表すことば。（　）

(3) 前の内容についての具体的な説明などが続くことを表すことば。（　）

(4) 前の内容とあとの内容のどちらかを選ぶことを表すことば。（　）

ア それとも　イ たとえば　ウ けれども　エ したがって

国語

もう1回チャレンジ!!

17 接続語

学習した日　月　日

名前

得点　／100点

目標時間　20分

らくらくマルつけ

解説↓ 347ページ

6129

❶ 次の文の□にあてはまることばをあとからそれぞれ選び、記号で書きましょう。（記号は一度しか使えません。）　1つ8点【32点】

(1) 兄は物知りだ。□、スポーツも得意だ。（　）

(2) 会場まではバス、□、電車で行く。（　）

(3) 毎日休まず練習した。□、勝つことはできなかった。（　）

(4) おなかがすいた。□、パンを食べることにした。（　）

ア しかし　イ あるいは
ウ そこで　エ しかも

❷ 次の文の□にあてはまることばをあとから選び、記号で書きましょう。　1つ8点【16点】

(1) 昨日は早めに寝（ね）た。だが、□。（　）

ア ぐっすりねむれた
イ 月が出ている
ウ ねぼうしてしまった
エ すっきり目覚めた

(2) 水泳が苦手だ。だから、□。（　）

ア 絵をかくことが好きだ
イ 水着が似合わない
ウ 走るのがおそい
エ プールが好きではない

❸ 次の文の——線のことばと入れかえても文の意味が変わらないことばをあとから選び、記号で書きましょう。　1つ8点【24点】

(1) 宿題は終わった。さて、遊びに行くとしよう。（　）

ア また　イ さらに
ウ では　エ なぜなら

(2) ぼくの家は、東町の交番の前にある。つまり、君の家とは近いのだ。（　）

ア しかし　イ すなわち
ウ および　エ あるいは

(3) 牛乳（ぎゅうにゅう）、もしくは、麦茶がもらえる。（　）

ア そして　イ または
ウ だから　エ そのうえ

❹ 次の説明にあてはまることばをあとからそれぞれ選び、記号で書きましょう。　1つ7点【28点】

(1) 前の内容が原因で、その結果があとにくることを表すことば。（　）

(2) 前の内容と反対になる内容があとにくることを表すことば。（　）

(3) 前の内容についての具体的な説明などが続くことを表すことば。（　）

(4) 前の内容とあとの内容のどちらかを選ぶことを表すことば。（　）

ア それとも　イ たとえば
ウ けれども　エ したがって

18 文の組み立て②

学習した日　月　日

名前

得点　/100点

目標時間 20分

らくらくマルつけ

解説↓ 348ページ

6130

1 同じ内容になるように、次の文を二つに分けて書きましょう。 1つ5点【30点】

(1) 先生がかざった花はピンク色だ。

・先生が（　　　）。

・その花は（　　　）。

(2) 兄が教えてくれた漢字がテストに出た。

・兄が（　　　）。

・その漢字が（　　　）。

(3) 頭がいたいと言っていた父は、その後、元気になった。

・父は（　　　）。

・その後、父は（　　　）。

2 次の文の□の主語に、述語が正しく対応するように、――線の部分を書き直しましょう。 1つ10点【30点】

(1) ぼくの夢は、いつか小説家になりたい。

（　　　）

(2) 私(わたし)の特技は、字が上手です。

（　　　）

(3) 二つの白い玉の間に、一つの黒い玉がはさんでいる。

（　　　）

3 次の二つの文を合わせて一つの文にするとき、□にあてはまることばを書きましょう。 1つ14点【28点】

(1)
・私は父からペンを借りた。
・私はそのペンで友達に手紙を書いた。

→ 私は□ペンで友達に手紙を書いた。

（　　　）

(2)
・私は箱にプレゼントを入れた。
・私はその箱を妹にわたした。

→ 私は□箱を妹にわたした。

（　　　）

4 次の文の組み立てに合う説明をあとからそれぞれ選び、記号で書きましょう。 1つ4点【12点】

(1) 魚は海や川でくらしている。（　　　）

(2) 母は雨がやむのを待った。（　　　）

(3) 君がボールを投げ、ぼくがとる。（　　　）

ア 主語と述語の関係が一つだけある。

イ 主語と述語の関係が二つあり、対等の関係でならんでいる。

ウ 主語と述語の関係が二つあり、一方が他方の関係にふくまれている。

もう1回チャレンジ!!

18 文の組み立て②

学習した日　月　日

名前

得点　　／100点

目標時間 20分

らくらくマルつけ

解説↓348ページ

6130

1 同じ内容になるように、次の文を二つに分けて書きましょう。 1つ5点【30点】

(1) 先生がかざった花はピンク色だ。

・先生が（　　　　）。

・その花は（　　　　）。

(2) 兄が教えてくれた漢字がテストに出た。

・兄が（　　　　）。

・その漢字が（　　　　）。

(3) 頭がいたいと言っていた父は、その後、元気になった。

・父は（　　　　）。

・その後、父は（　　　　）。

2 次の文の□の主語に、述語が正しく対応するように、――線の部分を書き直しましょう。 1つ10点【30点】

(1) ぼくの[夢は]、いつか小説家になりたい。

（　　　　）

(2) 私（わたし）の[特技は]、字が上手です。

（　　　　）

(3) 二つの白い玉の間に、一つの[黒い玉が]はさんでいる。

（　　　　）

3 次の二つの文を合わせて一つの文にするとき、□にあてはまることばを書きましょう。 1つ14点【28点】

(1)
・私は父からペンを借りた。
・私はそのペンで友達に手紙を書いた。

→ 私は□ペンで友達に手紙を書いた。

（　　　　）

(2)
・私は箱にプレゼントを入れた。
・私はその箱を妹にわたした。

→ 私は□箱を妹にわたした。

（　　　　）

4 次の文の組み立てに合う説明をあとからそれぞれ選び、記号で書きましょう。 1つ4点【12点】

(1) 魚は海や川でくらしている。（　　）

(2) 母は雨がやむのを待った。（　　）

(3) 君がボールを投げ、ぼくがとる。（　　）

ア 主語と述語の関係が一つだけある。

イ 主語と述語の関係が二つあり、対等の関係でならんでいる。

ウ 主語と述語の関係が二つあり、一方が他方の関係にふくまれている。

19 詩①

学習した日　月　日

名前

得点　／100点

目標時間 20分

らくらくマルつけ

解説↓ 348ページ

6131

1 次の詩を読んで、問題に答えましょう。

イナゴ

まど・みちお

はっぱにとまった
イナゴの目に
一てん
もえている夕やけ

でも　イナゴは
ぼくしか見ていないのだ
エンジンをかけたまま
いつでもにげられるしせいで…

ああ　強い生きものと
よわい生きもののあいだを
川のように流れる
イネのにおい！

(1) 「もえている夕やけ」と同じ技法を使っている文を次から選び、記号で書きましょう。(20点)（　）

ア　太陽がギラギラとかがやく。
イ　ふわふわと雲がうかぶ。
ウ　空が泣いている。

(2) 「ぼくしか見ていない」とは、どういうことですか。詩から書きぬきましょう。(20点)

イナゴは、目に入っているはずの［　　　　］を見ていないということ。

(3) 「エンジンをかけたまま」とは、どういうことですか。詩から書きぬきましょう。(20点)

何かがあったら、すぐに［　　　　　］ようにかまえているということ。

(4) 「強い生きもの」と「よわい生きもの」がさしているものをあとからそれぞれ選び、記号で書きましょう。1つ10点(20点)

①強い生きもの（　）
②よわい生きもの（　）

ア　イナゴ　イ　ぼく　ウ　イネ

(5) 「川のように流れる」とありますが、ぼくとイナゴについて、どんなことを表していますか。次から選び、記号で書きましょう。(20点)（　）

ア　仲がよくないということ。
イ　交じり合っているということ。
ウ　へだたりがあるということ。

もう1回チャレンジ!!

19 詩①

学習した日　月　日

名前

得点　／100点

目標時間　20分

解説↓348ページ

らくらくマルつけ

6131

❶ 次の詩を読んで、問題に答えましょう。

イナゴ

まど・みちお

はっぱにとまった
イナゴの目に
一てん
もえている夕やけ

でも　イナゴは
ぼくしか見ていないのだ
エンジンをかけたまま
いつでもにげられるしせいで…

ああ　強い生きものと
よわい生きもののあいだを
川のように流れる
イネのにおい！

(1) 「もえている夕やけ」と同じ技法を使っている文を次から選び、記号で書きましょう。（20点）（　）

ア 太陽がギラギラとかがやく。
イ ふわふわと雲がうかぶ。
ウ 空が泣いている。

(2) 「ぼくしか見ていない」とは、どういうことですか。詩から書きぬきましょう。（20点）

イナゴは、目に入っているはずの［　　　　］を見ていないということ。

(3) 「エンジンをかけたまま」とは、どういうことですか。詩から書きぬきましょう。（20点）

何かがあったら、すぐに［　　　　　］ようにかまえているということ。

(4) 「強い生きもの」と「よわい生きもの」がさしているものをあとからそれぞれ選び、記号で書きましょう。（1つ10点）（20点）

① 強い生きもの（　）
② よわい生きもの（　）

ア イナゴ　イ ぼく　ウ イネ

(5) 「川のように流れる」とありますが、ぼくとイナゴについて、どんなことを表していますか。次から選び、記号で書きましょう。（20点）（　）

ア 仲がよくないということ。
イ 交じり合っているということ。
ウ へだたりがあるということ。

20 漢字⑦

学習した日　　月　　日

名前

得点　　／100点

目標時間 20分

解説↓348ページ

らくらくマルつけ

6132

❶ （　）に――線の読みがなを書きましょう。　1つ5点【50点】

(1) 詩を朗読する。（　　）

(2) 強い磁力が加わる。（　　）

(3) 親孝行をする。（　　）

(4) となりの国に亡命する。（　　）

(5) 回覧板を回す。（　　）

(6) 一尺ほどの長さにひもを切る。（　　）

(7) 片手ですべての荷物を持つ。（　　）

(8) 初日の出を拝む。（　　）

(9) あの巻物はとても貴重（きちょう）だ。（　　）

(10) 届（とど）け出を退ける。（　　）

❷ □に漢字を書きましょう。　1つ5点【50点】

(1) □□（ほうせき）入りの指輪を身につける。

(2) □□（ひぞう）の絵画を特別に見せる。

(3) □□（やちん）を期限までに支はらう。

(4) □□（はいく）の季語を調べる。

(5) □□（しんせい）な場所で身を清める。

(6) 機械を□□（そうさ）する。

(7) □□（しょうらい）の夢を語り合う。

(8) 商品に□□（ねふだ）をつける。

(9) □（こま）っている人を助ける。

(10) 空が夕日で真っ赤に□（そ）まる。

もう1回チャレンジ!!

20

漢字⑦

学習した日　月　日

名前

得点　/100点

目標時間　20分

解説↓348ページ

6132

らくらくマルつけ

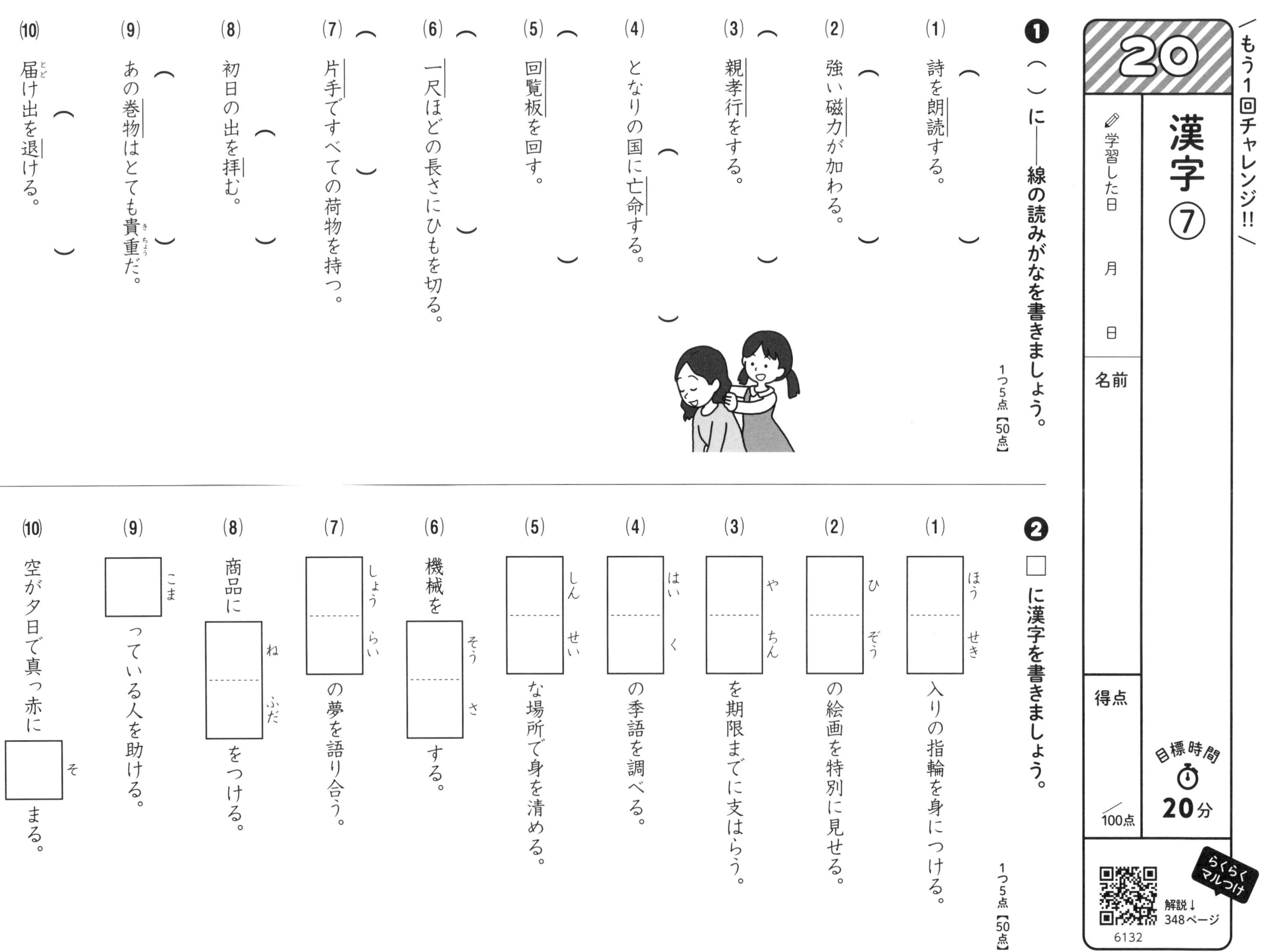

❶（　）に――線の読みがなを書きましょう。　1つ5点【50点】

(1) 詩を朗読する。（　）

(2) 強い磁力が加わる。（　）

(3) 親孝行をする。（　）

(4) となりの国に亡命する。（　）

(5) 回覧板を回す。（　）

(6) 一尺ほどの長さにひもを切る。（　）

(7) 片手ですべての荷物を持つ。（　）

(8) 初日の出を拝む。（　）

(9) あの巻物はとても貴重（きちょう）だ。（　）

(10) 届（とど）け出を退ける。（　）

❷□に漢字を書きましょう。　1つ5点【50点】

(1) □□（ほうせき）入りの指輪を身につける。

(2) □□（ひぞう）の絵画を特別に見せる。

(3) □□（やちん）を期限までに支はらう。

(4) □□（はいく）の季語を調べる。

(5) □□（しんせい）な場所で身を清める。

(6) 機械を□□（そうさ）する。

(7) □□（しょうらい）の夢を語り合う。

(8) 商品に□□（ねふだ）をつける。

(9) □（こま）っている人を助ける。

(10) 空が夕日で真っ赤に□（そ）まる。

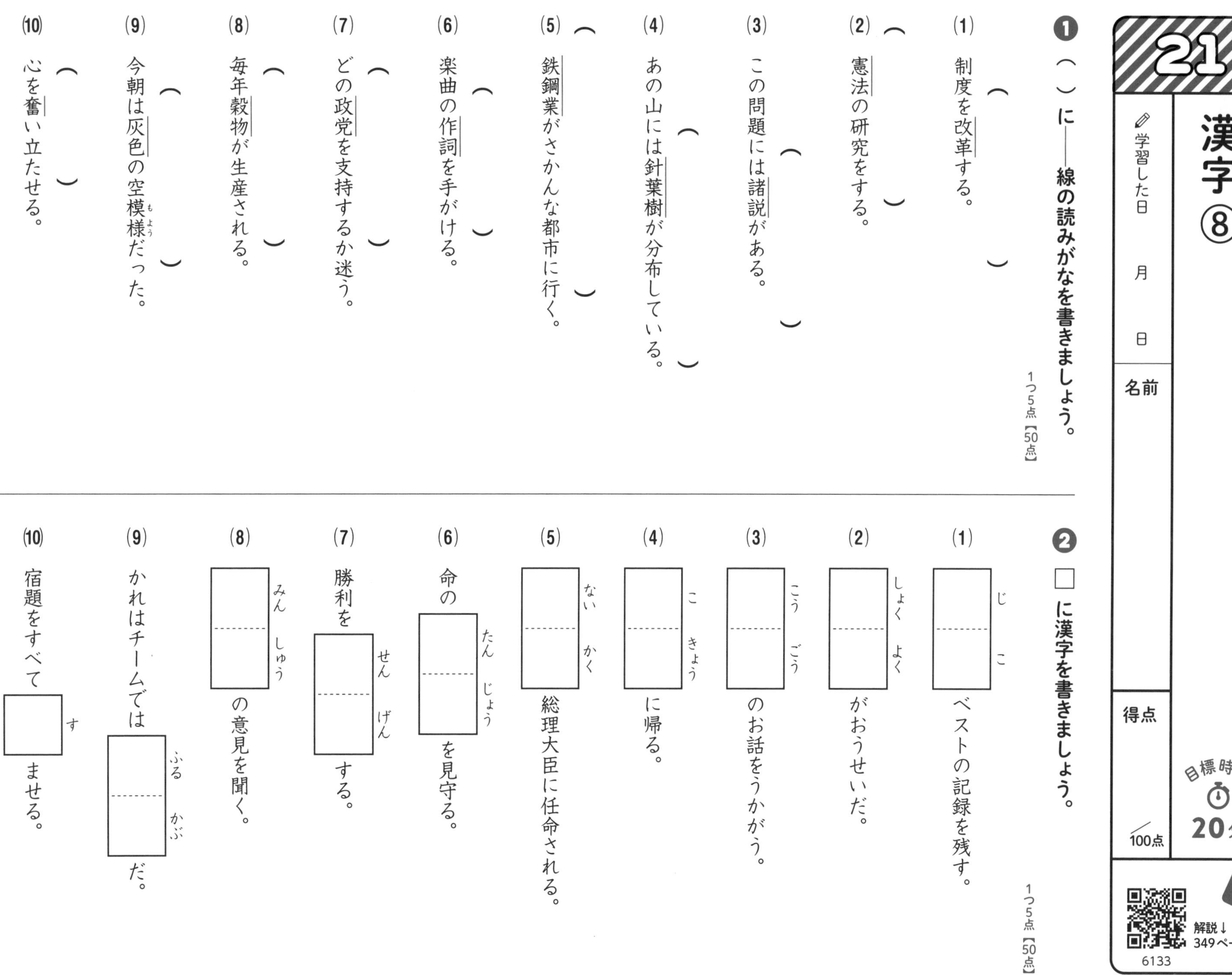

21 漢字⑧

学習した日　月　日

名前

得点　／100点

目標時間 20分

らくらくマルつけ

解説↓ 349ページ

6133

❶ （　）に――線の読みがなを書きましょう。　1つ5点【50点】

(1) 制度を改革する。（　　）

(2) 憲法の研究をする。（　　）

(3) この問題には諸説がある。（　　）

(4) あの山には針葉樹が分布している。（　　）

(5) 鉄鋼業がさかんな都市に行く。（　　）

(6) 楽曲の作詞を手がける。（　　）

(7) どの政党を支持するか迷う。（　　）

(8) 毎年穀物が生産される。（　　）

(9) 今朝は灰色の空模様（もよう）だった。（　　）

(10) 心を奮い立たせる。（　　）

❷ □に漢字を書きましょう。　1つ5点【50点】

(1) □□（じこ）ベストの記録を残す。

(2) □□（しょくよく）がおうせいだ。

(3) □□（こうごう）のお話をうかがう。

(4) □□（こきょう）に帰る。

(5) □□（ないかく）総理大臣に任命される。

(6) 命の□□（たんじょう）を見守る。

(7) 勝利を□□（せんげん）する。

(8) □□（みんしゅう）の意見を聞く。

(9) かれはチームでは□□（ふるかぶ）だ。

(10) 宿題をすべて□（す）ませる。

国語

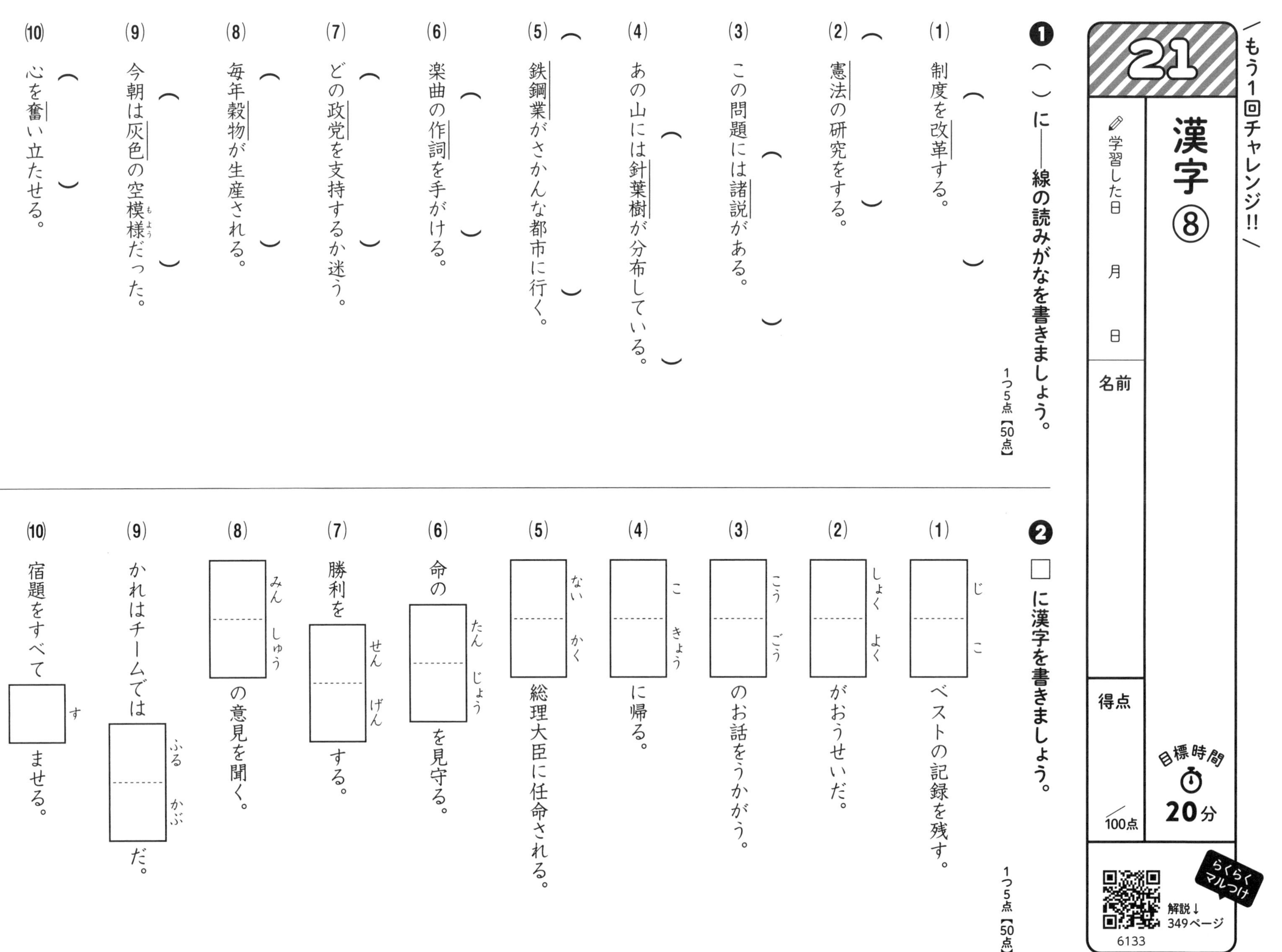

もう1回チャレンジ!!

21 漢字⑧

学習した日　月　日

名前

得点　/100点

目標時間 20分

らくらくマルつけ

解説↓349ページ

6133

❶ (　)に——線の読みがなを書きましょう。　1つ5点【50点】

(1) 制度を改革する。(　)

(2) 憲法の研究をする。(　)

(3) この問題には諸説がある。(　)

(4) あの山には針葉樹が分布している。(　)

(5) 鉄鋼業がさかんな都市に行く。(　)

(6) 楽曲の作詞を手がける。(　)

(7) どの政党を支持するか迷う。(　)

(8) 毎年穀物が生産される。(　)

(9) 今朝は灰色の空模様(もよう)だった。(　)

(10) 心を奮い立たせる。(　)

❷ □に漢字を書きましょう。　1つ5点【50点】

(1) □□(じこ)ベストの記録を残す。

(2) □□(しょくよく)がおうせいだ。

(3) □□(こうごう)のお話をうかがう。

(4) □□(こきょう)に帰る。

(5) □□(ないかく)総理大臣に任命される。

(6) 命の□□(たんじょう)を見守る。

(7) 勝利を□□(せんげん)する。

(8) □□(みんしゅう)の意見を聞く。

(9) かれはチームでは□□(ふるかぶ)だ。

(10) 宿題をすべて□(す)ませる。

22

説明文③ 原因と結果

学習した日　月　日

名前

得点　　/100点

目標時間 20分

らくらくマルつけ

解説↓ 349ページ

6134

国語

❶ 次の文章を読んで、問題に答えましょう。

[1] ところで、よく「一晩置いたカレーはおいしい」といわれます。これはどうしてでしょうか？

[2] 一晩置くことで、具のうまみがカレーにとけ出すということは、多くの人が実感していることでしょう。[　　]、一晩置いたカレーがおいしいのは、うまみがとけ出しているからだけではありません。じつは、ジャガイモが大きな役割を果たしているのです。

[3] ジャガイモに含まれるデンプンは、ねん度*が強くとろみがあります。ジャガイモを切った包丁をしばらく置いておくと、包丁に白い粉がつきます。これがデンプンです。ジャガイモのデンプンはねん度が強いので、のりのように包丁につくのです。

*ねばり気の度合い。

[4] できあがったカレーを置いておくと、このジャガイモのデンプンが少しずつとけ出し、カレーにとろみをつけます。するとカレーのねん度が高まり、カレーを食べたときに舌の上に残りやすくなります。そのためカレーの味を強く感じるのです。

[5] ジャガイモのデンプンは、現在ではとろみをつけるための片栗粉の原料とされています。片栗粉は、その名のとおり、本来ユリ科のカタクリの球根を原料としますが、今ではカタクリは貴重なので、その代用品としてジャガイモが使われているのです。

（稲垣栄洋「一晩置いたカレーはなぜおいしいのか」より）

(1) 「一晩置いたカレーはおいしい」とありますが、なぜですか。文章から書きぬきましょう。　1つ20点（40点）

① [　　　　　] がとけ出すから。

② ジャガイモのデンプンがとけ出し、カレーの [　　　　] が高まるから。

(2) [　　] にあてはまることばを次から選び、記号で書きましょう。（10点）（　　）

ア だから　イ しかし

ウ なぜなら　エ たとえば

(3) 「これ」とは、何をさしていますか。（20点）

（　　　　　　　　）

(4) 「代用品としてジャガイモが使われている」とありますが、なぜですか。文章から書きぬきましょう。（20点）

現在ではカタクリは [　　] だから。

(5) 文章の内容に合うものを次から選び、記号で書きましょう。（10点）（　　）

ア カレーを一晩置くと片栗粉ができる。

イ デンプンが少ないとカレーはおいしい。

ウ 一晩置いたカレーのとろみはデンプンによる。

＼もう1回チャレンジ!!／

22 説明文③ 原因と結果

学習した日　月　日

名前

得点　／100点

目標時間 20分

らくらくマルつけ

解説↓ 349ページ

6134

❶ 次の文章を読んで、問題に答えましょう。

1 ところで、よく「一晩置いたカレーはおいしい」といわれます。これはどうしてでしょうか？

2 一晩置くことで、具のうまみがカレーにとけ出すということは、多くの人が実感していることでしょう。［　　］、一晩置いたカレーがおいしいのは、うまみがとけ出しているからだけではありません。じつは、ジャガイモが大きな役割を果たしているのです。

3 ジャガイモに含まれるデンプンは、ねん度*が強くとろみがあります。ジャガイモを切った包丁をしばらく置いておくと、包丁に白い粉がつきます。これがデンプンです。ジャガイモのデンプンはねん度が強いので、のりのように包丁につくのです。

4 できあがったカレーを置いておくと、このジャガイモのデンプンが少しずつとけ出し、カレーにとろみをつけます。するとカレーのねん度が高まり、カレーを食べたときに舌の上に残りやすくなります。そのためカレーの味を強く感じるのです。

5 ジャガイモのデンプンは、現在ではとろみをつけるための片栗粉の原料とされています。片栗粉は、その名のとおり、本来ユリ科のカタクリの球根を原料としますが、今ではカタクリは貴重なので、その代用品としてジャガイモが使われているのです。

*ねばり気の度合い。

（稲垣栄洋「一晩置いたカレーはなぜおいしいのか」より）

(1) 「一晩置いたカレーはおいしい」とありますが、なぜですか。文章から書きぬきましょう。　1つ20点（40点）

① ［　　　　　］がとけ出すから。

② ジャガイモのデンプンがとけ出し、カレーの［　　　　］が高まるから。

(2) ［　　］にあてはまることばを次から選び、記号で書きましょう。　（10点）（　　）

ア だから　イ しかし　ウ なぜなら　エ たとえば

(3) 「これ」とは、何をさしていますか。　（20点）

（　　　　　　　　　　　　）

(4) 「代用品としてジャガイモが使われている」とありますが、なぜですか。文章から書きぬきましょう。　（20点）

現在ではカタクリは［　　　］だから。

(5) 文章の内容に合うものを次から選び、記号で書きましょう。　（10点）（　　）

ア カレーを一晩置くと片栗粉ができる。

イ デンプンが少ないとカレーはおいしい。

ウ 一晩置いたカレーのとろみはデンプンによる。

23 説明文④ 筆者のものの見方

学習した日　月　日

名前

得点　／100点

目標時間 20分

らくらくマルつけ

解説↓349ページ

6135

❶ 次の文章を読んで、問題に答えましょう。

1言葉を使うというのは、ある意味で、化粧をすることだ。

2もちろん、化粧をしないで「すっぴん」のまま人前に出ることがあるように、ありのままの考えをまっすぐに語ることもある。他人からどう思われようと気にしないで、思いをそのままぶつけるような場合だ。その場合には、まずは自分の言いたいことをしっかりと相手にわからせようとするだろう。

3［　］、多くの場合、語る人は、少しいろどりをつけて相手に言葉を与える。相手がどう考えるか、相手にどう考えてほしいかを加味して言葉を練る。思った通りのことを語るのでなく、少し言葉を改める。相手を傷つけないようにしたり、逆に傷つけようとしたり。へりくだってみせたり、逆に相手を威圧しようとしたり、しっかりと理解してもらおうとしたり。

4ともあれ、相手にどう思われたいか、自分がどういう人間であると思わせたいかによって、言葉をいじる。そうした様々な言い換え、様々な言葉の雰囲気を知って、それを状況に応じて使い分ける。そこに口調が生まれ、その人の個性が生じ、文体ができる。

（樋口裕一「『頭がいい』の正体は読解力」より）

(1) 「化粧をする」とありますが、このことをくわしく説明しているのはどの段落ですか。1～4の段落番号を書きましょう。（10点）
（　　）

(2) 「ありのままの考え」とありますが、このことばと同じ意味で使われていることばを、文章から書きぬきましょう。（20点）

(3) ［　］にあてはまることばを次から選び、記号で書きましょう。（10点）（　　）

ア　つまり
イ　だが
ウ　だから

(4) 「言葉をいじる」とは、どういうことですか。4段落から書きぬきましょう。（1つ20点）（40点）

［　　］にどう伝わってほしいかという、そのときどきの［　　］、ことばを使い分けること。

(5) この文章で、言葉を使うことについての筆者の考えをまとめているのは、どの段落ですか。1～4の段落番号を書きましょう。（20点）
（　　）

もう1回チャレンジ!!

23 説明文④ 筆者のものの見方

学習した日　　月　　日

名前

得点　　　／100点

目標時間 20分

解説↓ 349ページ

らくらくマルつけ

6135

❶ 次の文章を読んで、問題に答えましょう。

1 言葉を使うというのは、ある意味で、化粧をすることだ。

2 もちろん、化粧をしないで「すっぴん」のまま人前に出ることがあるように、ありのままの考えをまっすぐに語ることもある。他人からどう思われようと気にしないで、思いをそのままぶつけるような場合だ。その場合には、まずは自分の言いたいことをしっかりと相手にわからせようとするだろう。

3 ［　　］、多くの場合、語る人は、少しいろどりをつけて相手に言葉を与える。相手にどう考えてほしいかを加味して言葉を練る。思った通りのことを語るのでなく、少し言葉を改める。相手を傷つけないようにしたり、逆に傷つけようとしたり。へりくだってみせたり、逆に相手を威圧しようとしたり、しっかりと理解してもらおうとしたり。

4 ともあれ、相手にどう思われたいか、自分がどういう人間であると思わせたいかによって、言葉をいじる。そうした様々な言い換え、様々な言葉の雰囲気を知って、それを状況に応じて使い分ける。そこに口調が生まれ、その人の個性が生じ、文体ができる。

（樋口裕一『「頭がいい」の正体は読解力』より）

(1) 「化粧をする」とありますが、このことをくわしく説明しているのはどの段落ですか。1～4の段落番号を書きましょう。（10点）（　　）

(2) 「ありのままの考え」とありますが、このことばと同じ意味で使われていることばを、文章から書きぬきましょう。（20点）

［　　　　　　　　　　］

(3) ［　　］にあてはまることばを次から選び、記号で書きましょう。（10点）（　　）

ア つまり
イ だが
ウ だから

(4) 「言葉をいじる」とは、どういうことですか。4段落から書きぬきましょう。（1つ20点）（40点）

［　　　］にどう伝わってほしいかという、そのときどきの［　　　　　　］、ことばを使い分けること。

(5) この文章で、言葉を使うことについての筆者の考えをまとめているのは、どの段落ですか。1～4の段落番号を書きましょう。（20点）（　　）

24

漢字三字の熟語(じゅくご)

学習した日　月　日

名前

得点　/100点

目標時間 20分

らくらくマルつけ

解説↓ 350ページ

6136

1 次の三字熟語(じゅくご)の構成の説明として合うものをあとからそれぞれ選び、記号で書きましょう。 1つ5点【30点】

(1) 前夜祭（　）
(2) 松竹梅（　）
(3) 再利用（　）
(4) 衣食住（　）
(5) 練習中（　）
(6) 新発見（　）

ア 上の一字と下の二字が組み合わさったもの。
イ 上の二字と下の一字が組み合わさったもの。
ウ 三字が対等に並(なら)んだもの。

2 次の熟語の□にあてはまる漢字をあとからそれぞれ選び、書きましょう。 1つ5点【30点】

(1) □関係
(2) □開発
(3) □自然
(4) □体験
(5) □意味
(6) □常識

不　無　非　未

3 次の二字熟語の下に意味をそえる一字を加えるとき、あてはまるものをあとからそれぞれ選び、記号で書きましょう。 1つ5点【15点】

(1) 小型（　）
(2) 一方（　）
(3) 安全（　）

ア 的　イ 性　ウ 化

4 次の三字熟語と同じ構成のものをあとから選び、記号で書きましょう。 1つ5点【25点】

(1) 後日談（　）
ア 要注意　イ 好条件
ウ 音楽会　エ 全人類

(2) 生野菜（　）
ア 総選挙　イ 日本史
ウ 母国語　エ 消火器

(3) 和洋中（　）
ア 市町村　イ 銀行員
ウ 輸出入　エ 体育館

(4) 絵葉書（　）
ア 新聞紙　イ 救急車
ウ 乗車率　エ 大家族

(5) 飲料水（　）
ア 高学年　イ 先入観
ウ 国内外　エ 感無量

24 漢字三字の熟語

学習した日　月　日

名前

得点　　/100点

目標時間 20分

らくらくマルつけ

解説↓350ページ

6136

1 次の三字熟語の構成の説明として合うものをあとからそれぞれ選び、記号で書きましょう。 1つ5点【30点】

(1) 前夜祭（　　）
(2) 松竹梅（　　）
(3) 再利用（　　）
(4) 衣食住（　　）
(5) 練習中（　　）
(6) 新発見（　　）

ア　上の一字と下の二字が組み合わさったもの。
イ　上の二字と下の一字が組み合わさったもの。
ウ　三字が対等に並んだもの。

2 次の熟語の□にあてはまる漢字をあとからそれぞれ選び、書きましょう。 1つ5点【30点】

(1) □関係
(2) □開発
(3) □自然
(4) □体験
(5) □意味
(6) □常識

不　無　非　未

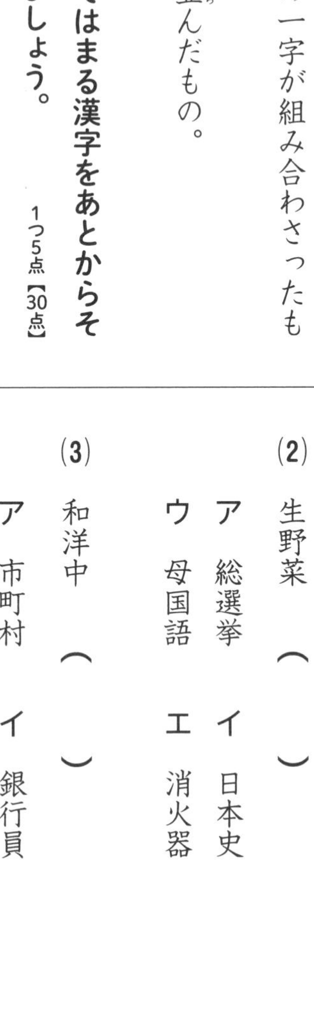

3 次の二字熟語の下に意味をそえる一字を加えるとき、あてはまるものをあとからそれぞれ選び、記号で書きましょう。 1つ5点【15点】

(1) 小型（　　）
(2) 一方（　　）
(3) 安全（　　）

ア　的　　イ　性　　ウ　化

4 次の三字熟語と同じ構成のものをあとから選び、記号で書きましょう。 1つ5点【25点】

(1) 後日談（　　）
ア　要注意　イ　好条件
ウ　音楽会　エ　全人類

(2) 生野菜（　　）
ア　総選挙　イ　日本史
ウ　母国語　エ　消火器

(3) 和洋中（　　）
ア　市町村　イ　銀行員
ウ　輸出入　エ　体育館

(4) 絵葉書（　　）
ア　新聞紙　イ　救急車
ウ　乗車率　エ　大家族

(5) 飲料水（　　）
ア　高学年　イ　先入観
ウ　国内外　エ　感無量

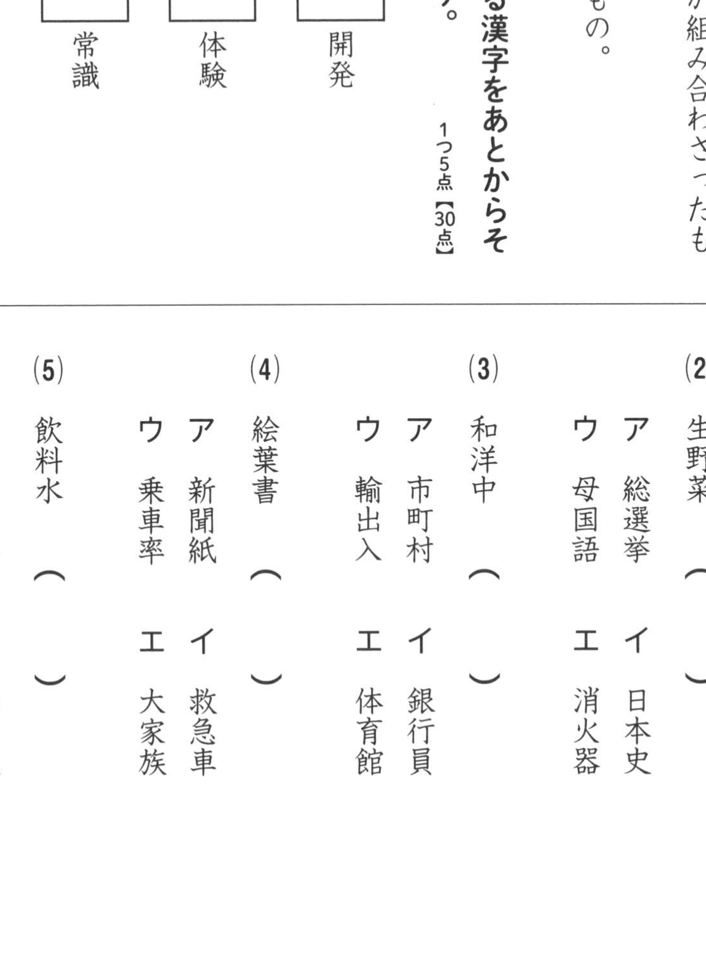

25 詩②

学習した日　月　日

名前

得点　／100点

目標時間 20分

らくらくマルつけ
解説↓350ページ
6137

国語

❶ **次の詩を読んで、問題に答えましょう。**

いのち　　小海永二（こかいえいじ）

花です
虫です
からだです　（第一連）
鳥です
草です
こころです　（第二連）
それらはみんないのちです

いのちは
どれも
ひとつです

いのちのふるさと
地球もひとつ

風が吹（ふ）き
雲の流れる地球のうえに
要（い）らないものなどありません
互（たが）いに支えているんです
見えない手を出し　声を出し
互いに支えているんです
どれもひとつで
どれにもひとつ
全部が大事ないのちです

(1) 第一連、第二連の表現の特ちょうを、次から選び、記号で書きましょう。（20点）（　　）

ア　同じ形式でことばを並（なら）べている。
イ　物の名前を表すことばで文を終えている。
ウ　様子を表すことばを使っている。

(2) 「いのちのふるさと」とは、どんなところですか。次から選び、記号で書きましょう。（20点）（　　）

ア　いのちが終わってしまうところ。
イ　いのちをなつかしく思うところ。
ウ　いのちがうまれるところ。

(3) 「互いに支えているんです」とは、どういうことですか。詩から書きぬきましょう。1つ20点（40点）

[　　　　] のさまざまな生きものが、協力して互いに [　　　] を守り合うこと。

(4) この詩で作者が伝えたかったことを次から選び、記号で書きましょう。（20点）（　　）

ア　これからもいのちを守るために花、虫、鳥、草などを大切に育てるべきだ。
イ　どんな生きものもいのちはひとつだけであり、すべて大切なものだ。
ウ　地球のために、生きものだけでなく、風や雲も大切にしなければならない。

もう1回チャレンジ!!

25 詩②

学習した日　月　日

名前

得点　/100点

目標時間 20分

らくらくマルつけ

解説↓ 350ページ

6137

❶ 次の詩を読んで、問題に答えましょう。

いのち

小海永二（こかいえいじ）

花です
虫です
からだです　（第一連）

鳥です
草です
こころです　（第二連）

それらはみんないのちです

いのちは
どれも
ひとつです

いのちのふるさと
地球もひとつ

風が吹き（ふ）
雲の流れる地球のうえに
要（い）らないものなどありません

互（たが）いに支えているんです
見えない手を出し　声を出し
互いに支えているんです

どれもひとつで
どれにもひとつ
全部が大事ないのちです

(1) 第一連、第二連の表現の特ちょうを、次から選び、記号で書きましょう。（20点）（　）

ア 同じ形式でことばを並（なら）べている。
イ 物の名前を表すことばで文を終えている。
ウ 様子を表すことばを使っている。

(2) 「いのちのふるさと」とは、どんなところですか。次から選び、記号で書きましょう。（20点）（　）

ア いのちが終わってしまうところ。
イ いのちをなつかしく思うところ。
ウ いのちがうまれるところ。

(3) 「互いに支えているんです」とは、どういうことですか。詩から書きぬきましょう。（1つ20点）（40点）

さまざまな生きものが、協力して互いに［　　　　］の［　　　］を守り合うこと。

(4) この詩で作者が伝えたかったことを次から選び、記号で書きましょう。（20点）（　）

ア これからもいのちを守るために花、虫、鳥、草などを大切に育てるべきだ。
イ どんな生きものもいのちはひとつだけであり、すべて大切なものだ。
ウ 地球のために、生きものだけでなく、風や雲も大切にしなければならない。

26 まちがえやすい漢字

学習した日　月　日

名前

得点　／100点

目標時間　20分

らくらくマルつけ

解説↓350ページ

6138

❶ 次の――線のカタカナを漢字で書きましょう。 1つ5点【30点】

(1)
① アタタかい一日。
② アタタかいお茶。

(2)
① 息をトめる。
② ボタンをトめる。

(3)
① 委員長をツトめる。
② 会社にツトめる。

❷ 次の――線のカタカナを漢字で書きましょう。 1つ5点【30点】

(1)
① 生徒のイコウを聞く。
② 新体制にイコウする。

(2)
① カンショウにひたる。
② 月をカンショウする。

(3)
① ケントウもつかない。
② 問題をケントウする。

❸ 次の――線の漢字と同じ漢字を使うものをあとから選び、記号で書きましょう。 1つ5点【10点】

(1) 急に姿（すがた）を現す。（　　）
ア　ことばにアラワす。
イ　正体をアラワす。
ウ　喜びを顔にアラワす。
エ　感謝をアラワす。

(2) 三時に駅に着く。（　　）
ア　正しい人の味方にツきたい。
イ　マッチで火をツける。
ウ　なかなか席にツかない。
エ　小さなきずがツいた。

❹ 次の文には使い方のまちがっている漢字が三つあります。その漢字を見つけ、正しく書き直しましょう。 全部できて1つ10点【30点】

　おいしい料理をつくるためには、調理時間を量ったり、手順を守ったりすることも必用ですが、何よりも、料理を食べる合手のことを思いうかべながらつくることが最も大切なことです。

×まちがっている漢字　→　○正しい漢字

(1)　→
(2)　→
(3)　→

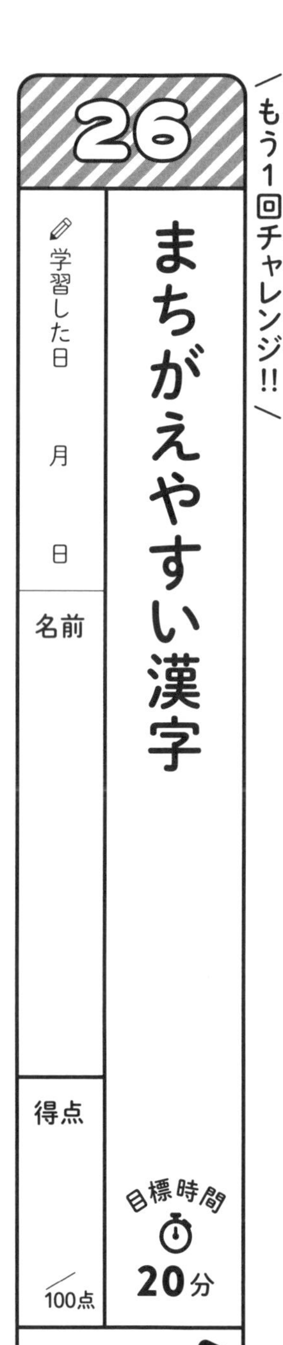

まちがえやすい漢字

❶ 次の――線のカタカナを漢字で書きましょう。 1つ5点【30点】

(1)
① アタタかい一日。
② アタタかいお茶。

(2)
① 息をトめる。
② ボタンをトめる。

(3)
① 委員長をツトめる。
② 会社にツトめる。

❷ 次の――線のカタカナを漢字で書きましょう。 1つ5点【30点】

(1)
① 生徒のイコウを聞く。
② 新体制にイコウする。

(2)
① カンショウにひたる。
② 月をカンショウする。

(3)
① ケントウもつかない。
② 問題をケントウする。

❸ 次の――線の漢字と同じ漢字を使うものをあとから選び、記号で書きましょう。 1つ5点【10点】

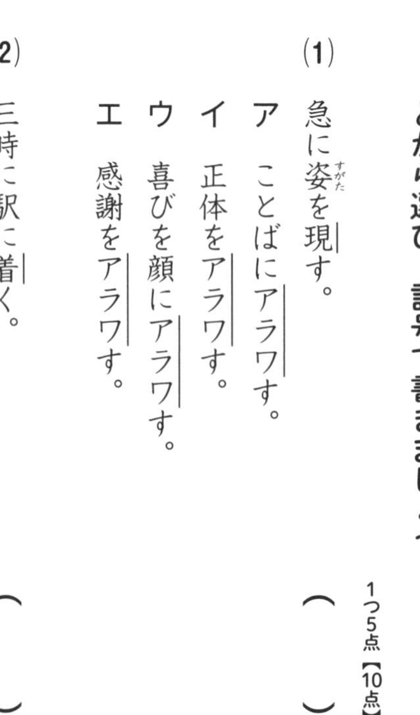

(1) 急に姿（すがた）を現す。（　　）
ア ことばにアラワす。
イ 正体をアラワす。
ウ 喜びを顔にアラワす。
エ 感謝をアラワす。

(2) 三時に駅に着く。（　　）
ア 正しい人の味方にツきたい。
イ マッチで火をツける。
ウ なかなか席にツかない。
エ 小さなきずがツいた。

❹ 次の文には使い方のまちがっている漢字が三つあります。その漢字を見つけ、正しく書き直しましょう。 全部できて1つ10点【30点】

　おいしい料理をつくるためには、調理時間を量ったり、手順を守ったりすることも必用ですが、何よりも、料理を食べる合手のことを思いうかべながらつくることが最も大切なことです。

×まちがっている漢字 → ○正しい漢字

(1) □ → □
(2) □ → □
(3) □ → □

27

教科で使う言葉

学習した日　月　日

名前

得点　／100点

目標時間 20分

らくらくマルつけ

解説↓ 350ページ

6139

❶ （　）に――線の読みがなを書きましょう。 1つ6点【24点】

(1) 野菜の生産量のグラフを見る。（　）

(2) 県庁所在地を調べる。（　）

(3) アサガオが発芽する。（　）

(4) 食塩水のこさを百分率で表す。（　）

❷ □に漢字を書きましょう。 1つ8点【40点】

(1) 文章の［こうせい］を考える。

(2) 円の［はんけい］を求める。

(3) ［しけんかん］に水を入れる。

(4) ［しょうぼうしょ］を見学する。

(5) ［かせき］を発見する。

❸ 次の言葉の意味を説明したものをあとから選び、記号で書きましょう。 1つ6点【12点】

(1) 縮尺（しゅくしゃく）　（　）

ア　大きなものを小さくまとめること。
イ　実際の長さを縮（ちぢ）めた割合（わりあい）のこと。
ウ　勉強や働く時間を短くすること。
エ　直線をいくつかに分けること。

(2) プレゼンテーション　（　）

ア　人におくりものをすること。
イ　人の意見を聞いて改善（かいぜん）すること。
ウ　考えなどを説明・提案すること。
エ　作成した資料を相手に送ること。

❹ 次の文の意味に合う言葉をあとから選び、記号で書きましょう。 1つ8点【24点】

(1) お金やエネルギーを使うこと。　（　）

ア　流出　イ　建造
ウ　消費　エ　試行

(2) 悪くならないように備えること。　（　）

ア　前兆　イ　感動
ウ　利点　エ　予防

(3) 代表者などを投票で決めること。　（　）

ア　演説　イ　体現
ウ　選挙　エ　勝敗

＼もう1回チャレンジ!!／

27 教科で使う言葉

学習した日　月　日

名前

得点　／100点

目標時間 20分

らくらくマルつけ

解説↓ 350ページ

6139

❶ （　）に——線の読みがなを書きましょう。　1つ6点【24点】

(1) 野菜の生産量のグラフを見る。（　　）

(2) 県庁所在地を調べる。（　　）

(3) アサガオが発芽する。（　　）

(4) 食塩水のこさを百分率で表す。（　　）

❷ □に漢字を書きましょう。　1つ8点【40点】

(1) 文章の［こう｜せい］を考える。

(2) 円の［はん｜けい］を求める。

(3) ［し｜けん｜かん］に水を入れる。

(4) ［しょう｜ぼう｜しょ］を見学する。

(5) ［か｜せき］を発見する。

❸ 次の言葉の意味を説明したものをあとから選び、記号で書きましょう。　1つ6点【12点】

(1) 縮尺（しゅくしゃく）（　　）

(2) プレゼンテーション（　　）

ア 大きなものを小さくまとめること。
イ 実際の長さを縮（ちぢ）めた割合（わりあい）のこと。
ウ 勉強や働く時間を短くすること。
エ 直線をいくつかに分けること。

ア 人におくりものをすること。
イ 人の意見を聞いて改善（かいぜん）すること。
ウ 考えなどを説明・提案すること。
エ 作成した資料を相手に送ること。

❹ 次の文の意味に合う言葉をあとから選び、記号で書きましょう。　1つ8点【24点】

(1) お金やエネルギーを使うこと。（　　）

ア 流出　イ 建造
ウ 消費　エ 試行

(2) 悪くならないように備えること。（　　）

ア 前兆　イ 感動
ウ 利点　エ 予防

(3) 代表者などを投票で決めること。（　　）

ア 演説　イ 体現
ウ 選挙　エ 勝敗

28 伝記①

学習した日　　月　　日

名前

得点　　／100点

目標時間 20分

解説↓ 351ページ

6140

らくらくマルつけ

国語

1 次の文章を読んで、問題に答えましょう。

　全長六キロ以上ある病とうを、ナイチンゲールはランプを持ってじゅん回します。

　ねむれないかん者、苦しそうにしているかん者の気配を感じると、そこに静かに歩み寄り、ランプをゆかに置いて様子をうかがい、時に静かに話しかけ、時には体をさすったりしました。

　外科手術を受けることになり、手術への不安ときょうふを強くいだいていたかん者に付きそった時のことです。

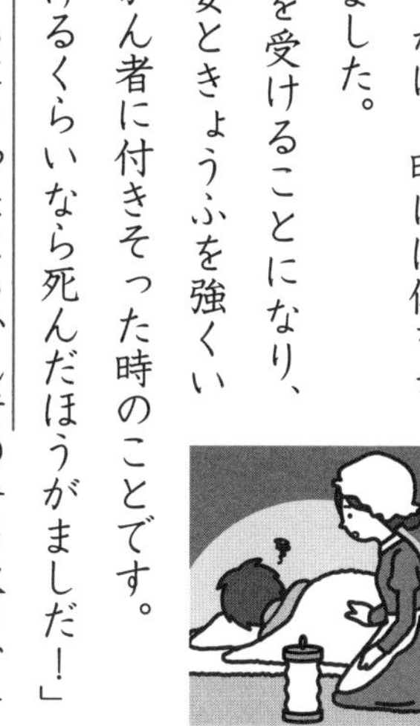

「手術を受けるくらいなら死んだほうがましだ！」

　なみだながらにうったえるかん者の手を取り、ナイチンゲールは、言葉を発することなくくちびるをきっと結んで真けんな目でかれを見つめました。

　そばでその様子を見ていた医師は、「まるでかん者が感じている苦つうを、いっしょにかのじょも体験しているかのような表情と態度だった」と述かいしています。

＊述かい…思い出を語ること。

　ナイチンゲールからの無言のはげましを受けたかん者は、ますいもないなか行なわれる手術の苦つうにたえました。

　どんな時でも、そのかん者に寄りそうナイチンゲールの思いが伝わったのでしょう。気持ちがすさみ、乱暴であらあらしい言葉を浴びせ合っていたような傷病兵たちも、ナイチンゲールの姿を見るだけでなぐさめられました。身をかがめながらベッドを見回るナイチンゲールのかげに口づけをする兵士もいました。

（川嶋みどり「親愛なるナイチンゲール様」より）

(1) 「ナイチンゲールはランプを持ってじゅん回します」とありますが、何のためですか。次から選び、記号で書きましょう。(20点)（　　）

ア　部屋全体に明かりをつけるため。
イ　手術をするため。
ウ　かん者の様子を見て回るため。

(2) 「なみだながらにうったえるかん者」とありますが、このときのかん者はどのような気持ちですか。文章から書きぬきましょう。(20点)

手術に対して、強い［　　］［　　　　］をいだく気持ち。

(3) 「言葉を発することなく……見つめました」とありますが、それはナイチンゲールのどのような様子を表していますか。文章から書きぬきましょう。(1つ20点)(40点)

［　　　］をいっしょに体験しているような［　　］と［　　］によって、かん者をはげます様子。

(4) この文章から、ナイチンゲールのどのような人物像が伝わりますか。次から選び、記号で書きましょう。(20点)（　　）

ア　どんな時でも、かん者の気持ちに寄りそおうとするやさしさをもつ人物。
イ　どんなかん者にも、ますいなしの手術の大切さを伝えられる強さをもつ人物。
ウ　どんな時でも、無言で仕事をしっかりつとめようとする真けんさをもつ人物。

28 伝記①

学習した日　月　日

名前

得点　/100点

目標時間　20分

らくらくマルつけ　解説↓351ページ

6140

❶ 次の文章を読んで、問題に答えましょう。

全長六キロ以上ある病とうを、ナイチンゲールはランプを持ってじゅん回します。

ねむれないかん者、苦しそうにしているかん者の気配を感じると、そこに静かに歩み寄り、ランプをゆかに置いて様子をうかがい、時に静かに話しかけ、時には体をさすったりしました。

外科手術を受けることになり、手術への不安ときょうふを強くいだいていたかん者に付きそった時のことです。

「手術を受けるくらいなら死んだほうがましだ!」

なみだながらにうったえるかん者の手を取り、ナイチンゲールは、言葉を発することなくくちびるをきっと結んで真けんな目でかれを見つめました。

そばでその様子を見ていた医師は、「まるでかん者が感じている苦つうを、いっしょにかのじょも体験しているかのような表情と態度だった」と＊述かいしています。

ナイチンゲールからの無言のはげましを受けたかん者は、ますいもないなか行なわれる手術の苦つうにたえました。

どんな時でも、そのかん者に寄りそうナイチンゲールの思いが伝わったのでしょう。気持ちがすさみ、乱暴であらあらしい言葉を浴びせ合っていたような傷病兵たちも、ナイチンゲールの姿を見るだけでなぐさめられました。身をかがめながらベッドを見回るナイチンゲールのかげに口づけをする兵士もいました。

（川嶋みどり「親愛なるナイチンゲール様」より）

＊思い出を語ること。

(1) 「ナイチンゲールはランプを持ってじゅん回します」とありますが、何のためですか。次から選び、記号で書きましょう。（20点）（　　）

ア 部屋全体に明かりをつけるため。

イ 手術をするため。

ウ かん者の様子を見て回るため。

(2) 「なみだながらにうったえるかん者」とありますが、このときのかん者はどのような気持ちですか。文章から書きぬきましょう。（20点）

手術に対して、強い［　　　　　　　　］をいだく気持ち。

(3) 「言葉を発することなく……見つめました」とありますが、それはナイチンゲールのどのような様子を表していますか。文章から書きぬきましょう。1つ20点（40点）

［　　　］をいっしょに体験しているような［　　］と［　　］によって、かん者をはげます様子。

(4) この文章から、ナイチンゲールのどのような人物像が伝わりますか。次から選び、記号で書きましょう。（20点）（　　）

ア どんな時でも、かん者の気持ちに寄りそおうとするやさしさをもつ人物。

イ どんなかん者にも、ますいなしの手術の大切さを伝えられる強さをもつ人物。

ウ どんな時でも、無言で仕事をしっかりつとめようとする真けんさをもつ人物。

29 伝記②

学習した日　月　日

名前

得点　／100点

目標時間 20分

らくらくマルつけ　解説↓351ページ　6141

国語

1 次の文章を読んで、問題に答えましょう。

ヘレン*は、いままでのように、手まねや手のひらに文字を書くのでなく、口で、父や母やきょうだいたちと話ができたら、どんなにうれしいだろうと思うと、つらい勉強もとちゅうでやめる気に、ならないのでした。

「この勉強さえ、しっかりやれば、わたしのいうことが、妹にわかるようになるんだわ。」

そう思うと、つかれも苦しみも、どこかへふっとんでしまうのでした。

ヘレンとサリバン先生の努力は、毎日つづけられていきました。

すこしずつ、話せることばがふえていきました。

口で話せるようになってみると、指さきで文字を書くのより、ずっとらくに、じぶんの気もちを相手につたえることができます。

ヘレンはうれしくてたまりません。ますます、せいだして*勉強しました。

いいつくせないふたりの苦労がむくいられて、どうやら話ができるようになったとき、ヘレンは町の人たちの前で話しました。

「うまいわ、ヘレン。上出来だったわ！」

先生だけでなく、町の人たちも、すっかり感心してしまいました。

これまでに、サリバン先生がヘレンの発音を正しくさせるために、何十度、何百度とくりかえして、なおしてくれたかいがあったのです。

（村岡花子「伝記ヘレン・ケラー」より）

*目と耳が不自由な女性の名前。

*いっしょうけんめいに。

(1) 「つらい勉強」とありますが、ヘレンはどのようなことを感じたのですか。文章から書きぬきましょう。　1つ20点（40点）

□□□　や　□□□。

(2) 「ヘレンはうれしくてたまりません」とありますが、なぜですか。次から選び、記号で書きましょう。（20点）（　　）

ア　指さきで文字を書けると、じぶんのいいたいことが妹に伝わるから。

イ　口で話せると、じぶんの気もちをらくに伝えることができるから。

ウ　町の人たちに「上出来だったわ」と言ってもらえると思ったから。

(3) 「ヘレンの発音を正しくさせる」とありますが、その結果どのようなことが起きましたか。文章から書きぬきましょう。（20点）

町の人たちが、ヘレンの話し方にたいへん□□した。

(4) この文章はどのようなことを伝えるために書かれたものですか。次から選び、記号で書きましょう。（20点）（　　）

ア　ヘレンの努力を、毎日ずっと支えつづけてきたサリバン先生のやさしさ。

イ　ヘレンがやっと話せるようになったときの、町の人たちの喜び。

ウ　話せるようになるために、努力しつづけたヘレンとサリバン先生のねばり強さ。

29 伝記②

学習した日　月　日

名前

得点　/100点

目標時間 20分

らくらくマルつけ

解説↓351ページ

6141

❶ 次の文章を読んで、問題に答えましょう。

＊ヘレンはいままでのように、手まねや手のひらに文字を書くのでなく、口で、父や母やきょうだいたちと話ができたら、どんなにうれしいだろうと思うと、つらい勉強もとちゅうでやめる気に、ならないのでした。

「この勉強さえ、しっかりやれば、わたしのいうことが、妹にわかるようになるんだわ。」

そう思うと、つかれも苦しみも、どこかへふっとんでしまうのでした。

ヘレンとサリバン先生の努力は、毎日つづけられていきました。

すこしずつ、話せることばがふえていきました。

口で話せるようになってみると、指さきで文字を書くのより、ずっとらくに、じぶんの気もちを相手につたえることができます。

ヘレンはうれしくてたまりません。ますます、＊せいだして勉強しました。

いいつくせないふたりの苦労がむくいられて、どうやら話ができるようになったとき、ヘレンは町の人たちの前で話しました。

「うまいわ、ヘレン。上出来だったわ！」

先生だけでなく、町の人たちも、すっかり感心してしまいました。

これまでに、サリバン先生がヘレンの発音を正しくさせるために、何十度、何百度とくりかえして、なおしてくれたかいがあったのです。

＊目と耳が不自由な女性の名前。

＊いっしょうけんめいに。

（村岡花子「伝記ヘレン・ケラー」より）

(1) 「つらい勉強」とありますが、ヘレンはどのようなことを感じたのですか。文章から書きぬきましょう。　1つ20点（40点）

［　　　　］や［　　　　］。

(2) 「ヘレンはうれしくてたまりません」とありますが、なぜですか。次から選び、記号で書きましょう。　(20点)（　　）

ア　指さきで文字を書けると、じぶんのいいたいことが妹に伝わるから。

イ　口で話せると、じぶんの気もちをらくに伝えることができるから。

ウ　町の人たちに「上出来だったわ」と言ってもらえると思ったから。

(3) 「ヘレンの発音を正しくさせる」とありますが、その結果どのようなことが起きましたか。文章から書きぬきましょう。　(20点)

町の人たちが、ヘレンの話し方にたいへん［　　］した。

(4) この文章はどのようなことを伝えるために書かれたものですか。次から選び、記号で書きましょう。　(20点)（　　）

ア　ヘレンの努力を、毎日ずっと支えつづけてきたサリバン先生のやさしさ。

イ　ヘレンがやっと話せるようになったときの、町の人たちの喜び。

ウ　話せるようになるために、努力しつづけたヘレンとサリバン先生のねばり強さ。

30 複合語

学習した日　月　日

名前

得点　／100点

目標時間 20分

らくらくマルつけ

6142

解説↓ 351ページ

1 次の複合語の組み合わせ方をあとからそれぞれ選び、記号で書きましょう。 1つ5点【30点】

(1) 青信号（　　）

(2) 自動ドア（　　）

(3) ビデオカメラ（　　）

(4) 新聞広告（　　）

(5) いちごミルク（　　）

(6) 合言葉（あいことば）（　　）

ア 和語と和語の組み合わせ

イ 漢語と漢語の組み合わせ

ウ 外来語と外来語の組み合わせ

エ 和語と漢語の組み合わせ

オ 和語と外来語の組み合わせ

カ 漢語と外来語の組み合わせ

2 次の二つのことばを組み合わせてできる複合語を、ひらがなで書きましょう。 1つ5点【20点】

(1) 雨（あめ）＋かさ（　　）

(2) 植木（うえき）＋はち（　　）

(3) うすい＋暗（くら）い（　　）

(4) 山（やま）＋歩（ある）く（　　）

3 次の□にあてはまることばをあとからそれぞれ選び、記号で書きましょう。 1つ5点【30点】

(1) 記念□（　　）

(2) 持ち□（　　）

(3) 話し□（　　）

(4) 重□（　　）

(5) 旅□（　　）

(6) 塩□（　　）

ア ことば　イ からい　ウ 写真

エ 苦しい　オ 立つ　カ 上げる

4 次の（　）A・Bから一つずつことばを選んで組み合わせることによってできる複合語を、ひらがなで書きましょう。 1つ5点【20点】

A（長い　計算　流れる　聞く）

B（星　くつ　回る　高い）

（　　）

（　　）

（　　）

（　　）

／もう1回チャレンジ!!／

30 複合語

学習した日　月　日

名前

得点　／100点

目標時間 20分

らくらくマルつけ

解説↓ 351ページ

6142

❶ 次の複合語の組み合わせ方をあとからそれぞれ選び、記号で書きましょう。 1つ5点【30点】

(1) 青信号（　）

(2) 自動ドア（　）

(3) ビデオカメラ（　）

(4) 新聞広告（　）

(5) いちごミルク（　）

(6) 合言葉（あいことば）（　）

ア 和語と和語の組み合わせ

イ 漢語と漢語の組み合わせ

ウ 外来語と外来語の組み合わせ

エ 和語と漢語の組み合わせ

オ 和語と外来語の組み合わせ

カ 漢語と外来語の組み合わせ

❷ 次の二つのことばを組み合わせてできる複合語を、ひらがなで書きましょう。 1つ5点【20点】

(1) 雨（あめ）＋かさ（　）

(2) 植木（うえき）＋はち（　）

(3) うすい＋暗い（くらい）（　）

(4) 山（やま）＋歩く（あるく）（　）

❸ 次の□にあてはまることばをあとからそれぞれ選び、記号で書きましょう。 1つ5点【30点】

(1) 記念□（　）

(2) 持ち□（　）

(3) 話し□（　）

(4) 重□（　）

(5) 旅□（　）

(6) 塩□（　）

ア ことば　イ からい　ウ 写真

エ 苦しい　オ 立つ　カ 上げる

❹ 次の（　）A・Bから一つずつことばを選んで組み合わせることによってできる複合語を、ひらがなで書きましょう。 1つ5点【20点】

A（長い　計算　流れる　聞く）

B（星　くつ　回る　高い）

（　）

（　）

（　）

（　）

31 話し言葉と書き言葉

学習した日　月　日

名前

得点　／100点

目標時間 20分

らくらくマルつけ　解説↓352ページ　6143

1 次の文章の[(1)]～[(4)]にあてはまる言葉をあとからそれぞれ選び、記号で書きましょう。 1つ5点【20点】

話し言葉は[(1)]で表現する言葉です。自分の気持ちを声の大きさなどで表すことができます。相手や地域に合わせて、[(2)]と共通語を使い分けることが必要な場合もあります。一方、書き言葉は、[(3)]で表現する言葉です。読み手に正しく伝わるように、[(4)]をできるだけはっきりさせることにも注意が必要です。

ア 方言　イ 文字
ウ 音声　エ 主語

(1)（　）　(2)（　）
(3)（　）　(4)（　）

2 次の説明は、ア話し言葉、イ書き言葉のどちらについて述べたものですか。記号で書きましょう。 1つ4点【20点】

(1) 相手の反応を確かめながら表現することができる。（　）
(2) 「これ」や「あれ」など、指示語での表現が多くなる。（　）
(3) 一度伝えた内容をあとで直すことができる。（　）
(4) 漢字を使い分けることで、同音異義語の区別がしやすい。（　）
(5) 間を取ったり、身ぶり手ぶりを加えたりすることができる。（　）

3 次の文は、ア話し言葉、イ書き言葉のどちらの特ちょうをよく表していますか。記号で書きましょう。 両方できて1つ10点【20点】

(1)
・昨日のこと、ちゃんとお母さんにあやまっとかなくちゃね。（　）
・昨日のことは、きちんと母親にあやまっておくべきだ。（　）

(2)
・昼食時に耳にしたうわさは、以前聞いた話と似ていた。（　）
・お昼のときに聞いたうわさって、前に聞いた話と似てたわ。（　）

4 次の文の――線の話し言葉を、書き言葉にふさわしい表現に直しましょう。 1つ10点【40点】

「お姉ちゃん、明日からあったかくなるってラジオで聞いたみたいで、冬物の服は全部かたづけちゃったんだって。」

(1) お姉ちゃん（　）
(2) あったかくなるって（　）
(3) 聞いたみたいで（　）
(4) かたづけちゃったんだって（　）

もう1回チャレンジ!!

話し言葉と書き言葉

学習した日　月　日

名前

得点　/100点

目標時間 20分

解説↓ 352ページ

6143

らくらくマルつけ

❶ 次の文章の(1)～(4)にあてはまる言葉をあとからそれぞれ選び、記号で書きましょう。 1つ5点【20点】

話し言葉は(1)で表現する言葉です。自分の気持ちを声の大きさなどで表すことができます。相手や地域(ちいき)に合わせて、(2)と共通語を使い分けることが必要な場合もあります。一方、書き言葉は、(3)で表現する言葉です。読み手に正しく伝わるように、(4)をできるだけはっきりさせることにも注意が必要です。

ア 方言　イ 文字
ウ 音声　エ 主語

(1)(　　)　(2)(　　)
(3)(　　)　(4)(　　)

❷ 次の説明は、ア話し言葉、イ書き言葉のどちらについて述べたものですか。記号で書きましょう。 1つ4点【20点】

(1) 相手の反応を確かめながら表現することができる。(　　)

(2) 「これ」や「あれ」など、指示語での表現が多くなる。(　　)

(3) 一度伝えた内容をあとで直すことができる。(　　)

(4) 漢字を使い分けることで、同音異義語(どうおんいぎご)の区別がしやすい。(　　)

(5) 間を取ったり、身ぶり手ぶりを加えたりすることができる。(　　)

❸ 次の文は、ア話し言葉、イ書き言葉のどちらの特ちょうをよく表していますか。記号で書きましょう。 両方できて1つ10点【20点】

(1)
・昨日のこと、ちゃんとお母さんにあやまっとかなくちゃね。(　　)
・昨日のことは、きちんと母親にあやまっておくべきだ。(　　)

(2)
・昼食時に耳にしたうわさは、以前聞いた話と似ていた。(　　)
・お昼のときに聞いたうわさって、前に聞いた話と似てたわ。(　　)

❹ 次の文の――線の話し言葉を、書き言葉にふさわしい表現に直しましょう。 1つ10点【40点】

「お姉ちゃん、明日からあったかくなるってラジオで聞いたみたいで、冬物の服は全部かたづけちゃったんだって。」

(1) お姉ちゃん
(　　)

(2) あったかくなるって
(　　)

(3) 聞いたみたいで
(　　)

(4) かたづけちゃったんだって
(　　)

32 古典① 古文

学習した日　月　日

名前

得点　／100点

目標時間 20分

らくらくマルつけ

解説↓ 352ページ

6144

平安時代に、小野篁という人がいました。篁は「子」には「ね」「こ」「し」の三種類の読み方があることを利用して、うまく読みがなを付けました。どのように読んだのでしょうか。当時は、かたかなの「ネ」に「子」の字を用いることもありました。

1 次の古文と現代語訳を読んで、問題に答えましょう。

【古文】

＊御門、「さて、なにも書きたらん物は、読みてんや。」とおほせられければ、「なににても、読みさぶらひなん。」と申しければ、かたかなの子文字を十二書かせてたまひて、「読め。」とおほせられければ、「ねこの子の子ねこ、ししの子の子じし。」と読みたりければ、御門ほほゑませたまひて、事なくてやみにけり。

＊嵯峨（さが）天皇。

（「宇治拾遺物語」より）

【現代語訳】

帝が「では、どんなものでも書いたものは、読めるのだな。」とおっしゃったところ、篁は「なんでも読みます。」と答えました。すると、帝は「子」を十二文字お書きになり、「読め。」とおっしゃいました。それを篁が「ねこの子の子ねこ、ししの子の子じし。」と読んだため、帝はほほえまれて、何のおとがめもなく無事に終わりました。

(1) 「なにも」の意味を、【現代語訳】から書きぬきましょう。（20点）

(2) ①「申し」、②「おほせ」の主語は、それぞれだれですか。次から選び、記号で書きましょう。（20点）（　）

ア ①…帝　②…篁

イ ①…帝　②…帝

ウ ①…篁　②…帝

(3) 「ねこの子の子ねこ」と読むために、「子」の文字は何文字必要ですか。漢数字で書きましょう。（20点）

□文字

(4) 「事なくてやみにけり」という表現から、どんなことがわかりますか。次から選び、記号で書きましょう。（20点）（　）

ア 帝が笑っていたので、それ以上だれも何も言わなくてすんだということ。

イ もしうまく読めなかったら、篁は帝に責められたかもしれないということ。

ウ この出来事のあとで、篁は帝に仕えることをやめてしまったということ。

(5) この文章は、どんなことを伝えるために書かれたものですか。次から選び、記号で書きましょう。（20点）（　）

ア 篁の帝に対するあこがれ。

イ 篁のかしこさ。

ウ 帝の意地悪さ。

国語

＼もう1回チャレンジ!!／

32 古典① 古文

学習した日　月　日

名前

得点　／100点

目標時間 20分

らくらくマルつけ

解説↓352ページ

6144

平安時代に、小野篁（おののたかむら）という人がいました。
篁は「子」には「ね」「こ」「し」の三種類の読み方があることを利用して、うまく読みがなを付けました。どのように読んだのでしょうか。当時は、かたかなの「ネ」に「子」の字を用いることもありました。

1 次の古文と現代語訳（やく）を読んで、問題に答えましょう。

【古文】

＊御門（みかど）、「さて、なにも書きたらん物は、読みてんや。」とおほせられければ、「なににても、読みさぶらひなん。」と申しければ、かたかなの子文字（ねもじ）を十二書かせてたまひて、「読め。」とおほせられければ、「ねこの子の子ねこ、ししの子の子じし。」と読みたりければ、御門ほほゑませたまひて、事なくてやみにけり。

（「宇治拾遺物語（うじしゅういものがたり）」より）

＊嵯峨（さが）天皇。

【現代語訳】

帝（みかど）が「では、どんなものでも書いたものは、読めるのだな。」とおっしゃったところ、篁は「なんでも読みます。」と答えました。すると、帝は「子」を十二文字お書きになり、「読め。」とおっしゃいました。それを篁が「ねこの子の子ねこ、ししの子の子じし。」と読んだため、帝はほほえまれて、何のおとがめもなく無事に終わりました。

(1) 「なにも」の意味を、【現代語訳】から書きぬきましょう。（20点）

(2) ①「申し」、②「おほせ」の主語は、それぞれだれですか。次から選び、記号で書きましょう。（20点）（　）

ア ①…帝　②…篁

イ ①…帝　②…帝

ウ ①…篁　②…帝

(3) 「ねこの子の子ねこ」と読むために、「子」の文字は何文字必要ですか。漢数字で書きましょう。（20点）□文字

(4) 「事なくてやみにけり」という表現から、どんなことがわかりますか。次から選び、記号で書きましょう。（20点）（　）

ア 帝が笑っていたので、それ以上だれも何も言わなくてすんだということ。

イ もしうまく読めなかったら、篁は帝に責められたかもしれないということ。

ウ この出来事のあとで、篁は帝に仕えることをやめてしまったということ。

(5) この文章は、どんなことを伝えるために書かれたものですか。次から選び、記号で書きましょう。（20点）（　）

ア 篁の帝に対するあこがれ。

イ 篁のかしこさ。

ウ 帝の意地悪さ。

33 漢字四字以上の熟語

学習した日　月　日

名前

得点　／100点

目標時間 20分

らくらくマルつけ

解説↓352ページ

6145

❶ 次の四字熟語の構成の説明として合うものをあとからそれぞれ選び、記号で書きましょう。　1つ5点【30点】

(1) 自家用車（　）
(2) 完全無欠（　）
(3) 春夏秋冬（　）
(4) 一刀両断（　）
(5) 花鳥風月（　）
(6) 海水浴場（　）

ア　二字と二字が組み合わさったもの。
イ　三字と一字が組み合わさったもの。
ウ　四字が対等な関係で並んだもの。

❷ 次の五字以上の熟語を二字に省略したとき、□にあてはまる漢字を書きましょう。　1つ7点【28点】

(1) 重要文化財 → □文
(2) 原動機付自転車 → □付
(3) 選挙管理委員会 → 選□
(4) 家庭用電気機械器具 → 家□

❸ 次の四字熟語の（　）に共通してあてはまる漢字を□に書きましょう。　1つ7点【21点】

(1) あわてふためいて混乱すること。
右（　）左（　）　□

(2) ことばにしなくても通じ合うこと。
以（　）伝（　）　□

(3) 長所と短所の両方があること。
（　）長（　）短　□

❹ 次の二字と組み合わせて四字熟語になるものをあとから選び、記号で書きましょう。　1つ7点【21点】

(1) 絶えず進歩すること。
日進（　）
ア　年列　イ　日行　ウ　週前　エ　月歩

(2) 動きがとても素早いこと。
電光（　）
ア　正体　イ　時間　ウ　石火　エ　地帯

(3) みんなによい顔をすること。
八方（　）
ア　八苦　イ　美人　ウ　一句　エ　男女

もう1回チャレンジ!!

33

漢字四字以上の熟語

学習した日　月　日

名前

得点　／100点

目標時間　20分

らくらくマルつけ

解説↓352ページ

6145

❶ 次の四字熟語の構成の説明として合うものをあとからそれぞれ選び、記号で書きましょう。 1つ5点【30点】

(1) 自家用車（　）

(2) 完全無欠（　）

(3) 春夏秋冬（　）

(4) 一刀両断（　）

(5) 花鳥風月（　）

(6) 海水浴場（　）

ア　二字と二字が組み合わさったもの。

イ　三字と一字が組み合わさったもの。

ウ　四字が対等な関係で並んだもの。

❷ 次の五字以上の熟語を二字に省略したとき、□にあてはまる漢字を書きましょう。 1つ7点【28点】

(1) 重要文化財 → □文

(2) 原動機付自転車 → □付

(3) 選挙管理委員会 → 選□

(4) 家庭用電気機械器具 → 家□

❸ 次の四字熟語の（　）に共通してあてはまる漢字を□に書きましょう。 1つ7点【21点】

(1) あわてふためいて混乱すること。
右（　）左（　）　□

(2) ことばにしなくても通じ合うこと。
以（　）伝（　）　□

(3) 長所と短所の両方があること。
（　）長（　）短　□

❹ 次の二字と組み合わせて四字熟語になるものをあとから選び、記号で書きましょう。 1つ7点【21点】

(1) 絶えず進歩すること。
日進（　）
ア　年列　イ　日行
ウ　週前　エ　月歩

(2) 動きがとても素早いこと。
電光（　）
ア　正体　イ　時間
ウ　石火　エ　地帯

(3) みんなによい顔をすること。
八方（　）
ア　八苦　イ　美人
ウ　一句　エ　男女

34

言葉の変化

学習した日　月　日

名前

得点　／100点

目標時間 20分

らくらくマルつけ

解説↓352ページ

6146

❶ 次の言葉の意味が昔の意味であれば「昔」、今の意味であれば「今」と書きましょう。　全部できて1つ10点【30点】

(1) あやし・あやしい
① みすぼらしい（　　）
② うたがわしい（　　）

(2) おとなし・おとなしい
① ものしずか（　　）
② 分別がある（　　）

(3) あはれ・あわれ
① しみじみとすばらしい（　　）
② かわいそうだ（　　）

❷ 次の説明に合う言葉をあとからそれぞれ選び、記号で書きましょう。　1つ10点【20点】

(1) もともとはお茶を出すための部屋という意味でしたが、家族がくつろいで食事をするところという意味で使われ始めました。今では、リビングと言われることも増えてきています。（　　）

(2) もともとは時間の流れを年・月・日といった単位にあてはめることそのものをさしていましたが、しだいに年・月・日を示したものをさすことが多くなりました。今では、ほとんどの場合、カレンダーとよばれています。（　　）

ア こよみ
イ ちゃぶ台
ウ 茶の間

❸ 次のカタカナの言葉について、世代のちがう人が使う言葉をあとからそれぞれ選び、記号で書きましょう。　1つ6点【30点】

(1) スプーン（　　）
(2) ノート（　　）
(3) スーツ（　　）
(4) チケット（　　）
(5) ベルト（　　）

ア 背広（せびろ）の上下
イ さじ
ウ バンド
エ 帳面
オ 切符（きっぷ）

❹ 上の世代の人が話している会話文の中の、——線の言葉と同じ意味の言葉をあとからそれぞれ選び、書きましょう。　1つ5点【20点】

「散歩へ行くので、(1)えもんかけにかかっている(2)オーバーと、あとは(3)えりまきを持ってきてくれないかな。履（は）き物は(4)つっかけでいいよ。」

(1)（　　）
(2)（　　）
(3)（　　）
(4)（　　）

コート　マフラー
サンダル　ハンガー

国語

もう1回チャレンジ!!

34

言葉の変化

学習した日　月　日

名前

得点　/100点

目標時間 20分

らくらくマルつけ

解説↓352ページ

6146

❶ 次の言葉の意味が昔の意味であれば「昔」、今の意味であれば「今」と書きましょう。 全部できて1つ10点【30点】

(1) ① みすぼらしい（　　）
② うたがわしい（　　）
あやし・あやしい

(2) ① ものしずか（　　）
② 分別がある（　　）
おとなし・おとなしい

(3) ① しみじみとすばらしい（　　）
② かわいそうだ（　　）
あはれ・あわれ

❷ 次の説明に合う言葉をあとからそれぞれ選び、記号で書きましょう。 1つ10点【20点】

(1) もともとはお茶を出すための部屋という意味でしたが、家族がくつろいで食事をするところという意味で使われ始めました。今では、リビングと言われることも増えてきています。（　　）

(2) もともとは時間の流れを年・月・日といった単位にあてはめることそのものをさしていましたが、しだいに年・月・日を示したものをさすことが多くなりました。今では、ほとんどの場合、カレンダーとよばれています。（　　）

ア　こよみ
イ　ちゃぶ台
ウ　茶の間

❸ 次のカタカナの言葉について、世代のちがう人が使う言葉をあとからそれぞれ選び、記号で書きましょう。 1つ6点【30点】

(1) スプーン（　　）
(2) ノート（　　）
(3) スーツ（　　）
(4) チケット（　　）
(5) ベルト（　　）

ア　背広（せびろ）の上下
イ　さじ
ウ　バンド
エ　帳面
オ　切符（きっぷ）

❹ 上の世代の人が話している会話文の中の、——線の言葉と同じ意味の言葉をあとからそれぞれ選び、書きましょう。 1つ5点【20点】

「散歩へ行くので、(1)えもんかけにかかっている(2)オーバーと、あとは(3)えりまきを持ってきてくれないかな。履（は）き物は(4)つっかけでいいよ。」

(1)（　　）
(2)（　　）
(3)（　　）
(4)（　　）

コート	マフラー
サンダル	ハンガー

35 古典② 古文

✎学習した日　月　日

名前

得点　／100点

目標時間 20分

解説↓353ページ

らくらくマルつけ

6147

1 次の古文と現代語訳を読んで、問題に答えましょう。

「あるとき、いっぴきのありが、水かさの増した川に流された。」

【古文】

はと、こずゑ（え）よりこれを見て、「あはれ（わ）なるありさまかな。」と、こずゑ（え）をちと食ひ（い）切つ（っ）て、川の中に落としければ、あり、これに乗つ（っ）てなぎさに上がりぬ。かかりけるところに、ある人、さを（お）の先にとりもちをつけてかのはとをささむ（ん）とす。あり、心に思ふ（う）やう（よう）、「ただ今の恩（おん）を送らむ（ん）ものを。」と思ひ（い）、かの人の足にしつ（っ）かと食ひ（い）つきければ、おびえあがつ（っ）て、さを（お）をかしこに投げすてけり。そのものの色やしる。しかるに、はと、これをさとりて、いづ（ず）くともなく飛び去りぬ。

（「伊曽保物語」より）

【現代語訳】

はとが、木の枝の先からこれを見て、「かわいそうな様子だなあ。」と、枝を少し食いちぎって、川の中に落とすと、ありは、これに乗って岸に上がった。こうしているところに、ある人が、さおの先に*とりもちをつけてそのはとをとろうとする。ありが、心に思うことは、「たった今の恩を返したいものだ。」と思い、その人の足にしっかりと食いついたところ、おどろき、さおをあちらに投げすてた。その人は何が起きたのかわかっただろうか（いやわからなかっただろう）。ところが、はとは、これを理解して、どこかへ飛び去った。

*鳥や虫をつかまえるときに使うもち状のもの。

(1) 「あはれなる」とはどういう意味ですか。【現代語訳】から書きぬきましょう。（10点）

(2) 「今の恩」とはどのようなことですか。次の□にあてはまることばをあとから選び、記号で書きましょう。（20点）（　　）

□ところを助けられたこと。

ア　おぼれそうになっていた
イ　食われそうになっていた
ウ　さされそうになっていた

(3) 「おびえあがつて」の主語を次から選び、記号で書きましょう。（10点）（　　）

ア　あり　イ　はと　ウ　人

(4) 「これ」とはどういうことですか。【現代語訳】から書きぬきましょう。1つ10点（40点）

□が□を助けるために、□の足に□こと。

(5) この文章の内容と合っているものを次から選び、記号で答えましょう。（20点）（　　）

ア　恩を受けた者は、何とかして返そうとするものだ。
イ　恩返しは、相手にさとられないように行うものだ。
ウ　受けた恩をあだで返すようなことはしたくないものだ。

35 古典② 古文

学習した日　月　日

名前

得点　／100点

目標時間 20分

らくらくマルつけ

解説↓353ページ

6147

❶ 次の古文と現代語訳を読んで、問題に答えましょう。

［あるとき、いっぴきのありが、水かさの増した川に流された。］

【古文】

はと、こずゑよりこれを見て、「あはれなるありさまかな。」と、こずゑをちと食ひ切つて、川の中に落としければ、あり、これに乗つてなぎさに上がりぬ。かかりけるところに、ある人、さをの先にとりもちをつけてかのはとをささむとす。あり、心に思ふやう、「ただ今の恩を送らむものを。」と思ひ、かの人の足にしつかと食ひつきければ、おびえあがつて、さをかしこに投げすてけり。そのものの色やしる。しかるに、はと、これをさとりて、いづくともなく飛び去りぬ。

（「伊曾保物語」より）

【現代語訳】

はとが、木の枝の先からこれを見て、「かわいそうな様子だなあ。」と、枝を少し食いちぎって、川の中に落とすと、ありは、これに乗って岸に上がった。こうしているところに、ある人が、さおの先にとりもち*をつけてそのはとをとろうとする。ありが、心に思うことは、「たった今の恩を返したいものだ。」と思い、その人の足にしっかりと食いついたところ、おどろき、さおをあちらに投げすてた。その人は何が起きたのかわかっただろうか（いやわからなかっただろう）。ところが、はとは、これを理解して、どこかへ飛び去った。

*鳥や虫をつかまえるときに使うもち状のもの。

(1) 「あはれなる」とはどういう意味ですか。【現代語訳】から書きぬきましょう。（10点）

(2) 「今の恩」とはどのようなことですか。次の□にあてはまることばをあとから選び、記号で書きましょう。（20点）（　）

□ところを助けられたこと。

ア おぼれそうになっていた

イ 食われそうになっていた

ウ さされそうになっていた

(3) 「おびえあがつて」の主語を次から選び、記号で書きましょう。（10点）（　）

ア あり　イ はと　ウ 人

(4) 「これ」とはどういうことですか。【現代語訳】から書きぬきましょう。1つ10点（40点）

□が□を助けるために、□の足に□こと。

(5) この文章の内容と合っているものを次から選び、記号で答えましょう。（20点）（　）

ア 恩を受けた者は、何とかして返そうとするものだ。

イ 恩返しは、相手にさとられないように行うものだ。

ウ 受けた恩をあだで返すようなことはしたくないものだ。

36 古典③ 漢文

学習した日　月　日

名前

得点　／100点

目標時間 20分

らくらくマルつけ

解説↓ 353ページ

6148

❶ 次のA～Cの漢文と現代語訳を読んで、問題に答えましょう。

A
子曰く、「故きを温めて新しきを知る、以って師となるべし。」と。
（「論語」より）

【現代語訳】
先生が言った、「昔のことをあらためて学んで（そこから）新しい考えを持つことができれば、人の師となれるだろう。」と。

B
学ぶにあらざれば、以って才を広むることなく、志すにあらざれば、以って学を成すことなし。
（「誡子書」より）

【現代語訳】
学ぶことがなければ、才能が広がることはなく、志すことがなければ、学問を成しとげることはない。

C
学びて時にこれを習う、亦た説ばしからずや。朋あり、遠方より来たる、亦た楽しからずや。
（「論語」より）

【現代語訳】
学んでちょうどよい時期に復習する、なんとうれしいこと（だろう）か。友達が遠いところからやってくる、なんと楽しいこと（だろう）か。

(1) Aの漢文の「温めて」の意味を、【現代語訳】から書きぬきましょう。（20点）

(2) Aの漢文が元となってできた故事成語を書きましょう。（20点）

(3) Bの漢文の「あらざれば」の意味を、【現代語訳】から書きぬきましょう。（10点）

(4) Bの漢文の教えを次から選び、記号で書きましょう。（20点）（　）

ア よく学び、よく遊びなさい。
イ 大きな志をもって生きなさい。
ウ 志をもってしっかり学びなさい。

(5) Cの漢文の「習う」の意味を、【現代語訳】から書きぬきましょう。（10点）

(6) Cの漢文の「楽しからずや」の意味を次から選び、記号で書きましょう。（20点）（　）

ア 楽しむことはできない
イ とても楽しいことだ
ウ 楽しくないかもしれない

国語

もう1回チャレンジ!!

36 古典③ 漢文

学習した日　月　日

名前

得点　／100点

目標時間 20分

らくらくマルつけ

解説↓353ページ

6148

❶ 次のA～Cの漢文と現代語訳を読んで、問題に答えましょう。

A
子曰く、「故きを温めて新しきを知る、以つて師となるべし。」と。
（「論語」より）

【現代語訳】
先生が言った、「昔のことをあらためて学んで（そこから）新しい考えを持つことができれば、人の師となれるだろう。」と。

B
学ぶにあらざれば、以つて才を広むることなく、志すにあらざれば、以つて学を成すことなし。
（「誡子書」より）

【現代語訳】
学ぶことがなければ、才能が広がることはなく、志すことがなければ、学問を成しとげることはない。

C
学びて時にこれを習う、亦た説ばしからずや。朋あり、遠方より来たる、亦た楽しからずや。
（「論語」より）

【現代語訳】
学んでちょうどよい時期に復習する、なんとうれしいこと（だろう）か。友達が遠いところからやってくる、なんと楽しいこと（だろう）か。

(1) Aの漢文の「温めて」の意味を、【現代語訳】から書きぬきましょう。(20点)

(2) Aの漢文が元となってできた故事成語を書きましょう。(20点)

(3) Bの漢文の「あらざれば」の意味を、【現代語訳】から書きぬきましょう。(10点)

(4) Bの漢文の教えを次から選び、記号で書きましょう。(20点)（　）
ア　よく学び、よく遊びなさい。
イ　大きな志をもって生きなさい。
ウ　志をもってしっかり学びなさい。

(5) Cの漢文の「習う」の意味を、【現代語訳】から書きぬきましょう。(10点)

(6) Cの漢文の「楽しからずや」の意味を次から選び、記号で書きましょう。(20点)（　）
ア　楽しむことはできない
イ　とても楽しいことだ
ウ　楽しくないかもしれない

37 まとめのテスト ①

学習した日　月　日

名前

得点　／100点

目標時間 20分

らくらくマルつけ

解説↓353ページ

6149

❶ （　）に——線の読みがなを書きましょう。 1つ5点【20点】

(1) 友達に会うのが一層楽しみになった。（　）

(2) 存分にめし上がってください。（　）

(3) 正午前に山頂(さんちょう)に至る予定だ。（　）

(4) 開幕戦に勝利する。（　）

❷ □に漢字を書きましょう。 1つ5点【20点】

(1) □□□(けいさつしょ)を見学する。

(2) 鳥のひなが巣から□(すがた)を現す。

(3) □□(みんしゅう)を導く。

(4) 不安な気持ちをとり□(のぞ)く。

❸ 次の熟語(じゅくご)と構成が同じものをあとから選び、記号で書きましょう。 1つ6点【30点】

(1) 日照（　）　ア 点火　イ 年少　ウ 最低　エ 求人

(2) 開会（　）　ア 教室　イ 国営　ウ 不満　エ 加熱

(3) 生産（　）　ア 切断　イ 公私(こうし)　ウ 高低　エ 有無(うむ)

(4) 直線（　）　ア 人造　イ 登校　ウ 無人　エ 難問(なんもん)

(5) 往復（　）　ア 調整　イ 寒冷　ウ 進退(しんたい)　エ 道路

❹ 同じ内容になるように、次の文を二つに分けて書きましょう。 1つ5点【30点】

(1) 兄が昨夜読んでいた本は、推理(すいり)小説だ。

・兄は昨夜（　）。

・その本は（　）。

(2) 母が焼いたパンはとてもおいしかった。

・母が（　）。

・そのパンは（　）。

(3) 朝は寒かったが、昼には暖(あたた)かくなった。

・朝は（　）。

・（　）、昼には暖かくなった。

37 まとめのテスト①

学習した日　月　日

名前

得点　/100点

目標時間 20分

らくらくマルつけ

解説↓353ページ

6149

❶ （　）に――線の読みがなを書きましょう。

1つ5点【20点】

(1) 友達に会うのが一層楽しみになった。（　　）

(2) 存分にめし上がってください。（　　）

(3) 正午前に山頂（さんちょう）に至る予定だ。（　　）

(4) 開幕戦に勝利する。（　　）

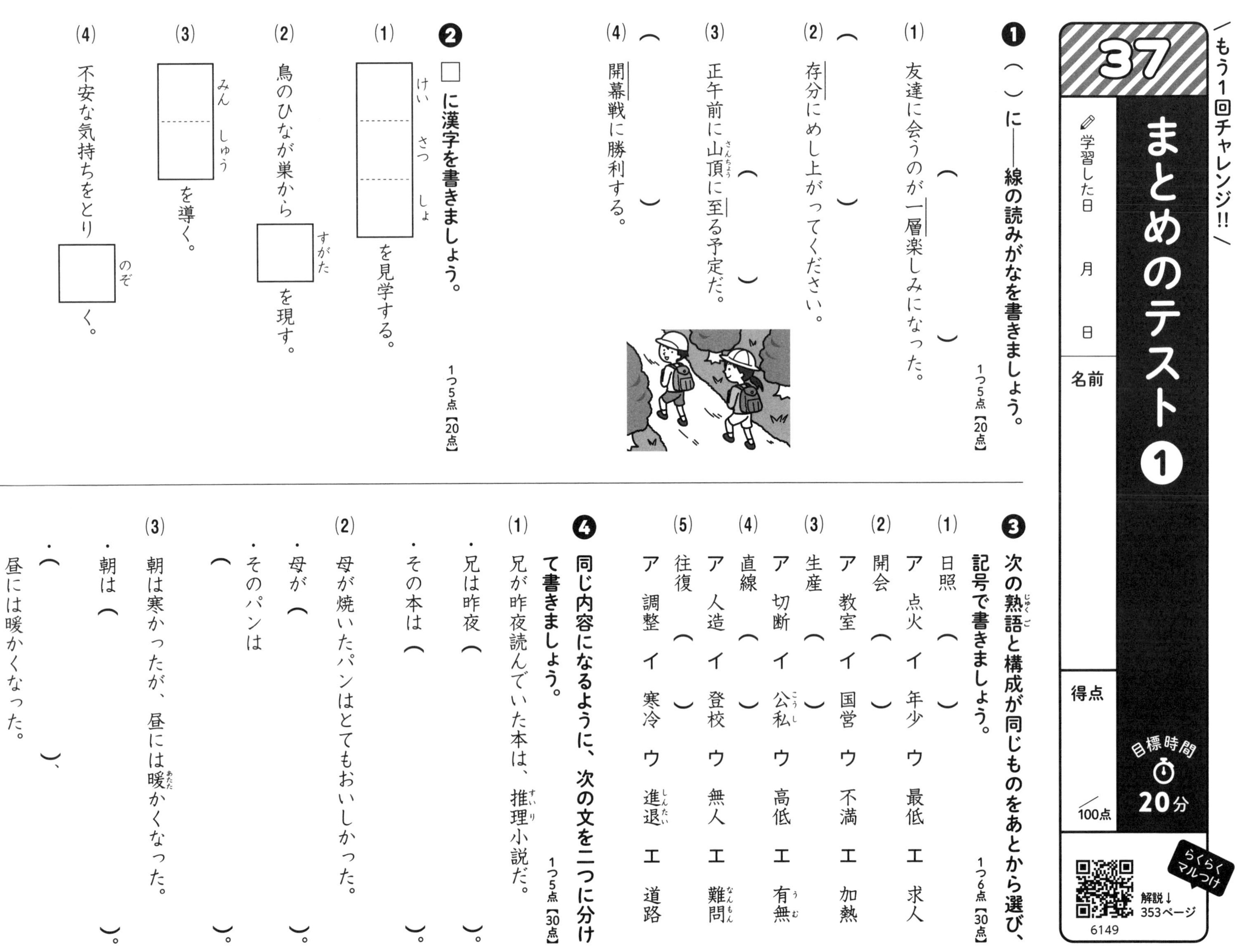

❷ □に漢字を書きましょう。

1つ5点【20点】

(1) □（けいさつしょ）を見学する。

(2) 鳥のひなが巣から□（すがた）を現す。

(3) □（みんしゅう）を導く。

(4) 不安な気持ちをとり□（のぞ）く。

❸ 次の熟語（じゅくご）と構成が同じものをあとから選び、記号で書きましょう。

1つ6点【30点】

(1) 日照（　）　ア 点火　イ 年少　ウ 最低　エ 求人

(2) 開会（　）　ア 教室　イ 国営　ウ 不満　エ 加熱

(3) 生産（　）　ア 切断　イ 公私（こうし）　ウ 高低　エ 有無（うむ）

(4) 直線（　）　ア 人造　イ 登校　ウ 無人　エ 難問（なんもん）

(5) 往復（　）　ア 調整　イ 寒冷　ウ 進退（しんたい）　エ 道路

❹ 同じ内容になるように、次の文を二つに分けて書きましょう。

1つ5点【30点】

(1) 兄が昨夜読んでいた本は、推理（すいり）小説だ。
- 兄は昨夜（　　）。
- その本は（　　）。

(2) 母が焼いたパンはとてもおいしかった。
- 母が（　　）。
- そのパンは（　　）。

(3) 朝は寒かったが、昼には暖（あたた）かくなった。
- 朝は（　　）。
- （　　）、昼には暖かくなった。

38 まとめのテスト②

学習した日　月　日

名前

得点　／100点

目標時間 20分

らくらくマルつけ

解説↓354ページ

6150

国語

❶ 次の文章を読んで、問題に答えましょう。

カララは南にわたっていく群れを見ながら、心に傷を負ったことで飛べなくなっていたクルルの横にいます。そこへキツネが現れてカララに飛びかかりました。

「あぶない！」

その瞬間、クルルはカララをつき飛ばすように羽ばたいた。カララはそれを合図に飛び上がった。

「あっ……。」

気がつくと、クルルの体も空にまい上がっていた。目標を失ったキツネが、□空を見上げている。

「オレ、飛んでる。」

クルルは思わずさけんだ。力いっぱい羽ばたくと、風の中を体がぐんぐんとのぼっていく。

風を切るつばさの音が、ここちよいリズムで体いっぱいにひびきわたった。

「わたれるぞ、これなら、あのそびえたった山をこえることができるぞ。」

カララがふりむいて、

「いっしょに行ってくれるかい？」

と言った。

「もちろんさ。」

クルルもすこし照れて笑ってみせた。

二羽のアネハヅルは、最後の群れを追うように、南に向かった。つばさを大きく羽ばたかせ、どこまでもどこまでも……。

（木村裕一「風切るつばさ」より）

(1) 「空にまい上がっていた」とありますが、どのようなことがきっかけで、クルルは空を飛べるようになりましたか。文章から書きぬきましょう。（20点）

クルルが［　　　　　　　　］こと。

(2) □にあてはまることばを次から選び、記号で書きましょう。（15点）（　　）

ア　おもしろそうに　イ　くやしそうに　ウ　うらやましそうに

(3) 「風の中を……のぼっていく」とありますが、このときのクルルはどのような様子ですか。文章から書きぬきましょう。（20点）

体いっぱいに、風を切る［　　　　　　　　］のつばさの音を感じている様子。

(4) 「クルルもすこし照れて笑ってみせた」とありますが、なぜですか。（全部できて25点）

カララが（　　　　　　　　）と言ってくれて、（　　　　　　　　）から。

(5) クルルとカララの関係を次から選び、記号で書きましょう。（20点）（　　）

ア　おたがいが遠りょし合っている関係。
イ　おたがいにたよりきっている関係。
ウ　おたがいを思いやっている関係。

もう1回チャレンジ!!

38 まとめのテスト②

学習した日　月　日

名前

得点　/100点

目標時間 20分

らくらくマルつけ

解説↓354ページ

6150

❶ 次の文章を読んで、問題に答えましょう。

カララは南にわたっていく群れを見ながら、心に傷を負ったことで飛べなくなっていたクルルの横にいます。そこへキツネが現れてカララに飛びかかりました。

「あぶない！」

その瞬間、クルルはカララをつき飛ばすように羽ばたいた。カララはそれを合図に飛び上がった。

「あっ……。」

気がつくと、クルルの体も空にまい上がっていた。目標を失ったキツネが、□空を見上げている。

「オレ、飛んでる。」

クルルは思わずさけんだ。力いっぱい羽ばたくと、風の中を体がぐんぐんとのぼっていく。

風を切るつばさの音が、ここちよいリズムで体いっぱいにひびきわたった。

「わたれるぞ、これなら、あのそびえたった山をこえることができるぞ。」

カララがふりむいて、

「いっしょに行ってくれるかい？」

と言った。

「もちろんさ。」

クルルもすこし照れて笑ってみせた。

二羽のアネハヅルは、最後の群れを追うように、南に向かった。つばさを大きく羽ばたかせ、どこまでもどこまでも……。

（木村裕一「風切るつばさ」より）

(1) 「空にまい上がっていた」とありますが、どのようなことがきっかけで、クルルは空を飛べるようになりましたか。文章から書きぬきましょう。(20点)

クルルが［　　　］こと。

(2) □にあてはまることばを次から選び、記号で書きましょう。(15点)（　）

ア おもしろそうに　イ くやしそうに　ウ うらやましそうに

(3) 「風の中を……のぼっていく」とありますが、このときのクルルはどのような様子ですか。文章から書きぬきましょう。(20点)

体いっぱいに、風を切る［　　　］のつばさの音を感じている様子。

(4) 「クルルもすこし照れて笑ってみせた」とありますが、なぜですか。(全部できて25点)

カララが（　　　）と言ってくれて、（　　　）から。

(5) クルルとカララの関係を次から選び、記号で書きましょう。(20点)（　）

ア おたがいが遠りょし合っている関係。

イ おたがいにたよりきっている関係。

ウ おたがいを思いやっている関係。

39 まとめのテスト③

学習した日　月　日

名前

得点　／100点

目標時間 20分

らくらくマルつけ

解説↓354ページ

6151

国語

1 次の文章を読んで、問題に答えましょう。

1 現実の世界は、能力的に自分にはできないことがあったり、行きたくても遠くて行けないところがあったり、さまざまな制約がある。特に子どもの場合は行動はん囲に大きな制約がある。

2 [　　]、空想の世界では、やりたいことは何でもできるし、行きたいところはどこでも行ける。あこがれのヒーローやヒロインになることもできる。

3 ままごとをしたり、かいじゅうごっこをしたり、正義のヒーローのようにたたかったり、ごっこ遊びの中で子どもたちは想像力を存分発揮する。（中略）

4 でも、いくらごっこ遊びでも、現実の世界にとどまっている限り、非日常の味わいにも限界がある。たとえ気持ちの上でなりきっても、空を飛ぶことはできないし、親に内しょでぼう険の旅に出ることもできない。

5 そうした限界をつき破り、空想の世界へのとびらを開いてくれるのが読書だ。本の中には、自分の日常とはまったく異なるワクワクする世界が広がっている。

6 引っこみ思案でなかなか友達のできない子も、本の中では親しい友達と毎日遊んだり、いっしょに秘密基地をつくったりすることができる。運動神経のにぶい子も、野球やサッカーで大活やくしてみんなの注目を集めることができる。毎日学校に通うだけの生活に退くつしている子も、ぼう険の旅に出て刺激的な日々を送ることができる。

（榎本博明「読書をする子は○○がすごい」より）

(1) [　　]にあてはまることばを次から選び、記号で書きましょう。（10点）（　　）

ア だから　イ でも　ウ なぜなら

(2) 「空想の世界」とありますが、このことばと同じ意味で使われていることばを、1～4段落から書きぬきましょう。（20点）

[　　　　]

(3) 「たとえ気持ちの上で……旅に出ることもできない」とありますが、なぜですか。文章から書きぬきましょう。（20点）

現実の世界には、[　　　　]から。

(4) 6段落は、5段落に対してどのような役割をしていますか。次から選び、記号で書きましょう。（10点）（　　）

ア 話題を切りかえている。

イ 対立する考えを述べている。

ウ 具体例を挙げて説明している。

(5) この文章の要旨を述べた次の文にあてはまることばを、文章から書きぬきましょう。1つ20点（40点）

[　　　　]では、[　　　　]を味わうことができる。

もう1回チャレンジ!!

39 まとめのテスト③

学習した日　月　日

名前

得点　/100点

目標時間 20分

らくらくマルつけ

解説↓ 354ページ

6151

❶ 次の文章を読んで、問題に答えましょう。

1 現実の世界は、能力的に自分にはできないことがあったり、行きたくても遠くて行けないところがあったり、さまざまな制約がある。特に子どもの場合は行動はん囲に大きな制約がある。

2 [　]、空想の世界では、やりたいことは何でもできるし、行きたいところはどこでも行ける。あこがれのヒーローやヒロインになることもできる。

3 ままごとをしたり、かいじゅうごっこをしたり、正義のヒーローのようにたたかったり、ごっこ遊びの中で子どもたちは想像力を思う存分発揮する。(中略)

4 でも、いくらごっこ遊びでも、現実の世界にとどまっている限り、非日常の味わいにも限界がある。たとえ気持ちの上でなりきっても、空を飛ぶことはできないし、親に内しょでぼう険の旅に出ることもできない。

5 そうした限界をつき破り、空想の世界へのとびらを開いてくれるのが読書だ。本の中には、自分の日常とはまったく異なるワクワクする世界が広がっている。

6 引っこみ思案でなかなか友達のできない子も、本の中では親しい友達と毎日遊んだり、いっしょに秘密基地をつくったりすることができる。運動神経のにぶい子も、野球やサッカーで大活やくしてみんなの注目を集めることができる。毎日学校に通うだけの生活に退くつしている子も、ぼう険の旅に出て刺激的な日々を送ることができる。

(榎本博明「読書をする子は○○がすごい」より)

(1) [　] にあてはまることばを次から選び、記号で書きましょう。(10点) (　　)

ア だから　イ でも　ウ なぜなら

(2) 「空想の世界」とありますが、このことばと同じ意味で使われていることばを、1～4段落から書きぬきましょう。(20点)

(3) 「たとえ気持ちの上で……旅に出ることもできない」とありますが、なぜですか。文章から書きぬきましょう。(20点)

現実の世界には、[　　　　]から。

(4) 6段落は、5段落に対してどのような役割をしていますか。次から選び、記号で書きましょう。(10点) (　　)

ア 話題を切りかえている。
イ 対立する考えを述べている。
ウ 具体例を挙げて説明している。

(5) この文章の要旨を述べた次の文にあてはまることばを、文章から書きぬきましょう。1つ20点 (40点)

[　　]では、[　　　　　　]を味わうことができる。

40 まとめのテスト④

学習した日　月　日
名前
得点　/100点
目標時間 20分
らくらくマルつけ
解説↓354ページ
6152

国語

❶ 次の詩を読んで、問題に答えましょう。【50点】

海雀（うみすずめ）

北原白秋（きたはらはくしゅう）

*海雀、海雀、
銀の点点、海雀、
波ゆりくれればゆりあげて、
波ひきゆけばかげ失（う）する、
海雀、海雀、
銀の点点、海雀。

*海鳥。

(1) 「銀の点点」とは何をたとえていますか。詩から書きぬきましょう。（20点）

(2) 海雀はどこにいますか。詩から書きぬきましょう。（10点）

大きくうねる海の□の上。

(3) 詩から読み取れるものを次から選び、記号で書きましょう。（20点）（　）

ア 大自然のおきて。
イ 大自然と生命の対比。
ウ 生命のはかなさ。

❷ 次の古文と現代語訳（やく）を読んで、問題に答えましょう。【50点】

【古文】

春はあけぼの。
やうやう（よ）（よ）白くなりゆく山ぎは（わ）、
すこしあかりて、
紫（むらさき）だちたる雲の細くたなびきたる。

（「枕草子（まくらのそうし）」より）

【現代語訳】

春は明け方がよい。しだいに白くなっていく空の、山に近い部分が、少し明るくなって、紫がかった雲が細く横に引いているのがよい。

(1) 【古文】では、一日のうちのいつの様子をえがいていますか。【現代語訳】から書きぬきましょう。（20点）

(2) ここでの「やうやう」の意味を、【現代語訳】から書きぬきましょう。（20点）

(3) 「細くたなびきたる」とありますが、何が「細くたなびきたる」様子をえがいていますか。（10点）

紫がかった□。

もう1回チャレンジ!!

40 まとめのテスト ④

学習した日　月　日

名前

得点　/100点

目標時間 20分

らくらくマルつけ

解説↓354ページ

6152

❶ 次の詩を読んで、問題に答えましょう。【50点】

海雀

北原白秋

海雀、海雀、
銀の点点、海雀、
波ゆりくればゆりあげて、
波ひきゆけばかげ失する、
海雀、海雀、
銀の点点、海雀。

＊海鳥。

(1) 「銀の点点」とは何をたとえていますか。詩から書きぬきましょう。(20点)

(2) 海雀はどこにいますか。詩から書きぬきましょう。(10点)

大きくうねる海の□の上。

(3) 詩から読み取れるものを次から選び、記号で書きましょう。(20点)（　）

ア 大自然のおきて。
イ 大自然と生命の対比。
ウ 生命のはかなさ。

❷ 次の古文と現代語訳を読んで、問題に答えましょう。【50点】

【古文】

春はあけぼの。やうやう白くなりゆく山ぎは、すこしあかりて、紫だちたる雲の細くたなびきたる。

（「枕草子」より）

【現代語訳】

春は明け方がよい。しだいに白くなっていく空の、山に近い部分が、少し明るくなって、紫がかった雲が細く横に引いているのがよい。

(1) 【古文】では、一日のうちのいつの様子をえがいていますか。【現代語訳】から書きぬきましょう。(20点)

(2) ここでの「やうやう」の意味を、【現代語訳】から書きぬきましょう。(20点)

(3) 「細くたなびきたる」とありますが、何が「細くたなびきたる」様子をえがいていますか。(10点)

紫がかった□。

全科ギガドリル　小学６年

わからなかった問題は，🔈ポイントの解説をよく読んで，確認してください。

算数

1 線対称①　3ページ

❶ ア…○　イ…○　ウ…×
エ…×　オ…○　カ…×

❷ (1)点Ｈ　(2)点Ｄ　(3)辺ＦＥ
(4)角Ｂ　(5)垂直

🔈 ポイント

❶右の図のように１本の直線を折り目にして折ったとき，折り目の両側がぴったり重なる図形を選びます。このような図形を線対称（せんたいしょう）といいます。

❷１本の直線を折り目にして重ねたときに重なる点，線，角をそれぞれ対応する点，線，角といいます。

2 線対称②　5ページ

❶ (1)直線ＧＮ　(2)3cm　(3)45°
(4)6cm　(5)90°

❷

❸ (1)　(2)

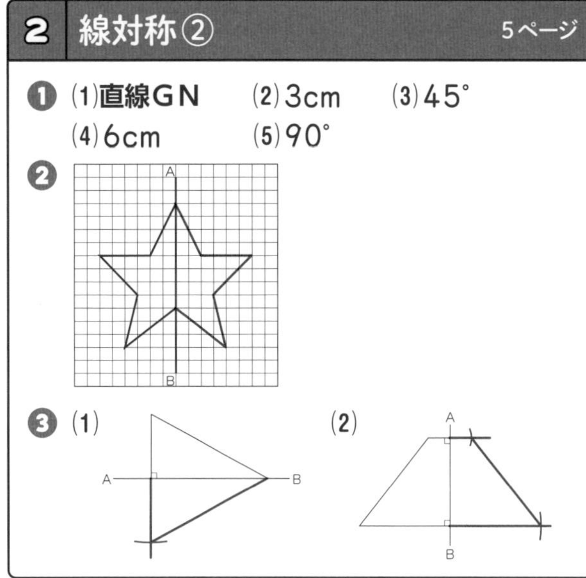

🔈 ポイント

❶(4)直線AMは直線BMと対応する直線で直線の長さは等しいため，辺ABの半分の長さになります。

❷線対称（せんたいしょう）な図形の対応する２つの点を結ぶ直線は，対称の軸（じく）と垂直に交わります。

❸(2)①点Ｃを通り，対称の軸に垂直な直線を定規でひきます。②その直線上に直線CFの長さと等しい長さをコンパスでとり，点Ｇとします。③点Ｄを通り，対称の軸に垂直な直線をひきます。④その直線上に直線DEの長さと等しい長さをコンパスでとり，点Ｈとし，点Ｇと結びます。

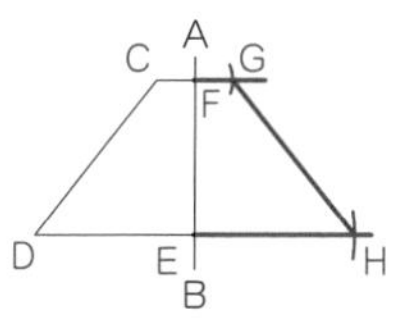

3 点対称①　7ページ

❶ ア…×　イ…×　ウ…○
エ…×　オ…○　カ…○

❷ (1)点Ｃ　(2)点Ｈ　(3)辺ＪＫ
(4)角Ｌ　(5)辺ＧＦ

🔈 ポイント

❶右の図のようにある点を中心にして180°まわしたとき，もとの形にぴったり重なる図形を選びます。このような図形を点対称（てんたいしょう）といいます。

❷ある点を中心にして180°まわしたとき，重なる点，線，角をそれぞれ対応する点，線，角といいます。

4 点対称②　9ページ

❶ (1)4cm　(2)5cm　(3)20°

❷

❸ (1)　(2)

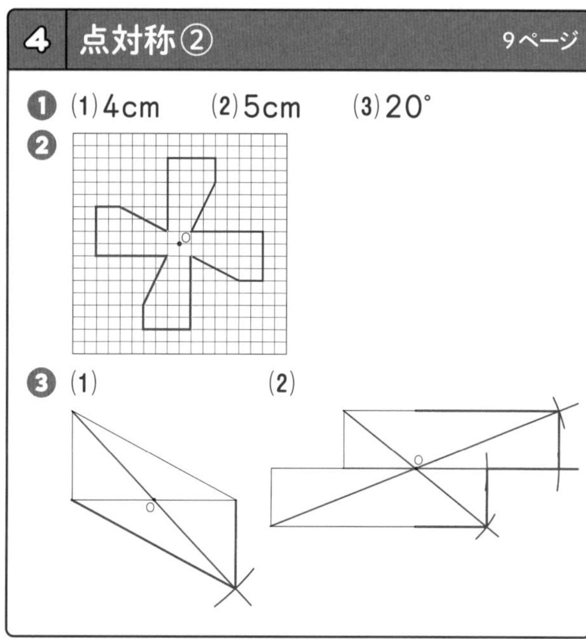

🔈 ポイント

❶(2)対称（たいしょう）の中心から対応する２つの点までの長さは等しいです。点Ｂと点Ｆは対応する点なので，直線OFは直線BFの半分の長さです。

❷点対称な図形の対応する２つの点を結ぶ直線は対称の中心を通り，対称の中心から対応する２つの点までの長さは等しくなります。このような点対称な図形の性質をもとにし，かきましょう。

❸(2)①点Aと中心Oを通る直線をひきます。②その直線上に直線OAの長さと等しい長さをコンパスでとり，点Eとし，点Dと直線で結びます。③点Bと中心Oを通る直線をひきます。④その直線上に直線OBの長さと等しい長さをコンパスでとり，点Fとし，点Eと直線で結びます。⑤直線OCの長さと等しい長さをコンパスでとり，点Gとします。⑥点Dと中心Oを通る直線をひき，その直線上に直線ODの長さと等しい長さをコンパスでとります。その点を点Hとし，点Aと点Gと直線で結びます。

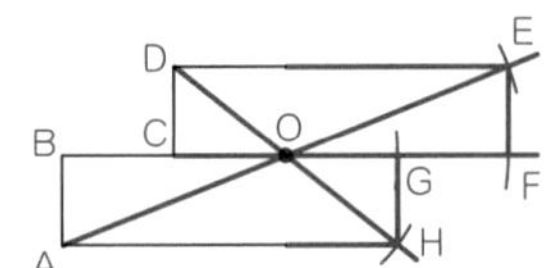

5 多角形と対称 11ページ

❶ (1)**イ，ウ，オ**(順不同)　(2)**ウ，エ**(順不同)

(3)×，1，4，×，5

❷

ポイント

❶今まで学習してきた，いろいろな図形の特ちょうを覚えておきましょう。

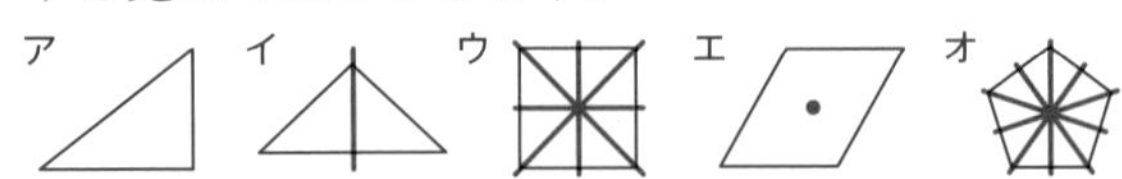

	線対称	軸の数	点対称
ア直角三角形	×	－	×
イ二等辺三角形	○	1	×
ウ正方形	○	4	○
エ平行四辺形	×	－	○
オ正五角形	○	5	×

❷正多角形は，頂点の数や辺の数と対称の軸の数が同じになります。

6 文字を使った式① 13ページ

❶ (1)$x \times 5 = y$

(2)550，600，800

(3)25，55，207

❷ $x + 150 = y$

❸ $8 \times x = y$

❹ $2 - x = y$

ポイント

❶xやyなどの文字を使って，数量や関係を式に表すことができます。

(1)1個の値段×個数＝代金　で表すことができます。はじめにことばの式で表してから，文字を使った式に表すとわかりやすくなります。

(2)$x \times 5 = y$のxに表のxの値をあてはめて，計算します。

(3)$x \times 5 = y$のyに表のyの値をあてはめて，計算します。

❷えん筆1本の値段＋ノート1冊の値段＝代金　で表せるので，$x + 150 = y$です。

❸xの値やyの値が何を表しているか着目しましょう。長方形の縦×横＝面積　で求められるので，$8 \times x = y$と表すことができます。

❹テープの長さ－切りとった長さ＝残りのテープの長さ　で求められるので，$2 - x = y$と表すことができます。

7 文字を使った式② 15ページ

❶ (1)$20 + 5 \times x = y$

(2)式…20＋5×3＝35　答え…35

(3)式…20＋5×6＝50　答え…50

(4)式…(60－20)÷5＝8　答え…**8分後**

❷ (1)$2 \times x = y$

(2)式…2×4＝8　答え…8

(3)式…2×5.5＝11　答え…11

(4)式…40÷2＝20　答え…20

(5)式…21÷2＝10.5　答え…10.5

ポイント

❶(1)どのような場面なのか想像しながら式をつくることが大切です。もとの水の量＋1分間に入れる水の量×時間＝入っているすべての水の量　で求められるので，式は$20 + 5 \times x = y$です。

(4) (1)で求めた式にyの値の60をあてはめると，$20 + 5 \times x = 60$で，xの値は8になります。

❷(1)ねん土の体積は$x\text{cm}^3$，重さはygです。1cm^3あたりのねん土の重さ×体積＝重さ　で求められるので，$2 \times x = y$と表すことができます。

8 式のよみ方 17ページ

❶ **ア**

❷ **イ**

❸ (1)**ウ**

(2)**ア**

(3)**イ**

ポイント

❶数量の関係を読み取り，式に表して考えましょう。

❷必要なクッキーの枚数＝1人あたりに配るクッキーの枚数×人数　で求められます。

❸アの図は，右のように2つの図形に分けて考えています。色がついている長方形の縦(たて)の長さは8cm，横の長さは$x-5$(cm)なので，面積は$8\times(x-5)$cm²と表されます。

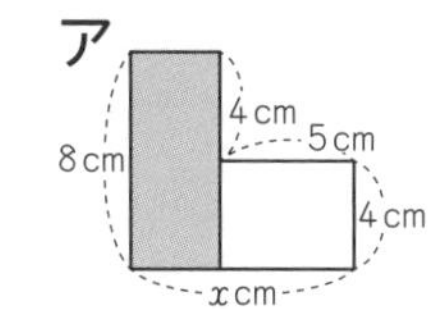

イの図は，右のように2つの図形に分けて考えています。色がついている長方形の縦の長さは4cm，横の長さは$x-5$(cm)なので，面積は，$4\times(x-5)$cm²と表されます。

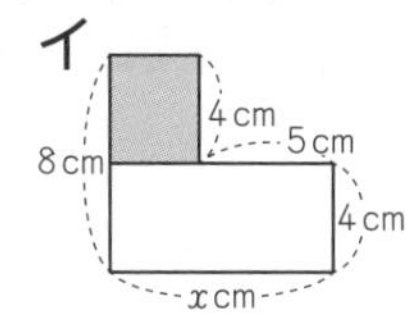

ウの図は，右のように大きい長方形から色がついている長方形をひいて考えています。色がついている長方形の縦の長さは4cm，横の長さは5cmなので，面積は4×5(cm²)と表されます。

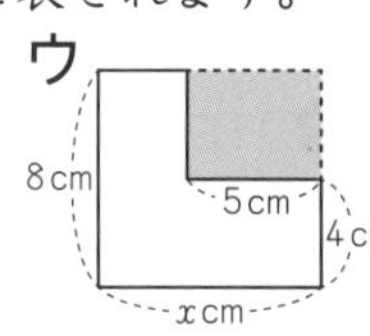

9 分数×整数 19ページ

❶ (1)$\frac{8}{9}$　(2)$\frac{8}{5}\left(1\frac{3}{5}\right)$　(3)$\frac{10}{7}\left(1\frac{3}{7}\right)$

(4)$\frac{21}{10}\left(2\frac{1}{10}\right)$　(5)$\frac{3}{4}$　(6)$\frac{2}{3}$

(7)4　(8)$\frac{20}{3}\left(6\frac{2}{3}\right)$

❷ 式…$\frac{7}{9}\times4=\frac{28}{9}\left(=3\frac{1}{9}\right)$　答え…$\frac{28}{9}$L$\left(3\frac{1}{9}\text{L}\right)$

❸ 式…$\frac{7}{12}\times6=\frac{7}{2}\left(=3\frac{1}{2}\right)$　答え…$\frac{7}{2}$kg$\left(3\frac{1}{2}\text{kg}\right)$

❹ 式…$\frac{1}{60}\times9=\frac{3}{20}$　答え…$\frac{3}{20}$m²

ポイント

❶分数に整数をかける計算は，分子に整数をかけて分母はそのままにします。また，約分できるときは，と中で約分しましょう。

$$(8)\ \frac{5}{6}\times8=\frac{5\times\overset{4}{\cancel{8}}}{\underset{3}{\cancel{6}}}=\frac{5\times4}{3}=\frac{20}{3}$$

❷右の図のように図で表して考えます。全体の牛乳(ぎゅうにゅう)の量＝1本あたりの牛乳の量×牛乳の本数　です。

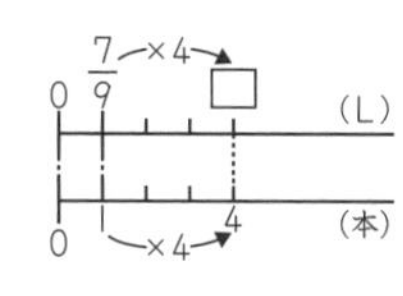

❸全体のボールの重さ＝1個あたりのボールの重さ×ボールの個数　です。

❹全体のぬれる面積＝1mLあたりにぬれる面積×絵の具の量　です。

10 分数÷整数 21ページ

❶ (1)$\frac{3}{14}$　(2)$\frac{5}{24}$　(3)$\frac{7}{18}$　(4)$\frac{3}{8}$

(5)$\frac{2}{5}$　(6)$\frac{1}{22}$　(7)$\frac{3}{10}$　(8)$\frac{2}{35}$

❷ 式…$\frac{6}{7}\div5=\frac{6}{35}$　答え…$\frac{6}{35}$m

❸ 式…$\frac{6}{11}\div3=\frac{2}{11}$　答え…$\frac{2}{11}$L

❹ 式…$\frac{3}{5}\div9=\frac{1}{15}$　答え…$\frac{1}{15}$kg

ポイント

❶わる数が整数のときは，分子はそのままで，分母にその整数をかけます。

$$(8)\ \frac{4}{7}\div10=\frac{\overset{2}{\cancel{4}}}{7\times\underset{5}{\cancel{10}}}=\frac{2}{7\times5}=\frac{2}{35}$$

❷右の図のように表すと，数量の関係がわかりやすくなります。1人分のテープの長さ＝テープの長さ÷人数　で求められます。

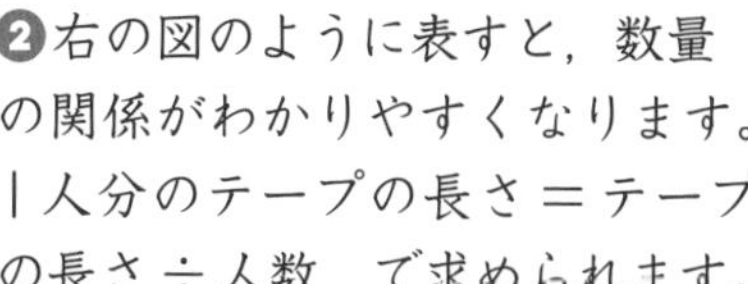

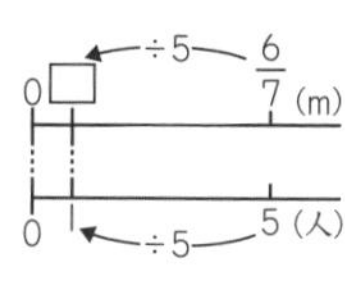

❸1人分のりんごジュースの量＝りんごジュースの全体の量÷人数　で求められます。

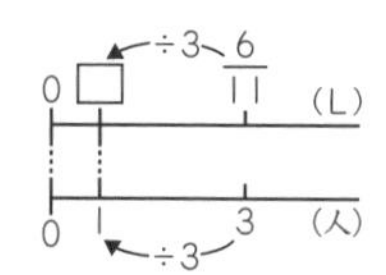

❹1個分のケーキの重さ＝ケーキ全体の重さ÷個数　で求められます。

11 分数×分数① 23ページ

❶ (1)$\frac{4}{15}$　(2)$\frac{4}{21}$　(3)$\frac{1}{6}$

(4)$\frac{5}{9}$　(5)$\frac{2}{3}$　(6)$\frac{1}{4}$

(7)$\frac{14}{3}\left(4\frac{2}{3}\right)$　(8)$\frac{10}{3}\left(3\frac{1}{3}\right)$

❷ 式…$\frac{2}{7}\times\frac{4}{3}=\frac{8}{21}$　答え…$\frac{8}{21}$kg

❸ 式…$\frac{6}{5}\times\frac{7}{24}=\frac{7}{20}$　答え…$\frac{7}{20}$cm²

❹ 式…$\frac{12}{7}\times\frac{5}{3}=\frac{20}{7}\left(=2\frac{6}{7}\right)$

答え…$\frac{20}{7}$m³$\left(2\frac{6}{7}\text{m}^3\right)$

ポイント

❶分数に分数をかける計算は，分母どうし，分子どうしかけます。答えは，それ以上約分できない形で答えるようにしましょう。

$$(5)\ \frac{3}{4}\times\frac{8}{9}=\frac{\overset{1}{\cancel{3}}\times\overset{2}{\cancel{8}}}{\underset{1}{\cancel{4}}\times\underset{3}{\cancel{9}}}=\frac{1\times2}{1\times3}=\frac{2}{3}$$

❷全体の木の棒の重さ＝1mの木の棒の重さ×木の棒の長さで求められます。かける数が分数のときも，整数や小数と同じように，かけ算の式をつくります。

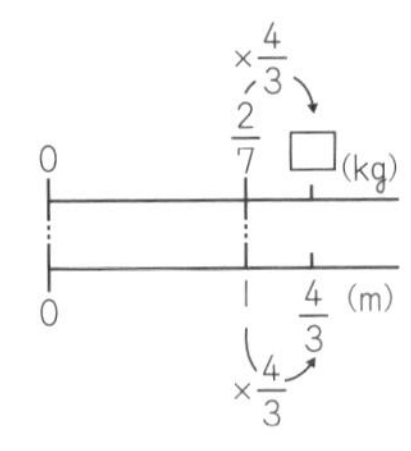

❸縦 $\frac{6}{5}$ cm，横 $\frac{7}{24}$ cmの長方形の面積は，

$\frac{6}{5}\times\frac{7}{24}=\frac{\cancel{6}}{5}\times\frac{7}{\cancel{24}}=\frac{1\times7}{5\times4}=\frac{7}{20}$ (cm²)です。

❹水道から出したすべての水の量＝1時間あたりの水道から出る水の量×水道から水が出ている時間　で求められます。

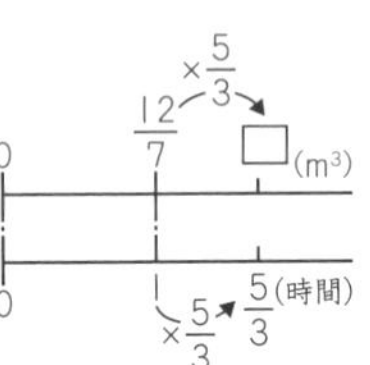

12 分数×分数② 25ページ

❶ (1) $\frac{22}{35}$　(2) $\frac{26}{27}$　(3) $\frac{9}{7}\left(1\frac{2}{7}\right)$

(4) $\frac{7}{3}\left(2\frac{1}{3}\right)$　(5) $\frac{35}{12}\left(2\frac{11}{12}\right)$

(6) $\frac{119}{30}\left(3\frac{29}{30}\right)$　(7) $\frac{75}{11}\left(6\frac{9}{11}\right)$　(8) 78

❷ 式…$200\times1\frac{1}{4}=250$　答え…250円

❸ 式…$1\frac{2}{7}\times2\frac{3}{5}=\frac{117}{35}\left(=3\frac{12}{35}\right)$

答え…$\frac{117}{35}$ cm² $\left(3\frac{12}{35}\text{ cm}^2\right)$

❹ 式…$40\times1\frac{3}{8}=55$　答え…55km

ポイント

❶はじめに，帯分数を仮分数になおしてから計算しましょう。

(8) $7\frac{3}{7}\times10\frac{1}{2}=\frac{52}{7}\times\frac{21}{2}=\frac{\cancel{52}\times\cancel{21}}{\cancel{7}\times\cancel{2}}=78$

❷リボンの代金＝1mの値段×買うリボンの長さ　で求められます。

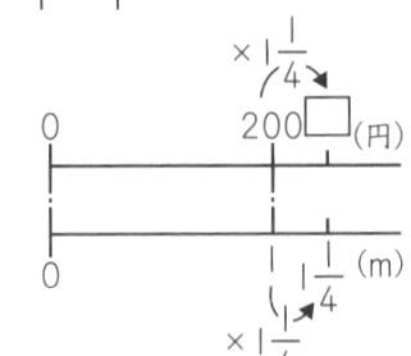

❸長方形の面積＝縦×横　で求められます。

❹道のり＝速さ×時間　で求められます。

13 小数×分数，積の大きさ 27ページ

❶ (1) $\frac{9}{50}$　(2) $\frac{1}{6}$　(3) $\frac{24}{35}$　(4) $\frac{4}{15}$

(5) $\frac{3}{4}$　(6) $\frac{32}{45}$　(7) $\frac{1}{15}$　(8) $\frac{13}{21}$

❷ (1)**イ，ウ，カ**（順不同）　(2)**ア，オ**（順不同）

❸ (1) $>$　(2) $<$

ポイント

❶小数は分数になおして，分数だけの式にしてから計算します。

(7) $\frac{3}{7}\times\frac{1}{6}\times\frac{14}{15}=\frac{\cancel{3}\times1\times\cancel{14}}{\cancel{7}\times\cancel{6}\times15}=\frac{1}{15}$

(8) $1.3\times\frac{5}{7}\times\frac{2}{3}=\frac{13}{10}\times\frac{5}{7}\times\frac{2}{3}=\frac{13\times\cancel{5}\times\cancel{2}}{\cancel{10}\times7\times3}=\frac{13}{21}$

❷かける数が1より大きいとき，積はかけられる数より大きくなります。かける数が1のとき，積はかけられる数になります。かける数が1より小さいとき，積はかけられる数より小さくなります。

❸(1)(2) $\frac{3}{2}$ は1より大きい数です。$\frac{2}{5}$ は1より小さい数です。

14 逆数，計算のきまり 29ページ

❶ (1) $\frac{9}{5}\left(1\frac{4}{5}\right)$　(2) $\frac{7}{8}$　(3) 5

(4) $\frac{1}{4}$　(5) $\frac{10}{11}$　(6) $\frac{25}{2}\left(12\frac{1}{2}\right)$

❷ (1) $\frac{5}{9}$　(2) $\frac{7}{10}$　(3) 19　(4) $\frac{2}{9}$

❸ 式…$\frac{3}{4}\times\frac{3}{5}+\frac{7}{4}\times\frac{3}{5}=\frac{3}{2}\left(=1\frac{1}{2}\right)$

答え…$\frac{3}{2}$ cm² $\left(1\frac{1}{2}\text{ cm}^2\right)$

ポイント

❶分数の逆数は，分母と分子を入れかえた分数になります。整数は分母が1の分数に，小数は分数に表してから考えましょう。

逆数　$\frac{a}{b}\rightarrow\frac{b}{a}$

❷右のような，計算のきまりを使って，くふうして計算します。

①$a\times b=b\times a$
②$(a\times b)\times c=a\times(b\times c)$
③$(a+b)\times c=a\times c+b\times c$
④$(a-b)\times c=a\times c-b\times c$

(2)②のきまりを使うと，

$\left(\frac{7}{10}\times1\frac{1}{4}\right)\times\frac{4}{5}=\left(\frac{7}{10}\times\frac{5}{4}\right)\times\frac{4}{5}$

$=\frac{7}{10}\times\left(\frac{\cancel{5}}{\cancel{4}}\times\frac{\cancel{4}}{\cancel{5}}\right)=\frac{7}{10}\times1=\frac{7}{10}$

(4)③のきまりを使うと，

$\frac{3}{8}\times\frac{2}{9}+\frac{5}{8}\times\frac{2}{9}=\left(\frac{3}{8}+\frac{5}{8}\right)\times\frac{2}{9}=1\times\frac{2}{9}=\frac{2}{9}$

❸右の図のように底辺がそれぞれ$\frac{3}{4}$cm，$\frac{7}{4}$cmで，高さはどちらも$\frac{3}{5}$cmです。

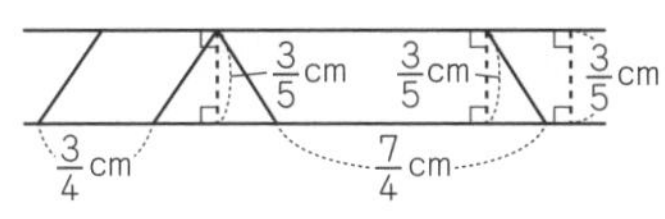

15 分数÷分数① 31ページ

❶ (1) $\frac{18}{5}\left(3\frac{3}{5}\right)$　(2) $\frac{7}{27}$　(3) $\frac{15}{4}\left(3\frac{3}{4}\right)$

(4) $\frac{2}{9}$　(5) $\frac{15}{7}\left(2\frac{1}{7}\right)$　(6) 2

(7) $\frac{15}{2}\left(7\frac{1}{2}\right)$　(8) $\frac{4}{3}\left(1\frac{1}{3}\right)$

❷ 式…$\frac{9}{10}\div\frac{6}{5}=\frac{3}{4}$　答え…$\frac{3}{4}$kg

❸ 式…$\frac{3}{14}\div\frac{9}{28}=\frac{2}{3}$　答え…$\frac{2}{3}$cm

❹ 式…$\frac{3}{5}\div\frac{9}{10}=\frac{2}{3}$　答え…$\frac{2}{3}$分

ポイント

❶分数のわり算は，わる数を逆数に変えて，かけ算になおして計算しましょう。

(7) $2\div\frac{4}{15}=\frac{2}{1}\times\frac{15}{4}=\frac{\overset{1}{\cancel{2}}\times15}{1\times\underset{2}{\cancel{4}}}=\frac{15}{2}$

❷1mあたりの重さ＝重さ÷長さ　で求められます。式に表すときは，右のように図に表すとわかりやすくなります。

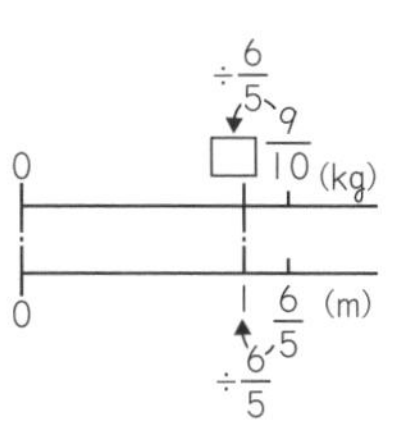

❸縦(たて)の長さ＝長方形の面積÷横の長さ　で求められます。

❹時間＝道のり÷速さ　で求められます。

16 分数÷分数② 33ページ

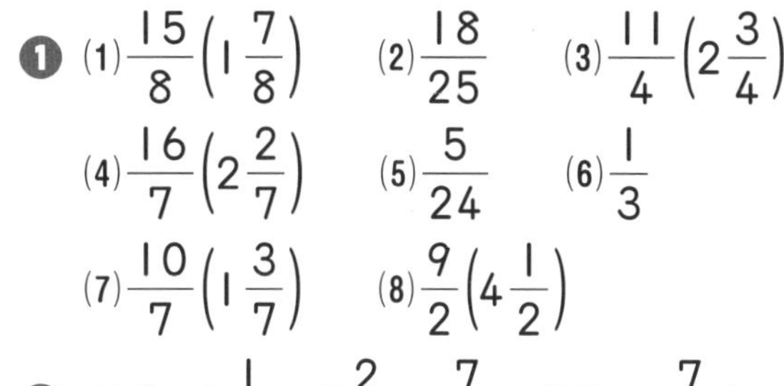

❶ (1) $\frac{15}{8}\left(1\frac{7}{8}\right)$　(2) $\frac{18}{25}$　(3) $\frac{11}{4}\left(2\frac{3}{4}\right)$

(4) $\frac{16}{7}\left(2\frac{2}{7}\right)$　(5) $\frac{5}{24}$　(6) $\frac{1}{3}$

(7) $\frac{10}{7}\left(1\frac{3}{7}\right)$　(8) $\frac{9}{2}\left(4\frac{1}{2}\right)$

❷ (1)式…$1\frac{1}{6}\div3\frac{2}{3}=\frac{7}{22}$　答え…$\frac{7}{22}$kg

(2)式…$3\frac{2}{3}\div1\frac{1}{6}=\frac{22}{7}\left(=3\frac{1}{7}\right)$

答え…$\frac{22}{7}$m^2$\left(3\frac{1}{7}\text{m}^2\right)$

(3)式…$4\div5\frac{1}{3}=\frac{3}{4}$　答え…板B

ポイント

❶帯分数を仮分数になおしてから計算します。

(8) $5\frac{1}{4}\div1\frac{1}{6}=\frac{21}{4}\div\frac{7}{6}=\frac{\overset{3}{\cancel{21}}}{\underset{2}{\cancel{4}}}\times\frac{\overset{3}{\cancel{6}}}{\underset{1}{\cancel{7}}}=\frac{9}{2}$

❷(1)式に表すときは，右のように図で表すとわかりやすくなります。1m^{2}あたりの重さ＝重さ÷面積　で求められます。

(2)1kgあたりの面積＝面積÷重さ　で求められます。

(3)板Bの1m^{2}あたりの重さは，$4\div5\frac{1}{3}=\overset{1}{\cancel{4}}\times\frac{3}{\underset{4}{\cancel{16}}}=\frac{3}{4}$(kg)で，板Aの1m^{2}あたりの重さは(1)より，$\frac{7}{22}$kgだから，$\frac{7}{22}=\frac{14}{44}$，$\frac{3}{4}=\frac{33}{44}$なので，1m^{2}あたりの重さが重いのは板Bです。

17 小数÷分数，商の大きさ 35ページ

❶ (1) $\frac{2}{3}$　(2) $\frac{5}{9}$　(3) $\frac{2}{5}$　(4) 3

(5) $\frac{5}{14}$　(6) 1　(7) $\frac{8}{25}$　(8) 4

❷ (1) イ，オ，カ（順不同）　(2) ア，ウ（順不同）

❸ (1) <　(2) >

ポイント

❶小数を分数になおして計算します。反対に，分数を小数になおす場合，うまくわり切れず計算できないこともあります。小数から分数に，確実になおせるように練習しましょう。

(1) $0.5\div\frac{3}{4}=\frac{\overset{1}{\cancel{5}}}{\underset{2}{\cancel{10}}}\div\frac{3}{4}=\frac{1}{\underset{1}{\cancel{2}}}\times\frac{\overset{2}{\cancel{4}}}{3}=\frac{2}{3}$

(7) $0.8\div\frac{3}{4}\div3\frac{1}{3}=\frac{\overset{4}{\cancel{8}}}{\underset{5}{\cancel{10}}}\div\frac{3}{4}\div\frac{10}{3}$

$=\frac{4}{5}\times\frac{\overset{2}{\cancel{4}}}{\underset{1}{\cancel{3}}}\times\frac{\overset{1}{\cancel{3}}}{\underset{5}{\cancel{10}}}=\frac{8}{25}$

❷わる数が1より大きいとき，商はわられる数より小さくなります。わる数が1のとき，商はわられる数になります。わる数が1より小さいとき，商はわられる数より大きくなります。

❸(1)(2)$\frac{5}{3}$は，1より大きい数です。$\frac{1}{3}$は，1より小さい数です。

18 割合を表す分数　37ページ

❶ (1)式…$\frac{1}{6}\times\frac{3}{5}=\frac{1}{10}$　答え…$\frac{1}{10}$m

(2)式…$\frac{1}{6}\times1\frac{1}{4}=\frac{5}{24}$　答え…$\frac{5}{24}$m

❷ (1)式…$\frac{4}{7}\div\frac{8}{15}=\frac{15}{14}\left(=1\frac{1}{14}\right)$

答え…$\frac{15}{14}$倍$\left(1\frac{1}{14}\text{倍}\right)$

(2)式…$0.3\div\frac{8}{15}=\frac{9}{16}$　答え…$\frac{9}{16}$倍

❸ 式…$500\div\frac{10}{3}=150$　答え…150円

❹ 式…$120\div\frac{2}{5}=300$　答え…300g

❺ 式…$56\div63=\frac{8}{9}$　答え…$\frac{8}{9}$倍

ポイント

❶比べられる量＝もとになる量×割合　で求められます。もとになる量は青いロープで，青いロープと赤いロープと白いロープの長さの関係を右上の図のように表して考えてみましょう。

❷割合＝比べられる量÷もとになる量　で求めます。もとになる量は荷物Aで，比べられる量は荷物Bと荷物Cになります。

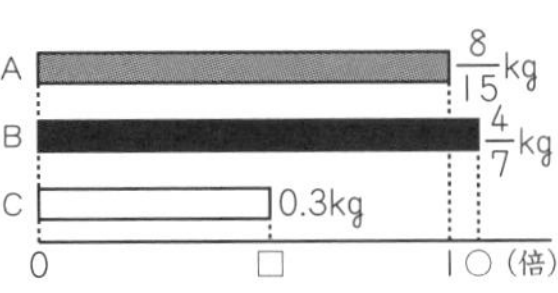

❸比べられる量は，筆箱の値段で割合は$\frac{10}{3}$倍となります。

❹比べられる量は，砂糖の重さで割合は$\frac{2}{5}$倍です。

❺比べられる量はサッカークラブに入っている人で，もとになる量は野球クラブに入っている人です。

19 資料の整理　39ページ

❶ (1)式…(4＋10＋6＋4＋2＋3＋9＋5＋4＋2)÷10＝4.9

答え…4.9点

(2)式…(8＋3＋9＋5＋6＋1＋1＋6＋1)÷9＝4.44…

答え…4.4点

(3)式…(2＋8＋1＋6＋2＋9＋3＋3＋4＋1＋10＋6)÷12＝4.58…

答え…4.6点

(4)Aグループ

(5)

(6)

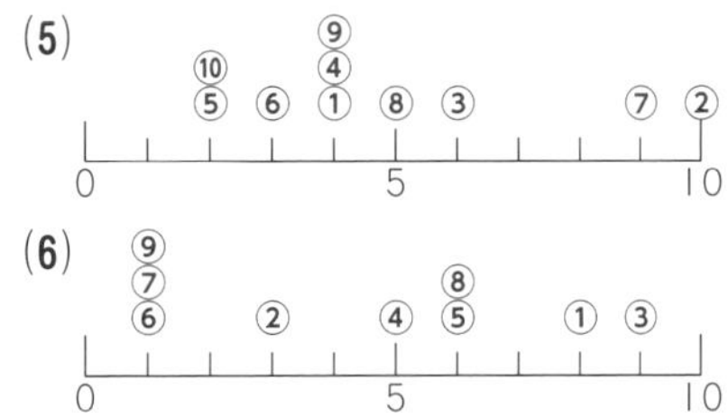

ポイント

❶資料の値の平均を平均値といいます。平均値＝資料の値の合計÷資料の個数　で求められます。

(2)Bグループの平均値は，$\frac{1}{100}$の位を四捨五入して4.4点となります。

(4)平均値で比べると，最も点数が高いのは4.9点のAグループになります。

(5)(6)数直線上にデータをドット(点)で表した図をドットプロットといいます。記録を①，②，…として数直線に表します。

20 中央値・最頻値　41ページ

❶ (1)4点　(2)5点　(3)Bグループ

(4)4点　(5)1点　(6)Aグループ

ポイント

❶中央値の場所は，データの数によってことなります。データの数が偶数のときは，真ん中の2つの値の平均が中央値です。データの数が奇数のときは真ん中の値が中央値となります。データの中で，最も多く出てくる値を最頻値，またはモードといいます。

(1)データの数が10個で偶数なので，Aグループの中央値は小さい方から5番目と6番目の値の平均となります。

(2)データの数が9個で奇数なので，Bグループの中央値は小さい方から5番目の値となります。

(4)Aグループの最も多い値は，ドットプロットよりデータが3個の4点なので，最頻値は4点です。

21 ヒストグラム　43ページ

❶ (1)(上から順に)6，9，3，2，4，6，30

(2)50点以上60点未満

(3)10人　(4)15人

(5)70点以上80点未満

(6)

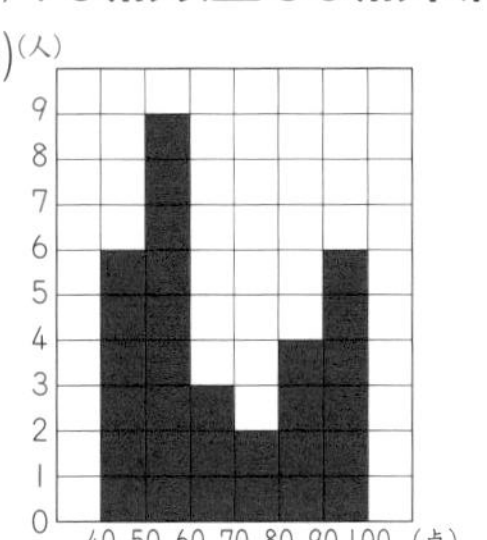

答え

ポイント

❶(1)データを整理するために用いる区間のことを階級といいます。それぞれの階級の数を数えるときは，「正」の字などで整理して数えます。
(2)それぞれの階級に入っているデータの個数を度数といいます。(1)より，人数が最も多いのは，9人の50点以上60点未満の階級です。
(3)80点以上の人は，80点以上90点未満の階級の人数と90点以上100点未満の階級の人数を合わせた数いるので，4＋6＝10(人)となります。
(4)60点未満の人は，40点以上50点未満，50点以上60点未満の階級の人数を合わせた数なので，6＋9＝15(人)です。
(5)70点以上80点未満の階級までの人数の合計は，6＋9＋3＋2＝20(人)です。低い方から数えて20番目の記録は，70点以上80点未満の階級です。
(6)解答のような，長方形で表したグラフをヒストグラム，または，柱状（ちゅうじょう）グラフといいます。

22 円の面積 45ページ

❶ (1)ア…**半径**　イ…**円周率**
(2)式…3×3×3.14＝28.26　答え…28.26cm²
❷ (1)式…2×2×3.14＝12.56　答え…12.56cm²
(2)式…5×5×3.14＝78.5　答え…78.5cm²
❸ (1)式…7×7×3.14＝153.86
答え…153.86cm²
(2)式…6×6×3.14÷2＝56.52
答え…56.52cm²
(3)式…10×10×3.14÷2＝157
答え…157cm²
(4)式…4×4×3.14÷4＝12.56
答え…12.56cm²

ポイント

❶❷円の面積＝半径×半径×円周率　で求められます。円周率は3.14で計算するようにしましょう。
❸(1)直径が14cmなので，半径は14÷2＝7(cm)です。

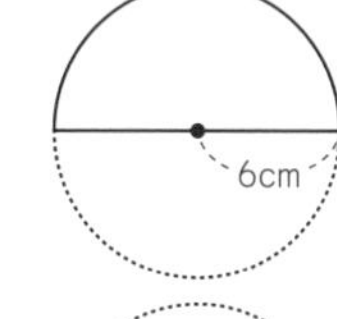

(2)円の$\frac{1}{2}$の面積は，半径の等しい円の面積の半分です。

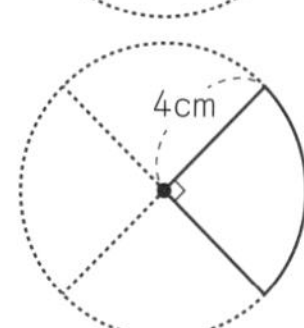

(4)図の図形は，半径が等しい円の面積の$\frac{1}{4}$の大きさです。

23 面積のくふう 47ページ

❶ (1)式…10×10－5×5×3.14＝21.5
答え…21.5cm²
(2)式…8×8－8×8×3.14÷4＝13.76
答え…13.76cm²
(3)式…10×10×3.14÷2＝157
答え…157cm²
(4)式…(1×1＋4×4＋5×5)×3.14÷2
＝65.94
答え…65.94cm²

ポイント

❶(1)図の面積は，1辺が10cmの正方形から，直径が10cmの円をひいて求めることができます。
(2)右のように図の面積は，1辺が8cmの正方形から，半径が8cmの円の$\frac{1}{4}$をひいて求めることができます。

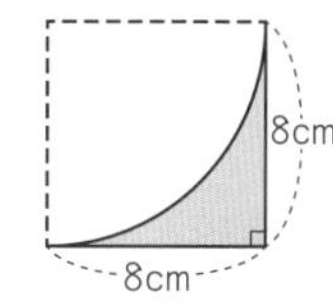

(3)色をぬった小さい円の$\frac{1}{2}$の部分を移動させると，右の図のように直径20cmの円の$\frac{1}{2}$になります。
(4)直径2cmの円の半径は2÷2＝1(cm)，直径8cmの円の半径は，8÷2＝4(cm)，一番大きい円の半径は，(2＋8)÷2＝5(cm)です。それらの円の$\frac{1}{2}$の面積をたして求めます。

24 角柱の体積 49ページ

❶ (1)式…6×6÷2×8＝144　答え…144cm³
(2)式…8×2÷2×7＝56　答え…56cm³
(3)式…(4＋8)×3÷2×3＝54　答え…54cm³
(4)式…(12×3÷2＋12×5÷2)×10＝480
答え…480cm³
❷ 式…(6×6＋4×14)×8＝736　答え…736cm³
❸ 式…4×3÷2×9＝54　答え…54cm³

ポイント

❶角柱や円柱の1つの底面の面積のことを底面積（ていめんせき）といいます。角柱の体積＝底面積×高さ　で求められます。
(1)底面が三角形の三角柱です。三角形の面積＝底辺×高さ÷2　で求めることができます。
(3)底面が台形の四角柱です。台形の面積＝(上底＋下底)×高さ÷2　で求めることができます。
(4)底面が底辺が12cm，高さが3cmの三角形と底辺が12cm，高さが5cmの三角形を合わせた四角形の四角柱です。

❷右の図のように2つの図形に分け，底面として見ると，この図形の面積は，
$6\times6+4\times(4+6+4)$
$=92(\text{cm}^2)$となります。

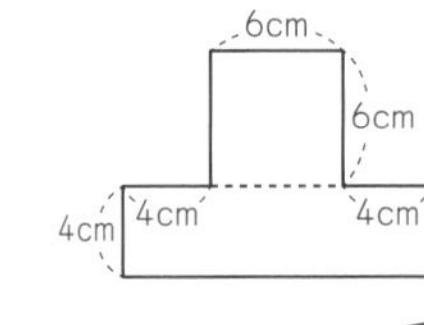

❸図の展開図を組み立てると右の図のような，底面は直角三角形の三角柱となります。

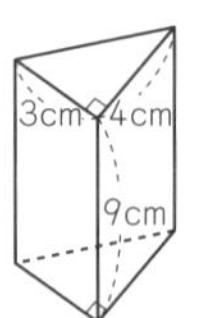

25 円柱の体積 51ページ

❶ (1)式…$3\times3\times3.14\times4=113.04$
答え…113.04cm^3
(2)式…$5\times5\times3.14\times2=157$　答え…157cm^3
(3)式…$4\times4\times3.14\times6=301.44$
答え…301.44cm^3
(4)式…$2\times2\times3.14\div2\times7=43.96$
答え…43.96cm^3

❷ 式…$(5\times5\times3.14-2\times2\times3.14)\times10$
$=659.4$
答え…659.4cm^3

❸ 式…$3\times3\times3.14\times8=226.08$
答え…226.08cm^3

ポイント

❶円柱の体積＝底面積×高さ　で求められます。
(1)底面は半径が3cmの円です。
円の面積＝半径×半径×3.14　で求められます。
(3)底面は直径が8cmの円なので半径は，
$8\div2=4(\text{cm})$になります。
(4)底面は半径が2cmの円を2等分した図形です。
❷底面は，右の図のようになります。
底面積は，半径が$10\div2=5(\text{cm})$の円から，半径が$4\div2=2(\text{cm})$の円をひくことで求められます。

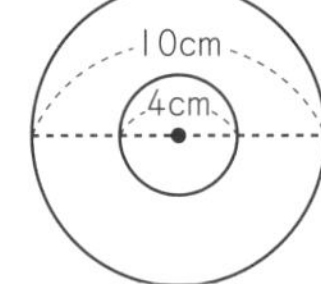

❸図の展開図を組み立てると右の図のような底面が半径3cmの円の円柱となります。

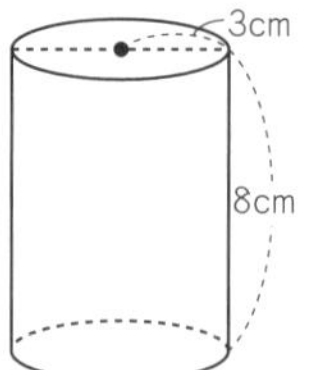

26 比① 53ページ

❶ (1)31：100　(2)$\dfrac{31}{100}$倍
(3)47：200　(4)×

❷ (1)27：46　(2)**イ，エ**(順不同)

❸ $\dfrac{1}{6}$

ポイント

❶(2)比べられる量は，コーヒーの量31mLで，もとにする量は牛乳の量100mLなので，
$31\div100=\dfrac{31}{100}$(倍)です。
(4)表した比が等しい比は，割合が等しくなります。ゆうきさんのつくったコーヒー牛乳のコーヒーの量と牛乳の量の割合は，$47\div200=\dfrac{47}{200}$(倍)となります。かほさんのつくったコーヒー牛乳の割合は$\dfrac{31}{100}$(倍)なので，(1)で表した比と(3)で表した比は等しくありません。
❷a：bの比で，bをもとにしてaがどれだけの割合になるか表したものを，比の値といいます。
(2)比の値が等しい比は，比も等しくなります。比の値は，$27\div46=\dfrac{27}{46}$です。
❸比の値は，$1\div6=\dfrac{1}{6}$です。

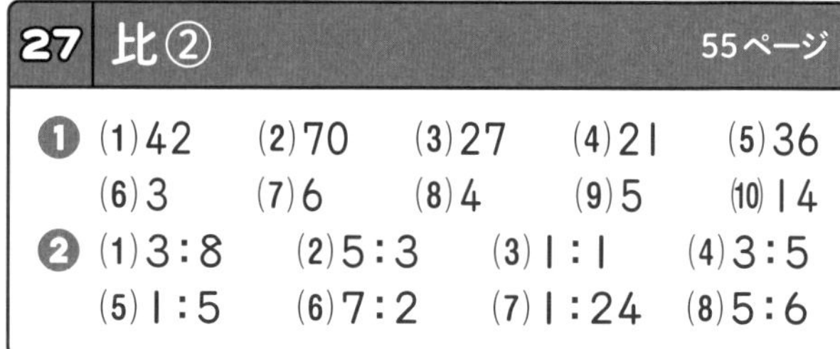

27 比② 55ページ

❶ (1)42　(2)70　(3)27　(4)21　(5)36
(6)3　(7)6　(8)4　(9)5　(10)14

❷ (1)3：8　(2)5：3　(3)1：1　(4)3：5
(5)1：5　(6)7：2　(7)1：24　(8)5：6

ポイント

❶a：bの両方の数に同じ数をかけたり，わったりしてできる比は，すべてa：bに等しくなります。

(1)$4:7=24:x$（×6，×6）　(6)$12:4=x:1$（÷4，÷4）

❷比をできるだけ小さい整数の比にすることを，比を簡単にするといいます。比で表す2つの数の公約数でわると，比を簡単にすることができます。
(1)両方の数を2でわって，$6:16=3:8$になります。
(5)比が小数の場合は両方の数に10や100をかけて，整数にしてから求めます。
(7)比が分数の場合は，両方の数に分母の公倍数をかけて，整数にしてから求めます。

28 比③ 57ページ

❶ (1)5：2　(2)3：5　(3)2：3
(4)6：5　(5)11：5

❷ (1)6：11　(2)3：5　(3)2：3　(4)7：6

ポイント

❶aの長さ：bの長さの比で表してから，簡単な整数の比にします。
(5)bの長さを1とするとき，aの長さは2.2にあたる長さになります。aの長さ：bの長さ＝2.2：1と表せます。

❷文章から2つの数の関係を比で表してから，等しい2つの比の関係を使って簡単な整数の比にします。

29 比の利用 59ページ

❶ (1)式…$80\times\frac{1}{4}=20$　答え…20mL

(2)式…$30\times4=120$　答え…120mL

(3)りんごジュース：式…$125\times\frac{4}{5}=100$

答え…100mL

みかんジュース：式…$125\times\frac{1}{5}=25$

答え…25mL

❷ (1)5：12

(2)式…$600\times\frac{5}{12}=250$　答え…250mL

❸ (1)3：1

(2)兄：式…$1600\times\frac{3}{4}=1200$

答え…1200円

弟：式…$1600\times\frac{1}{4}=400$

答え…400円

ポイント

❶(1)比の関係を図に表して考えます。みかんジュースの量をxmLとすると，4：1＝80：xと表せます。

(3)りんごジュースとミックスジュースの比を考えると，4：(4＋1)で，4：5となります。りんごジュースをxmLとすると，4：5＝x：125と表せます。

❷(1)りくさんと全体のジュースの量の比を考えると，5：(5＋7)で，5：12になります。

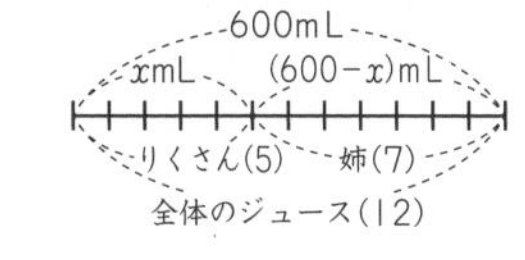

(2)りくさんのジュースの量をxmLとすると，5：12＝x：600と表せます。

❸(1)(2)弟の出す金額を1としたときに兄の出す金額は3にあたる金額になります。兄と全体の比を考えると，3：(3＋1)＝3：4なので，兄は全体の$\frac{3}{4}$倍となります。よって，兄が出す金額は$1600\times\frac{3}{4}=1200$(円)で，弟が出す金額は$1600\times\frac{1}{4}=400$(円)です。

30 拡大図と縮図① 61ページ

❶ (1)カ　(2)ウ　(3)$\frac{1}{2}$倍

❷ いえない。

❸ (1)2倍　(2)辺AD　(3)8cm　(4)73°

ポイント

❶形を変えないで大きくした図を拡大図，形を変えないで小さくした図を縮図といいます。

(1)カの図形はアの図形の形を変えないで，2倍に大きくした図形になります。

(2)ウの図形はアの図形の形を変えないで，$\frac{1}{3}$倍に小さくした図形になります。

❷縦の長さの比は，3：6＝1：2，横の長さの比は，2：5なので，縦の長さの比と横の長さの比がちがいます。これより，拡大図とはいえません。

❸(1)辺CDと辺GHは対応する辺です。辺の長さは6÷3＝2(倍)になっているので，四角形EFGHは四角形ABCDの2倍の拡大図です。

(2)点Eに対応する点は点A，点Hに対応する点は点Dとなるので，辺EHに対応する辺は辺ADです。

(3)辺FGは辺BCを2倍にした長さです。

(4)角Cと角Gは対応する角です。対応する角の大きさは等しいので角Cの大きさは73°です。

31 拡大図と縮図② 63ページ

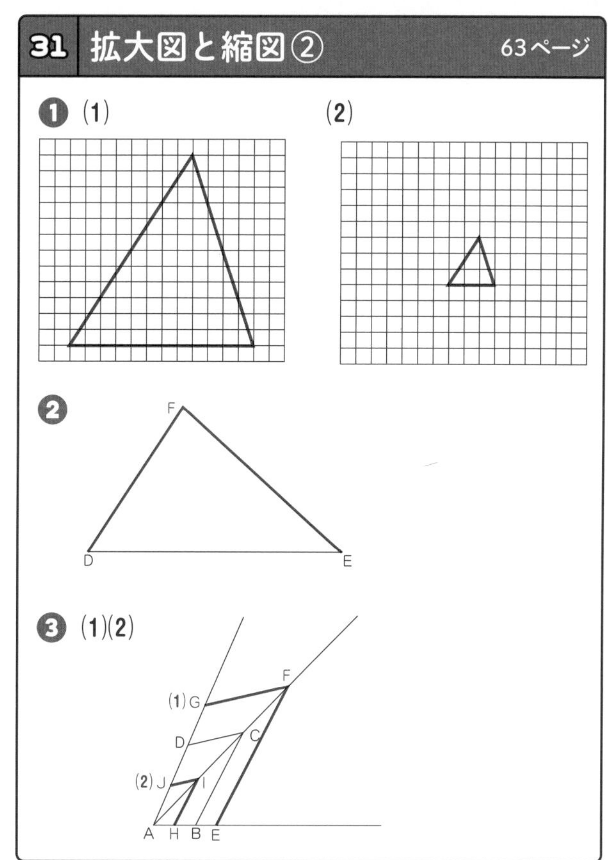

ポイント

❶(1)もとの図形の形を変えないで，辺の長さを2倍にした図形をかきます。

(2)もとの図形の形を変えないで，辺の長さを$\frac{1}{2}$倍にした図形をかきます。

❷①分度器で角Dの大きさを56°となるように測り，直線をひきます。②その直線上に直線ACの2倍の長さをものさしで測り，点Fとします。③点Fと点Eを結ぶと，三角形ABCを2倍に拡大した三角形DEFをかくことができます。

❸(1)①直線ADのD側に直線ADの1.5倍の長さの点をとり，点Gとします。②直線ACのC側に直線ACの1.5倍の長さの点をとり，点Fとします。③直線ABのB側に直線ABの1.5倍の長さの点をとり，点Eとします。④点Gと点F，点Fと点Eをそれぞれ直線で結びます。

32 拡大と縮小の利用 65ページ

❶ **イ，エ**(順不同)

❷ (1)**2000分の1**　(2)**80m**　(3)**2.5cm**

ポイント

❶拡大図と縮図の関係になっているとき，対応する角の大きさはそれぞれ等しくなっています。

❷(1)実際の長さを縮めた割合のことを，縮尺といいます。縮尺は縮めた長さ÷実際の長さで求めることができます。

(2)$\frac{1}{2000}$の縮図より，実際の長さは縮図の2000倍となります。

(3)$\frac{1}{2000}$の縮図より，縮図の長さは実際の長さの$\frac{1}{2000}$倍となります。

33 およその形と大きさ① 67ページ

❶ 式…20×35＝700　答え…**約700cm^2**

❷ 式…(20＋40)×60÷2＝1800
答え…**約1800m^2**

❸ 式…85×85＝7225　答え…**約7225km^2**

❹ 式…40×40×3.14＝5024　答え…**約5024m^2**

ポイント

❶色々な形を，三角形や四角形，円などのおよその形として面積を求めることができます。縦20cm，横35cmの長方形とみます。

❷上底20m，下底40m，高さ60mの台形とみます。

❸1辺が85kmの正方形とみます。

❹直径が80mの円とみます。

34 およその形と大きさ② 69ページ

❶ 式…25×80×30＝60000
答え…**約60000cm^3**

❷ 式…10×10×3.14×16＝5024
答え…**約5024cm^3**

❸ (1)式…(4＋12)×8÷2＝64
答え…**約64m^2**
(2)式…64×0.8＝51.2　答え…**約51.2m^3**

ポイント

❶色々な立体の形も，面積と同じように三角柱や四角柱，円柱などのおよその形として体積を求めることができます。縦25cm，横80cm，高さ30cmの直方体とみます。

❷底面が直径20cmの円で高さが16cmの円柱とみます。

❸(1)上底4m，下底12m，高さ8mの台形とみます。

(2)底面が台形，高さが0.8mの四角柱とみます。

35 比例の式 71ページ

❶ (1)**3倍**　(2)$\frac{1}{4}$**倍**
(3)**比例している。**　(4)**3**

❷ (1)**比例している。**　(2)$y=10\times x$

❸ $y=70\times x$

ポイント

❶2つの数量xとyが比例するとき，xが2倍，3倍，…になるとyも2倍，3倍，…になります。

(2)底辺が4cmのとき面積は12cm^2，底辺が1cmのとき面積は3cm^{2}なので，$3\div12=\frac{3}{12}=\frac{1}{4}$(倍)です。

(3)底辺が2倍，3倍，…になると面積も2倍，3倍，…になっているので，比例しています。

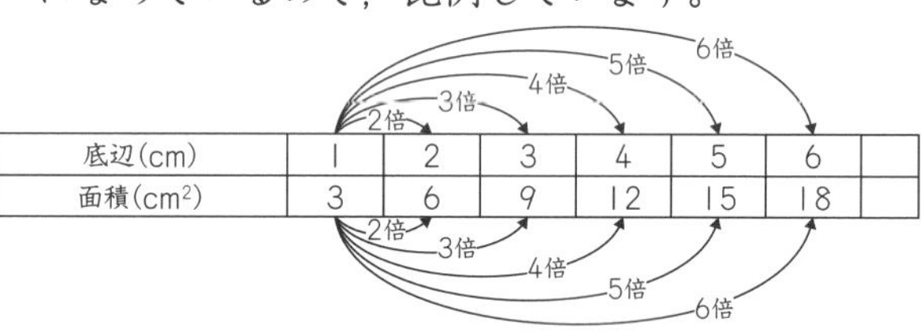

底辺(cm)	1	2	3	4	5	6	
面積(cm^2)	3	6	9	12	15	18	

(4)yがxに比例するとき，xの値でそれぞれに対応するyの値をわった商は，いつも決まった数になります。底辺をx，面積をyとして$y\div x$の値を求めると，決まった数は3と求めることができます。

❷比例の式は，y＝決まった数×xで表すことができます。

(2)水の量ymL÷時間x秒を求めると，10÷1＝10，20÷2＝10，30÷3＝10，…より決まった数は10なので，$y=10\times x$と表せます。

❸みかんの個数を1個，2個，3個と増やすと，みかんの値段が70円，140円，210円になります。よって決まった数はみかん1個分あたりの値段なので，$y=70\times x$と表すことができます。

36 比例のグラフ

73ページ

❶ (1) $y=2\times x$

(2) 2, 4, 6, 8, 10, 12, 14

(3)

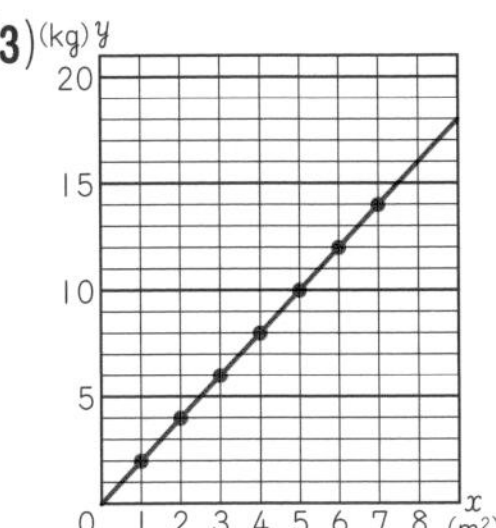

❷ (1) 80

(2) 400m

(3) 4分

ポイント

❶(1)板の面積が $1m^2$, $2m^2$, $3m^2$ と増えると，板の重さは2kg, 4kg, 6kgになります。よって，決まった数は $1m^2$ あたりの重さなので，$y=2\times x$ と表すことができます。

(2) $y=2\times x$ の x に表の x の値(あたい)を入れて計算します。

(3) (2)でつくった表をもとに，対応する x, y の値の組を表す点をとり，直線で結びます。目もりを読みまちがえないように注意しましょう。

❷(1)グラフから，x の値が1のときの y の値は80, x の値が2のときの y の値は160になります。x の値が1増えると y の値は $160-80=80$ ずつ増えています。これにより，みなとさんが1分間で80m歩いていることがわかります。

(2)グラフから，x の値が5のとき，y の値は400の場所に点が打たれています。よって，歩いた時間が5分のときの道のりは400mです。

(3)グラフから，y の値が320のとき，x の値は4の場所に点が打たれています。よって，歩いた道のりが320mのときの時間は4分です。

37 比例の利用

75ページ

❶ (1) 27, 36, 45, 54

(2) $99cm^2$

❷ (1) およそ30冊

(2) およそ30冊

❸ (1) 列車A

(2) 1分

(3) 1.2km

ポイント

❶(1)全体の面積 $y cm^2$ は，正方形1個の面積×個数 x 個で求めることができます。正方形1個の面積は，$3\times3=9(cm^2)$ です。

(2) (1)より決まった数は9で，全体の面積は個数に比例することがわかります。よって $y=9\times x$ と表すことができます。正方形の個数 x 個が11個なので，x の値(あたい)に11を入れて計算します。

❷(1)本の冊数(さっすう)と本の全体の厚さを表にまとめると，

冊数　(冊)	1	□
厚さ　(cm)	2	60

表を横に見ると，厚さは，$60\div2=30$(倍)されているので，およその冊数は，$1\times30=30$(冊)となります。

(2)本の冊数と本の全体の重さを表にまとめると，

冊数　(冊)	12	□
重さ　(kg)	1.2	3

表を縦(たて)に見ると，決まった数は，$1.2\div12=\frac{12}{120}$

$=\frac{1}{10}$ となるので，およその冊数は，

$\square\times\frac{1}{10}=3$, $\square=30$(冊)となります。

❸(1)グラフから，1分で進んだ道のりは列車Aの方が大きいので列車Aの方が速いです。

(2)グラフから y の値が6のときの x の値は，列車Aが4，列車Bが5なので，同時に出発してから列車Aは4分後，列車Bは5分後に6kmの地点を通り過ぎるから，$5-4=1$(分)となります。

38 反比例の式

77ページ

❶ (1) $\frac{1}{2}$倍　(2) 3倍

(3) 反比例している。　(4) 30

❷ (1) 反比例している。

(2) $y=6\div x$ ($x\times y=6$)

❸ $y=36\div x$ ($x\times y=36$)

ポイント

❶2つの数量 x と y が反比例するとき，x が2倍，3倍，…になると y は $\frac{1}{2}$倍，$\frac{1}{3}$倍，…になります。

(1)人数が3人のとき，1人あたりのジュースの量は10dL，人数が6人のとき1人あたりのジュースの量は5dLなので，$5\div10=\frac{1}{2}$(倍)になります。

(3)人数が2倍，3倍，…になると1人あたりのジュースの量は $\frac{1}{2}$倍，$\frac{1}{3}$倍，…になっているので，反比例しています。

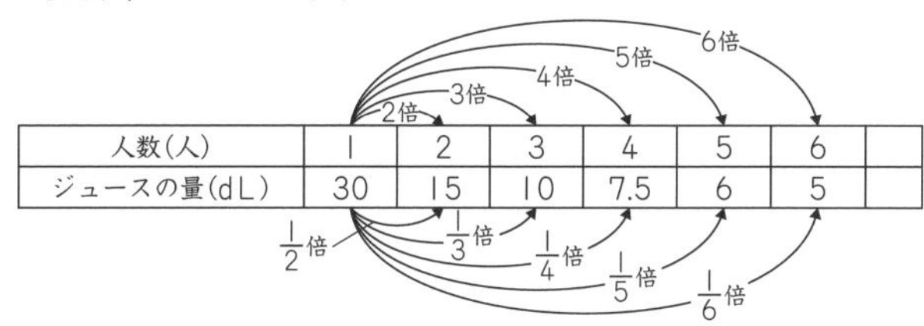

(4) yがxに反比例するとき，xの値とそれぞれに対応するyの値の積は，いつも決まった数になります。人数をx，1人あたりのジュースの量をyとして$x \times y$の値を求めると，決まった数は30と求めることができます。

❷反比例の式は，y= 決まった数 ÷ x　で表すことができます。

(2)時速(速さ)× 時間で求めると，1×6=6，2×3=6，3×2=6，…より，決まった数は6となるので，$y=6 \div x$と表せます。

❸縦の長さ$x$cmを1cm，2cm，3cmと増やすと，横の長さ$y$cmが36cm，18cm，12cmになり，反比例の関係になります。決まった数は縦×横の面積の値なので，$y=36 \div x$と表すことができます。

39 反比例のグラフ 79ページ

❶ (1) $y=6 \div x\ (x \times y=6)$

(2)(上から順に)6，3，2，1.5，1.2，1

(3)

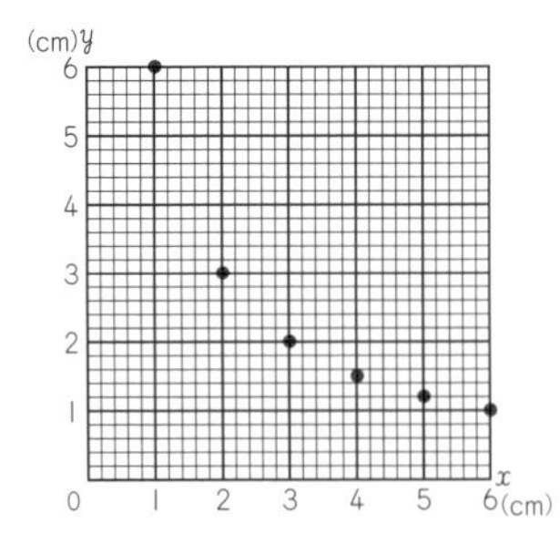

❷ (1) 3分

(2) 7.5L

(3) 15

🔊 ポイント

❶(1)平行四辺形の底辺を1cm，2cm，3cmと増やすと，高さが6cm，3cm，2cmになります。よって決まった数は面積の値なので，$y=6 \div x$と表すことができます。

(2) $y=6 \div x$のxに表のxの値を入れて計算します。

(3) (2)でつくった表をもとに，対応するx，yの値の組を表す点をとります。

❷(1)グラフからxの値が5のときのyの値は3の場所に点が打たれているので，1分間に入れる水の量が5Lのとき水そうがいっぱいになる時間は3分です。

(3)決まった数は，1分間に入れる水の量xの値×満水になる時間yの値で求めることができます。よって(1)より決まった数は5×3=15になり，xとyの関係の式は，$y=15 \div x$と表されます。この式のxの値に1をあてはめて求めます。

40 比例と反比例 81ページ

❶ (1)(上から順に)70，140，210，280，350，420，490，560

(2)(上から順に)120，60，40，30，24，20，15，12

(3)○

❷ (1)比例の関係…**ア**　式…$y=12 \times x$

(2)反比例の関係…**イ**

式…$y=60 \div x\ (x \times y=60)$

🔊 ポイント

❶(1)道のり = 速さ × 時間　で求めることができ，$y=70 \times x$と表すことができます。この式のxに1，2，3，…，8をあてはめたときのyの値を求めます。

(2)かかった時間 = 道のり ÷ 速さ　で求めることができ，$y=1200 \div x$と表すことができます。

(3) (2)の式のxに120をあてはめると，$y=1200 \div 120=10$となります。よって，分速120mで歩いたとき，図書館に10分で着くことができます。

❷

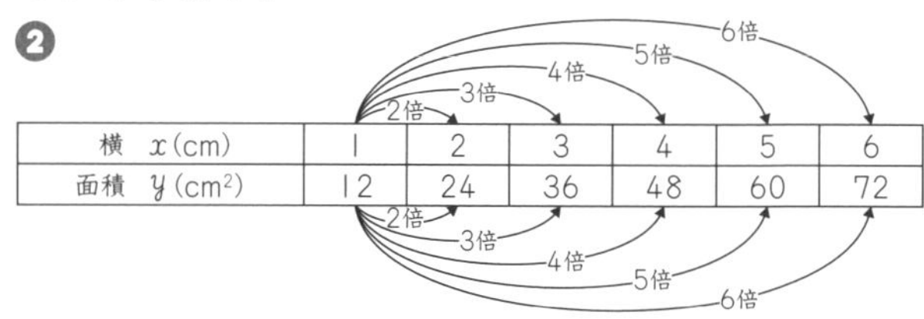

横　x(cm)	1	2	3	4	5	6
面積　y(cm²)	12	24	36	48	60	72

アは，図より比例の表です。比例する表は，表を縦にみて$y \div x$が決まった数になります。

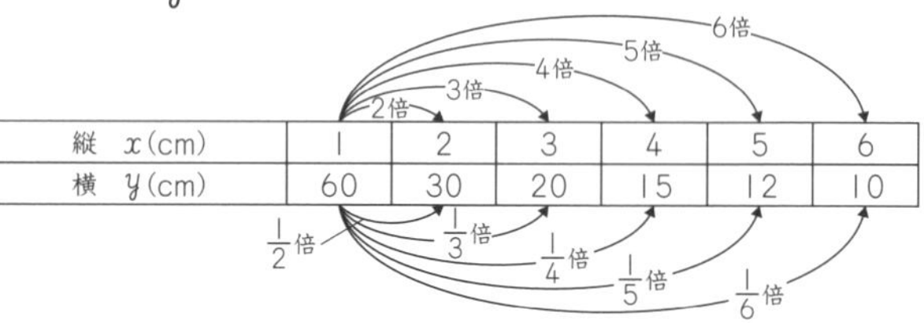

縦　x(cm)	1	2	3	4	5	6
横　y(cm)	60	30	20	15	12	10

イは，図より反比例の表です。反比例する表は，表を縦にみて$x \times y$が決まった数になります。

41 並べ方 83ページ

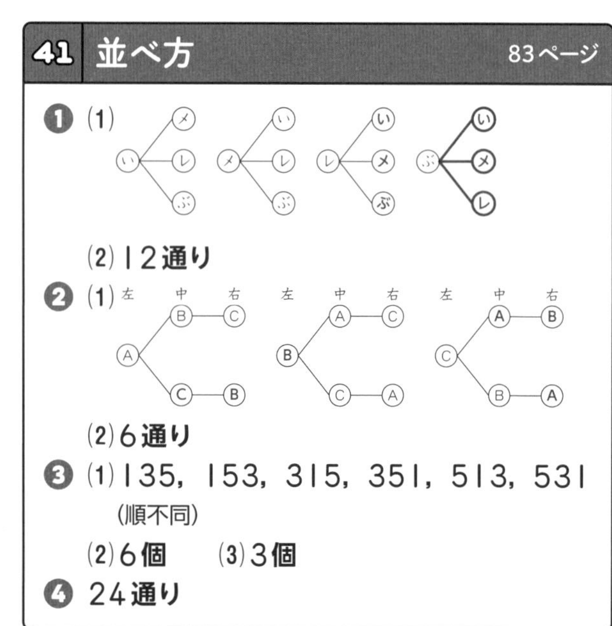

❶ (1)

(2) 12通り

❷ (1)

(2) 6通り

❸ (1) 135，153，315，351，513，531

(順不同)

(2) 6個　(3) 3個

❹ 24通り

🔈 ポイント

❶❷表より図で表すほうが同じ記号を何度も書く必要がなく，簡単にまとめられます。

❸(1)(2)右のような図や表を使って，順序よく整理して調べましょう。落ちや重なりがないように，注意しましょう。

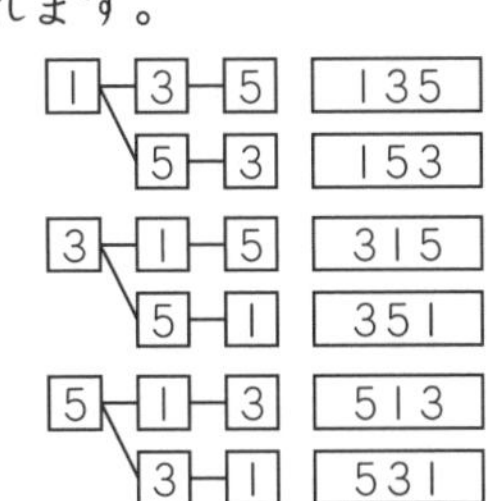

(3) (1)でつくった整数の中で350以下の数は135，153，315の3個です。

❹こうきさんを「こ」のように，名前の初めの文字を使って，右の図のように整理しながら数えましょう。初めの人を固定すると整理しやすくなります。

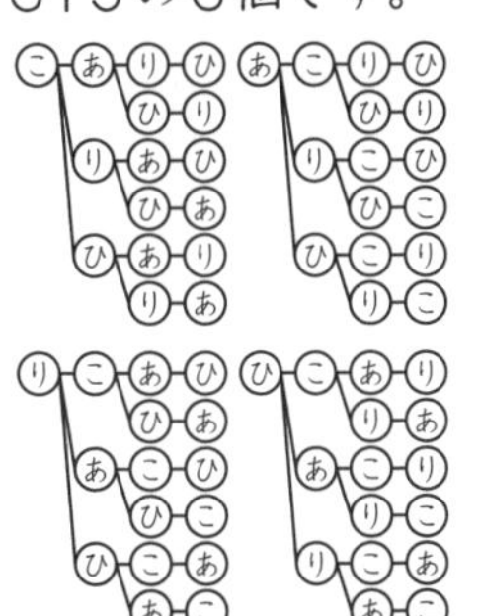

42 組み合わせ 85ページ

❶ **たーは，たーこ，たーみ，**
はーこ，はーみ，こーみ(順不同)

❷ **B－D**

❸ **いーバーり，ぶーみーり**(順不同)

❹ (1)

例

い	バ	ぶ	み
○	○	○	
○	○		○
○		○	○
	○	○	○

(2)

例

い	バ	ぶ	み
			×
		×	
	×		
×			

🔈 ポイント

❶組み合わせも並べ方と同じように図や表に表すことができます。ただし，並べ方で数えられるものが組み合わせでは数えられないことがあるので注意しましょう。例えば，「たーは」と「はーた」は並べ方はちがいますが，組み合わせでは同じなので，1通りになります。

❷右のような表で表すようにしましょう。組み合わせでは入れ替えによるかぶりがないように注意しましょう。

＼	A	B	C	D	E
A	＼	○	○	○	○
B		＼	○	○	○
C			＼	○	○
D				＼	○
E					＼

❸選ぶものが3つ以上ある場合は右の表のように書きます。選ぶものには「○」を書いて整理しましょう。

❹選ばないものの数のほうが少ないときは，選ばないものに「×」をして数える方が簡単にできます。

い	バ	ぶ	み	り
○	○	○		
○	○		○	
○	○			○
○		○	○	
○		○		○
○			○	○
	○	○	○	
	○	○		○
	○		○	○
		○	○	○

43 いろいろな場合① 87ページ

❶ (1)

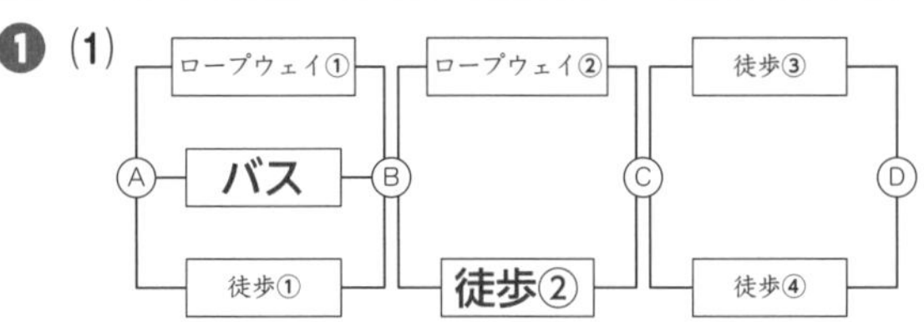

(2) **2通り**　(3) **6通り**

(4) A地点からB地点…**ロープウェイ①**
B地点からC地点…**ロープウェイ②**
C地点からD地点…**徒歩③**
時間…**33分**

(5) A地点からB地点…**徒歩①**
B地点からC地点…**徒歩②**
時間…**176分**

🔈 ポイント

❶(1)(2) A地点からB地点までは，ロープウェイ①，徒歩①とバスのルートがあります。B地点からC地点までは，ロープウェイ②と徒歩②の2通りのルートがあります。

(3)右の図のようにまとめると，間違いが少なくなります。

ロープウェイ①─ロープウェイ②
　　　　　　　└徒歩②
バス─ロープウェイ②
　　└徒歩②
徒歩①─ロープウェイ②
　　　└徒歩②

(4)下の図のように，(1)の図に時間を書いて整理してみましょう。一番時間が短い行き方はロープウェイ①－ロープウェイ②－徒歩③です。

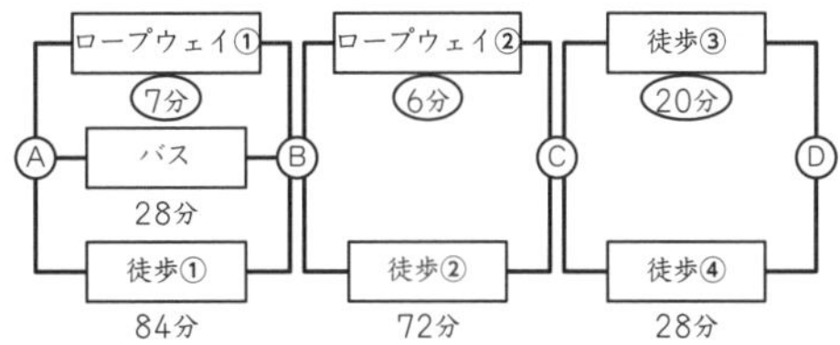

(5) (4)と同様に(1)の図に料金を書いて整理します。料金がいちばん安い行き方は，徒歩①－徒歩②－徒歩③です。

答え

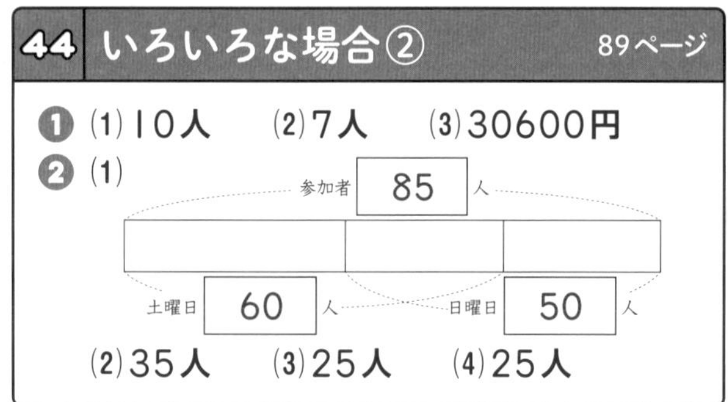

44 いろいろな場合② 89ページ

❶ (1)10人 (2)7人 (3)30600円

❷ (1)

(2)35人 (3)25人 (4)25人

ポイント

❶(1)右の図より，遊園地に行く人は20人で，そのうち両方行く人は10人います。よって，遊園地にだけ行く人は20－10＝10(人)になります。

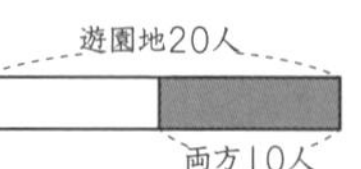

(2)右の図より，水族館に行く人は17人で，そのうち両方行く人は10人います。よって，水族館にだけ行く人は17－10＝7(人)になります。

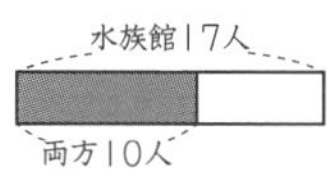

(3) (1)(2)より，遊園地にだけ行く人は10人，水族館にだけ行く人は7人，両方に行く人は10人なので，1000×10＋800×7＋1500×10＝10000＋5600＋15000＝30600(円)になります。

❷(2)右の図より，参加者が85人でそのうち日曜日に参加した人が50人います。よって，土曜日にだけ参加した人は，85－50＝35(人)になります。

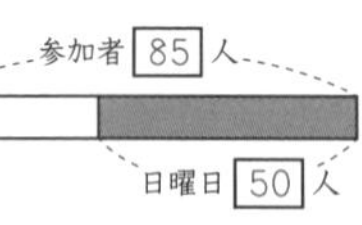

(3)右の図より，参加者が85人でそのうち土曜日に参加した人が60人います。よって，日曜日にだけ参加した人は，85－60＝25(人)になります。

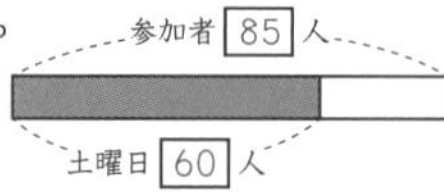

(4)2日間とも参加した人は，土曜日に参加した人から土曜日にだけ参加した人をひくことで求めることができます。

45 まとめのテスト❶ 91ページ

❶ (1)辺AF (2)辺DE (3)6本

❷ (1)$x\times7=y$ (2)ア

❸ (1)$10-1\times x=y$ (2)6

❹ (1)$\frac{14}{3}\left(4\frac{2}{3}\right)$ (2)$\frac{2}{15}$ (3)$\frac{5}{8}$

(4)$\frac{21}{2}\left(10\frac{1}{2}\right)$ (5)2 (6)5

ポイント

❶(1)直線ADを対称の軸とします。点Aは対称の軸の上にあり，点Bに対応する点は点Fなので，辺ABに対応する辺は辺AFになります。

(2)点Oを対称の中心とします。点Aに対応する点は点D，点Bに対応する点は点Eなので，辺ABに対応する辺は辺DEになります。

(3)正多角形は頂点の数と対称の軸の数が同じになる特ちょうがあります。

❷(2)ア…長方形の周りの長さは，$x\times2+7\times2$(cm)と表すことができます。

イ…長方形の面積は，$x\times7$(cm^2)と表すことができます。

ウ…長方形の縦の長さと横の長さの和は，$x+7$(cm)と表すことができます。

❸(1)1分間で1cmずつ短くなるので，x分間では，$1\times x$(cm)短くなります。もとの長さは10cmなので，残っているろうそくの長さを$y$cmとすると，$10-1\times x=y$となります。

❹(2)$\frac{12}{5}\div18=\frac{\cancel{12}^{\,2}}{5\times\cancel{18}_{\,3}}=\frac{2}{15}$

(4)$2\frac{1}{3}\times4\frac{1}{2}=\frac{7}{3}\times\frac{9}{2}=\frac{7\times\cancel{9}^{\,3}}{\cancel{3}_{\,1}\times2}=\frac{21}{2}$

46 まとめのテスト❷ 93ページ

❶ (1)$\frac{7}{80}$ (2)$\frac{5}{21}$ (3)$\frac{11}{24}$

(4)$\frac{19}{11}\left(1\frac{8}{11}\right)$ (5)$\frac{16}{3}\left(5\frac{1}{3}\right)$ (6)$\frac{4}{21}$

❷ 式…$8\times8-4\times4\times3.14\div4\times4=13.76$

答え…13.76cm^2

❸ (1)

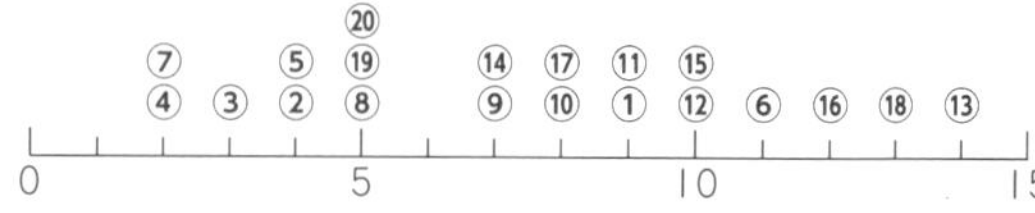

(2)7.5点 (3)5点

(4)(上から順に)5，9，6，20

ポイント

❶(1)$\frac{1}{4}\times\frac{14}{15}\times\frac{3}{8}=\frac{1\times\cancel{14}^{\,7}\times\cancel{3}^{\,1}}{\cancel{4}_{\,2}\times\cancel{15}_{\,5}\times8}=\frac{7}{80}$

(2)$\frac{3}{10}\times\frac{5}{21}+\frac{7}{10}\times\frac{5}{21}=\left(\frac{3}{10}+\frac{7}{10}\right)\times\frac{5}{21}=\frac{5}{21}$

❷色をぬった部分は，1辺が8cmの正方形から，半径が8÷2＝4(cm)の円を4等分した図形の4つ分の面積をひいて求めることができます。

❸(1)それぞれの記録を①，②，…として数直線に表します。

(2)データの数が20で偶数なので，クラスの中央値は小さい方から10番目と11番目の記録の平均となります。

(4)それぞれのはん囲の数を数えるときは，正の字などで整理して数えます。とりちがえないように，しん重に数えることが大切です。

答え

47 まとめのテスト❸ 95ページ

❶ (1)式…$(12\times5\div2+12\times6\div2)\times4=264$
答え…264cm^3
(2)式…$5\times5\times3.14\times7=549.5$
答え…549.5cm^3

❷ (1)$\frac{1}{2}$倍
(2)3cm

❸ (1)1:5
(2)式…$300\times\frac{1}{6}=50$　答え…50mL

❹ (1)式…$24\times54\div2=648$
答え…約648km^2
(2)式…$648\times0.04=25.92$
答え…約25.92km^3

ポイント

❶(1)底辺が12cm，高さが5cmの三角形と底辺が12cm，高さが6cmの三角形を合わせた四角形が底面の四角柱なので，底面積(ていめんせき)は，
$12\times5\div2+12\times6\div2=30+36=66$(cm^2)
になります。
(2)円柱の底面積の半径は$10\div2=5$(cm)になります。

❷(1)辺BCと辺FGは対応する辺です。辺の長さが$5\div10=\frac{1}{2}$(倍)になっているので，四角形EFGHは四角形ABCDの$\frac{1}{2}$倍の縮図(しゅくず)です。
(2)辺HGは辺DCを$\frac{1}{2}$倍にした長さなので，
$6\times\frac{1}{2}=3$(cm)になります。

❸(1)シロップの量：水の量より，20：100になります。両方の数を20でわって比(ひ)を簡単(かんたん)にします。
(2)シロップと全体のジュースの量の比を考えると，$1:(1+5)=1:6$になります。よってシロップは全体のジュースの量の$\frac{1}{6}$倍だから，
$300\times\frac{1}{6}=50$(mL)

❹(1)湖を底辺24km，高さ54kmの三角形とみます。
(2)右の図のような，底面積が648km^2，高さが40m=0.04kmの三角柱とみることができます。

54km　24km　0.04km

48 まとめのテスト❹ 97ページ

❶ (1)$y=20\times x$
(2)20，40，60，80，100，120
(3)

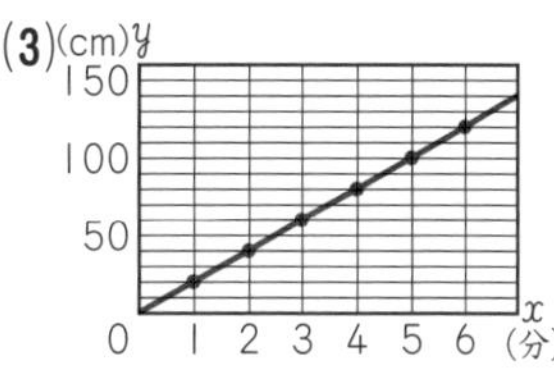

❷ $y=30\div x(x\times y=30)$

❸ (1)A－B，A－C，A－D，A－E，B－C，B－D，B－E，C－D，C－E，D－E(順不同)
(2)

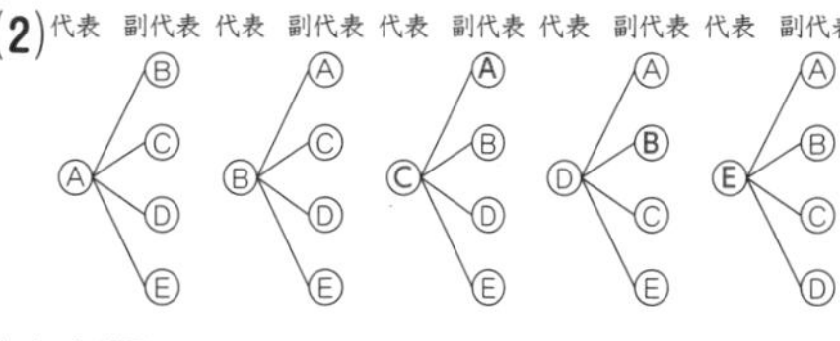

(3)4通り

ポイント

❶(1)速さ×時間＝道のり　で求めることができます。
(2) (1)でつくった式のxの値(あたい)に1，2，3，4，5，6をあてはめたときのyの値を求めるとそれぞれ，20，40，60，80，100，120となります。
(3) (2)でつくった表をもとに，対応するx，yの値の組を表す点をとります。

❷yはxに反比例するとき，y=決まった数÷xと表すことができます。表より$10\times3=30$，$20\times1.5=30$，$30\times1=30$となり，決まった数は30なので，$y=30\div x$となります。

❸(1)右の表のように書くことで，落ちや重なりがおこりにくくなります。また1人目を選ぶ人を決めるなど，順序よく整理して数えましょう。

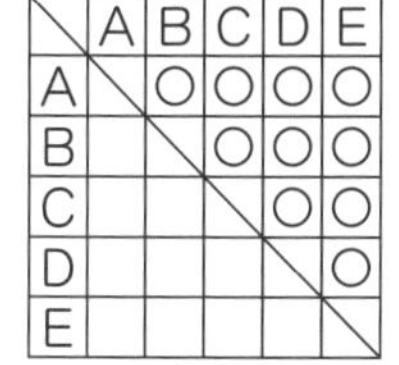

＼	A	B	C	D	E
A	＼	○	○	○	○
B		＼	○	○	○
C			＼	○	○
D				＼	○
E					＼

(2)代表と副代表のように区別がつくと，並(なら)べ方と同じ考え方になります。
(3)(代表，副代表)とすると，Dさんが副代表になるのは(A，D)，(B，D)，(C，D)，(E，D)の4通りです。

答え

英語

1 アルファベット 99ページ

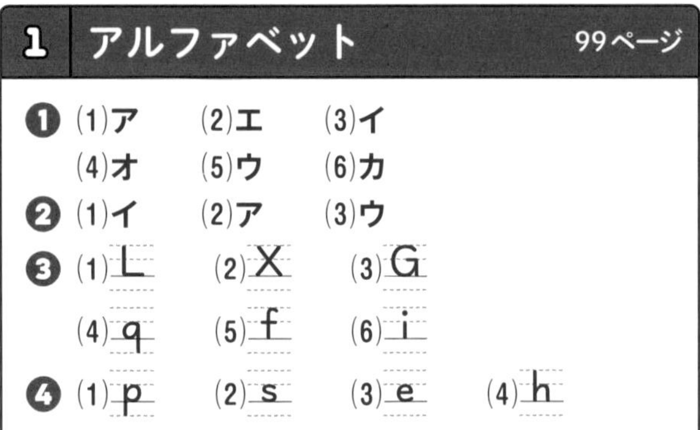

❶ (1)ア (2)エ (3)イ
(4)オ (5)ウ (6)カ
❷ (1)イ (2)ア (3)ウ
❸ (1)L (2)X (3)G
(4)q (5)f (6)i
❹ (1)p (2)s (3)e (4)h

♫ 読まれた英語と意味

❶(1)C (2)o (3)J (4)v (5)A (6)t
❷(1)BRY (2)DMU (3)NWZ
❸(1)L (2)X (3)G (4)q (5)f (6)i
❹(1)piano「ピアノ」 (2)street「通り」
(3)eagle「ワシ」 (4)heart「ハート形」

ポイント

❸4線の正しい位置に大文字と小文字を書きましょう。小文字のqのような第3線（基線）より下に出る文字は，第4線までしっかりのばして書きましょう。

2 自己しょうかいをしよう 101ページ

❶ (1)イ (2)イ
❷ (1)× (2)○ (3)○
❸ (1)dogs (2)dance
❹ (1)are you from
(2)I'm from Japan

♫ 読まれた英語と意味

❶(1)horse「ウマ」 (2)volleyball「バレーボール」
❷ Hi, I'm John. I'm from Canada. I like math. I can swim.「こんにちは，ぼくはジョンです。ぼくはカナダ出身です。ぼくは算数が好きです。ぼくは泳ぐことができます」
❸(1)I like dogs. (2)I can dance.
❹(1)Where are you from? (2)I'm from Japan.

ポイント

❷(2)自分の好きなものを伝えるときは，I like ～. と言います。 (3)自分の能力や可能なことについて言うときは，I can ～. と言います。canのあとには動作を表すことばを続けます。
❹(1)Where are you from?で「あなたはどこの出身ですか」とたずねることができます。

3 気持ちや特ちょうを伝えよう 103ページ

❶ (1)イ (2)ア (3)ウ
❷ (1)○ (2)× (3)× (4)○
❸ (1)イ (2)イ
❹ (1)book (2)interesting

♫ 読まれた英語と意味

❶(1)sad「悲しい」 (2)hungry「空腹（くうふく）な」
(3)busy「いそがしい」
❷(1)ball「ボール」 (2)basket「バスケット」
(3)chair「いす」 (4)racket「ラケット」
❸(1)I'm fine.「私（わたし）は元気です」 (2)I have a bag.「ぼくはかばんを持っています」 It's new.「それは新しいです」
❹(1)I have a book. (2)My book is interesting.

ポイント

❸(1)I'm ～.のあとにfine「元気な」やsad「悲しい」などのことばを続けることで，自分がどのような状態や様子であるかを伝えることができます。

4 日常生活について伝えよう 105ページ

❶ (1)イ (2)ア (3)ア
❷ (1)エ (2)ウ (3)イ (4)ア
❸ (1)ア (2)イ (3)ア
❹ by bike

♫ 読まれた英語と意味

❶(1)ア go to bed「ねる」 イ wash the dishes「皿を洗（あら）う」 (2)ア brush my teeth「歯をみがく」 イ have breakfast「朝食を食べる」 (3)ア do my homework「宿題をする」 イ take a bath「ふろに入る」
❷(1)I sometimes take out the garbage.「ぼくはときどきごみを出します」 (2)I go to Minami Elementary School.「私は南（みなみ）小学校に通っています」 (3)I always get up at seven.「私はいつも7時に起きます」 (4)I usually watch TV on Sundays.「ぼくはふだん日曜日にテレビを見ます」
❸A：What do you usually do on Saturdays?「あなたはふだん土曜日に何をしますか」 B：I usually walk my dog, Pochi.「私はふだんイヌのポチの散歩をします」 A：What time do you usually walk Pochi?「あなたはふだん何時にポチの散歩をしますか」 B：At four.「4時です」
❹A：How do you come to school?「あなたはどうやって学校に来ますか」 B：I come to school by bike.

ポイント

❷(3)alwaysは「いつも」という意味です。時刻（じこく）を言うときにはatのあとに数を続けます。
❸usuallyは「ふだん」という意味です。「～曜日に」と言うときは，onのあとに曜日を続けます。
❹byのあとには交通手段（しゅだん）を表す乗りものを続けます。

5 住んでいる場所を伝えよう 107ページ

❶ (1)エ　(2)ウ　(3)ア
❷ (1)○　(2)×　(3)×
❸ (1)ア　(2)ウ
❹ 解答省略

読まれた英語と意味

❶(1)station「駅」 (2)post office「郵便局」 (3)restaurant「レストラン」

❷(1)We have a park. We can enjoy jogging.「公園があります。私たちはジョギングを楽しむことができます」 (2)We have a museum. We can see pictures.「美術館があります。私たちは絵を見ることができます」 (3)We have a department store. We can enjoy shopping.「デパートがあります。私たちは買いものを楽しむことができます」

❸A:Where do you live?「あなたはどこに住んでいますか」 B:I live in Kyoto.「ぼくは京都に住んでいます」 We have a zoo.「動物園があります」 I can see animals.「ぼくは動物を見ることができます」

❹(1)Where do you live? (2)I live in Tokyo. (3)We have a hospital.

ポイント

❷We have ～.で「～があります」と言うことができます。し設や建物の名前は，案内をするときにも使えるので，覚えておくとよいでしょう。また，We can enjoy ～.で「私たちは～を楽しむことができます」と言うことができます。

❸Where do you live?で「あなたはどこに住んでいますか」とたずね，I live in ～.で「私は～に住んでいます」と言うことができます。

6 行ってみたい国を伝えよう 109ページ

❶ (1)エジプト　(2)ピラミッド
(3)有名です
❷ (1)ア　(2)イ
❸ (1)イ　(2)ウ　(3)ア
❹ (1)pizza　(2)delicious

読まれた英語と意味

❶(1)Egypt is a nice country.「エジプトはすてきな国です」 (2)You can see pyramids.「あなたはピラミッドを見ることができます」 (3)It's famous.「それは有名です」

❷(1)China is a nice country.「中国はすてきな国です」 You can see pandas.「あなたはパンダを見ることができます」 (2)Germany is a wonderful country.「ドイツはすばらしい国です」 You can eat sausages.「あなたはソーセージを食べることができます」

❸(1)I want to go to France. I can eat delicious bread.「ぼくはフランスに行きたいです。おいしいパンを食べることができます」 (2)I want to go to India. I can see the Taj Mahal.「ぼくはインドに行きたいです。タージマハルを見ることができます」 (3)I want to go to Japan. I like *okonomiyaki*.「私は日本に行きたいです。私はお好み焼きが好きです」

❹(1)You can eat pizza. (2)It's delicious.

ポイント

❶(1)～ is a nice country.で「～はすてきな国です」と言うことができます。 (2)You can see ～.で「あなたは～を見ることができます」と言うことができます。 (3)It's のあとには，delicious「おいしい」やgreat「すばらしい」などのことばを続けることで，状態や様子を伝えることができます。

❷(2)You can eat ～.で「あなたは～を食べることができます」と言うことができます。

❸I want to go to ～.で「私は～へ行きたいです」と言うことができます。自分の行きたい地域や国の名前を言えるようになるとよいでしょう。

7 したいことについて伝えよう 111ページ

❶ (1)イ　(2)ア　(3)ウ
❷ (1)×　(2)○
❸ (1)バドミントン　(2)サッカー
❹ (1)do you want to
(2)want to eat rice

読まれた英語と意味

❶(1)steak「ステーキ」 (2)spaghetti「スパゲッティ」 (3)curry and rice「カレーライス」

❷(1)I want to eat pancakes.「私はパンケーキを食べたいです」 (2)I want to watch tennis.「ぼくはテニスを見たいです」

❸アオト:What sport do you want to watch, Linda?「あなたは何のスポーツを見たいですか，リンダ」 リンダ:I want to watch badminton.「私はバドミントンを見たいです」 What sport do you want to watch, Aoto?「あなたは何のスポーツを見たいですか，アオト」 アオト:I want to watch soccer.「ぼくはサッカーを見たいです」

❹(1)What do you want to eat? (2)I want to eat rice.

ポイント

❷自分のしたいことを伝えるときは，I want to ～.を使います。toのあとには，eat「食べる」やwatch「見る」など，動作を表すことばを続けます。

答え

❸What ～ do you want to ...?で，「何の～を…したいですか」とたずねることができます。Whatのあとに，subject「教科」を続けて「何の教科」，animal「動物」を続けて「何の動物」など具体的にたずねることができます。

8 夏休みの思い出を伝えよう① 113ページ

❶ (1)ア (2)ウ
❷ (1)ア (2)ア
❸ (1)ウ (2)ア (3)イ
❹ (1)went (2)enjoyed

読まれた英語と意味

❶(1)アflower「花」 イtree「木」 ウpond「池」 (2)アforest「森」 イriver「川」 ウdesert「砂ばく」
❷(1)テッド：How was your summer vacation, Ichika?「あなたの夏休みはどうでしたか，イチカ」 イチカ：I went to the sea. I saw dolphins.「私は海に行きました。私はイルカを見ました」 (2)イチカ：How was your summer vacation, Ted?「あなたの夏休みはどうでしたか，テッド」 テッド：I went to the mountains. I enjoyed camping.「ぼくは山に行きました。ぼくはキャンプを楽しみました」
❸(1)I enjoyed hiking.「ぼくはハイキングを楽しみました」 (2)I went to the amusement park.「私は遊園地に行きました」 (3)I saw lions.「ぼくはライオンを見ました」
❹(1)I went to the lake. (2)I enjoyed fishing.

ポイント

❷I went to ～.で「私は～へ行きました」と過去に行った場所を伝えることができます。

9 夏休みの思い出を伝えよう② 115ページ

❶ (1)went (2)ate (3)great
❷ (1)イ (2)ア
❸ (1)× (2)○ (3)×
❹ 解答省略

読まれた英語と意味

❶(1)I went to Osaka.「私は大阪に行きました」 (2)I ate *takoyaki*.「私はタコ焼きを食べました」 (3)It was great.「それはすばらしかったです」
❷(1)アI ate cake.「ぼくはケーキを食べました」 It was sweet.「それはあまかったです」 イI ate curry and rice.「ぼくはカレーライスを食べました」 It was spicy.「それはからかったです」 (2)アI enjoyed reading.「私は読書を楽しみました」 It was fun.「それは楽しかったです」 イI enjoyed tag.「私はおにごっこを楽しみました」 It was exciting.「それはわくわくしました」
❸(1)I ate a rice ball.「ぼくはおにぎりを食べました」 (2)I enjoyed jump rope.「私は縄とびを楽しみました」 (3)I saw the beautiful mountains.「ぼくは美しい山を見ました」
❹(1)What did you do in summer? (2)I ate shaved ice.

ポイント

❶(2)何を食べたかを伝えるときは，I ate ～.と言います。 (3)It was ～.のあとに，good「よい」やfun「楽しい」などの状態や様子を表すことばを続けることができます。
❹(1)夏休みのことをたずねる言い方には，What did you do in summer?や，「8 夏休みの思い出を伝えよう①」で出てきたHow was your summer vacation?があります。

10 いろいろなことをたずねよう 117ページ

❶ (1)× (2)○
❷ (1)ア (2)ア
❸ (1)ア (2)ウ (3)オ (4)カ
❹ (1)What (2)Where

読まれた英語と意味

❶(1)A：When is your birthday?「あなたの誕生日はいつですか」 B：My birthday is February 4th.「私の誕生日は2月4日です」 (2)A：When is your birthday?「あなたの誕生日はいつですか」 B：My birthday is June 20th.「ぼくの誕生日は6月20日です」
❷(1)A：What do monkeys eat?「サルは何を食べますか」 B：Monkeys eat apples.「サルはリンゴを食べます」 (2)A：Where do whales live?「クジラはどこに住んでいますか」 B：Whales live in the sea.「クジラは海に住んでいます」
❸A：Where do frogs live?「カエルはどこに住んでいますか」 B：Frogs live in the pond.「カエルは池に住んでいます」 A：Where do gorillas live?「ゴリラはどこに住んでいますか」 B：Gorillas live in the forest.「ゴリラは森に住んでいます」 A：What do frogs eat?「カエルは何を食べますか」 B：Frogs eat bugs.「カエルは虫を食べます」 A：What do gorillas eat?「ゴリラは何を食べますか」 B：Gorillas eat fruits.「ゴリラは果物を食べます」
❹(1)What do birds eat? (2)Where do tigers live?

ポイント

❶英語の月の名前と日付の言い方を覚えて，誕生日を伝えられるようにしましょう。

答え

❸住んでいる場所をたずねるときは，Where do ～ live? と言います。「何を～しますか」とたずねるときは，What do ～? と言います。

11 身近な人について伝えよう 119ページ

❶ (1)ア (2)イ (3)ア (4)イ
❷ (1)father (2)cook (3)gentle
❸ (1)ア (2)イ (3)エ
❹ (1)Who is this
(2)This is my sister

♫読まれた英語と意味

❶(1)ア cool「かっこいい」 イ cute「かわいい」 (2)ア kind「親切な」 イ funny「おかしい」 (3)ア brave「勇かんな」 イ friendly「友好的な」 (4)ア international「国際的な」 イ beautiful「美しい」

❷A：Who is this?「こちらはだれですか」 B：This is my father. He is a cook. He is gentle.

❸(1)This is my brother, Yuki. He is strong.「こちらはぼくの兄のユウキです。かれは強いです」 (2)This is my friend, Eric. He is kind.「こちらはぼくの友達のエリックです。かれは親切です」 (3)This is my grandmother, Yoshiko. She is active.「こちらはぼくの祖母のヨシコです。かの女は活動的です」

❹(1)Who is this? (2)This is my sister.

ポイント

❷・❸This is ～.で「こちらは～です」という意味になり，人をしょうかいすることができます。男性について言うときは，He is ～.を使って，女性について言うときは，She is ～.を使って職業や性格・特ちょうなどを説明することができます。

12 小学校の思い出を伝えよう 121ページ

❶ (1)○ (2)○ (3)×
❷ (1)ア (2)イ
❸ (1)遠足 (2)山 (3)ハイキング
❹ 例 school trip

♫読まれた英語と意味

❶(1)chorus contest「合唱コンクール」 (2)swimming meet「水泳競技会」 (3)graduation ceremony「卒業式」

❷(1)We went to the zoo.「私たちは動物園に行きました」 (2)I enjoyed fishing.「ぼくは魚つりを楽しみました」

❸A：What's your best memory, Rio?「あなたのいちばんの思い出は何ですか，リオ」リオ：My best memory is our field trip. We went to the mountains.「私のいちばんの思い出は遠足です。私たちは山に行きました」A：What did you enjoy?「あなたたちは何を楽しみましたか」リオ：We enjoyed hiking.「私たちはハイキングを楽しみました」

❹A：What's your best memory?「あなたのいちばんの思い出は何ですか」
B：My best memory is our（効果音）.

ポイント

❷「～しました」と過去のことを伝えるときはwentやenjoyedなどを使います。

❸My best memory is ～.で，いちばんの思い出を伝えることができます。enjoyedなどを使い，学校行事や楽しかったことを説明できます。

13 中学校生活について伝えよう 123ページ

❶ (1)エ (2)ウ (3)イ (4)ア
❷ (1)イ (2)ア
❸ (1)ウ (2)ア (3)エ (4)カ
❹ (上から順に) What club, join

♫読まれた英語と意味

❶(1)badminton team「バドミントン部」 (2)cooking club「料理部」 (3)table tennis team「たっ球部」 (4)photography club「写真部」

❷(1)ア fire drill「消防訓練」 イ school festival「学園祭」 (2)ア volunteer day「ボランティアの日」 イ entrance ceremony「入学式」

❸エイミー：What school event do you want to enjoy, Haruto?「あなたは何の学校行事を楽しみたいですか，ハルト」 ハルト：I want to enjoy the sports day. What school event do you want to enjoy, Amy?「ぼくは体育祭を楽しみたいです。あなたは何の学校行事を楽しみたいですか，エイミー」 エイミー：I want to enjoy the music festival. I like music.「私は音楽祭を楽しみたいです。私は音楽が好きです」 ハルト：What club do you want to join?「あなたは何のクラブに入りたいですか」 エイミー：I want to join the brass band. What club do you want to join?「私はブラスバンド部に入りたいです。あなたは何のクラブに入りたいですか」 ハルト：I want to join the track and field team. I can run fast.「ぼくは陸上部に入りたいです。ぼくは速く走ることができます」

❹What club do you want to join?

ポイント

❸I want to join ～.で入りたいクラブを伝えます。

14 将来の夢を伝えよう　125ページ

❶ (1)イ　(2)ウ　(3)エ　(4)ア
❷ メアリー…×　レン…〇
❸ (1)イ　(2)エ
❹ (1)I want to be a doctor.
(2)I like vegetables.

読まれた英語と意味

❶(1)cook「コック」 (2)astronaut「宇宙飛行士」 (3)baseball player「野球選手」 (4)teacher「先生」

❷レン：What do you want to be, Mary?「あなたは何になりたいですか，メアリー」 メアリー：I want to be a police officer. How about you, Ren?「私は警察官になりたいです。あなたはどうですか，レン」 レン：I want to be a nurse.「ぼくは看護師になりたいです」

❸Hi, I'm Jane. I want to be a vet. I like animals. I'm good at science.「こんにちは，私はジェーンです。私はじゅう医になりたいです。私は動物が好きです。私は理科が得意です」

❹(1)A：What do you want to be?「あなたは何になりたいですか」 B：I want to be a doctor.「私は医者になりたいです」 (2)A：I want to be a farmer.「私は農家になりたいです」 B：Why?「なぜですか」 A：I like vegetables.「私は野菜が好きです」

ポイント

❶自分が将来なりたいものを伝えられるよう，職業の名前を覚えておきましょう。

❷自分が将来なりたいものを伝えるときはI want to beに職業名を続けます。

❸(2)I like ～.で自分の好きなもの，I'm good at ～.で自分の得意なことを伝えることができます。

15 まとめのテスト❶　127ページ

❶ (1)×　(2)〇　(3)〇　(4)〇
❷ (1)dance　(2)go to bed
❸ (1)イ　(2)ウ
❹ (1)thirsty　(2)sweet

読まれた英語と意味

❶(1)I want to eat sandwiches.「私はサンドイッチが食べたいです」 (2)I want to play soccer.「ぼくはサッカーがしたいです」 (3)I want to go to Singapore.「私はシンガポールに行きたいです」 (4)I want to watch TV.「ぼくはテレビが見たいです」

❷ (1) I can dance well. (2) I always go to bed at nine.

❸(1)A：Where are you from?「あなたはどこの出身ですか」 B：I'm from Japan.
(2)A：What do you usually do on Sundays?「あなたはふだん日曜日に何をしますか」 B：I usually play soccer on Sundays.

❹(1)I'm thirsty. (2)It's sweet.

ポイント

❶I want to ～.を使って，自分のしたいことを伝えられるようにしましょう。

❷(1)できる動作を伝えるときはcanを使います。
(2)ひん度を表す語はよく使うので覚えておきましょう。「いつも」はalways，「たいてい」はusually，「ときどき」はsometimesと表します。

16 まとめのテスト❷　129ページ

❶ (1)ウ　(2)ア
❷ (1)Who, mother
(2)When, November
(3)What, went to
❸ (1)エ　(2)カ　(3)ア
❹ (1)What do frogs eat
(2)I'm good at math

読まれた英語と意味

❶(1)アShe is a baker.「かの女はパン焼き職人です」 イShe is a pilot.「かの女はパイロットです」 ウShe is a doctor.「かの女は医者です」
(2)アI enjoyed cards.「ぼくはトランプを楽しみました」 イI saw bears.「ぼくはクマを見ました」 ウI ate pancakes.「ぼくはパンケーキを食べました」

❷(1)A：Who is this? B：This is my mother.
(2) A：When is your birthday? B：My birthday is November 5th. (3)A：What did you do in summer? B：I went to the sea.

❸ Hi, I'm Koharu. I want to enjoy the sports day. I want to join the drama club. I want to be a teacher.「こんにちは，私はコハルです。私は体育祭を楽しみたいです。私は演劇部に入りたいです。私は先生になりたいです」

❹(1)What do frogs eat? (2)I'm good at math.

ポイント

❷whoは「だれ」，whenは「いつ」，whereは「どこで［に］」，whatは「何」という意味です。聞きたい内容に合わせて，使い分けるようにしましょう。

❸自分のしたいことを伝えるときに使うI want to ～.はよく出る表現です。toのあとに動作などを表す単語を続けます。

理科

1 ものが燃えるとき① 131ページ

❶ (1)A…× B…○ C…○
(2)**空気**
❷ (1)**ウ**
(2)A…**イ** B…**ア**
(3)**ア**
❸ A…**ウ** B…**ア**

ポイント

❶(1)**A**…びんの中に新しい空気が入らないので，火は消えます。**B**…びんの中に新しい空気が入るので，燃え続けます。**C**…びんの中に新しい空気が入るので，燃え続けます。**C**のときは，**B**のときよりよく燃えます。
(2)びんの中でろうそくが燃え続けるためには，空気が入れかわる（酸素が外から入ってくる）必要があります。
❷(1)線こうのけむりの動き方から，空気の流れを調べることができます。
(2)びんの上と下が開いているとき，けむりは下からびんの中に流れこんで，上から出て行きます。よって，**B**の線こうのけむりはびんの中に入り，**A**の線こうのけむりはびんの中に入りません。
(3)空気の出入りがあって，常に新しい（酸素を多くふくむ）空気とふれることで，ろうそくは燃え続けることができます。びんにふたをすると，空気が入れかわらないので，しばらくするとろうそくの火は消えます。
❸空気中には，体積の割合（わりあい）で約78%のちっ素，約21%の酸素があります。また，その他約1%の中には二酸化炭素が約0.04%ふくまれています。

2 ものが燃えるとき② 133ページ

❶ (1)A…**ウ** B…**ウ** C…**イ**
(2)**酸素**
❷ (1)**気体検知管**
(2)**イ**
❸ (1)**酸素**…**イ** ちっ素…**ウ**
(2)**石灰水**（せっかいすい）

ポイント

❶(1)**A**…二酸化炭素にはものを燃やすはたらきがないので，ろうそくはすぐに消えます。
B…ちっ素にはものを燃やすはたらきがないので，ろうそくはすぐに消えます。
C…酸素にはものを燃やすはたらきがあるので，空気中よりも激（はげ）しく燃えます。
(2)二酸化炭素とちっ素にはものを燃やすはたらきはありませんが，酸素にはものを燃やすはたらきがあります。
❷(1)図の**A**は気体検知管で，とりこんだ気体にふくまれる酸素や二酸化炭素の体積の割合を調べることができます。
(2)気体検知管で酸素や二酸化炭素の体積の割合を調べるときは，色の境目の数字を読みます。
❸(1)ろうそくが燃えると，空気中の酸素が減って，二酸化炭素が増えます。また，ちっ素は変化しません。
(2)二酸化炭素に石灰水を入れてよくふると，白くにごります。このことによって，ろうそくを入れる前よりもびんの中の空気中の二酸化炭素の割合が増えたことがわかります。

3 人や動物の体とはたらき① 135ページ

❶ (1)**試験管**…**A** 変化…**ウ**
(2)**例でんぷんを別のものに変えるはたらき。**
(3)**消化** (4)**消化液**
❷ (1)**消化管**（しょうかかん）
(2)**胃**（い）…**C** かん**臓**（ぞう）…**B**
(3)**胃液**
(4)**イ**

ポイント

❶(1)試験管**A**の中にはでんぷんがふくまれているので，ヨウ素液を入れると青むらさき色に変化します。これに対して，でんぷんにだ液を混ぜ合わせた試験管**B**ではヨウ素液を入れても変化しません。
(2)ヨウ素液を加えても色が変化しないことは，試験管**B**の中のでんぷんがなくなっていることを示しています。これは，体温と同じくらいの温度であたためると，でんぷんはだ液によって別の物質に分解されるからです。
(3)(4)食べ物を歯によって細かくしたり，だ液などの消化液によって体に吸収（きゅうしゅう）されやすい養分に変えられることを消化といいます。
❷(1)口から始まってこう門に終わる食べ物の通り道を消化管といい，食べ物は消化管の中を運ばれながら，体に吸収されやすい養分に変えられます。これを消化といいます。
(2)**C**が胃，**B**がかん臓です。かん臓には吸収した養分の一部を一時的にたくわえるなどのはたらきがあります。
(3)胃では，食べ物は胃液と混ざり合いながら消化され，体に吸収されやすいものに変化します。
(4)**D**は小腸（しょうちょう）で，水分とともに養分を吸収するはたらきがあります。**ウ**の，養分が吸収された食べ物から水分を吸収して便にするのは，**E**の大腸のはたらきです。

4 人や動物の体とはたらき② 137ページ

❶ (1)**イ**
(2)**酸素…イ　二酸化炭素…ア**
(3)**イ**
❷ (1)**気管**
(2)**肺**
(3)**イ**
(4)**呼吸**
❸ (1)**イ**
(2)**えら**

ポイント

❶(1)二酸化炭素に石灰水を入れてよくふると，石灰水は白くにごります。二酸化炭素は空気にはごくわずかしかふくまれていませんが，はいた息には約4%ふくまれています。よって，はいた息の入ったふくろ**B**だけ，石灰水が白くにごります。
(2)空気と比べると，はいた息では酸素の割合が減り，二酸化炭素の割合が増えています。
(3)空気にふくまれていた酸素の割合よりも，はいた息にふくまれる酸素の割合が減っており，体内にとり入れられたのは酸素と考えられます。
❷(1)**A**は鼻や口から入った空気の通り道で，気管といいます。
(2)**B**は胸の左右に１つずつある肺です。
(3)肺では空気中の酸素をとり入れて，二酸化炭素を出しています。
(4)空気中の酸素を体にとり入れ，二酸化炭素を出すことを呼吸といいます。
❸(1)(2)ウサギは人と同じように肺で呼吸しますが，水中にすむフナは，えらを使って水中から酸素をとり入れ，水中に二酸化炭素を出して呼吸しています。

5 人や動物の体とはたらき③ 139ページ

❶ (1)**イ**
(2)**はく動**
❷ (1)**ア**
(2)**ア**
❸ (1)**心臓**
(2)**肺…イ　全身…ア**
(3)**ア，エ**（順不同）
(4)**脈はく**

ポイント

❶(1)心臓には，肺や全身に血液を送り出すポンプのはたらきがあります。**ア**は肺，**ウ**は小腸のはたらきです。
(2)心臓が縮んだりゆるんだりして血液を送り出すときの動きをはく動といいます。
❷(1)肺で酸素を受けとるので，肺から心臓へ流れる血液は酸素を多くふくんでいます。
(2)心臓から全身へ流れる血液には，全身に酸素を運ぶはたらきがあります。
❸(1)図の**A**は，血液を送り出すはたらきのある心臓です。
(2)**B**の血液は全身に酸素を運び，各部位で酸素をわたして，二酸化炭素を受けとります。また，**C**の血液は，肺に運ばれると二酸化炭素を出して酸素を受けとります。そのあと，二酸化炭素が口や鼻から体の外に出されます。
(3)**C**の血液は全身で酸素をわたして二酸化炭素を受けとったあとなので，酸素は少なく二酸化炭素は多くなっています。
(4)手首などで感じることのできる，心臓の動きによって起こる血管の動きを脈はくといいます。

6 人や動物の体とはたらき④ 141ページ

❶ (1)**じん臓**
(2)**尿**
(3)**ぼうこう**
(4)**便（ふん）**
❷ (1)**じん臓**
(2)**イ**
(3)**ウ**
❸ (1)**大腸**
(2)**ウ**
(3)**こう門**

ポイント

❶(1)(2)血液中の不要なものはじん臓でこし出され，余分な水分とともに尿になって体外に出されます。
(3)尿は１日中つくられていますが，ぼうこうにためて，１日数回，まとめて体外に出されます。
(4)大腸ではおもに水分が吸収され，吸収されなかったものは便（ふん）となって体外に出されます。
❷(1)じん臓は，背中側に２つある臓器です。
(2)じん臓のはたらきは，血液中から不要なものをこし出して，余分な水分とともに尿をつくることです。**ア**は小腸，**ウ**は肺のはたらきです。
❸(1)**A**の臓器は，食べ物が小腸を通ったあとに通る大腸です。大腸では，小腸で吸収されなかったものから，さらに水分などを吸収します。
(2)大腸のはたらきは，おもに水分を吸収することです。**ア**はかん臓，**イ**は小腸，**エ**は胃や小腸などのはたらきです。
(3)大腸で吸収されなかったものは便（ふん）となってこう門から体外に出されます。

7 植物の体とはたらき① 143ページ

❶ ア
❷ (1)ウ
(2)根…○　くき…○　葉…○
(3)ウ
❸ (1)B
(2)蒸散
(3)エ

ポイント

❶土がかわいてしおれてしまった植物は水が不足しているので，十分な水をあたえてしばらくすると，もとにもどります。
❷(1)赤い色水を使うと水の通っている部分が赤く染まるので，水の通り道を調べることができます。
(2)ホウセンカの根，くき，葉のすべての部分が赤く染まります。
(3)赤く染まった部分が水の通り道であることがわかります。赤く染まった部分が根，くき，葉に見られたことから，根からとり入れた水は葉までいきわたっていることがわかります。
❸(1)葉をつけたままのホウセンカ（B）のほうが，ふくろの内側に多くの水てきがつきます。
(2)水は水蒸気となって植物の体から出ていきます。これを蒸散といいます。
(3)葉の表面には気孔というたくさんの小さな穴があり，水蒸気はおもにこの小さな穴から出ていきます。ホウセンカなどの植物の気孔は，葉の表側よりも裏側にたくさんあります。

8 植物の体とはたらき② 145ページ

❶ (1)酸素…ア　二酸化炭素…イ
(2)二酸化炭素
❷ (1)酸素
(2)①×　②○
❸ (1)ウ　(2)でんぷん
(3)B　(4)ア

ポイント

❶(1)植物は日光が当たっているとき，二酸化炭素をとり入れて，酸素を出します。よって，ふくろの中の酸素の体積の割合は増え，二酸化炭素の体積の割合は減ります。
(2)植物は生きるために二酸化炭素をとり入れる必要があります。
❷(1)Aの気体は日光が当たっていないときにもとり入れているので，酸素です。Bの気体は二酸化炭素です。
(2)①昼も夜も，酸素をとり入れて二酸化炭素を出しています。②昼には呼吸によって，酸素をとり入れて二酸化炭素を出しています。しかし，二酸化炭素をとり入れて酸素を出す量のほうが多いので，全体として二酸化炭素をとり入れて酸素を出しているといえます。よって，正しいです。
❸(1)日光の当たらない夜には養分ができず，養分は使われるだけです。よって，朝には葉から養分はなくなります。
(2)植物の葉は，でんぷんという養分をつくります。
(3)ヨウ素液をつけると，でんぷんをふくんでいるBの葉だけ青むらさき色に変わります。
(4)アルミニウムはくを外したBの葉ででんぷんができ，アルミニウムはくをつけたままのCではでんぷんができなかったので，日光が当たっているとき，葉で養分がつくられることがわかります。

9 生物どうしのつながり 147ページ

❶ (1)例いる。
(2)ウ
(3)植物
❷ (1)ア　(2)食物連鎖
(3)ア
❸ (1)イ　(2)呼吸
(3)D　(4)水

ポイント

❶(1)動物にはほかの動物だけを食べる動物，植物だけを食べる動物，両方食べる動物がいます。
(2)タカはリスなどの動物を食べ，木の実やキャベツの葉などの植物は食べません。
(3)動物は植物を直接食べなくても，ほかの動物を通して間接的に植物を食べているといえます。
❷(1)食べられるものから食べるものの順に並べると，木の実→リス→ヘビ→イタチとなり，木の実を食べるリスが2番目となります。
(2)生物どうしは「食べる・食べられる」という関係でつながっており，このつながりを食物連鎖といいます。
(3)食物連鎖は陸上の生き物だけでなく，水中の生き物どうしでも見られます。
❸(1)Aの気体は動物がとり入れているので，酸素です。Bの気体は二酸化炭素です。
(2)Cのはたらきは酸素をとり入れて二酸化炭素を出しているので，呼吸です。
(3)植物に日光が当たると，二酸化炭素をとり入れて酸素を出します。このとき，生きるために必要な養分をつくります。
(4)植物も動物も，空気と水は生きていくのに欠かせません。

10 実験器具 149ページ

❶ (1)イ
(2)上

❷ (1)200倍
(2)イ
(3)反射鏡
(4)イ
(5)例対物レンズとプレパラートがぶつかるのを防ぐため。

❸ (1)イ
(2)北

ポイント

❶(1)こまごめピペットは，ゴム球をおしつぶしてから先を液体の中に入れます。それから，ゴム球をそっとはなしながら液体を吸い上げます。
(2)ゴム球をいためてしまうので，液体を吸い上げたとき，こまごめピペットの先を上に向けてはいけません。
❷(1)けんび鏡の倍率が高い（数字が大きい）ほど，より大きく見えます。
(2)「けんび鏡の倍率＝接眼レンズの倍率×対物レンズの倍率」で求めることができます。
(3)Aの鏡を反射鏡といい，光を反射させて明るく見えるようにする役割があります。けんび鏡は直射日光が当たらない明るいところで使います。
(4)(5)対物レンズとプレパラートが当たるときずがつくおそれがあるので，当たらないように，対物レンズをプレパラートから遠ざけながらピントを合わせます。
❸(1)方位磁針は，水平になるように置いて使います。
(2)色がぬってある針の先と文字ばんの「北」を合わせると，調べたい方位がわかります。

11 水よう液の性質① 151ページ

❶ (1)イ
(2)酸
(3)アルカリ

❷ ムラサキキャベツ液…ア
ＢＴＢ液…イ

❸ (1)イ
(2)ア
(3)アルカリ
(4)D
(5)C　(6)中

ポイント

❶(1)手のあせなどがつくと色が変わってしまうおそれがあるので，ピンセットでとり出します。
(2)酸性の水よう液をつけると，青色のリトマス紙は赤色に変わり，赤色のリトマス紙は変化しません。
(3)アルカリ性の水よう液をつけると，赤色のリトマス紙は青色に変わり，青色のリトマス紙は変化しません。
❷ムラサキキャベツ液は酸性で赤色，中性でむらさき色，アルカリ性で黄色になります。ＢＴＢ液は酸性で黄色，中性で緑色，アルカリ性で青色になります。
❸(1)塩酸（A）は酸性なので，赤色のリトマス紙は変化しません。
(2)(3)アンモニア水（B）はアルカリ性なので，赤色のリトマス紙は青色に変わります。
(4)塩酸と同じ酸性の水よう液は炭酸水（D）です。
(5)(6)赤色のリトマス紙と青色のリトマス紙のどちらも変化しないのは中性の水よう液です。中性の水よう液は食塩水（C）です。石灰水（E）はアルカリ性です。

12 水よう液の性質② 153ページ

❶ (1)D
(2)ア
(3)塩酸…ウ　食塩水…ア　石灰水…ア
(4)ウ

❷ (1)イ
(2)ア
(3)二酸化炭素
(4)ウ

ポイント

❶(1)あわが出ている水よう液は炭酸水（D）です。
(2)塩酸（A），アンモニア水（B）はつんとしたにおいがします。
(3)５種類の水よう液を熱すると，食塩水と石灰水は白い固体が残り，塩酸とアンモニア水と炭酸水は何も残りません。
(4)蒸発皿に何も残らなかったのは，気体がとけている水よう液だからです。塩酸には塩化水素，アンモニア水にはアンモニア，炭酸水には二酸化炭素という気体がとけています。
❷(1)試験管に火のついた線こうを入れると，線こうはすぐに消えます。このことから，炭酸水には酸素がふくまれないことがわかります。
(2)試験管に石灰水を入れてよくふると白くにごります。このことから，炭酸水から二酸化炭素が出ていることがわかります。
(3)(1)(2)より，炭酸水から出た気体は二酸化炭素であることがわかります。これによって，炭酸水には二酸化炭素がとけているといえます。
(4)塩酸には塩化水素という気体がとけています。

13 水よう液の性質③　155ページ

❶ (1)A…**ア**　B…**イ**
(2)**ア**
❷ (1)例**ちがう。**
(2)**ウ**
(3)**イ**
❸ (1)**イ**
(2)**鉄…ア**
蒸発皿に残ったもの…イ

ポイント

❶(1)うすい塩酸を加えた試験管**A**では，あわが出て，アルミニウムはとけて見えなくなります。水を加えた試験管**B**では，アルミニウムは変化しません。
(2)アルミニウムは，水の入った試験管**B**ではとけていませんが，塩酸の入った試験管**A**ではとけています。よって，うすい塩酸は金属をとかすことがわかります。
❷(1)アルミニウムをとかした液体から水を蒸発させると，アルミニウムとは見た目のちがう，白色の固体が出てきます。これは塩化アルミニウムといい，アルミニウムとは別の固体です。
(2)(3)蒸発皿に残ったものに塩酸を加えると，あわを出さずにとけます。アルミニウムに塩酸を加えるとあわを出してとけていることからも，塩化アルミニウムは，もとのアルミニウムとは性質のちがう物質であることがわかります。
❸(1)(2)鉄をとかした液体から水を蒸発させると，鉄とは見た目のちがう，うすい黄色の塩化鉄という固体が出てきます。これは鉄とはちがう物質なので，磁石を近づけても，鉄のように磁石につきません。

14 月と太陽　157ページ

❶ (1)**クレーター**
(2)**イ**
(3)**ウ**
❷ (1)**電灯…ア　ボール…イ**
(2)E…**イ**　H…**エ**
(3)**C**
(4)**ア**
(5)**ウ**

ポイント

❶(1)月の表面には，月にいん石がぶつかってできたクレーターという丸いくぼみがあります。
(2)太陽はみずから光を出してかがやいていますが，月は太陽の光を反射してかがやいています。
(3)日によって，同じ時刻の月の位置は変わります。また，月の形も変わって見えます。
❷(1)図の中心にいる人から見るまわりのボールの見え方が，地球から見る月の見え方となります。このとき，中心にいる人が地球で，光を出す電灯を太陽に見立てています。
(2)**E**…中心にいる人から見ると，電灯の光を受けている部分は左半分になります。よって，ボールは**イ**のように見えます。**H**…中心にいる人から見ると，電灯の光を受けている部分は右側の一部になります。よって，ボールは**エ**のように見えます。
(3)満月が見られるのは，地球から見て，月が太陽と反対側にあるときです。よって，**C**の位置です。
(4)月は太陽の光を反射してかがやいているので，太陽は月のかがやいている側にあります。
(5)ボール（月）はすべて同じ側が光っていますが，中心から見ると，ボール（月）の形の見え方は変わります。つまり，太陽と月の位置関係によって月の形の見え方が変わるといえます。

15 大地のつくりと変化①　159ページ

❶ (1)**ボーリング調査**
(2)**イ**
(3)**砂**
❷ (1)**地層**
(2)**いちばん大きい…D**
いちばん小さい…B
(3)**火山灰**
❸ (1)**化石**
(2)**ア，エ**（順不同）

ポイント

❶(1)ボーリング調査は，大きな建物を建てる前などに，その土地の地下のようすを調べるために行われます。
(2)どろ，砂，れきはつぶの大きさで区別されていて，つぶの大きさが大きい順に並べると，れき，砂，どろになります。
(3)地表からの深さで表した図より，深さが3mのところには砂が見られることがわかります。
❷(1)れきや砂，どろ，火山灰などのいくつかの層が重なり合って，しま模様のようになっているものを地層といいます。
(2)つぶの大きさがいちばん大きいものはれき，いちばん小さいものはどろです。つぶの大きさが2mm以上のものをれきといいます。
(3)れき，砂，どろの層以外にも，火山からふき出された火山灰が積もってできる層などがあります。
❸(1)貝のすがたのように，地層に植物や動物の一部が残っているものを化石といいます。
(2)化石には，おもに動物の骨や貝がらなど，大昔の生物の体や，動物の足あとや巣穴などの生活のあとが残されたものがあります。

16 大地のつくりと変化② 161ページ

❶ (1)**イ**
(2)A…**れき**　B…**どろ**
(3)**ア**
(4)**でい岩**
(5)**地層**
❷ (1)**火山のふん火**　(2)**イ**
(3)**イ**　(4)①**○**　②**○**

ポイント

❶5年で学習したように，川の上流で岩石がしん食されてできた土砂は運ぱんされ，川の下流や海に流れこんだところ（河口）でたい積します。
(1)(2)つぶの大きさが大きいとしずむ速さが速くなるので，河口に近い場所に積もります。つぶの大きさが小さいとしずむ速さがおそくなるので，河口から遠い場所に積もります。よって，河口に近い場所にはつぶの大きいれき，河口から遠い場所にはつぶの小さいどろが積もります。
(3)土砂は流れる水のはたらきによって運ぱんされたので，運ぱんされる間にぶつかりあうなどしてつぶが丸みを帯びています。
(4)たい積した土砂は，長い年月の間に固まってかたい岩石になります。れきからできた岩石をれき岩，砂からできた岩石を砂岩，どろからできた岩石をでい岩といいます。
(5)土砂のたい積がくり返されると地層ができます。
❷(1)火山灰は，火山がふん火したときに火口からふき出されます。
(2)れきや砂，どろ，火山灰などが重なり合って広がっているので，おくまで続いています。
(3)(4)火山灰のつぶには角ばったものが多くあります。また，とうめいなガラスのかけらのようなものや小さな穴のたくさんあいたものなどもあります。

17 大地のつくりと変化③ 163ページ

❶ (1)**多い地域**　(2)**火山灰**
(3)**よう岩**　(4)**ウ**
❷ (1)**断層**　(2)**ある。**
(3)**地震**
❸ (1)**イ**　(2)**津波**
(3)**イ**

ポイント

❶(1)日本など太平洋のまわりの地域は火山活動や地震が多く発生します。
(2)(3)火山がふん火したとき，火口から火山灰がふき出したり，よう岩が流れ出たりします。
(4)火山活動によってふき出したよう岩で山ができたり，島が広がったりすることがあります。また，地面の一部がふきとばされてくぼ地や湖ができることもあります。海底がもち上げられる（**ウ**）のは，地震による大地の変化です。
❷(1)(3)地下で大きな力がはたらくと，大地にずれ（断層）が生じることがあります。断層が生じると地震が起こり，広いはんいで大地がゆれます。
(2)大きな地震では，断層が地表に現れることがあります。
❸(1)地震によって山くずれや地割れが生じたり，土地が盛り上がったりしずんだりすることがあります。土地が広がる（**イ**）のは，火山活動による大地の変化です。
(2)地震が海底の地下で起こった場合，広いはんいに津波がおし寄せて，大きなひ害をもたらすことがあります。
(3)液状化現象とは，水をふくんだ土地が地震でゆれることでやわらかくなって，建物などがしずんだりする現象です。液状化現象はうめ立て地などで起こりやすいです。

18 てこのはたらき① 165ページ

❶ (1)**てこ**
(2)**イ**
(3)A…**力点**　B…**支点**
❷ (1)**ウ**
(2)**イ**
❸ (1)**A**
(2)**C**
(3)**ア**
(4)**イ**

ポイント

❶(1)図のように，棒を1点で支え，力を加えてものを持ち上げるしくみをてこといいます。てこを使うと，小さな力で大きなものを持ち上げることができます。
(2)棒を使っておもりを持ち上げるためには，下向きに力を加える必要があります。
(3)**A**は棒に力を加えている位置で，力点といいます。**B**は棒を支えている位置で，支点といいます。
❷(1)**A**は棒からものに力がはたらいている位置で，作用点といいます。
(2)支点から作用点までの長さを短くすると，手ごたえは小さくなります。
❸(1)手ごたえを大きくするには，支点から力を加える位置（力点）までの長さを短くします。
(2)手ごたえを大きくするには，支点からおもりをつるす位置（作用点）までの長さを長くします。
(3)支点から力点までの長さが長いほど，小さな力でおもりを持ち上げることができます。
(4)支点から作用点までの長さが短いほど，小さな力でおもりを持ち上げることができます。

19 てこのはたらき② 167ページ

❶ (1)**イ**
(2)**4**
❷ (1)**イ**
(2)**ア**
(3)**6**
(4)**48**
❸ (1)**せんぬき…A　くぎぬき…E**
(2)**ちがう。**

ポイント

❶(1)右うでの目盛り（3）が左うでの目盛り（4）よりも小さいとき，てこのうでは左にかたむきます。
(2)右うでの目盛りと左うでの目盛りが同じとき，てこは水平につり合います。
❷(1)(2)おもりがてこのうでをかたむけるはたらきの大きさは，おもりの重さ×支点からのきょりで表せます。図のとき，左のうでをかたむけるはたらきの大きさは60×4＝240，右のうでをかたむけるはたらきの大きさは40×2＝80なので，てこのうでは左にかたむきます。
(3)右のうでをかたむけるはたらきの大きさを240にするためには，支点からのきょりを240÷40＝6にすればよいです。
(4)手でおす力は，おもりの重さに置きかえて表すことができます。よって，てこを水平につり合わせるには，5番の位置を240÷5＝48〔g〕の力でおせばよいです。
❸(1)せんぬきは**A**が支点で，**C**が力点，**B**が作用点です。くぎぬきは**E**が支点で，**F**が力点，**D**が作用点です。
(2)せんぬきとくぎぬきでちがうように，支点，力点，作用点の位置は道具によってちがいます。

20 電気とわたしたちの生活 169ページ

❶ (1)**光電池**
(2)**イ**
(3)**ウ**
❷ (1)**ア**
(2)**ウ**
(3)**ア，ウ**（順不同）
❸ (1)**コンデンサー**
(2)**イ**
(3)**＋たんし**

ポイント

❶(1)**A**の器具は光電池で，光を当てて電気をつくることができます。
(2)光電池は光を当てているときだけ電気を流すことができるので，日光を当てるのをやめると，モーターが回らなくなります。
(3)光電池のつなぐ向きを逆にすると，電流の向きが逆になります。よって，モーターは逆向きに回ります。
❷(1)手回し発電機はハンドルを速く回すと，電流が大きくなります。よって，豆電球の明かりは明るくなります。
(2)ハンドルの回す向きを逆にすると，電流の向きが逆になりますが，豆電球の明かりの明るさは変わりません。
(3)電気は豆電球の明かりをつけているので，光に変わっています。また，豆電球にさわると温かくなっており，熱に変わっていることもわかります。
❸(1)(2)**A**の器具はコンデンサーで，つくった電気をためることができます。
(3)コンデンサーの＋たんしは手回し発電機の＋たんしに，コンデンサーの－たんしは手回し発電機の－たんしにつなぎます。

21 わたしたちと地球環境 171ページ

❶ (1)**水…ウ　空気…ア　ほかの生物…イ**
(2)**ある。**
❷ (1)**ア**
(2)**ア**
❸ (1)**イ**
(2)**イ**
(3)**ア**

ポイント

❶(1)**ア**…石油や石炭などを燃やすと，酸素が使われて二酸化炭素が出たり，すすなどが出て空気をよごしたりします。
イ…生きていくための養分を得るために，植物や動物を育てています。
ウ…水は飲むだけでなく，生活の中や農業など，さまざまな場面で使われています。
(2)わたしたち人は水，空気，ほかの生物にえいきょうをあたえ，水，空気，ほかの生物も私たちにえいきょうをあたえています。
❷(1)ここ約100年の間に石油や石炭などを大量に燃やすようになり，空気中の二酸化炭素の割合は増え続けています。
(2)空気中の二酸化炭素の割合の増加が，地球の気温が上がっている原因の1つと考えられています。
❸(1)よごれた水を下水処理場できれいにしてから川に流すことで，川や海の水をきれいに保つことができます。
(2)二酸化炭素を出さない自動車を開発することで，空気に対するえいきょうを少なくできます。
(3)木を切ったり燃やしたりした山林に木を植えてもとの状態にもどすことで，ほかの生物がすむ環境を守ることができます。

22 まとめのテスト❶　173ページ

❶ (1)**ウ**
(2)**ア**
❷ (1)**だ液**
(2)**胃**
(3)**消化**
(4)**G**
❸ (1)**肺**
(2)**酸素**
❹ **イ，ウ**（順不同）

🔈 **ポイント**

❶(1)ろうそくが燃えると空気中の酸素が使われ，酸素がすべてなくなる前に火が消えます。
(2)ろうそくが燃えると二酸化炭素ができます。二酸化炭素が多くふくまれるようになるので，石灰水を入れてびんをふると白くにごります。
❷(1)でんぷんは口の中で，だ液のはたらきによって別のものに変わります。だ液のように消化にかかわるはたらきをする液を消化液といいます。
(2)**D**の部分は胃で，食べ物を体に吸収されやすい養分に変えるはたらきをします。
(3)食べ物を歯でかみくだいて細かくしたり，だ液や胃液などで体に吸収されやすい養分に変えたりすることを消化といいます。
(4)消化された養分を吸収するはたらきをするのは小腸で，小腸は図の**G**の部分です。
❸(1)**A**の臓器は，胸の左右に1つずつある肺です。
(2)肺では空気から酸素がとり入れられ，体の外へ二酸化炭素が出されます。
❹心臓はポンプのように血液を送ることで肺から送られてきた酸素を全身に運びます（**ウ**）。また，全身からもどってきた二酸化炭素を肺へ運び（**イ**），体の外に出します。**オ**は肺のはたらきです。

23 まとめのテスト❷　175ページ

❶ (1)**ヨウ素液**
(2)**B**
(3)**ウ**
❷ (1)**イ**
(2)**アルカリ**
(3)**アンモニア水**
❸ (1)A…**新月**　E…**満月**
(2)**G**
(3)**ウ**

🔈 **ポイント**

❶(1)でんぷんにヨウ素液をつけると青むらさき色に変わります。色が変わった葉では，でんぷんがつくられていることがわかります。
(2)植物の葉に日光が当たると，でんぷんができます。よって，**B**です。
(3)日光以外の条件が同じ2枚の葉の結果を比べればよいので，日光を当てた葉（**B**）と日光を当てなかった葉（**C**）を比べます。
❷(1)(2)石灰水はアルカリ性です。赤色のリトマス紙にアルカリ性の水よう液をつけると，青色に変わります。
(3)石灰水と同じアルカリ性の水よう液はアンモニア水です。塩酸と炭酸水は酸性，食塩水は中性です。
❸(1)月が太陽と近づいている**A**の位置にあるときは新月です。月が太陽とはなれている**E**の位置にあるときは満月に見えます。
(2)太陽の光を受けている部分が左半分なのは，月の位置が**G**のときです。
(3)月の形は少しずつ変わり，約30日でもとにもどります。

24 まとめのテスト❸　177ページ

❶ (1)**イ**
(2)A…**どろ**　B…**砂**　C…**れき**
❷ (1)**イ**　(2)**イ**
❸ (1)例**電気をたくわえる。**
(2)**発光ダイオード**
(3)**豆電球**　(4)**豆電球**

🔈 **ポイント**

❶(1)どろ，砂，れきはつぶの大きさで区別されていて，つぶの大きさが大きい順に並べると，れき，砂，どろになります。
(2)つぶの大きなものから下から積もり，順につぶの小さなものが上に重なっていきます。よって，**C**がれき，**B**が砂，**A**がどろです。
❷(1)おもりがてこのうでをかたむけるはたらきの大きさは「おもりの重さ×支点からのきょり」なので，左のうでをかたむけるはたらきの大きさは20×4＝80，右のうでをかたむけるはたらきの大きさは10×6＝60です。よって，左にかたむきます。
(2)てこのうでをかたむけるはたらきの大きさは，**ア**…50×1＝50，**イ**…40×2＝80，**ウ**…30×3＝90，**エ**…20×5＝100なので，**イ**です。
❸(1)豆電球や発光ダイオードにつなぐと明かりがついたので，コンデンサーは電気をたくわえることができるといえます。
(2)(3)発光ダイオードは，豆電球よりも長く明かりがつきます。同じ電気の量で明かりのついている時間は豆電球のほうが短いので，豆電球のほうが使う電気の量が多いことがわかります。
(4)電気は光だけでなく熱にも変わっているので，電気を光に効率よく変える発光ダイオードより，あまり効率のよくない豆電球のほうがあたたかくなります。

社会

1 くらしと日本国憲法　179ページ

❶ (1)①平和主義　②国民主権
　③基本的人権の尊重
(2)イ　(3)ユニバーサル　(4)天皇
❷ (1)①文化　②職業　③団結　④裁判
(2)①働く　②教育　③税金

ポイント

❶(1)①日本国憲法は，日本の敗戦のあとに制定されました。そのため，憲法の前文には，二度と戦争がおこらないようにすることへの決意と，永遠の平和への願いが述べられています。③「基本的人権の尊重」の原則にもとづいて，さまざまな国民の権利が保障されています。人が生まれながらにしてもっている権利とは，自由権や平等権など，人間らしく生きていくための権利などをさします。

(2)日本国憲法は1946年11月3日に公布され，その半年後に施行されました。公布された11月3日は文化の日，施行された5月3日は憲法記念日になっています。公布は広く国民に知らせること，施行は実際に使われ始めることです。

(4)天皇は政治についての権限はもたず，憲法で定められた国事行為を行います。

❷(2)①憲法第27条には，「すべて国民は，勤労の権利を有し，義務を負ふ(う)。」とあり，働くことは，国民の権利であり，義務でもあると定めています。②国民は保護する子どもに普通教育を受けさせる義務があり，子どもには教育を受ける権利が認められています。③国民が納めた税金で国の政治が行われるため，税金を納めることは国民の義務になっています。

2 国の政治のしくみ①　181ページ

❶ (1)①内閣　②裁判所　③国会
(2)三権分立
(3)A…エ　B…オ　C…イ
❷ (1)A…衆議院　B…参議院
(2)C…4　D…18
(3)イ，オ，カ（順不同）
(4)多数決

ポイント

❶(1)①③予算とは，国などが仕事を行うにあたって，どれぐらいのお金が必要かを，あらかじめ計算したものです。

(2)国会・内閣・裁判所がたがいに監視し合うことで，権力が大きくなりすぎないようにしています。

(3)A…国会から内閣への働きかけなので，内閣の最高責任者である「内閣総理大臣（首相）の指名」があてはまります。B…内閣から裁判所への働きかけなので，「最高裁判所の長官の指名」があてはまります。アは内閣から国会への働きかけ，ウは国会から裁判所への働きかけです。

❷(1)Aは議員定数が465名で，任期中の解散もあるため，衆議院があてはまります。国会は，国の政治の大切なことを決めるので，衆議院と参議院という二つの議院で話し合いを行い，慎重に決定するしくみになっています。

(2)D…選挙で投票する権利（選挙権）が認められる人の年令は，2016年より，それまでの20才から18才へと引き下げられました。

(3)ア，ウ，エは内閣の仕事です。エとカの条約とは，国と国との間で文書によって結ばれる約束のことで，条約を結ぶのが内閣，条約を承認するのが国会の仕事です。

3 国の政治のしくみ②　183ページ

❶ (1)国務大臣
(2)イ，ウ（順不同）
(3)①エ　②ウ　③カ　④イ
❷ (1)A…最高　B…高等
　C…地方　D…簡易
(2)三審制
(3)裁判員
(4)ア，イ（順不同）

ポイント

❶(1)国務大臣は，総務省や外務省などの各省庁の大臣で，過半数は国会議員の中から選ばれなければなりません。

(2)ア，エは国会の仕事です。

(3)アの法務省は，法律に関する仕事，オの国土交通省は国土の整備や交通に関する仕事を担当しています。

❷(1)最高裁判所は東京に1か所あります。地方裁判所は各都府県に1か所と北海道に4か所，高等裁判所は全国に8か所あります。簡易裁判所は罪の軽い事件をあつかう裁判所で，全国各地にあります。

(2)三審制は，裁判のまちがいを防ぎ，人権を守るためのしくみです。

(3)(4)裁判員制度では，刑罰が重い裁判に参加します。うったえられた人が有罪か無罪か，有罪であれば，どれくらいの刑にするのが適切かを，裁判官とともに話し合い，判断します。この制度を通して，国民の裁判に対する関心を高めること，国民の視点を判決にとり入れることのほか，裁判をスピード化することなどが期待されています。

4 くらしを支える政治　185ページ

❶ (1)①ア　②ウ　③イ
(2)A…**自衛隊**　B…**ボランティア**

❷ (1)**法律**
(2)①ア，ウ（順不同）　②イ，エ（順不同）

ポイント

❶(1)日本赤十字社は災害や病気で苦しむ人を救うことを目的とする組織で，都道府県からの委託を受けて，けが人の手当てなどを行います。被災した市町村から報告を受けた都道府県は，国に被災状況について報告と協議を行います。また，都道府県から警察や消防に応援の要請が行われると，警察や消防は被災者のそうさくや救助，被害情報の収集などの活動を行います。

(2)A…災害派遣は，自衛隊の任務の１つで，救助や物資の輸送などを行います。

❷(1)東日本大震災が発生したときには，国（政府）は復興をすみやかに進めるために，国会での話し合いをへて，東日本大震災復興基本法などを成立させました。このように，国は必要な法律を定めることで，復興が順調に進むように対応します。

(2)「復旧」は，国や都道府県が中心となって，被災地の道路や鉄道，病院などのたくさんの人に使われる設備や施設，ライフライン（電気・水道・ガス）を被災前の状態にもどすことをいいます。これに対し「復興」は，被災地を活性化し，さらに発展させるため，生活支援や産業支援を行うことをいいます。

5 わたしたちの生活とまちづくり　187ページ

❶ (1)**税金**
(2)①×　②×　③○　④×

❷ (1)**予算**
(2)①**区民**　②**区議会**
(3)イ，ウ（順不同）

ポイント

❶(1)市などの地方自治体は，住民や会社などから税金を集め，その税金を使って，多くの人が必要とする公共的な事業を行っています。

(2)図書館などの公共施設の建設にはお金がたくさん必要になるため，税金だけでなく，補助金や市が借りたお金が使われることがあります。また，公共施設は，建設したあとも，職員の給料，設備の補充や管理などでお金が必要になります。

❷(1)区長は予算案をつくって区議会に提出し，区議会は提出された予算案について話し合い，議決をします。

(2)区議会は区民の意見を聞いて，政治に反映することが仕事です。区民の要望を実現するために，必要になる費用や運営の計画などを審議します。

(3)**ア**…国と都からのお金は15.9＋25.2＝41.1％となるため，まちがいです。**イ**…世田谷区の区民からの税金は3193億円×0.388＝約1239億円となるため，正しいです。**ウ**…国と都からのお金は41.1％で区民からの税金38.8％より多いので正しいです。**エ**…3193億円×0.252＝約805億円となるため，まちがいです。

6 むらからくにへ　189ページ

❶ (1)**たて穴住居**
(2)**縄文土器**
(3)**土偶**

❷ (1)**米（稲）**
(2)**王**
(3)**石包丁**
(4)**エ**
(5)①**邪馬台国**　②**卑弥呼**

❸ (1)**前方後円墳**
(2)**渡来人**

ポイント

❶(1)縄文時代の人々は，たて穴住居に住み，イノシシやシカなどの動物をとって生活していました。狩りや漁・採集では骨や石などでつくった道具が使われました。

(2)縄目の文様がついた土器を多くつくっていたことから，縄文時代とよばれています。

❷(1)約2500～2300年前に，米づくりが大陸から日本に伝わったと考えられています。

(2)(4)米づくりが広まると，食料や水をめぐって争いがおこりました。強い力をもつ指導者は他のむらを従えてくにをつくり，王とよばれるようになりました。

❸(2)奈良盆地を中心に，強い力をもった大和朝廷（大和政権）が生まれました。このくにの王は，大王（のちの天皇）とよばれました。渡来人は大和朝廷で重要な役職につき，国内の技術や文化を発展させました。

7 天皇中心の国づくり 191ページ

❶ (1)A…聖徳太子 B…中大兄皇子
(2)①十七条の憲法 ②冠位十二階
(3)大化の改新
❷ (1)律令
(2)平城京
(3)聖武天皇
(4)鑑真
(5)ウ

ポイント

❶(1)聖徳太子は新しい国づくりのために，中国の進んだ制度や文化をとり入れようと，小野妹子を遣隋使として中国に送りました。中大兄皇子は，留学生や留学僧とともに天皇中心の国づくりを進めました。
(2)十七条の憲法では，仏教の考え方をもとに，役人のあるべきすがたが示されています。冠位十二階は，役人の位を冠の色に応じて分けた制度で，家がらではなく，能力によって役人を登用しました。
(3)大化の改新とは，中大兄皇子が天皇をしのぐほどの勢力をもった蘇我氏をたおし，政治改革に乗り出したことをいいます。中大兄皇子は，豪族がもっていた土地や人民を国のものとし，天皇中心の国づくりを進めました。
❷(2)平城京は唐の長安という都にならってつくられたものです。都が平城京におかれていた時代を奈良時代といいます。
(3)ききんや伝染病が広まっていたため，聖武天皇は仏教の力で国を守ろうと考えました。
(4)鑑真は唐の高僧で，6度目の渡航でようやく日本に来ることができました。
(5)正倉院には，聖武天皇の愛用品がおさめられています。びわはインドから伝えられたものです。

8 貴族の生活 193ページ

❶ (1)京都府
(2)寝殿造
(3)藤原道長
(4)ウ
❷ (1)イ
(2)かな文字
(3)①紫式部 ②清少納言
(4)大和絵
(5)年中行事

ポイント

❶(1)貴族や僧の争いで政治が混乱したため，現在の京都府に位置する平安京に都が移されました。
(2)寝殿造とは，貴族のやしきのつくりで，主人の住む寝殿を中心にわたり廊下でつないだ構造になっています。また，寝殿の前には庭と池があります。
(3)この歌は，藤原道長の全盛期によまれたものです。「もち月」は満月のことです。
(4)藤原氏は，むすめを天皇のきさきにし，生まれた子を天皇にすることで，天皇の祖父となり，政治の権力をにぎりました。
❷(1)平安時代の文化(国風文化)は，これまでとり入れてきた大陸の文化をもとに発展した，日本の風土や貴族の生活に合った文化です。
(2)漢字をくずしてつくられたひらがなと，漢字の一部を省略してつくられたカタカナを合わせて，かな文字といいます。
(3)紫式部と清少納言は，天皇のきさきに仕えた女官です。
(4)大和絵は日本の自然や貴族の生活をはなやかな色でえがいたものです。
(5)貴族のくらしは，年中行事が中心となっており，これをまちがいなく行うことが重要とされました。

9 武士の政治 195ページ

❶ (1)A…平清盛 B…源頼朝
(2)①ア ②エ ③ウ
(3)イ
❷ (1)エ
(2)A…北条時宗 B…イ
(3)ア

ポイント

❶(1)平清盛は，朝廷の最高の位である太政大臣になりました。源頼朝が征夷大将軍になったあと，征夷大将軍は武士をまとめる最高の位になりました。
(2)源頼朝は，家来となった武士(御家人)とご恩と奉公の関係で結びつきを深め，武士を支配していきました。
(3)源頼朝の死後，頼朝の妻である北条政子の一族(北条氏)が，将軍を助ける執権の役職について，幕府の政治を動かすようになりました。
❷(1)源頼朝の妻の北条政子は，頼朝のご恩を説いて御家人に団結をうったえました。
(2)元はモンゴルが中国に建国した国で，日本に服従するように求めて使者を送ってきました。しかし執権の北条時宗がこの要求を退けたため，1274年と1281年の2回にわたって九州北部にせめてきました。武士による激しい抵抗や，暴風雨などのえいきょうによって，元軍は大陸に引きあげました。
(3)幕府が新しく領地を得られたわけではなかったため，幕府と武士を結びつけていたご恩と奉公の関係がくずれました。

10 室町時代の文化 197ページ

❶ (1)イ
(2)ウ
(3)①能 ②イ
(4)①エ ②ア

❷ (1)書院造
(2)すみ絵（水墨画）
(3)ア，ウ（順不同）

ポイント

❶(1)室町幕府は，京都の室町に置かれました。
(2)足利義満は，明と国交を開き，貿易を行いました。これによって幕府は大きな利益を得ました。
(3)能は，猿楽や田楽から発展し，足利義満の保護を受けた観阿弥・世阿弥父子によって大成されました。また，狂言は，能の合間に演じられるこっけいな劇で，民衆の生活などを題材としています。
(4)金閣は，足利義満が京都の北山の別荘に建てた，ごうかな建物です。銀閣は，足利義政が京都の東山の別荘に建てた，二層からなる落ち着きのある建物です。
❷(1)**A**は銀閣と同じ慈照寺の境内にある東求堂の様子で，たたみや床の間，ふすまや障子があり，現在の和室のもとになっています。このようなつくりを書院造といいます。
(2)**B**の作者である雪舟は，子どものころに絵を学び，その後，中国地方の大名である大内氏の絵師となりました。また，中国（明）で水墨画を学び，帰国後は独自のすみ絵（水墨画）を大成しました。
(3)室町時代には，茶を飲む習慣が広まり，床の間に花をかざる生け花がさかんになりました。

11 天下統一の動き 199ページ

❶ (1)室町
(2)鉄砲
(3)ウ
(4)ザビエル（フランシスコ・ザビエル）
(5)ア

❷ (1)検地
(2)刀狩令
(3)①ウ ②イ
(4)エ
(5)豊臣秀吉

ポイント

❶(1)織田信長は，1573年に室町幕府の将軍足利氏を京都から追放して，室町幕府をほろぼしました。
(2)長篠の戦いは，1575年におこった，織田信長・徳川家康連合軍と武田軍との戦いです。鉄砲を効果的に使った連合軍が勝利しました。
(3)楽市・楽座とは，市場の税や関所をなくすことで，城下町に商人を集め，だれもが自由に商売できるようにした政策です。
(4)1549年に，ザビエルが鹿児島にやってきて，キリスト教を伝えました。
(5)明智光秀は，織田信長の家来でしたが，京都の本能寺にいた信長をおそい，自害させました。この後，豊臣秀吉との戦いにやぶれ，秀吉が信長の政治を引きついで，支配を強めました。
❷(1)検地は，農民から年貢をとりたてるために，土地の面積やよしあしを調べて検地帳に記していくことをいいます。
(2)(3)刀狩令は，百姓から武器をとり上げることで一揆を防ぎ，耕作に専念させるために出した命令です。
(4)武士と百姓などをはっきりと区別することを，兵農分離といいます。

12 江戸幕府の政治 201ページ

❶ (1)イ
(2)日本町
(3)①外様 ②武家諸法度
③参勤交代
(4)ウ

❷ (1)ウ
(2)出島
(3)エ
(4)ア

ポイント

❶(1)1600年，徳川家康は関ヶ原の戦いで豊臣方の大名をやぶり，全国支配を強めました。
(2)江戸幕府は，大名や商人に，海外に行くことを許可する朱印状を出しました。朱印状をもった船は貿易に力を入れ，東南アジアの各地に日本町ができました。
(3)①外様は関ヶ原の戦いのあとから徳川家に従った大名で，多くが江戸から遠いところに配置されました。②武家諸法度に違反したとして，多くの大名がとりつぶされました。③参勤交代の制度は，家光が武家諸法度に追加したもので，これにより江戸での生活費などが，藩の財政にとって大きな負担となりました。
(4)江戸時代の人口の大部分は百姓がしめており，百姓からの年貢が武士の生活を支えていました。
❷(1)踏み絵はキリストの像をかたどったもので，これを踏むことによって信者でないことを証明しました。
(2)(3)平戸のオランダ商館を長崎の出島に移し，これによって鎖国が完成しました。以後，長崎ではオランダと中国に限って貿易が許されました。
(4)対馬藩が朝鮮との窓口になりました。朝鮮からは将軍の代替わりごとに使節が江戸にやってきました。

13 江戸時代の文化と学問 203ページ

❶ (1)イ
(2)台所
(3)浮世絵
(4)①蘭学　②国学
(5)寺子屋
(6)①ウ　②イ　③エ　④ア

❷ ①打ちこわし
②大塩平八郎

ポイント

❶(1)江戸や大阪では商業が発達し，経済力をつけた町人が中心となって文化を生み出しました。
(3)浮世絵は，多色刷りの技術を用いて大量につくられたので，安く買うことができ，人々の人気を博しました。
(4)①蘭学とは，オランダ語の書物から，ヨーロッパの学問を研究するものです。②国学は，日本の古典をもとに，仏教や儒学が伝わる前の日本人の考え方を研究するものです。
(5)寺子屋では，武士や僧などが先生となって，町人や百姓の子どもたちに読み・書き・そろばんを教えました。
(6)①伊能忠敬は，幕府の命令を受け，17年にわたり日本各地を歩いて測量しました。②近松門左衛門は，人形浄瑠璃だけでなく歌舞伎の脚本も書いています。③杉田玄白は，前野良沢とともにオランダ語で書かれた人体の解剖書をほん訳しました。④浮世絵師の歌川広重は江戸から京都までの風景画である「東海道五十三次」をえがきました。
❷①農村部でおこったのが百姓一揆，都市部でおこったのが打ちこわしです。②元役人の大塩平八郎はききんに苦しむ人々を助けようと，大阪で反乱をおこしましたが失敗に終わりました。

14 明治維新と近代化 205ページ

❶ ①ペリー　②坂本龍馬　③徳川慶喜

❷ (1)五か条の御誓文
(2)①富国強兵　②殖産興業
③地租改正

❸ (1)ウ
(2)①大日本帝国憲法　②天皇　③エ

ポイント

❶①1853年にペリー率いるアメリカの軍艦が浦賀に現れました。江戸幕府は，翌年にアメリカと日米和親条約を結び，日本は開国しました。②1866年に坂本龍馬は対立していた薩摩藩と長州藩の同盟を実現し，倒幕をめざしました。③徳川慶喜が，政権を天皇に返すことで，約700年間続いた武士の時代が終わりました。
❷(1)五か条の御誓文は，天皇が神にちかう形で出されました。
(2)ヨーロッパの国々に追いつくために，政府はさまざまな政策を行いました。産業をさかんにするために国営の工場をつくり，欧米から技術者を招きました。また，20才以上の男子に軍隊に入ることを義務づける徴兵令を定めました。さらに，政府の財源を安定させるために，土地の値段を基準に税をおさめさせる，地租改正を行いました。
❸(1)土佐藩出身で，政府の役人だった板垣退助は，一部の政治家によって政治が行われていることを批判し，国会を開いて国民に意見を聞くべきだという，自由民権運動の中心となりました。
(2)大日本帝国憲法は，皇帝の権力の強いドイツの憲法を学んできた伊藤博文らによってつくられ，天皇が国民にあたえるという形で発布されました。天皇が主権をもち，帝国議会（国会）は貴族院と衆議院から成り立っていました。

15 世界に進出する日本① 207ページ

❶ (1)ノルマントン号
(2)①イ　②エ
(3)C…エ　D…ア

❷ (1)日清
(2)日露
(3)①与謝野晶子　②東郷平八郎
(4)ウ

ポイント

❶(1)ノルマントン号事件では，日本人の乗客は全員がおぼれてなくなりましたが，外国に領事裁判権（治外法権）を認めていたため，日本の法律でさばくことができず，イギリス人の船長に，不当な判決が下されました。
(2)日本には関税自主権がなかったため，外国から安い製品が大量に輸入されても，制限できませんでした。そのため，国内の製品は売れなくなり，その製品を生産していた産地は大きな打撃を受けました。
(3)C…外務大臣の陸奥宗光はイギリスとの交渉で，領事裁判権の撤廃に成功しました。また，日清戦争後の清との交渉でも活やくしました。D…小村寿太郎は，関税自主権の回復に成功しました。これにより，日本は条約改正を達成しました。
❷(1)地図中のAは朝鮮です。朝鮮で反乱がおこると，朝鮮政府は清に援助を求めました。朝鮮に支配を広げていた日本もこれに対抗して出兵し，日清戦争がはじまりました。
(2)地図中のBはロシアです。日本は多くのぎせい者を出しながらもロシアとの戦争に勝ち，アメリカの仲介で講和条約を結びました。
(4)アの西南戦争は1877年，イの台湾の植民地化は1895年，エの自由民権運動は1870年代から1880年代におこりました。

16 世界に進出する日本② 209ページ

❶ (1)第一次世界大戦
(2)ウ
(3)関東大震災
(4)全国水平社
(5)ウ

❷ (1)①日清　②八幡製鉄所
(2)①イ　②カ　③オ　④エ
(3)平塚らいてう（平塚らいちょう）

ポイント

❶(2)ウ…第一次世界大戦中，ヨーロッパの国などに工業製品が売れたため，日本では輸出が増え，好景気となりました。
(3)関東大震災では，東京や横浜などで大きな被害が出ました。
(5)25才以上のすべての男性に選挙権が認められましたが，女性の選挙権は認められませんでした。
❷(1)八幡製鉄所は今の北九州工業地域（地帯）のもととなった工場です。日清戦争で得た賠償金の一部を使ってつくられました。
(2)④田中正造は，足尾銅山がある栃木県出身の衆議院議員でした。足尾銅山の開発によって発生した有毒な廃水やけむりによって，周辺の農民の生活に被害が出たため，田中正造は銅山の操業停止をうったえました。アの志賀潔は赤痢の原因となる菌を発見し，治療薬をつくりました。ウの樋口一葉は，明治時代に活やくした女性の小説家です。
(3)平塚らいてうは，市川房枝らと新婦人協会をつくり，男性より低く見られていた女性の地位向上をめざす運動を行いました。

17 戦争と人々のくらし 211ページ

❶ (1)満州事変
(2)ア
(3)国際連盟
(4)ソビエト連邦（ソ連）
(5)ア，ウ（順不同）

❷ (1)イ，エ（順不同）
(2)太平洋戦争
(3)エ
(4)①空しゅう　②そ開
(5)イ，エ（順不同）

ポイント

❶(1)(2)満州事変のあと，日本は満州を中国から切りはなして満州国として独立させ，政治の実権をにぎりました。
(3)日本は国際連盟の決定に従わず，一方的に国際連盟からの脱退を表明しました。
(5)イ…アメリカやイギリスは中国を支援しました。エ…1910年に日本は韓国を併合して植民地としました。
❷(3)米の安売りを求める民衆の運動（米騒動）がおこったのは，1918年です。
(4)①空しゅうは，おもに人口の多い都市をねらって行われました。住宅地に爆撃が行われたため，それまでの戦争とは異なり，兵士ではなく一般の国民もたくさんぎせいになりました。
(5)第二次世界大戦では，世界ではじめて原子爆弾が使われました。

18 終戦後の日本 213ページ

❶ (1)イ，エ（順不同）
(2)国際連合（国連）
(3)イ

❷ (1)A
(2)高度経済成長
(3)東京
(4)①アメリカ　②韓国　③中国

ポイント

❶(1)戦後改革の目的は，日本を国民のための政治を行う国にすることでした。ア…軍隊は解散させられました。ウ…25才以上のすべての男性に選挙権が認められたのは，大正時代の1925年です。戦後には，20才以上のすべての男女に選挙権が認められました。
(2)日本は，ソ連との国交が回復した1956年に国際連合への加盟が実現しました。
(3)写真は青空教室の様子です。戦争が終わった直後，地方にそかいしていた子どもたちがもどってきましたが，空しゅうで校舎が焼けてなくなってしまっていたため，校庭にいすをならべて授業が行われました。
❷(1)戦後，家庭に広まった3つの電化製品が，天皇が受けついできた宝になぞらえて，三種の神器とよばれました。
(3)1964年に東京で，アジア初となるオリンピック・パラリンピックが開かれました。
(4)①1951年に結ばれた日米安全保障条約によって，独立後も，アメリカ軍が日本に基地をおくことが決まりました。②日本と韓国は1965年に日韓基本条約を結び，国交を正常化しました。③日本と中国は，日中共同声明で国交を正常化させ，日中平和友好条約を結びました。

19 日本とつながりの深い国々 215ページ

❶ (1)A…**中華人民共和国**
B…**大韓民国**
(2)①**C** ②**B** ③**A** ④**D**
(3)A…**ペキン**
C…**ワシントンD.C.**
❷ (1)**イ**
(2)A…**ア** B…**エ**
(3)**ウ**

ポイント

❶(1)**A**…中華人民共和国（中国）は，日本海や東シナ海をはさんで，日本の西側にあります。**B**…大韓民国（韓国）は朝鮮半島の南部にあります。
(2)①アメリカの国旗は星条旗とよばれ，横線は独立したときの13州，星は現在の州の数である50州を表しています。②韓国の国旗の白地は平和を愛する心，円は陽と陰，四すみの印は天・地・火・水を表しています。③中国の国旗にある大きな星は，中国共産党という政党，小さな星は労働者，農民などの国民を表しています。④ブラジルの国旗の緑は森林を，青は空を，黄色は鉱産資源を表しています。
❷(1)**ア**…医薬品は日本が輸入する品目の上位2位に入っています。**イ**…自動車の輸出額は**B**が約3.5兆円，**A**が約0.9兆円となり，**B**のほうが大きいです。**ウ**…**A**は日本の輸入額が輸出額より大きいです。**エ**…機械類の割合は48.6%なので半分以下です。
(2)衣類や家具の輸入割合が高い**A**は中国，医薬品や肉類の輸入割合が高い**B**がアメリカです。

20 国際協力と世界の課題① 217ページ

❶ (1)**ウ**
(2)**ウ**
(3)**193**
(4)**平和維持活動（PKO）**
(5)**自衛隊**
(6)**NGO**
❷ (1)①**ウ** ②**エ**
(2)**ア，エ**（順不同）

ポイント

❶(1)国際連合（国連）は，第二次世界大戦の反省をもとに，1945年に発足しました。
(2)国連総会はすべての加盟国から構成される審議機関です。ユネスコは国連教育科学文化機関のことで，JICAは国際協力機構のことです。
(3)国連には世界のほとんどの国が加盟しています。
(4)(5)自衛隊は，PKO協力法にもとづいて，世界中で活動をしています。
(6)NGOは非政府組織の略称で，平和や人権，環境などの問題に対して，国連や各国の政府から独立して活動している民間の団体です。
❷(1)①ODAは政府開発援助の略称で，支援を必要としている国に対して，先進国が資金や技術などを提供する活動です。その活動は，おもに募金や寄付金，ボランティアなどによって支えられています。
②発展途上国とは，経済や産業が発展する途中の段階にある国，先進国は工業の技術や経済が発展している国のことをいいます。
(2)**イ**…中東は63人，オセアニアは160人で，オセアニアのほうが派遣人数は多いです。**ウ**…アジアは392人，中・南アメリカは345人で，アジアのほうが派遣人数は多いです。

21 国際協力と世界の課題② 219ページ

❶ (1)**持続可能**
(2)A…**14** B…**7** C…**1** D…**6**
(3)**イ**
❷ (1)**エ**
(2)**ア**
(3)**ア，ウ**（順不同）

ポイント

❶(1)SDGsは，世界の国々が2030年までに達成をめざす目標のことで，2015年に国連で決められました。「だれひとりとり残さない」という理念のもと，17の目標が設定されています。
(3)食品ロスをおさえ，必要以上に食品を輸入しないことは，飢餓をゼロにする取り組みにつながります。
❷(1)(2)地球温暖化とは，二酸化炭素などの温室効果ガスによって地球全体の気温が上がる現象のことをいいます。気温が高くなることにより，北極や南極，氷河の氷がとけて，海面が上昇するといった問題がおこっています。このことが原因で，南太平洋上にある島国ツバルでは，国全体が水ぼつする危険性があります。**イ**…さばく化は，雨が降らないことから，土地がかんそうしてあれはて，植物が育たなくなることをいいます。**ウ**…酸性雨は，自動車や工場から排出されるガスがとけこんだ雨のことで，この雨が降ると，森林がかれたり，魚が死んでしまったりします。**エ**…高度経済成長の時代には，工場からのはいき物などが原因となって，川が汚染される公害問題が起きました。
(3)**イ**…現代の世代だけでなく，未来の世代の利益も尊重する必要があります。**エ**…政治や宗教のちがいをなくすことはできないので，おたがいに尊重することが大切です。

22 まとめのテスト① 221ページ

❶ (1)①9　②平和主義
(2)①選挙　②世論　③国民審査
(3)内閣総理大臣

❷ (1)A…エ　B…イ　F…ア
(2)蘇我氏
(3)D…平城京　E…平安京
(4)エ

ポイント

❶(1)三つの原則のうち，国民主権は日本国憲法第1条，基本的人権の尊重は第11条で述べられています。
(2)18才以上のすべての国民に選挙権があたえられており，投票で国会議員を選びます。また，内閣は世論にもとづいて政治を行います。国民審査は衆議院議員の選挙のときに行われる，最高裁判所の裁判官がふさわしいかどうかを，国民が判断する制度です。
(3)内閣総理大臣は国会議員の中から選ばれ，内閣を構成する国務大臣を任命します。また，国務大臣は過半数が国会議員から選ばれます。
❷(1)ウの中臣鎌足（のちの藤原鎌足）は，中大兄皇子とともに大化の改新を行いました。
(4)エ…奈良に平城京が置かれた時代には，伝染病が流行したり，貴族が反乱をおこしたりして，世の中が乱れていました。そのため，聖武天皇は，仏教の力で世の中の不安をしずめようとして，東大寺を建てました。ア…法隆寺は聖徳太子が建てた寺です。イ…「源氏物語」は藤原道長が政治の実権をにぎっていたころに，紫式部によって書かれました。ウ…土偶がつくられたのは，聖徳太子が政治を行っていたころよりも前の，縄文時代です。

23 まとめのテスト② 223ページ

❶ (1)エ
(2)①鎌倉　②ご恩
(3)ウ
(4)戦国大名

❷ (1)①徳川家光　②イ
(2)解体新書
(3)①富岡製糸場　②福沢諭吉

ポイント

❶(1)一族で政治を思うままに動かしていた平氏に不満をもつ人々の中から源頼朝らが兵をあげ，壇ノ浦（山口県）で平氏をほろぼしました。
(2)承久の乱は，朝廷側と鎌倉幕府側の戦いで，幕府側が勝ちました。この結果，幕府側は西国に勢力をもっていた朝廷側の土地をうばい，守護・地頭を置きました。
(3)Xの期間は，元寇があてはまります。ア…遣唐使が停止されたのは894年のできごとです。イ…関ヶ原の戦いは1600年のできごとです。ウ…元寇は，1274年と1281年に，元の大軍が日本にせめてきたできごとです。エ…キリスト教が伝わったのは1549年です。
❷(1)Aは参勤交代の内容です。参勤交代は江戸時代のはじめ，徳川家光によって武家諸法度に追加されました。アとウは戦国時代，エは室町時代のできごとです。
(2)杉田玄白と前野良沢はオランダ語の医学書をほん訳して，「解体新書」を出版しました。
(3)①の富岡製糸場は，政府の殖産興業の一環として群馬県に建てられました。②の福沢諭吉は，江戸時代から明治時代にかけて活やくした思想家で，「天は人の上に人をつくらず，人の下に人をつくらず…」ではじまる「学問のすゝめ」を書きました。

24 まとめのテスト③ 225ページ

❶ (1)①ロシア　②中国　③朝鮮
(2)関税自主権
(3)安全保障条約（日米安全保障条約）
(4)イ

❷ (1)①イ　②エ
(2)温室効果ガス
(3)SDGs

ポイント

❶(2)1858年に結ばれた日米修好通商条約は，日本に関税自主権がなく，外国に領事裁判権（治外法権）を認める不平等条約でした。外国に領事裁判権を認めると，国内で罪を犯した外国人を日本の法律でさばくことができません。また，関税自主権がないと，外国からの輸入品にかける税金を自由に決めることができません。
(4)ア…広島と長崎への原子爆弾の投下は1945年のできごとです。イ…日本が国際連合に加盟したのは，1956年のできごとです。ウ…関東大震災は1923年のできごとです。エ…日本国憲法の公布は1946年のできごとです。
❷(1)①日本の最大の貿易相手国は中国です。日本からは機械類や自動車が輸出され，中国からは，機械類や衣類が輸入されています。また，中国には約9割をしめる漢民族と，それ以外の少数民族が住んでいます。
②アメリカはかつてイギリスからの移民が多かったことから，英語がおもに使われています。また，広大な土地を大型の機械で耕作する農業が行われています。
(3)SDGsとは「持続可能な開発目標」と訳されています。2015年に国際連合では，持続可能な社会を実現するため，世界の国々が協力して行動する指針を定めました。

国語

1 漢字① 227ページ

❶ (1)**つうやく** (2)**でんしょう**
(3)**しご** (4)**かいまく**
(5)**りゅうは** (6)**みつど**
(7)**あら** (8)**わす**
(9)**ほ** (10)**す**

❷ (1)発展 (2)姿 (3)資源
(4)蒸気 (5)視力 (6)反射
(7)机 (8)服装 (9)呼
(10)刻

ポイント

❶(2)「伝承」とは，「風習や言い伝えなどを後世に伝えていくこと」という意味の熟語(じゅくご)です。
(3)「私」には，「わたくし」「わたし」という訓読みもあります。
(9)「干」には，「カン」という音読みもあり，「干害」などの熟語で使われます。二画目は一画目より長く，三画目は一画目の上につき出さないように書きます。
❷(3)「源」には，「みなもと」という訓読みもあります。形の似ている同音異字(どうおんいじ)である「原」とまちがえないように，使い分けましょう。
(4)「蒸」の四，五画目の「了」の部分を，「子」と書かないように注意しましょう。
(5)「視」の部首は，「見」です。
(9)最後の八画目はしっかりとはねましょう。

2 漢字② 229ページ

❶ (1)**かいだん** (2)**ざせき**
(3)**なんもん** (4)**かんけつ**
(5)**はいかつりょう** (6)**しゅのう**
(7)**く** (8)**わ**
(9)**つく** (10)**あやま**

❷ (1)冊子 (2)異議 (3)宇宙
(4)警察署 (5)胃腸 (6)単純
(7)胸 (8)穴 (9)認
(10)乱

ポイント

❶(2)「座」の最後の三画は，書き順に注意して覚えましょう。縦(たて)画を先に書きます。
(3)「難」には，「むずか(しい)」という訓読みもあります。部首は「隹(ふるとり)」です。
(4)「簡」の「⺮(たけかんむり)」の部分を「艹(くさかんむり)」とまちがえやすいので注意しましょう。
❷(2)「意義(意味，価値(かち))」「異義(いぎ)(ちがった意味)」という同音異義語もあるので，意味に注意して書きましょう。
(5)「胃」も「腸」も(7)の「胸」も，体に関係のある漢字なので，部首は「月(にくづき)」です。
(10)「乱」には，「ラン」という音読みもあり，「混乱」「乱暴」などの熟語(じゅくご)で使われます。

3 物語① 場面と心情の変化 231ページ

❶ (1)第二場面…**ばらの季節**
第三場面…**次の年、ド**
(2)**張りつめた糸**
(3)**イ**
(4)**青いばら，ピンクのばら**

ポイント

❶(1)この物語を三つの場面に分けると，第一場面はたおれてしまい，ねむり続けるドラガンの様子，第二場面は「ばらの季節」から始まる，青いばらの中にピンクのばらを見つけてため息をつくドラガンの様子，第三場面は「次の年、ド」から始まる，ドラガンが育てたピンクのばらの様子，となります。
(2)前書きの部分に「ドラガンはむなしい気持ちをかかえていた」とあります。そのような気持ちから「心も体も空っぽ」になってしまったドラガンは，ばらづくりに対する気力を保てなくなってしまい，「たおれて」しまったのだと考えられます。そのような様子を，「張りつめた糸がぷつんと切れるように」とたとえて表しています。
(3)目を覚まし，青いばらの中にさいているピンクの小さなばらを見つけたドラガンは，そのばらに心をうばわれるあまりに，くつをはくのも忘(わす)れるほどいてもたってもいられなくなり，「はだしのまま畑へ飛びだ」し，そのばらにかけ寄ったのです。
(4)めずらしい「青いばら」をつくり，評判を得ていたドラガンは，やがてむなしい気持ちになり，ばらづくりへの気力を失ってしまいました。そのようなときに，ばら本来の色をもつ「ピンクのばら」を目にしたことで，自分が追い求めるべきものに気づくことができたのです。そのことが，「これまで……何をしてきたのだろう」ということばから読み取れます。

答え

4 物語② 人物像 233ページ

❶ (1)いっしょに写った，戦争
(2)にっこり
(3)ウ
(4)大切

🔈 ポイント

❶(1)いわたくんちのおばあちゃんが「カメラを向けられる」ことをいやがる理由については，「ぼく、知っとるんよ」のあとの段落に書かれています。おばあちゃんには，「(写真に)いっしょに写った家族」がみんな死んでしまったという過去があり，そのことを思い出してしまうために，家族といっしょに写真に写りたがらないのです。そして，にわうるしの木が「戦争も平和も見てきた木」と表現されていることから，家族が死んでしまった理由は「戦争」によるできごとであると考えられます。

(2)「ぼく」は，いわたくんちのおばあちゃんが，カメラに向かって「家族といっしょににっこり『ピース！』」できる日が来るとよいと願っています。

(3)「何で戦争なんかするんかねえ？」と，にわうるしの木にたずねていることから，「ぼく」は「戦争」をしていない状態，つまり「平和」を願っているということがわかります。

(4)「手をふってかけ寄っていく」いわたくんに対して「うれしそうに手をふり返すおばあちゃん」の行動からは，「孫のいわたくんやお兄ちゃんが、かわいくて大好き」な様子が伝わります。昔，戦争で家族をなくしてしまったおばあちゃんは，いわたくんたち家族のことをとても「大切」に思っていることが読み取れます。

5 同じ部分をもつ漢字の音と意味 235ページ

❶ (1)①精 ②清 ③晴
(2)①径 ②軽 ③経
❷ (1)正 (2)反 (3)化 (4)生 (5)古
❸ (1)ウ (2)エ (3)イ (4)ア
❹ (1)イ (2)ア (3)イ (4)ア

🔈 ポイント

❶(2)「径」は「みち」，「軽」は「重量が少ない」，「経」は「すじみち」という意味をもつ漢字です。

❷(1)「正」がついて「セイ」と読む漢字には，ほかに「征」などがあります。

❸(3)「斤」は「おのづくり」という部首で，おのをかたどった形であることから，切ることに関係した意味をもつ部首です。

❹(1)「酒」の部首は「酉(ひよみのとり)」です。「源」の部首は「氵(さんずい)」で，「原」は「ゲン」という音を表す部分です。

(2)「間」の部首は「門(もんがまえ)」です。「日」はもともとは「月」と書き，門のとびらから見える月を表しました。「問」の部首は「口(くち)」です。「門」は「モン」という音を表し，「問」はわからないことを口でさぐり出すという意味です。

(3)「案」の部首は「木(き)」です。「安」は「アン」という音を表す部分です。「室」の部首は「宀(うかんむり)」で，家や部屋という意味です。

(4)「冷」の部首は「冫(にすい)」です。「令」は「レイ」という音を表す部分です。「状」の部首は「犬(いぬ)」です。

6 文の組み立て① 237ページ

❶ (1)ウ (2)ア (3)ウ (4)イ (5)ア
❷ (1)父は (2)話は (3)妹が
❸ (1)声が (2)男が (3)見つめた
❹ (1)イ (2)ウ (3)ア

🔈 ポイント

❶(5)主語を表すことばには「は」「が」のほかに，「も」「こそ」などがつくことがあります。

❷(1)「私が」「つくった」という主語・述語の組み合わせと，「父は」「食べる」という主語・述語の組み合わせがあります。

❸(3)「私」が「窓から」どうしたのかを考えると，「窓から」「見つめた」とつながることがわかります。この間に「何を」にあたる部分がはさまれています。

❹(2)主語と述語の間に，もう一つの主語と述語の関係がはさまれている組み立てになっています。

7 漢字③ 239ページ

❶ (1)しょり (2)ししょう
(3)ぞんぶん (4)しんぞう
(5)せんとう (6)じたく
(7)ちゅうふく (8)きび
(9)いっそう (10)した
❷ (1)就職 (2)券売機 (3)乳牛
(4)地域 (5)忠誠 (6)収納
(7)疑 (8)沿 (9)激 (10)探

🔈 ポイント

❶(7)「腹」は，体に関係のある漢字なので，部首は「月(にくづき)」です。

(8)「厳」には，「ゲン」という音読みもあり，「厳重」「厳禁」などの熟語で使われます。

答え

❷(1)「就」は最後の一画の点を忘れないように注意しましょう。
(5)「忠誠」とは，「主人や属する団体などへの真心」という意味の熟語です。
(6)「収」も「納」も，「おさ（める）」という訓読みがあります。
(7)「疑がい」と送りがなをまちがえやすいので，注意しましょう。

8 漢字④ 241ページ

❶ (1)**ていきょう** (2)**かけいず**
(3)**じゅうだん** (4)**りんじ**
(5)**じんぎ** (6)**きんりょく**
(7)**われ** (8)**いずみ**
(9)**さば** (10)**たず**
❷ (1)**砂糖** (2)**討論** (3)**未熟**
(4)**延期** (5)**対策** (6)**垂直**
(7)**裏口** (8)**除** (9)**補**
(10)**映**

ポイント

❶(3)「縦断」とは，「縦方向に通りぬけること」という意味の熟語で，対義語は「横断」です。
(4)「臨」の「臣」の部分を「巨」と書かないように，気をつけましょう。
(5)「仁」には，「思いやり，いつくしみ」という意味があります。
❷(4)「延」には，「の（びる）」などの訓読みもあります。部首は「廴（えんにょう）」です。
(9)部首は「ネ（ころもへん）」です。「ネ（しめすへん）」としないように注意しましょう。
(10)「うつ（す）」には，ほかにも「移す」「写す」などの同訓異字があるので，注意して書きましょう。

9 説明文① 筆者の意見 243ページ

❶ (1)**質問**
(2)**対話**
(3)**同じ感想**
(4)**3**
(5)**1**

ポイント

❶(1)「実際やってみる」とは，「本を読んだら人に話す」ということです。本の内容に関する「記おくがあいまい」で，本の内容の「理解が足りていない」と，本の内容や感想を「うまく伝えることができ」ず，「相手から質問されて」も「答えられな」いということです。
(2)「それ」は「本を読むたびに友達に話」すことですが，二行あとに「本を読んでは対話する」とも表現されています。
(3)――線部の直前に「自分と同じ感想を持った人のレビューを読めば」とあります。
(4)3段落には，筆者が中学生のころから習慣にしていた読書と対話の経験が具体例として書かれています。
(5)この文章は，自分の考えを深めるために「本を読んだら人に話す」ことを，読者に対してすすめている文章です。そのことは，最初の1段落に書かれています。2段落は，「本を読んだら人に話す」ことで理解の度合いがわかること，3段落は「本を読んだら人に話す」ということをしてきた筆者の経験，4段落と5段落は筆者が経験したような「語る相手がいない場合」の理解や思考の方法が書かれています。したがって筆者が最も伝えたいことは1段落にあります。

10 説明文② 具体例 245ページ

❶ (1)**イ**
(2)**ヒト**
(3)**エネルギー**
(4)**ウ**
(5)**5**

ポイント

❶(1)筆者は「どんなときでもすぐれた生物というものはいない」ことの具体例の一つとして，「脳が大きい生物」について説明しています。
(2)3段落に「私たちヒトの脳は」とあるように，「脳が大きい生物」の例として「ヒト」を取り上げ説明しています。
(3)4段落で，「大きな脳は、どんどんエネルギーを使うので、その分たくさん食べなくてはいけない」「食べ物がなくなれば、脳が大きい人から死んでいく」と説明しています。つまり，脳はエネルギーをたくさん使うので，「脳が大きい生物は、空腹に弱い」のです。
(4)＿＿の前では，脳が大きい生物が食べ物がなくなったときのことを例に挙げて，どんなときでもすぐれた生物はいないことを説明しています。また，＿＿のあとでは，そういった場合においては脳が小さいほうがすぐれた状態であると説明しています。このように，＿＿の前とあとの内容が順当なつながりになっているため，「だから」があてはまります。
(5)この文章で筆者が最も伝えたいことは「生物は、そのときどきの……高みに向かって進歩していくわけではない」，「進化は進歩ではない」ということです。

11 漢字二字の熟語　247ページ

❶ (1)ウ　(2)オ　(3)イ　(4)カ
(5)エ　(6)ア

❷ (1)イ　(2)エ　(3)ウ

❸ (1)イ　(2)エ　(3)ア　(4)ウ

❹ (1)ウ　(2)イ　(3)ア　(4)ア

ポイント

❶(4)「不便」は「便利でない」という意味の熟語です。
(5)「放水」は「水を放つ」という意味です。
(6)「状」も「態」も「すがたや形」という意味を表す漢字です。
❷(1)「失」も「敗」も「そこなう」という意味を表す漢字です。
❸(4)ウは「県が営む」という意味です。
❹(1)ウの「年少」は「年が少ない」という，上の字が主語で下の字が述語という組み合わせの熟語です。
(3)アの「思考」は「思う」と「考える」という似た意味の漢字を重ねた熟語です。

12 特別な読み方をする言葉　249ページ

❶ (1)へや　(2)くだもの
(3)けさ　(4)まっさお
(5)まいご　(6)じょうず
(7)まじめ　(8)とけい
(9)おとな　(10)かわら

❷ (1)イ　(2)エ　(3)ア　(4)ウ

❸ (1)かながわ　(2)かごしま　(3)おおさか
(4)とやま　(5)しが　(6)ぎふ
(7)えひめ　(8)いばらき

ポイント

❶(6)「上手」には「かみて」「うわて」という読み方もあります。
(10)「かわら」は「河原」と書くこともあります。
❷(2)「二十歳」を「はたち」と読むことと似ています。
❸(3)「大阪」の「阪」は，江戸時代には「つちへん」で，「坂」と書きました。
(8)「茨城」は「いばらぎ」ではなく，「いばらき」と読むことに注意しましょう。

13 漢字⑤　251ページ

❶ (1)あんぴ　(2)まいきょ
(3)ずつう　(4)きゅうごはん
(5)ひはん　(6)えんそう
(7)いただき　(8)あたた
(9)なら　(10)つと

❷ (1)天敵　(2)翌日　(3)尊敬
(4)発揮　(5)車窓　(6)同盟
(7)鉄棒　(8)傷　(9)盛
(10)幼

ポイント

❶(3)「痛」には，「いた（い）」などの訓読みもあります。部首は「疒（やまいだれ）」です。
(7)謙譲語として用いる場合は，「いただ（く）」と，送りがなとともに書き表します。
❷(3)「尊」には，「たっと（ぶ）」「とうと（ぶ）」などの訓読みが，「敬」には，「うやま（う）」という訓読みがあります。
(5)「窓」には，「まど」という訓読みもあります。部首は「穴（あなかんむり）」です。
(10)「幼ない」と送りがなをまちがえやすいので，しっかりと覚えましょう。

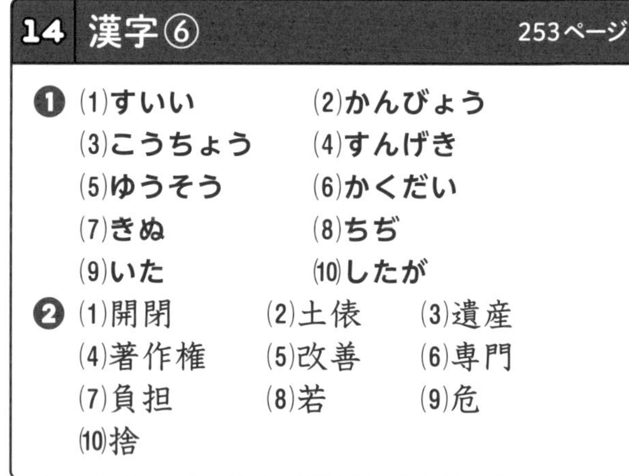

14 漢字⑥　253ページ

❶ (1)すいい　(2)かんびょう
(3)こうちょう　(4)すんげき
(5)ゆうそう　(6)かくだい
(7)きぬ　(8)ちぢ
(9)いた　(10)したが

❷ (1)開閉　(2)土俵　(3)遺産
(4)著作権　(5)改善　(6)専門
(7)負担　(8)若　(9)危
(10)捨

ポイント

❶(3)「紅」には，「べに」という訓読み，「潮」には，「しお」という訓読みがあります。
(4)「寸劇」とは，「ちょっとした短い演劇」という意味の熟語です。「劇」の部首は「刂（りっとう）」です。
(8)「ちじ（む）」と書かないように注意しましょう。
❷(5)「善」の訓読みは「よ（い）」です。
(9)最後の二画の部分を，「己」「巳」などと書かないように注意しましょう。
(10)「捨」には，「シャ」という音読みもあります。対義語である「拾」とは字形が似ているので，まちがえないようにしましょう。

15 物語③　人物どうしの関係　255ページ

❶ (1)**ろくろの名人**
(2)**ただの職人**
(3)**イ**
(4)**ウ**
(5)（右から順に）**例自分をだす，**
例自分をおしだしすぎる

ポイント

❶(1)――線部の次の段落(だんらく)に「ろくろの前にすわりつづけた」楊(ヤン)の様子がえがかれていることに着目しましょう。「たくみに」壺(つぼ)をつくりだす楊を，「ろくろの名人」と表現しています。
(2)最後の四行の「(だからお父さんは、……)」と，楊が心の内でつぶやいている部分に着目します。楊は日々のくらしのためのものしかつくらない父親のことを，「ただの職人のくせに」と否定的(ひていてき)なとらえ方をしていることがわかります。
(3)□の前後で，楊のつくった壺に対し，父親は「きびしすぎる」「自分をおしだしすぎている」と言っています。そして，「□とは、ほど遠いよ」とあることから，□には，その表現とは対照的なことばが入ります。ア「いかめしさ」は，「きびしさ」と似た意味で「いげんがあるさま」という意味です。
(4)父親をにらみつけていることや，――線部の直後に「なにをいっているのだろう」とあることから，楊は父親のことばに納得(なっとく)できず，反発していることが読み取れます。
(5)父親のことばや楊の心の声の内容から，二人の焼き物に対する考え方のちがいは，つくる際に「自分をだす」ことを重要視(じゅうようし)するかどうか，という点にあるといえます。父親の「自分をおしだしすぎている」と，楊の「自分をだすことのほうがだいじなのに」の部分が相反する考えであることに着目します。

16 物語④　主題　257ページ

❶ (1)**ほんのかすかな**
(2)**ウ**
(3)**サボテンの水**
(4)**例おどろくほど美しい花をさかせた**
(5)**生きる，助け合う**

ポイント

❶(1)「おどろくほどの水」は，「かわききった荒野(こうや)の中」では予想がつかないくらいの多量の水ということを表しています。一方，最後から四行目の「ほんのかすかな水」は少量の水ということです。旅人と出会う前後の，サボテンの体内にたまった「水」についての表現に着目します。
(2)「あえぐ」とは，「苦しそうに息をする」という意味です。サボテンは，旅人にきりつけられて傷(きず)を負っていることから考えます。
(3)2段落(だんらく)の内容をとらえます。通りかかったときには「死ぬ直前だった」旅人は，きりつけたサボテンの傷口から流れる「サボテンの水を飲んだ」ことで助かり，再び旅を続けられるようになったのです。
(4)問題文に「このあと」とあることから，――線部よりあとの部分から考えます。「変化」を問われているので，それまでのサボテンにはなかったことが書かれている部分を探(さが)します。すると，最後から二行目に「ある日、おどろくほど美しい花がさいた」とあるので，この部分をまとめます。「美しい花がさいた」という内容が書けていれば，正解です。
(5)主題とは，作者が文章の中で読み手に最も伝えたい内容のことです。この文章では，「たとえぼくが死んでも」，そのことで「一つの命が生きる」ならぼくの存在(そんざい)は「むだ」ではない。また，「生きるということは助け合うことだと思う」というサボテンのことばを通して，作者の考えが述べられています。

17 接続語　259ページ

	(1)	(2)	(3)	(4)
❶	エ	イ	ア	ウ
❷	ウ	エ		
❸	ウ	イ	イ	
❹	エ	ウ	イ	ア

ポイント

❶(1)「しかも」を入れることによって，「物知り」であることに加えて「スポーツも得意」という意味になります。
❷(1)「だが」のあとには，「早めに寝(ね)た」こととは反対のことや予想外のできごとがあてはまります。
(2)「だから」のあとには，「水泳が苦手であること」が理由となり，その結果となる内容があてはまります。
❸(3)「もしくは」と「または」はどちらも，複数あるものの中から一つを選ぶという場合に使われます。文全体の意味としては「そして」や「そのうえ」もあてはまりますが，それらは，前のことがらにあとのことがらをつけ加える場合に使います。
❹(2)前後が反対の内容になることを表すことばには，ほかに「だが」「しかし」「ところが」などがあります。

答え

18 文の組み立て②　261ページ

❶（それぞれ右から順に）
(1)例花をかざった，
例ピンク色だ
(2)例漢字を教えてくれた，
例テストに出た
(3)例頭がいたいと言っていた，
例元気になった
❷(1)例なることだ
(2)例字を上手に書くことです
(3)例はさまれている
❸(1)例父から借りた
(2)例プレゼントを入れた
❹(1)ア　(2)ウ　(3)イ

ポイント

❶(3)文を二つに分けたときの主語は，両方とも「父は」になります。
❷(3)「黒い玉が」に対応した述語にするため，「はさまれている」や「はさんである」という形に変えます。
❸(2)二文とも「箱」について述べている文であることに着目し，妹にわたしたのがどのような箱であったかを，一文目から読み取りましょう。
❹(2)「母は」「待った」という，この文全体の主語と述語の関係の中に，「雨が」「やむ」という主語と述語の関係がふくまれています。

19 詩①　263ページ

❶(1)ウ
(2)夕やけ
(3)にげられる
(4)①イ　②ア
(5)ウ

ポイント

❶(1)「もえている夕やけ」とは，本当に夕やけがもえているわけではなく，夕やけの様子が「まるでもえているように」見えるということをたとえて表現しています。同じようにたとえが使われている文は「空が泣いている」です。これは実際に空が泣いているわけではなく，「まるで空が泣いているように」見える，つまり雨が降(ふ)っていることを表現しています。
(2)「ぼく」から見ると，イナゴの目には「夕やけ」が映(うつ)っていますが，イナゴは「ぼくしか見ていない」，つまり，イナゴは「夕やけ」を見ていないと「ぼく」は考えています。
(3)イナゴが「ぼくしか見ていない」のは，「ぼく」が危害(きがい)を加えそうになったら，すぐに「にげられる」ように用心しているからです。その様子を「エンジンをかけたまま」と作者は表現しています。
(4)ここでの「強い生きもの」とは，イナゴがつかまらないようににげなくてはならない相手の「ぼく」であり，「よわい生きもの」とは，「ぼく」からにげなくてはならない「イナゴ」をさしています。
(5)ここでの「川」は，二つのものをへだてているものという意味で使われています。「強い生きもの」である「ぼく」と，「よわい生きもの」である「イナゴ」の間には，川でへだてられているかのように，大きな差があるということを表現しています。

20 漢字⑦　265ページ

❶(1)ろうどく　(2)じりょく
(3)おやこうこう　(4)ぼうめい
(5)かいらんばん　(6)いっしゃく
(7)かたて　(8)おが
(9)まきもの　(10)しりぞ
❷(1)宝石　(2)秘蔵　(3)家賃
(4)俳句　(5)神聖　(6)操作
(7)将来　(8)値札　(9)困
(10)染

ポイント

❶(1)「朗」には，「ほがらか，明るい」などの意味があります。部首は「月（つき）」です。
(6)「尺」は長さの単位として用いられ，「一尺」は「約30.3cm」です。
(9)「巻」は，動作として用いる場合は，「ま（く）」と，送りがなとともに書き表します。
❷(2)「蔵」は，同音異字(どうおんいじ)である「臓」とまちがえないように注意しましょう。
(3)「賃」には，「代価としてはらうお金」という意味があり，ほかにも「賃金」「運賃」などのように用います。
(8)「値」の訓読みが「ね」です。ほかに「チ」という音読みもあり，「価値」「数値」などの熟語(じゅくご)で使われます。

答え

21 漢字⑧ 267ページ

❶ (1)かいかく (2)けんぽう
(3)しょせつ (4)しんようじゅ
(5)てっこうぎょう (6)さくし
(7)せいとう (8)こくもつ
(9)はいいろ (10)ふる

❷ (1)自己 (2)食欲 (3)皇后
(4)故郷 (5)内閣 (6)誕生
(7)宣言 (8)民衆 (9)古株
(10)済

ポイント

❶(2)「憲」の部首は「心（こころ）」です。
(6)「詞」は，「ことば」を意味する語であり，同音異字である「詩」と区別して覚えましょう。
(10)「奮」には，「フン」という音読みもあり，「奮起」「興奮」などの熟語で使われます。
❷(1)「己」は，「巳」と書かないように注意しましょう。
(2)「欲」は，同音異字である「浴」と字形も似ているので，まちがえないようにしましょう。
(3)「皇」には，「オウ」という音読みもあります。「天皇」などのように，前に「ン」の音が来る場合は，「ノウ」と読みます。これを連声といいます。
(4)「郷」の部首は「阝（おおざと）」です。

22 説明文③ 原因と結果 269ページ

❶ (1)①具のうまみ ②ねん度
(2)イ
(3)例包丁についた白い粉
(4)貴重
(5)ウ

ポイント

❶(1)一晩置くとカレーがおいしくなる原因が二つ書かれています。まず，2段落に，「一晩置いたカレーがおいしいのは、うまみがとけ出しているから」とあることより，「具のうまみがカレーにとけ出す」ことが挙げられます。また，4段落に，「カレーのねん度が高まり、カレーを食べたときに舌の上に残りやすくなります」とあります。以上の二つの原因によって，「おいしい」という結果が生じているわけです。
(2)［　　］の前で，まず一晩置いたカレーのおいしさの理由を一つ挙げています。このあとで，その理由に対して「……からだけではありません」と続けているので，「しかし」があてはまります。
(3)一つ前の文に，「包丁に白い粉がつきます」とあります。「これ」は，包丁についた「白い粉」をさしています。
(4)直前に「今ではカタクリは貴重なので」とあります。ジャガイモのとろみをつける性質を利用し，カタクリの代用品として使われるようになったのです。
(5)アは，片栗粉の原料がジャガイモであり，カレーを一晩置くことでできるものではありません。イは，デンプンのとろみによって「カレーの味を強く感じる」とあり，デンプンが少ないとおいしいとは書かれていません。ウは，「ジャガイモのデンプンが少しずつとけ出し、カレーにとろみをつけます」とあるので，文章と合っています。

23 説明文④ 筆者のものの見方 271ページ

❶ (1)3
(2)思った通りのこと
(3)イ
(4)相手，状況に応じて
(5)4

ポイント

❶(1)1段落では「言葉を使う」というのは「化粧をすること」であるという，この文章全体の話題が提示されています。ただし，「化粧をする」という言い方は，たとえ話です。そして，その具体的な内容が3段落でくわしく説明されています。2段落の内容は「化粧をしない」場合のことであり，1段落の内容をくわしく説明しているとはいえません。また，4段落は，化粧をしたことばを使うことで，どのようになっていくのかという内容であり，これも1段落の内容をくわしく説明しているとはいえません。
(2)「ありのまま」とは「実際にある通りの，かざらない姿」という意味です。このことと同じ意味のことばは3段落に書かれている「思った通りのこと」です。
(3)［　　］の前では「思いをそのままぶつける」とあり，あとでは「少しいろどりをつけて相手に言葉を与える」とあり，反対のことがらを表しているので，「だが」があてはまります。
(4)――線部の直前と直後の部分に着目しましょう。「相手に……思わせたいか」というそのときどきの「状況に応じて」，ことばを使い分けるとあります。
(5)筆者の考えは，化粧したことばを使うことによって，「口調が生まれ、その人の個性が生じ、文体ができる」ということです。この内容が書かれているのは，4段落です。

答え

24 漢字三字の熟語 273ページ

❶ (1)イ　(2)ウ　(3)ア　(4)ウ　(5)イ
(6)ア
❷ (1)無　(2)未　(3)不　(4)未
(5)無　(6)非
❸ (1)ウ　(2)ア　(3)イ
❹ (1)ウ　(2)ア　(3)ア　(4)エ　(5)イ

ポイント

❶(2)「松竹梅」は，おめでたいとされている植物を三つ並べた熟語です。

❷「不・無・非・未」は，最初につけて，意味を打ち消すときに使われる漢字です。

❸「的・性・化」はそれ自体では意味をもたず，ほかのことばのあとにつき，意味をそえる役割をもつ漢字です。

25 詩②　275ページ

❶ (1)ア
(2)ウ
(3)**地球のうえ，いのち**
(4)イ

ポイント

❶(1)「花」「虫」「鳥」「草」という一文字で二音の動植物のあとに「です」，そして「からだ」「こころ」というひらがな三字のあとに「です」というように，第一連，第二連とも，内容，音数ともに同じ形式でことばを並べています。

(2)ここで書かれている「いのちのふるさと」とは，「地球」のことをさしています。これは，地球が「いのち」をつくり出している，すべてのもとになっているということを表現したことばです。

(3)「互いに支えているんです」の前の行に，「要らないものなどありません」とあります。それは，「地球のうえ」にあるものは，すべて必要であり大事だということを示しています。そして「地球のうえ」にあるものが「互いに支えている」とは，協力し合っているということです。この「地球のうえ」のすべての生きものが協力することで，お互いの「いのち」を守り合っているということを，「見えない手を出し　声を出し／互いに支えている」と表現しています。

(4)この詩は地球の大切さについても伝えようとしていますが，全体として最もいいたいことは，最終連の「どれもひとつで／どれにもひとつ／全部が大事ないのちです」に表れています。ここでは，ただいのちが大事だということだけでなく，いのちというものは，どれもひとつしかなく，ひとつだからこそどんないのちであっても大切にしなくてはならない，ということを伝えています。

26 まちがえやすい漢字　277ページ

❶ (1)①暖　②温
(2)①止　②留
(3)①務　②勤
❷ (1)①意向　②移行
(2)①感傷　②観賞
(3)①見当　②検討
❸ (1)イ
(2)ウ
❹ ((1)～(3)は順不同)
(1)×…量　○…計
(2)×…用　○…要
(3)×…合　○…相

ポイント

❶(3)「つと（める）」には，ほかにも「力をつくす」という意味で使われる「努める」という同訓異字があります。

❷(1)「イコウ」には，ほかにも「以降」という同音異義語があります。

❸(1)「現」は「出現する」，「表」は「表に出る」という意味があります。

❹「量る」は，体積や重量をはかるときに使われることが多い漢字です。時間を「はかる」ときには，「時計」ということばがあるように，「計」を使います。

27 教科で使う言葉　279ページ

❶ (1)**せいさんりょう**
(2)**けんちょうしょざいち**
(3)**はつが**
(4)**ひゃくぶんりつ**
❷ (1)構成　(2)半径　(3)試験管
(4)消防署　(5)化石
❸ (1)イ　(2)ウ
❹ (1)ウ　(2)エ　(3)ウ

ポイント

❶(4)「百分率」とは，パーセントを単位として表した割合のことです。

❷(3)「試験管」は理科で使う実験器具のことで，「試験官」はテストのかんとく者のことです。

❸(2)「プレゼンテーション」では，自分の考えが効果的に聞き手に伝わるように資料や表現のしかたをくふうします。

❹(1)「消費」の対義語は，「生産」です。

28 伝記① 281ページ

❶ (1)ウ
(2)不安ときょうふ
(3)苦つう，表情，態度
(4)ア

ポイント

❶(1)ナイチンゲールが「ランプを持ってじゅん回」した様子は，——線部の次の段落に書かれています。ナイチンゲールは「ねむれないかん者、苦しそうにしているかん者の気配を感じる」と，そのかん者に対して「静かに話しかけ」たり，「体をさすったり」しました。このことから，ナイチンゲールは，かん者の様子を見てまわるためにランプを持ってじゅん回したのだと考えられます。

(2)——線部の直前のかん者のうったえから，このかん者は「死んだほうがましだ」と思うほどに，「手術への不安ときょうふを強くいだいていた」ことがわかります。

(3)ナイチンゲールが，外科手術を受けることになったかん者を「言葉を発することなく」見つめる様子をそばで見ていた医師は，「まるでかん者が感じている苦つうを、いっしょにかのじょも体験しているかのような表情と態度だった」と述かいしています。また，そのあとの部分に「ナイチンゲールからの無言のはげまし」とあるように，ことばではなく表情と態度によって，かん者をはげますナイチンゲールの様子を表しています。

(4)外科手術への不安やきょうふからなみだを流すかん者や，気持ちがすさんでしまった傷病兵たちに対して，「どんな時でも、そのかん者に寄りそう」気持ちをもち続けたナイチンゲールは，「やさしさ」をもった人物であるといえます。

29 伝記② 283ページ

❶ (1)つかれ，苦しみ
(2)イ
(3)感心
(4)ウ

ポイント

❶(1)勉強するヘレンがどんなことを感じたのかについては，八・九行目の「そう思うと、つかれも苦しみも、どこかへふっとんでしまうのでした」から読み取ることができます。

(2)ヘレンが「うれしくてたまりません」という気持ちになった理由は，これより前の二つの段落に書かれています。ヘレンは「すこしずつ、話せることばがふえて」いくことにより，「口で話せるようになって」いきました。そして，ヘレンは「指さきで文字を書くのより、ずっとらくに、じぶんの気もちを相手につたえることができ」るようになったのです。それをヘレンはうれしいと感じたのです。

(3)サリバン先生が「ヘレンの発音を正しくさせるために、何十度、何百度とくりかえして、なおしてくれたかいがあった」と表現されています。サリバン先生がヘレンの発音を根気よくなおしてくれた結果，町の人たちがヘレンの話し方にたいへん「感心」したのです。

(4)文章の中では，ヘレンの努力だけではなく，十〜十一行目に「ヘレンとサリバン先生の努力は、毎日つづけられていきました」，二十行目に「いいつくせないふたりの苦労がむくいられて」，後ろから一〜三行目に「サリバン先生がヘレンの発音を……なおしてくれた」と，サリバン先生の努力についても書かれています。よって，この文章では，ヘレンとサリバン先生が二人三脚で努力を続けたことを伝えているとわかります。

30 複合語 285ページ

❶ (1)エ　(2)カ　(3)ウ　(4)イ
(5)オ　(6)ア

❷ (1)あまがさ　(2)うえきばち
(3)うすぐらい　(4)やまあるき

❸ (1)ウ　(2)カ　(3)ア　(4)エ
(5)オ　(6)イ

❹ ながぐつ，けいさんだかい，
ながればし，ききまわる（順不同）

ポイント

❶(6)「合言葉」は，「合う」という和語と「言葉」という和語を組み合わせてできた複合語です。

❷(3)「うすい」と「暗い」を組み合わせると「うすい」の「い」が省略され，「うす暗い」となります。また「暗い」は「ぐらい」と最初の音がにごります。

❸(4)「重苦しい」は「重い」と「苦しい」を組み合わせてできた複合語です。

❹「聞く」と「回る」を合わせると「聞き回る」という複合語になります。「聞く」は「聞き」と変化します。

31 話し言葉と書き言葉 287ページ

❶ (1)**ウ**　(2)**ア**　(3)**イ**　(4)**エ**

❷ (1)**ア**　(2)**ア**　(3)**イ**　(4)**イ**　(5)**ア**

❸ (それぞれ右から順に)
(1)**ア，イ**　(2)**イ，ア**

❹ (1)例**姉は**
(2)例**あたたかくなると**
(3)例**聞いたようで**
(4)例**かたづけてしまったそうだ**

ポイント

❶(4)話し言葉では，相手がはっきりしているため，しばしば主語が省略されることがあります。

❷書き言葉には，表現したあとで修正できる，漢字表記で意味を区別することができるという特ちょうがあります。

❸話し言葉では，相手によってはくだけた言葉で表現することがあります。

❹(1)書き言葉では「お姉ちゃん」を「姉」に書きかえ，「姉」が主語であることがわかるように，「は」を補うのが適切です。

(3)この話し言葉での「みたいで」は，「たぶんそうだろう」という意味で使われているため，書き言葉では「…ようで」「…らしく」と書きかえるのが適切です。

32 古典① 古文 289ページ

❶ (1)**どんなものでも**
(2)**ウ**
(3)**六**
(4)**イ**
(5)**イ**

ポイント

❶(1)古文の「なにも書きたらん物は」の部分は，現代語訳の「どんなものでも書いたものは」に対応しています。ここから，この部分の「なにも」は，「どんなものでも」という意味であることがわかります。

(2)現代語訳の「なんでも読みます」と答えた人物が「申し」の主語であることから，主語は篁です。また，「読め」とおっしゃった人物が「おほせ」の主語であることから，主語は帝です。

(3)「子」に「ネ」「コ」「シ」という読みがあることから考えます。「『子（ね）』『子（こ）』の『子（こ）』の『子（こ）』『子（ね）』『子（こ）』」というように，「ねこの子の子ねこ」には「子」が六文字必要です。

(4)古文の「事なくてやみにけり」には，「何のおとがめもなく無事に終わりました」という現代語訳がついています。ここからわかることは，もし「御門ほほゑませたまひて」という状態にならなかったら，篁は帝に責められたということです。

(5)この文章では，帝の難題に機転をきかせてうまく答えることができた，篁のかしこさを強調しています。

33 漢字四字以上の熟語 291ページ

❶ (1)**イ**　(2)**ア**　(3)**ウ**　(4)**ア**
(5)**ウ**　(6)**イ**

❷ (1)重　(2)原　(3)管　(4)電

❸ (1)往　(2)心　(3)一

❹ (1)**エ**　(2)**ウ**　(3)**イ**

ポイント

❶(4)「一刀両断」とは，一太刀で真っ二つに切るということから，「物事をためらわずに，思い切って決断・処理すること」という意味です。「一刀」と「両断」が組み合わさってできた四字熟語です。

❸(1)「右往左往」は，右へ行ったり左へ行ったりしてしまうような，混乱している様子を表した四字熟語です。

❹(2)「電光石火」の「石火」は火打石を打ち合わせたときに出る火花のことです。火花は瞬間的に出ますが，すぐに消えてしまいます。雷や火花が輝くように「とても素早いこと」を意味します。

34 言葉の変化 293ページ

❶ (1)①**昔**　②**今**
(2)①**今**　②**昔**
(3)①**昔**　②**今**

❷ (1)**ウ**　(2)**ア**

❸ (1)**イ**　(2)**エ**　(3)**ア**　(4)**オ**　(5)**ウ**

❹ (1)**ハンガー**　(2)**コート**　(3)**マフラー**
(4)**サンダル**

ポイント

❶(2)古語の「おとなし」は漢字では「大人し」と書き，「大人っぽい」という意味もあります。

❷(1)「茶の間」と似た言葉に「居間」があります。

❸(1)「さじ」は現代でも，たとえば料理の際の「小さじ」「大さじ」などのように，日常的に使われることがあります。

❹(1)「えもんかけ」は漢字で書くと「衣紋かけ」です。

35 古典② 古文 295ページ

❶ (1)**かわいそうな**
(2)**ア**
(3)**ウ**
(4)**あり，はと，人，食いついた**
(5)**ア**

ポイント

❶(1)古文と現代語訳を照らし合わせながら読みましょう。古文の「あはれなるありさまかな。」は，現代語で「かわいそうな様子だなあ。」と訳されています。「ありさま」は現代語でも，様子や状態といった意味で用いられます。

(2)はとは，水かさの増した川に流され，今にもおぼれそうになっていたありを「あはれなるありさまかな」と思って助けています。このことにありは「恩」を受けたと感じているのです。

(3)「おびえあがつて」のあとに「さををかしこに投げすてけり」とあります。「さを」を持ち，はとをとらえようとしていたのは「(ある) 人」です。

(4)直前の「しかるに (現代語訳：ところが)」に着目すると，はとが理解したことと，「ある人」にはわからなかったことが，同じできごとであるとわかります。このとき「ある人」がわからなかったこととは何かを読み取りましょう。

(5)はとに助けられたありが，恩返しとしてはとを助けたこと，そして，ありに恩を与えたはとがありに助けられたことを読み取りましょう。

36 古典③ 漢文 297ページ

❶ (1)**あらためて学んで**
(2)**温故知新**
(3)**なければ**
(4)**ウ**
(5)**復習する**
(6)**イ**

ポイント

❶(1)Aの漢文の「温めて」には，「あらためて学んで」という現代語訳がつけられています。漢文では，現代語と同じことばでもちがう意味で使われることがあります。

(2)故事成語とは，中国の古いできごとがもととなって生まれたことばです。「温故知新」は，「以前学んだことや昔のことを，調べたり考え直したりすることで，新たな知識を得ること」という意味の故事成語です。

(3)Bの漢文の「あらざれば」には，「なければ」という現代語訳がつけられています。

(4)Bの漢文の前半の二行では「学ぶことがなければ、才能が広がることはな」い，つまり，しっかり学びなさいということが書かれています。そして，後半の二行では「志すことがなければ、学問を成しとげることはない」，つまり，志をもって学びなさいということが書かれています。

(5)Cの漢文の「習う」は，ここでは「復習する」という現代語訳になります。

(6)Cの漢文の「楽しからずや」には，「なんと楽しいこと (だろう) か」という現代語訳がつけられています。これは自分の考えを強調するために，考えを疑問の形で表現しています。

37 まとめのテスト❶ 299ページ

❶ (1)**いっそう** (2)**ぞんぶん**
(3)**いた** (4)**かいまく**

❷ (1)警察署 (2)姿 (3)民衆 (4)除

❸ (1)**イ** (2)**エ** (3)**ア** (4)**エ** (5)**ウ**

❹ (それぞれ右から順に)
(1)**例本を読んでいた，例推理小説だ**
(2)**例パンを焼いた，例とてもおいしかった**
(3)**例寒かった，例しかし**

ポイント

❶(3)「至」には，「シ」という音読みもあります。「至急」「必至」などの熟語で使われます。

(4)「幕」には，「バク」という音読みもあり，「幕府」「幕末」などの熟語で使われます。

❷(1)「署」には，字形のよく似た同じ読み方をする漢字に「暑」があるので，意味や形に注意して書きましょう。

(2)「姿」には，「シ」という音読みもあります。「姿勢」「容姿」などの熟語で使われます。六画目は止めずにはらいます。

❸(1)上の字が主語、下の字が述語のもの。
(2)下の字が上の字の目的や対象になるもの。
(3)似た意味の漢字を組み合わせたもの。
(4)上の字が下の字を修飾するもの。
(5)反対の意味の漢字を組み合わせたもの。

❹(3)読点の前後が逆のことがらであることを表す「が」でつなげられているので，二つの文に分ける場合はこの部分を「しかし」，「ところが」，「だが」などに置きかえます。

38 まとめのテスト② 301ページ

❶ (1)カララをつき飛ばすように羽ばたいた
(2)イ
(3)ここちよいリズム
(4)例いっしょに行こう，
例うれしくなった
(5)ウ

ポイント

❶(1)「きっかけ」(＝原因)を答えるので，――線部より前の部分に着目します。クルルは，キツネがカララに飛びかかるのを見てとっさに「カララをつき飛ばすように羽ばたいた」ことがきっかけとなり，再び空を飛べるようになったのです。

(2)［　　］の直前に「目標を失った」とあることから，キツネは飛びかかったえもの(カララ)ににげられたため，「くやしそうに」していると読み取れます。

(3)――線部に「風の中を」とあるので，風を切って飛んでいるときのクルルの様子に着目します。力いっぱい羽ばたいたクルルにとって，「風を切るつばさの音」は，「ここちよいリズム」だったのです。

(4)一つ目の解答らんの前後にそれぞれ「カララが」，「と言ってくれて」とあることから，――線部の直前のカララのことばに着目します。また，「照れて笑って」から，クルルがうれしい気持ちになったことが読み取れます。

(5)クルルはキツネにおそわれそうになったカララを助けようとし，また，カララは飛べなくなっていたクルルに寄りそっていることから，二羽はおたがいを思いやっていることが読み取れます。

39 まとめのテスト③ 303ページ

❶ (1)イ
(2)非日常
(3)さまざまな制約がある
(4)ウ
(5)本の中，ワクワクする世界

ポイント

❶(1)［　　］の直前では「大きな制約がある」と述べ，［　　］のあとでは「やりたいことは何でもできるし……どこでも行ける」と相反する内容を述べているので，「でも」があてはまります。

(2)説明文では，同じ意味のことばや対になることばに注目することが大切です。この文章では，「現実の世界(＝日常)」⇔「空想の世界(＝非日常)」という，キーワードとなることばが使われています。

(3)――線部は，直前の「非日常の味わいにも限界がある」ということについての具体例です。「非日常の味わいにも限界がある」理由については，①段落に「現実の世界は、……さまざまな制約がある」とあります。

(4)⑥段落では，⑤段落にある本の中の「ワクワクする世界」について，具体例を挙げて説明しています。

(5)「要旨」とは，その文章で筆者が最も伝えたい内容のことです。最終段落にまとめられていることが多いですが，この文章の場合は⑤段落で要旨が述べられています。筆者は，「本の中には……ワクワクする世界が広がっている」と述べて，現実の世界では限界があってできないことが読書によって可能になり，味わうことができるということを伝えています。

40 まとめのテスト④ 305ページ

❶ (1)海雀
(2)波
(3)イ

❷ (1)明け方
(2)しだいに
(3)雲

ポイント

❶(1)「銀の点点」とは，「銀色のものが点々と(見える)」ということです。これは，直後に「海雀」と続くことから，「海雀」をさす表現だと考えられます。海雀は黒い頭，濃い灰色の背中，白い腹をしているので，作者には「銀色」に見えたのです。

(2)「波ゆりくればゆりあげて」から，波が「ゆれて上がって」くると海雀も上に上がることがわかるので，海雀が「波」の上にいることが読み取れます。一方，「波ひきゆけばかげ失する」は，波が引いていくと姿は消えるという意味で，波が低いときは海雀の位置も低くなり，波間に消えるので作者からは見えないことがわかります。

(3)この詩では，海雀の生命を「銀の点点」という小さなものとして表し，その小さな海雀の下でうねる波を大きな自然として表現しています。

❷(1)古文の一文目の「春はあけぼの」に着目します。「あけぼの」の現代語訳は「明け方」とあります。

(2)「やうやう」とは「しだいに，だんだんと」という意味です。ここでは，夜が明けて少しずつ空が白くなってくる様子を表しています。

(3)――線部の直前に着目します。「紫だちたる雲」は，現代語訳では「紫がかった雲」となっています。